1 page a day, 365 days

History
of Japan

1日1ページ、読むだけで身につく日本の教養365【歴史編】

小和田哲男［監修］ Owada Tetsuo
静岡大学名誉教授

文響社

This book is created by Bunkyosha under the Concept of The Intellectual Devotional series, which is credited to David Kidder and Noah Oppenheim.
The Concept usage arranged with TID Volumes, LLC c/o David Black Literary Agency, Inc.,
New York through Tuttle-Mori Agency, Inc., Tokyo

本書は、デイヴィッド・キダーおよびノア・オッペンハイムに帰属する「世界の教養」シリーズのコンセプトのもと、制作されたものです。
コンセプトの使用についてはTuttle-Mori Agency, Inc., Tokyoを通じて、TID Volumes, LLC (David Black Literary Agency, Inc., New York が代理) により許諾されています。

◆

日本史を学ぶことは
先人から勇気と知恵を受け継ぐこと

　歴史は、ただ過去を追憶（ついおく）するためのものではない。私は、歴史とは、先人たちの知恵や叡智（えいち）が詰まった引き継ぎ書類のようなものだと考えている。その意味では、人生を豊かにするために欠かせないものといえる。そこに、教養としての日本史を学ぶ意義もあるのではないか。

　昔から、「歴史は鏡である」といういい方がある。古代の歴史物語の書名が「大鏡」「今鏡」「水鏡」など、「鏡」の字がつくのはそのためで、過去、すなわち歴史を鏡に映し、未来を照らすという意味にとらえていた。過去─現在─未来がつながっているという考えである。つまり、歴史を知ることで、未来の展望をもつことができるというわけで、ここに、私たち日本人が日本史を学ぶことの意味があるといってもよい。

　また、「前車の覆（くつがえ）るは後車の戒（いまし）め」といった諺（ことわざ）もよく知られている。「前車の轍（わだち）を踏む」といういい方もしていて、前の人がした失敗をあとの人が繰りかえすことのたとえとして使われている。先人の失敗を学び、同じ失敗をしないで済むというのも歴史の学び方で、反面教師的な役割はある。よく、「成功者に学べ」というが、失敗の歴史からも学び取ることは少なくない。

　それと、これは本書の読み方とも関係するが、本当に歴史をつくってきたのは誰なのかを読者と一緒に考えたいという点である。教科書的な歴史だと、どうしても歴史の流れをつかむことを優先し、政治史中心になりがちで、そのため、「歴史はつまらない」と歴史離れをふやしてしまう傾向がある。政治史中心なので、古代では天皇や藤原氏などの一握りの公家、中世・近世では武士、近・現代では政治家が前面に出て、そうした一握りの人たちによって歴史が動かされてきたという記述になっていることが多い。

その点、本書、教養としての日本史の視点は少しちがっている。英雄史観ではなく、歴史は私たち一般庶民も歴史づくりの担い手だったことを盛り込んでいる。私たち一人ひとりが歴史を動かしている歯車の一つだということを自覚することで、一人ひとりの人間としての生き方も変わってくるのではないだろうか。

　日本人は、地震などの自然災害、そして、戦争、さらには疫病の流行など、さまざまな困難を乗り越えてきた。その歴史から勇気も受け継いでいきたいと考えている。

　　　　　　　　　　　　　　　　　　　　　　　　小和田 哲男

本書の使い方

　この本には、日本の歴史を知るために必要な365の知識がおさめられています。1日の終わりにベッドに腰かけて読んでいただいても、毎朝仕事や家事を始める前に開いていただいても、忙しい日々の隙間時間に読んでいただいてもよいでしょう。1日5分だけ、ご自身の教養を耕す時間にあててみてください。1年後には、自分が暮らす世界の見方が変わっていることでしょう。

　本書の読み物は曜日ごとに以下の7分野に分かれています。

◆**月曜日** —— 政治
　古代のヤマト政権から、天皇、幕府による支配をへて民主主義にいたるまで

◆**火曜日** —— 争い
　国内でのムラやクニの争いから、二度の世界大戦にいたるまで

◆**水曜日** —— 外交
　諸外国との交流やそれによってもたらされた新しいものについて

◆**木曜日** —— 経済
　狩猟・採集の時代から、金融経済にいたるまで

◆**金曜日** —— 暮らし・信仰
　古代の竪穴式住居での生活から「個人の尊厳と両性の本質的平等」と憲法で謳われるまで

◆**土曜日** —— 人物
　神話の人物から、政治、学問、芸術などで著しい結果を残した人々について

◆**日曜日** —— 文化・芸術
　焼き物、日本画、歌舞伎や能、文学など、今も日常にある文化の始まりについて

1 政治 | 日本列島の形成

島国日本。他国から海で隔てられているがゆえに独自の文化を持ち、動物ではニホンカモシカやニホンザル、アオダイショウなど、植物ではコアジサイやバイカオウレンなどといった固有種が豊かに存在する。また一面では、島国であるからこそ国家としての統一が早期に実現し、長く天皇制を守り続けられたといえるのではないだろうか。しかし、日本は誕生したときから島国だったわけではない。

◆

200万～80万年前の日本列島

日本列島は、太平洋プレートとフィリピン海プレートが、陸のプレートの下に沈み込むとき、プレート上の深海堆積物などが押しつけられ、剥ぎ取られた「付加体」が集積されたものだ。また、2つの海洋プレートが沈み込むときにマグマが発生し、火山活動が生まれた。

このようにして生成された日本の基盤は、約500万年前には現在の列島のような三日月型となったが、当時はまだ南部と北部が大陸とつながっている。1万3000～2000年前にはほぼ現在の形の島国となったが、当時は氷期だったため海の水位が低く、現在北海道北端部とロシアの間にある宗谷海峡など、ごく狭い範囲ではあるが、大陸とつながっていた。そのころにマンモスやヘラジカ、カモシカ、ツキノワグマなどの動物が大陸から移動してきた。日本人の祖先も、このころに大陸からやってきたと一般的には考えられている。

地球の気候は寒冷な氷期と温暖な間氷期を繰り返し、それにともなって海水面も低下と上昇を繰り返した。それは人々の生活様式を大きく変化させた。特に約7000年前の「縄文海進」では、海面が2～3mも上昇し、陸地の内部まで海水が浸入した。海から遠く離れた内陸部で貝塚が発見されるのは、人々が貝類を持ち運んだからではなく、当時は遺跡のそばまで海が迫っていたからだ。縄文海進は、1万年以上前の最終氷期にヨーロッパ大陸北部にあった厚さ数千メートルの氷床が溶けたのが原因で、以降の寒冷期に氷山が増えても、元の海水面にまで下がってはいない。

火山の噴火が大量の命を奪い、大移動を余儀なくしたこともあった。特にマグマが一気に噴き出す「破局噴火」は、火砕流で多くの人が命を落としただけでなく、地形を変え、火山灰が視界を遮ったうえ、その土壌を痩せさせたため、生き残った人々も、新たな土地を目指して移動するしかなかった。特に鹿児島県の大隅海峡にある鬼界カルデラが起こした約7300年前の破局噴火では、火砕流は薩摩半島に達し、火山灰は東北にまで飛んだ。そのため九州や四国の縄文人は壊滅。生き残った人々も、東へ北へと移動を余儀なくされた。「縄文文化は東高西低」といわれるのはそのためだ。また、日本では古代の骨が発掘されにくいが、それは火山灰が降り積もった列島の土壌は、酸性が強く、人骨が分解されてしまうのが一因だ。

豆 知 識

1. 七草粥を作るとき、「七草なずな　唐土の鳥が　日本の国に　渡らぬ先に　ストトントン」などと歌う。島国である日本では、疫病は唐土の鳥が運んでくるものという認識だったのだろう。

2 争い｜争いの始まり

　徳川家康が江戸幕府を開くまでの日本は「戦国時代」と呼ばれる、群雄割拠の時代だった。では、戦はいつから始まったのだろうか。縄文時代の遺跡からは、狩猟のための矢尻は見つかっても、人を殺傷できるような武器は発見されていない。食料の保存期間が短かったため貧富の差が生まれず、支配階級が存在していなかったし、長期間定住しなかったので土地争いの戦も起きなかったと考えられる。争いは、鉄器の流入、そして稲作とともに始まったのだ。

◆

　大陸から弥生人が渡来したとき、縄文人はどのように迎えただろうか。『日本書紀』には、当時の日本を作ったのは大国主で、それを高天原（天上の世界）の神々が譲渡するように迫ったとする神話が記録されている。まず内偵を送り込み、次いで戦の神を派遣した。大国主は「立派な御殿を建ててくれれば永久にそこに隠れる」と申し出て、「冥界の主宰神」となった。この神話が史実を反映していると考え、大国主を縄文人、高天原の神々を弥生人に置き換えれば、弥生人による大規模な侵略戦争があったことになる。実際、鉄器を持った弥生人が、石器しか持たない縄文人を攻めれば、ひとたまりもなかっただろう。このような歴史観が信じられていた時代もあった。しかし、発掘調査では、大規模な侵略戦争があったと断定できる痕跡は見つかっておらず、侵略が起きた地域もあれば、平和に共存が進んだ地域もあったと考えられている。とはいえ、争いが生まれたのは弥生時代であると考えて問題はない。

　鉄器は生活を便利にした。例えば太さ20cmの松を石斧で切り倒そうとすれば10分以上かかるが、鉄斧ならば約3分だったとする実験結果もある。働く道具に使われるだけなら平和だが、殺人兵器にもなるのが鉄器だ。弥生時代の遺跡からは、矢が貫通したと思われる穴の開いた頭蓋骨や、刀傷のついた骨が発掘されている。

　争いが起きた理由は、稲作にもあるとされる。豊かな実りのために水が欠かせない稲作には、人々の強固な協力関係が必要で、多くの地域でリーダーが生まれたと考えられる。それが、のちの支配階級につながっていく。また、米は貯蔵できるため、多く持つものと持たないものとで貧富の差が生まれた。さらに、田を作らねば農耕ができないため、土地や水利の奪い合いから、ムラ同士の戦争もあったと考えられる。

　複数の中国の史書にも、弥生時代後期の倭国で大乱が起きたと記録されており、『三国志』の中の「魏書東夷伝倭人条」、いわゆる「魏志倭人伝」には、邪馬台国で争乱が続いたので、卑弥呼を女王に立てたところ、平和になったと記されている。

(豆 知 識)

1. 製鉄技術は弥生時代に輸入されたと考えられるが、日本刀に使われるような強い鉄は、日本で発展した「たたら製鉄」でしか製造できない。砂鉄を低温度で還元するため、純度の高い鉄を生産できるのだ。

3 外交 ｜ 海を渡ってきた日本人

縄文人と弥生人は骨格や文化がはっきりと違い、弥生人が新しい文化を携えて渡来したのは間違いないだろう。しかし、縄文時代に先駆けた旧石器時代から日本列島にいた人々が、縄文時代の到来とともにどこへ行ったのかはわからない。新しい文化を生み出して縄文人となったのか、外来の縄文人により駆逐されたのか、あるいは共存したのか、謎に包まれている。

◆

　旧石器時代がいつ始まったのかはわからないが、島根県出雲市の砂原遺跡では約11万〜12万年前の地層から石器が見つかっている。氷期には大陸と日本列島が地続きだったから、その祖先は大陸からやってきたと考えられるが、船による往来があったのではないかとする説もある。

　その後縄文土器が登場し、縄文時代が幕を開ける。磨製石器などの新しい道具類が出現し、狩猟や漁労、植物栽培などが生活基盤となった。さらに時代が進むと稲作文化や製鉄技術が大陸からもたらされ、弥生時代となる。この際、大陸からやってきた人々を平和的に受け入れた地域もあれば、戦が勃発した地域もあったとされるが、最終的に縄文人と弥生人は日本列島の中で共存し、現代の日本人につながっている。発掘などによる研究から、弥生人が大陸からやってきたことはほぼ確実視されているが、縄文人がどこからやってきたかはわかっていない。旧石器時代の旧人が縄文人になったとする考えもあり、船で太平洋を渡ってきたとする説もある。DNAの解析や遺物からの研究が進めば、縄文人の起源がわかる日も来るだろうが、ユニークなのは神話の比較によるアプローチだろう。

　比較神話学は、各地の神話に共通項を見つけて普遍性を見出そうとする学問だが、オリジナル性の高い神話が離れた土地に同じくある場合、民族の移動があった可能性も考えられる。例えばいたずら者の小鹿がワニを騙す、因幡の白ウサギとよく似た神話がインドネシアにあることから、日本と東南アジアの島々には交流があったかもしれないという説がある。出雲国風土記には、海の向こうの土地を綱で引き寄せて縫い合わせ、島根半島を作ったとする「国引き神話」があり、ハワイ神話のマウイによる「島釣り」の類似性も指摘されている。身長が低く彫りの深い縄文人とインドネシアの人々やハワイ先住民の外見的特徴を比較してみれば、あながち荒唐無稽ともいえないだろう。

　古くオセアニアで暮らしていたマオリの人々が、大西洋を越えて各地に散り、ポリネシアや東南アジアの島々などの先住民になったとする説がある。現代のように航海技術が発達していなかった時代、太洋を渡ってきたたくましい人々が縄文人なのだとすれば、縄文土器のダイナミックさも納得できるかもしれない。

［ 豆 知 識 ］

1. インドネシアの雲の上に住む兄弟の神話も日本神話の山幸海幸に似ている。弟に酒をこぼされた兄が、「どうしても元の酒を持ってこい」と無理を言ったため、弟は雲を掘り、雲の下に世界があると気づくのだ。

4 経済 | 狩猟・採集

　世界各地の人類は、風土に合わせ、さまざまな方法で生活の糧を得てきた。砂漠やツンドラ地帯など農耕に向かない土地では家畜の群れを率いて移動しながらの生活が適しているし、土壌が豊かで温暖な土地では農耕が発達し、山菜や果実の採集も生活の糧とすることができた。旧石器時代から縄文時代の日本では、主に狩猟や漁労の成果で生活していたと考えられる。さらに縄文時代になると、クルミやドングリなど植物の採集も始まった。

◆

　縄文時代は、紀元前1万4000年頃から1000年頃とされる、実に長い時代区分だ。その間に「縄文海進」と呼ばれる海面の急上昇があり、気候が寒冷な時代も比較的温暖な時代もあった。だから、縄文時代の生活様式を一言では言い表せないが、狩猟と漁労、そして植物の実などの採集が生活の柱となっていたようだ。男たちは狩猟や漁労、女性たちは採集と役割分担が生まれたと考えられる。狩猟は弓矢や落とし穴などの罠によって行われ、大勢で力を合わせて獲物を追い詰めることもあった。日本列島の土壌は酸性なので人間や動物の骨は溶けてしまいやすいが、アルカリ性が強い貝塚からは、猪や鹿、犬、兎などの骨がわずかながら発掘されている。

　また、海に囲まれた日本では、豊かな海の幸が採れる。特に鮭や鱒などの大型魚類は縄文人の食卓を豊かにした。東に行くにしたがって文化が豊かなのは、鮭が遡上する川が多いからだとする説もあるほどだ。動物の肉にしても鮭や鱒にしても、年中採れるわけではない。狩猟ができない季節のために、塩漬けにしたり乾燥させたりして、保存食にするなど工夫していたようだ。

　しめじやまいたけなどのきのこ類、山菜やゴボウなどの根菜も食べられていたと想像できるが、これらの食料は遺物として残りにくいため、どれほど食べられていたのかわからない。痕跡が残っているのは堅果類だ。クルミやクリ、トチ、カヤの実なども見つかっているが、圧倒的に多いのはドングリだ。

　さて、弥生土器にあって縄文土器にないものはなんだろう。その名の通り、縄文土器は縄でつけられた文様があるが、縄文土器には弥生土器のような「くびれ」はない。弥生時代、鍋として煮炊きに使われていた甕形土器に、必ずといってよいほどくびれがあるのは、米をおいしく炊くために蓋をするようになったからだと考えられている。見方を変えれば、縄文人の調理には、密閉性が必要ではなかったわけだ。縄文人は、きのこや実を煮炊きするためだけでなく、ドングリの灰汁を抜くために土器を利用していた。灰汁の抜けたドングリは石ですりつぶして粉にし、鳥の卵などでペースト状にし、クッキーのように加工していたと考えられている。

1.「肉」の訓読みは「にく」ではなく「しし」。「ししおどし」の「しし」だ。ししは猪や鹿を指す言葉でもあるから、日本人にとって身近な肉は、猪や鹿だったのだと考えられる。

5 暮らし・信仰 | 打製石器・磨製石器

　日本の旧石器時代がいつ始まったのかは、まだわかっていない。島根県出雲市の砂原遺跡では、7万〜12万年前の土壌から石器が出土しており、少なくともその時代には始まっていたのだろう。旧石器人は日本列島各地に居住しており、たとえばナイフ形の石器なら北海道から東北地方で出土する東山型、関東や中部の茂呂型、関西や中国・四国地方の国府型など、時代的、地域的な特徴も見出されている。

◆

サヌカイト石器

　　　　　　　　狩猟をするにも料理をするにも、硬質の道具があると便利なものだ。矢尻が硬くなければ動物に致命傷を与えられないし、包丁やまな板が硬くなければ食材を切れない。土器や鉄器を製造する技術がない時代、石は身近で、種類によっては手軽に加工できる硬質の素材だった。だから世界的に見てもほぼ例外なく、人類の歴史は石器時代を経ている。

　　　　　　　　石器と一言で言っても、さまざまな形態や使用方法がある。石を臼のように使った痕跡のあるものや、打製石器を製造するための敲石など、加工されていない石も石器に分類される。加工された石器としては、打製石器と磨製石器がある。打製石器は石に打撃を与えて割り、割れ目を刃としたもので、包丁や斧として利用された。磨製石器は石を磨いて作られた石器で、ナイフや斧、錐、錘なども作られた。

　石材は黒曜石やサヌカイトなど、密度が高くて硬質な火山岩だ。黒曜石はガラス質の火山岩で、マグマが急速に冷えてできるから、冷涼な土地や、マグマを冷やす海が近隣にある、沿岸部や島などが主な産出地だ。サヌカイトはその名の通り讃岐地方、香川県坂出市で採取されるが、大阪と奈良の県境に位置する二上山も大規模な採取地だった。また、硬質の頁岩も利用されている。頁岩は堆積岩の一種で、本のページのように薄く割れやすい性質がある。

　一般に「石器」というと矢尻のような武器や包丁などの刃物を連想するが、祭祀に使われたと考えられる石器も多数見つかっている。例えば主に中部地方の高地で出土する石棒は、男性器をかたどったものとされている。比較的軟らかい石材で作られており、祭祀の際には石台などの上に立てられたようで、なんらかの力を求めるために使われていたのかもしれない。豊穣や生産など、女性的な祭祀に使われたと考えられる土偶とは、対照的な祭祀具だ。

　縄文時代後期には、鉄器を模したと思われる石剣も作られた。非常に精巧に作られ、剣の形を忠実に模したものもあるが、刃先は鈍くて武器としては使用できないので、祭祀用具か、権力を示すための道具だったと考えられる。

豆 知 識

1. 石棒の出土地は中部地方が中心で、飛騨ではさまざまな石材から作られた大小1000本以上の石棒が出土している。太古の人々はどのような祭りを行っていたのだろうか。

6 人物 伊弉諾尊・伊弉冉尊

伊弉諾尊、伊弉冉尊は日本神話で最初に登場する夫婦であり、兄妹だ。協力して日本列島の島々をはじめ木の神や山の神、流れの神などを次々に生み出した。しかしこの二柱の神は、最初に夫婦別れをした神でもある。黄泉の国へ行ってしまった妻を追った伊弉諾だが、伊弉冉の腐りはてた姿を見てしまったため、鬼たちに追われて逃げ出す。黄泉の入り口に大岩を置いてこの世と黄泉を隔て、妻にきっぱり別れを告げたのだった。

◆

イザナギとイザナミ像（兵庫県沼島）

天地開闢（天地が2つに分かれること）の神話は各地にあるが、『日本書紀』では、天地が分かれず、陰陽の区別もない混沌とした空間に、まず国常立尊が生まれる。次いで国狭槌尊、豊斟渟尊が誕生する。根源神と呼ばれるこれらの神々は、混沌の中から一人でに生まれ、純粋な男性神だった。その後三代の神は、泥が固まって世界ができていくさまを表現する名前がついており、男女の対になっているが、夫婦だとは説明されていない。根源神三柱と次に続く三代、そして伊弉諾・伊弉冉までを神世七代と呼ぶ。

その後に誕生した伊弉諾尊と伊弉冉尊は天の浮き橋に立ち、鉾でかき回して海を発見し、島を作り、そこで国生みをする。島の真ん中に柱を立て、伊弉諾は左から、伊弉冉は右からまわり、出会ったところで声をかけ合い、そののち国を生んだという。最初に伊弉冉から声をかけたところ、手足のなえた蛭子が生まれたので、葦の船に乗せて流したという。陰である女神から声をかけたのが失敗の原因だというから、中国の陰陽思想の影響があるとされる。そこであらためて伊弉諾から声をかけ、日本列島や島々をはじめ、山や草、土や金属などを次々と生み出すが、最後に火の神を生んだときの火傷がもとで、伊弉冉は命を落とす。

悲しんだ伊弉諾は黄泉の国へ伊弉冉を連れ戻しに行くが、すでに黄泉の食べ物を食べていた伊弉冉は「もう寝ようとするところですが、寝姿を見ないでください」と答えた。しかし伊弉諾はそれを聞き入れず、うじのわいた伊弉冉の死体を見てしまったため、怒った伊弉冉は鬼たちに夫を追わせる。鬼に追いつかれそうになった伊弉諾が髪に巻いた蔓飾りを投げつけると葡萄となり、鬼たちがそれを食べている間に逃げる。また追いつかれそうになったときは櫛を投げつけ、それがタケノコになったので、また鬼たちを振り払うことができた。最後には伊弉冉自身も黄泉の国の入り口まで追いかけ「一日に千人の人間を黄泉に連れてきましょう」と呪いの言葉を吐くのだが、伊弉諾は「それなら私は一日に千五百人の人間を生み出そう」と応酬し、入り口を大きな石で塞いでしまった。その後日向の海で禊ぎをし、禍の神や海の神を生み出した後、最も尊い三柱の神、天照大神・月読尊・素戔嗚尊を生み出した。

> ### 豆知識
>
> 1. ギリシャ神話にもオルフェウスが死んだ妻を冥界へ探しに行く物語がある。ギリシャに生まれたラフカディオ・ハーンは、日本の黄泉探訪譚を知り、「ギリシャ神話より面白い」と日本への渡航を決めたという。ハーンはのちに「小泉八雲」という名前で日本へ帰化した。

7 文化・芸術 | 土偶

　土偶は、狭義には縄文時代の日本で作られた土人形を指し、乳房や臀部(でんぶ)が強調されたものが多い。そのため妊娠した女性の像だと考えられるが、豊満な女性像は世界中の農耕社会で出土しており、大地母神への崇拝を示す、あるいは豊穣を祈るための祭具だと考えられている。縄文時代に植物の採集は行われていたが、まだ農耕は始まっていない。狩猟社会において、土偶はどのような意味を持っていたのだろう。

◆

　縄文土偶の名から思い浮かべるのは、大きな眼鏡のような丸に、細い線で表現された目を持つ、いわゆる「遮光器土偶(しゃこうきどぐう)」ではないだろうか。宇宙人のようなユニークな姿だが、くびれた腰や広い臀部、乳房の表現などから、女性であることがわかる。古墳時代の女性埴輪のスマートさに比べると、縄文土偶の腹部はふくらんでいるものが多く、妊娠した姿で表現されているとされる。体形はいかにも豊満で、女性らしさが強調されている。縄文土器には、胎児が膣(ちつ)から顔を出すシーンが表現された「出産文土器」もあり、古代人にとって出産は、死と隣り合わせの危険な場面であると同時に、新しい生命が生まれる奇跡の瞬間だったのだろう。また、99％もの縄文土偶が一部損壊した状態で出土しているのも見逃せない特徴だ。埋没中に破損した可能性はあるものの、故意に壊して埋めた可能性が高いといえるのではないだろうか。

　土偶はなんのために作られ、どのように使われたのだろう。一つ目の説は、妊娠した姿から、他の農耕社会と同じように、豊かな実りを祈ったというものだ。農耕は始まっていなかったが採集は行われていたから、山菜やきのこ類、木の実が豊富に採集できるよう祈るためのものだったかもしれない。心理学者のグスタフ・ユングは、個人の知識や経験を超える無意識の深層に「集合的無意識」があると考えた。その中では偉大なる母や老賢人という元型(アーキタイプ)が存在し、「偉大なる母」のイメージはうずまきで現れることが多いとする。土偶の多くにうずまきの文様が描かれているのは興味深いことだ。次に、土偶が損壊した状況で出土することから、身代わりの呪具として使われたとする説もある。穢(けが)れ祓(はら)いの人形(ひとがた)や流し雛(びな)のように、病気や災いを土偶に移し、転嫁させたというのだ。さらに、再生の祭祀に使われたとする説もある。妊娠中は女性がもっとも活力を持つ時期だと考え、その姿を破損して力の再生を祈ったというのだ。冬至の時期、太陽の力が弱まるのを恐れた縄文人が、土偶祭祀を行ったとの説もある。

豆 知 識

1. 縄文時代の遺物で国宝指定されているものは6点しかないが、そのうちの5点は土偶である(縄文のビーナス、縄文の女神、中空土偶、仮面の女神、合掌土偶)。もう1点は、新潟県の笹山遺跡から出土した火焔土器(かえん)だ。
2. 縄文時代後期になると、動物の姿をした土偶も登場する。猪や犬、猿、熊といった縄文人にとって身近な動物だが、なんのために使われていたのかはわかっていない。

8 政治 | 縄文文化の成立

縄文文化の始まりは、土器の出現を区切りとしている。現在見つかっている最古のものは青森県の大平山元遺跡から出土したもので、約1万6500年前のものの可能性があるとされている。縄文土器の特徴は縄のようなものでつけられた文様だが、草創期は無文で、火焔土器などダイナミックな造形の土器も作られた。縄文様が現れるようになるのは約1万年前頃からだ。縄文時代には弓矢が作られるようになり、竪穴式住居での定住も始まった。

◆

旧石器時代から縄文時代へと文化が移り変わった理由は、新しい民族が移入したためとも、激しい環境の変化に対応したためともいわれている。この時代は短い周期で温暖化と寒冷化を繰り返し、森林の構成にも大きな変化があった。温暖期にはブナ属やクリ属など堅果類の樹林が増え、マンモスやナウマンゾウなどの大型哺乳類はほぼ絶滅したと考えられる。さらに縄文海進と呼ばれる海水面の上昇で、海が内陸まで侵入した。これら環境の変化によって、人々の生活も変わらざるを得なかっただろう。貝類や魚類などが食べられるようになり、狩猟の標的はマンモスやナウマンゾウなどの大型動物から、鹿や猪などの中型動物に変化する。また堅果類やきのこ、山菜などの採集も、主な生活の糧となっていく。

かつて縄文人は狩猟をしながら移動し、定住しなかったと考えられてきた。しかし縄文時代草創期には竪穴式住居が作られ、定住化が始まったようだ。縄文時代の人口は、遺跡の数や居住地、集落規模から、多いときは26万人程度、少ないときは10万人を切るのではないかと推計されている。現代の人口1億2000万人超から想像すれば、土地を奪い合って争う必要はなかっただろう。定住といっても長期間ではない。獲物を追って移動しながら、ある程度の期間、定住しては移動を繰り返したようだ。定住化によってムラも生まれた。一つのムラの戸数は20軒程度までだと考えられているが、青森県の三内丸山遺跡のように立派な六本柱建物が建てられたほか、見つかっている大型竪穴式住居跡だけでも11棟と、大規模なムラも存在している。しかし、食料である肉は保存期間が短く、堅果類の量も多いとはいえなかっただろうから、貧富の差や支配階級などはなかった。みな等しく働き、同じように生活していたのだ。

縄文時代中期には翡翠製の勾玉が作られるようになる。翡翠の原産地は新潟県の糸魚川で、同県の長者ヶ原遺跡が翡翠製品の製造や流通の拠点となっていたようだ。糸魚川原産の翡翠で作られた勾玉は、三内丸山遺跡などでも出土しており、当時すでに遠方との交流・交易が始まっていたことがわかる。

豆知識

1. 骨格の復元から、縄文人の顔は彫りが深く目は二重瞼、眉毛は太く濃く、がっしりした鼻で分厚い唇をしていたとわかっている。縄文時代は、「濃い顔」の人だらけだったのだ。

9 争い｜小国の分立

　定住化が始まるとムラができる。ひとまとまりになった住居群をムラと呼ぶが、縄文時代のムラには支配階級がなく、みな平等に働いていたとされる。弥生時代になると稲作が始まり、共同作業を必要とするため、多くのムラで指導力や統率力を持つリーダーを必要とし、支配階級が生まれた。さらに、余った農作物の奪い合いで貧富の差ができたとされる。ムラが集まるとクニになるが、ムラとクニの違いはなんだろう。

◆

　弥生時代になると、各地で争いが起きたとされる。土地や水利権、さらに保存された食料の奪い合いが原因だ。争いになれば大きなムラが有利だ。そこでムラ同士の結合や協力関係が進んだ。もちろんそれだけでなく、争いの結果による併合もあっただろう。その結果、小さなクニがたくさん生まれた。

　では、ムラとクニの違いは規模だけだろうか。その定義が明確に定められているわけではないが、一般的に大きな違いは階層性と分業制にあるとされる。例えば、ムラの首長は自身も農作業に参加し生産に関与していたが、クニの王は農作業をしない。さらに手工業に専念する技術者や、神職などといった専門職も存在した。

　後漢（25～220）に編纂された『漢書』によれば、「倭人が分かれて百余国と為る」という記述があり、日本に百以上の小国が存在したらしいことがわかる。「漢 委奴国王」の金印で有名な奴国が後漢の光武帝（紀元前6～後57）を訪れたのは57年のこと。北九州の遺跡からは、前漢・後漢代の銅剣や銅鏡も出土している。小国の王たちは、大国である後漢の後ろ盾を得るべく朝貢（皇帝に対し、周辺諸国が貢物をすること）し、その見返りとしてこれらの宝物を授かったのだろう。後漢は朝貢した国に印綬を授けることもあったが、その材質は玉をはじめ金・銀・銅がある。銅印を贈られた国も多い中、金印を授かった奴国は、小国とはいえ重要な国とみなされていたのだろう。

　さらに時代が下り、3世紀に成立した『三国志』の「魏書東夷伝倭人条」には、倭人についての記録がある。いわゆる「魏志倭人伝」だ。この中には邪馬台国だけでなく、対馬国、一支国、末盧国、伊都国、奴国、不弥国、投馬国なども登場し、当時はまだ小国が分立していたことがわかる。いくつかのクニが連合国となっていた場合もあり、魏志倭人伝では、「邪馬台国連合」と、「邪馬台国というクニ」のどちらも「邪馬台国」「女王国」と表現されている。邪馬台国の南に位置する狗奴国では、王は男性だったと書かれている。狗奴国の官である狗古智卑狗は、女王に属していなかったとあるから、邪馬台国と対立していたと考えられる。3世紀の日本では、小国が争乱を繰り返していたのだ。

豆 知 識

1.「魏志倭人伝」の「倭」は、日本を指していると考えられるが、日本だけでなく、朝鮮半島南部も含められていたとする説もある。「倭」は従順な風貌を意味する字でもあるので、柔和な様子を表現したのかもしれない。

10 外交 ｜ 大陸から伝わったもの

　大陸から伝わったものの中で、もっとも重要なのは米と鉄器といって差し支えないだろう。稲作の始まりは、日本の文化を大きく変えた。鉄器は人々の生活を便利にしただけでなく、争いを凄惨にもした。大陸からは他にも銅鏡や銅剣などの青銅器、弥生土器の様式や製造方法、高床式倉庫など大型の建物や、織物の技術などさまざまなものが伝来している。

◆

　世界的に見て、人々が手にする道具は、石器→青銅器→鉄器の順を経ることが多い。石器時代、青銅器時代、鉄器時代の区分もあるほどだ。しかし日本には、青銅の時代はない。青銅器と鉄器がほぼ同時に大陸から伝来したため、いきなり鉄の時代になったからだ。

　青銅器は銅と錫の合金で、鉄に比べると融点が低く、流動性があるため加工しやすい。しかし硬度は鉄器より劣っていて、鉄の武器が作られるようになると衰退してしまう。日本でも、武器や農具には、材料をより安価に調達でき、硬度の高い鉄器が作られたが、青銅器がまったく使われなかったわけではない。例えば銅鏡や銅剣、銅矛などが出土している。青銅は鉄よりさびにくく、キラキラとした輝きが長く続く。そのため、青銅器は主に祭祀に使われたと考えられる。

　また、織物の技術も大陸から伝わった。『日本書紀』によれば、応神天皇14（283）年の春2月に、百済王から縫衣工女（着物を縫う女性技術者）が奉られたとある。それでは、織物が輸入される以前、縄文人はどのような姿をしていたのだろうか。縄文人が裸同然で生活しているイメージを持っている方もおられるかもしれないが、寒冷期に裸では生活していけない。狩猟で得た毛皮を衣服に加工することもあっただろうが、三内丸山遺跡からは編布の衣装が出土しており、カラムシなどイラクサ科の植物の茎の皮の繊維を編み、衣服を作っていたと考えられる。編布は横糸に対して二本単位の縦糸をもじりながら編むもので、簾や俵と同じ編み方だ。弥生時代に中国から伝来した織物は、現代の布と同じように機織り機を使ったもので、縦糸と横糸を組み合わせて織り上げられているから、編布に比べると耐久性もあり、美しい模様が表現できる。現代で天然素材の布といえば木綿、麻、絹だが、弥生時代には木綿や絹などが織られていたようだ。ただし当時の木綿は「ゆう」と読み、現在の木綿とは違ってコウゾの木の皮を剝いでから蒸し、水で脱色した繊維を指す。現在でも、神社の神事などで使われる「木綿の布」は、ワタの実を紡いだ繊維からではなく、麻の繊維から作られたものだ。

　また応神天皇16（285）年には、王仁博士が渡来し、皇子の師となったことも記載されているから、学問も伝えられたと考えられる。「諸々の典籍を学んだ」とあるので、『三国志』にある倭人の伝承も知っていたかもしれない。

〔豆知識〕

1. カラムシの名を聞いたことのない人でも、道端でノコギリのような葉を持つ雑草を見たことはあるだろう。大葉によく似た葉の植物だ。アンデルセン童話にもカラムシでシャツを編む物語があり、世界各地で利用されていたようだ。

11 経済 | 竪穴式住居

　原始の人々は洞窟や岩陰などで暮らし、雨風を防いでいた。いわゆる横穴式住居だ。その後地面に穴を掘り、屋根をつけた竪穴式住居が登場する。狭義には竪穴に屋根をかぶせただけの住居を竪穴住居と呼び、竪穴が浅く、地上部分があるものは竪穴式住居と呼ぶ。日本の住居の多くは竪穴式住居だが、北海道などの寒冷地では、凍っていない土壌に達するまで竪穴を深く掘ったものもあり、竪穴住居と呼べるものだっただろう。

◆

竪穴式住居（青森県三内丸山遺跡）

　日本では、多くの竪穴式住居は、深さ50〜80cm程度の穴に木材で骨組みを作り、葦や茅などで屋根を葺いたものだったと考えられる。穴を掘れば、柱や壁などの部材や、建築工程も少なくて済む。竪穴式住居が生まれた旧石器時代の後期から縄文時代は狩猟生活をしていたため、一定期間定住したとしても、獲物がいなくなれば移動せざるを得なかった。そのため少しでも少ない部材で、手間をかけずに住居を建てたのだろう。また、北海道の深い竪穴住居を見れば、室内の温度を一定に保つ効果もあったと推察できる。地下も冬は寒く、夏は暑いが、地上に比べれば季節による気温差が激しくないためだ。また、茅などの屋根では隙間風を防げないが、穴を掘れば風が入り込みにくい。

　雨が降ると竪穴に雨水が入り込んでくるため、多くの竪穴式住居の周囲には、排水用の溝がめぐらされている。屋根は地面に届くほど低くまで垂れ下がっており、建材は葦やススキ、土、草、樹皮などだったと考えられる。穴の形状は地域や時代によって変わるが、方形、台形、楕円形のものが古く、のちに円形のものも登場する。屋根の支柱は4〜6本。地面に炉が掘られた住居もあり、室内でも調理されていたとわかる。

　弥生時代、古墳時代になっても竪穴式住居は作り続けられた。ただ、縄文時代までは伏屋式と呼ばれる壁のないものしかなかったが、弥生時代になると、地上に柱を立てて壁を作った壁立式住居が誕生する。壁立式住居は多くの建材が必要で、手間もかかるから、拠点集落の大型住居にしか見られない。首長などの、権威者の住居だったのだろう。古墳時代中期には、炉がなくなり、壁の内側にかまどを設けた住居が登場する。台所と寝所の区別がついたのだと考えられる。そして飛鳥時代になると、地面の穴に柱を立て、地面を底床とした掘立柱建物が誕生する。一方で都から離れた中部地方以北では、平安時代頃まで竪穴式住居が建築されていたところもあった。鎌倉時代になると、竪穴式住居はほとんど作られなくなるが、アイヌ文化の冬用の集落では、19世紀になるまで竪穴式でチセ（アイヌ語で住居の意味）が建てられていた。

〔 豆 知 識 〕

1. 竪穴式住居の屋根を葺いた茅は、イネ科のススキや葦などの総称。日本は「葦原 中 国」と呼ばれるほど、たくさんの葦が生える国だったのだ。

12 暮らし・信仰｜アニミズム

アニミズムとは、万物に精霊や霊魂が宿っているとする思想のことで、ラテン語で精霊や生命を意味する「anima」を由来とする。日本神話の神々の多くは自然そのものを表している。太陽神の天照大神、海神の三筒男神、風神の級長津彦神、山神の大山祇神などだ。大自然どころかカカシの神までいる。大国主にアドバイスを与えた久延毘古で、知恵の神様として信仰されている。太陽を拝み、田の神に豊作を祈った日本にはアニミズムの精神が今も生きている。

◆

アニミズムは原始宗教の一形態とされる。実際、ユダヤ教などの一神教が生まれるのは、文明が進んだ時代になってからだ。太古の人々は、純粋に太陽の光に感謝し、大風を恐れ、大地を畏怖の対象として崇めたのだろう。ギリシャ神話でも、太陽はアポロ、海はポセイドン、月はアルテミスと、自然を神として崇めている。ケルトや北欧でも同じだ。

しかし時代が下ると、アニミズムの神話の中に、氏族の祖先が神として登場する例がある。日本神話なら、藤原氏の祖神である天児屋根命や物部氏の祖神である饒速日尊などがそうだ。ギリシャ神話でも、ゼウスやアポロ、アフロディテといった人気の神々は、次々に人間と交わって子孫を残し、国を作ったり、支配者となったりしている。文明が生まれ、やがて階級が生じると、支配者たちは自分たちの血筋を正統で尊いものとしたがったのだろうか。日本神話もギリシャ神話も、複数の氏族の神話を統合させながら成立したのだろう。その際祖神の間にも階級が生まれるが、多神のまま残れば多神教となるし、もっとも強い一柱の神だけが残れば一神教となる。その場合は、他の神を否定する色合いが濃くなるのも必然だろう。旧約聖書の出エジプト記の中で、モーセがシナイ山に登っている間に人々が金の牛を作って拝んでいたため、神から授かった十戒の書かれた石盤を、怒って打ち壊すエピソードがある。金の牛はメソポタミアの人々が信仰する金星の女神・イシュタルの象徴だ。当時の中東も民族同士の争いが絶えず、民族の団結が必要だっただろう。そのような環境では、他民族の神を否定する気風が強くなるのも必然だが、日本のような島国では、ゆるやかに統合しやすい。

日本でも、アニミズムの信仰を強く残すのがアイヌの人々だ。フクロウやクジラ、熊など動物も神として敬い、狩猟の獲物は「神が人間に自らの肉を与えてくれた」と考える。アイヌ神謡は、それぞれの神が自分の物語を語るものだが、知恵のあるフクロウの神は人々にさまざまなアドバイスをし、シャチの神は入江を守って人間たちを助ける。まさに自然に感謝し、共に生きる思想だろう。

豆知識

1. 動物を神とみるアニミズムの世界では、小さな鳥が知恵者あるいは王として描かれる例が少なくない。エクアドルではハチドリが山火事に立ち向かう英雄とされ、アイヌ神謡でもグリム童話でもミソサザイが動物の王として登場する。

13 人物 | 天照大神

　日本神話における最高神は天照大神だ。彼女は太陽神であり、皇室の祖先でもある。しかし、世界的にみて、女神を最高神とするのは珍しい。有名な神話を思い出してみよう。ギリシャ神話のゼウス、北欧神話のオーディン、ローマ神話のジュピターなど、男神を主神とすることがほとんどだ。日本ではなぜ女神なのだろうか。

◆

　天照大神は、伊弉諾と伊弉冉が、月読尊と素戔嗚尊とともに最後に生んだ神で、この三柱は特に尊い神々として、「三貴神」と呼ばれる。この三神が生まれた状況は、日本書紀に数種類描写されているが、例えば左目を洗ったときに天照大神が、右目を洗ったときに月読尊が、鼻を洗ったときに素戔嗚尊が生まれたとされており、左は右より高位とされていたから、三貴神の中でも天照大神がもっとも尊いのがわかる。他の状況でも尊さの順は同じだ。伊弉諾は天照大神に高天原を、月読尊には青海原を、素戔嗚尊には天下を治めるよう命じる。ある描写では、月読尊も天を治めるよう命じられたが、誤解から穀物神を殺してしまい、姉に「二度と顔を見たくない」と嫌われてしまう。そうして、昼と夜に棲み分けることになったのだ。

　それではなぜ、日本では最高神が女神なのだろう。その理由の一つは、日本書紀編纂当時のヤマト政権にあるとされる。日本書紀の編纂は天武天皇（？〜686）の勅命によるというのが定説だ。日本書紀天武天皇10年3月4日の記事に、「皇子らに帝紀及び上古の諸事を記し校訂させられた」とあり、『続日本紀』には養老4（720）年に『日本紀』が完成したとある。天武天皇が崩御すると、その志は妻である持統天皇（645〜702）に受け継がれたと考えられる。『日本紀』と『日本書紀』が同じ書を指すという説には異論もあるが、日本書紀の編纂に持統天皇が関わった可能性は高い。

　天武天皇には10人の皇子がおり、中でも大津皇子は人望も厚く血脈も申し分がなかった。そんな中で持統天皇が女帝として即位するには困難も多かったことだろう。そのような状況下で、太陽神天照大神を最高神とする日本書紀が編纂されたのだ。そのため、この女神には持統天皇の存在が強く反映されているとされる。例えば、葦原中国（神話上で日本のこととされている国）が大国主命から天照大神に譲られた際、長男の天忍穂耳命に支配させようとするが「邪悪な神がたくさんいる」と拒まれてしまった。そこで、孫である邇邇芸命が遣わされる。いわゆる「天孫降臨」だ。これは持統天皇の息子である草壁皇子の急逝が影響しているとされる。邇邇芸命は日向の高千穂峰に降り立ち、日本の統治を開始した。初代人皇の神武天皇は、そのひ孫にあたるとされている。

─────────── 豆 知 識 ───────────

1. 天照大神は男神五柱を生むが、父親はいない。乱暴者の素戔嗚尊が高天原へやってきたとき、素戔嗚尊に悪心がないことを誓わせ、互いの道具を交換して子を生み合ったとされている。

14 文化・芸術 | 縄文土器・弥生土器

縄文時代の始まりは、縄文土器が出現したときであると定義されている。草創期の縄文土器は無文だが、次第に縄目などで文様がつけられるようになり、火焔土器や出産文土器など、ユニークな造形のものも登場する。弥生時代になると、弥生土器がもたらされる。弥生土器は縄文土器より薄くて硬く、実用に即した造形が特徴といえるだろう。へら状や櫛状の工具を使った精緻（せいち）な文様が施されているものもあるが、質実な印象だ。

◆

青苗遺跡（北海道・奥尻島）から出土した縄文土器

土器は世界中で発明され、使用されてきたが、世界でもっとも早く登場するのが縄文土器だ。「世界四大文明」といえば、メソポタミア文明・エジプト文明・インダス文明・黄河文明だが、これら最古の文明が扱っていた土器と比べても、縄文土器は、文様のユニークさや躍動感において、特筆すべきものがある。

縄文土器は祭祀や弔いにも使用されていたと考えられ、調理に使用された甕（かめ）を棺桶に転用した例もある。その造形には多産のシンボルである猪や胎児なども組み込まれており、なんらかの祈りが込められていたのだろう。縄文土器と比較すると、弥生土器は実用的で、機能美が感じられるものが多い。弥生時代にまだろくろは発明されておらず、縄文時代と同じように紐作りの技法で形成されたと考えられる。原材料はどちらも粘土だが、弥生時代には砂をつなぎにして強度を高めたものもある。また、縄文土器は粘土が露出する野焼きで焼成されていたのに対し、弥生土器は藁（わら）や土をかぶせた覆（おお）い焼きで焼成されたため、温度を一定に保つことができ、薄くて硬い土器が実現したのだろう。弥生土器は壺や甕、鉢などの実用的なものが多く、弥生時代中期になると高坏（たかつき）が作られるようになった。壺や鉢は食料保存用で、口が大きい甕は調理用だったと考えられる。高坏は台の上に皿を載せたもので、料理を盛りつけるために使った。のちに高坏の皿と台が分離して、器台（きだい）が生まれる。吉備地方で生まれた特殊器台は丹で彩色を施して華麗な文様がつけられた、装飾性に富んだもので、古墳時代になると円筒埴輪に変化する。

さて、縄文土器の名は、表面につけられた縄目文によるが、弥生土器の名はどこから来たのだろう。ほぼ完全な姿の弥生土器が初めて出土したのは1884年のこと。東京都弥生町にある向ヶ岡貝塚からだ。発見者は3人の学生で、その中の一人である坪井正五郎（つぼいしょうごろう）（1863〜1913）が『東洋学芸雑誌』に報告している。しかし、その記録はしっかりしたものではなく、その後の開発などによって貝塚の場所が不明となり、最初の弥生土器出土の地もわからなくなってしまった。その後1974年に東京大学本郷キャンパスの一画で遺構が発見され、「弥生二丁目遺跡」として史跡指定された。

豆知識

1. 関東の遺跡からは、縄文のついた弥生土器も出土している。弥生時代後期になっても縄文がつけられた土器が見つかる遺跡もあるほどだから、関東の弥生人は縄文に強い愛着を持っていたのかもしれない。

15 政治 | 邪馬台国

　邪馬台国の名が登場するのは、3世紀に成立した『三国志』の、「魏書東夷伝倭人条」においてだ。東夷、つまり東の国にいる異民族の一つとして倭人が紹介されており、この部分を「魏志倭人伝」と呼ぶ。日本には対馬国、一支国、末盧国などといった小国が分立しており、その中の一つとして邪馬台国が登場するのだ。

◆

　古代の歴史を考えるとき、邪馬台国の場所は重大な問題だろう。大きく分けて北九州説と畿内説があり、今なお決着がついていないことは、多くの方がご存じなのではないだろうか。畿内とは都周辺の区域を指す言葉で、現在の京都・奈良・大阪・兵庫県の辺りにあたる。最初に畿内説を唱えたのは江戸時代の国学者である新井白石（1657～1725）、そして北九州説を唱えたのは本居宣長（1730～1801）だ（「新井白石」194ページ、「本居宣長」208ページ参照）。「魏志倭人伝」には、邪馬台国は投馬国から「南、邪馬台国にゆくには、女王の都する所で、水行十日・陸行一月」とあるのだが、そのままあてはめると、九州からはるか南の海に出てしまう。そこには島もなく、この記述に何か誤りがあると考えられた。北九州説の論者は、水行十日、陸行一月の起点は投馬国ではなく、それまでの経路の一つである伊都国とする。畿内論者は投馬国の南は、東の誤植ではないかと考えた。北九州には大きな弥生時代の集落跡、吉野ヶ里遺跡がある。そして畿内には纒向遺跡があり、すぐそばには卑弥呼のモデルではないかとされる倭迹迹日百襲姫の墳墓とされる箸墓古墳もあるから、どちらであっても不思議はないだろう。

「魏志倭人伝」によれば、邪馬台国はもともと男子を王としていたが、7～80年とどまるうちに国が乱れ、長年互いに攻伐し合ったため、女性を立てて王としたと書かれている。これが卑弥呼だ。しかし彼女が死んだ後に男の王が立つとまた国が乱れたので、卑弥呼の親族にあたる壹與という13歳の少女を王にしたところ、国中が平定したとある。なぜ女王なら平定できて男王ではだめなのかはわからないが、卑弥呼は「鬼道に仕え、よく衆を惑わせる」とあるから、卑弥呼と壹與は、巫女としての能力が高かったのではないかとされている。

「魏志倭人伝」によると、倭人の男子はみな顔や体に入れ墨をしており、みずら髪（髪全体を中央で2つに分け、耳の横で括って垂らす髪型）に結っている。女性は髪の毛を束ねており、単衣の中央に穴をあけ、そこに頭を入れて着ている。風俗は淫らでなく、会合では男女の区別がなく、婦人はやきもちをやかず、盗みかすめず、訴えごとは少ないとあり、邪馬台国は治安の良い国だったようだ。今の日本と大きく違うのは、人が死ぬと、喪主が10日余り泣き叫ぶ風習があったことだろう。また、船の安全を願って持衰が選ばれた。持衰は男子で、船が帰ってくるまで髪をとかず、しらみがわいてもとらず衣服も汚れたままでいなくてはならない。肉を食べず、女性を近づけない。船が無事に戻ってくると財物の褒美が与えられるが、船に災難があれば殺されたという。

> ## 豆知識
>
> 1.『日本書紀』には邪馬台国も卑弥呼も登場しない。卑弥呼ではないかと考えられてきたのが、神功皇后と倭迹迹日百襲姫だ。神功皇后は応神天皇の母だったとされる。また、倭迹迹日百襲姫は三輪の大物主の妻で、墓の造営に神が関わったとされる。

16 争い｜倭国大乱

　倭国の大乱は、『三国志』の「魏書東夷伝倭人条」（魏志倭人伝）や、『後漢書』の「東夷列伝」などに記録される、倭国内で起きた争乱のこと。その時代は『日本書紀』の仲哀天皇（ちゅうあいてんのう）の時代にあたる。この時代は九州の熊襲（くまそ）（ヤマト政権への抵抗勢力）が力を持ち、天皇はこれを征伐しようと何度も兵を派遣していた。しかし現代では、小国が割拠していたために内乱が頻発したもので、熊襲による抵抗と倭国の大乱は別の事件、あるいは熊襲の反乱は史実ではないと考えられている。

◆

大和武による熊襲討伐（月岡芳年『芳年武者无類』）

　まず、『日本書紀』ではどのように記載されているのか見てみよう。最初に九州の熊襲を退治しようとしたのは景行天皇（けいこうてんのう）（紀元前13〜後130）で、息子の大和武（やまとたける）（？〜113）を派遣する。大和武が童女の姿をして熊襲の首長・梟帥の催した宴席に入ったところ、その美しい姿を見た梟帥は彼を呼び寄せて同席させた。大和武は彼に酒を勧めて酔わせ、懐に隠していた剣でその胸を刺した。このときに熊襲はすべて平定したと報告されているが、その2代後の仲哀天皇も、熊襲を平定できないことに頭を悩ませているから、相当手ごわい敵だったのだろう。邪馬台国など倭国の国々が畿内にあったのなら、倭国の大乱は、ヤマト政権と熊襲との争乱とみることもできるかもしれない。しかし、邪馬台国が北九州なのだとすれば、熊襲の人々同士が戦っていたことになる。

　一方「魏志倭人伝」では次のような内容が記載されている。邪馬台国は男子を王としていたが、在位7〜80年の間、倭国は乱れて相争った。そこで女王を立てた。名前は卑弥呼で鬼道につかえ、よく衆をまどわせるとある。『後漢書』の「東夷列伝」もほぼ同じ内容だ。桓帝と霊帝の間、倭国が大いに乱れ、互いに攻め合ったため長い間王がいなかった。そのとき卑弥呼という女性がいて、年をとっても独身で、鬼神の道に仕え、よく妖をもって衆をまどわしたとある。「魏志倭人伝」には王が在位した時代が記載されておらず、「男王」が誰なのかもわからないが、『後漢書』には安帝の永初元（107）年に、倭の国王の帥升らが生口（すいしょう）（奴隷や捕虜）160人を献じ、謁見を願ったとあり、男王は帥升ではないかと推定できる。

　大乱の範囲や損害の規模などはわかっていないが、佐賀県の吉野ヶ里遺跡から矢尻の刺さった人骨が出土しているほか、鳥取県の青谷上寺地遺跡（あおやかみじちいせき）の東側溝からは鋭い刃物で切られたり刺されたりした殺傷痕のある人骨が110体も発掘されている。これらの人骨が倭国大乱の犠牲者なのだとしたら、大乱は九州だけにとどまらず、中国地方にまで及ぶ大規模な争乱だったことになる。

豆知識

1. 大和武が相模から上総に渡るとき、船が沈みそうになった。そこで妻の弟 橘 媛（おとたちばなひめ）が海神の生贄となったところ、波が鎮まったと『日本書紀』にある。「魏志倭人伝」の持衰（「邪馬台国」21ページ参照）は男だが、『日本書紀』では女性なのが興味深い。

17 外交 金印

福岡藩主だった黒田家に代々伝わる金印が、国宝に指定されたのは1931年のこと。その金印は天明4（1784）年に、水田から偶然発見されたもので、儒学者の亀井南冥により、『後漢書』の金印と認定された。後漢の光武帝（紀元前5〜後57）から倭奴国に授けられた印綬である。古代中国では臣下や周辺国の君主に印綬を与えたが、地位によって材質や、それにつけた紐の色を変えていた。金印は玉印に次いで高位のものに与えられたものだ。

◆

古代日本に分立していたたくさんの小国は、中国の古代王朝の後ろ盾を願い、競うように朝貢したとされるが、後漢から印綬を賜ったという記録が見つかっているのは倭奴国だけ。漢書には「建武中元二年　倭奴國奉貢朝賀　使人自稱大夫　倭國之極南界也　光武賜以印綬」とある。建武中元2（57）年に、倭の極南にある倭奴国から大夫が遣わされ、朝貢した見返りに、光武帝から印綬が授けられたことがわかる。印綬は印鑑のように使うのではなく、書簡の封泥に押して使う、シーリングスタンプのようなものだ。

古代中国が臣下や近隣諸国の君主に与えた印綬は、その地位によって材質と紐の色を変えていた。印の材質は玉、金、銀、銅の順に地位が下がり、紐の色は多色をより合わせたものがもっとも高位で、その下は萌黄、紫、青、黒、黄となる。後漢書には倭奴国が授かった印綬の材質や紐の色まで書かれていないが、国宝指定されている金印が本物ならば、奴国王は高く買われていたことになる。材質と紐だけでなく、つまみの形もさまざまあり、倭奴国に授けられた金印のつまみは蛇の姿をかたどっている。他にはラクダや龍、亀、橋などがあり、中国から見てその国がどの方角にあるかが表現されていたらしい。

発見が江戸時代なので、金印の出土地は明確ではないが、古文書の記述などから、福岡市東区志賀島ではないかと推定されている。印文は「漢委奴國王」で、読み方にはまだ定説がないが、一般的には「かんのわのなのこくおう」と読まれる。しかし、「委奴国」がどこにあったのかについては諸説あって定まっておらず、「奴国」と同じかどうかも結論が出されていない。

後漢の時代に印綬を賜った記録は倭奴国だけしか見つかっていないが、魏の時代には金印を授かった王がいる。邪馬台国の女王卑弥呼だ。『三国志』の「魏書東夷伝倭人条」には「今以汝為親魏倭王仮金印紫綬」とある。男の生口4人と女の生口6人、班布2匹2丈（5m弱の反物を2つ）を献上されたことをうれしく思うので、今あなたを親魏倭王となし、金印と紫綬を授けようというわけだ。「親魏倭王」の金印が発見されたら、邪馬台国がどこにあったのかわかるかもしれない。

┌─────────────┐
│　豆　知　識　│
└─────────────┘

1. 紫の紐を「紫綬」というが、科学技術分野で優れた業績を残した人に贈られる紫綬褒章を思い出す方もいるだろう。日本では綬の色は地位ではなく分野を表す。例えばボランティアで実績を上げた人に贈られるのは緑綬褒章だ。

18 経済 水稲農耕

　日本人にとって食卓に欠かせない米。『日本書紀』では、米は女神の腹の中から生じたとされる。月読尊が穀物神を訪ねたとき、米や魚、動物の肉を使ったさまざまなご馳走が提供されるが、その食材はすべて、穀物神の口から出されたものだった。怒った月読はこれを切り殺してしまう。その報告を受けた天照大神は怒るが、人を遣わして穀物神の様子を見させると、頭から牛馬が、額から粟（あわ）、眉から蚕（かいこ）、目から稗（ひえ）、腹から稲、陰部に麦や豆が生じていたという。

◆

　神話では、日本の穀物神から生まれたとする稲だが、もちろん事実ではない。稲の原産地は揚子江流域と考えられており、そこからなんらかのルートで日本にもたらされたのだ。しかしルートについては未だ定説がない。従来は中国北部で栽培されていた稲が朝鮮半島を経由して渡来したと考えられていたが、中国北部の気候は日本で作られてきた種類の稲を栽培するには適さないことから、別の説が支持されるようになった。揚子江下流流域で作られていた稲が、直接北九州にもたらされたとする説だ。また、揚子江下流から黒潮に乗り、南西諸島を経由して伝播したとする説もある。

　稲には陸稲と水稲がある。陸稲は水利が悪く雨の多い地域で育てられ、日本でも一部栽培されているが、数は少ない。水稲農耕は、前年の種籾（たねもみ）をまいて苗代を作り、苗が育てば田おこしされた水田に植える。稲に水は不可欠で、茎が成長する時期や開花期にどれだけ水を吸い上げたかで収穫量が変わるから、特にこの時期は田の水量がしっかりと管理される。そして稲が実ると収穫されて天日で干され、脱穀されたのちに籾殻（もみがら）をとり、玄米のまま、あるいは精米して食べられる。その間、雑草を除去したり、台風で倒れた稲を立て直したりと、決して管理が簡単ではない。それなのに、水稲農耕が日本の主食として定着したのはなぜだろう。

　弥生土器にはくびれがあり、木の蓋をして密閉性を上げる工夫がされている。蓋をすることで各段においしく米が炊（た）けるからだ。弥生人はいかにして米をおいしく食べるか、さまざまな調理法を模索したのだろう。古代日本人は他の米食民族よりずっと、米をおいしく食べる研究に熱心だったとされる。よほど口に合ったのだろう。また、連作できる稲は生産性が高いのも、定着した理由と考えられる。

　弥生時代の収穫は稲の根元から刈り取るのではなく、穂先だけを石包丁などで刈り取っていた。当時の稲は一斉に実らなかったから、根元から刈り取ると未成熟の稲まで収穫してしまう。実った穂先だけを刈り取る方が、無駄がなかったのだ。当時の農具は木製だが、鍬（くわ）や鋤（すき）など、現代の農具とほとんど形が変わらない。当時から「完成された農具」が存在していたのも、米に対する日本人の愛着を思わせる。

豆 知 識

1. 畑跡発見のニュースはあまり聞かないが、水田跡は各地で発掘される。畑作と違って稲作には水が不可欠なので、水路があれば水田跡と推測できるからだ。また稲のプラントオパール（稲の葉の表面についている、ガラス質のとげを形作っている細胞）は特徴的で、特定しやすいためだ。

19 暮らし・信仰 | 環濠集落

　環濠とは、集落や建物の周囲にめぐらせた水路のこと。皇居の周囲に堀がめぐらされているのはご存じだろう。皇居は江戸城の跡地にあるが、戦国時代の武将は、城を敵から守るために堀を作った。大坂城外堀の埋め立てが、大坂夏の陣での敗退に大きく影響したように、堀の存在はとても重要だった。縄文時代の集落遺跡から環濠が見つかった例もあるが、環濠集落が盛んに作られるようになるのは、弥生時代になってからだ。

◆

吉野ヶ里遺跡の環濠

　環濠集落は、稲作文化と同時に伝来したと考えられている。弥生時代に水稲農耕が始まると、土地や水利の奪い合いが発生し、戦乱が始まった。弥生時代中期以降は、周囲を眺望できる高地に集落ができていき、これを「高地性集落」というが、高地は稲作や生活には適さず、水田に近い丘や台地に作られた例が多いので、のろし台や避難場所であったのではないかとも推測される。それほどに争いが多かったのだろう。人々は戦乱に備えて防備を固めたが、その一つが環濠だ。他にも柵列や物見櫓などが設備されている。

　環濠の断面はV字型や逆台形型で、例えば発達した防御施設を持つ愛知県の朝日遺跡は弥生時代中期のもので、見つかった環濠の一部は逆台形、幅約1.7m、深さ約1.8m。同時期に作られた佐賀県の吉野ケ里遺跡も環濠集落で、もっとも深い場所では深さ3.5m、幅6.3mという巨大なものだ。環濠だけでなく、柵列や乱杭がめぐらされ、この時代に激しい戦乱があったことを物語っている。弥生時代全期にわたって環濠集落が存在しているが、すべてが戦乱に備えたものとは限らないともいわれる。村の区切りとして作ったにすぎないものもあるというのだ。

　縄文時代後期の北海道の静川遺跡からも、V字型で上幅2〜3m、もっとも深い場所で2m弱の環濠が見つかっている。戦乱がなく、定住の期間も長くなかった縄文時代になぜ環濠が掘られたかはわかっていないが、環濠内から2軒の竪穴住居跡が発掘され、他の場所に建てられた住居より大型で炉がないことから、祭祀の場だったのではないかと推測されている。ここでは環濠は、結界として機能していたのかもしれない。

　弥生時代が終わってからも、環濠集落は作られ続ける。他の地域からの襲撃に備えるだけでなく、裕福な町民が、武士の搾取から身を守るために環濠をめぐらせた場合もあるようだ。現存する環濠集落として、観光地にもなっている奈良県の稗田環濠集落は、室町時代に形成された集落で、町民の自衛のためだけでなく、水利の便も兼ねていたとされている。環濠と大和棟の美しい景観が人気の観光地で、現代では環濠の存在意義は変化したようだ。

豆知識

1. 環濠集落の「濠」は「ほり」と読むが、「堀」とどう違うのだろう。人工で掘った「堀」に対して、河川などを利用したものを「濠」と呼ぶ。
2. 福岡県の江辻遺跡から見つかった弥生時代早期の環濠集落が、現時点では最古のものだ。

20 人物 卑弥呼

『三国志』の「魏書東夷伝倭人条」（魏志倭人伝）や『後漢書』の「東夷列伝」には、倭国に大乱が起きたため、女王を立てたところ国が平定したという記述がある。女王の名前は卑弥呼。すでに高齢で独身、鬼道につかえて衆をよくまどわしたと表現されている。彼女が死んだ後に男の王が跡を継ぐとまた国が乱れたので、卑弥呼の親族で13歳の少女、壹與を王にしたところ、争いは鎮まった。卑弥呼とは一体どのような女王だったのだろうか。

◆

『三国志』や『後漢書』だけでなく、『梁書』や『隋書』にも卑弥呼についての記載がある。そのいくつかにある「鬼道」や「衆を惑わす」にはさまざまな解釈があるが、鬼道は卜術（偶然に現れた象徴を使って物事を占う伝統的な占術。タロットカードも卜術の一つ）だと解されることが多い。「魏志倭人伝」には倭国では骨を焼いて吉凶を占っていたという記述もあり、火による裂け目から、神意を汲み取っていたようだ。また、「惑わす」という言葉も、現代の「惑わせる」とは違い、人の心を読み取るのがうまかったという意味だとも解釈される。

卑弥呼には男弟がおり、国政を助けていた。王となってからは人前に姿を見せず、彼女を見た人は少なかった。女性奴隷千人を侍らせていたが、ただ一人の男子のみが食べ物を運び、言葉を伝え、居所に出入りすることができた。さらに宮室や楼閣があり、城柵と兵器で守衛されていたというから、いかに厳重に守られていたのかわかるだろう。

「魏志倭人伝」には、239年、卑弥呼が魏の明帝（202？〜239）に大夫の難升米らを遣わして、男性の奴隷4人と女性の奴隷6人、木綿の布などを献上したことも書かれている。その見返りとして「親魏倭王」の名と紫の組み紐と金印、百枚の銅鏡などを賜った。卑弥呼の銅鏡といえば、三角縁神獣鏡が有名だ。三角縁神獣鏡とは、鏡の縁の断面が三角形で、背面に神と霊獣が描かれたもの。魏の鏡と成分などが似ていることから卑弥呼の鏡とされたが、中国では三角縁神獣鏡が出土していないことなどから反論もある。

卑弥呼の在位中、247年、邪馬台国の南にあったと伝わる狗奴国との間に争いが起きた。狗奴国は男王の国で、狗古智卑狗という官がおり、もとから邪馬台国とは不仲だった。このとき魏は張政という人物を派遣し、両国の和睦を促している。その後卑弥呼が死ぬと、直径百余歩もの大きな墓が作られた。殉死した奴隷は百余人にも及んだという。

『日本書紀』に登場する女性で、卑弥呼ではないかとされる一人が孝霊天皇の皇女、倭迹迹日百襲姫だ。彼女は三輪の大物主の妻だったが、夫と夜しか会えないので「姿を見てみたい」とねだる。しかし夫の正体が蛇だとわかると、「姿を見ても驚いてはいけない」という約束を破り、怒りを買ってしまう。後悔して座り込んだとき、箸で女性器を突いて死んでしまう。その墓は、昼は人が、夜は神が造ったという。

豆知識

1. 卑弥呼に会えたのは男弟のみだが、共に埋葬された男女が、夫婦ではなく肉親である場合も多い。「ヲナリ信仰（妹が兄の守護神になるという考え）」のように、血のつながりを重要視する風習があったのかもしれない。

21 文化・芸術 ｜ 青銅製祭器

　ギリシャ神話では、生まれたばかりの世界は農耕神クロノスが支配し、人々は不老長寿で神々と共に生き、平和で安らかに過ごしていたとする。この時代が黄金時代だ。次の白銀時代の人々は神々に反抗したため、ゼウスに滅ぼされてしまう。そして始まった青銅時代の人々は、さまざまな技術を身に付けるようになる。そして鉄の時代になると、人々は堕落していく。ギリシャ人は青銅より鉄を下に見たようだが、古代日本人はどうだったろう。

◆

銅鐸

　山形県にある縄文時代の三崎山遺跡から青銅の小刀（刀子）が出土した例はあるが、本格的に青銅が渡来したのは、鉄とほぼ同時の弥生時代だったと考えられる。鉄は青銅より硬度が高く、もっぱら農具や工具、武器などに加工された。青銅の道具は強度が劣るため、武器にしても鉄器には敵わない。しかし、弥生人は青銅器を手放しはしなかった。鉄より錆びにくい青銅は、長期間輝きが保たれるため、祭祀具にうってつけなのだ。特に鏡に加工すると、その鏡面は太陽の光を美しく反射した。矛や剣などの武器は、威信を示すために、首長らが身に着けたと考えられる。

　『三国志』の「魏書東夷伝倭人条」に、卑弥呼が魏王から「親魏倭王」の金印や銅鏡100枚を授かったと記載されているように、銅鏡は大陸から伝来したものだ。「鏡」とはいうが、顔や姿を映すために使うのではなく、光を反射させるなどして、祭祀に使われたとされる。後年、銅鏡は国内でも模作されるようになり、その数を増やしていく。

　青銅製の呪具として、謎の多いのが銅鐸だ。銅鐸は時代により形を変え、後期になるほど大きくなっていく。最古のものは菱環紐式鐸と呼ばれる。「紐」はつり手のことで、高さは20〜30cmほど。サイドにつけられた鰭は小さく、紐でつるして鳴らしていたと考えられる。次に現れるのは外縁付紐式で、やや大型化し鰭が大きくなる。次の扁平紐式鐸は高さ30〜60cmとさらに大型化して紐が平らに変化したが、まだつるして使える大きさだろう。しかし1世紀末ごろに登場した突線紐式鐸から、いきなり大型化する。高さは50cm以上で、1m以上のものもあるほどだ。現在見つかっている約500体の銅鐸のうち最大のものは、滋賀県の大岩山遺跡から出土した突線鈕5式銅鐸で、高さ134.7cm、重さは45.47kgもある。これではとてもつり下げて鳴らすことはできないから、楽器として使われていたのではないだろう。芸術品として飾ったり、祭祀に使われたりしたのかもしれない。銅鐸は集落から離れた山の中に、故意に埋められた形で見つかることが多く、祭祀の後、次の祭祀まで埋められたとする説、使わなくなったものを埋めたとする説、地霊の依り代として埋められたとする説がある。銅鐸に描かれた蛇やカマキリなどの動物は水田と関わりが深く、銅鐸を使った祭祀が稲作と深く関わっていたことは間違いないだろう。

$\boxed{\text{豆 知 識}}$

1. 大阪府立弥生文化博物館には突線鈕5式銅鐸のレプリカがあるが、弥生時代の銅鐸より厚みがある。現代の鋳造技術では、弥生時代の薄さを実現できなかったのだそうだ。古代人の感覚と技術には驚かされる。

22 政治 ヤマト政権

　大阪の河内地域と和泉地域には古市百舌鳥古墳群があり、古代、この地に大きな権力が存在したことが偲ばれる。主たる古墳の形は前方後円墳(「古墳」32ページ参照)。円墳や方墳は日本列島以外でも見られるが、前方後円墳は日本オリジナルで、前方後円墳が登場する時代にヤマト政権が誕生したと見られる。奈良県桜井市にある箸墓古墳は最古の前方後円墳とされ、東西2km、南北1.5kmに及ぶ纏向遺跡に近接しており、ヤマト政権の始まりに深く関係していると考えられている。

◆

　邪馬台国とヤマトの音が近いため、邪馬台国がヤマト政権になったとする説もある。邪馬台国畿内説の主要な候補地は纏向遺跡だ。九州から関東に至る広範囲から纏向遺跡に土器が運ばれており、大きな勢力を持っていたのは間違いない。この地に「原ヤマト政権」と呼べる勢力があったと考えることもできるだろう。だからもし、邪馬台国が畿内にあったのなら、邪馬台国がヤマト政権になった可能性は高い。しかし九州にあったのなら、邪馬台国の人々がどこかのルートを通り、畿内に移動してきたことになる。そしてまた、邪馬台国とヤマト政権を別物とするなら、九州の邪馬台国と畿内の纏向遺跡を支配していた人々が争った結果、強大なヤマト政権が誕生したとも考えられる。

　ヤマト政権がどのように生まれたかは明らかでないが、『日本書紀』には、詳しい経緯が記述されている。『日本書紀』が編纂されたのは720年とされており、それ以前の歴史については伝聞に過ぎずそのまま信じられるものではないが、おおよその流れを見てみよう。実質的初代人皇と考えられる崇神天皇(紀元前148〜前30)が即位したのは紀元前97年で、原ヤマト政権と呼べる勢力があったとしても小国だったと考えられる。そしてヤマト政権が始まったとされる時代に在位しているのは15代の応神天皇(200〜310)だ。日本で2番目に大きい誉田御廟山古墳の被葬者とされる天皇で、応神天皇の治世には王仁、阿知使主、弓月君といった渡来人が多くやってきて、機織りの技術や学問をもたらしている。21代雄略天皇(418〜479)は、『宋書』「倭国伝」に記載された武王であるとされ、大きな勢力を持っていたと考えられる。第25代の武烈天皇(?〜506)は子女がおらず、皇位継承者がいなかったので、越の三国にいた、応神天皇の5代孫にあたる継体天皇(450〜531)が迎えられた。これで皇統はつながったのだが、応神天皇の5代孫という継体天皇の出自に歪曲があるとする説もある。

　ヤマト政権の大きな特徴は、前方後円墳の築造だろう。日本オリジナルのこの古墳は、ヤマト政権の支配下にある豪族だけが許可された、特別なものだったと考えられる。有力豪族につけられる「臣」、特殊な職務を与えられた「連」などの氏姓制度も生まれた。鉄器の使用により生産力が豊かになると各地に豪族が誕生し、身分を明らかにしなくてはならなくなったのだ。また、百済や新羅といった諸外国との交流も本格化した。

豆知識

1.『日本書紀』では、神武天皇の皇后、媛蹈鞴五十鈴媛の父親は三輪の神、大物主とされる。彼女の母親が川の上で用を足していると赤い矢が陰部に刺さり、寝室に持ち帰ると矢が男性の姿になったので結婚したという。

23 争い｜磐井の乱

　古墳の内部に彩色や線刻などの装飾が施された古墳が存在する。装飾古墳と呼ばれ、九州に集中して分布している。例えば熊本県のチブサン古墳は赤・白・黒の3色で、ひし形や三角、目玉のような丸い模様が描かれていて、宇宙人との交信を表現しているという説もあるほどだ。古墳時代後期の6世紀頃から特に増えているのだが、これは地方豪族と大和王権の争いが原因だと考えられてきた。

◆

　ヤマト政権は地方に国造（くにのみやつこ）を置き、治めさせていた。『日本書紀』には、筑紫国造（つくし）による反乱が記録されている。朝鮮半島ではヤマト政権の勢力が及んでいた任那（みまな）が新羅（しらぎ）に敗れた。そのため527年、任那を回復するため、近江の毛野の臣（生没年未詳）が遣わされる。しかし、新羅王から賄賂を受け取った筑紫国造の磐井（いわい）（？〜528）が肥前、肥後、豊前、豊後などの国を抑え、海路を遮断して妨害し、「お前と俺とは同じ釜の飯を食った仲なのに、ヤマトの使者となったからといって従うわけにいかない」と無礼な言葉を吐いた。そこで継体天皇は物部麁鹿火（もののべのあらかい）（？〜536）を遣わす。物部麁鹿火と磐井は、528年11月11日に、筑紫の三井郡で交戦し、激しい戦いを繰り広げたが、ついに物部麁鹿火が磐井を斬り殺し、争いは終わる。磐井の息子である葛子（かずや）は、父に連座して罰せられることを恐れ、糟屋の地を献上して許しを請うたという。この記述を信じるなら、磐井の行いはまさしく地方豪族の反乱といえる。

　しかし、『筑後国風土記逸文』（ちくごのくにふどきいつぶん）の記載はずいぶん違う。風土記は奈良時代に編纂された地方の地誌で、多くは散逸してしまったが、他の書に引用されて残った文を「逸文」という。『筑後国風土記逸文』によれば、筑紫君磐井は豪強で暴虐、継体天皇に従わず、生前に自らの墓を造ったという。その後突如としてヤマト政権から官軍が動員され、これを襲おうとした。その勢力を前に、磐井は勝てないと悟り、単身豊前の国の上膳の県（かみみけのあがた）に逃げ、南の山のけわしい峰の間でその命を絶った。官軍は追い求めたが見つけられないので怒りがおさまらず、磐井の墓にあった石人の手を打ち切り、石馬の頭を打って落したというのだ。この記述からは、磐井が反乱を起こしたのではなく、いきなりヤマト政権が攻め込んできたと読める。

　近年の研究では、磐井はヤマト政権に属さない地方豪族だったのではないかと考えられている。『日本書紀』でも、継体天皇は物部麁鹿火に印綬を授け、「長門より東は私が治めよう。筑紫より西はお前が統治せよ」と命令している。これは、長門より東、筑紫より西の土地は磐井の勢力範囲だったことを示していると考えられるのだ。

　磐井の墳墓は福岡県の岩戸山古墳（いわとやま）だとされ、風土記の記述通り、石の武人や岩などが見つかっている。これら石人や、チブサン古墳などの装飾は、ヤマト政権への対抗心の表れだと考えられてきたが、近年では地方の風習だと考えられるようになってきた。

豆知識

1. 物部麁鹿火が『日本書紀』に初めて登場するのは488年で、年頃の娘がいたというから30歳近い年齢だったろう。磐井の乱は527年だから相当高齢だったはずだ。

24 外交 高句麗との戦い・倭の五王

　古代、倭国は中国や朝鮮半島の百済や新羅、そして高句麗といった国々と交流を持ち、時には争乱にもなっていた。その様子は『日本書紀』や古代中国の書物や碑文などに記録されているが、両者の内容に大きな相違があるのは興味深い。しかし三国志時代とは違い、一方的に朝貢をするのではなく、時には協力を求められて贈り物を受ける立場にまでなっていたのは、石上神宮の七支刀銘文などからも見て取れる。

◆

　396年、高句麗の好太王（374〜412）は百済を占領する。高句麗は中国東北部から朝鮮半島にかけて支配していた国で、百済は朝鮮半島南西部にあった。百済は降伏し、王子や貴族を人質として差し出すが、その3年後には倭と同盟を結んでいる。百済と同盟を結んだのち、倭軍は朝鮮半島南東部にあった新羅に侵攻したが、好太王が新羅に5万の兵を救援に送ったので撤退。その後404年、倭軍はまた侵攻を開始したが、好太王に敗れる。この経緯は現在の吉林省に立てられている好太王碑や『三国史記』などに記録されているが、日本の記録では、『日本書紀』の神功皇后による「三韓征伐」がこの戦いを指しているのではないかと考えられる。神功皇后は妊娠中にもかかわらず三韓に出兵し、新羅を攻める。新羅王は戦わず降伏し、高句麗や百済も朝貢を約束したとする。このときに皇后の胎内にいたのが第15代応神天皇だ。出兵の途中で産気づいた皇后は、「鎮懐石」でこれを抑えたという。

『日本書紀』はヤマト政権の威光や正当性を説く内容なので、そのまま信じることはできないが、中国の古書と引き比べれば、当時の王権や国内情勢が垣間見える。特によく知られているのが『宋書』の「倭国伝」に登場する「倭の五王」だろう。讃・珍・済・興・武の五王だが、珍は讃の弟で、その後を継いだのが済、興はその息子で、武は興の弟だという。日本書紀に記された天皇の系譜とすべては一致しないが、済が允恭天皇、興が安康天皇、武が雄略天皇だとされている。讃や珍が誰かについては諸説あるが、讃は仁徳天皇、珍は反正天皇ではないかという説が有力だ。宋の太祖文帝は珍に「安東将軍、倭国王」の称号を許している。次の済には「使持節都督、倭・新羅・任那・加羅・秦韓・慕韓・六国諸軍事・安東将軍・倭国王」、興のときには「安東将軍、倭国王」、武のときには「使持節都督、倭・新羅・任那・加羅・秦韓・七国諸軍事・安東大将軍・倭国王」の称号が認められており、宋が武王時代の倭を重く見ていたことがわかる。しかしヤマト政権がこれらの国を支配していたかについては、諸説ある。ただ、奈良の石上神宮の神宝である七支刀には銘文があり、泰和4（369）年に作られ百済王が倭王に贈ったとされるから、百済と倭に国交があったのは間違いないだろう。

+++ 豆 知 識 +++

1.『日本書紀』の中の雄略天皇は、「生まれたとき神々しい光が御殿に充満した。成長されてから、そのたくましさは人に抜きんでていた」と讃えられる一方で、「誤って人を殺されることも多かった」とも書かれている。

2.神功皇后が出産の延期を願って抱いたとされる「鎮懐石」は現在では福岡県糸島市の鎮懐石八幡宮に祀られている。

25 経済 | 豪族

　鬼とは一体なんだろう。その答えは桃太郎伝説にあるかもしれない。吉備国（現在の岡山県全域と広島県東部、香川県島嶼部などを含むヤマト政権時代の地方国家）では孝霊天皇（紀元前342〜前215）の皇子である吉備津彦（生没年未詳）が温羅を退治したのが、桃太郎伝説のモデルだとされている。温羅は朝鮮の王子で、製鉄技術を持っていたという。昔話の鬼は赤い肌を持ち、時に目は一つで金棒を持つ力持ちだが、製鉄の民は強い火を見るため、目がつぶれてしまうことがある。赤い肌はいつも熱を浴びているから、そして金棒は……言うまでもない。

◆

月岡芳年『桃太郎豆蒔之図』

　鉄器が伝来し、稲作の効率が上がると、各地で力を持つ有力氏族が誕生する。彼らは戦により土地を増やし、あるいは減らし、地方で大きな力を持つものはヤマト政権に組み込まれ、豪族と呼ばれるようになっていく。古代での勢力は、製鉄技術と深く関係する。鉄は武器となり、稲作の効率を上げる農具にもなるから、権力を持つものたちは、製鉄技術や施設を欲しがった。吉備津彦の温羅退治にみるように、製鉄技術の奪い合いも頻繁にあったかもしれない。また、弓月君や阿知使主など渡来人の子孫が秦氏、東漢氏といった豪族になる例もある。皇室の祖神は太陽神にして最高神の天照大神だが、特に力を持っていた物部氏や蘇我氏、中臣氏などの豪族は、『日本書紀』の中に、祖神が記されている。つまり、豪族たちも格の高い神の子孫であるというわけだ。豪族にはさまざまな役割があったと考えられる。たとえば物部氏は「もののふ」の語源となっているように、武人の家柄。もののふは主君や朝廷に仕えて戦う武人のことで、「武士」を「もののふ」と読むのはそのためだ。その祖神は饒速日尊。天照大神の孫にあたり、最初に地上に降り立った邇邇芸命の兄にあたる。八握剣などを授かって天から下った神で、武人の姿で描かれることも多い。蘇我氏の祖神は武内宿禰。景行天皇から仁徳天皇の五代天皇に仕えた忠臣だが、鳥取県の宇倍神社などでは神として祀られている。忌部氏や中臣氏は神官の家柄。忌部氏の祖神は天太玉命であり、中臣氏は天児屋根命を祖神とする。有名な日本神話の「天岩戸隠れ」では、天照大神が岩戸に隠れた際、岩戸の前で神々が大騒ぎするのを不思議に思った天照大神が顔を覗かせたとき、目の前に鏡を差し出したのがこの二神だ。このように、『日本書紀』においてその祖神がどのように描写されているかを見れば、豪族たちがどのような役割についていたか、ある程度推測できる。

　蘇我入鹿のように、天皇を凌駕する栄華を誇った豪族もいる。大化の改新により、ヤマト政権がその地位を確立する以前は、天皇家より力を持つ豪族が存在していたとの説もある。地方豪族たちの娘の中で、特に容姿の美しい娘たちは、天皇のそばに仕え食事の世話をする女官に選ばれた。それが采女だ。人質の意味も強かったと考えられるが、采女は天皇のものであるため、密通した場合、大不敬罪に問われた。実際に天皇の側室になって、皇子を生んだ采女もいる。

豆知識

1. 安貴王（生没年未詳）は采女と通じて、不敬之罪で引き離された。万葉集には「み空行く　雲にもがも　高飛ぶ　鳥にもがも（空を行く鳥になりたい、高く飛ぶ鳥になりたい）」と苦しい恋の歌が残されている。

26 暮らし・信仰 ｜ 古墳

　古墳の定義は、ただの古い墳墓ではない。弥生時代から、円墳や方墳といった朝鮮半島にも存在する形状の墳墓は造られていたが、3世紀半ばごろ、日本オリジナルの墳墓が登場する。それが前方後円墳だ。この古墳が登場して以降を「古墳時代」と呼び、それ以降に造られた墳墓を古墳と呼ぶ。現在見つかっている最古の前方後円墳は、奈良県桜井市にある箸墓古墳である。

◆

箸墓古墳

　弥生時代にも墳丘は存在した。しかし、古墳時代の巨大墳とは大きさ・形・埋葬品などが違い、クニごとに古墳の形もさまざまだった。例えば島根県や鳥取県、福井県などで発見された「四隅突出型墳丘墓」は弥生時代の山陰地方や北陸地方に特徴的な形で、突出した四隅は墳丘に登る道の名残と考えられている。また、古墳には棺を納める玄室が一つだけ存在するのが普通だが、墳丘には埋葬施設が複数あり、それぞれに遺体が埋められていた。

　古墳時代は前期・中期・後期・終末期の4期に区切られることが多く、前期は3世紀半ばごろから5世紀の序盤にかけて、中期は4世紀の晩期から6世紀の序盤、後期は5世紀の終わりから7世紀の中ごろ、終末期は7世紀初めから古墳が衰退する8世紀の初め頃までだ。前方後円墳は3世紀の中ごろに突如として登場する。ヤマト政権が勢力を持つ時代とほぼ同時期で、ヤマト政権に組み込まれた地方豪族の長が、ステイタスシンボルとして前方後円墳の築造を許されたのではないかと考えられている。『日本書紀』によれば、最古の前方後円墳とされる箸墓古墳の被葬者は倭迹迹日百襲姫（「卑弥呼」26ページ参照）。第7代孝霊天皇の皇女で、神話の神・三輪の大物主の妻でもある。夫を怒らせたことを悔いて箸で女性器を突いて死ぬのだが、その墓である箸墓古墳は、昼は人が造り夜は神が造ったという。大坂山から墓まで列を作り、石を手渡しで運んで造ったとも書かれている。箸墓古墳の長さは278m、高さ30m。神が手伝ったとしても、築造には相当の日数を要しただろう。前期の石室は竪穴式で、円筒埴輪が用いられていた。

　中期になると、誉田御廟山古墳や大仙陵古墳など、巨大な前方後円墳が造られるようになる。家形埴輪が作られるようになり、濠が掘られて、石室は横穴式になった。横穴式の石室なら、近親者が亡くなったとき、追葬できるからだろう。後期には関東でも前方後円墳が増えているから、ヤマト政権の勢力範囲が広がったと見られる。しかし日本全体としては前方後円墳の数が減り、埴輪も見られなくなる。円墳が主流となり、装飾古墳が登場する。そして終末期になると、前方後円墳はほとんど造られなくなり、キトラ古墳や高松塚古墳のような、壁画のある古墳が見られるようになるのだ。

┌─────────────┐
│ 豆 知 識 │
└─────────────┘

1.『日本書紀』の雄略天皇条には、誉田御廟山古墳のそばで美しい赤毛の馬を見て、自分の馬と取り換えてもらったら、朝には埴輪馬になっていたという奇談が記載されている。当時の人も墓は怖かったのだろうか。

27 人物｜仁徳天皇

　前方に祭祀を行う方墳、後方に棺を納める円墳を組み合わせた前方後円墳。その出現をもって古墳時代の始まりとするのが一般的な考え方だ。日本最大であり、墳丘の長さだけならば世界一の墳墓が大仙陵古墳だ。墳丘の長さは525m、高さ39.8mで、仁徳天皇の墳墓とされる。その父である応神天皇の墳墓とされる誉田御廟山古墳も日本で2番目に大きな墳墓だから、この時代、いかに大きな勢力を持った王がいたかがわかる。世界三大墳墓の一つともいわれる大仙陵古墳に眠る仁徳天皇とは、どのような人物だったのだろう。

◆

仁徳天皇の肖像（楊洲周延『東錦昼夜鏡』）

　仁徳天皇という名は漢風諡号だ。諡号とは死後に贈られる名である。和風諡号は大鷦鷯天皇で、大鷦鷯はスズメ科の鳥・ミソサザイを意味する。仁徳天皇が生まれたとき、産室にミミズクが飛んできた。翌朝、父の応神天皇が忠臣の武内宿禰に「なんの意味があるのだろう」と尋ねたところ「私の妻も昨日息子を産みましたが、産屋にミソサザイが飛んできました」と答えたので、武内宿禰の息子にはミミズクの意味を持つ木菟の名をつけ、皇子の名は大鷦鷯になったのだ。ミソサザイは日本では最小の鳥だが、「鳥の王」とされることもある。アイヌ神謡では、獰猛な熊の神の耳から飛び込んで脳を食い荒らし、これを退治する英雄神、トリシポッだとされる。仁徳天皇の晩年、鹿がいきなり飛び出してきて倒れたので、調べさせたら耳から百舌鳥が飛び出してきて、脳が食いかじられていたという少々不気味な逸話が記録されている。熊と鹿では倒す意味が違うが、アイヌの英雄神の面影を仁徳天皇に重ねる意図があったのかもしれない。

　仁徳天皇は、「聖帝」とされる。高台から国を見渡したところ、庶民の竈から煙が上がっていなかったので、「民の生活が豊かではないのだ」と察し、税の取り立てを中止したからだ。当然天皇自身の生活は困窮するが、3年後にもう一度高台に登ってみたところ、民の竈から盛んに煙が上がっているのを認め「ああ、私はなんという富を持つ天皇だろう」と喜んだという。しかしその即位には紆余曲折があった。父の応神天皇は彼ではなく、弟の菟道稚郎子（生没年未詳）を後継に望んでおり、一旦は弟が立太子（帝の後継ぎとして立てること）した。応神天皇崩御ののち、菟道稚郎子は兄に遠慮して即位しないが、兄も父の遺志を尊重したために帝位が空き、国が乱れた。その状況を変えようと、菟道稚郎子が自死したため、やっと仁徳天皇が即位することになったのだ。

　仁徳天皇は「倭の五王」の讃だと推定されている。倭の五王とは中国の『宋書』に登場する天皇で、讃・珍・済・興・武の五人。日本書紀の記述と突き合わせて、それぞれ讃は仁徳天皇、珍は反正天皇、済は允恭天皇、興は安康天皇、武は雄略天皇と考えられており、日本の天皇と宋の間に交流があったとわかる。ただし『日本書紀』では、仁徳天皇53年、新羅が朝貢しなかったので出兵し、これを倒したと、大上段から記載されている。

┌──────┐
│ 豆知識 │
└──────┘

1. 世界最長の墳墓は仁徳天皇の大仙陵古墳だが、最も高い墳墓はクフ王のピラミッドで146mである。体積が最大の墳墓は秦の始皇帝廟で、300万m³だ。

28 文化・芸術 | 埴輪

古墳の上や周囲にズラリと並べられる埴輪は、3世紀後半頃に作られるようになる。当初は円筒型だったが、次第に楯がつくようになり、人型へと変化していく。人型埴輪はさまざまな姿に作られており、武人は墳墓を守るため、巫女、馬飼い、食事の世話をする采女などは、貴人の死後、身の回りの世話をする役目だったのだろうか。人型以外の埴輪も作られた。猪や鹿、猿、馬、水鳥などの動物のほか、船や、家などの埴輪もある。

◆

馬の埴輪

『日本書紀』によれば、埴輪が作られるようになったのは、垂仁天皇（紀元前69〜70）の御代である。天皇の叔父が亡くなったとき、近習の者たちが墳墓の周囲に埋められたが、日が過ぎても死なず、その苦しむ声に悩まされた。当時の日本には、貴人が亡くなったとき、臣下がその死に殉じて殺される殉死の風習があったとされているが、垂仁天皇は「悪い風習はやめるべきだ」と考えていた。そして皇后の日葉酢媛（？〜3）が亡くなったとき、どのように葬るか家臣の野見宿禰（生没年未詳）に相談したところ、粘土で作った人や馬などを奉られ、「この土物を人に代えて陵墓に立てる決まりにしましょう」と提案されたのだ。野見宿禰は力自慢の当麻蹴速を倒した力士でもあり、埴輪考案の褒賞として土師の職を賜る。土師氏は古墳造営のエキスパート集団となり、古市百舌鳥古墳群の造営にも深く関わった。そしてその子孫には菅原道真公がいる。

しかし、殉死の代わりに埴輪を作ったというのは実情に合わない。なぜなら、人型の埴輪が現れるのは後の時代になってからで、初期の埴輪は円筒形をしていたからだ。弥生土器の高坏は、台の上に皿が乗った形の食器だが、次第に皿と器台を分けて作られるようになった。吉備地方では美しい文様が施された「特殊器台」が作られ、それがのちの埴輪へと発展する。吉備地方は現在の岡山県にあたり、野見宿禰は出雲出身の人物とされているから、特殊器台を見て知っていた可能性はあるが、殉死に代えるものとは発想しなかっただろう。おそらく当初は装飾用に置かれたのが、御廟を守る意味が付加されて楯がつき、楯を持った武人の姿へと変化したのだろう。さらには、天皇の死後を世話する人や動物の埴輪なども作られるようになったと考えられる。

埴輪は土器ではなく、土師器と呼ばれる。土器は弥生土器の延長線上にあり、両者の区別は難しいが、古墳が登場した後のものは土師器と分類されることが多い。土師器は弥生土器と同じ野焼きか、小さな焼成坑の中で焼かれた。焼成温度は800〜900度で硬度は高くない。同時代に現れた須恵器は登り窯で焼かれたため、焼成温度は1100度以上で、硬い。土師器は煮炊きの道具や食器など、須恵器は貯蔵などに使い分けられていたようだ。

╭─────────╮
│ 豆 知 識 │
╰─────────╯

1. 埴輪といえば、左手を上げ、右手を下げた、ひょうきんな表情の「踊る埴輪」を思い浮かべるかもしれない。近年の研究ではこれは踊っているのではなく、馬を引いた馬飼いの姿だとされる。左手は手綱を持つために上げられているのだ。

29 政治 | 大化の改新

　7世紀半ば、権勢に驕る蘇我入鹿（？〜645）は天皇をないがしろにしていた。これを許せなかったのが、のちに天智天皇となる中大兄皇子（626〜671）だ。中臣鎌足（614〜669）と謀り合って蘇我氏を滅ぼし、朝廷の勢力を取り戻した（「乙巳の変」36ページ参照）。誰もが知る「大化の改新」の幕開けだ。しかし重要なのは、増長した臣下を成敗したことではない。この後皇位についた孝徳天皇（596〜654）の、改新の詔こそが重要なのだ。それはどのような改革だったのだろうか。

◆

　蘇我入鹿が殺されたのは645年、6月12日のこと。皇極天皇は中大兄皇子の母で、何か思うところがあったのだろうか、2日後の14日には弟の軽皇子に譲位している。これが孝徳天皇で、同時に中大兄皇子を立太子（帝の跡継ぎとして立てること）させている。当時中大兄皇子は19歳になっていたが、すぐには即位しなかったのだ。

　改新の詔が発布されたのは孝徳天皇2年の元日で、四条からなっている。第一条は王族や村の首長、豪族による土地や民の所有を廃止するもの。土地や民は天皇に帰属、つまり国有にすることを定めたと一般に解釈される。いわゆる公地公民制だ。

　第二条は首都（都城）を定め、国司や郡司を置くほか、関所や駅を設け、駅鈴や駅馬を置くことを定めたものだ。また、町ごとに長を一人、四つの町に令を一人置いて、人々の行いを監視すると定めている。駅は東海道、東山道、北陸道、山陰道、山陽道、南海道、西海道の七道に、約30里（約120km）ごとに置かれた。官人が出張するときは、駅鈴を貸与され、駅につくと駅馬や案内人を提供された。また駅で休憩したり、宿泊したりもできたという。この制度を駅伝制と呼び、10世紀頃まで続いたようだ。

　第三条は戸籍や計帳を作成し、班田収授の法を定めた。計帳とは税を取り立てるために作成されるもので、家長の氏名や年齢、性別などが記載されていた。班田収授の法は、国有の土地を「口分田」として人民に与え、戸籍と計帳に基づいて税を徴収するものだ。戸籍は6年ごと、計帳は毎年作り直され、人が死ぬとその口分田は国に返納される。50戸を一つの里として、里ごとに長を置いて管理させた。

　第四条はそれまでは農民に課せられていた賦役を改め、田に課する調という新しい税制を行うと定めたものだ。賦役とは、ほぼただ働きで、公共の工事などをさせられるものだが、田の調は、田の面積に応じて税額や内容が定められるものだ。

　改新の詔により、朝廷が権力を掌握することが可能となったが、近年の研究では、この詔はのちに書き換えられたもので、当時はこれほど整然とした内容ではなかったと考えられている。

豆知識

1. 大化の改新の立役者である中大兄皇子だが、「香久山は 畝傍ををしと 耳梨と 相争ひき 神代より かくにあるらし 古へも 然にあれこそ うつせみも 妻を 争ふらしき」という歌を残しており、弟の妻、額田王に横恋慕したとされる。

30 争い｜乙巳の変

　大化の改新は蘇我入鹿暗殺により幕を開く。それは645年、6月12日のこと。645年は干支の42番目にあたる乙巳の年なので、乙巳の変と呼ばれる。入鹿をまず斬りつけたのは当時皇太子だった中大兄皇子だが、入鹿を殺すべきだと最初に考えたのは、中臣鎌足だった。鎌足は皇子の器量が大きいのを見て彼と密談し、蘇我氏の長老的存在であった倉山田石川麻呂（？〜649）も仲間にしたうえで、入鹿暗殺を実行したのだ。

蘇我入鹿の首塚（奈良県）

　蘇我氏が増長し始めたのは、厩戸皇子（聖徳太子、574〜622）の死がきっかけとされる。蘇我氏と並んで力のあった皇子の死により、その権高な振舞いを正す者がいなくなったのだ。入鹿は自分の息のかかった古人大兄皇子（？〜645）を次期天皇に擁立しようとするが、厩戸皇子の長男で、有力な山背大兄王（？〜643）が目の上のたんこぶだった。そこでこれを攻め、山背大兄王は一族もろとも自殺する。

　蘇我入鹿の専横に危機感を抱いたのは中臣鎌足だ。中臣氏は神事や祭祀を司る家柄で、武勇で名を馳せていたわけではない。644年に、その高潔な人柄から神祇官長官に任命されたが、病を称して辞退しながら、企てを成し遂げられる英明な皇子を探していた。彼は皇極天皇の弟にあたる軽皇子と仲が良く、皇子も脚の病で療養していたので、その宮を訪れたのだが、結局入鹿暗殺の話はせず、その後、中大兄皇子に持ち掛けている。軽皇子ではその重圧に耐えられないと判断したのだろうか。中大兄皇子には近づき難かったので、皇子が法興寺で蹴鞠の催しをしたときに、その仲間に加わって、親しくなった。そして2人は蘇我氏の長老である石川麻呂を仲間に引き入れようと、その娘を皇子の妃とした。

　時が動いたのは次の年、中大兄皇子は石川麻呂に計画を打ち明け、6月12日に三韓（当時朝鮮半島南部を支配していた馬韓・弁韓・辰韓）から税が納められるので、上奏文を読んでほしいと頼み、石川麻呂はそれを承知した。そして当日、大極殿に皇極天皇、入鹿、古人大兄皇子らがそろった。中大兄皇子と鎌足は脇に隠れて待っている。入鹿はいつも剣を手放さなかったので、俳優（道化のこと）に剣を外させる。そして石川麻呂が上奏文を読んでいるとき、中大兄皇子が進み出て、入鹿を斬りつけた。入鹿は天皇の御座に転落して「私になんの罪があるのか」と訴えたが、皇子は「皇族を滅ぼし、皇位を傾けようとしている」と答えている。それを聞いた天皇は殿舎に戻ってしまったので、計画に加わっていた家臣たちが入鹿を斬り殺した。古人大兄皇子は自分の宮に逃げ帰り、入鹿の父の蝦夷は館に火をかけて天皇記などの宝を焼いて自殺する。こうして蘇我氏は滅亡するのだ。その後、中大兄皇子は皇太子となり、鎌足が「英明な皇子」とはみなさなかった軽皇子が孝徳天皇として即位する。そして改新の詔が発布されたのだ。

豆知識

1. 干支は十干と十二支の組み合わせで成り立っており、乙巳は干支の一つ。乙は「きのと」と読み、「木の弟」を意味する。巳はへびだ。次は2025年が乙巳の年にあたる。

31 外交 | 遣隋使

「群（6）れ（0）成（7）すカモメ遣隋使」の語呂合わせで年号を覚えた読者もおられるだろう。かつて、遣隋使の派遣が始まったのは607年だと考えられていた。日本の史書『日本書紀』には、「推古天皇15年7月3日。大礼小野臣妹子を大唐（隋）に遣わされた。鞍作福利を通訳とした」と記されているからだ。しかし『隋書』には「開皇20年、倭王が使いを遣わして、闕に参った」とある。闕は長安のこと。そして開皇20年は西暦600年だ。

◆

小野妹子の肖像

遣隋使は隋に派遣された朝貢使だが、その渡航はただ貢物を献上するだけではなく、隋の進んだ技術や学問などを学ぶ目的もあった。最初の遣隋使として小野妹子（生没年未詳）が有名だが、開皇20年に遣わされたのが誰かはわからない。ただ、『隋書』によれば遣隋使は、「私を遣わした大王の姓は『アメ』、字は『タラシヒコ』であり、アメノタラシヒコはまだ空が明けないときに出て政を聞き、日が昇れば理務を停めて弟に委ねます」と言っているから、「アメノタラシヒコ」と呼ばれた主君に仕えていたことがわかる。この名の天皇はいないが、「アメノタラシ」は「天の垂らし」で、「天から自ずと出た男性」の意味と考えられるから、「天皇」と同じ意味だろう。

607年に派遣された遣隋使は小野妹子だが、『隋書』にも「大業3（607）年、その王タラシヒコが、使を遣わして朝貢した」と記している。このときに日本から隋に届けられた書が有名な、「日出ずる処の天子が、日没する処の天子に書を致す」だ。隋の煬帝はこれを喜ばず、「蛮夷の書は無礼だ」と怒ったという。蛮夷とは、中華から見た異民族の蔑称である。しかし、『日本書紀』には煬帝の怒りは書かれておらず、小野妹子は翌年の4月に日本に戻り、「隋からの使い僕2人を連れてやってきた」と書かれている。妹子は、「煬帝からの書は百済を通ったときに、百済人に盗まれました」と奏上しているから、推古天皇や、摂政の厩戸皇子を怒らせるような内容だったので、見せなかったのかもしれない。小野妹子が授かった書は紛失したが、隋からの使者も書を持参しており、「皇帝から西の皇に敬して挨拶を送る」と書かれていたとされるから、妹子が煬帝をとりなしたとも考えられる。

608年9月11日、小野妹子は再び隋に遣わされている。このときは学生の倭漢直福因（生没年未詳以下同じ）、奈羅訳語恵明、高向漢人玄理、新漢人大圀、学問僧の新漢人日文、南淵漢人請安、志賀漢人慧隠、新漢人広済ら8人も共に遣わされており、技術や学問を学ばせるという明確な目的があったとわかる。翌年の9月には帰国しているから、短期留学といったところか。すべての名に「漢人」がついており、渡来人あるいはその子孫とわかるから、通訳も兼ねていたのかもしれない。

豆知識

1.「天皇」の呼称は日本独特だとされるが、唐の第3代皇帝、高宗の諡号が天皇大聖大弘孝皇帝なので、これをヤマト政権がまねたとする説もある。

32 経済 租庸調雑徭・班田収授

　支配階級ができると、平民たちは支配者に、なんらかの形で労役や、収穫物の一部を提供させられたはずだ。『三国志』の「魏書東夷伝倭人条」には、邪馬台国に租賦(租税)を納める倉庫があると書かれており、田畑などにかかる年貢と、労役などの税が徴収されていたことがわかる。国として統一された最古の税制は、701年に制定された大宝律令の租庸調と雑徭だ。改新の詔で策定されたとされる班田収授の法とともに、その内容をおさらいしてみよう。

◆

　律令は古代日本における規律で、律は刑法、令はそれ以外の行政法や民事法にあたる。ヤマト政権時代になるまで、関東なら武蔵国や安房国、近畿なら山背国や摂津国など、地方ごとに国があり、ヤマトは国を介して支配していた。大宝律令は国の介入を廃し、ヤマト政権が直接統治するために制定されたといえる。人民は「良」と「賤」に分類され、階級の高い良民以外は租庸調や雑徭などの税を納めさせられた。

　班田収授の法は大化の改新の翌年に発布された改新の詔の第三条に定められており、日本ではこのとき初めて策定されたとされる。改新の詔は、後世に作られたものだという説もあるが、大宝律令以降は本格的に施行されたと考えられる。土地はすべてヤマト政権が所有し、口分田として人民に分け与えた。「班」は「わかつ」の意味で、田を分け与えたから班田という。田の大きさは良民の6歳以上の男子で2段、女子は1段120歩などとある。「段」は「反」と同じで、1段は約10a。そして1段は360歩だから、女子は男子の3分の2の面積だったとわかる。6年ごとに口分田を与えるための戸籍が作成され、税の徴収に使われる調本である計帳は毎年更新された。計帳はあまり聞きなれない言葉だが、1戸ごとに氏名や年齢、性別、労役を負担するかしないかのほか、それぞれの特徴などが記載されていた。

　租庸調の租は国に納める収穫物。田1段につき2束2把(把は一つかみできる量の稲)と決まっていた。いわば地方税だが、国から政権にその一部が納められる。21歳以上の男子には京での労役が課されたが、遠方などで不可能な場合は布や米などを代替品とした。これが庸だ。調は17〜20歳の男子に繊維製品の納入を課すものだ。都周辺の畿内や飛騨では庸や調が減免、あるいは免除されていたが、畿内の人民は都の工事や建物の建設に使役されることが多かったためだと考えられる。飛騨は庸や調の代わりに職人が取り立てられ、木工などに携わっていた。

　雑徭は国ごとに国司が徴発し、インフラ整備のための工事に携わらせたものだ。いつ制定されたのかはわかっていないが、『日本書紀』によれば691年10月1日に日食があったので、「不吉だから天武天皇の陵を守る者を増やすように。人員が足りなければ農民をあて、その代わり徭役を免じるように」との詔があったと記録されているから、この時代にはあったと考えられる。

[豆 知 識]

1. 年貢は米で納めるものだと思われがちだが、米の収穫量が少ない地域では、別の物品が納められることもあった。綿花や和紙、塗り椀、陶器などだが、屋久島では杉が納められていたという。

33 暮らし・信仰 ｜ 仏教公伝

　古来、日本人は万物に神を見出し、それを信仰していたとされる。今に伝わる神話とは違い、氏族ごとにさまざまな神の系統があり、一元的なものではなかった。そんな中に伝来したのが仏教だ。古くから渡来人と交渉のあった豪族が、早期に仏教を信仰する例はあったと考えられるので、国家に公的に仏教が伝わったことを仏教公伝と表現する。仏教は有力豪族である蘇我氏らにより歓迎されるが、神事に関わっていた物部氏はこれに抵抗する。いわゆる崇仏派と廃仏派の争いだ。

◆

　公に仏教が伝わったのは、『日本書紀』によれば552年10月のこと。百済の聖明王（？〜554）が釈迦の金銅像一体と、幡蓋を若干、経論若干巻を贈ってきたとある。幡蓋とは仏具の種類で、経論は経典を指す。これらをもたらした使者は、「仏教は諸法の中でもっとも優れており、難しいものではありますが、随意宝珠を抱けばなんでも思い通りになります」などと述べた。欽明天皇は大いに喜んだが、「群臣に相談せずに専断はしない」と答えている。

　天皇が「仏の顔は見たこともないほど美しいが、どのように祀ればよいか」と群臣たちに尋ねたところ、蘇我稲目（？〜570）は「西の国はすべて礼拝しています。日本だけが背くことはありますまい」と答える。しかし神事に関わってきた物部尾輿（生没年未詳）や中臣鎌足はこれに反発。「我が帝が天下に王として存在しているのは、天地にまします百八十の神を春夏秋冬にお祀りされるためです。異国の神を拝めば神罰があたるでしょう」といさめたので、天皇は「それでは蘇我稲目に試しに礼拝させてみよう」と仏像と仏具、経典を授けた。

　この後、仏教の受容に関する論争は、仏はすばらしいものであるとする蘇我氏と、神こそ大切にすべきだとする物部氏の争いに発展する。584年に百済の使者が弥勒菩薩の石像ともう一体の仏像をもたらすと、蘇我馬子（？〜626）はそれをもらい受けたほか、渡来系の司馬達等（生没年未詳）の娘を出家させてもいる。一方物部守屋（？〜587）は寺へ行って塔を切り倒させ、仏像と仏殿に火をかけている。そして焼け残った仏像を難波の堀江に捨てた。一見あまりにも仏を恐れぬ所業のようだが、守屋がここまでするのには理由があった。仏教の公伝の直後、疫病のパンデミックが起きているからだ。若死にする者が多く、長く続いて手立てがなかったとあるから、国中に大きな衝撃をもたらしたのだろう。この疫病は天然痘だと考えられている。

　そして587年7月、ついに丁未の乱、蘇我氏と物部氏の戦いが勃発する。この戦で厩戸皇子は白膠木で四方を守るとされる仏教の守護神・四天王の像を作り、「もし敵に勝たせてくださったなら、四天王のための寺塔を建てましょう」と誓いを立てている。そして物部守屋の死後に建てられたのが大阪府にある四天王寺だ。守屋の死後は蘇我氏の天下となり、仏教の受容は進む。推古天皇（554〜628）が即位し、厩戸皇子が摂政となると、飛鳥寺が建てられ、606年4月には銅と刺繍の仏像が完成している。日本初の国産仏像だ。そしてその年に、灌仏会（釈迦の誕生を祝う仏教行事）と盂蘭盆会（祖先を偲ぶ仏教行事で、お盆の正式名称）も始まった。

豆知識

1. 仏教は大乗仏教と小乗仏教に分かれている。小乗仏教は修行をもっぱらとし、釈迦以外の仏を認めない。大乗仏教は各如来や菩薩などを次々生み出している。日本に伝来した仏教は、すべて大乗仏教だ。

34 人物 厩戸皇子（聖徳太子）

　厩で生まれ、10人の言葉を一度に聞き分けたという聖徳太子（574〜622）は、日本初の憲法を作り、能力によって登用する制度を作った偉人だ。しかし『日本書紀』に「聖徳太子」の名は登場しない。厩戸皇子、別名を豊耳聡 聖 徳、あるいは豊聡耳 法 大王と書かれている。また、聖徳太子の事績は、高句麗から渡来した僧慧慈らの協力があってのもので、皇子一人の力で成し遂げたものではないと考えられている。

◆

聖徳太子の肖像

　厩戸皇子は、用明天皇（？〜587）と、その皇后の穴穂部間 人 皇女（？〜622）の長男として誕生している。『日本書紀』の推古天皇条には、出産予定日に、皇后が宮中を巡察していたところ、厩の戸に当たり、難なく出産したとある。生まれてすぐに言葉を話し、聖人のような知恵があり、一度に10人の訴えを聞いても間違わず、先のことまでよく見通した。仏法の師は高句麗の僧慧慈（？〜623）で、儒教は百済の覚哿博士（生没年未詳）に学び、どちらも極められたという。とにかく驚くほどの天才なのだ。その才能を初めて発揮したのは、蘇我馬子と物部守屋が争った丁未の乱のときだ。用明天皇の母も穴穂部間人皇后の母も蘇我氏だから、厩戸皇子は蘇我氏との関わりが深かったのだろう。この乱でも蘇我氏側で戦っている。このとき皇子は、「瓢型の結髪をして、軍の後ろに従っていた」とある。この結髪は少年の髪型だから、まだ成人していなかったということだろう。幼いにもかかわらず、戦が不利と見通し、白膠木の木で四天王を彫って「敵に勝たせてくれたら寺塔を建立します」と誓約をたて、勝利に導くのだ。

　厩戸皇子のもっとも大きな功績の一つは、604年に施行された冠位十二階と憲法十七条の制定だろう。冠位十二階により大徳・小徳・大仁・小仁・大礼・小礼・大信・小信・大義・小義・大智・小智の12の冠位が制定され、それぞれ決まった色の絹織物を冠に縫い付けることとなった。これは貴族でなくとも有能な人材を登用するための制度だったとされる。憲法十七条は「和を以て尊しと為す」で始まるもの。礼節を守って勤勉に働き、怒りを捨て、勧善懲悪を勧めるもので、憲法というより教訓に近いかもしれない。例えば第十条を要約すれば「人にはそれぞれのこだわりがあるのだし、どちらも凡夫であり愚かさを持っているのだから、人と考えが違ったからといって怒るべきではない」と、現代にも通用する思想だ。

　また、遣隋使を派遣したのも後世に影響する大きな事績だ。日本書紀には誰が遣わしたか明記されていないが、摂政であった厩戸皇子だと考えて無理はないだろう。

豆 知 識

1. 厩で生まれた聖人といえば、ベツレヘム（パレスチナのヨルダン川西岸地区）のイエス・キリストを思い出す人も多いだろう。日本の聖人も同じ場所で生まれたとは不思議だが、日本書紀が編纂された頃にはこうした話が日本に入っており、影響を受けたとも考えられている。

35 文化・芸術｜法隆寺

　柿食えば　鐘が鳴るなり　法隆寺 —— 正岡子規（1867～1902）の句で、俳句の代名詞ともいわれるほど有名な一句だ。法隆寺は奈良を代表する寺院でもあり、日本最古級の歴史を持つ。しかし『日本書紀』には、法隆寺がいつ建立されたのか明記されていない。ただ、605年10月、「皇太子は斑鳩宮に遷られた」とあるのみだ。宮と法隆寺が同時に建立されていたのなら、その創建も605年頃といえるだろう。

◆

法隆寺

　法隆寺が斑鳩宮と同時に建立されたのかどうかはわからないが、『日本書紀』には法隆寺が全焼した記録はある。670年4月30日、暁に法隆寺に出火があり、一舎も残らず焼けた。その後雷鳴が轟いたというものだ。つまり、現存の法隆寺は厩戸皇子の建立したものではないのだが、いつ再建されたのかも記録がない。法隆寺の建築様式は隋の影響を受けており、その時代に建立されたと推測されるので、火災があったとする『日本書紀』の記述が間違っているという説もあった。しかし近年の研究で、使われている木材の年輪から年代を測定したところ、7世紀後半の再建であることがわかった。金堂や五重塔のある西院伽藍は、現存する世界最古の木造建築だ。

　法隆寺金堂内陣には、中の間の本尊である釈迦三尊像、東の間の本尊である薬師如来像、西の間の本尊である阿弥陀如来像が安置されているが、なんといっても有名なのは、百済観音と称される木造の観音菩薩像と、東院夢殿の本尊である木造観音菩薩立像だろう。百済観音は飛鳥時代の制作とされ、国宝に指定されているが、作者はわかっていない。夢殿本殿の木造観音菩薩立像は一般に「救世観音」と呼ばれている。救世観音菩薩は経典に登場せず、法華経信仰から広まったもの。平安時代、人々を世の苦しみから救ってくださる観音として崇拝されていた。この観音像は仏師として名高い鞍作止利（生没年未詳）が彫刻した釈迦三尊像と同じ様式で、厳重に管理された秘仏だった。しかし、アメリカの東洋美術史家で文部省図画調査会委員だったアーネスト・フェノロサ（1853～1908）が根気強く交渉した結果、200年ぶりに公開された。フェノロサは「驚嘆すべき無二の彫像」と、その美しさを讃えている。

　厩戸皇子が亡くなったのは622年のこと。49歳の若さだった。厩戸皇子には山背大兄王をはじめとする御子がいたが、古人大兄皇子を擁立したい蘇我入鹿により急襲され、一度は逃げおおせたが一族もろとも自決を余儀なくされてしまう。このとき、入鹿の父である蝦夷大臣は怒り「入鹿のバカ者め。悪逆をもっぱらにしてはお前の命は危ない」とののしったが、厩戸皇子の血筋は絶えてしまった。しかし彼の残したとされる法隆寺は現在まで伝わり、世界遺産として、多くの人に愛されている。

―――――――――――――― 豆 知 識 ――――――――――――――

1. 法隆寺の建造物47棟と、法起寺の三重塔は、「法隆寺地域の仏教建造物」として、1993年に世界遺産登録された。これは、姫路城（「姫路城」●ページ参照）とともに日本初の世界遺産である。

36 政治｜大宝律令

　大宝律令の施行によって、大化の改新（「大化の改新」35ページ参照）以後半世紀近くを経て、天皇を中心とした統一国家が一応の完成をみた。律令の制定によって、中央や地方の各氏族が大王を支える氏姓制度から、法律によって地方まで統治し国家を運営する体制の基礎ができあがり、律令国家の時代といわれる奈良時代へと続いていく。

◆

　大宝律令は、その名の通り、大宝元（701）年に完成、翌年施行された律令である。「律」は今でいう刑法・刑事訴訟法にあたり、刑罰を詳細に規定したもの。「令」は現在の行政法・民法にあたり、官制・税制・田制・兵制・学制などを定めたものだ。文武天皇（683～707）の700年に「令」が、翌年に「律」が完成し、日本で初めて「律令」が完備された。それまでにも、持統朝の689年に「飛鳥浄御原令」が施行されたのだが、これは「令」のみであったから、政治制度の制定にとどまるものだった（天智天皇のときに「近江令」が制定されたとする説もあるが、疑問が持たれている）。また718年には「養老律令」が制定されたが、「大宝律令」と大きな差異はないものと見られている。

「大宝律令」は現存しないため、律の一部と令が現存する「養老律令」その他の文書からその内容を推定するしかない。唐の律令を手本とし、編纂には天武天皇の皇子刑部親王や藤原不比等らを中心に、遣唐使経験のある者など19名があたった。神祇官（独立して祭祀を管轄する）と太政官（行政のトップ）の二官、太政官の下に八省を置く中央官制と、地方に五畿七道を置く地方官制、人民をすべて良民（皇族、貴族、一般の農民など）、賤民（奴隷に近い存在）に大別する身分制度、班田収授法（土地は公有として人民に分け与え、本人が死ねば公に戻す）、租庸調の税制などが規定されている。

　儒教思想や官僚制の詳細規定など唐の律令を模した形式的な内容も多い一方で、日本独自のアレンジも加えられている。

　例えば、戸籍作成の際は年齢区分別に色の呼称をつけているが、その3歳以下の区分は「緑」とされた。唐の律令では「黄」（幼児は肌の色が黄色いという理由から）だったものを、和語で新生児を表す「みどりこ」によって変更したようだ。

　女性の地位の規定についての書き換えもまた興味深い。唐の律令では、婦人は独自に地位を受けず、夫または子の地位に応じて授けられるとするのに対し、「大宝律令」では、未婚・既婚に関係なく、また夫や子とは別に、独自に品・位階と、それにともなう種々の特権を受けるのを原則としたのだ。女性の地位や権利についてのこうした変更は、当時の婚姻の形と関連するものと考えられる（「妻問婚」46ページ参照）。

　なお、律令には天皇に関する規定はまったくない。天皇は官僚を用いて国を統治する主体だから、規定する必要もなく、法を超えた存在だったということである。

〔 豆 知 識 〕

1. 年号は「大宝律令」で初めて制度化され、現在の「令和」まで続いている。それまでは年号は断続的なものだった。

37 争い｜壬申の乱

「虎に翼を着けて放てり」(『日本書紀』)——天智天皇(626〜671)の死に際して、大海人皇子(のちの天武天皇[631?〜686])が、吉野に隠棲したときに評された言葉である。その言葉の通り、大海人皇子は壬申の乱に勝利し、このことがのちの律令国家体制への大転換となった。

◆

　大海人皇子は天智天皇の実弟で有能で人望も厚い人物だったといわれ、天智治世では、皇位継承の予定者とみなされていた。だが天智は晩年、我が子である大友皇子を後継者にするためかその地位の安定を図る動きを見せはじめる。当時、天皇になるには母親の血筋も重要視されていて、大友皇子は母親が高貴な出身でなかったために皇位継承の対象外だったはずである。その理由には諸説あるものの、実の子を後継者にしたいと考えるのは今の世にも通じる人情ともいえる。

　671年、天智天皇は大友皇子を政治の要職である太政大臣に任命し、このために天皇の弟である大海人皇子と、息子である大友皇子の対立は深まった。ところがその年、病に倒れた天智天皇は、病床に大海人皇子を召し、後のことを託すと遺言する。天智天皇の真意はわからないが、大海人皇子はこれを承諾することに身の危険を感じたのか、大友皇子に皇位を授けるよう返事し、その場で髪を剃り出家して、当時の都である近江大津宮から奈良の吉野宮に去っていったのだった。『日本書紀』にはのちの壬申の乱を暗示させるように、大海人皇子を見送る重臣たちが「虎に翼を着けて放てり」とささやいたと記されている。

　天智天皇没の翌年、672年大海人皇子は皇位を得るべく吉野で挙兵し、三重県を経て、東国への要所である美濃の不破の関を押さえるなどして、美濃、尾張、三河、東国の信濃・甲斐などの中小豪族を味方につけた。同時に大和盆地では、名門大伴氏一族が大海人皇子に呼応して兵を挙げた。かたや、近江の大津宮の朝廷にある大友皇子側は、西国の吉備、筑紫の兵力を動員しようとしたが断られ、主に朝廷を組織する畿内の大豪族を味方に応戦した。大海人皇子側は大和、琵琶湖南岸の二方面から朝廷を攻め、耐え切れず大友皇子は敗走、翌日自殺したことにより、約1カ月間に及ぶ政争は終わった。

　壬申の乱で勝利した大海人皇子は、翌673年、飛鳥京の飛鳥浄御原宮で即位し、天武天皇(「天武天皇」47ページ参照)となった。大友皇子についた大豪族を処刑するなどして力を削ぎ、独裁的な権力を掌握した天武天皇によって、以後本格的に律令中央集権体制が進められることになる。奈良時代の人々にとっても壬申の乱は重要視される出来事だったようで、『日本書紀』では全30巻のうちまるまる1巻をこの壬申の乱の記述にあてている。

【豆知識】

1. 『万葉集』には「おおきみは　神にしませば〜」と、天武天皇を讃える和歌が収録されており、天武天皇が天皇の権力を強め、神格化したことがうかがえる。
2. 天武天皇は壬申の乱勝利の後吉野宮に行幸した際、「よき人のよしとよく見てよしと言ひし吉野よく見よよき人よく見」という歌を残している。早口言葉のようだが、「よし」という言葉を重ねて自らの治世を言祝ぐ意図があったと考えられる。

38 外交｜白村江の戦い

白村江（はくすきのえ、もしくははくそんこうと読む）の戦いは、倭国が、唐帝国という強大な相手を敵に回して戦った大規模な戦争だった。中国側の記録書に「海水皆赤し」と記されるほど多くの兵を亡くし、1400人が唐の捕虜となったその大敗は、外交上だけでなく内政にも大きな影響を及ぼし、律令国家体制作りへの一つの布石となった。

◆

　白村江の戦いは、倭国が、滅亡した百済を再興するために663年、白村江（現・韓国の錦江の河口付近と目される）で唐の水軍と戦い敗れた、全2日間にわたる海戦だ。

　朝鮮半島は長らく高句麗・百済・新羅の三国が覇権を争う三国時代にあったが、7世紀後半、新羅の勢力が次第に強くなり、中国の唐と手を結んでついに朝鮮半島統一を実現しようとしているところだった。660年、新羅・唐の連合軍によって百済は実質的に滅亡に追い込まれた。

　百済の遺臣は、親交が深く王子豊璋を滞在させるなどしていた倭国に助けを求めた。時の女帝斉明天皇（594〜661）と、息子で権力を握っていた皇太子中大兄皇子（626〜671）はその要請に応じ、百済再興のために援軍を派遣することにした。662年に第1軍5000人が豊璋を百済の地に送り届け、翌年に第2軍2万7000人もの大軍を朝鮮半島に送り戦った。百済の役（百済救済戦争）と呼ばれるこの戦いのクライマックスが白村江の戦いだった。

　663年8月27日、倭軍は全軍が到着していなかったが、百済の陸軍と合流するため、白村江を遡ろうとした。河口では170隻の唐の軍船が待ち構えており、強行突破を試みたが、1日目の戦いは敗退。2日目には、追って到着した部隊を合わせて400隻で挑んだが、唐船に左右から挟まれて身動きが取れなくなったところに火矢を射込まれて倭船は炎上、乗員の多くが海に飛び込み、矢の的となるか溺れ死ぬこととなった。倭軍ではこのとき、意見対立などによって内部統制がとれていなかったとする説もあり、統制のとれた唐軍の動きを前になす術もなかったらしい。この戦いは『日本書紀』には「官軍敗績し、水に赴きて溺死する者衆し」、中国の記録書『旧唐書』には「海水皆赤し」と記録され、倭軍の大敗は相当悲惨なものだったようだ。

　斉明天皇は百済への出陣の途中筑紫の地で没してしまっており、このときは中大兄皇子が天皇の代理を行っていた。命からがら帰ってきた者たちの様子を中大兄皇子は見聞きしただろう。唐・新羅軍の追撃の恐れを抱えることになった倭国は防衛体制を固めた。博多湾方面からと想定される追撃から大宰府を守るため、周辺に山城・水城などの軍事施設を築いた。加えて、筑紫、対馬、壱岐などに烽（煙を焚いて外敵の襲来を知らせる施設）を設置。また、内政整備にも力を入れ、都を近江に移し即位、天智天皇となった。国内の支配体制を強化するために、初の全国的な戸籍である庚午年籍の作成などを急いだ。これらのことが民の疲弊や地方豪族の朝廷への不満を招くことになり、律令国家体制へのターニング・ポイントである壬申の乱（「壬申の乱」43ページ参照）で地方豪族が大海人皇子側についたとする見方もある。白村江での大敗は、天智天皇の政治に大きな影響を与えた出来事だった。

──────────
┃ 豆 知 識 ┃
──────────

1. 百済の王子豊璋は日本滞在中、三輪山で養蜂を始めようとした（『日本書紀』）。失敗に終わったそうだが、これが日本における養蜂の最古の記述だ。

39 経済 和同開珎

日本の"円"の原点ともいえる和同開珎（わどうかいちん、もしくはわどうかいほうと読む）。律令国家の財政・流通政策によって、全国的に価値を認められ、循環した初めての貨幣である。和同開珎の「珎」の字を、「珍」の異体字として「チン」と読む説と「寶」（宝）の略字とみて「ホウ」と読む説との2説があるのは有名な話だ。

◆

和同開珎

元明天皇（661～721）が即位した翌年（708年）、武蔵国から銅（和銅）が産出され献上されたのを機に、元号が「和銅」と改められ、和同開珎の鋳造が開始された。同じタイミングで平城京の建設も始まり、貨幣の鋳造は財源確保の手段だったともいわれる。和同開珎はまず銀銭から発行され、その後銅銭が並行して作られたが、翌年には銅銭に統一された。

貨幣は国家が定める最も有効な交換手段であるため、国家としては価値を持たせたい。そのためにさまざまな流通政策を講じた。官人の給与への銭の導入、銭による納税の導入、一定金額の貯金をした人に位階を授ける蓄銭叙位令（法）の制定、旅行者への銭使用の奨励、土地の売買への銭使用命令などだ。こうした政策によって、地方まで貨幣の価値が認識され、使用されることになった。

では和同開珎はどの程度の貨幣価値を与えられていたのかというと、鋳造開始の3年後、711年には、銅銭1文（枚）が籾6升（現在の米1升2合）の価値と定められた。少し時代は下るが、734年には銅銭1文につき、瓜3～4果、葱5把～1束、味噌1.5～2合、小麦2合が買えたとする研究者の試算もあり、銅銭1枚が貨幣の最小単位としては高い価値を持たされていたことがわかる。

和同開珎の前に鋳銭がなかったわけではない。『日本書紀』には683年、銀銭を禁じ銅銭の使用を命じる詔の記述がある。この銅銭が最初の貨幣「富本銭」だと考えられている。「富本銭」は銅銭で、同時に文字の刻印のない「無文銀銭」という銀銭も流通していたらしい。だが、和同開珎のような政府による流通政策がとられなかったために、富本銭は貨幣価値を高められず、流通量も少ないままだった。和同開珎は、律令体制下で流通・徴税の仕組みに取り入れられたことによって、日本で初めて交換価値を得た貨幣だった。以降、958年の乾元大宝まで皇朝十二銭と総称される貨幣が12回にわたって作られた。

┌─────── 豆知識 ───────┐

1. 古代史料の中に「和同開珎」の四文字が記されるものはなく、「銀銭」「銅銭」との記述から推定するしかない。
2. ニセ金作りは大罪で、謀反の罪に匹敵する重い刑罰が科されていた。しかし、高い技術を持ったニセ金作り集団もおり、造幣の官庁で働かせたこともあった。

40 暮らし・信仰 ｜ 妻問婚

　結婚はまず、男性が女性のもとに通う「よばい」から始まる。奈良時代の生活を理解していくうえでは、「妻問婚」という習俗を知っておかないと理解しづらいところもあるだろう。『万葉集』からは、当時の庶民の家族の姿が見えてくる。

◆

　古墳時代から奈良時代にかけての結婚は、基本的には妻問婚だった。結婚した夫婦が別居し、夫が妻の家に通う結婚の形態だ。

　結婚はまず、男性が女性のもとに通う「よばい」から始まる。「よばい」は「婚う」のことで、語の意味としては「呼び続ける」こと、または、男女が名前を「呼び合う」ことなどといわれている。名前を呼び続けると、言霊の力で呼ばれた者の霊魂を招き寄せることができるという信仰があったため、名前を呼んで求愛していたのである。両性の合意ののちその親・親族に許しを得るという点では、意外にも、現代の多くの結婚と変わらない始まりだったようだ。

　「妻問い」という言葉も同じく求愛する意味だと考えられているが、男女が別々に住んで結婚生活を営むから妻を「訪う」、「妻訪い」と表現されることもある。「ツマドイ」の語は、『古事記』『日本書紀』『万葉集』に多く見られ、例えば、『万葉集』に残されたこの和歌から妻問いの様子をうかがい知ることができる。「朝去きて　夕は来ます　君ゆゑに　ゆゆしくも吾は　歎きつるかも」夜来て朝には帰っていく夫。それは当時当たり前の慣習だったが、この妻は少し寂しく思っていたようである。

　結婚当初は男性が女性のもとへ通うが、子どもができるとそうもいかない。次第に夫婦が同居していくのが一般的だったと想定される。夫婦は自分たちの住む「妻屋」を新しく作る。「妻屋」の名の通り、新居は夫ではなく妻の実家の近くに構えていた。『万葉集』には、父・母が同居し、娘によばいする和歌が残されている。「こもりくの　泊瀬小国に　よばひせす　我が天皇よ　奥床に　母は寝ねたり　外床に父は寝ねたり　起き立たば　母知りぬべし　出でて行かば父知りぬべし　ぬばたまの　夜は明け行きぬ　ここだくも　思ふごとならぬ　隠り妻かも」。夜中恋人が訪ねてきたが、母と父に挟まれ、起き立つことができないまま夜が明けていく……という歌だ。

　妻問いの慣習は庶民に限ったことではない。奈良時代には婚姻儀礼がはっきりした形式を持っておらず、結婚によって女性の地位が変わることはなかった。律令の規定では、女性も男性から独立して品・位階を授けられ、一定の品・位階以上の女性は、男性同様律令に規定された公的な「家」を持ち、封戸・品位田なども授与されていた。ただ、聖武天皇の右腕として政治を執った皇族である長屋王（676？〜729）の屋敷跡から妻との同居をうかがわせる木簡も出土しており、結婚の形態が変化しつつある時代であったことがうかがえる。

───

豆知識

1. 織姫と彦星が7月7日の夜、一年に一度だけ会えるという七夕伝説。中国では織女（織姫）が牽牛（彦星）に会いに行くが、日本では天の川を渡るのが彦星である。日本に伝わった際、妻問婚の習俗に合わせて形を変えたといわれている。

41 人物 天武天皇

「新たに天下を平らげ、初めて即位した」。天武天皇（631？～686）が新羅からの使者に告げた言葉は、壬申の乱（「壬申の乱」43ページ参照）という革命によって即位し新たな国家を建設するという理想の表れだったのかもしれない。絶大な権力を握り「天皇」の称号を初めて使用したとされる天武天皇は、在位13年の間に律令体制を急速に推進し、律令国家の建設に大きな足跡を残した。

◆

　壬申の乱で勝利した大海人皇子は、673年飛鳥浄御原宮で即位し、天武天皇になった。近江朝廷側についた中央豪族の力を削いだ天武天皇は絶大な権威を持ち、大臣を置かず、皇后・皇子の補佐を受けて天皇を中心とする国家体制作りを行った。

　天皇の権威の確立として、まず、八色の姓の制定を行った。真人・朝臣・宿禰・忌寸・道師・臣・連・稲置の8つの姓を新たに作り、天皇の近親氏族に真人をあて第一の地位に置き、以下、朝臣にそれより遠い血縁の氏族と当時有力な氏族をあてた。もとの氏姓制度を利用しながら、天皇と関係の深い氏族を上位に置くという再編成だ。また、翌年には新しい位階制度を定め、皇太子の草壁皇子以下も官僚機構の中に取り込んだ。この位階には天皇と皇后は含まれなかったから、身分秩序を超えた絶対的存在となる。こうした身分秩序の再編によって、天皇の絶対的権力の確立を図ったのだった。

　また、部曲の廃止をするなどして公地公民制を進めた。部曲は大和王権時代から続く豪族の私有民のこと。それぞれの氏のもとで労役を行っていたものを、朝廷の直接支配下に置いたのだ。こうした改革が律令体制整備を進める重要な一歩となった。

　他にも、天皇の地位を歴史的にも基礎づけるため、681年、国史の編纂を命じた。『古事記』序文によれば、皇位継承の流れの「帝紀」と古代の神話の記録である「旧辞」の内容を再検討し、誤りを改めて後世に伝えようとの考えで、稗田阿礼（生没年未詳）に命じて読んで覚えさせようとしたという。

　同じ年に、律令の制定にも着手したが存命中には完成しなかった。天武天皇の遺志を継いで皇位についた妻の持統天皇によって編纂事業は進められて「令」のみが完成して、689年「飛鳥浄御原令」が施行された。

〔 豆 知 識 〕

1. 11月23日に定められている国民の祝日「勤労感謝の日」は、「勤労をたっとび、生産を祝い、国民たがいに感謝しあう」趣旨。もとは天皇がその年に収穫された穀物を神に捧げ、来年の豊作を祈る宮中行事の「新嘗祭」の日だった。この「新嘗祭」を国家的祭祀に高めたのが天武天皇で、明治時代まで続いた。

42 文化・芸術 │ 『古事記』と『日本書紀』

　日本の創世神話や神々の物語を描いた『古事記』と『日本書紀』は古代人の考え方を今に伝える日本の古代史研究には欠かせない書物だ。ひとまとめにして「記紀」といわれるが、両者には違いも多い。

◆

　『古事記』は現存する最古の歴史書だ。『古事記』の編纂は、天武天皇が、皇室の系譜が詳記された「帝紀」と、神話や伝説が記された「旧辞」の信用できる内容だけを後世に伝えようと、これらを稗田阿礼に読み習わせたことに始まる。その後、元明天皇の代になって太安万侶が筆録して712年に完成した。

　上・中・下の3巻からなる『古事記』は、上巻は神々の物語、中巻は初代神武天皇から15代応神天皇まで、下巻は16代仁徳天皇から33代推古天皇までの天皇一代ごとの系譜や物語が記されている。編纂の目的は、壬申の乱によって皇位についた天武天皇が、国内に向けて天皇家の歴史と正統性を明確にするためといわれている。

　国内に向けた読み物だから、やまと言葉といわれる当時の日本語を織り交ぜ、「日本漢文」と呼ばれる独自の文体で記されている。「日本漢文」は日本語の一音を似た音の一文字の漢字で表す表記方法（表音文字）と、やまと言葉にそれと同じ意味の漢字をあてる方法（表意文字）から成り立つ。表音文字は『万葉集』でも用いられた方法（万葉仮名と呼ばれる）で、ひらがなやカタカナのもとになっていくものだ。現在の日本語の表記方法である漢字仮名交じり文の始まりだといえる。

　一方『日本書紀』も、天武天皇がその皇子ら12人に「帝紀及び上古の諸事」を記し定めさせたもので、約40年後の720年に舎人親王が最終的な形にまとめた。初めの2巻は神代、以下は天皇の代々の歴史を描く全30巻からなり、天地開闢（天地が二つに分かれること）から41代持統天皇までが記録されている。こちらは東アジアの勢力争いの中で日本の位置づけが不安定な時代に、日本の成り立ちを対外的にPRする目的で編まれたと考えられる。唐朝廷に見せるための公式の史書だから、中国の歴史書にならい漢文体・編年体（出来事を年代順に書き連ねていく記述方法）で書かれている。編纂姿勢も『古事記』と異なり、可能な限りの文献を集めて、「一書に曰く、」から始まる記述をいくつも収録しているのが特徴だ。だから、一つのエピソードについて多様な異説が載っている場合もある。

　両書の内容にはさまざまな違いがある。『古事記』には、神話や伝説、口承で伝わる歌謡など物語性の高いものが多い。和歌を効果的に収録しているのも『古事記』の特徴だ。対して、『日本書紀』では、天地が二つに分かれ高天原という天上界に5柱の神々が現れるという「別天神」の説話や、黄泉の国と根の国の説話が省略されている。こうした違いは、編纂姿勢や成立した年代に差があることによると考えられている。

豆 知 識

1. 天孫ニニギノミコトは山の神の2人の娘、長寿を司るイワナガヒメと花のように美しいコノハナサクヤヒメと結婚することになるが、醜い姉を帰し、妹のコノハナサクヤヒメとだけ床を共にした（『古事記』）。これは、「バナナ型神話」という東南アジアで見られる神話の類型だ。人間の命が有限になったのは、祖先が石ではなくバナナ（ここでは短命を象徴する花）を選んだためというものだ。

43 政治 | 平城京遷都

「あをによし　奈良の都は　咲く花の　薫ふがごとく　今盛りなり」（『万葉集』）と讃えられた通り、東西の市が作られ、貨幣（「和同開珎」45ページ参照）が流通した平城京（710年遷都）は色鮮やかに栄えたに違いない。

◆

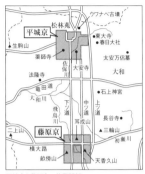

平城京と藤原京の位置関係

平城京はモデルとする唐の長安城のちょうど2分の1ほどに設計されている。南北4.8km、東西4.3km四方にプラスして、外京・北辺坊と呼ばれる張り出し部を持ち、南北に走る大路によって四坊、東西に走る大路によって九条に分けられる条坊制だ。天皇の政務施設や諸官庁のある平城宮を北の端に置いて、その正門である朱雀門から京の南端の羅城門まで幅約70mの朱雀大路が貫く。これを境に東が左京、西が右京。左右に政府の設置した東市・西市があった。市街地には、前京から移設された大寺院、貴族・官人・庶民の住居が立ち並ぶ。全国の人口が400万人前後、京内の人口は5万〜20万人と幅広く推定されているが、平城宮に勤務する官人だけで1万人もいた。

先の藤原京（694年遷都）は、天武朝に造営が始まり妻の持統天皇が完成させた。天武念願の律令制度を「大宝律令」として制定した孫の文武天皇（683〜707）は遷都を望んだが、25歳の若さで亡くなってしまう。遺志を継いだ母・元明天皇（661〜721）即位の翌年から平城京の建設が始まった。

平城遷都は、藤原京の持つ問題 ── 京の全域の中心部に宮があるため天子南面（皇帝や天皇は南を向いて座るという中国から伝わった思想）が不徹底である、天皇の居所である大極殿の位置が地形的に低く臣下に見下ろされる形になる、朱雀大路の幅が他の大路と同程度しかなく中心軸の卓越性が弱い、交通の便が悪く人員・物資の運搬の面で不便である ── を克服するためといわれている。それで、東・北・西を山に囲まれ南へゆるやかな傾斜で開ける、木津川による水運の便がよい、大和盆地の中央を南北に走る下ツ道を中軸線とする、といった条件の整った地に遷都されたのだった。

奈良の都城計画は古道との関係抜きでは語れない。奈良盆地を等間隔に真南北に走るのが、上ツ道・中ツ道・下ツ道、真東西に走るのが横大路であり、一部は現在も生活道路として機能する。これらの古道は壬申の乱のときには存在していたらしい。藤原京の碁盤の目状の道筋はこれらを基準にし、平城京でもまた、下ツ道を拡幅して朱雀大路としている。2つの都は下ツ道、中ツ道で結ばれ、佐保川、初瀬川の水運も利用できたから、平城京は藤原京との往来を前提に計画されたらしく、実際、遷都後も人員や物資の往来があったことがわかっている。

主に平城京に都が置かれた70年余りを奈良時代といい、この地に律令国家が発展し、後半には唐風の天平文化が栄えた。

豆知識

1. 平城京には、汲み取り式トイレだけでなく、すでに水洗トイレがあった。トイレットペーパーとして、籌木という木片を使っていた。

44 争い｜道鏡による混乱

「道鏡をして皇位に即かしめば天下泰平ならむ」。政変の相次いだ奈良時代後期、なかでも異常な事態だったのが、道鏡（？～772）による政治の混乱だ。僧でありながら空前絶後の高位につき、ついには天皇の位まで欲したといわれる。

◆

　孝謙天皇（718～770）即位のころ、先代天皇、光明皇后と結んだ藤原仲麻呂は、先々代天皇、聖武の右腕だった橘諸兄を失脚させ、勢力を伸ばしつつあった。諸兄の死後、その子奈良麻呂が仲麻呂排除を企てたが、仲麻呂はこれを未然に抑えて（757年、橘奈良麻呂の変）邪魔を排し、淳仁天皇（733～765）を擁立、恵美押勝の名を賜るなど、権勢を確立させた。一方、孝謙は権力を維持したまま上皇となった。

　そこに登場したのが道鏡だ。孝謙上皇は、病に伏した際、宮中の仏教施設内道場の禅師だった道鏡の呪力を頼み看病を受けたことから、道鏡を寵愛するようになった。それを天皇が批判したことで、孝謙上皇は怒って出家。国家の大事と賞罰の二権は自分が持つ、天皇は小事を行えと宣言し、淳仁天皇から権限の多くを奪う。当時の上皇は天皇と同等に勅詔（天皇の命令）を出すことができたのである。こうして、孝謙・道鏡派と淳仁・仲麻呂派の対立が生まれた。この対立に乗じて、仲麻呂をよく思わない勢力が仲麻呂を追い落とそうとする動きを見せ始めたため、窮地に陥った仲麻呂は764年、形勢逆転を狙い反乱を企図したが孝謙に抑えられ、斬首となった（藤原仲麻呂［恵美押勝］の乱）。

　仲麻呂を退けた孝謙は淳仁天皇を廃し、称徳天皇として再び即位した。初めての出家した天皇である。称徳天皇は、「大臣禅師」「太政大臣禅師」と道鏡を次々に昇進させ、766年には「法王」に任じて「法王宮職」という官庁を新設する。法王道鏡には、衣服・飲食や乗り物・儀礼などについて天皇と同等という前代未聞の待遇が定められた。称徳天皇が仏教界に身を置きつつ俗界で即位したのと同じく、道鏡も僧侶でありながら政治の実権を握ったのだった。

　だが、道鏡の権勢も続かなかった。769年、大宰府の祭祀官が「道鏡をして皇位に即かしめば天下泰平ならむ」という宇佐八幡神の神託を奏上してきた。道鏡を天皇にしたかった称徳は、信頼する尼の弟、和気清麻呂を使いにやるが、2度目の託宣では、道鏡の即位は否定された。これを聞いた称徳と道鏡は激怒し、清麻呂を穢麻呂と改名させ流罪にした（宇佐八幡（宮）神託事件）。そもそもの神託が道鏡を帝位につけたい者の策謀だったかもしれないし、2度目の託宣も裏で糸を引く者があったのかもしれないが、定かではない。

　770年、称徳が崩御すると、皇位簒奪（王位を奪い取ること）をもくろむと密告を受け、道鏡は瞬く間に失脚した。罪人同様の扱いで下野国の薬師寺に移され、死後は一般の僧と同様に処置されたという。

```
豆 知 識
```

1. 孝謙天皇と道鏡が男女の仲にあったという説が『日本霊異記』『古事談』や江戸時代の川柳などに面白おかしい表現で取り上げられているが確たる史料は存在せず、後代の創作と見られる。

45 外交 | 遣唐使

遣唐使は、東アジア第一の大国である唐との友好関係を保ち、制度や文物を取り入れるために派遣された。文化の面では特に、国際色豊かな天平文化の形成と仏教の受容に貢献した。

◆

遣唐使船

最初の遣唐使は、630年の犬上御田鍬（いぬがみのみたすき）（生没年未詳）らだった。初期は遣隋使時代（「遣隋使」37ページ参照）に引き続き対等外交を主張していたが、白村江の戦い（「白村江の戦い」44ページ参照）を経て、669年の派遣の後、遣唐使は約30年間断絶。日本は唐・新羅連合軍に大敗した後、大国との国力の差を思い知った。その脅威に備えるために内政整備の急務に取り組んでおり、外交どころではなかったようだ。702年、派遣を再開した際には、「日本」という国号が初めて使われた。このころには日本は、対等外交の主張から一転して朝貢国（臣下として朝廷に貢物を差し出す国）として唐と友好関係を築こうとした。唐は皇帝が徳をもって全世界に君臨するという「中華思想」を持ち、周辺諸国はあくまで「冊封国（さくほう）」（皇帝から勢力圏の支配を公認された王などの称号を与えられた国）か「朝貢国」だったから、これに同調することにしたのだった。

遣唐使が持ち帰る文物や大陸との人的交流が新文化の受容に大きな役割を果たしたのはいうまでもない。漢籍（中国の思想・制度・歴史・文学に関する書物と仏教経典）、仏像などの美術工芸品、薬・香料（こうじ）と柑子（みかんの一種）や茶などの植物が輸入された。東大寺の正倉院には唐で作られた品以外に、古代ペルシアなど西域の文字の入ったものなども所蔵され、シルクロードを通って唐に流入した物品が日本までも伝わってきたことがわかる。漢籍は律令国家体制の土台作りに生かされ、来日した唐の鑑真（「行基と鑑真」54ページ参照）、インドの菩提僊那（ぼだいせんな）などの僧や、漢字の発音を伝えた袁晋卿（えんしんけい）は日本文化の発展に寄与した。

一方で「朝貢品」として日本から唐へも多くの物を輸出している。当時の税である「調」として集められた絹製品、麻布、和紙、銀・メノウ・水晶などの鉱物製品、油・樹脂・植物性甘味料といった素材が多かったようだ。

遣唐使船は帆を張るための柱であるマストを2本備えた帆船で、長さ30m、幅9m弱、積載量150tほどと推定される。2隻ないし4隻で編成され、1隻に最大160人ほどが乗っていた。船には、使節、船員、随員、留学者の他に、通訳、工芸の技術を学ぶ技能研修生、遣唐使の仕事を助けるための占い師・医師・陰陽師・画師なども同乗していた。使節は日本を代表する立場なので、家柄、学識、教養等を鑑みてふさわしい人物が選ばれた。入唐者としては、『万葉集』歌人の山上憶良（やまのうえのおくら）、帰国後右大臣にまで出世した吉備真備（きびのまきび）、唐の官僚となり生涯を唐で終えた阿倍仲麻呂（あべのなかまろ）、平安仏教を開いた最澄・空海、玄奘三蔵（げんじょうさんぞう）（三蔵法師）に直接師事した道昭（どうしょう）などが知られている。

┌─── 豆知識 ───┐

1. 現在の日本での漢字の発音には、呉音、漢音、唐音がある。漢音は唐の時代の中国北方の標準音で、入唐者や来日した唐人によって伝えられた。当時漢音普及の命令が下されたこともあり、現在も漢字の音読みの多くは漢音である。

46 経済 | 墾田永年私財法

　墾田永年私財法の発布は、律令国家の公地公民制が次第に崩れ、のちの初期荘園(「荘園制度」59ページ参照)へと移行していくきっかけとなった。

◆

　律令国家の基本は公地公民制だ。土地と人民は国のものであることが原則なのである。律令国家としての法整備がなされた「改新の詔」では、6年に1回戸籍が作られて人民と「戸」が管理され、税が定められた(「大化の改新」35ページ参照)。「班田収授の法」では、良民の男子には6年ごとに口分田が班給され、良民の女子にはその3分の1の大きさの口分田が支給された(「租庸調雑徭・班田収授」38ページ参照)。これらの土地はその所有者が死ぬとまた公のものとして回収される。農民は重い税負担に苦しんだが、この仕組みが律令国家の土地公有の基礎となっていた。

　この原則が崩れ出し、土地の私有が大きく進むきっかけになったのが、聖武天皇(701〜756)が743年に出した「墾田永年私財法」だ。新しく荒野を開いて作った田は自分の物にしてよいという法律である。

　701年に大宝律令が施行されて律令体制の仕組みが整ってくると、役人の数が増え、彼らの身分に応じて与える田(位田)も増やす必要が出てきた。また、全国的に人口も増え、次第に田が足りなくなってくる。そこで、水田の面積を増やすために723年に「三世一身の法」が出された。荒野を新しく開墾した田は、三世、つまり、本人・子・孫(子・孫・曾孫の説もある)の三代は使用してもよい、既設の用水路等を利用して開いた田は本人の代だけ使用を許すというものだ。これらは、農民が私的に開墾した田を国家が把握することに役立ちはした。しかし、せっかく田を作っても後で返さなくてはならないというものだったから、耕作の意欲が続くわけもなく、耕作放棄地が出るなどしてあまり効果はなかった。それで、墾田永年私財法の公布となったのである。

　墾田永年私財法が水田の面積を増やしたのは確かだが、重い税に苦しむ農民が豊かになるわけではなかった。開墾できる面積を身分によって制限したので、貴族や地方豪族、大寺院がこぞって開墾を進め、各地に大規模な私有地が生じることとなったのだった。道鏡政権下で「加墾禁止令」という貴族の無制限の開墾を禁じる法令が出されたこともあったが撤回され、このとき開墾された私有地がのちの初期荘園になっていくことになる。

豆知識
1. 東大寺が北陸で開墾を進めて荘園を増やしたのは有名だ。『万葉集』には越中守だった大伴家持が東大寺から視察に来た僧に酒を贈る歌が収録されている。

47 暮らし・信仰 ｜ 大仏造立

　聖武天皇（701〜756）の在位期間は、唐文化への憧れと仏教の強い影響を受けた「天平文化」の時代だ。鎮護国家のための国家仏教を篤く信仰した聖武天皇は、東大寺の大仏の造立にその情熱の多くを傾けた。

◆

　聖武天皇の在位前半は悩みが多かった。悪天候による凶作と飢饉、大地震による死者多数など連年の天災が続いた。そこに735年、天然痘が流行し、政権の中枢にあり聖武天皇とも近しかった藤原氏の4兄弟が737年に全員病没してしまった。さらには、740年、九州では藤原広嗣が、自身の大宰府への左遷と、僧玄昉と吉備真備の重用に異を唱えて反乱を起こした。

　反乱が平定されぬうちから聖武天皇はさまよい出るように東方へ旅立った。恭仁京（現・京都府木津川市）への遷都宣言、続いて紫香楽宮（京）（現・滋賀県甲賀市）、難波宮（現・大阪市）を造営して3つの宮を行き来するようになった。5年後の745年には再び平城京に戻ったが、この5年間に仏教による鎮護国家を決心したのだろう、741年の国分寺・国分尼寺建立の詔に続き、743年、紫香楽宮（京）で大仏造立の詔を出したのだった。大仏は盧舎那仏で、輝く太陽を象徴する華厳経の宇宙を包括する仏だ。その力で世の安泰と繁栄を得ようとしたと考えられている。その後、大仏は平城京の東大寺に建設の運びになり、採用したのが、行基（「行基と鑑真」54ページ参照）も用いた「知識」（大勢の人で事業に協力すること）という方法である。このときの「天下の富を有つは朕なり。天下の勢を有つも朕なり」の言葉は有名だ。天皇たる自分の力をもってすれば大仏造立はたやすいことだが、みなで心を致して大仏造立の福徳を分かち合いたいというものだ。事業の実質的リーダーとして行基も加わった。

　大仏鋳造は747年から3年の間に計8回にわたり行われた。しかし全長16mもの巨大な大仏であるため塗装する金が足りない。折から、陸奥国での金産出の報告が舞い込んだのだが、それを受けての喜びようを伝えるエピソードが、聖武天皇の盧舎那仏への帰依のほどをうかがわせる。一報を受けて聖武天皇は喜んで東大寺に行幸した。盧舎那仏に感謝を申し上げるためだ。北面し、自らを「三宝の奴」（三宝は仏法僧を指す）と呼んだ。中国の思想の影響で天皇は南に向いて座り、臣下が北面する。この位置関係では天皇は大仏の臣下ということになる。さらには「天平」年号に文字を加え「天平感宝」とし、広範な人々に叙位や賜与、大赦を行ったのだという。

　752年4月9日、釈迦誕生日の翌日に大仏開眼供養会は執り行われた。大仏に目を描き入れる開眼師の持つ筆からは紐が伸び、聖武太上天皇（749年に譲位）・光明皇太后・孝謙天皇はじめ参列の人々の手に握られていた。

　聖武太上天皇の崩御後は、光明皇后によって600点以上のゆかりの品々が盧舎那仏に奉献された。それらは正倉院に納められ、一部失われたものもあるものの、目録「国家珍宝帳」とともに現在に伝わっている。

┌─────────┐
│ 豆 知 識 │
└─────────┘

1. 鋳造とは、金属を溶かして型に流し込み冷却して固める方法のこと。実際の大仏より一回り小さい原型（塑造）と外型の隙間に銅を流し込んで作られた。外型の周りには土を盛って大仏を包んだので、完成前は16m以上の小高い山ができていたはずだ。

48 人物 | 行基と鑑真

　聖武天皇（701〜756）の仏教的理想の実現に大きな役割を果たした仏教者が行基（668〜749）と鑑真（688？〜763）だ。民衆への伝道と土木事業に尽力し、天皇の大仏造立事業（「大仏造立」53ページ参照）にも参画した行基は、行基菩薩と慕われ、彼にまつわる伝承は各地に残る。唐から戒律をもたらした日本律宗の祖鑑真は、聖武天皇（授戒時は太上天皇）に戒を授けた後、授戒制度を整備し、以後の日本仏教に大きな影響を与えた。

◆

行基菩薩像（奈良県）

　奈良時代の僧は官人的な一面もあり、「僧尼令」によって市中での布教や山林修行を禁じられていたが、平城京遷都後、令に違反する者が増えた。民衆の中に入って伝道活動をしていた行基も、詔（みことのり）の中で非難を受けている。そこで活動転換したと見られる行基が始めたのが、橋、道、船息（ふなやど）（船付場）、堀川、布施屋（旅行者に食事を提供する休息宿）といった交通施設や、ため池などの灌漑（かんがい）施設の建設だ。こうした事業は仏教の福田（施せば福を生ずるもの）思想に基づく行（ぎょう）の一つと考えられる。

　大規模な土木事業には人手が必要だが、彼は人々の共同参画である「知識」という手法を使った。彼を慕う民衆「行基集団」は1000人にも及び、速やかに事業を完結させたそうだ。同時期、大仏造立を願った聖武天皇は行基の手法に共鳴し、行基を大仏造立の国家事業に迎えた。745年、行基はそれまで日本になかった僧位、大僧正に着任し、大仏造立の実務的リーダーとして力を尽くした。

　他方で聖武天皇は、それまで日本に伝わっていなかった正しい授戒作法を得、仏教界の乱れを正すため伝戒師を招こうと、733年2人の学問僧を唐に遣わす。742年、招きに応えて渡航を決意したのが、当時54歳の鑑真だ。鑑真は若くして最高の戒律を受けて後30年、すでに唐で名声を得た戒律師だったが、新天地での弘法（仏法を広めること）の決意は固かった。

　渡海は難航した。5回の失敗を重ねるうち、自身は失明し高弟も失った。753年、6回目でついに14人の僧と3人の尼を引き連れて入国したのは、渡日の企図から11年後のことだ。翌年平城京に入り東大寺に戒壇を設けて、2年前に開眼した盧舎那仏の前で聖武太上天皇・光明皇后、その娘の孝謙天皇など400人余りに戒律を授けた。仏教の最高指導者大僧都に任命され、三戒壇（東大寺、下野の薬師寺、筑前の観世音寺）を成立させた日本仏教への功績は大きい。763年、自身が創建した戒律の根本道場、唐招提寺で西向座禅のまま入滅した。

豆知識

1. 鑑真が戒律だけではなく、天台仏典を輸入しこれを学んだ最澄が日本の天台宗を開いたことは有名。他に木彫仏の手法を定着させたこと、薬草・医学の知識を持ち込んだことで知られる。

49 文化・芸術 | 万葉集

　新元号「令和」の出典として注目された『万葉集』は現存する日本最古の歌集だ。「銀も　金も玉も　なにせむに　優れる宝　子に及かめやも」（山上憶良）、「父母が　頭かき撫で　幸くあれて　言ひし言葉ぜ　忘れかねつる」（丈部稲麻呂、防人歌）など、率直に力強い愛情をうたった和歌は、1000年以上たった現代の読者の心をも打つ。

◆

　『万葉集』には平城京遷都前後の120年間ほどの歌、4500首あまりが全20巻に収められている。それらは「雑歌」（くさぐさの歌の意。行幸、旅、宴会などを詠む）、「相聞歌」（恋の歌）、「挽歌」（死者を悼む歌）に分類されている。ちょうど日本古代国家の形成・展開期と重なる時代だから、歌風も素朴な口承歌から、のちの勅撰集につながる繊細で技巧的なものへと推移していく。それを通常4つの時期に分けている。大化の改新（645）前後から壬申の乱（672）までが第1期、673年から平城京遷都（710）までが第2期、711年から733年前後までの奈良時代前期が第3期、734年から最も新しい歌が詠まれた759年頃の奈良時代中期までが第4期だ。天皇の命令によらない私撰集で、何人もの手を経て編まれて、最終的に大伴家持が関与したとする説が有力だ。

　上代の他の書物と同じく『万葉集』もすべて漢字で書かれた。漢字の表す意味に関係なく漢字の音訓を借りて、一字に一音をあてる表記法で、これを「万葉仮名」という。例えば「安→あ」「伊→イ」などといったもので、ここからひらがな・カタカナが成立した。

　天皇・貴族の和歌のみならず、作者不明の伝承歌謡から庶民の歌まで幅広く収録されているが、当時の庶民の考えや生活の様子をうかがい知ることができるのは、東歌や防人歌だ。東歌は東国地方（東海道、東山道地方）の歌の意で、方言を交えて庶民の生活をうたう。「多摩川にさらす手作り　さらさらに　なにそこの児の　ここだかなしき」は税として納める布の生産に関わる人の作。防人は、21～60歳の男子が北九州で3年間防衛にあたる兵役だが、多くは東国出身者だったようだ。北九州まで徒歩での旅になるため、実際には3年以上家族と離れ離れになる。冒頭2首目のように、両親との別れを詠むものや「我が妻は　いたく恋ひらし　飲む水に　影さへ見えて　よに忘られず」と妻との別れの悲哀を詠むものは、現代の我々にも共感できる感情だろう。

【豆知識】

1. 『万葉集』は全文が漢字で書かれているため、平安時代中期にはすでに解読作業が始まっていた。その後も研究は進められたが、現在でも読み方のわかっていない歌がある。

50 政治 | 平安京遷都

794年、「千年の都」とも呼ばれる平安京に都が移された。以後、鎌倉幕府が成立するまでの約400年間が平安時代と呼ばれ、この地で優雅な王朝文化が花開いた。

◆

　称徳天皇没後、有力氏族の藤原百川（732〜779）らは道鏡（「道鏡による混乱」50ページ参照）を失脚させ、光仁天皇（709〜781）に続きその光仁天皇の子である桓武天皇（737〜806）も擁立した。桓武天皇は、784年に長岡京（現・京都府向日市・長岡京市周辺）への遷都を決め自らも長岡に移った。遷都の理由は、南都の寺院勢力が増大し抑えがたくなったことに加えて、物資供給の難しさや、貨幣経済の混乱、都市民の生活破綻と治安の悪化などが挙げられる。

　しかし、長岡京造営中、造営責任者の藤原種継が大伴継人らによって暗殺された。そして、その主犯格として名が挙がったのが早良親王だった。早良親王は桓武天皇の弟で、皇太弟の地位にあった人物である。桓武天皇は激怒し早良親王を幽閉した。無実を訴える早良親王は自ら飲食を断って絶命したのだった。

　すると、桓武天皇の夫人や母、皇子など身近な人の死病が相次ぎ、さらには天候不順による凶作が続いた。相次ぐ不幸は早良親王の怨霊の仕業であると占いに出たため、長岡京造営は廃止され、794年、平安京（現・京都府京都市）への遷都が決まった。都が置かれた山背国は山城国と改められた。

　桓武天皇はこの地で、国司・郡司を監督する勘解由使を設置し、兵士を廃して健児を置くなど地方政治に力を入れ、政治刷新を行った。地方政治の一つである蝦夷征討も平安京造営に並ぶ桓武天皇の二大事業だったが、国民の辛苦を招くとの建議からどちらも停止されるに至った。

　平安京の構造は、概ね平城京（「平城京遷都」49ページ参照）と同じ。全体を均等に分割したうえで大路小路を割り振ったため区画の大きさにバラつきがあった平城京と異なり、緻密な分割原理を用いて区画の大きさを均一に揃えていることは、旧京からの発展の一つだ。「平安京」といえば雅な貴族の世界を想像するが、当時の習俗では死の穢れを嫌ったことから流行病患者や死期の近い人が路上や屋外に放置されていることもあった。都の南門「羅城門」の上層にも死人が捨てられていたのは、『今昔物語集』やそれをモチーフにした芥川龍之介の小説『羅生門』からも有名な話である。

　以後、明治維新によって東京に遷都されるまでの約1100年間、主にこの平安京が都として栄えた。

```
豆知識
```
1. 山鉾巡行で有名な京都の祇園祭のルーツは、平安初期に中央政界で無念の死を遂げた死者の霊を慰める御霊会だ。御霊会で最初にまつられたのが早良親王である。

51 争い｜薬子の変

　810年に起きた薬子の変は、平城太上天皇の変ともいわれる。嵯峨天皇（786〜842）と同母兄の平城太上天皇（774〜824）との間で、政治権力の対立が生じ、太上天皇が敗れた事件である。平安時代初期の藤原北家の台頭のきっかけとなった。

◆

　桓武天皇（737〜806）に次いで即位した皇子の平城天皇は体が弱く、在位3年で弟の嵯峨に皇位を譲り、自らは平城宮の地に戻り太上天皇になった。「太上天皇」とは、譲位後の天皇、つまり上皇のこと。この時、太上天皇が自分の皇子を皇太子に置き、権力を維持したため、太上天皇と天皇の権力の二重構造が生じた。都である平安京と旧京の平城宮とで、まるで朝廷が2つあるかのような状況となり、「二所朝廷」とまでいわれたという。

　平城太上天皇には皇太子時代から寵愛する女性がいた。長岡京造営時に暗殺された藤原式家の種継の娘、藤原薬子（？〜810）である。初め皇太子時代に妃となったのは薬子の娘だったが、母親の薬子の方が気に入られてそばに仕えることとなり、絶大な寵愛を後ろ盾に権勢を振るうことになったのだった。

　嵯峨天皇が病床についた折、平城太上天皇は、天皇のいる平安京から平城京へ遷都の詔を出した。しかしこの動きは嵯峨天皇に制圧され、東国に入るために伊勢に向かっていた平城太上天皇と薬子の一行は、嵯峨天皇側の坂上田村麻呂に止められた。東国に入ろうとしたのは、軍勢を動員するためだった。

　この事変は平城太上天皇の主導ではなく、薬子とその兄の藤原仲成による平城重祚（再び皇位につくこと）のもくろみがあったとみなされた。嵯峨天皇は薬子と仲成の2人に責めを負わせて事変の収束を図り、薬子は毒を仰いで自殺、兄の藤原仲成は射殺された。平城太上天皇は罰されることはなかったが、剃髪して出家し、その皇子の高岳親王は廃太子（皇太子を退位させること）となった。

　事変の数カ月前に嵯峨天皇は、「蔵人所」という役所を新設していた。これまで薬子のような後宮女官を経由して太政官に天皇の意思を伝達することがあったが、これをなくして機密の漏洩を防ぐためだった。事変の前から、太上天皇との間に亀裂が生じていたからと考えられている。

　藤原家は藤原不比等の4人の子らが興した北家・南家・式家・京家の4つの家系に大別されるが、この事変によって藤原式家の没落は決定的になり、北家が完全に優位に立つことになった。以後の藤原氏の専横へとつながる原点となった事件である。

豆知識

1. 廃太子になった高岳親王は、出家し、仏法を求めて入唐を経て天竺（インド）に向かう途中で亡くなったと伝えられる。澁澤龍彦著『高丘親王航海記』はこの伝説に発した幻想小説だ。

52 外交 | 蝦夷征伐

平安時代の対蝦夷征討は、桓武天皇（737〜806）が行ったものが有名だ。桓武朝の征夷は5回計画されたが、最初と最後は実施されていない。最初は長岡京造営の開始、最後は徳政相論で中止された。実行されたのは、789年・797年・801年の3回で桓武朝の第1〜3次征討と呼ぶ。

◆

坂上田村麻呂

古代律令国家では、支配領域の北方に住む人々を蝦夷と呼んで区別していた。支配領域との境界には城柵という軍事施設を築き、官人と兵士を駐屯させて、服属・内民化を働きかけていた。奈良時代前期には、藤原仲麻呂政権下で陸奥国（現在の青森県から福島県）に鎮守府（軍政を司る役所）の多賀城を築き、城柵を北方に少しずつ進めていた。ところが光仁天皇の770年頃、陸奥国と蝦夷との戦闘が激しくなるなかで、780年に蝦夷系豪族の伊治呰麻呂が陸奥出羽の最高司令官である按察使を殺害する事件が起きた。呰麻呂は蝦夷でありながら朝廷側に組織され協力する立場だったのだが、按察使や同僚から侮蔑され、私怨があったといわれている。これをきっかけに蝦夷の一斉蜂起が起こり、蝦夷は国府多賀城を襲撃して崩壊させた。

こうした状況から、桓武天皇は父光仁天皇に引き続いて厳しい対蝦夷政策を行った。789年、岩手県南部の胆沢を対象として第1次征討軍を送り込むが、蝦夷の族長阿弖流為（？〜802）の巧みな戦術によって、多数の死傷者を出して大敗した。その後も征夷は続けられるが、そこで活躍したのが桓武天皇の信頼篤い側近で、副使として派遣されていた坂上田村麻呂（758〜811）（「坂上田村麻呂」61ページ参照）である。前回の5倍もの蝦夷の首を取り、戦果を上げたという。797年には坂上田村麻呂を征夷大将軍として戦闘は続けられた。「征夷大将軍」という呼称は、もともとはこの対蝦夷征討の指揮官を指す言葉だったが、鎌倉時代以降は幕府の主宰者の呼称として幕末まで引き継がれた。

抵抗を続けていた阿弖流為が、同志の母礼ほか500人を率いて投降したのは、801年の第3次征討の翌年のことだ。同じ年、すでに胆沢城の築城が始まっていたから、蝦夷の劣勢は明らかだっただろう。田村麻呂は今後の蝦夷の懐柔のためにと助命を請うが、阿弖流為と母礼は中央政府に送られ処刑された。鎮守府は胆沢城に移され、804年には胆沢城より北に志波城が造設された。なお、桓武天皇は引き続き征討を計画していたがこれは停止された。805年、桓武天皇は、自身の二大事業である蝦夷征討と平安京造都について、継続するべきか否か藤原緒嗣と菅野真道に議論させた（徳政論争［相論］）。その結果、民の辛苦の原因は「軍事と造作」にあるとした緒嗣の意見を採用したのだった。その後、811年に嵯峨天皇により文室綿麻呂が征夷大将軍として派遣された。30年以上に及ぶ蝦夷の反乱はほぼ終息した。

豆知識

1. 奥州の英雄阿弖流為にちなんで名づけられた国立天文台水沢キャンパス（岩手県奥州市水沢）の天文学専用スーパーコンピュータ「アテルイII」は、天の川銀河の数千億個の星すべてについて運動シミュレーションが可能だ。

53 経済｜荘園制度

　荘園制度は、古代から中世にかけての歴史を理解するために欠かせない基本的な知識である。この新しい土地制度が、国家および貴族、地方民間に経済闘争を生み出し、地方支配体制を転換させ、権門体制を推し進め、武士による新しい社会秩序の形成を促した。平安時代の社会変容のすべてに通じているのだ。律令制度の崩壊を招き、古代から中世への社会の変容に大きく関わっている。

　「墾田永年私財法」（「墾田永年私財法」52ページ参照）の発布により、貴族・寺社はこぞって開墾し荘園を増やしていった。荘園とは田地を主体とする私領地のことだ。
　貴族や寺社は、広大な未開地を囲い込み、「富豪の輩」と称される農民の富裕層と協力して奴婢や浮浪民を労働させるなどし、大規模に開墾を行った。こうした開墾主を開発領主という。8〜9世紀に成立したこうした荘園を初期荘園というが、初期荘園はその成り立ちから墾田地系荘園と呼ばれることも多く、奈良時代に多く発生したものだ。
　貴族や寺社は在京だから、荘園の所有者（荘園領主という）は遠い場所に住んでいて、荘園の経営は荘官と呼ばれる現地管理者が行う。
　平安時代、10〜11世紀ごろから現れてきたのが寄進地系荘園といわれるものだ。荘園領主が自ら開墾した土地ではなく、在地の土地開墾者である開発領主から寄進を受けた土地である。
　国の所有地つまり公領（国衙領）は地方に任官した国司が治めていたが、徴税や、時には私腹を肥やすために私有地である荘園には厳しく介入し、土地を取り上げようとした。在地領主が自らの開墾地を、国司や他の領主から守るのは大変なことだったのである。そこで、力のある領主に自らの土地を寄進し、自分の土地から上がる収益の一部を上納するかわりに荘園領主の庇護を受けて土地を守ろうとした。このとき、在地領主自身は荘官として土地を離れず管理する。寄進された側は「領家」と呼ばれるが、領家がさらに上級の寺社や貴族に寄進することもあり、それを「本家」と呼んだ。こうして、荘官―領家―本家という構図ができあがった。力のある本家に寄進され、摂関家とその関係者などの権門が「本家」となり、土地が有力者へと集中していった。
　荘園は基本的に租税の課せられる輸租田だったが、寺社所有田などは特権により不輸租のものもあったから、荘園領主はさまざまな理由を申請して不輸租の特権を得ようとした。特に権門ではその力を持って不輸租権を獲得することも多くいっそう権門への寄進が進んだ。9世紀ごろから「官省符荘」という太政官と民部省の許可によって不輸租になる荘園が出始め、のちには国司の認可のみで不輸租が認められる国免荘も現れた。こうした「不輸の権利」に加え、荘園への官吏の立ち入りを拒否できる不入の特権も認められるようになり、荘園は「不輸不入」の特権を得て、国家の支配から離れていくことになる。

〔 豆 知 識 〕

1. 地名に「荘」「庄」がつく土地は、かつて荘園と関わりがあったと考えられる。秋田県の本荘、山形県の新庄、熊本県の五箇荘などがあり、他にも荘原、庄内といった地名もそうだ。

54 暮らし・信仰 | 神仏習合

神仏習合は、日本固有の古神道と大陸伝来の仏教信仰とが融合した日本独特の宗教構造だ。平安時代後期から鎌倉時代にかけて広く定着し、明治時代の神仏分離令まで続いていった。

◆

伝統的な修行「火渡り」を行う高尾山の山伏

神仏習合は、日本独特の宗教構造だ。神仏習合自体は奈良時代から見え始め、8〜9世紀半ばまでに神社に寺院を付設する神宮寺が出現し、全国的に広がった。三重県の多度大社の縁起（沿革や由来を記したもの）には、763年、多度大神が「神の身を離れんがために三宝に帰依せんと欲す」との託宣をしたと記されている。神が仏教に帰依するというのだから、多度大神の神像は、仏道修行をする者、すなわち菩薩の形に彫られて安置された。こうした形で、全国的に神社境内に神宮寺を建て僧形の神像を祀り、神前で読経を行う信仰が行われた。また、八幡神への「八幡大菩薩」という称号も全国の八幡神社で見られるものだ。

平安時代前期には、頻発した政争などで非業の死を遂げた怨霊を祀る御霊信仰が始まる。これも神仏習合の一つの形である。怨霊の怒りを鎮めるためにたびたび行われる御霊会では、御霊を仏と見立てて経を説き鎮魂して、成仏しきれない霊魂を神として祀る。

また、平安時代末には修験道が成立した。奈良県の大神神社が三輪山自体を祭神とすることや、富士山が霊山として信仰の対象になっているように、日本では古来、山は神霊の住む場所として崇められてきた。これと、山中修行を行う密教が習合し、道教・陰陽道などの影響も含んだ宗教である。修行者は大和吉野山の金峰山、大峰山、熊野三山等の山中で修行を行い、山中で起き伏しするため山伏と呼ばれる。

これらの神仏習合思想をつなぐのは、平安時代前期に空海らによって本格的にもたらされた密教だ（「密教」67ページ参照）。御霊会では密教僧が読経や加持祈禱を行い、修験道では曼荼羅を信仰し、山から下りた際には密教的な加持祈禱や呪術をもって病気治療なども行った。密教の現世利益を肯定する性格が、神々への信仰と結びつきやすかったためと考えられる。

平安時代中期には、神は仏が化身として姿を変えて現れた権現であるという本地垂迹説が台頭してきた。例えば、天照大神の本地は大日如来、八幡神の本地は阿弥陀如来といったものだ。平安時代後期から鎌倉時代にかけて広く定着し、全国のあらゆる神社の神々に対して本地として諸仏・菩薩が割り当てられた。この思想は、明治時代の神仏分離令まで続いていくことになる。

豆知識

1. 福徳をもたらす神として信仰される七福神にも神仏が混在している。えびすは日本の神様で、大黒天・毘沙門天・弁財天はインドの神様を仏教が取り込んだもので、福禄寿・寿老人は中国の道教、布袋は中国の禅僧にそれぞれ由来する。

55 人物 坂上田村麻呂

　征夷大将軍坂上田村麻呂（758〜811）は、平安時代の蝦夷征討において多大な武功を上げた。武人としての評価の高さから、甲冑を着た武神像である毘沙門天伝承と結びつけられたり、鬼神退治などの様々な英雄譚が作られたりするなど、後世でも人気の高い人物だ。

◆

　坂上田村麻呂は、武術に秀でたといわれる渡来人の阿知使主を祖とする東漢氏の家系の出身だ。桓武天皇に信頼され、蝦夷征討（「蝦夷征伐」58ページ参照）のうち、2回目の征討で副使として戦果を上げ、801年の第3次の征伐においては征夷大将軍に任命されて、族長阿弖流為を降伏させた。802年には、胆沢城を築城し鎮守府を多賀城から移した。さらに北方に陸奥国最北の志波城を築くなど、蝦夷政策で大きな功績を上げた。

　ところで、征夷大将軍といえば、鎌倉幕府の源頼朝に始まる武家政権の最高権力者、いわゆる「将軍」を想起するだろう。本来は読んで字のごとく、律令国家の「征夷」つまり蝦夷征討において、臨時に任命される総指揮官のことである。この意味での征夷大将軍は813年の文室綿麻呂が最後の任命であり、次に征夷大将軍の官名が現れるのは1184年の木曾義仲の任命だが、これはもはや蝦夷とは関係はなく、単なる権威付けのためのものであった。

　田村麻呂の武功は対蝦夷以外でも知られ、810年、薬子の変（「薬子の変」57ページ参照）において、嵯峨天皇に派遣されて東国への道を塞ぎ、平城太上天皇と藤原薬子の東国脱出を止めたことが知られる。このとき、田村麻呂はすでに最晩年の53歳になっており大納言の地位にあったが、のちに征夷大将軍として蝦夷征討を終結させた文室綿麻呂を推薦して活躍の場を与えたという。

　武人として名を知られる田村麻呂だが、寺社創建の伝承の多い人物でもある。なかでも有名なのは、778年開創で「清水の舞台」で著名な京都市の清水寺の創建であり、『清水寺縁起』のほか『今昔物語集』など、多くの書物に記述がある。清水寺創建に際しては、次のような言い伝えがある。ある日、音羽山に鹿狩りに訪れた田村麻呂は、観音の霊地を守り音羽の滝のほとりで観世音菩薩（観音）を祀って修行する賢心という僧に出会う。賢心は田村麻呂に、観音の霊験あらたかな地での殺生を戒め、観世音菩薩のありがたさを説いた。深い感銘を受けた田村麻呂は後日、十一面千手観世音菩薩を本尊として寺院を建立し、音羽の滝の水の清らかさにちなんで清水寺と名付けた。

　後世の謡曲や御伽草子、幸若舞（室町時代に流行した舞）などにも田村麻呂をモデルとして創作された物語が多く見られ、人気のほどがうかがわれる。

豆知識

1. 田村麻呂は死後、嵯峨天皇の勅命により、武装して立ったまま、都に向いて葬られたと伝えられている。

56 文化・芸術 | 密教芸術

　現世利益を強調する密教は、天変地異や不安定な社会情勢の中で不安を抱える貴族に受け入れられ、曼荼羅などの密教芸術が平安前期の「弘仁・貞観文化」を代表する美術となった。密教の神秘的な世界を形に表した特有の仏画・彫刻、とりわけ曼荼羅や不動明王像などが有名だ。

◆

胎蔵界曼荼羅（京都市東寺）

　密教芸術の多くは、空海（弘法大師）（774～835）（「密教」67ページ参照）が中国から持ち帰ったものである。代表的なのは曼荼羅だろう。曼荼羅とはサンスクリット語で「本質を有するもの」「真髄を得たもの」を意味し、信仰の対象である本尊とその眷属（本尊を取り巻くもの）をまとめて描く。大日如来を中心として眷属である多くの菩薩・明王などを配置し、仏の力が煩悩を破ることや金剛（ダイヤモンド）のように強いことを表すのが金剛界曼荼羅で、「金剛頂経」の世界観を表す。胎児が母体の中で成長していくように人間が菩薩を経て如来になっていく様を示したのが「大日経」の世界観を表す胎蔵界曼荼羅だ。空海は、唐で師事した恵果がこの2つの曼荼羅を統合した「両界曼荼羅」を日本にもたらした。

　仏菩薩や神々といった尊格が幾何学的に配置された構図は、平たく言えば尊格の住まいを真上からのぞきこむようなものである。鮮やかな色使いは、儀式や瞑想のときに視覚から曼荼羅の世界に入り込むための装置だ。

　曼荼羅は瞑想修行や、儀式で用いることを目的とした法具の一つだ。密教における瞑想は、曼荼羅の世界に入り込んで自分自身が大日如来と一心同体であると実感すること。これが悟りの境地だ。描かれた尊格を決まった順番で一つずつ心の中に思い描いて、曼荼羅の配置で現出させる。最後に中心仏である大日如来にたどり着いたときには、自分が曼荼羅の中心に座っている状態になるという。

　密教は加持祈禱によって多種多様な願望を成就させる目的を持つから、多くの儀式が行われ、そこで用いる密教特有の法具にも多様なものがあった。通常の儀式で使われる法具には煩悩を打ち破る金剛杵や儀式の場に仏菩薩を招くための金剛鈴、これらの法具を置く三脚付きの盤などがある。奈良時代の密教ではこうした法具は用いられておらず、空海が持ち帰ったものとされる。

　このほか、不動明王像も空海が持ち帰ったことから信仰が盛んになったものだ。曼荼羅に配置される大日如来の眷属など密教に関わる仏像が数多く制作され、それらは一木造（頭部と胴体を一つの木材で作る木像）や翻波式（木像彫刻の衣のしわの表現）といった特徴を持った立体感のある神秘的な姿で表されている。

⎯⎯⎯ 豆 知 識 ⎯⎯⎯

1. 12星座で運勢を占う西洋占星術。この12星座（十二宮）はインドから東西に伝わり、密教にも取り入れられており、胎蔵界曼荼羅にも配されている。

57 政治 | 格と式

　平安時代に入ると「律」「令」を補足する「格」「式」の運用によって政治が行われた。桓武天皇（737〜806）は「徳政」を実現しようと次々と改革を実施し、次々代の嵯峨天皇（786〜842）の時代には律令格式が揃って、律令制を完成させた。平安時代初期の政治改革は、400年安定的に続くことになる平安時代の基礎を築いた。

◆

　平安時代初期の桓武天皇、平城天皇、嵯峨天皇の時代は、後世において重要な官職になっていくさまざまな「令外官」（「令」に規定のない官職）が新設された時期でもある。地方政治に意を注いだ桓武天皇は、勘解由使を設置した。国司交替の際の不正や紛争を防止するため、後任者から前任者へ与える「解由状」という事務引継ぎ完了の書類の検査を職務とする令外官である。

　平城天皇（774〜824）は4年弱の短い在位の間に、国司の働きを観察して中央に伝える令外官「観察使」を置く（のちに嵯峨天皇によって廃止される）など、父王桓武の軍事と造営事業による財政的疲弊を取り返そうと努めたが、病によって早々に弟に譲位することとなった。

　次の嵯峨天皇は、天皇の命令下で京中の治安維持にあたる令外官「検非違使」を設置した。検非違使は、のちに都の警察裁判権を一手に司る要職となる。また、機密事項を取り扱う蔵人所およびその長官「蔵人頭」を設置した。のちに「薬子の変」（「薬子の変」57ページ参照）につながっていく平城天皇との不和が契機となったものだ。

　嵯峨天皇の改革事業で着目すべきは、日本での最初の「格」と「式」の編纂だ。父・桓武天皇が着手したものの完成には至らなかった事業である。「格」とは刑法「律」や行政法「令」の補足・改訂法であり、「式」はそれらの施行規則にあたる。

　820年、藤原冬嗣らが中心になって『弘仁格式』が作られた。過去の格式を官庁ごとに収録して利便性を高めたものだが、それにとどまらず改正作業を続け、施行は10年後の830年となった。続いて869年、清和天皇のときに『貞観格式』、醍醐天皇の907年に、藤原時平らによって『延喜格式』が編纂された。これら3つをまとめて「三代格式」と呼び、「格」は菅原道真がジャンル別に三代の格を編纂した『類聚三代格』によって知ることができる。式は、『延喜式』以外は現存していない。のちに『令集解』『令義解』といった『養老令』の注釈書も記された。平安時代は格式によって律令を運用する時代となり、新たな律令は編纂されなくなったのだった。

1.『延喜式』では、人の死、出産、家畜の死などの「穢れ」に触れた場合の謹慎日数がそれぞれ定められている。

63

58 争い｜平将門の乱

　武士の勢力が初めてはっきりと歴史上に姿を現したのが、平将門の乱である。朝廷への明らかな反逆は政府の権威を傾ける大事件だった。乱を制圧したのもまた関東の武士だったため、貴族に対して地方武士団の存在感を見せつけることになった。

◆

将門の首（『源氏一統志』）

　平将門（？～940）は桓武天皇の末裔にあたる。桓武天皇の曾孫である高望王が臣籍に降下し「平」の姓を受けたときから始まる、桓武平氏の出だ（「源氏と平氏」78ページ参照）。

　乱のきっかけは平氏一族の内紛だった。将門は鎮守府将軍だった父の亡き後、父の兄弟らと争い、伯父国香を殺害する。「将門の乱」の唯一の資料といえる軍記物語『将門記』では、内紛の原因を「女論」（女性をめぐるトラブル）とするが、後世の研究によって父の遺領をめぐるトラブルというのが通説になっている。ところが将門の動きは次第に性格を変え始め、939年、まずは常陸（現・茨城県）の国府を焼き払い、略奪した。これを皮切りに下野・上野国府を落とし、続けて相模・上総・下総・安房と坂東諸国を手中に収め、現在の茨城県から神奈川県、伊豆に至るまで関東の大半を支配するようになった。上野国府を攻略したときには、自身を「新皇」と名乗り、「内裏」を造営し、攻め取った関東諸国の国守を独自に任命するなどする。明らかに、関東地方に独立王国を作ろうとする動きだ。これをもって朝敵とみなされ、朝廷は下野の武士・藤原秀郷を押領使（乱などの鎮圧のために臨時に任命される官）に任命する。将門は内紛で殺した伯父の国香の子・平貞盛と秀郷によって討たれ、独立政権はわずか2カ月で幕切れとなってしまったのだった。

　中央政府にとっては逆賊だった将門も地元では英雄とされている。私営田領主として開墾を行っていた将門は農民を仲間や一族と「伴類」と呼んで庇護する一面もあったのだ。律令制下で苦しめられていた農民からすると、国家権力に抗い一時的とはいえ律令体制から解放してくれた救世主だった。

　なお、同時期に、元伊予掾（伊予［現・愛媛県］の役人）で土着して海賊団を結成していた藤原純友も瀬戸内海で謀反を起こした。2つの乱をまとめて「承平・天慶の乱」と呼んだりする。将門と純友が共謀して東西同時に乱を起こしたとの説がささやかれたが、後世の研究からこの説は成り立たないことが明らかになった。

　都に持ち込まれ、さらされた将門の首が、3カ月生き続けたとか「首をつなげて再戦したい」と叫んだとか、東国へ飛んでいったとかさまざまな伝説が残る。

豆知識

1. 東京都千代田区にある将門の首塚は、大正・昭和期の撤去・整地等の工事のたびに不幸や事故が起こり、今でも丁重に祀られている。
2. 『将門記』によると、将門は女性には優しかったらしい。合戦の混乱で裸にされた女性には衣類を与え、乱暴を働いた兵は斬って捨てたそうだ。

59 外交 ｜ 渤海

8～9世紀の東アジア諸国との通交の中で、最も頻繁にやり取りがあったのが渤海である。大陸の文物の入手がたやすくなったことは、894年に遣唐使が停止された（「遣唐使の停止」72ページ参照）ことの要因の一つといえる。

◆

668年に高句麗が唐と新羅に滅ぼされた後、698年、大祚栄が、現在の中国東北地方から朝鮮半島北部にまたがって建国したのが渤海だ。北方のツングース系民族の靺鞨人と高句麗人とが住む国である。日本とは、926年に耶律阿保機が建国した契丹（遼）に渤海が滅ぼされるまで親交を保った。

日本と渤海の交渉は、727年、聖武天皇（701～756）朝での渤海使の来日から始まる。以後、919年までの間に30回あまり来日しており、日本からも728年から13回の遣渤海使を送っている。隋・唐への使節派遣が約300年間で合計30回に及ばず、遣新羅使も約100年間で20回余りの派遣だったから、渤海との通交がいかに頻繁だったかがわかる。

日本が渤海と友好関係を結んだ一因には、新羅との対立関係がある。7世紀、親日的だった百済・高句麗を相次いで滅ぼした新羅は、白村江の戦い（「白村江の戦い」44ページ参照）で連合軍を組んでいた唐とも対立を生じ、7世紀末の一時期は日本に接近していた。しかし、8世紀に入ると日本が新羅を「蕃国」（属国）とみなすようになって再び関係が悪化する。新羅との対立は遣唐使船の航路にも影響した。7世紀の遣唐使は、基本は往復とも朝鮮半島経由だったが新羅との関係が悪化すると、朝鮮半島を経由しない南島路（奄美諸島を経由して揚子江を目指す航路）や南航路（五島列島経由で揚子江を目指す航路）がとられることが多くなった。朝鮮半島の東岸に沿って航行し渤海を経由するルートも安全性が高く、新羅の協力を得ずに比較的安全に入唐することができた。

一方で渤海も、唐との間で緊張が高まっていた事情があり日本に接近していたから、日本と渤海との関係は、当初は政治的な意図によるものだったといえる。唐の大規模な内乱である安史の乱が起きたときも情報は渤海からもたらされ、実行はされなかったものの、藤原仲麻呂政権によって日本と渤海で連携して新羅を倒そうとする新羅征討計画が立案されたこともあった。

しかし、渤海と唐の外交上の緊張が落ち着くと、次第に日本と渤海の通交は貿易上の利益が重視されるようになってきた。渤海からは熊や虎などの毛皮、薬用人参、蜂蜜などが、日本からは絹糸、絹織物類、漆器などが主な交易品として渡った。交易が盛んになるにつれ渤海の来航はたびたびになり、日本側でも私的な交易を行う者も出始めた。日本の漢詩集にも渤海使の作詩や渤海使へ贈る詩が収録されており、人的・文化的交流も盛んだったことがうかがえる。

豆知識

1. 渤海からの輸入品で平安貴族に人気だったのは毛皮。醍醐天皇の皇子が渤海の使者に会う際テンの毛皮を8枚重ねて見せびらかしたという逸話がある。

60 経済 ｜ 武士の登場

武士が「弓矢とる身」（『平家物語』）などと表現されるのは、優美な王朝貴族と対置してのことだろう。弓矢を使い馬に乗り、武芸・戦闘を生業とするものが武士である。9世紀末から10世紀にかけて、「平将門の乱」（「平将門の乱」64ページ参照）に代表されるような地方発の紛争が頻発するようになり、次第に成長していった。

◆

武士

平安時代には、武力を持つ武装集団である武士団が登場し始めた。武士の起こりにはさまざまな説があるが、ここでは地方武士の登場について紹介する。

一つ目は、国によって組織された「侍」である。古代から武士と似たような存在に「兵士」がいた。「兵士」は律令の「軍防令」において組織された軍団の構成員で、徴兵によって集められた。古代の律令においては「武士」と「兵士」は別のもので、「武士」は朝廷に武芸をもって仕える者として区別されていた。

しかし次第にこれらの区別がなくなっていき、国衙軍制（国府の管内に組織される軍の制度）において受領直属に組織された「国の兵」つまり旧来の兵士が、「館侍」と呼ばれ武士のルーツとなっていく。

次に名主がいる。名主の前は田堵（田刀）といっていた。田堵は10〜11世紀ごろから使われるようになった荘園領主の田地請作人のことを指した言葉だ。経営規模の大きいものは大名田堵といわれた。請作人だから所有権はないのだが、農業経営の専門家だから自分の耕作地の権利を主張して自分の名をつけて呼ぶようになった。これを「名（名田）」といい、「名」の主を名主と呼ぶように変化していった。

また、「富豪の輩」と呼ばれる地方の富豪層も、のちに武士となっていく。彼らは「墾田永年私財法」によって律令制度の衰退が見え始めた頃に、精力的に土地を開墾して私営田を増やしていった在地の領主層である。それに加え、百姓に対して自分たちの倉に貯えた多量の種籾を貸し付ける出挙（高利貸し）を行って力をつけていった。

この頃、国司は私腹を肥やすのに懸命になり、地方政治には混乱が生じてきていたから、こうした在地の有力者たちは、地方政治の乱れから頻発する紛争から自衛するために、農民を自らの田地経営の中に組み込んでいき、一族を家子、武装した配下の名主を郎党・郎従・家人などと呼んで武装化していった。

こうした小さな武装集団が、地方に土着した貴族や天皇の子孫などを棟梁として秩序関係を築き、武士団を組織するようになるのである。その中でも特に有名なのが、桓武天皇の曾孫の高望王を祖とする桓武平氏と、清和天皇の孫の源経基を祖とする清和源氏で、彼らが「武家の棟梁」と呼ばれるようになっていく（「源氏と平氏」78ページ参照）。

【 豆 知 識 】

1.「侍」は動詞「さぶらふ」の連用形が名詞化したもの。身分の高い人のそばに仕える従者のことだ。もともと「侍」という言葉には武芸を行う者＝武士のような意味はなかった。

61 暮らし・信仰 | 密教（最澄・空海）

　新しい仏教を求めて海を渡った 2 人の僧、最澄（伝教大師、767〜822）・空海（弘法大師、774〜835）によって一つの新宗派として確立されたのが、天台宗（台密）と真言宗（東密）という密教二宗派である。奈良時代に日本で主流だった南都仏教とは一線を画し、山岳仏教として始まった二宗だが天皇の庇護を受け、平安仏教を特徴づけるものとなった。

◆

　804年、桓武天皇（737〜806）の命により短期留学生に選ばれて入唐した最澄は、天台山を中心に天台の教えを学ぶ。桓武天皇の遷都（「平安京遷都」56ページ参照）の目的の一つに南都仏教の政治介入を逃れるためというのがあったから、最澄は人心の一新を求める天皇の思惑に合い、遣唐使に選ばれたのだった。帰国後さっそく、桓武天皇の病平癒祈願を行い、以後国家の手厚い庇護を受けて比叡山に開宗した。天台宗を開いた最澄の願いは、比叡山の地に大乗戒壇（僧になるための戒律を授ける場所）を建立することである。従来、僧になるには三戒壇（「行基と鑑真」54ページ参照）で戒律を受けねばならなかったものを、天台宗の独立を図ったのだった。初め天台宗は法華経の教えを中心に置きながら密教と融合させるものだったが、弟子の円仁や円珍も入唐して密教経典を持ち帰ったことで密教化が進んだ。

　一方、最澄と同じ年に唐に渡った空海は、長安を中心に真言密教を学んで、最澄から 1 年遅れて帰国した。書や詩作にも優れていたため、文人としても宮廷に入り込み、自らも書や漢詩をよくする嵯峨天皇の寵愛を受けた。嵯峨天皇から平安京の南に東寺（教王護国寺）を賜って根本道場とし、のちに高野山に金剛峯寺を開いた。東密は、宇宙の根本仏とされる大日如来が説いた真実の言葉（真言）を根本の教えにする。真言とは、文字や音声に呪力を認め、諸仏に呼びかける呪文のようなものだ。

　密教が目指すものは、一口でいえば「攘災招福」と「即身成仏」だ。「攘災招福」は災いを払い福を招く、つまり現世利益を求めることである。怨敵退散・官位昇進・雨ごいなどの人々の願いを加持祈禱によって叶えようとする呪術性が密教の最大の特徴といえる。平安時代の貴族に受け入れられたのもこの要素が大きかったと思われる。「即身成仏」は仏と自分が一体になる神秘体験のこと。三密加持の行を行うことによってこの身のまま成仏できるという。三密とは、手に印を結び、口に真言を唱え、心は清めて悟りの境地に入るよう努めること。密教の仏や空海の像は片手に印を結び、もう一方で法具を持った姿で表されることが多いのはこのためだ。そもそも密教とは何かというと、密教と対称をなす顕教は仏がわかりやすく言葉や文字を用いて悟り方を説いた教えであるのに対し、悟りの境地そのものの状態を説いた深奥な教えのことである。

豆知識

1. 高野山では、835年の入定後から現在まで、永遠の瞑想を続ける空海に食事を届ける儀式が行われている。

62 人物 菅原道真

「東風吹かば　にほひおこせよ梅の花　あるじなしとて春を忘るな」(『拾遺和歌集』)。政争においては敗者となって大宰府に配流された菅原道真(845〜903)だが、学者としての実績は大きく、学問の神様として現在でも信仰を集めている。

◆

太宰府天満宮

菅原道真は33歳で念願の文章博士に就任した。文章博士は200年間でたった65人しか合格者のいない狭き門である。大学寮にて歴史と文学を教える文章博士には父祖もついており、菅原家は学問エリートとして朝廷に重きをおく一家だった。

他氏を排斥して政権の専横を進めていた藤原北家の基経が死ぬと、宇多天皇は関白を置かず、藤原氏をおさえようと道真を蔵人頭に抜擢した。宇多天皇が基経に苦汁を味わわされた「阿衡の紛議(事件)」(「藤原氏による他氏排斥」71ページ参照)において、当時讃岐守だった道真が、事を収めるよう基経に対し一書を送って意見しており、宇多天皇はその見識の深さを買っていた。宇多天皇の右腕としてさまざまに活躍した道真だが、なかでも遣唐使停止の建議は有名だ(「遣唐使の停止」72ページ参照)。894年の遣唐大使にも決まっていたが、唐の情勢を鑑みて派遣の停止を進言、以後遣唐使は派遣されることはなくなった。次の醍醐天皇のもとでは、藤原時平が左大臣、道真は右大臣として政治にあたった。学者家出身で大臣にまで出世したのは奈良時代の吉備真備以来である。この大抜擢に、時平が道真の排斥に動くのは当然ともいえる。時平は、道真が醍醐天皇を廃して醍醐の異母弟で道真の娘婿である齊世親王を即位させようとしていると醍醐天皇に奏上し、901年、道真は大宰府に左遷されたのだった。

道真は配流から2年後に大宰府で没したが、死後、宮中へのたびたびの落雷や時平の急死など不幸が相次ぎ、道真の怨霊によるものと噂された。雷と化した怨霊をなだめるため、道真は天神として祀られ、太政大臣のポストも与えられた。現在では天神様といえば道真のことで京都、大宰府ほか各地に天神天満宮が祀られている。際立った学識によって右大臣にまで出世した道真だから、室町時代からは学問の神様として信仰を集めるようになった。

学問・文学上での功績は大きく、『日本書紀』以降の5つの国史をテーマごとに編集し直して検索性を高めた史書『類聚国史』を編纂、『日本三代実録』の編纂にも時平らとともに参加した。漢詩文も得意とし、詩文集『菅家文草』は文学的にも評価が高い。冒頭の「東風吹かば〜」は、大宰府へ配流されたときに詠んだ和歌として有名だ。学者の家系出身者の大出世からの没落という道真の失脚の悲劇は日本人の心をつかみ、京都の自邸の梅の花が大宰府まで飛んでいったという飛梅伝説が広まったり、江戸時代の浄瑠璃『菅原伝授手習鑑』など文学の題材になったりなどして、後世でも人気を集めた。

(豆 知 識)

1. 天才とうたわれる道真だが、融通が利かず神経質な面があり学者仲間の反感を買うこともあったようだ。酒が飲めないという漢詩も残しているから、かなりのカタブツだったのかもしれない。

63 文化・芸術 ｜ 日記文学

「男もすなる日記といふものを、女もしてみむとてするなり」で始まる『土佐日記』は日記文学という新たな文芸のジャンルを切り開いた。『土佐日記』は男性である紀貫之（生没年未詳）が女性の書き手になりきって書いたものだが、以後女性の手によって数々の日記文学が生み出された。

◆

　奈良時代に生まれた「万葉仮名」をもとに日本語の音を表すひらがな・カタカナが発達し、定着したのが平安時代だ。カタカナは偏・旁などの漢字の一部を用いて音を表したもので、漢籍を訓読する際などに利用された。ひらがなは漢字を極端に崩して書いたもの。漢字を「真名」というのに対してひらがなは「女手」と呼ばれ、漢字を学ぶ機会のない婦女子が使うものとされていたが、摂関時代以降国風文化が花開いて、かな書きの文学が生まれた。

　仮名による最初の日記文学『土佐日記』は、934年土佐守の任が解けて帰京する紀貫之（「紀貫之」82ページ参照）が、同行の女性が仮名で書いたという体裁をとって書いた55日間の旅の記録だ。漢文訓読語の多用や和歌論が随所に見られ、和漢の詩歌に詳しい第一級歌人、貫之の手によることは明らかである。当時「日記」といえば、男性貴族が備忘的に漢文で書く実務的記録に過ぎなかった。『土佐日記』ではすべてが実際の記録ではなく、虚構を取り混ぜつつ、各場面の中核に和歌57首が配される。内容は、京で生まれて赴任地で亡くした娘への思慕、京への待望、船旅の不安などで、かな書きを用いることでこうした人情の機微を描くことが可能となったうえ、かな文の可能性を広げ、日記を単なる記録から創作的文学作品に押し上げた点で『土佐日記』の功績は大きい。

　『土佐日記』以後、日記文学は女性の手によっていっそう深められ独特なジャンルを形成していく。974年以後に成立の『蜻蛉日記』を筆頭に、『和泉式部日記』、『紫式部日記』、『更級日記』など数々の作品が生まれた。

　なかでも『蜻蛉日記』は女流日記文学の代表作だ。『蜻蛉日記』は、のちに摂政・関白となる藤原兼家（藤原道長の父）に求められて結婚するものの、夫が他の妻のところへ通い訪れが途絶えがちになったり、藤原道長の生母で多くの子女をもうけた時姫と正妻の座を争って敗れたりなど、女性から見た当時の結婚生活の苦難と、それにともなう自己の内面の動きを主軸にして21年間を記録している。他の女流文学は後宮に仕える女房によるものが多いが、家庭の女性の日記である点が特徴的である。著者藤原道綱母（935？〜995）は歌人としても著名で、夫が他の妻に夢中だったときの詠歌「嘆きつつひとり寝る夜の明くる間はいかに久しきものとかは知る」が百人一首で知られている。

　　　　　　　　　　　　　　豆知識

1.『蜻蛉日記』の題名は、上巻で自身のはかない身の上を嘆いた「あるかなきかのここちするかげろふの日記といふべし」との一節に由来する。かげろうはトンボに形の似た虫で、寿命は数時間から数日。はかないもののたとえにされる。

64 政治 | 摂関政治

平安時代中期から約100年間、摂関職が常置され、政治の実権を握る摂関政治の時代が続いた。安和の変で藤原氏の他氏排斥（「藤原氏による他氏排斥」71ページ参照）が完了して、院政が始まるまでのおよそ100年間を摂関時代と呼ぶ。藤原北家が「摂関家」と呼ばれて摂政・関白の地位を独占世襲して政治を行い、藤原道長（966〜1027）・頼通（992〜1074）父子の時代に全盛期を迎えた（「藤原道長」75ページ参照）。

◆

摂政は天皇が幼少または病気の時に政務を執る職、関白は成人した天皇の後見役として政治を補佐し、天皇に奏上される文書、天皇から下される文書にあらかじめ目を通すことが職務である。

平安時代のいわゆる摂関政治においては、天皇の外戚（母方の親族）として天皇に協調的に補佐・後見を行い、国政を代行する。母となる后は実家に戻って出産し、生まれた皇子の養育に母后の親族があたることが多かったから、生まれた皇子は外戚との関係が密接だった。母后の父、つまり皇子の祖父や母后の兄弟が最も影響力を持つ外戚となる。だから、藤原氏は娘を天皇の後宮に入れ、娘が産んだ子を即位させることに力を注いだ。藤原良房（804〜872）が人臣初の摂政に、続いてその養子の基経（836〜891）が関白の地位についてからは、藤原北家が「摂関家」と呼ばれ、その職を独占することになった。北家内での「氏長者」が摂関職を世襲することが通例となっていたから、北家内での激しい権力抗争が生まれた。歴史物語の『大鏡』には、弟兼家と摂政の地位を争った兼通の逸話が描かれている。関白兼通は死の間際、兼家に関白の地位につかせまいとして臨終の床から参内し、従兄の藤原頼忠に関白の地位を譲る旨を奏上したのだという。また、道長と甥の伊周との対立も有名で、これも『大鏡』などにみられる。

摂関政治は、藤原道長とその子の頼通の時代に全盛を迎える。道長は娘3人を入内させ、後一条・後朱雀・後冷泉の三天皇の外戚として摂政・太政大臣になり約30年にわたって朝廷の実権を握った。「御堂関白」と尊称されることから誤解されやすいが、実は道長は関白に就任したことはない。執政期間のほとんどが内覧（職務は関白とほぼ同じ）もしくは左大臣だったのだが、摂関家の権力の絶頂にあったことは間違いないだろう。なお、御堂関白の御堂とは晩年に法成寺（御堂）を建てたことによるものだ。

頼通は、道長から地位を譲り受け、さらに長く約50年にわたって摂政・関白の地位にあり続けた。京都府宇治市に、その栄華を象徴するような平等院鳳凰堂を造ったことで「宇治殿」と呼ばれる。

頼通も娘を入内させたがついに皇子に恵まれることがなく、藤原摂関家を外戚としない後三条天皇が即位したことから、摂関政治は衰えていく。後三条天皇は関白に藤原教通を置いてはいたが、大江匡房ら有能な人材を登用して国政改革を推進した。

〔 豆 知 識 〕

1. 摂政は現代でも憲法第5条と皇室典範第16条に規定されている。

65 争い｜藤原氏による他氏排斥

　藤原氏の祖である鎌足が大化の改新（「大化の改新」35ページ参照）で功績を上げて以来、藤原氏は奈良時代で最も有力な氏となり、平安時代においては圧倒的な地位を築きあげた。その要因は、天皇への接近と他氏排斥にある。

◆

　9世紀初め、藤原氏による他氏排斥、なかでも藤原北家の台頭が顕著になる。藤原氏はいくつかの事件を重ねて他氏を追い落とし、のちの「摂関政治」（「摂関政治」70ページ参照）への道を開いていった。

　藤原北家台頭の契機となったのが薬子の変（「薬子の変」57ページ参照）で、嵯峨天皇の側近だった藤原冬嗣（775〜826）が最初の蔵人頭になったことで、藤原式家に対する北家の優位が確立された。冬嗣の子良房は、皇族に限られていた「摂政」に臣下で初めて就任した。そのきっかけが842年の「承和の変」である。冬嗣は嵯峨太上天皇が没した際、伴健岑や橘逸勢らが謀反を企てたとして流罪に追い込む。皇太子の恒貞親王は皇太子を退位させられ、冬嗣は妹の子の道康親王を皇太子にした。道康親王が即位（文徳天皇）すると良房は太政大臣として政治の実権を握る。続いて858年、良房の娘明子の生んだ8歳の幼帝、清和天皇が即位。もちろん8歳で政治が行えるわけもないから、祖父で太政大臣の良房が事実上の摂政として政治を執ったのだった。

　866年、平安宮大内裏の正門、応天門が炎上した。大納言伴善男は左大臣源信に放火犯の罪を着せようとしたが、最終的に伴氏と、連座して紀氏らが流罪となる。源信は無実を証明されたが政界から身を引いた（応天門の変）。事件の処理をした良房と子の基経が事件を利用して他氏を駆逐したと見られ、これを機に良房は正式に摂政の地位を与えられたのだった。

　良房の地位を継承した息子の基経は、成人の光孝天皇を擁立し同時に実質的な関白となる。ここに藤原氏による摂関政治が始まることになった。

　ところが次に即位したのは藤原氏を外戚としない宇多天皇だったため、しばらく天皇と藤原氏が実権を争うことになった。基経は橘広相が起草した「関白の詔」にケチをつけて天皇との抗争を起こし、結局宇多天皇が非を認めて橘氏を処罰した。「阿衡の紛議（事件）」（887〜888年）と呼ばれる事件で、基経は天皇に権威を見せつけ、橘氏の排斥にも成功した。基経の死後、宇多天皇とその子醍醐天皇は天皇親政を行い、菅原道真（「菅原道真」68ページ参照）を登用し藤原氏を抑えようとしたものの、901年、左大臣藤原時平（基経の子）の讒言により、道真は大宰府に左遷された。

　他氏排斥の最後の事件となったのが「安和の変」だ。藤原実頼が醍醐天皇の皇子で左大臣の源高明を失脚させたことで、藤原北家に対抗できる勢力がいなくなったことを知らしめた。

　こうして他氏排斥を完了した藤原北家の地位は不動になり、藤原摂関政治を盤石にしていった。

66 外交｜遣唐使の停止

　9世紀末、遣唐使の停止により唐の文化の流入がなくなり国風文化が発達した、という見方は正しいとは言い難い。反対に、大陸との文化的接触が容易になってきたから、遣唐使の必要性が薄れてきたということがいえる。

◆

8～9世紀の東アジア

　630年に初めての遣唐使が海を渡ってから150年余りがたち、平安時代に入ってからの遣唐使の派遣は前期に2回あったのみで、長期留学者も次第に減ってきていた。この頃になると、唐の衰退により外交上の意義が減っていたからだ。また、渤海使との通交（「渤海」65ページ参照）や、新羅の商人の来航などにより、唐との朝貢関係に依存しなくても大陸の文物が入手可能になってきていた。

　また、唐を中心とした東アジアの国際秩序も変化してくる。唐では755年、楊貴妃を寵愛して政治に飽きた玄宗に対する反発などから、安禄山・史思明らによって大規模な反乱が起きた（安史の乱）。9年にわたる乱は唐朝の中央集権体制を弱体化させ、国力を衰えさせた。その影響は新羅の海上活動の活発化となって表れる。百済やその後の新羅では、政府の統制を離れて貴族や軍人が交易を始めた。いわゆる私貿易だ。9世紀後半の新羅では、唐・新羅・日本を結ぶ私貿易で巨富を得る貿易商も現れ、唐商人もこれに続いて私貿易の活動を活発化させた。こうして、遣唐使の目的の一つだった大陸の文物が、朝貢関係に頼らなくても手に入るようになった。学問を目的とする者についても同じで、平安時代の天台僧円珍など、唐商人の船を利用して入唐する者も出てきた。

　こうした状況の中、航海の危険を冒し、朝貢品に多大な経済的負担をかけてまで遣唐使を派遣する必要性は薄れ、894年、すでに遣唐大使に任命されていた菅原道真（「菅原道真」68ページ参照）の進言を機に、遣唐使は停止されたのだった。

　遣唐使を停止してからの約60年間、東アジア情勢はいっそう激しく変動していく。唐が907年に滅亡すると、中国は「五代十国」と呼ばれる約50年間の混乱期を迎える。ともなって近隣でも国の興亡が相次ぎ、916年には中国東北部、渤海の西隣にモンゴル系民族の契丹が建国して遼王朝を創始、その10年後には渤海を滅ぼした。朝鮮半島では、918年に高麗が建国され新羅が滅亡。中国東北部と朝鮮南部をまたいでいた渤海も滅んでいたから、遺民が多数高麗へ流入し、朝鮮半島初の統一国家が成立したのだった。

豆知識

1. 小野篁は、仮病を使って遣唐使の任を拒否、さらには風刺詩まで作り隠岐島に配流された。百人一首の「わたの原八十島かけて漕ぎ出でぬと人にはつげよ海人の釣舟」は配流時の詠歌。

67 経済 | 荘園公領制

　9世紀頃からの律令制の崩壊により、院政期の12世紀頃までに荘園と公領（国司の支配する国衙領）の二つの土地支配構造が並立することになった。

◆

　10世紀に入り、律令国家の基礎だった班田収授法が完全に崩れると、従来の公民男子に対する人頭税の賦課に代わって、国司は公領（国衙領）を「名」と呼ばれる単位に編成し、「名」に対して税を課すようになった。人頭税から土地税への大転換だ。

　10世紀後半は、中央では摂関政治が行われ、政治の実権が天皇から藤原家に移っていった時代だ。荘園は政治の実権を握る摂関家および関係者に寄進されることが多くなり、富も権力も一極化していった。一方で官僚は私腹を肥やすことに注力し、律令制のゆるみから地方政治も乱れていたから、国司になって地方で財を築こうとする者も現れた。この頃、地方に赴任する国司は受領と呼ばれるようになる。その地の徴税、裁判、役人の任免権といった全権を前任者から「受領」するためで、恣意的な支配が行われた。

　地方の政治は国司（受領）の任命する郡司・郷司・保司といった在庁官人によって行われる。在庁官人は、富豪層や有力農民で開発領主として権力を持つようになった者が任命され、在地で「名」の管理や徴税を請け負った。

　ところで、徴税の単位である「名」を在庁官人から借りて耕作を請け負う者を田堵といった。田堵の耕作地は世襲されることが多かったから自分の名前をつけてよび、次第に「名」は「名田」、その耕作者である田堵は「名主」と呼ばれるようになった。名主はさらに家内奴隷的な下人・所従に耕作させた。公領の支配体制を整理すると、朝廷―国司―在庁官人（郡司・郷司・保司）―名主―下人・所従という仕組みになる。一方、この「名」のあり方は寄進地系荘園でも同じで、荘園では、本家―領家―荘官―名主―下人・所従という仕組みだ。

　国司（受領）は荘園にも検田使を派遣して田地面積等を調査し、税を徴収した。国司は一定の税さえ朝廷に納めていれば残りは自分のものにできていたから、利益を追求するためにその徴税や収奪は苛酷なもので、しばしば農民による糾弾が起きるほどだった。

　こうして、11世紀頃には、寄進地系荘園と公領の2つの支配体制が並立することになった。

豆 知 識

1.「受領は倒るる所に土をつかめ」とは、受領は倒れても利益を得ようとせよとの意味のことわざだ。『今昔物語集』にはこの発言をした当時の受領の強欲さを表すエピソードが収録されている。

68 暮らし・信仰 │ 末法思想と浄土教

　平安時代後期の文化芸術に通底するのが、末法思想とあいまって大流行した浄土教の思想だ。天台宗の円仁が日本に持ち込み、市の聖と呼ばれる空也（903〜972）が庶民へ浸透させ、源信（恵心僧都、942〜1017）が確立させたといえる。

◆

　10世紀末〜12世紀頃、末法思想の広がりとともに浄土教が流行し、貴族社会に浸透していった。末法思想とは、釈迦の死後1000年を正法（仏法が正しく行われる期間）、次の1000年を像法（仏法の衰え始める期間）、それ以降を末法として区切り、末法の世になると仏道修行をしても成果はなく、悪事が横行するという思想だ。1052年から末法の世に入るとされていた。以前からの摂関家への権力と富の集中など社会的な要因と、疫病の流行、仏教界の情勢不安定などによって、貴族たちは厭世的になり浄土への憧れを高めていた。

　浄土教の教えは「厭離穢土」「欣求浄土」に集約され、現世を穢土（けがれた世界）として厭い、念仏を唱え、阿弥陀仏による救済によって穢土から離れて浄土に生まれ変わることを欣い求める。この思想は、源信の著したいわば極楽往生の手引書『往生要集』の大流行によって、貴族から庶民にまで流布した。『往生要集』は地獄の恐ろしさと極楽のすばらしさを説いて、念仏と観想によって極楽往生する方法を示している。「観想」とは、より緻密に、阿弥陀仏の姿や極楽浄土（反対に、地獄と現世の汚さも）をイメージすることによって迷いを取り去ろうとする修行だ。例えば人間の不浄を表すために、骨・内臓・筋肉の一つひとつを細かに描写し、体内で糞尿が生産されるさまをイメージさせ、死んだ後には墓地に捨てられ動物に食われ腐っていくことを述べ、どんなに美しい人でも屍に着物を着せたようなものだと、愛欲の心を取り去ることを促す。これに対して、極楽往生した人は、体は純金色で、光を放ち互いを照らし合っており、体も触れるものもすべて清浄で知恵は明晰、神通力を得、現世での知り合いを思いのままに極楽に連れてくることができるとしている。

　浄土思想は文化芸術に多大な影響を与えた。凡人には頭の中で「観想」をするのは難しいから、イメージする手助けが必要なのだ。代表的なのは金色の阿弥陀如来像とそれを納める阿弥陀堂で、末法元年に藤原頼通が造営した平等院鳳凰堂のものが有名だ。浄土からのお迎えを描いた「来迎図」は、臨終の際枕元に置いて、極楽往生を一心に願うのに用いられた。文学でも、浄土に往生した人々の略伝をモデルケース的に収録した往生伝が多く撰述された。『源氏物語』などの物語作品にも浄土思想が色濃く表れ、源信をモデルにしたといわれる横川僧都も物語終盤の「宇治十帖」のキーマンとして登場している。

　　　　　　　　　　　　　　　　豆 知 識

1. 極楽浄土には、上・中・下品にそれぞれ上・中・下生で計9つの階層があり、極悪人でも臨終のとき念仏を唱えれば一番下の下品下生に往生できる。

69 人物｜藤原道長

「この世をば我が世とぞ思ふ望月の欠けたることもなしと思えば」—— 欠けたところの無い満月に、自分の絶対的な権勢を重ね合わせた藤原道長（966〜1027）。摂関政治の全盛期を築いたといわれるが、一体いかなる人物だったのだろうか。

◆

　藤原道長は、言わずと知れた藤原氏最頂点を極めた政治家だ。関白の地位につくことはなかったが、兄の関白道隆、次いで道兼が相次いで没したために、姉の詮子の計らいで内覧の職についたところから、権力基盤を固めていく。

　彼は娘を天皇に入内させることに腐心した。まず、詮子の子である一条天皇の中宮に長女の彰子を立てた。一条天皇にはすでに定子という皇后がいたのだが、道長は半ば強引に彰子を嫁がせ、一帝二后の最初の例を作る。続いて三条天皇が即位すると、次女の妍子をその中宮にした。彰子の産んだ敦成親王を早く即位させたかった道長は、三条天皇に譲位を迫って、幼少の敦成親王を後一条天皇として即位させた。後一条天皇は道長からすると孫にあたるから、道長は外祖父として摂政になり政治の実権を握った。続いて後一条天皇に娘の威子を入内させたことで、彰子が太皇太后、妍子が皇太后、威子が皇后となり、娘3人が同時に后として並び立つという権威の絶頂がなったのだった。このときの宴で詠んだのが「望月の歌」だ。のちに彰子の生んだ敦良親王（のちの後朱雀天皇）にも娘の嬉子を入れて、4人の娘を天皇の后にした。

　摂関政治の歴史を語る歴史物語『大鏡』では、道長を権力に媚びず、強い意志と行動力を持った人物として描いている。花山天皇の発案で肝試しをした際に、道長は大内裏の正殿である大極殿まで行った証拠として、高御座の南面の柱を削り取って持ち帰った。天皇が座る神聖な玉座である高御座を削るという行為に天皇を恐れぬ豪胆さがわかる。また、矢の射比べをした際に、道長が矢を放つたびに「道長が家より帝・后立ち給うべきものならばこの矢当たれ」「摂政・関白すべきものならばこの矢当たれ」と唱えていたという逸話も残る。こうした記述にはフィクションも交じってはいるが、摂関政治全盛期を築いた道長の人柄の一端を示すものだろう。

　当時の貴族の流行だった浄土教（「末法思想と浄土教」74ページ参照）にも傾倒し、「御堂関白」の異称の由来にもなった法成寺を造営した。『栄花物語』には「極楽浄土もかくや」というような金色の阿弥陀像を本尊とする阿弥陀堂やその金堂の荘厳の様子が詳しい。

豆知識

1. 自身の日記『御堂関白記』の記述からは、晩年道長は糖尿病とその合併症で苦しみ、敗血病で亡くなったと思われている。法成寺阿弥陀堂にて西方を向いて臨終したという。

70 文化・芸術 『源氏物語』と『枕草子』

　平安後期の国風文化を代表する女流宮廷文学。「もののあはれ」（物事に触れることで生まれるしみじみとした情感）の『源氏物語』と「をかし」（すばらしい趣き）の文学といわれる『枕草子』はその双璧をなすものだろう。

◆

『源氏物語』「若紫」の一場面

　『源氏物語』は54帖からなる長編物語だ。41帖までは主人公である光源氏の栄華を極めた生涯とその恋愛模様を、42帖以降は光源氏の死後、孫の世代にあたる薫・匂宮の二人の青年の恋を描く。物語の舞台が宇治に移った最後の10帖は「宇治十帖」と呼ばれる。光源氏のモデルは、安和の変で左遷された醍醐天皇の皇子 源 高明（914～982）とも、嵯峨天皇の皇子で風流人として知られた源 融（822～895）あるいは応天門の変で嫌疑をかけられた源 信（810～868）ともいわれる。作者の紫式部（生没年不詳）は当代一流の漢詩人藤原 為時を父に持ち、一族に歌人として知られた人も多く、自身も和歌・漢詩に親しんで育った。1001年、親子ほど年の離れた夫と死別した後に『源氏物語』を起筆し、1006年、一条天皇（980～1011）の中宮彰子（988～1074）に仕えるようになったが、出仕後も物語を書き継ぎ、1008年頃にはまとまった分量が完成していたといわれる。夫を亡くしたことや浄土教の興隆などの時代背景もあってか、全体に仏教的無常観や因果応報の思想が影を落としている。一方、随筆文学の祖といわれる『枕草子』は全体に明るく理知的な雰囲気だ。清少納言（生没年不詳）は一条天皇の中宮定子（976～1000）に仕え、定子の容姿や人柄、知的さを絶賛し、清少納言と定子との信頼関係が見てとれる内容である。996年頃には大部分が完成し、最終的な成立は1000年以降と推定されている。宮廷生活を通じて見聞きしたことや感じたことが300ほどの章段にまとめられ、うつくしきもの、かたはらいたしものなど「もの尽くし」の形式で列挙する「類聚的章段」、出来事を記録する「日記的章段」、感じたことを自由に綴った「随想的章段」に大きくは分けられる。

　『源氏物語』と『枕草子』の成立はどちらも摂関政治の全盛期であり、一条天皇に2人の后が立ったとき、作者らはそれぞれの中宮に仕えていたという共通点がある（「藤原道長」75ページ参照）。『源氏物語』では、光源氏の全盛時代の描写には中宮彰子の父・藤原道長の人柄が反映され、「明石」巻の配流のエピソードなどには、政争に敗れ左遷される諸貴族のさまが反映されているともいわれる。清少納言の主人である定子の父、関白・藤原道隆が亡くなると、政権は中宮彰子の父・藤原道長に移り、定子の兄弟の伊周・隆家が左遷された。清少納言自身も、ライバル関係にある道長に通じているとの疑いをかけられ里下がりを余儀なくされた。両作品は、政治的な激動の中にあってこそ生まれた名作といえるかもしれない。

豆知識

1. 紫式部は自身の日記『紫式部日記』で清少納言について「したり顔にいみじうはべりける人」（得意顔でえらそうな人）、「はて、いかでかよくはべらむ」（行く末がよいはずがない）と酷評している。
2. 『枕草子』「したり顔なるもの」の段には「したり顔なるもの　正月一日にさいそに鼻ひたる人。」（得意顔なもの。1月1日に最初にくしゃみをした人。）とある。元旦のくしゃみを吉兆とする俗信があったものと思われる。

71 政治｜院政

　平安時代後期になると摂関政治は衰え、院政の時代が始まる。白河法皇（1053～1129）は、3代の天皇を即位させて実権を握り、自らの在位期間と合わせて50年以上も政治の実権を握った。絶対的な専制政治を行い、意のごとくならないものは鴨川の水、双六のさいころ、山法師（僧兵）の3つだけだと言ったという「天下三不如意」の逸話が生まれた。

◆

　院政の「院」とは本来、上皇（太上天皇、出家した場合は法皇と呼ぶ）の居所を指したが、転じて上皇その人を指すようになった。院は院庁で政務を執り、「院近臣」と呼ばれるお気に入りの側近や、院直属の武力機関として「北面の武士」も置いた。「北面の武士」には源氏や平氏が抜擢され、のちの武士の政界進出の足掛かりとなっていく。院の命令は「院宣」といい、天皇もその影響を受けた。こうして院が絶対的な権力を持つようになると、時の権力者の保護を求めて荘園の寄進が院に集まり「院領荘園」と呼ばれる院の私領が増大した。またこの時期、国司の上に知行国主をおく知行国の制度が盛行した。知行国主には上級貴族や寺社が任命されて一国の知行権（支配権）や収益権を与えられたから、公領が私領のように扱われた。

　一般的に院政の始まりとされるのは白河法皇のときである。白河は、父・後三条天皇（1034～1073）の後に即位したが、我が子を即位させるため、父が定めた異母弟の皇太子には譲位せず、その死をもって1086年に幼少の息子・堀河天皇（1079～1107）に譲位する。摂関政治では天皇の母方尊属（外戚）が実権を握るのに対し、院政は父である上皇、つまり父方尊属が天皇をあやつって専制的に政治を行う。院政期、一般的に年少の天皇に皇位を譲るのはそのためだ。また、天皇と皇太子が兄弟関係にあると、王権分裂や政争の要因となってしまう。白河は即位させた子以外はすべて出家させて政治から遠ざけるという手法をとった。また、幼天皇の父が政治を執るため摂政・関白の必要性は薄くなる。こうして権力闘争が減り、王権と政治体制の安定につながる。

　さて、堀河天皇は早世したため、その子である鳥羽天皇（1103～1156）と、続いて次の世代の崇徳天皇（1119～1164）が、白河法皇の手によって即位させられた。鳥羽、崇徳天皇と白河法皇との関係は複雑である。崇徳天皇は鳥羽天皇の中宮璋子の産んだ子だが、実は父親は白河法皇で鳥羽天皇もそれを知っていたといわれているのだ。璋子は幼少時に白河法皇の養子となりその溺愛を受けていたが、白河法皇の指示で鳥羽天皇に入内していた。鳥羽天皇から見れば白河法皇は祖父にあたる。そのため鳥羽天皇は「子どもでもあり叔父である人」という意味で崇徳天皇を「おじこ」と呼んだという逸話もある。

　白河法皇の死後は鳥羽上皇が院政を敷くことになったが、鳥羽上皇はわだかまりのある崇徳天皇を退位させ、我が子の近衛天皇を即位させた。この辺りから、のちの保元の乱の火種がくすぶり始めることになる（「保元の乱・平治の乱」85ページ参照）。

⬛ 豆 知 識 ⬛
1. 平安後期の歌人として有名な西行は鳥羽上皇の北面の武士だった。23歳の若さで突然出家して周囲を驚かせたらしい。

72 争い｜源氏と平氏

武士は、地方に土着した貴族や天皇の子孫などを棟梁と仰いで秩序関係を築いた（「武士の登場」66ページ参照）。特に勢力を伸ばしたのが桓武平氏と清和源氏だ。平安時代半ばになると、武士として力を認められれば朝廷で良い官職や位階を与えられ、武士の出身でも「軍事貴族」として扱われるようになる。

◆

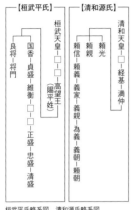

桓武平氏略系図　清和源氏略系図

平氏には、桓武平氏・仁明平氏・文徳平氏・光孝平氏などがある。「平」という姓は皇族賜姓氏といって、皇族の臣籍降下時に天皇から賜る姓だ。代表的なのは桓武平氏で、武士としての平氏は桓武天皇の曾孫の高望王が上総守任期後に東国に土着したのが始まりである。はじめ関東を拠点に勢力を伸ばしたが、平将門の乱（「平将門の乱」64ページ参照）を鎮圧した将門のいとこの平貞盛は伊勢に移り、その子の維衡に始まる伊勢平氏の流派ができた。

一方、源氏には、嵯峨源氏・淳和源氏・仁明源氏・文徳源氏・村上源氏・宇多源氏・醍醐源氏・花山源氏・清和源氏がある。これも皇族賜姓氏の一つだ。武家の棟梁としては、清和天皇の孫の源　経基を祖とする清和源氏が有名である。子の満仲とその子の頼光・頼信は摂関家の全盛期（10世紀末〜11世紀前半）に京で摂関家に仕えた。満仲は摂津守となり摂津国多田地方（現・兵庫県）で土着（多田源氏）、頼光は藤原道長に仕えて摂津源氏の祖ともなった。頼信は河内（現・大阪府）に拠点を置いていたが、甲斐守として平忠常の乱を平定（1031年）、関東進出の足掛かりを作った。さらに頼義・義家が前九年の役・後三年の役を平定して（「奥州藤原氏の繁栄」80ページ参照）東国の武士との結びつきを深め、源氏は武門の棟梁として関東に地盤を築くことになった。

清和源氏と桓武平氏（伊勢平氏）が都で出会うのが白河院政下である。東国の武士の信望篤く名をなしていた源義家（1039〜1106）は白河法皇の近臣となって1098年には昇殿を許されるまでになった。増大する義家の力を警戒した白河法皇がその子の義親を配流、義親は山陰地方で乱を起こす。これを平定したのが、維衡の曾孫・平正盛（生没年不詳）だった。白河法皇の院庁の北面の武士になり、検非違使、追捕使などにも任じられて白河法皇の武士団の中心となっていた人物だ。この事件で中央政界での清和源氏の勢力は後退し、代わりに平家が躍進することになる。正盛の子で平清盛の父・忠盛（1096〜1153）は瀬戸内海の海賊を討伐して鳥羽上皇に認められ殿上人となった。忠盛は瀬戸内の国守を歴任し、西国に基盤を作った。こうして伊勢平氏が軍事貴族の第一人者にのし上がったのである。

豆知識

1. 運動会や「NHK紅白歌合戦」などで紅白二色に分かれて試合を行うことは、源平合戦に由来している。源氏軍は白、平氏軍は赤の旗を掲げて戦った。
2. 日本の代表的な蛍は、固有種の「ゲンジボタル」。「ヘイケボタル」も日本全国に分布する蛍だが、「ゲンジボタル」に比べて小型で弱々しいことから「ヘイケボタル」と命名された。

73 外交 | 刀伊の入寇

　藤原道長（966〜1027）（「藤原道長」75ページ参照）が3人目の娘を入内させその栄華が絶頂に達していた頃、北九州では国外からの侵攻という大事件が起こった。刀伊の入寇は対外的事件だが、地方武士団の発達と王朝貴族の軍事的判断の欠如という国内でのギャップをも浮き彫りにした。

◆

　刀伊とは高麗語で女真のことを指し、のちに金を建国するツングース系民族である。今のロシア南東部（日本海北西岸のあたり）を生活の場としていた。

　この頃、中国では五代十国の混乱を経て960年に宋王朝がなり、宋と遼が対峙していた。唐が滅亡したのと同時期の918年、高麗は新羅を滅ぼして朝鮮半島を統一した。中国東北地方では渤海が契丹（遼）に滅ぼされ、新しい力関係ができつつあった。宋と遼の対立による混乱に乗じて女真は高麗での略奪をしばしば行い、一部が海賊化して日本にもやってきたのだった。

　1019年、この刀伊が突如50艘余りで対馬・壱岐島に襲来し、1週間ほどで九州に上陸して、殺害・拉致を行った。外国勢力による大規模な侵攻はこれが初めてのことである。大宰権帥（大宰府の長官）・藤原隆家（979〜1044）の指揮で撃退されるまでの約2週間で、合計千数百人を拉致、四百数十人を殺害、200頭以上の牛馬や犬を食すなど被害は大きかった。

　藤原隆家は、都で藤原道長との政権争いに敗れた兄・伊周（974〜1010）とともに出雲に左遷されたのち、許されて大宰府に赴任した人物である。隆家は剛毅な性格だったようで、大宰府の府官（官人）と北部九州の在地豪族を掌握し、日本の危機を排した。戦いには臨時戦力として在地の武士集団も協力していて、地方における武士集団の軍事力が上がっていることも歴史的には無視できない。後世、九州の有力武士に成長していく菊池氏など隆家の子孫を名乗る者が多いのは、この戦いにおける隆家の人望によるところだろう。

　一方、白村江の戦い以来長く外国と戦争をしなかった京都の朝廷の対応はまったく危機意識の薄いものだった。当時の緊急連絡は時間がかかるから、事件を知ったのが刀伊の去った後であることは仕方ない。公卿の会議では勲功者の処遇について、追討の命令以前に戦闘が終わったのだから褒賞を行う必要はないとの議論があったくらいである。隆家懇意の公卿・藤原実資の、命がけで戦った功労者に対して賞がなければ今後同じような危機の際に戦う者がいなくなるとの意見でやっと賞を与えることが決まったようである。

豆 知 識

1. 藤原伊周・隆家の左遷は、伊周の色恋沙汰も一因である。自分の恋人のもとに花山法皇が通っていると勘違いした伊周は、法皇に向かって矢を射かけるという事件を起こしたのだ。

74 経済 | 奥州藤原氏の繁栄

　平安時代末、奥州藤原氏は、最果ての東北の地に浄土思想に基づいた極楽浄土を現出させるような特異な空間を作り上げた。100年間の繁栄を保ったものの、鎌倉幕府の成立と同時に幕を下ろすこととなる。江戸時代の俳人松尾芭蕉は往時の繁栄をしのんで「夏草やつわものどもが夢の跡」と詠み涙を落とした、とその俳諧紀行『おくのほそ道』に記している。

◆

　奥州藤原氏は、平安時代末期の約100年間、平泉（現・岩手県平泉町）の地を拠点に奥羽（東北地方）を支配した豪族である。藤原清衡（1056～1128）・基衡（1105？～1157？）・秀衡（1122～1187）・泰衡（1155～1189）の4代をいうが、前の3代を特に藤原三代と呼ぶ。政庁である「柳之御所」を中心に、清衡は金色堂で有名な中尊寺、基衡は浄土式庭園を持った毛越寺、秀衡は平等院を模した無量光院を創建し、平泉文化といわれる豪華な仏教文化をなした。

　京から遠く離れた地に優れた職人を呼び寄せ、こうした豪華な浄土教文化を展開することができたのは、陸奥に産出する金をはじめ、馬、毛皮などによる経済力があったためである。3代目の秀衡のときが最盛期で、陸奥守・鎮守府将軍（陸奥国の軍事機関の長官）・押領使（乱などの鎮圧にあたる官）を兼任したが、時はちょうど源平の争乱を経て鎌倉幕府が成立しようとしていた頃である。源頼朝に追われる源義経をかくまったことで、秀衡の死後すぐ、1189年、4代目泰衡のときに頼朝の攻撃を受けて繁栄に終止符を打たれた。

　奥州藤原氏の起こりは、平安中期、1051～1062年の「前九年の役」にさかのぼる。陸奥の俘囚の長・安倍頼時（もとは頼良といった）が娘婿の藤原経清らとともに起こした反乱である。俘囚とは農民化した蝦夷のこと。安倍氏は代々その長を世襲しておりその勢力は強大になっていた。朝廷は源頼義を陸奥守として派遣し、頼義は子の義家とともに12年に及ぶ戦いを経てこれを平定した。このとき源頼義に協力したのが出羽（現・山形県）の豪族で安倍一族の領地に接する辺りを支配していた清原武則である。この軍功によって、安倍氏の領していた地をも領有することになり、奥羽第一の豪族にのし上がった。

　前九年の役から20年後、清原武則の孫真衡・家衡・清衡らが相続争いを始めた。これに陸奥守として赴任した源義家が介入し清衡を支援し、清原氏を滅ぼした。「滅ぼした」というのは、実は清衡は前九年の役で没した藤原経清の子である。経清の死後、安倍頼時の娘である清衡の母は清原氏に再嫁したため、清原家で育っていたのだ。結果として清衡は、安倍氏・清原氏の支配地を継承して藤原姓に戻り、奥州統治権を獲得したのであった。

【 豆 知 識 】

1. 中尊寺金色堂の阿弥陀三尊像の壇の下には、藤原三代のミイラと泰衡の頭部が収められている。
2. 無量光院はすでに失われたが、2011年に奥州藤原氏の遺跡は「平泉 —— 仏国土（浄土）を表す建築・庭園及び考古学的遺跡群」として、ユネスコの世界文化遺産にも登録されている。

75 暮らし・信仰 | 貴族の生活

平安時代を象徴する、国風文化といわれる優雅で洗練された文化の担い手となったのは皇族・貴族だ。彼らの生活とは一体どのようなものだったのだろう。

◆

十二単

平安時代の男性貴族の衣装はTPOに合わせて細かく分かれる。政務や行事などに着る束帯などの正装、私的な儀礼で着る布袴・衣冠などの準礼装のほか、自宅でくつろぐときは直衣・狩衣などの略装を身に着けていた。重要な儀式のときには礼服を着る。女性は主に私的な場にいるため種類は少なく、宮中や貴族の女性が儀式や出仕のときに着る正装と、平常の服装との二つだ。正装を「十二単」とよくいうが、実は12枚の着物を重ねたわけではなく、日常着の袿(帯で結ぶのではなく打ち掛けて着る衣)に裳・唐衣を着た「裳唐衣」のことである。重ねる袿は5枚が多かったようだが、それでも10〜20kgにもなる重さだった。

「襲の色目」といって、男女とも自然や季節に応じた着物の配色に気を使っていたから、他人の衣装の配色センスは大きな関心事だった。布の文様や色目には官位に応じて細かな規定があり、身に着けられない色を「禁色」、誰でも着られる色を「ゆるし色」と呼んだ。平安文学で長々と登場人物の衣装の描写があるのは、地位や風格、人柄までも表すためだ。

「寝殿造」という建築様式の邸宅に住んでおり、多くは左京(平安京の中心である朱雀大路より東側)に構えられていた。身分に応じて大きさの規定があるものの邸宅は1町(約120m四方)の広さが基本。主人が住む寝殿は南向きの正面に位置し、邸宅の南側に配される庭に面している。寝殿を中心に北東西に渡り廊下でつながる対屋という建物が配置されており家族が住むが、特に北対には正妻が住むことが多かった。正妻を「北の方」というのはここからきている。寝殿の内部には壁がほとんどなく、障子(現在の襖)や御簾・几帳などで仕切っていた。床は板張りで、畳は人が座るところにだけ持ってきて敷く。屋根の上に天井板もなく、非常に風通しが良かっただろう。夏は過ごしやすかったかもしれないが冬は寒かったことと想像できる。

男性貴族の生活はこのようなものだ。午前3時頃起床、属星(生年によって決まり運命を支配する星)の名号を7遍唱え、暦でその日の吉凶を占ったり、前日の日記を書いたりなどする。7時、牛車に乗って出仕する。勤務時間は長くて4時間ほど。10時に朝食(1日2食)。午後勤務「宿」や深夜勤務「直」もあり「宿直」といった。陰陽道(「陰陽道」88ページ参照)により、凶日は家に籠ったり(物忌)、凶の方角を避けて行動したり(方違え)と制約の多い生活だった。

[豆 知 識]

1. 貴族は牛車に乗って出かけることが多い。牛が引くものだから、速度は人が歩くスピードとほぼ同じ。揺れも大きくて乗り心地の良いものではなかったらしい。
2. 女性の洗髪は時間のかかる大掛かりな作業だった。洗髪の吉日を選んで米のとぎ汁を使って洗っていた。

76 人物 | 紀貫之

三十六歌仙の一人、紀貫之（生没年未詳）が和歌に対して残した功績は計り知れない。「やまとうたは、人の心を種として、万の言の葉とぞなれりける」で始まる『古今和歌集』の序文「仮名序」は、和歌について述べた文章ではあるが、続く「花に鳴く鶯、水に住む蛙の声を聞けば、生きとし生けるもの、いづれか歌をよまざりける」は、和歌のみならず「歌」すべてに通じる真理を言い表している。

◆

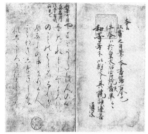

古今和歌集の仮名序

平安時代中期にさしかかる頃、宇多天皇（867～931）の「寛平の治」、醍醐天皇（885～930）の「延喜の治」と後世に評価される安定的な治世が訪れた。ともなって宮廷文化も花開いていき、歌合（左右に分かれて歌を詠み、その優劣を競う遊び）や屏風歌（風景や年中行事の書かれた屏風絵に合わせて詠んだ歌）などで和歌も流行し始めていた。

その気運の中で905年の醍醐天皇の命により、初の勅撰和歌集『古今和歌集』が編まれた。当時の代表的な歌人紀友則、紀貫之、凡河内躬恒、壬生忠岑の4人を撰者としたが、従兄で当代の有名歌人だった友則が編纂中に亡くなり、貫之が指導的立場となって完成させた。当時歌人としてその腕は認められ、屏風歌の名手として群を抜いた数を詠作した貫之だが、『古今和歌集』の編纂が彼を名実ともに和歌の第一人者に押し上げた。『古今和歌集』では最多の102首、勅撰集には451首が入集、その他の私撰集を合わせると1069首もの和歌が残されている。貫之は国風文化を特徴づける画期を二つもなした。1つ目は『古今和歌集』「仮名序」を書いたことだ。

力をも入れずして天地を動かし、目に見えぬ鬼神をもあはれと思はせ、男 女の中をも和らげ、猛き武士の心をも慰むるは歌なり

と和歌の効用を主張し、和歌の意義・歴史を述べた名文は最初の歌論とされ、後世の和歌に大きな影響を与えた。これによって、この頃やっと興隆してきたものの漢詩に比べて劣る文芸と思われていた和歌の地位を確立させた。また、当時「女手」と呼ばれ公式文書には使用されなかったひらがなを勅撰、つまり公の書物に用いたことも「仮名序」の功績といえる。

2つ目は、かな文による最初の日記文学作品を書いたこと。貫之は生涯、官位には恵まれず、『古今和歌集』編纂時も御書所預（現在でいう宮内庁図書館職員）という低い官位だった。930年初めて行政官吏である土佐守（現・高知県）に任じられ、その任期を終えた帰京の旅の記録が『土佐日記』（「日記文学」69ページ参照）だ。多数の和歌を同行の女性に仮託してかな文字で書くことによって、細やかな感情の機微を表現し、収載される和歌を際立たせている。

─── 豆 知 識 ───

1. 紀貫之が土佐の国司の任が解けて帰京する頃は、藤原純友が海賊行為で瀬戸内海を荒らしていた時期である。『土佐日記』にも海賊を恐れる記述が登場する。

77 文化・芸術 | 蒔絵と螺鈿

英語でjapanと書けば漆器を意味するように、漆芸品は日本を代表する工芸品だ。日本独自の技法である蒔絵は奈良から平安時代に急速に発達し、その技術の絶頂に達した。

◆

加賀蒔絵のお椀

蒔絵は漆工芸の装飾技法で、漆で文様を描き、乾かないうちに金・銀その他の色粉を蒔いて固着させる。平蒔絵（漆筆で文様を描き金粉を蒔いたもの）、研出蒔絵（平蒔絵の上にさらに漆を塗り、乾いたのちに金粉面まで研ぎだすもの）、高蒔絵（蒔絵部分の下地を盛り上げて蒔絵したもの）などの技法がある。筆を使った装飾の代表が蒔絵で、奈良時代から平安時代にかけて発展した日本独特の技法だ。現存する最古の蒔絵は奈良時代のもので、正倉院に納められた「金銀鈿荘唐大刀」の鞘に蒔絵の装飾が施されている。

蒔絵の本格的展開は9世紀、平安時代に入ってからである。仏法を納める箱が蓮池、散蓮華、宝相華など仏典にちなむ意匠の蒔絵で装飾されており、これは奈良時代の唐風の影響を強く受けた表現様式を引き継いだものだ。

平安後期、11〜12世紀になると、遣唐使が停止され、いわゆる国風文化が発達してくる。意匠は飛躍的に豊かになり、自然の情景を絵画的に表現した優美な和様蒔絵が全盛期を迎えた。国宝の『片輪車蒔絵螺鈿手箱』はその代表といえる名品で、流水に浸る車輪や草花や飛鳥を散らした装飾は、この時期の流行の文様である。この『片輪車蒔絵螺鈿手箱』の特徴の一つに、蒔絵の中に螺鈿を取り込んだ「蒔絵螺鈿」がある。

螺鈿は、夜光貝・アワビなどの貝片を磨き、文様に切って、漆で張り込む技法である。正倉院の時代に中国から伝来した技術だ。蒔絵と同じく、平安時代中期までは唐風の文様や技法が工人によって踏襲されたが、国風文化の興隆にともなって和様の螺鈿が盛んになる。ちょうど浄土教の影響を受けた文化が発達した頃である。螺鈿の輝きは極楽浄土の有様を現世に表現するのにちょうどよかったのだろう。中尊寺金色堂（現・岩手県平泉町）、法成寺阿弥陀堂、平等院鳳凰堂などの仏堂の荘厳は当時の工芸技術の粋を集約して飾られた。

この時期の大陸との交易品リストに、輸出品として蒔絵・螺鈿がしばしば登場しているのもこの日本独自の技術ゆえといわれる。宋代の記録書『宋史』には、988年の貢納品として金銀蒔絵筥など4種類の蒔絵作品が記録されている。

蒔絵・螺鈿工芸品の制作は14世紀頃までが最盛期で、完成度の高い作品の数々を生み出したが、技術的には平安時代に絶頂に至ったものがそのまま中世・近世に引き継がれている。その後も漆芸品は日本の輸出工芸品としてヨーロッパで人気を集め、16世紀後半〜19世紀末まで数多くの漆芸品がヨーロッパに渡った。

豆知識

1. 乾燥していない漆に触れると主成分ウルシオールによって皮膚炎を起こす。根本的な治療薬はなく、自然治癒を待つしかない。

78 政治｜平氏政権

　院政期、北面の武士として台頭してきた平氏は、平 正盛・忠盛親子を経て、ついに平 清盛（1118〜1181）によって平氏政権を樹立する。「すべて一門の公卿十六人、殿上人三十余人、諸国の受領・衛府・諸司、都合六十余人なり」「平家知行の国三十余か国、既に半国に越えたり」（『平家物語』）と記されるように、短期間に官位や公領の大部分を占めた。

◆

　保元の乱（「保元の乱・平治の乱」85ページ参照）で後白河天皇（1127〜1192）方に勝利をもたらした平清盛は、続いて1159年に平治の乱で源 義朝（1123〜1160）を倒して清和源氏を退け、中央政界に歩みを進めた唯一の武門の棟梁となった。貴族も武士の力に頼らなければ政治を動かせなくなっていた。乱で側近を失った後白河法皇は清盛を第一の院近臣とした。清盛は摂関家がしたのと同じように政略結婚を行い、天皇の外戚になって権限の強化を図った。妻の妹滋子を後白河上皇に入内させ、滋子の生んだ皇子が、1168年に高倉天皇（1161〜1181）として即位すると1171年に娘の徳子を入内させた。一方で、日宋貿易（「日宋貿易」86ページ参照）を拡大して経済基盤も充実させていった。

　清盛は、参議に任じられて武士で初めて公卿（太政大臣、左・右・内大臣、大・中納言、参議と三位以上の人）入りを果たした後、1167年には最高官職である太政大臣に昇進して、平氏政権が誕生する。白河・鳥羽上皇に重用された父の忠盛が昇殿を許された（「源氏と平氏」78ページ参照）以上の異例の大出世だ。一門の者も官位を進めて、朝廷で徐々に勢力を増したが、上級貴族には「軍事貴族」である平家の台頭を快く思わない者も多かった。軍事貴族は上級貴族の下に位置づけられており、和歌や貴族の作法を身に付けなければ上流貴族との交流はできなかった。そんななかで「鹿ケ谷の陰謀」が起こる。鹿ケ谷（現・京都府京都市）の僧・俊寛の山荘で院近臣らによる平氏打倒計画がなされたことが密告で露見し、中心人物である藤原成親（1138〜1177）らが処罰された事件である。ただ、この事件を清盛のでっちあげだとする見方もある。成親は、一大仏教勢力であり朝廷も手を焼いていた延暦寺とトラブルを起こすなど横暴が目立ったが、法皇の寵臣であるため清盛も処分に困っていたというものだ。

　いずれにせよ事件を機に法皇と清盛の不和は決定的となり、1179（治承3）年、清盛は武力で後白河法皇を脅して幽閉、院政を停止させて関白以下多くの官職を解任した。公卿を平氏一門が占め、30以上の知行国（「院政」77ページ参照）と500を超す荘園を抱えるといった状況はこの時期のことである。知行国と荘園は、日宋貿易に加えて平氏の重要な経済基盤となったが、この動きは貴族・寺社等の旧勢力の収入源を奪うことになり、反平氏の機運をいっそう高めた。1180年には、娘・徳子の生んだ皇子を即位させ（安徳天皇［1178〜1185］）、清盛は天皇の外祖父となった。政権は絶頂期を迎えたかと思われたが、安徳天皇即位によって皇位継承の望みを絶たれた後白河法皇第3皇子の以仁王（1151〜1180）が平氏打倒の令旨（命令書）を発し、源 頼朝（1147〜1199）が挙兵したことで、時代を分かつ源平の争乱が始まることになる（「治承・寿永の乱」92ページ参照）。翌年、清盛は異常な高熱を発し、「頼朝の首を墓前に懸けよ」と言い遺して没する。1185年、長門国（現・山口県）壇ノ浦で、清盛の妻時子は孫の幼帝安徳天皇とともに入水自殺し、平氏一門はここに滅んだ。

79 争い｜保元の乱・平治の乱

鳥羽法皇（1103〜1156）の死を契機に起こった「保元の乱」について、摂関家出身の僧・慈円は著書『愚管抄』で「日本国ノ乱逆ト云コトハヲコリテ後ムサ（武者）ノ世ニナリニケルナリ」と評した。続く「平治の乱」の決着によって、武士の中央政界進出は決定的になり、まさに「武者の世」が始まることになる。

◆

平治の乱

出生事情のわだかまりから鳥羽法皇に遠ざけられ（「院政」77ページ参照）、後白河天皇（1127〜1192）の即位によって我が子の即位の望みも断たれた崇徳上皇（1119〜1164）は、鳥羽院政下で長く不満を持ち続けていた。

27年間の院政を敷いた鳥羽法皇が1156年に亡くなると、崇徳上皇は政治の主導権をめぐって対立していた弟の後白河天皇に対する武力抗争を企図する。これには摂関家（藤原氏）・平氏・源氏の内部対立も絡んでおり、崇徳上皇方は左大臣・藤原頼長、武士では平氏の平忠正、源氏の源為義・為朝を招集して攻撃の機会をうかがった。一方、後白河法皇と関白・藤原忠通は、忠正の甥・平清盛、源為義の子で為朝の兄・義朝ら有力武士をすでに掌握しており、先手を打って上皇の立てこもる白河殿を急襲したため、短時間の戦闘で決着はついた。これが保元の乱の経過だ。

保元の乱ののち、後白河天皇は子・二条天皇に譲位して院政を開始したが、その周囲では再び波乱の兆しが見え始める。院の乳母夫・藤原通憲（信西）と気に入りの院近臣藤原信頼が対立し、保元の乱で勝利した平清盛と源義朝の間でも、乱をきっかけに政界で躍進した清盛に比して恩賞の少なかった義朝が不満を抱くようになっていた。かくして、連携して権勢を振るう通憲と平清盛に対し、不満を持つ信頼と義朝が1159年にタッグを組んで武力クーデター「平治の乱」を起こした。クーデター側は、武門の棟梁である清盛が都を離れている隙を狙って挙兵。通憲を死に追い込み、後白河上皇・二条天皇を幽閉したまでは有利に進めたものの、清盛が帰洛すると形勢は逆転し、信頼は斬首、義朝は都落ちを余儀なくされた。義朝の三男・頼朝は敗走途中に捕らえられたが、助命され伊豆に流された。

保元の乱は、京内で戦いが行われたこと、武士の力で貴族の政治権力争いに決着がついたという点で初めてのことで、院政の混乱と武士の台頭を象徴する出来事だったといえる。平治の乱ではさらに武士の力が貴族社会に浸透すると同時に、源氏武士団が没落したことで、平家が政界における唯一の武門としての地位を固めることとなった。

豆知識

1. 保元の乱を題材にした歴史物語『保元物語』によると、敗れた崇徳上皇は讃岐に配流された後、深く恨んで「日本国の大魔縁」となると言って、舌先を食い切った血で誓文を書いたという。

80 外交 | 日宋貿易

平氏政権が経済基盤を作り上げた方法の一つが日宋貿易だ。宋銭の輸入による貨幣流通は、のちの時代までも経済に大きく影響しており、平氏政権の成果といえる。

◆

　中国では五代十国の興亡の後、960年に趙匡胤（太祖）が宋（北宋）を建国し、長年にわたる混乱は収束した。北宋は1127年に金に征服されて滅び、高宗が南宋を建国する。

　遣唐使の派遣が838年を最後に途絶え、842年には新羅とも国交を断っていた日本は、長くほとんど鎖国状態だった。宋の貿易船は国交を求めて来貢していたが、正式な国交を結ぶことには消極的だった。しかし、以前からあった唐や新羅との私貿易は盛んに行われ、宋からの商人も大宰府の外港である博多に来航し、大宰府統制下で交易が行われた（「国際貿易港博多」93ページ参照）。日本からは砂金・硫黄・真珠・水銀・木材などのほか、刀剣・扇・漆器・蒔絵などの工芸品が輸出された（「蒔絵と螺鈿」83ページ参照）。日本の工芸品は宋の貴族層に好まれたようである。宋からもたらされたのは、宋銭・香料・茶・薬・陶磁器や大陸の鳥獣や毛皮などである。平安時代後期には宋商の来航は日常的になっており、長崎の五島列島、福岡の博多、福井の敦賀などに宋商の居留地ができあがっていた。

　こうした私貿易に力を入れて莫大な富を得たのが、平氏政権を成立させた平清盛（1118～1181）だ。平氏と日宋貿易との関わりは清盛の父・忠盛からで、鳥羽上皇院領の倉敷地（輸送年貢の一時保管所）のある博多で、大宰府の管理を離れて宋商人との交易を独占したという。清盛はさらに日宋貿易を拡大し、摂津福原（現・神戸市）にも居を構えた。宋船を都近くまで呼び込むために神戸港の大輪田泊に防波堤となる島（「経が島」）を造る、「音戸の瀬戸」と呼ばれる海峡（現・広島県呉市）を開削するなど、整備を進めた。

　また、清盛が宋銭（銅銭）を大量輸入し日本で流通させたことの意義は大きい。宋銭はのち、室町時代頃まで主な通貨として流通することになり、経済は活発化し商人の力を増大させた。宋では大量の銅銭が輸出されたために銅の原料不足が問題になるほどで、そのほとんどの行き先は日本だったという。

　ただし、外国との交流は必ずしも喜ばれたものではなかった。平安時代には、天皇が支配する領域は神聖な土地で、その他は汚れた場所だとする王土王民思想があったためだ。清盛はしばしば後白河法皇に宋の珍奇な品を献上し、変わったところでは羊やジャコウジカを貢上した。この際「羊病」が流行したといわれ、宋銭の大量流入については当時の流行病が「銭の病」と呼ばれるなど、異国から入った文物に対する排外的な思想がうかがえる。また、後白河法皇が福原で宋人と接見したことについて「天魔の所為か」と記す貴族があるなど、異国人との接触もけがれとみなす見方もあったようだ。

豆知識

1. 大規模な建築工事では無事を祈るために人柱を立てるというならわしがあるものだが、清盛は人命を粗末にしないために一切経を書いた石を沈めたということが「経が島」の名前の由来だ。

81 経済 | 養和の大飢饉

　　養和の大飢饉は、養和元年である1181年から起こった史上まれにみる大飢饉だ。都だけで
も４万人以上の餓死者を出した。

�

　　飢饉は、直接には旱魃（かんばつ）や長雨、冷害、風水害、虫害などの自然災害による農作物の不作によ
って起こる食糧難だ。

　　1181年を中心に、京の都は約３年続く大飢饉に陥った。鎌倉時代初期に書かれた鴨長明（かものちょうめい）の
随筆『方丈記』にはその惨状について詳しい描写が見える。前年に日照り、台風、洪水などの
天災が続いて、西日本はひどい凶作となった。翌年には疫病も発生して、ますます状況は悪く
なった。都には餓死者の死体があふれ、打ち捨てられた死者を簡略に供養したある僧がその数
を数えると、平安京の東半分だけで４万2300体あったのだという。人が次々に亡くなるさま
を鴨長明は「さりがたき妻をとこ持ちたる者は、その思ひまさりて深き者、必ず、先立ちて死
ぬ」（別れられない妻や夫を持っている者は、愛情の強い方が先に死ぬ）と描写している。まれ
に得た食べ物を相手に先に食べさせるからだという。

　　時はちょうど、以仁王（もちひとおう）（1151〜1180）と源頼朝（みなもとのよりとも）（1147〜1199）の挙兵に始まる源平の
合戦、治承・寿永の乱（じしょう・じゅえい）（1180〜1185年）の期間である（「治承・寿永の乱」92ページ参照）。
この大飢饉は戦況にも影響を与えることとなった。

　　飢饉の前年にあたる1180年、以仁王は摂津に居を構える清和源氏の源頼政（みなもとのよりまさ）の勧めで全国
の源氏に平家討伐の令旨（りょうじ）を伝えた。以仁王と頼政は敗死するが、鎌倉では令旨に応じて源頼朝
が東国の武士を集めて挙兵した。駿河（現・静岡県）で行われた「富士川の戦い」での勝利の
後、敗走する平維盛（これもり）らの軍を追って頼朝が上洛・西行をしなかったのは、西日本を襲った食糧
難も一因としてあるといわれている。また、1183年には、都入りした源氏の源（木曾）義仲（みなもとの（きそ）よしなか）
が、飢饉による食糧難だった洛中で狼藉・略奪を行った。これが朝廷・貴族の反感を買い、後
白河法皇（1127〜1192）が頼朝に義仲追討を要請する。しかしその見返りに、頼朝に東国支
配権を公認せざるを得なくなり、これが鎌倉幕府成立の端緒となったのである。

　　西日本で起こった旱魃（かんばつ）と凶作は、西国に基盤を持つ平氏には大打撃であり、軍の弱体化は避
けられなかった。反対に源氏は東国に拠点を持ち都への輸送を断っていたために、戦いを有利
に進められることになったのである。

豆知識

1. 米の凶作時に代用とし、飢饉をしのぐために栽培する作物を救荒作物という。古代では麦、粟（あわ）、稗（ひえ）、江戸時代にはさつま
いも、じゃがいも、きくいもなどが栽培された。

82 暮らし・信仰 ｜ 陰陽道

　陰陽道といえば、平安中期の陰陽師安倍晴明が有名だろう。式神を使役して掃除をさせたり、呪詛を見破ったり、天皇の譲位を予言したり…。しかし、そんな超能力的なものばかりでなく、朝廷の儀式や貴族の日常に当たり前のようにあったのが陰陽道の考え方だ。

◆

　陰陽道は、中国から仏教が伝来した頃に伝わったとされる思想で、日月と星の運行や方位によって世の中のあらゆる物事を説明し占う。基本となるのは陰陽五行説だ。

　陰陽は月・日、五行は、万物を構成するとされる木・火・土・金・水の5つの要素のことで、これらを万物生成の主要素とする考え方である。五行をそれぞれ陽（兄）と陰（弟）に分けたものが「十干」だ。順に、木の兄（甲）、木の弟（乙）、火の兄（丙）……となる。これと時刻や方角を表すのに用いられる「十二支」を組み合わせて「干支」。「十二支」は子、丑、寅……と12の動物で表す。現在の日本でいう「えと」だ。「干支」は順に、甲＋子で甲子、乙＋丑で乙丑……となり、こうして組み合わせていくと60組となって、年月、時刻、方位を表すのに用いられる。60歳を還暦というのはこの60組が一周してもどってくるからだ。

　律令制においては、天武天皇のときに陰陽寮が設置され、陰陽師や暦博士が置かれた。宮中の年中行事も元旦四方拝（天皇が四方と両親の墓所を拝して国家の安寧を祈る行事）や白馬節会（年初に青馬を見て邪気を払う行事）など、陰陽道によるものも多い。

　貴族の日常生活にもさまざまな制約を与えている。爪を切るのは、手は丑日、足は寅日、沐浴は5日に一度日を選んで行う……など細かな日常の行為まで、今では考えられないほど日取りが重要だった。

　方角の良し悪しもまた吉凶を決める重大要因だったから、悪い方角を避けるために「方違え」を行った。平安貴族は、外出する際にその方角が忌むべきと占われると、前夜に別の方角の友人宅などへ行って一泊し、改めて目的の場所へ向かった。

　また、「物忌」にあたる日は「物忌」と書いた札を家の諸所と自身の冠などに貼り、政務・外出はしないで、人と会うのも避ける。「方違え」と「物忌」はしょっちゅう行われていたから、政務を休む言い訳としたり、目当ての女性宅に行く口実にしたりする例が、『源氏物語』などにみられる。

<hr>

【 豆 知 識 】

1. 白馬節会は現在でも大阪府の住吉大社などで「白馬神事」として年始に行われている。白馬と書いて「あおうま」と読む。青みがかった灰色の馬「青馬」を見ていたのを表記だけ「白馬」にしたという説や、もともと白い馬を見ていて表記が「青馬」から「白馬」に変わった説など、諸説ある。

83 人物 | 平清盛

　平清盛（1118〜1181）は、武士でありながらも貴族的な作法を身に付け、上級貴族と良好な関係を築ける人物だったらしい。武士として初めて太政大臣にまでのし上がり政権を握ったことは、のちに鎌倉幕府によって行われる武家政権の前史となった。

◆

「清盛福原に数百の人頭を見る図」(月岡芳年『新形三十六怪撰』より)

　平清盛は、伊勢平氏の平忠盛の子である（「源氏と平氏」78ページ参照）。祖父の正盛の頃から京都・六波羅に拠点を構え、六波羅殿とも呼ばれた。清盛の出自には白河法皇の落胤(らくいん)説がある。忠盛は白河法皇の晩年の側室・祇園女御(ぎおんのにょうご)に仕えており、白河法皇の子を宿した祇園女御の周辺の女性を妻としたというものだ。清盛は祇園女御の養子として育てられ、若くして宮廷儀式に参加、12歳で官位を授かるなど、異例の扱いを受けた。

　また、信仰心篤い人物だったことも知られている。平治の乱は清盛が熊野(くまの)詣(もうで)で都を留守にしていたときを狙って起こった。当時の貴族は、現世利益を求めて熊野や伊勢・奈良の諸寺にしばしば参詣していた。安芸守(あきのかみ)になったことを機に厳島神社を崇敬して平氏の氏神とし、航海安全を祈る社でもあることから、日宋貿易船の安全をも祈ったという。広島県の海峡・音戸の瀬戸の開削も貿易の便のためとも、厳島神社参拝のためともいわれる。厳島神社に奉納した「平家納経」は国宝になっている。豪華な装飾がなされた32巻の経典を清盛はじめ一族や有力な家来が1巻ずつ写経したものである。太政大臣の職は3カ月で辞任し、翌年には妻とともに出家する。病のためとも太政大臣が名誉職化していて権限がなかったためともいわれている。約1年後には政治を息子の重盛(しげもり)に委ね、自身は摂津福原（現・神戸市）に移った。福原では後白河法皇を招き、千僧供養（1000人の僧を招いて行う読経などの法会）を行った。

　平家の栄華とおごり、滅亡を語る『平家物語』では、孫の資盛(すけもり)と摂政・藤原基房(ふじわらのもとふさ)の間のトラブルに清盛が怒り報復したとか、寵愛していた白拍子(しらびょうし)（歌舞を演じる遊女）祇王を捨てて別の白拍子を取り立てたとか、清盛は傲慢で悪逆無道な人物として描かれることが多い。これには、仏教の無常観・因果応報を描くための誇張や虚構も含まれると考えられており、清盛が武士でありながら中央政界でのし上がれたのは、貴族流の教養と礼儀作法を身に付けていたために、鳥羽法皇や後白河法皇はじめ上級貴族や寺院にも好かれていたからともいわれる。

　鎌倉時代の幼少者向けの教訓集『十訓抄(じっきんしょう)』では、清盛の人柄について「他人が困り果てるような嫌なことをしても、それを冗談とし、とんでもない失敗をしても声を荒らげるようなことはなかった」とし、「冬の寒い頃は、若い侍を自分の衣の裾のほうに寝かせてやり、彼らが朝寝坊をしても、そっと抜け出して思う存分寝かせてやった」というエピソードを紹介している。

```
豆知識
```

1. 瀬戸内海に多く生息する「平家蟹」は、甲羅が怒った人の顔のように見え、壇ノ浦の戦いで敗れた平家の亡霊が乗り移ったとの伝説から命名された。

84 文化・芸術 ｜ 今様

「遊びをせんとや生まれけむ　戯れせんとや生まれけん　遊ぶ子どもの声聞けば　わが身さへこそ揺るがるれ」は「今様」の最も著名なフレーズだろう。平安時代後期に大流行した歌謡で、作家の佐藤春夫や明治時代の唱歌など近世の文学・歌謡へも影響した。

◆

　今様は「今風の、現代風の」といった意味の語が固有名詞として使われるようになったものだ。平安時代後期から鎌倉初期に流行した歌謡の一種であり、当代においては目新しく華やかな雰囲気を持った歌謡だったのだろう。文献上初めて見えるのは『紫式部日記』の1008年の記事だが、11世紀後半からの約200年間に流行したと考えられ、最盛期は院政期（「院政」77ページ参照）だ。院政最終期の最高権力者である後白河法皇（1127〜1192）と「今様」は分けて語ることはできない。後白河法皇が熱狂的に今様を好んだことはよく知られ、臣下のみならず、今様はじめさまざまな歌謡の専門の歌い手である遊女、傀儡子を召し、厚遇して習うなどもした。傀儡子は人形を回したり唱歌をしたりして漂泊する芸能民だから、法皇に謁見するなどは普通なら考えられないことである。

　同時に後白河法皇は京都内外の社寺への度重なる参詣、蓮華王院（三十三間堂）の創建など仏教への信仰心も篤かった。俗っぽい歌謡を楽しむ心と極楽往生を求める心を融合させた後白河法皇の特色が集約されているのが、後白河法皇自ら撰した『梁塵秘抄』である。多くは失われてしまったが、現存する2巻に560首余りの歌詞が収められた「今様」最大の撰集である。歌の形式は短歌形式の「長歌」、仏教賛歌である「法文歌」、冒頭に「そよ」の囃子がつく「古柳」などが主だが、仏教を主題としたものが全体の半分ほどにもなる。

　代表歌は下記のようなものだ。

仏は常にいませども　現ならぬぞあはれなる　人の音せぬ暁に　ほのかに夢に見えたまふ

女人五つの障りあり　無垢の浄土は疎けれど　蓮華し濁りに開くれば　竜女も仏に成りにけり

をかしく舞ふものは　巫　小楢葉車の筒とかや　平等院なる水車　囃せば舞ひ出づる蟷螂　蝸牛

　1首目は法文歌中もっとも有名ともいえるもので、仏の幽遠さを平明にうたっている。2首目は、法華経の教えの一つである女人成仏をうたったものである。仏教では女人は罪深く往生が難しいとされるが、当代の女性の成仏への切実な願いが表れたものだ。3首目は『梁塵秘抄』に特徴的な「物は尽くし」の一つで「舞うもの」を列挙している。雅楽の楽曲「越天楽」に乗せて歌うことが平安時代中期頃から起こり、今でも「越天楽今様」で往時の雰囲気を味わうことができる。

```
豆 知 識
```
1.『梁塵秘抄』の書名の由来は、中国古代の美声の持ち主が歌うとき、歌声で梁の上の塵が舞い立ったという故事である。
2.『梁塵秘抄』巻2は、明治44年に古書店で発見された1冊しか現代に伝わっていない。

85 政治 | 鎌倉幕府

　平氏を滅ぼした源氏の棟梁・源 頼朝（1147〜1199）が、征夷大将軍に任命されたのは1192年。「イイクニつくろう鎌倉幕府」と覚えた読者は多いかもしれないが、この年に鎌倉幕府が成立したとする考え方は、実は研究者の間ではほとんど支持されていない。頼朝は平氏滅亡までの戦いと並行し、守護・地頭の設置などさまざまな政策を形にしながら武家政権を確立し、最終的に鎌倉幕府が機能するようになったのだ。

◆

源頼朝像（神奈川県鎌倉市）

　平安時代末期、武士として初めて太政大臣に上り詰めた平 清盛（1118〜1181）を中心に、平氏が隆盛を極めていた。そんな平氏への不満がうずまき、反平氏の諸勢力が形成される。東国の武士団は、源氏の嫡流である源頼朝のもとに結集し、最も有力な勢力に成長した。頼朝は挙兵すると、相模（現・神奈川県）の鎌倉を根拠地にし、関東の荘園・公領を支配して御家人の所領支配を保証していった。1180年に後白河法皇（1127〜1192）の皇子・以仁王が平氏打倒の兵を挙げると、1185年の壇ノ浦の戦いまでの一連の戦い（「治承・寿永の乱」92ページ参照）によって平氏は滅亡した。
　強大化する頼朝の支配権を恐れた後白河法皇は、頼朝の弟・源 義経（1159〜1189）に頼朝追討を命じると、頼朝は軍勢を京都に送って後白河法皇にせまり、諸国に守護を、荘園や公領に地頭を任命する権利や、東国の国衙（地方の役所）の実権を握る在庁官人を支配する権利などを獲得していく。こうして東国を中心にした頼朝の支配権は西国にも及び、武家政権としての鎌倉幕府が確立した。
　そもそも「鎌倉幕府」という名称は、のちに歴史家が命名したものであり、「今日、幕府を開いた」といった開府宣言があるわけではない。そのため、幕府をどのように考えるかによって、いつ開かれたかの解釈は分かれる。侍所（鎌倉・室町時代の軍事・警察機関）が設置された1180年12月、朝廷が頼朝に東国支配を認めた十月宣旨が発布された1183年10月、そして平氏が滅亡したのちの1185年12月が主な説の根拠となる。「1185年12月説」では、3月の平氏滅亡そのものではなく、その後に頼朝と義経が対立し、義経の追捕を名目として、守護・地頭設置の要求に許可が下りた点が軸となる。
　1192年を鎌倉幕府の始まりとするのは、幕府の語源を中国の古典に求め、「将軍の幕営を幕府とする」という考えに基づいている。しかし、中国流の幕府の定義が、当時の日本の中で一般的であったのかはわからない。また、幕府は近衛府（天皇や国家元首の身辺を守る役職）の中国での呼称であり、幕府は近衛大将を指すという解釈から、頼朝が右近衛大将となった1190年が鎌倉幕府の始まりだという説も生まれている。

豆 知 識

1. 源頼朝が鎌倉に幕府を置いた理由として、東国の軍事政権として出発したため、朝廷がある京都を避ける目的があったとされる。また、鎌倉には頼朝の父・源義朝が居住したことがあり、頼朝にとって先祖ゆかりの地でもあった。

86 争い｜治承・寿永の乱

武士として初めて太政大臣になった平 清盛(たいらのきよもり)(1118〜1181)は、自身の孫を皇位につけるほどに権力を独占していた。しかし、清盛ら平氏による権力の独占は、源氏をはじめとする反対勢力を結集させるエネルギーとなり、次々に立ち上がって平氏軍と戦いを繰り広げた。結果として、約5年後に平氏は滅亡する運命をたどり、盛者必衰(ことわり)の理を後世に伝えている。

◆

壇ノ浦古戦場跡の源義経像と平知盛像(山口県下関市)

1179年、太政大臣・平清盛は、平氏打倒をはかる後白河法皇(ごしらかわほうおう)(1127〜1192)を幽閉し、翌年孫の安徳天皇(あんとく)(1178〜1185)を皇位につけた。清盛への権力の集中が頂点に達した一方、地方の武士団や中央の貴族、大寺院のなかには、平氏の専制政治に対する不満が充満した。この情勢を見た後白河法皇の皇子・以仁王(もちひとおう)(1151〜1180)と、畿内に基盤を持つ源氏の 源 頼政(みなもとのよりまさ)(1104〜1180)は平氏打倒の兵を挙げる。さらに、挙兵を呼びかけた以仁王の命令(令旨(りょうじ))が諸国の武士に伝えられると、伊豆(現・静岡県東部)に流されていた頼朝をはじめとして、各地の武士団が挙兵して内乱は全国的に広がった。以仁王の計画は、平氏方の知るところとなり、挙兵した頼政は京都の宇治付近で平氏軍と戦い、頼政は敗れて首がさらされた。さらに清盛は、以仁王の令旨を受けとった者を討つために準備を進める。対する源氏で勢力を急拡大したのが頼朝だった。伊豆で挙兵したものの、石橋山の戦いで敗北し、安房(あわ)(現・千葉県南部)へ脱出する。すると頼朝を頼って安房や上総(かずさ)(現・千葉県中部)、下総(しもうさ)(現・千葉県北部)の武士が集結し、この大軍勢を従えて頼朝は鎌倉へと移った。頼朝の急速な勢力拡大に驚いた清盛は2万騎の兵を派遣し、頼朝軍にあてることにした。平氏の動きをつかんだ頼朝は自ら出陣し、富士川(現・静岡県富士市)を挟んで平氏軍と対峙する。このとき、沼に羽を休めていた水鳥の大軍が一斉に飛び立ち、その羽音に驚いた平氏の軍勢が源氏軍の夜襲と錯覚し、夜明け前に総退却してしまった。これが戦いなき戦いと知られる「富士川の戦い」だ。富士川の戦いの直後、それまで奥州藤原氏にかくまわれていた源義経(1159〜1189)が兄・頼朝に対面し、以降の戦いでは義経が源氏の中心的存在となっていく。富士川の戦いの翌年、1181年に清盛の病死によって平氏は要を失った。東国の地盤を固める頼朝と、朝廷を擁する平 宗盛(たいらのむねもり)(1147〜1185)政権が並立する状態になったが、1183年に均衡が破られた。北陸から京都を目指した源(木曾)義仲(みなもとの よしなか)(1154〜1184)が、倶利伽羅峠で平氏の軍勢を破り、一気に京都を占領する。しかし、京都における義仲の乱暴な振る舞いが朝廷の反感を買い、後白河法皇と通じた頼朝が義仲を破る。1184年2月には「鵯 越の逆落とし」(ひよどりごえ さかおとし)で知られる一の谷の戦い、1185年2月には屋島の戦いで平氏軍に勝利し、同年3月には、壇ノ浦の戦いでついに平氏を滅亡させた。約5年間におよんだ源氏と平氏の争いは、当時の年号から「治承・寿永の乱」(じしょう じゅえい)と呼ばれる。

【 豆 知 識 】

1. 治承・寿永の乱を詳しく描いているのが、『平家物語』(「軍記物」97ページ参照)だ。この世は無常であり、勢いの盛んな者もついには衰え滅びるという、「盛者必衰の理」を伝えている。

87 外交 | 国際貿易港博多

博多湾に近い福岡県福岡市の中心部には、往年の野球ファンにとって懐かしい平和台野球場があった。1987年に行った外野席の改修工事にともなう発掘調査で、平安時代に外交使節をもてなした迎賓館「鴻臚館」の実態が明らかになる。鴻臚館を先駆けにして、博多は日宋貿易や日明貿易の中心地として栄え、博多商人は大きな影響力を持つようになっていった。

◆

平安時代に平安京と難波、そして筑紫の3カ所に設置された宿泊及び饗応の施設を「鴻臚館」と呼んだ。筑紫にあった施設は、飛鳥時代から奈良時代にかけて、大宰府の客館として使われた筑紫館にさかのぼると考えられている。『日本書紀』持統天皇二年正月の条には、朝鮮半島の新羅国の使者を筑紫館でもてなしたという記事が残り、奈良時代に編纂された『万葉集』巻第十五には、倭国（日本）から新羅へ遣わされた遣新羅使の一行が残した歌が記されている。

平安時代になると、唐で外交を司った鴻臚寺にならい、その名を鴻臚館に改めた。平安時代半ばからは外国からの商人が往来する交易の拠点施設となり、1047年の「大宰府、宋商客の宿舎への放火犯人を捕まえる」という記述を最後に、鴻臚館は姿を消した（諸説あり）。

博多では、11世紀の終わり頃から、のちに「大唐街」と呼ばれる中国人街が形成され、中国（南宋）で焼かれた碗など、大量の輸入陶磁器の発掘によって、当時の活発な貿易の姿が明らかになっている。日本と南宋の貿易を行ったのは、南宋から来航した商人や中国人街に居住した貿易商だった。南北朝時代には、足利尊氏によって九州支配を監督する九州探題が置かれ、室町時代には有力守護大名の大内氏と結び、明との勘合貿易（日明貿易）で栄え、堺（現・大阪府堺市）と並んで自治都市として大いに繁栄した。

16世紀に全盛期を迎えた博多には、アジアを舞台に活躍する多くの豪商が存在した。しかし、巨万の富が集まる博多は、戦国武将たちの争奪の的となり、何度も戦乱に巻き込まれ荒廃した。豊臣秀吉は博多商人、島井宗室と神屋宗湛とともに博多の再建に力を尽くし、博多の港は再び国際貿易港としてよみがえった。

国際貿易港・博多の起源ともいえる鴻臚館の所在地を明らかにしたのは、京都帝国大学福岡医科大学（現・九州大学医学部）教授の中山平次郎（1871～1956）であった。『万葉集』や古絵図、地形、出土遺物等の検討から「鴻臚館福岡城内説」を提唱し、支持されるに至る。福岡城は博多駅の約4km西に位置し、豊臣秀吉の軍師として活躍した黒田孝高が隠居後に過ごした城として知られる。この「鴻臚館福岡城内説」は1987年に行われた、平和台野球場の改修工事にともなう発掘調査によって明らかになり、国際貿易港博多の実態の解明に向けて、発掘調査は現在も進められている。

豆知識

1. 鴻臚館での貿易を担ったのは新羅の商人で、のちに中国の明州（寧波）の商人たちに移った。鴻臚館跡から出土した越州窯青磁花文碗は、エジプトの遺跡からも出土しており、鴻臚館と世界の交流を物語っている。
2. 中山平次郎は九州帝国大学医学部教授であるとともに考古学にも深い関心を寄せた。1912年、41歳のときから考古学・古代史研究を本格的に始め「漢委奴国王」金印の研究や、元寇防塁の調査と保存に実績を残す。

88 経済 | 封建制度

　　源 頼朝が開いた鎌倉幕府は、「御恩と奉公」によって主人と従者が結ばれる、封建制度に基づいて成立した最初の政権である。とはいえ、鎌倉時代に入って一気に支配制度が変わったわけではなく、朝廷や貴族・大寺社による平安時代以前の支配体制も依然として残り、軋轢を生みながら浸透していった。頼朝自身も、広大な領地を朝廷から与えられていたほどだ。

◆

　鎌倉幕府による支配制度の根本は、土地の給与を通じて、主人と従者が「御恩と奉公」の関係によって結ばれる封建制度にある。主人である源頼朝（1147～1199）は、従者である御家人に対して、御恩と呼ばれる「本領安堵」と「新恩給与」を行った。前者は主に地頭の任命によって先祖伝来の所領の支配を保証し、後者は新たな所領を与えることを指す。御恩に対する奉公として御家人は、戦時には軍役を、平時には京都大番役や鎌倉番役などの任務についた。

　封建制度に従来の惣領制を組み合わせた点で、鎌倉幕府の支配制度は画期的であった。御家人は「惣領制」と呼ばれる同族的な結合によって、軍事勤務（軍役）などを配分した。武士たちは一族の子弟・女子たちに所領を分け与える分割相続を原則とし、一族の血縁的統制のもとに宗家（本家）を首長と仰いだ。この宗家と分家との集団は「一門」や「一家」と呼ばれ、宗家の首長を「惣領（家督）」、ほかは「庶子」と呼ばれた。戦時には、惣領を指揮官として一門は団結して戦い、平時でも先祖の祭りや一門の氏神の祭祀は惣領の権利であり、義務でもあった。幕府への軍役も、惣領が責任者となって一門の庶子たちを割り当てた。庶子も御家人であったが、鎌倉幕府とは惣領を通じて結ばれる関係にあった。

　鎌倉幕府が封建制度に基づく支配体制を強化する一方で、平安時代以前の支配体制も依然として残り、実際には二元的な支配が行われていた。朝廷は国司を任命して全国の一般行政を統括し、貴族・大寺社は受領や荘園領主として土地からの収益の多くを握った。そのため、鎌倉幕府に属さない武士たちも多くいたのが実情だ。そもそも将軍である頼朝自身が、平家没官領を含む広大な荘園を所有しており、これが鎌倉幕府の経済的基礎となっていた。

　一方で、鎌倉幕府は軍事や警察を担当する地方官として守護を、荘園や公領の現地支配者として地頭を設置し、東国以外の地方でも支配の実権を握ろうとした。そのため、鎌倉幕府が任命する守護・地頭と、朝廷や貴族・大寺社が任命する国司・荘園領主との間で紛争が多くなり、対立は深まっていく。鎌倉幕府の支配体制は、農民との間にも対立を生み、「泣く子と地頭には勝てぬ」という言葉が物語るように、地頭による過酷な支配の実情が記録に残る。『紀伊国阿氏河荘百姓訴状』では、「ミヽヲキリ、ハナヲソキ、カミヲキリ」と地頭の非道を片仮名書きで言上している。さまざまな衝突を生みながら、鎌倉幕府の支配体制は浸透していくことになる。

〔 豆 知 識 〕

1.「ミヽヲキリ、ハナヲソキ」の解釈には2つあり、実際に耳切り・鼻削ぎの刑が執行されたという考え方と、地頭が恫喝するために使った言葉だという説がある。いずれにしても、地頭の横暴を示すことに変わりはない。

89 暮らし・信仰 | 武士の生活

　9世紀末から10世紀頃、紛争が頻発する社会情勢から、武芸を家業にする貴族が増え武士として成長した。その代表格が源頼朝であり、自ら家臣の贅沢を戒めた逸話が示すように、武士は質素な生活を重んじて武芸の鍛錬に励んだ。鍛錬の一つ流鏑馬は、現在でも伝統行事として残り、質素な生活から生まれた道徳観は武士道の起源となるなど、後世に影響を及ぼした。

◆

鎌倉流鏑馬

　武士とは「武芸や戦闘を専業する身分」を指し、武芸は主に馬に乗り弓を使うことであった。9世紀末から10世紀に頻発した紛争を鎮圧する目的で、中・下級貴族が土着し、武芸を家業にするようになった。清和源氏や桓武平氏がよく知られ、多くは東国に土着し、「兵」と呼ばれる初期の武士となっていく。

　武士たちは先祖以来の地に住み着いて所領を拡大し、彼らは河川の近くの微高地を選んで館を構え、周囲には堀や溝、塀をめぐらせて暮らした。館は武芸の練習の場や防備設備などを設けた一種の城であると同時に、農業経営の中核としての機能も備えていた。鎌倉時代の代表的な絵巻物の一つ『一遍上人絵伝』には、塀に囲まれた櫓（矢倉）が門の上に設置され、楯や弓、矢を備えた様子が描かれている。現在の台所にあたる厨や、燃料を保管する薪小屋、その他にも武器庫や納屋、宗教施設などが置かれていた。館の周辺部には年貢や公事（年貢以外の貢納物）のかからない直営地を求め、下人や所領内の農民を使って耕作をさせた。屋敷内では馬が飼われ、戦いや荷物の運搬に欠かすことのできない生き物として大切にされた。武士たちは荒野の開発を進めていき、自らは地頭など現地の管理者として、農民から年貢を徴収して、国衙や荘園領主に納め、定められた収入として加徴米などを得ていた。

　館の成り立ちと同様に、武士たちは生活ぶりも簡素で、源頼朝が家来の藤原俊兼の華美な衣装を見て、刀を抜いてその袖を切り取って贅沢を戒めた話や、5代執権・北条時頼が一族の大仏宣時を迎えた際に、味噌を肴に酒を飲んだ逸話が残っている。さらに武士たちは、自らの地位を守るために武芸の鍛錬を心がけ、常に流鏑馬や笠懸、犬追物、巻狩などの訓練を行った。このような日常生活の中から生まれたのは、武勇を重んじ、主人に対する献身や一門・一家の誉れを尊ぶ精神、恥を知る態度であり、「武家の習い」や「兵の道」、「弓馬の道」などと呼ばれ、後世の武士道の起源となった。また、当時の家族制度において女性の地位は比較的高く、相続の際も男性と同じく財産の分配にあずかり、女性が御家人や地頭になる例もみられた。また結婚形態は、平安時代までは「婿入り婚」や「妻問婚」（「妻問婚」46ページ参照）が一般的であったが、この頃になると「嫁入り婚」が一般的となった。

豆 知 識

1. 全国に伝統行事として残る流鏑馬の中で、埼玉県毛呂山町の出雲伊波比神社では、弓を射る「乗り子」と呼ばれる乗馬者は小学5・6年生～中学生から選ばれる。ちなみに町を走るコミュニティバスの名は「やぶさめ号」だ。

90 人物 源頼朝

源頼朝（1147〜1199）は平氏を滅亡させ、弟の義経を殺させるなど、ときに冷徹な判断によって鎌倉幕府を開いた。一方で若かりし頃には、頼朝より10歳若い北条政子（1157〜1225）との結婚を、政子の父・北条時政（1138〜1215）の反対を押しきって認めさせた。さらに政子との結婚前には、配流先で知り合った女性との間に子をもうけている。謎に包まれた死に至るまで、波乱万丈の人生を送った人物といえる。

◆

蛭ヶ島公園に立つ源頼朝と北条政子の像（静岡県伊豆の国市）

源頼朝は1147年、源氏の嫡流である源義朝（1123〜1160）の三男として生まれた。母が義朝の正妻（熱田大宮司季範の娘）だったため、幼い頃より嫡男の扱いを受ける。1159年、平清盛と争った平治の乱に敗れた父・義朝は、家臣の裏切りによって殺された。頼朝も捕らえられて殺される予定だったが、清盛の父・平忠盛の後妻、池禅尼の命乞いによって一命を助けられ、伊豆へ配流されることになった。

流人として伊豆の蛭ヶ小島（現・静岡県伊豆の国市）で過ごした頼朝だったが、ただおとなしく人質生活を送ったわけではなかった。頼朝は豪族、伊東祐親の娘のところに妻問いして、千鶴という男の子をもうけている。しかし伊東祐親が平家方だったため、祐親によって二人の仲は裂かれ、千鶴も殺されてしまった。その後、頼朝は北条時政の子、北条政子に妻問いをした。時政も二人の仲を引き離そうとしたが、政子が暗夜、雨をついて頼朝のもとに走ったため、時政としても認めざるを得なくなった。一方で、当時は平氏全盛に陰りが見られている時期であり、時政にとって源氏の御曹司である頼朝には存在価値があった。そして1177年、頼朝31歳、政子21歳のときに結婚したとされている。

結婚から約3年後の1180年、平氏と対立する後白河法皇の皇子・以仁王が平氏打倒の令旨を下すと、頼朝は平家討滅の反乱軍を組織した。1185年に壇ノ浦で平氏が滅亡するまでの5年間に及ぶ戦い（「治承・寿永の乱」92ページ参照）を経て、鎌倉幕府を確立していく。弟・源義経との不和を機に、朝廷に守護・地頭の設置を認めさせて武家による全国支配の端緒を作ると、1190年に右近衛大将に任じられ、1192年に征夷大将軍に就任した。

鎌倉幕府を開いた頼朝は、1199年に53歳で亡くなった。前年の暮れに、相模川の橋供養に出掛けた帰途に落馬したのが死因とされたが、馬を操るのが巧みなはずの武将が、落馬するとは考えづらく、頼朝の死因には様々な憶測が生まれた。諸説あるなかに北条氏による暗殺説がある。北条氏によって編纂された鎌倉幕府の正史『吾妻鏡』には、1日ごとに日を追って記載があるが、頼朝が橋供養に参加した日や、死亡した日に関する記事はなく、北条氏にとって都合の悪い内容として、記述されなかった可能性も考えられるのだ。

〔 豆 知 識 〕

1. 源頼朝の死因には北条氏による暗殺説のほかに、頼朝が殺させた弟・義経の怨霊説や、頼朝は糖尿病で弱っていたために落馬して悪化させたなどの説がある。
2. 神護寺仙洞院に安置されていた『伝源頼朝像』は、かつて源頼朝の肖像画として教科書に載っていたが、足利尊氏の弟・直義説などの諸説があるために教科書から姿を消した。

91 文化・芸術 | 軍記物

平安時代末期の源氏と平氏の争いは、文学にも影響を及ぼし、戦いを題材にした軍記物が人気を集めた。特に平氏の栄枯盛衰を主題とした『平家物語』は最高傑作として伝わり、琵琶法師に語らせるという画期的な手法によって、文字の読めない人々にも広く親しまれた。『保元物語（ほうげんもの語）』で描かれた 源 為朝（みなもとのためとも）（1139〜1170？）も数々の伝説を残し、現在に至るまで影響を及ぼしている。

◆

鎌倉時代には、実在の武士の活躍ぶりをいきいきと描き出した軍記物が著された。日本最初の軍記物とされるのは『将門記（しょうもんき）』だ。平 将門（たいらのまさかど）（？〜940）が新皇と自称したといわれる、平将門の乱（「平将門の乱」64ページ参照）の顛末を記述し、古代の坂東地方（現・関東地方）の景観や地名が記録されている。この平将門と同じ平氏を題材に描いた作品が『平家物語（へいけものがたり）』だ。
「祇園精舎（ぎおんしょうじゃ）の鐘の音、諸行無常（しょぎょうむじょう）の響あり、沙羅双樹（しゃらそうじゅ）の花の色、盛者必衰の理をあらはす」
この有名な一節で始まり、合戦記に人物譚，和漢の故事を織り交ぜた文章は、鎌倉時代から現代まで、多くの人々に親しまれてきた。諸説あるものの信濃前司行長（しなののぜんじゆきなが）（生没年未詳）が作り、東国生まれの盲目の僧、「生仏（しょうぶつ）」に語らせたとする説が有力である。その根拠として、兼好法師（けんこうほう師）（1283？〜1352？）による『徒然草（つれづれぐさ）』に次の一節がある。
「後鳥羽院の御時、信濃前司行長稽古の誉ありけるが（中略）この行長入道平家物語を作りて、生仏といひける盲目に教へて語らせけり」（『徒然草』226段）
信濃前司行長は、朝廷の儀式上の失策を機に遁世したが、才能を惜しんだ天台座主（てんだいざす）（天台宗の最高位）・慈円の支援によって、東国生まれの生き仏から武士のあり方を聞いて、『平家物語』を作ったとされる。そして、琵琶を弾きながら語り物をする僧形の盲目芸能者、琵琶法師に語らせた点が画期的であった。
一方で源氏を題材にした軍記物に『保元物語』があり、源頼朝の叔父・源為朝を中心に描いた。為朝は九州で武威を示し「鎮西八郎（ちんぜいはちろう）」と呼ばれたが、1156年の保元の乱で敗れたため伊豆大島に流罪となる。伊豆大島で為朝が暮らしたとされる館跡は為朝神社となっており、同様に為朝の武勇を伝える史跡は九州や沖縄などに残る。三重県上野市では、為朝にちなんだ上野天神祭が継承されており、国指定重要無形民俗文化財及びユネスコ無形文化遺産に選ばれている。為朝が鬼退治をしたという伝説から、鬼を連れて凱旋した為朝を主人公になぞらえた仮装行列が江戸時代に考案され、寛政年間（1789〜1801）に始まったと伝えられている。「軍記物」によって描かれた源平合戦の世界は、現在も生き続けているのだ。

豆 知 識

1. 平将門研究の第一人者として知られる国文学者・村上春樹氏（むらかみはるき）は、『ノルウェイの森』等の作品で知られる村上春樹氏と同姓同名で、同じ早稲田大学の出身である。
2. 源為朝ゆかりの地として、沖縄県今帰仁村（なきじんそん）にある運天港（うんてんこう）には「源為朝上陸記念碑」が立つ。また、東京都八丈町の為朝神社に奉納されていた「銅板源為朝神像」は、東京都指定有形文化財に指定されている。

92 政治 | 御成敗式目

　承久の乱（「承久の乱」99ページ参照）で朝廷に勝利した鎌倉幕府は、戦後に2代執権・北条義時、そして鎌倉幕府を支えてきた北条政子が相次いで亡くなり、北条氏を中心とした執権政治は過渡期を迎えていた。このような状況の中で3代執権・北条泰時（1183～1242）は合議制へと方針転換していき、御家人が守るべき初めての法典、御成敗式目が定められた。不倫に対する罪を定めるなど、当時の世相が反映されている。

◆

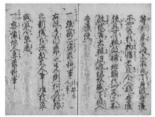
御成敗式目

　承久の乱後、鎌倉幕府は3代執権・北条泰時のもとに発展の時期を迎えた。泰時は北条政子の甥にあたり、承久の乱では鎌倉幕府軍総大将を務めた。執権に就任した泰時は、執権を補佐する役職として連署を設置し、北条氏一族の有力者をつけた。さらに有力な御家人や政務に優れた11名を評定衆に選び、執権や連署とともに幕府の政務の処理や裁判にあたらせ、合議制に基づいて政治を行った。

　1232年には御成敗式目（貞永式目）51カ条を制定して、広く御家人たちに示す。御成敗式目は源頼朝以来の先例や、「道理」と呼ばれた武士社会での慣習・道徳に基づき、守護や地頭の任務と権限を定め、御家人同士や御家人と荘園領主との間の紛争を公平に裁く基準を明らかにしたもので、武家にとって最初の整った法典となった。全国各地の武士階層に広く周知するために、わかりやすい平易な言葉で書かれているのが特徴だ。この御成敗式目で定められている条文は「寺社関係」から始まり、「幕府の組織」「土地法」「刑事法」「親族相続法」「訴訟手続き」に分類される。例えば第34条では「他人の妻を密懐する罪科の事」として、男女間の不倫問題は罪と定めている。「人妻と密通をした御家人は所領の半分を没収し、所領がない場合は遠流にする。相手方の人妻も同じく所領の半分を没収し、ない場合には配流とする」という内容で、当時の考え方をよく表しているといえる。

　鎌倉幕府の勢力範囲を対象とする御成敗式目と並んで、朝廷の支配下には律令の系統を引く公家法が、また荘園領主のもとでは本所法が、いまだに効力を持っていた。しかし、鎌倉幕府の勢力が拡大するにつれて、公平な裁判を重視する武家法の影響は広がっていき、公家法や本所法が適用されてきた土地にも、武家法が影響を与えるようになっていった。

　その後、必要に応じて発布された個別の法令は「式目追加」と呼ばれ、のちの室町幕府の法令も、建武年間以後の式目追加という意味で、「建武以来追加」と呼ばれた。これは御成敗式目が室町幕府でも基本法典として効力を持っていたことを示している。さらに戦国時代の各大名たちの法律にも受け継がれ、江戸時代には、寺子屋などでの習字の教科書としても使われるなど、後世にも大きな影響を及ぼすことになる。

【 豆 知 識 】

1. 御成敗式目の制定には、当時多発した所領問題を整理する狙いがあった。承久の乱後、鎌倉幕府が朝廷方の所領を没収して新補地頭を置いた（「承久の乱」99ページ参照）ため、所領をめぐる紛争が激増し、円滑に対処するための基準が求められた。

93 争い｜承久の乱

初代将軍・源頼朝の死後、北条氏を軸とする有力御家人の衝突や、頼朝の長男・次男の暗殺によって、鎌倉幕府は大きく混乱した。この機に乗じて後鳥羽上皇（1180～1239）は、朝廷の力を取り戻すために立ち上がるが、頼朝の妻である北条政子が鎌倉幕府軍を鼓舞し、圧倒的な勝利をもたらした。夫と2人の息子の死を乗り越えて、政子は北条氏の権力確立に大きな役割を果たすことになった。

◆

北条政子（イメージイラスト）

源頼朝の死後、将軍の地位についた長男の源頼家（1182～1204）は、妻の父である比企能員の後ろ楯を得て、母・北条政子ら北条氏と対立するようになった。頼家は能員と結んで北条氏打倒の兵を挙げるが、政子の父である北条時政に敗れ、伊豆の修禅寺への幽閉後に殺されてしまう。さらに頼家の弟、源実朝（1192～1219）が頼家の遺児である公暁によって暗殺された。政子にとっては、夫の死後に長男と次男を続けて失うことになり、頼朝の血筋は絶えてしまった。

この頃、京都の朝廷では、鎌倉幕府の成立と勢力拡大に直面して、政治の立て直しが行われていた。その中心にあったのが後鳥羽上皇である。後鳥羽上皇は、分散していた広大な皇室領の荘園を手中に収めるとともに、新たに西面の武士を置いて軍事力の増強を図るなど院政を強化し、鎌倉幕府と対決して勢力を挽回する動きを強めた。そして1221年、後鳥羽上皇は西面の武士や大寺院の僧兵、さらに北条氏の勢力増大に反発する東国武士の一部も味方に引き入れて、ついに執権・北条義時を追討するために挙兵した。

後鳥羽上皇の動きに対し、大きく立ちはだかったのが政子である。鎌倉に参集した御家人に対し、頼朝の恩に報いるように訴えた演説は『吾妻鏡』や『承久記』などの史料に残る。後鳥羽上皇の期待に反して、東国武士の大多数は政子の呼びかけに応じて結集し、朝廷軍との戦いに臨んだ。鎌倉幕府は義時の子、北条泰時（1183～1242）が率いる、19万ともされる軍を送り京都を攻めた結果、戦いは鎌倉幕府軍の圧倒的な勝利に終わり、仲恭天皇を廃したのに加え、後鳥羽上皇を隠岐に、土御門上皇を土佐（のちに阿波）に、順徳上皇を佐渡に流した。

承久の乱後、鎌倉幕府は皇位の継承に介入するとともに、京都には新たに六波羅探題を置いて朝廷を監視し、京都の内外の警備及び西国の統括にあたらせた。また、後鳥羽上皇側についた貴族や武士の所領3000余カ所を没収し、戦功のあった御家人らをその地の地頭に任命した。このときに任命した地頭は「新補地頭」と呼ばれ、東国に本領を持つ御家人が西国へ進出し、鎌倉幕府が全国政権化するきっかけとなる。朝廷と鎌倉幕府の二元的支配の状況は大きく変わり、鎌倉幕府が優位に立って、皇位の継承や朝廷の政治にも干渉するようになった。さらに、北条氏への権力集中が加速し、北条氏一族が要職を占める得宗専制政治へと進展していった。

豆知識

1. 神奈川県横浜市南区にある乗蓮寺は、承久の乱の翌年（1222年）に、北条政子が建立したと伝わり、政子お手植えの樹齢700年のカヤの木や、政子が化粧に使ったとされる井戸が境内に残っている。

94 外交 | 蒙古襲来

フビライ＝ハン（1215～1294）が率いる元は南宋との対立を深めていたため、南宋と親交のある日本への侵略を目指した。1度目の襲来では「神風」によって元軍は敗退したとされるが、台風にしては季節外れであり、最近の研究では元軍の船に問題があったと考えられている。鎌倉幕府は異国警固番役を設置し、2度目の襲来を退けたが、同時に鎌倉幕府の衰退を助長する社会的変化をもたらした。

◆

フビライ＝ハンの肖像画

フビライ＝ハンが日本を征服しようとした理由には通説として2点ある。第一にフビライが世界征服を企て、日本遠征がその一環だったという考えと、第二に日本の黄金に目をつけていたという考えだ。しかし、最近の研究では、フビライは日本に侵攻するつもりはなく、南宋を攻略するための海上ルートを確保しようとしていたことが明らかになっている。実際、フビライが日本に通好を求めて国書を送った1268年にはまだ南宋は滅びていない（1279年に南宋滅亡）。当時の日本は南宋と密接な関係を持っており、元としては敵である南宋に経済的利益をもたらす日本を、そのままにしておくことは得策ではなかったのだ。

1274年、元軍は朝鮮半島の高麗の軍勢を合わせた約3万の兵で博多湾に上陸し、対する鎌倉幕府は、九州に所領をもつ御家人を動員して迎え撃った。元軍の集団戦法に対し、個人戦が中心の日本軍は苦戦したもののよく踏ん張り、博多湾に停泊中の船に戻った元軍に暴風雨が襲った。この暴風雨は季節外れの台風とされ、「神風が吹いた」と表現されるが、暴風雨が起きたとされているのは陰暦1274年10月20日（現在の暦では11月19日）であり、本当に台風だったのかは疑わしい。むしろ最近では、日本への侵攻前に軍船を造らされた高麗の民衆が手抜き工事をし、船に問題があったと指摘されている。さらに「三別抄」と呼ばれた高麗の親衛隊の残党が元軍に対してゲリラ活動を展開したことも、日本を救った根本要因と考えられている。

その後、鎌倉幕府は再度の蒙古襲来に備えて、博多湾岸など九州北部の要地を御家人に警備させる異国警固番役を強化するとともに、博多湾沿いに石造の防塁を構築させた。異国警固番役は1回目の蒙古襲来（文永の役）の前から始まったが、文永の役の後に大幅に整備された。1281年、南宋を滅ぼした元が約14万人の大軍をもって再び九州北部に迫るものの、防塁によって上陸を阻まれている間に暴風雨による大損害を受け、再度撃退した。2度目の蒙古襲来（弘安の役）を退ける要因となった異国警固番役は、結果として鎌倉幕府の衰退を助長することにもなった。というのも、異国警固番役の設置によって独立する御家人が増え、惣領制をベースにしていた御家人制が崩壊してしまったのだ。さらに、異国警固番役を果たせない女子に所領を譲与することが禁じられるようになり、女性の地位低下の一要因にもなった。

豆知識

1. 現在も博多湾沿岸を中心に元寇の際に築かれた防塁（元寇防塁）の一部が残る。西南学院大学（福岡県福岡市早良区）では、校舎新築の際に元寇防塁の遺構が発見され、復元された元寇防塁が一般公開されている。
2. 元軍が用いた火器は「鉄砲」と呼ばれるが、戦国時代に主流となった火縄銃とは全く異なるものだ。お椀の形をした鉄製の容器を2つ合わせてボール状にし、その中に火薬を詰め、これに点火しながら投石器で敵に投げ込んだ。

95 経済 | 定期市

　人々が交易を行う場である「市」は、すでに弥生時代頃には存在したとされ、平城京や平安京でも開かれていた。鎌倉時代に入り宋銭が流通すると、貨幣を使った取引が主流になり、交易に参加できる人々や、地理的な交易の範囲が飛躍的に広がっていく。市の関係者が増えることで定期的に市を開催できるようになり、市を中心とした経済システムが確立されていくきっかけとなった。

◆

　「市」の歴史をさかのぼると、弥生時代の集落跡である吉野ヶ里遺跡（佐賀県吉野ヶ里町・神埼市）に、市で取引された品々が保管されていたと想定される倉庫群が復元されている。海外との交易品や日本各地の特産品などが集まり、盛大な市が開かれていたとわかる。平城京では、場所は特定されていないものの東市と西市が置かれ、平安京にも「東西市」と呼ばれる市が東西一つずつあり、東西の両市場には市司という管理を行う役所が置かれ、財貨の交易や器物の真偽、度量の軽重、売買価格などを取り締まっていた。

　鎌倉時代に入ると、荘園及び公領の中心地、交通の要地、寺社の門前などでは、生産された物資を売買する定期市が開かれ、月に3度開催される「三斎市」が珍しくなくなった。地方の市では、地元の特産品や米などが売買され、中央から織物や工芸品などを運んでくる行商人も現れる。市の開催日は、各地域の中心的な市日を基準に決定されるなど，地域ごとに各市の競合を避けるために調整されていた。

　三斎市の様子が描かれた作品として、国宝『一遍上人絵伝（一遍聖絵）』の「福岡の市の段」が挙げられる。備前（現・岡山県）福岡で開かれた市で布教に努める時宗の教祖・一遍に、武士たちが襲いかかろうとしている様子が描かれている。市の開催日には、道路を挟んで立てられた仮小屋に織物や米、魚、伊部焼（備前焼）、刀、布などが所狭しと並べられ、活発な商品の販売が行われていたことがよくわかる。

　京都や奈良、鎌倉などには、定期市の他に常設の小売店（見世棚）も出現し、高級品を扱う手工業者や商人が集まった。京都や奈良の商工業者たちは、すでに平安時代の後期頃から大寺社や天皇家に属して、販売や製造についての特権を認められていたが、やがて同業者の団体である座を形成するようになった。

　室町時代には、特産品の売却や年貢の銭納に必要な貨幣獲得のため、地方の市場もその数と市日の回数を増やしていき、月に3度開く三斎市から、応仁・文明の乱後の室町時代後期には月に6度開く六斎市（「六斎市」115ページ）が一般的になっていった。

┌─────────┐
│ 豆 知 識 │
└─────────┘

1. 三斎市の名残を残す地名として二日市や三日市、四日市、六日市、八日市などがある。例えば、二日市は、毎月2日、12日、22日と2のつく日に市が開催されたと考えられる。

96 暮らし・信仰 | 二毛作

　鎌倉時代に力を強めた武士たちは、地頭として荘園に進出していった。武士たちは自分たちの取り分を増やすために工夫を重ね、肥料や農機具の技術革新によって、1年に2度の生産を行う二毛作が可能となった。ただし農民の立場からすると、厳しい取り立てに応えるために二毛作を行っていた一面もあり、生産高が増えたからといって、生活が楽になっていたとは限らなかった。

◆

水車で田に水を入れる様子（『石山縁起絵巻』）

　元寇（「蒙古襲来」100ページ参照）の前後から、農業の発展が広くみられるようになり、畿内や西日本一帯では麦を裏作とする二毛作が普及していった。二毛作が可能になった背景として、土地の生産力の向上が挙げられる。肥料には草を刈って田に敷き込む刈敷や、草木を焼いて灰にした草木灰、家畜や人間のし尿を発酵させた下肥が用いられるようになった。さらに、鍬や鋤、鎌、鉈などの鉄製の農具を使い、これまでの人力から牛馬を利用する農業が広がっていった。

　この時期には多収穫米である大唐米も輸入された。大唐米は「唐法師」とも呼ばれる古い文献によく登場する米で、少し赤みを帯びているため「赤米」とも呼ばれる。早い時期に成熟する早稲の品種で収量が多いため、江戸時代には全国的に栽培されたようだが、現在ではほとんど絶滅している。大唐米のほかに、灯油の原料となる荏胡麻などが栽培され、絹布や麻布が織られた。また、鍛冶や鋳物師などの手工業者は、農村内に住んで商品を作り、各地を歩いて仕事をしていた。

　さまざまな作物の生産は、活気に満ちたように映る一方、農民たちが苦しい状況を打破するために二毛作を採用した点にも留意したい。長野県箕輪町の『箕輪町史』には以下の一節が残る。「中世における小農民の貧窮は甚だしかった。かれらの困窮状態を打開していく道は増産以外にはなく、雑穀の中では二毛作栽培として麦作が奨励された。麦の栽培は備荒の意味で奈良・平安時代から奨励されたが、急速に普及したのは鎌倉時代で、南北朝時代には全国的に麦作が行なわれるようになった」

　室町時代になると、農業は民衆の生活と結びついて土地の生産性を向上させる集約化と多角化が進められた。水車などによる灌漑や排水施設の整備により、畿内では二毛作に加え三毛作が行われるようになる。また、水稲の品種改良も進み、早稲、中稲、晩稲の作付けも普及した。肥料も刈敷や草木灰などに加え、人間の排泄物を腐熟させて使用する下肥が広く使われるようになり、生産力の向上と収穫の安定化が進んだ。また手工業の原料として、苧・桑・楮・漆・藍・茶などの栽培も盛んになり、年貢の銭納の普及と農村加工業の発達により、これらが商品として流通するようになった。このような生産性の向上は農民を豊かにし、物資の需要を高めて農村には商品経済が深く浸透していった。

豆知識

1. 衣料用資材としての麻には、大麻、苧麻、亜麻等があり、特に苧麻の一種である苧は、その細く長い繊維が強靱であることや光沢に富むなどの理由から、高級な麻織物である上布などの材料として古くから重視された。

97 人物 北条時政

　源頼朝の義父・北条時政（1138〜1215）は、頼朝を助け鎌倉幕府を開くために尽力した。頼朝の死後は、御家人同士の権力争いに勝利して北条氏による執権政治を確立したが、晩年には政子や息子の義時との関係悪化から権力闘争に敗れ、引退させられてしまった。強大な権力をつかみつつも、娘との対立を避けられなかった父として、現代における経営者の後継問題にも通じる人生を送った。

◆

　北条時政は伊豆（現・静岡県東部）の在庁官人（現在でいう地方官僚）、北条時方の子として生まれた。当時、伊豆に流されていた源頼朝と、娘の政子が結婚したことから頼朝に従って挙兵する。1180年、以仁王による平氏打倒の令旨がもたらされると、挙兵後に頼朝が目指した鎌倉は、時政の祖先である平直方のゆかりの地であった。頼朝に従った石橋山の戦いで敗れ長子の宗時を失うが、その後形勢を建て直し、富士川の戦いで頼朝軍と再び合流する。

　政子に源頼家（後の2代将軍）が生まれると時政は頼朝の外戚（母方の親類）として力を持つ。1185年には頼朝の代官として大軍を率いて上洛し、荘園に守護・地頭を置く権限や兵糧米を徴収することを朝廷に認めさせ、頼朝の目指す朝廷政治の改革の方針を伝えて実行させた。しかし、その後の京都での時政の動きは頼朝の望むところではなく、一条能保が代官として上洛したのを受けて任を解かれ、時政は鎌倉に戻る。その後の時政の動きははっきりしないが、伊豆や駿河（現・静岡県西部）の守護として活動し、1189年には奥州藤原氏追討を願うため願成就院を建立し、奥州合戦に従った。やがて、頼朝の後継者をめぐる動きとともに時政の行動は目立ち始め、1192年には源実朝（のちの3代将軍）誕生の儀式を行う。1199年1月に頼朝が亡くなると、政子とともに頼家を補佐して幕府政治を主導した。

　頼朝の死後は大江広元・三善康信ら貴族出身の頼朝側近と、時政や梶原景時、三浦義澄、比企能員、和田義盛ら有力御家人からなる13名の合議制によって政治が行われたが、有力御家人の間で政治の主導権をめぐる激しい争いが続き、多くの御家人が滅んでいった。その中で勢力を伸ばしたのが時政であり、頼家の外戚として力をつけた比企能員を自邸に誘って謀殺し、実朝を3代将軍に据えて、時政自身は政所別当（長官）と執権に任じられ、執権政治として鎌倉幕府の実権を握った。

　圧倒的な権力を握った時政だったが、子の北条義時や政子と路線が合わず、後妻・牧の方の娘婿となっていた平賀朝雅を将軍に擁立することをはかって失敗すると、伊豆に引退させられてその地で死去する。寂しい晩年を過ごすことになった時政であったが、時政が確立した執権政治はその後の鎌倉幕府の根幹として強大な影響力を残すことになった。

───「豆知識」───

1. 北条時政が建立した願成就院は、時政が眠る菩提寺でもある。また仏師・運慶が東国で初めて造像した五体の仏像（いずれも国宝）のほか、政子の七回忌に奉納されたと考えられている地蔵菩薩坐像が安置されている。

98 文化・芸術 運慶・快慶

　平安時代までの伝統文化を受け継ぎながらも、鎌倉時代には武士や庶民によって新しい文化が生み出された。彫刻の分野では運慶（？〜1223）と快慶（生没年未詳）が活躍し、代表作である東大寺南大門金剛力士像には、2体の仁王像に運慶と快慶の作風の違いが反映されたと考えられている。作風と同様に、二人の人間関係や人生には相違点があり、金剛力士像の制作後には別々の道を歩んでいった。

◆

　奈良の諸寺の復興とともに奈良仏師の運慶・湛慶（1173〜1256）父子や、運慶の弟子である快慶らが、平安時代の彫刻の伝統を継承しつつ、新たな時代の精神を生かした力強い写実性や、豊かな人間味を表現した作品を生み出した。運慶・快慶の代表作として名高い「東大寺南大門金剛力士像」は、東大寺の南大門に立つ約8.5mにおよぶ木造の仁王像である。口を開けた「阿形」と閉じた「吽形」からなり、みなぎる力強さは武士の力を誇示するかのようだ。『東大寺別当次第』によると、1203年7月24日に運慶・快慶らが作り始め、わずか69日で完成したことが知られている。

　仁王像の阿形と吽形の作風には微妙な違いがある。阿形は門の限られた空間の中に自然に収まり、細部の造形もわかりやすく整理されている。一方で吽形は細部にこだわらず、限られた空間に抵抗するような、やや無理な姿勢によって立体感に富む迫力を生んでいる。この違いから、阿形には快慶の優美な作風、吽形には運慶の力強い作風が反映された可能性が指摘される。東大寺南大門金剛力士像の制作以前、建久年間（1190〜1199）に制作された京都の東寺南大門では、運慶が惣大仏師として全体を統括し、運慶と湛慶で造像を分担したという記録が残る。この記録を勘案すると、東大寺南大門は惣大仏師・運慶の元に、阿形を運慶・快慶、吽形を湛慶らが分担したと考えられる。運慶はこのとき、経験豊富な快慶に阿形の制作をほぼ任せ、湛慶らが担当した吽形を指導したため、阿形には快慶、吽形には運慶の作風が色濃く出た可能性があるとされる。

　東大寺南大門金剛力士像の完成後に行われた東大寺の総供養で、運慶は僧官の最高位にあたる法印に任じられた。奈良仏師系統の仏師はこの位につくのは初めてのことであり、運慶は名実ともに造像界の第一人者となった。晩年の運慶は源実朝や北条政子・義時ら鎌倉幕府の要人との関係が中心となり、承久の乱後の1223年に生涯を閉じた。一方の快慶は、浄土教関係の僧侶との関係が強かったとされ、阿弥陀如来の小型の立像を多く残した。1223年に手掛けた醍醐寺閻魔堂の造像を史料上の最後の実績とし、時期はわからないものの1227年までに亡くなったとされる。同時期に活躍した運慶と快慶であるが、作風と同様に対照的な晩年を過ごした。

豆知識

1. 東大寺南大門金剛力士像は阿形と吽形からなる。梵語（古代インドの文語）で、口を開いて最初の音声が「阿」、口を閉じて最後に発する音声が「吽」であり、万物の始まりと終わりを表している。
2. 粉末状の金で仕上げる「金泥塗り」の技法も運慶と快慶の作風の違いと考えられている。運慶の現存作品にはほとんど使用例がないが、快慶は醍醐寺三宝院の弥勒菩薩坐像（重要文化財）など、多くの作品で使用している。

99 政治 永仁の徳政令

　鎌倉幕府は 2 度にわたる元軍の襲来を撃退したが、元寇で活躍した御家人に与えられる新たな領地はなく、鎌倉幕府の根幹を支えてきた「御恩と奉公」の関係が瓦解した。さらに、経済的に苦しむ御家人を助けるために出した永仁の徳政令は、かえって御家人の困窮を悪化させた。目前の課題解決を重視した結果、鎌倉幕府の崩壊を助長してしまったのだ。

◆

　元寇（「蒙古襲来」100ページ参照）は、御家人たちに多大な犠牲を払わせたが、鎌倉幕府は十分な恩賞を与えることができなかった。そのため、御家人たちは経済的に追い詰められ、鎌倉幕府に対して不満を持つようになり、幕府と御家人との主従関係は破綻し始めた。この頃は、鎌倉幕府が開かれてから150年ほど経った時期にあたり、 1 世代30年とすると 5 代目にあたる。惣領制によって 5 代も分割相続を繰り返すと、始めは大きな勢力をもった御家人も小さくなってしまい、経済的に困窮するようになっていた。この動きにともなって、男性と対等に分割相続の対象であった女性の地位も低下の傾向を見せ始め、女性に与えられる財産が少なくなり、本人一代限りでその死後は惣領に返す約束つきの相続（一期分）が多くなった。さらに、宋銭の流通による貨幣経済の発展が御家人の困窮に追い打ちをかける。御家人たちは借上などの高利貸しに金を借りることとなり、借金が返済できないために本来は禁じられた恩給地（将軍から与えられた領地）まで質入れして取り上げられるようになった。

　鎌倉幕府は窮乏する御家人を救う対策として、御家人の所領売却や、他人和与（非血縁者に対する贈与）を禁止して、御家人領の減少を図ったがうまくいかなかった。そして1297年、 9 代執権・北条貞時（1271～1311）は永仁の徳政令を発布し、御家人の所領の質入れや売買を禁止して、過去に質入れや売却した御家人領を無償で取り戻させ、御家人が関係する金銭の訴訟を受けつけないなどの対策をとった。しかし効果は一時的にとどまるどころか、「以後は御家人に対する金銭の貸借の訴訟は受理しない」と定めたため、御家人に金を貸す者がいなくなり、かえって御家人の貧窮が早まる結果となってしまった。

　中小御家人の多くが没落していく一方で勢力を拡大する武士も生まれ、畿内やその周辺では、荘園領主に対抗する地頭や非御家人の新興武士たちが、武力に訴えて年貢の納入を拒否し、荘園領主に抵抗するようになった。これらの武士は「悪党」と呼ばれ、その動きはやがて各地に広がっていった。

　厳しい評価をされがちな永仁の徳政令であるが、発布した北条貞時とはどのような人物だったのだろうか。元寇を戦った北条時宗の子であり、 3 歳のときに文永の役、10歳のときに弘安の役を経験し、14歳で執権に就任した。その後26歳で永仁の徳政令を出したのち、30歳で出家、40歳で亡くなった。難しい時期に若くして鎌倉幕府のかじ取りを任せられたのだ。

豆知識

1. 永仁の徳政令が記録された『東寺百合文書』は、東寺（京都市南区）に伝来した 8 ～18世紀までの約 1 千年にわたる古文書群で、その数はおよそ 2 万5000通に及ぶ。この古文書群はユネスコが定める「世界記憶遺産」にも登録されている。
2. 大善寺（山梨県勝沼町）は、718年に開創した古刹で「ぶどう寺」として知られる。ブドウを持った薬師如来を安置する薬師堂は1270年の火災で焼失したが、北条貞時が再建した薬師堂が現存し、国宝に指定されている。

100 争い | 霜月騒動

北条氏の嫡流、得宗家を中心にした政治体制へと移行すると、得宗家の家臣筆頭である平 頼綱（？〜1293）が権力を握る。一方で、蒙古襲来によって貧窮に陥った御家人が多数おり、代表格の安達泰盛（1231〜1285）と、頼綱との対立が激化した。頼綱の勝利によって得宗家の権力が強化されたのと引き換えに、御家人の心が離れ、鎌倉幕府崩壊の要因となっていく。

◆

安達泰盛（『蒙古襲来絵巻』）

元寇を機に、九州の博多に北条氏一門を鎮西探題として送り、九州地方の政務や裁判、御家人の指揮にあたらせるなど、北条氏の勢力は増していた。鎌倉幕府の支配権が全国的に強化されていくなかで、北条氏の権力はさらに拡大し、なかでも家督を継ぐ得宗の勢力が強大となった。得宗の家臣である御内人と、従来からの御家人との対立が激しくなると、御内人の筆頭（内管領）である平頼綱と、有力御家人の安達泰盛が争う霜月騒動へと発展した。元寇時の執権・北条時宗が死去した翌年の1285年、9代執権・北条貞時（1271〜1311）の代になって両者は激突した。

貞時の立場から見ると、泰盛は外祖父にあたり、安達氏は鎌倉時代の初期から源 頼朝に仕えてきた氏族である。父・時宗の姻戚として、御家人ながら得宗家の寄合に参加するなど、幕政の中心にあった。元寇を描いた『蒙古襲来絵巻（絵詞）』に泰盛は登場し、文永の役後に泰盛の屋敷で御家人・竹崎季長が勲功を主張し、恩賞を要求している様子が描かれている。一方で、頼綱は貞時の乳母の夫にあたる存在だ。

結果として頼綱が勝利し、泰盛一族はじめ500人余りの御家人を討伐し、内管領の専権は強まった。こうして得宗の絶大な権勢のもとで、御内人や北条氏一門が幕政を主導するようになる。全国の守護の半分以上は北条氏が占めて、各地の地頭の職もまた多くは北条氏の手に帰した。霜月騒動で勝利した頼綱はその後、息子を将軍職につけようとしていると密告され、貞時によって滅ぼされ、北条家による得宗専制政治が確立された。

執権政治の段階では、評定会議によって重要な政務が決定されていたが、得宗専制の段階では、得宗の私邸で行われることもあり、執権よりも得宗が実権を握るようになった。つまり、得宗と執権に別の人物がつくこともあり、例えば、最後の執権とされる北条 高時（1303〜1333）は、執権を辞めた後に貞顕、守時が執権になり、鎌倉幕府が倒れたときの執権は守時であった。しかし、後醍醐天皇が鎌倉幕府の倒幕に出した勅宣・令旨には「北条高時を追討せよ」と書かれており、執権ではなく得宗が実権を握っていたことが周知の事実であったといえる。得宗専制政治が、多くの御家人の気持ちを鎌倉幕府から離れさせた、大きな要因であった。

豆知識

1. 霜月騒動で滅ぼされた安達氏の館跡の詳細はわかっていない。安達氏の祖・安達盛長が住んだとされる館跡（安達盛長邸址）の石碑は1925年に建てられ、鎌倉大仏から南南東に約300mの鎌倉で最も古いとされる甘縄神明宮の麓にある。
2. 北条氏嫡流の惣領家を「得宗」と呼ぶのは、2代執権・北条義時の法名「徳宗」に由来するとされる。自身が執権となるほか、北条氏支族を執権に任免する権限を有した。義時、泰盛、経時、時頼、時宗、貞時、高時の7代が該当する。

101 外交 アイヌ

　フビライ＝ハン率いる元軍が九州に来襲した頃、日本列島の北に位置する樺太（サハリン）でも、元軍とアイヌの人々が交戦したという記録が残っている。樺太や北海道に古くから住むアイヌの人々は、海を利用した交易を盛んに行い、北条得宗家の重臣である安東氏と十三湊（現・青森県五所川原市）で交流するなど、鎌倉幕府とつながりを持っていた。

◆

　かつて「蝦夷」と呼ばれた日本の東北部は、徐々に北へと範囲が狭まり、鎌倉時代には津軽海峡以北を「蝦夷ヶ島」と呼ぶようになった。この蝦夷ヶ島は縄文文化に続く稲作のない続縄文文化を経て、独特の文様の土器を持つ擦文文化や、海での暮らしに特化したと考えられるオホーツク文化が広がっていた。

　アイヌの文化が生まれたのは13世紀頃で、津軽（現・青森県西部）の十三湊を根拠地とする安東（安藤）氏と交易するなど、鎌倉幕府とつながりを持っていた。アイヌとは樺太や千島列島、北海道に古くから住むアイヌ語を母語とし、漁労・狩猟や交易を生業とした民族を指し、アイヌとは神に対する「人間」を意味する。安東氏は2代執権・北条義時の御内人となり蝦夷管領（代官）に任じられ、十三湊を拠点に日本海交易を行っていた。当時の十三湊は日本の北の境界に位置し、西の博多と並ぶ国際ターミナル港であったと考えられている。「十三」という地名は「トー・サム（湖のほとり）」というアイヌ語に由来するとされ、北へとつながる性格を示す。そのアイヌのなかで樺太に住んでいた人々は、元軍の九州襲来より前に、元軍と交戦している。

　14世紀には、十三湊と畿内を結ぶ日本海交易が盛んになり、サケやコンブなどの産物が京都にもたらされた。やがて人々は本州から蝦夷ヶ島の南部に進出し、各地の海岸に港や館（道南十二館）を中心にした居住地を形成した。彼らは「和人」と呼ばれ、安東氏の支配下に属して勢力を拡大した。和人の進出に耐えかねたアイヌは1457年、大首長のコシャマインを中心に蜂起し、一時は和人の居住地のほとんどを攻め落としたが、蠣崎（武田）氏によって制圧された。それ以後、蠣崎氏は和人居住地の支配者となり、江戸時代には松前氏と名乗る大名となる。松前氏の支配に対して1669年、シブチャリ（現・北海道日高郡）の総首長、シャクシャインが全道のアイヌを糾合して反乱を起こすが、松前氏に鎮圧され、以降は松前藩のアイヌ支配が強化されることになった。

　明治時代に蝦夷ヶ島は北海道と改称され、開拓使を置いて開発が進められた結果、アイヌは伝統的な生活や風俗、習慣、信仰を失っていった。明治政府は1899年、アイヌの保護を名目に北海道旧土人保護法を制定したが、状況は打開されなかった。1997年にアイヌ文化振興法が制定され、日本の法体系において初めて、アイヌの人々を民族として認めるとともに、アイヌの人々の民族としての誇りが尊重される社会の実現を図ることなどが定められた。これによって、北海道旧土人保護法も廃止された。

豆知識

1. 室町時代に成立した『御伽草子』の中に、「御曹子島渡」という話がある。奥州平泉でかくまわれていた源義経が、「北国又は高麗」の船も出入りする「とさのみなと」から出帆し、旅に出るという物語だ。
2. アイヌの人々が築いた城砦は「チャシ」と呼ばれ、自然地形を利用し、土塁や空堀で構築されている。現在550基ほどが確認されており、道東と道南、特に釧路、根室、十勝、日高に集中的に分布している。

102 経済｜宋銭

　鎌倉時代には中国から宋銭を輸入し、流通が盛んになったことで定期市（「定期市」101ページ参照）が立ち、貨幣経済が進展した。また、持ち運びしやすい銭貨の登場によって遠隔地との取引が可能になり、陸上交通や海上交通は一新されさまざまな商業が生み出された。貨幣経済にともなう社会の変化は、経済を活性化する反面、鎌倉幕府を支えていた御家人が困窮する構造を形成してしまった。

◆

宋銭

　平安時代末期に日宋貿易が盛んになると、宋銭が大量に輸入された。宋銭は宋代に中国で鋳造された貨幣で、鋳造技術も原料も優れていたため銭貨として扱われた。日本では本朝十二銭（「和銅開珎」45ページ参照）以後は銭貨を鋳造せず、平安時代末期頃から室町時代にかけて、宋銭を輸入して流通し、貢納の銭納化を促した。宋（北宋）は、中国歴代王朝の中で、最も多くの銭貨を製造したとされるが、宋を滅ぼした元は紙幣を貨幣の中心にすえ、銭貨の使用を禁止したため、13世紀後半に銭貨は日本などへ大量に流出した。鎌倉幕府の記録『吾妻鏡』によると、社会経済を混乱させるとして、朝廷によって1192年12月に銭貨の使用停止が宣下された。しかし1226年には、鎌倉幕府は准布（徴収の基準であった布）の貨幣的使用を禁止し、銭貨を使用するように命じている。平安時代までは現物の米での貢納が年貢の形であったが、貨幣経済の進展にともない、米の代わりに銭で納めることが広がった。さらに鎌倉時代には、遠隔地を結ぶ商業取引が盛んになり、陸上交通の要地には宿が設けられ、各地の湊には商品の中継と委託販売や運送を業とする問（問丸）が発達した。この売買の手段として、米などの現物に代わって貨幣が多く使用されるようになった。さらに遠隔地間の取引には、金銭の輸送を手形で代用する為替が使われ、金融機関としては高利貸業者の借上も現れた。日吉神社（滋賀県大津市）の祭神である山王権現の霊験を描いた『山王霊験記絵巻』（重要文化財、和泉市久保惣記念美術館蔵）には、借金をした女性に、銭さし（銭の穴に紐を通して束ねたもの）を貸しつけている借上の姿が描かれている。

　宋銭の流通による貨幣経済の発展には負の側面もあり、元寇によって経済的貧窮を深めた御家人は、借上などの高利貸しから金を借りることになった。さらに1297年に出された永仁の徳政令（「永仁の徳政令」105ページ参照）によって御家人に金を貸す者がいなくなり、ますます御家人は貧窮してしまったのだ。

　ところで、貨幣経済の進展を促した銭貨は、本当に全てを輸入に頼っていたのだろうか。JR京都駅周辺で行われている平安京左京八条三坊三町跡の発掘調査では、銭貨の鋳型が見つかっており、通説を覆す可能性を秘めた発掘調査が進んでいる。

豆知識

1. 四角い穴の空いた銭貨の起源は、秦の始皇帝が造らせた紀元前3世紀の「半両銭」に遡る。四角い穴の理由として、「天と地を組み合わせた縁起の良い形」、「穴に四角い棒を通して固定し銭の側面を磨いて仕上げた」と考えられている。
2. 銭貨をモチーフにした家紋としてよく知られるのが、真田信繁（幸村）など真田氏の「六連銭」である。三途の川の渡り賃として棺に銭6文を入れる「六道銭」に由来するとされ、真田一族の死への覚悟を表すとされる。

103 暮らし・信仰｜鎌倉仏教

　平安時代までの仏教は祈禱や学問を中心にしたため、庶民にとって近づきにくい存在だったが、鎌倉時代には教えをかみくだいた「わかりやすい」「身近」な存在になる。また、同時期に流行した禅宗は厳しい修行が課せられるが、これは当時の武士の価値観に合致したことで、広く支持を集めていった。

知恩院に立つ法然上人の像（京都市）

　鎌倉時代には、天台宗や真言宗、あるいは華厳宗や律宗などの古代仏教から独立して、新しい諸派が生まれた。鎌倉仏教を初めて伝えた法然（1133〜1212）は、念仏（南無阿弥陀仏）を唱えれば、死後は平等に極楽浄土に往生できるという専修念仏の教えを説いた。法然の教えは公家や武士、庶民に広がったが、旧仏教側からの非難が高まり、法然は讃岐（現・香川県）に流され、弟子たちも迫害を受けた。法然の弟子の一人として、越後（現・新潟県）に流されたのが親鸞（1173〜1262）である。後に関東の常陸（現・茨城県）に移って法然の教えを継承しつつ、煩悩の深い人間（悪人）こそが、阿弥陀仏の救いの対象であるとする「悪人正機」を説いた。殺生戒を犯しても、念仏さえ唱えれば往生できるという考えは民衆の心をつかみ、浄土真宗（一向宗）が形成された。浄土教の流れのなかから、やや遅れて出てきたのが一遍（1239〜1289）である。一遍は善人・悪人や信心の有無を問うことなく、すべての人が救われるという念仏の教えを説いた。さらに念仏札を配り、踊念仏によって教えを広めながら各地を布教して歩き、時宗として広まった。

　古くからの法華信仰をもとに、新しい救いの道を開いたのが日蓮（1222〜1282）である。天台宗を学び、やがて法華経を釈迦の正しい教えとして選び、題目（南無妙法蓮華経）を唱えることで救われると説いた。日蓮は鎌倉を中心に、国難の到来を予言するなどして布教を進めため、鎌倉幕府の迫害を受けたが、日蓮宗（法華宗）は関東の武士層や商工業者を中心に広まった。関東を中心に、大きな勢力に成長したのが禅宗である。座禅によって自らを鍛錬し、釈迦の境地に近づくことを主張する禅宗は、宋に渡った栄西（1141〜1215）によって日本に伝えられ、公家や幕府有力者の帰依を受けた。なかでも鎌倉幕府は臨済宗を重んじ、栄西の死後には蘭渓道隆や無学祖元らの禅僧を招き、鎌倉に建長寺や円覚寺などの大寺を建立していく。その背景には、禅宗の厳しい修行が武士の気風に合っていたことや、海外の新しい文化を吸収して仏教政策の中心にすえようとしたこと等があった。禅宗のなかで、ただひたすら座禅に徹せよとする曹洞宗を広めたのが道元（1200〜1253）である。栄西の弟子・明全に学んだ道元は南宋に渡って禅を学び、越前（現・福井県北部）に永平寺を開いた。その弟子たちは旧来の信仰も取り入れて、北陸地方に布教を進めたので、曹洞宗は広く地方に広がっていった。

【 豆知識 】

1. 法然、親鸞、一遍、日蓮、栄西、道元ら鎌倉仏教の各宗派の開祖たちは、いずれも比叡山延暦寺で修行を積んでおり、数多くの僧が学んできた比叡山は「日本仏教の母山」と呼ばれる。

2. 毎日のように殺生禁断の戒を破っている猟師や漁師にとって、「破戒の行為をすれば地獄へ堕ちる」と考えた平安仏教では極楽往生など望めなかったため、法然や親鸞らの教えは救いになった。

104 人物 楠木正成

　鎌倉幕府滅亡を決定的にした要因の一つが、「悪党」と呼ばれた人々だった。悪党の代表格である楠木正成（？～1336）は、100万人もの鎌倉幕府軍の攻撃を1000人で防いだと伝わる。数に誇張はあるだろうが、一騎討ちを得意とする幕府軍の強みを消し、得意とする山中でのゲリラ戦に徹するなど、戦術に優れた人物だった。

◆

楠木正成像（東京都皇居外苑）

　御家人の経済的困窮を解消するために出された永仁の徳政令（「永仁の徳政令」105ページ参照）は、一時的な効果をもたらしたが、中小御家人の多くは没落してしまった。その一方で、経済情勢の転換を機に勢力を拡大する武士が生まれた。特に畿内やその周辺では、荘園領主に対抗する地頭や非御家人の新興武士たちが、武力に訴えて年貢の納入を拒否し、荘園領主に抵抗するようになった。これらの武士は「悪党」と呼ばれ、山の中に臨戦用の山城を築いて備えていた。この悪党と、鎌倉幕府打倒を悲願とする後醍醐天皇（1288～1339）が手を結ぶことになる。

　後醍醐天皇が重用した悪党の一人が、悪党勢力を統率した楠木正成である。正成が本拠地とした赤坂（現・大阪府千早赤阪村）は、平地がなく狭い谷が金剛山の山中へ分け入る場所にあった。三方が山に囲まれ守りやすく攻撃しにくい地勢でもあった。当時の城は、見晴らしや攻撃を有利にするために、樹木を伐採し、小屋掛け程度の建物を建て、簡単な柵を並べ、尾根筋に展開する砦群の集合体であった。このような山城の特徴を生かし、攻める鎌倉幕府軍100万人に対し、楠木軍1000人で千早城を守り切ったと軍記物『太平記』が伝えている。楠木軍が展開する夜襲とゲリラ戦に対し、騎馬戦に慣れていた関東の武士たちは悪戦苦闘、鎌倉幕府軍は死傷者を増やすばかりとなり、持久戦の末に撤退することになった。

　楠木軍の善戦を見て、西国や九州では次々と反幕府勢力が蜂起する。交通路を寸断した各地の悪党が、鎌倉幕府軍の物資を奪う状況にもなった。このような情勢下で、有力御家人の足利高氏（尊氏）が反旗を翻し、鎌倉幕府軍の要である六波羅探題を攻略した。その後、楠木軍が籠る千早城の攻囲は解けて、鎌倉幕府は滅亡。正成は建武の新政（「建武の新政」112ページ参照）の実現に貢献した功績から、現在の大阪府の大部分を占める摂津、河内、和泉の守護となった。

　1336年、後醍醐天皇自ら政権を握った新政府に不満を抱いた足利尊氏と対決すると、一度は尊氏を撃退し九州に追うものの、正成は尊氏の実力を警戒し、尊氏と手を結ぶことを朝廷に献策した。しかしこの献策は受け入れられず、正成は敗戦を見通しながら尊氏を湊川（現・兵庫県神戸市）で迎え撃ち敗死した。対鎌倉幕府軍と同様に、少数の兵で戦った正成だが、尊氏の進撃を防ぐことはできなかった。

豆知識

1. 正成が築いた下赤坂城（大阪府千早赤阪村）は、「日本の棚田100選」の美しい景観でも知られる。「かの赤坂の城と申すは、東一方こそ山田の畦重々に高くして」と、軍記物『太平記』に記された場所だと考えられている。
2. 正成を祀る湊川神社（兵庫県神戸市）境内に立つ「楠木正成墓碑」は、「水戸黄門」として知られる徳川光圀が、家臣を遣わして碑石を立て、光圀自ら表面の「嗚呼 忠臣楠子之墓」の文字を書いた。

105 文化・芸術 | 絵巻物

　平安時代末期から広まった絵巻物（えまきもの）は、絵と詞書（言葉）（ことばがき）からなる。また、巻物の特性として情報量の多さが挙げられ、教科書等で目にする史料は全体から切り取ったわずか一場面に過ぎない。例えば、元軍と武者の一騎討ちの場面で知られる『蒙古襲来絵巻（絵詞）（もうこしゅうらいえまき（えことば））』は、約7年間に及んだ2度にわたる元寇を伝える長大な物語であり、他にも数多くの場面が描かれているのだ。

◆

　奈良時代から平安時代初期にかけて、すでに文学作品は中国から入って来ていたが、絵巻物が国内で作られるようになったのは平安時代末期からで、鎌倉時代に全盛期を迎えた。絵巻物とは、絵と詞書（言葉）を交互に書き、人物の動きや場面の展開を示す巻物を指す。鎌倉時代には武士の活躍を描いた『蒙古襲来絵巻』や『後三年合戦絵巻（ごさんねんかっせんえまき）』、『男衾三郎絵巻（おぶすまさぶろうえまき）』などの合戦絵のほか、『春日権現験記（かすがごんげんき）』に代表される寺社の縁起や、『一遍上人絵伝（一遍聖絵）（いっぺんしょうにんえでん（いっぺんひじりえ））』などの高僧の伝記が民衆に教えを広めるために制作された。

　鮮やかな描写に目を奪われるが、詞書あってこその絵巻物といえる。例えば、『蒙古襲来絵巻』には、当時29歳の御家人・竹崎季長（たけざきすえなが）（1246〜？）が、弓矢を引く元軍に立ち向かう姿が描かれている。教科書等でよく目にするこの場面は、1回目の蒙古襲来（文永の役）（ぶんえい）の一場面を描いており、前後には詞書によって物語が説明されている。また、絵巻物全体を俯瞰すると、季長が博多に向かう場面から始まり、元軍と戦う場面へと移る。さらに文永の役後も物語は続き、季長が鎌倉で安達泰盛（あだちやすもり）（「霜月騒動」106ページ参照）に恩賞を直談判する場面や、泰盛から馬を拝領する場面、そして2回目の蒙古襲来（弘安の役）（こうあん）まで描かれている。

　時宗の開祖、一遍（1239〜1289）を描いた『一遍上人絵伝（一遍聖絵）』は、一遍の弟子（弟や甥など諸説あり）である聖戒（しょうかい）が画僧（絵を描く僧）の円伊（えんい）と共に、一遍の没後10年目にあたる1299年に完成させた。当時の町や市、人々の暮らしが描かれ、貴族や武士、庶民などさまざまな階層の人々が登場し、絵の描写と詞書から一遍の生涯や布教の様子がうかがえる。一遍は、死の直前に自ら著書や経典を焼いたため、一遍を知る貴重な史料である。

　『一遍上人絵伝（一遍聖絵）』に代表されるように、絵巻物は鎌倉時代に興った諸宗派（浄土宗、浄土真宗、時宗など）において、開祖の生涯や奇跡を伝え布教する手段として積極的に活用された。さらに旧来の宗派や神社での制作も盛んであったため、同一絵巻の転写や巻数の増大が著しかった。一方、宮廷貴族による懐古的物語絵巻や歌仙絵、新しい時代意識を反映する説話絵巻や戦記絵巻なども数多く制作された。このように鎌倉時代には絵巻物が大量に制作されたが、一方でそれは室町時代には絵巻物の品質の低下をもたらす原因ともなった。

【 豆 知 識 】

1. 後三年の役を描いた『後三年合戦絵巻』や、板を的にして騎射を競い合う笠懸（かさがけ）を描いた『男衾三郎絵巻』など、絵巻物は鎌倉時代の武士の活躍や生活ぶりを現在に伝えている。
2. 鎌倉時代に絵巻物として全盛を迎えた絵入り本は、以後も発展していった。江戸時代には「奈良絵本（ならえほん）」や「丹緑本（たんろくぼん）」などが親しまれたが、大部分は幕末から明治にかけて海外に流出し、欧米では「ehon」（絵本）と呼ばれ美術品として愛好されている。

106 政治 | 建武の新政

　皇位への強い執着心を持つ後醍醐天皇（1288～1339）は、天皇の継承に鎌倉幕府の介入を許す状況に大いに不満を抱いていた。さらに自らの子孫が皇位につけなくなったことが、後醍醐天皇を鎌倉幕府の倒幕に駆り立て、実現することになる。しかし、実際に権力を握ると「新政」とは名ばかりの復古的な政策をとったため、足利尊氏ら武士の不満を招き、わずか3年足らずで建武の新政は幕を閉じた。

◆

後醍醐天皇　御腰掛岩（鳥取県）

　承久の乱の後、天皇家は「大覚寺統」と「持明院統」と呼ばれる、2つの統に分かれて骨肉の争いを繰り広げた。解決策として両統から交互に天皇を出す、両統迭立を採用することになり、人選には鎌倉幕府が介入した。大覚寺統から即位した後醍醐天皇は両統迭立に不満を持ち、自身の皇位の安定をはかるために、積極的に天皇の権限強化を進めた。一方、当時の鎌倉幕府では得宗専制政治（「霜月騒動」106ページ参照）に対する御家人の反発が高まっていた。この情勢を見て後醍醐天皇は、鎌倉幕府の倒幕計画を進めたが、2度続けて失敗して隠岐（現・島根県）に流された。その後、後醍醐天皇の皇子・護良親王や楠木正成らの活躍、有力御家人の足利高氏（尊氏）（1305～1358）や新田義貞が味方したことで、鎌倉幕府は滅亡した。

　1334年、後醍醐天皇は光厳天皇を廃して年号を建武と改め、「建武の新政」と呼ばれる政治を始めた。しかし、実際には天皇を中心とした復古的な政策となり、新政府の要職は天皇側近の公家たちが占め、倒幕の原動力となった武士は遠ざけられた。天皇への権限集中をはかり、すべての土地所有権の確認は天皇の綸旨を必要とする趣旨の法令を打ち出す。現実には天皇の力のみでは国を治められず、朝廷には記録所や鎌倉幕府の引付を受け継いだ雑訴決断所を設置し、諸国には国司と守護を併置した。

　倒幕に功績のあった尊氏との対立も深まっていく。尊氏は征夷大将軍を欲したが、武家政権の樹立を阻止したい後醍醐天皇は断固として認めず、皇子の護良親王を征夷大将軍に任命したために、尊氏の神経を逆なでした。さらに、にわかづくりの政治機構と内部の複雑な人間的対立は、政務の停滞や社会の混乱を招き、人々の信頼を急速に失っていった。このような情勢下で尊氏は、14代執権・北条高時の子、北条時行が反乱を起こして鎌倉を占領した（中先代の乱）のを機に、その討伐のために関東に下ったのち、後醍醐天皇に反旗を翻した。1336年、京都を制圧した尊氏は、再び持明院統の光明天皇を立て、政治方針を明らかにした建武式目を発表する。京都の北朝（持明院統）に対し、後醍醐天皇は奈良の吉野に南朝（大覚寺統）を立て、両統に分かれて約60年間続く争い（「南北朝の動乱」113ページ参照）に突入した。

豆知識

1. 建武とは中国の洪武帝が漢王朝を復興（後漢）したときの年号を採用したものである。また、後醍醐天皇は天皇政治の最盛期とされた醍醐天皇と村上天皇の親政を理想とし、醍醐天皇を理想化して「後醍醐」を名乗った。
2. 足利尊氏の「尊」の字は、後醍醐天皇の名前「尊治」の字に由来する。足利高氏として鎌倉幕府を倒幕した後、功績によって後醍醐天皇より「尊」の字を与えられて改名した。

107 争い | 南北朝の動乱

　南北朝時代は約60年間続いたが、実はわずか3年で、後醍醐天皇や楠木正成など南朝の中心人物は亡くなっている。それにもかかわらず動乱が長引いた背景には、足利氏の内部分裂や、惣領制の崩壊の影響があり、驚くべきことに、北朝方の足利尊氏が南朝と組んだ時期もあったほどだ。力関係が崩れると新たな対立構造が生まれる原理を、あぶり出した時代といえる。

◆

南朝の拠点となった吉野朝皇居跡(奈良県)

　後醍醐天皇による天皇を中心とした政治(「建武の新政」112ページ参照)に反旗を翻し、京都を制圧した足利尊氏は、光明天皇を立て、幕府を開く目的のもとに当面の政治方針を明らかにした建武式目を発表した。尊氏の動きに対して、後醍醐天皇は京都から奈良の吉野へと逃れ、山中にこもって正統の天皇であることを主張する。ここに吉野の南朝と、京都の北朝が対立して、以降約60年にわたる全国的な南北朝の動乱が始まった。後醍醐天皇が吉野を選んだ理由として、山伏のネットワークや、高野山や東大寺などの寺院勢力、さらに楠木正成ら有力武士の本拠地に近いことが挙げられる。しかし、動乱初期において正成や新田義貞ら主力が戦死し、南朝にとって形勢は不利であった。さらに1339年には、後醍醐天皇自身も吉野で亡くなってしまう。

　あいつぐ南朝の要人の死によって、早期に決着がつきそうな南北朝時代は、後醍醐天皇の死後さらに約50年も続いたが、その大きな要因として足利氏内部の対立が挙げられる。1338年に足利尊氏が征夷大将軍に任命されると、弟の足利直義(1306〜1352)と政務を分担して政治をとった。しかし、鎌倉幕府以来の法秩序を重んじる直義を支持する勢力と、尊氏の執事である高師直(?〜1351)を中心とする武力による所領拡大を願う勢力との対立が激しくなり、さらに相続問題も絡んで武力対決へとエスカレートしていく。この抗争は「観応の擾乱」と呼ばれ、直義の死後も続く泥沼化の様相を見せ、尊氏派と旧直義派、さらに南朝勢力の三者が、10年余りも離合集散を繰り返した。尊氏が直義との戦いを有利に進めるために、南朝に「帰順」を示した文書が残るうえに、南朝の年号を用いるなど、尊氏と南朝が組んでいた時期があったこともわかっている。

　さらに南北朝の動乱が長引いて全国化した背景には、すでに鎌倉時代後期頃から始まっていた惣領制の解体がある。武家社会では鎌倉時代初期の分割相続ではなく、嫡子(本妻が生んだ子の中でも最も年長の子)が全部の所領を相続して、庶子(本妻以外の女性から生まれた子)は嫡子に従属する単独相続が一般的になった。こうした変化は武士団の内部に分裂と対立を引き起こし、一方が北朝につけば反対派は南朝につくという形で、動乱を拡大させてしまった。もはや京都と吉野という対立の構図だけでは収まらなくなってしまったのだ。

〈 豆 知 識 〉

1. 南北朝時代は、「山城」が発達した日本の城郭発達史において画期的な時期であった。特に南朝方は山間部を本拠地としてゲリラ的な抵抗を続けたため、山城を数多く築き、現在も遺構が残る。

108 外交｜倭寇

　室町時代から戦国時代にかけて、東シナ海を中心にして海賊的行為を働いた倭寇（わこう）は、東アジア情勢全体に大きな影響を及ぼすようになった。室町幕府と中国の明が貿易を継続していくためには倭寇の抑制が重要性を増し、朝鮮半島では倭寇の討伐で支持を集めた李成桂（りせいけい）（1335～1408）によって朝鮮（李朝）（りちょう）が建国された。国境を越えた海域の管理は、昔も今も国家にとって重要な課題である。

◆

『倭寇図巻』

　「倭寇」という言葉が初めて文献に登場するのは、朝鮮（李朝）が編纂した歴史書『高麗史』（こうらいし）である。ただし、倭寇という固有名詞があったわけではなく、倭人（日本人）の海賊的行為がいつしか「倭寇」として定着していったと考えられている。文字通り、倭人（日本人）を中心とした海賊は前期倭寇と呼ばれ、中国人が中心となった後期倭寇とは性格が異なる。

　前期倭寇は、南北朝時代から室町時代の初めに全盛期を迎えた。「三島倭寇」（さんとう）とも呼ばれるように、対馬（つしま）・壱岐（いき）・肥前松浦（まつら）地方の住民を中心とする海賊集団であった。小規模なものは2～3隻、大規模なものは500隻にもおよぶ船団で、朝鮮半島や中国大陸の沿岸を襲い、恐れられていた。倭寇は朝鮮半島沿岸の人々を捕虜にしたり、米や大豆などの食料を奪ったりするなどしたため、倭寇に悩まされた高麗は日本に使者を送って倭寇の禁止を求めたが、日本が南北朝の内乱の最中であったため、鎮圧できなかった。

　室町幕府3代将軍・足利義満（あしかがよしみつ）（1358～1408）が南北朝を合体した1392年、朝鮮半島では倭寇を撃退して名声を上げた武将・李成桂が高麗を倒し、朝鮮（李朝）を建国した。朝鮮（李朝）は通交と倭寇の禁止を日本に求め、義満もこれに応じたので、両国間に国交が開かれ、倭寇の動きは沈静化していった。1419年には倭寇の根拠地とみなした対馬を、朝鮮（李朝）が軍船200隻で襲撃する応永（おうえい）の外寇（がいこう）が起こり、その後は対馬や北九州の諸大名の取り締まりが厳しくなった。さらに倭寇の帰化などの懐柔策を行ったため、前期倭寇は衰退していく。

　再び倭寇の動きが活発になるのは室町時代末期（戦国時代）である。室町幕府の衰退とともに、勘合貿易（日明貿易）の実権は堺商人と結んだ細川氏や、博多商人と結んだ大内氏の手に移ったが、16世紀半ばに大内氏の滅亡とともに勘合貿易も断絶し、倭寇の動きが活発になる。当時の明は、民間での海上交易を禁止する海禁政策をとっていたため、中国東南部海岸沿いの人々は海賊的行為を行った。倭寇の10人中9人までが中国人だったともいわれ、倭寇と呼ばれたが、実質的には中国人などの密貿易者も多かったのだ。日本の銀と明の生糸との交易を行うとともに、海賊として広い地域にわたって活動し、明の滅亡の一因になるほどであった。

豆知識

1. 東シナ海で倭寇が盛んに活動していた頃、瀬戸内海では14世紀中期頃から村上海賊（水軍）（むらかみかいぞく）の動きが活発になった。戦国時代には瀬戸内海の海域を支配し、国内の軍事や政治の動向に影響を与えた。

109 経済｜六斎市

室町時代中期から後期にかけて、商工業は急速な発展をとげた。鎌倉時代や南北朝時代と比べると、発展の伸びには目を見張るものがあり、貨幣経済の浸透だけではなく、商業活動の場としての六斎市が大きな影響を及ぼした。鎌倉時代に盛んになった三斎市から、市が立つ回数が倍になっただけではなく、「6」は都市の経済循環させるために重要な数字だったのだ。

◆

「六斎」とはインドの仏教思想に根源があり、持戒して行為を慎まなければならない日として、8、14、15、23、29、30の6日が六斎日と定められていた。六斎日は殺生禁断として民間に広がり、人々は六斎日に寺を参詣する風習になっていった。寺に人が集まることで商人も集まり市が開かれたので、現在の祭りや縁日の露店に近いといえる。

次第に六斎日の原則は崩れつつも月6回の市は開かれ、市が5日に1回立つ「六斎市」が定着した。具体例として武蔵（現・埼玉県）の秩父における六斎市を取り上げる。秩父郡は5つの村（本野上村、大野原村、下吉田村、大宮郷、上小鹿野村）から構成されており、順番に市が立つようになった。つまり、5日に1回は各村で市が立つことになり、秩父郡という一つの郡全体で見れば、毎日どこかの市が開かれているという状況になったのだ。専業的な商人は、荷を担いで市の開かれる場所に行って商品を並べればよく、毎日商売ができるというシステムだった。専業的でない人は、自分の家に一番近い場所に市が立つ日に商品を持っていって売ればよかったのだ。

荘官や農民たちは、六斎市で農産物を売却して貨幣を入手することで、以前まで年貢として領主に納めていた農作物の多くが商人の手に渡り、商品として流通するようになった。また、「連雀商人」や「振売」と呼ばれた行商人の数も増えていく。これらの行商人には、京都の大原女や桂女をはじめ、女性の活躍が目立った。京都までの大都市では、店棚（見世棚）を構えた常設の小売店が一般化し、京都の米場・淀の魚市などのように、特定の商品だけを扱う市場も生まれた。

六斎市には女性が重要な役割を果たしたことを示す史料が残る。室町時代に成立した、『七十一番職人歌合』だ。そこには142人の職人が、71番の歌合せをするという設定で絵と詞が描かれ、魚売りや酒売り、餅売り、米売り、麹売り、豆売り、豆腐売り、心太売りなど、いずれも女性が描かれた。当時は男が作り手で、女が売り手という男女夫婦間の協業が成り立っていたと考えられている。

姿は変わったものの、室町時代から現在まで続く六斎市もあり、新潟県妙高市の新井駅前通りで開かれている朝市「六斎市」は交通量の増加によって場所は移転したが、毎月6と10のつく日に開催されている。

豆知識

1. 観光名所として知られる輪島朝市（石川県輪島市）は、平安時代から行われていたという記録が残る。室町時代には六斎市として毎月4と9のつく日に市が開催されるようになり、明治時代に毎日、市が立つようになって現在にいたる。

110 暮らし・信仰 ｜ 守護大名

　南北朝の動乱を経て地方武士の力が増大すると、地方武士を統轄した守護の力が大きくなっていった。さらに鎌倉時代にはなかった権限も与えられ、「守護大名」と呼ばれるほどに成長する。ただし守護大名が好き勝手できたわけではなく、地方在住の国人は守護大名に抵抗し、さらに守護大名の力をよく知る3代将軍・足利義満（1358〜1408）は、次々と守護大名を討伐して力を削いでいく。

◆

大内義弘像

　鎌倉時代後期頃から惣領制の解体が始まり、それまで血縁的結合を主としていた地方武士団が、地縁的結合を重視するようになる。地方武士の力が増大してくると、地方武士を各国ごとに統括する守護が、軍事上の大きな役割を担うようになった。鎌倉時代の守護は「大犯三箇条」と呼ばれる、天皇や院の御所を警備する京都大番役を御家人に命じ、謀叛人や殺害人を逮捕する権利を持っていた。室町幕府は地方武士を動員するために守護の権限を強化し、鎌倉幕府の守護の職権に加え、田地をめぐる紛争の際、自分の所有権を主張して稲を一方的に刈り取る実力行使（刈田狼藉）を取り締まる権限や、室町幕府の裁判の判決を強制執行する権限（使節遵行）などが新しく守護に与えられる。特に軍費調達を目的とした半済令は、守護に一国内の荘園や公領の年貢の半分を徴発する権限を認めたもので、効果は大きかった。鎌倉幕府体制下の守護と区別して、室町時代の守護を「守護大名」と呼ぶこともある。

　絶大な権限を持った守護大名にも敵がいなかったわけではない。「国人」と呼ばれた地方在住の武士は自立の気質が強く、守護が彼らを家臣化していくのは難しかった。守護の力が弱い地域では、国人たちが自主的に相互間の紛争を解決し、農民を支配するために契約を結び、地域的な一揆（国人一揆）を結んだ。国人たちは一致団結することで、守護の支配に抵抗したのだ。

　さらに3代将軍・足利義満が守護大名を強く警戒した。美濃（現・岐阜県）など3カ国の守護に成長した土岐康行（？〜1404）は、1390年に義満によって討伐され衰退する。次に標的になったのは、足利尊氏の縁戚でもある山名氏だ。山名氏清（1344〜1391）の代には中国・近畿に一族合わせて11カ国を領し、当時の日本60余カ国の6分の1にあたることから、「六分の一殿」と称された。しかし、義満の挑発を受けて挙兵して京都を攻め、敗れて衰えた。南北朝の合体に功績があった大内氏に対しても容赦はなかった。大内義弘（1356〜1399）の代に周防（現・山口県）を中心に6カ国の守護となるも、義満に警戒されて関係は悪化をたどり、ついには堺で反乱を起こしたが敗死した。守護大名に対する義満の警戒心は間違っておらず、室町幕府も半ばになると、有力守護の争いが応仁・文明の乱を引き起こす要因となっていった。

豆知識

1. 守護は基本的には幕府から任命されるものであったが、なかには国衙の機能をも吸収して、一国全体におよぶ地域的支配権を確立する者もあり、南北朝の動乱が収束すると、しだいに任国も世襲されるようになった。
2. 長門・周防国の守護に任じられた24代大内弘世は政庁を山口に移し、京に模した街づくりを始めたとされる。武士の住まいである方形館の内部には、将軍邸を模した建築群や枯山水庭園が確認されている。

111 人物 後醍醐天皇

鎌倉幕府を倒幕に追い込むまでに、2度も密告によって計画が失敗し、遠方へ島流しにされたにもかかわらず、何度も復活した後醍醐天皇（1288～1339）。建武の新政に失敗し、再び京都を追われるが、比叡山や吉野へと移り、反攻の機会をうかがった。厳しい環境下でも自身の信念を曲げない姿勢を貫き、拠点を変えるたびに新たな味方に支えられた人物だ。

◆

後醍醐天皇肖像

後醍醐天皇は、1321年に父・後宇多上皇の院政を停止し、記録書を再興するなど天皇親政を目指した。当時は、天皇の後継者指名に鎌倉幕府が大きな影響をおよぼしており、後醍醐天皇の子は皇位につけないことが決められたため、後醍醐天皇にとって鎌倉幕府に対する大きな不満になっていた。

1324年、後醍醐天皇は側近の日野資朝・俊基と図り、鎌倉幕府を倒す計画を立てたが、その計画が事前に鎌倉幕府に密告され、失敗する（正中の変）。後醍醐天皇は鎌倉幕府の追及を逃れるが、資朝は佐渡（現・新潟県）に流された。1331年、後醍醐天皇は、再び倒幕計画を立てたが、またも密告により計画がもれ、後醍醐天皇は京都南部の笠置山に逃れて立て籠るが、鎌倉幕府軍が大軍で笠置山を攻撃したため、後醍醐天皇は捕らえられて隠岐（現・島根県）に流される（元弘の変）。その後、後醍醐天皇は隠岐島から抜け出し、伯耆（現・鳥取県）の豪族・名和長年とともに船上山を根拠地とし、鎌倉幕府軍と戦った。

当時の畿内では、後醍醐天皇の皇子・護良親王が勢力を拡張し、悪党の代表格である楠木正成も千早城で挙兵したため内乱状態になっていた。そんな状況下で、鎌倉幕府軍の足利高氏（尊氏）や新田義貞が鎌倉幕府に反旗を翻し、鎌倉幕府は滅亡した。後醍醐天皇は天皇親政を理想として、新政（「建武の新政」112ページ参照）を進めるが、天皇を中心とする貴族や寺院の利益を考えた政治のため、武士の不満を受けて崩壊した。1335年には足利尊氏が後醍醐天皇に背いて反乱を起こし、一度は尊氏を敗走させるものの、九州で戦力を整えた足利尊氏に再び京都に攻めこまれ、後醍醐天皇軍は敗れる。後醍醐天皇は比叡山に逃れた後に京都へ戻り、今度は奈良の吉野に逃れて、尊氏が立てた北朝に対して吉野を拠点に南朝を起こす（「南北朝の動乱」113ページ参照）。しかし、動乱に突入してからわずか3年後の1339年、52歳で病死した。

「花にねて　よしや吉野の吉水の　枕の元に　石走る音」

この句は、後醍醐天皇が南朝の皇居とし、現在は吉水神社となっている「後醍醐天皇玉座」で詠んだとされ、吉野の山中にたたずむ後醍醐天皇陵は京の空を睨むように北向きに造られた。

豆知識

1. 船上山は古期大山の火山活動で誕生した山で、比高差100m以上、延長600mに及ぶ溶岩流による断崖絶壁が形成されている。この絶壁を天然の要害（地勢がけわしく敵を防ぐのに適している場所）とし、鎌倉幕府軍と戦った。船上山は平安時代以来の山岳仏教の聖地である。
2. 後醍醐天皇が南朝の行宮（一時的な皇居）とした吉水院は、1185年に源頼朝に追われた源義経が、妻・静御前らとともに隠れ住んだ。1594年には豊臣秀吉が吉野で花見をした後に本陣としている。明治時代に吉水神社と名を改めた。

112 文化・芸術 ｜ 金閣・銀閣

室町幕府の全盛期に3代将軍・足利義満が北山文化を生んだ一方で、室町幕府が下降線をたどっていた時期に、8代将軍・足利義政（1436〜1490）が東山文化を生み出した。両文化を象徴する金閣と銀閣は、並列されることが多いが、銀閣は江戸時代に名づけられたもので、そもそも銀箔は貼られていない。また、銀閣は日本最古の書院造として国宝に指定されているが、金閣は焼失したため国宝ではなく、単純には比較できない。

鹿苑寺金閣

金閣が立つ鹿苑寺と、銀閣が立つ慈照寺は、ともに相国寺の塔頭寺院という共通点がある。塔頭寺院とは、高僧の死後、弟子が師に寄り添うために建てた寺院を指す。相国寺は京都五山に数えられた由緒ある名高い寺で、現在の同志社大学今出川キャンパス北側に位置する。「相国」とは中国で「左大臣」を意味し、左大臣の地位にあった足利義満が、師と仰ぐ春屋妙葩（1311〜1388）らの助言に励まされ、相国寺を創建した。創建から間もない1394年、寮舎の出火によって相国寺は焼失し、再建を果たすものの1403年に落雷によって再度焼け、1407年に再建された。相国寺を中心に五山文学が生まれ、文化の中心地としてもおおいに栄える。

このように、義満にとって重要な存在であった相国寺の山外塔頭（敷地外にある塔頭）として、建てられたのが北山殿（のちの鹿苑寺）であり、北山殿の中の舎利殿（釈迦の遺骨を納めて供養した建物）が金閣である。もともとは鎌倉時代の公卿、西園寺公経の別荘があった場所だ。金閣の一層目は寝殿造で釈迦三尊が安置され、二層目は武家造の観音殿、三層目は中国風の禅宗仏殿造で仏舎利がおさめられた。義満の邸宅である室町殿で行われていた行事などは北山殿で行うようになり、勘合貿易（日明貿易）を始めた義満は明の勅使を北山殿で迎え、中国のさまざまな文化が集められ、北山文化が花開いた。義満の死後、北山殿は将軍の邸としての資格を失うが、義満の遺言により禅寺となり、義満の法号である「鹿苑院殿」より「鹿苑寺」となる。応仁・文明の乱で相国寺をはじめとして多くの禅寺が焼き討ちに遭い、鹿苑寺も被害を受けたが金閣は焼失を免れた。しかし約470年後の1950年、放火によって全焼してしまう。

義満の孫である8代将軍・足利義政は家督をゆずった後、応仁・文明の乱の戦乱で荒廃した京都で、東山山荘を造営した。東山山荘も相国寺の山外塔頭であり、祖父・義満の残した金閣にならって観音殿を建てた。義政は1487年に、祖父の作った舎利殿を見直すために鹿苑寺を訪れている。義政の死後、遺命により東山山荘を禅寺に改め、寺号を義政の院号「慈照院殿」にちなみ当初「慈照院」と称したが、翌年に「慈照寺」と改名された。義政も義満のように五山僧たちと交流したが、厳しい禅の修行ではなく、芸術や文学といった文化的交流に限った。東山文化は、書院造や枯山水として現代に生き続けている（「書院造と枯山水」146ページ参照）。

┌──────────┐
│ 豆 知 識 │
└──────────┘

1. 1950年7月、鹿苑寺金閣は同寺の見習い僧による放火によって全焼し、1949年の法隆寺金堂壁画の焼損を機に成立した文化財保護法の違反適用第1号の事件となった。この放火事件をモデルに作家・三島由紀夫が小説『金閣寺』を書いた。

113 政治 室町幕府

　建武の新政に不満を抱く武士の中で、足利尊氏（1305〜1358）が反旗を翻し、後醍醐天皇を退位させ、豊仁親王を光明天皇とした。このように尊氏によって新たな幕府が確立されていくが、3代将軍・足利義満が室町に邸宅を移すまでは、尊氏は室町を拠点にしたわけではない。また、弟を殺害して独裁体制をとった源頼朝の鎌倉幕府とは異なり、弟・足利直義（1306〜1352）との二頭体制で始まった。

◆

足利尊氏の像（栃木県足利市）

　足利尊氏が征夷大将軍に任命されたのは1338年であり、幕府を「将軍の陣営」とする定義に基づくと、この年が室町幕府の始まりである（「鎌倉幕府」91ページ参照）。しかし、実質的には施政方針を定めた建武式目を出した1336年が、尊氏による武家政権樹立の契機となったといえ、室町幕府の開始時期については鎌倉幕府と同様に諸説に分かれる。同じ幕府でも、室町幕府と鎌倉幕府には決定的に異なる点がある。まず、尊氏は室町に幕府を開いたのではなく、後世の歴史家が「室町幕府」と名づけたに過ぎない。また、鎌倉幕府では源頼朝が義経ら弟を殺害して、独裁的な力を持ったのに対し、室町幕府では尊氏が軍事、弟の足利直義が政務の支配権を握る二頭体制をとった。

　尊氏が建武式目を制定した直後、後醍醐天皇が軟禁状態にあった京都から奈良の吉野へと脱出し、南北朝時代へと突入する（「南北朝の動乱」113ページ参照）。尊氏の孫・足利義満が3代将軍になる頃に、ようやく幕府は安定し、義満が室町（現・京都府京都市）に邸宅を作って政治を行うようになった。

　室町幕府では、将軍を補佐する職として管領を定めた。管領は中央では侍所・政所などを統轄し、諸国の守護に対する将軍の命令を伝達し、足利氏一門の細川・斯波・畠山（三管領）が交代で任命された。さらに、古くからの足利氏の家臣などを集めて「奉公衆」と呼ばれる直轄軍を編成して守護の動向をけん制した。京都内外の警備や刑事裁判を司る侍所の長官は、赤松・一色・山名・京極（四職）から任命され、有力守護は在京して重要政務を決定し、幕政の運営にあたる。また一般の守護も領国は守護代に統治させ、自身は在京するのが原則であった。

　室町幕府の地方機関として鎌倉府（関東府）や九州探題などがあった。尊氏は鎌倉幕府の基盤であった関東を重視し、四男・足利基氏（1340〜1367）を鎌倉公方として鎌倉府を開かせ、以後の鎌倉公方は基氏の子孫が受け継ぎ、鎌倉公方を補佐する関東管領は上杉氏が世襲した。鎌倉府の組織は幕府とほぼ同等で、権限も大きかったため、やがて室町幕府と衝突するようになっていく（「嘉吉の変」127ページ参照）。

豆知識

1. 「花の御所」とも呼ばれた義満の邸宅は、現在の同志社大学室町キャンパス内にあたり、2002年に行った寒梅館（レストラン等が入る施設）の建設にともなう発掘調査で、石敷き跡が発見され、遺構は見学できるように整備された。
2. かつて教科書などで尊氏像として紹介されてきた「騎馬武者像」（京都国立博物館蔵）は、上方の花押が足利義詮（尊氏の嫡子）のものであり、父の図上に子が花押を据えることに疑問が出されている。花押とは公家や武家が使っていた、文書の最後に署名の代わりに用いる記号や符号である。

114 争い｜南北朝の統一

　足利尊氏・直義兄弟の争いが落ち着き、3代将軍・足利義満が南北朝時代に終止符を打った。この偉業には、義満の父、2代将軍・足利義詮（1330〜1367）が重要な役割を果たし、義詮は混乱の南北朝時代のなかで南朝の反攻を抑え、守護大名の力を抑えて義満へとつないだ。実は義満の南北朝の合体以降も南朝勢力の抵抗は続いており、南北朝の動乱は義満一人で解決できた問題ではなかった。

◆

足利兄弟が戦った薩埵峠（『東海道五十三次』より）

　後醍醐天皇と足利尊氏の対立に始まる南北朝時代（「南北朝の動乱」113ページ参照）は、後醍醐天皇の死後も足利尊氏・直義兄弟の内部分裂によって、泥沼化の様相だった。足利兄弟の勝敗を決定づけたのは、駿河（現・静岡県）で繰り広げられた薩埵峠の戦いである。薩埵峠といえば、歌川広重の『東海道五十三次』で、富士山と駿河湾を一望した風景が描かれている。ここで尊氏軍は直義軍を破り、さらに直義軍の別動隊を足柄山で破った。翌1352年に尊氏は鎌倉へと攻め込み、直義は降伏した後に毒殺された。

　足利兄弟の争いをみた南朝の後村上天皇（1328〜1368）は、吉野の賀名生を発ち、住吉大社（大阪府大阪市）を経て京都の八幡まで進み、尊氏の嫡子・足利義詮の軍勢を破った。義詮は近江（現・滋賀県）へと逃げ、尊氏が病死すると2代将軍に就任する。義詮は直義を支持する者や、南朝に降った元管領の細川清氏を討ち、さらに有力守護大名の大内弘世や山名時氏らが室町幕府に帰伏することで、南北朝内乱は収束へと向かっていた。

　1367年に義詮が死去し、尊氏の孫・義満が3代将軍になる頃には南朝方の組織的な抵抗は見られなくなっていた。1392年、義満は南朝方と交渉して南北朝の合体を実現し、内乱に終止符を打つことに成功した。南朝方の大覚寺統を保護し、北朝方の持明院統から交互に天皇即位する両統迭立を約束して、南朝の後亀山天皇（？〜1424）を退位させることで合意したのだ。さらに義満は、南北朝動乱の中で強大となった守護の統制を図り、土岐氏や山名氏、大内氏の外様の有力守護を攻め、勢力削減に努めた（「守護大名」116ページ参照）。

　南朝最後の天皇となった後亀山天皇は、神器を北朝の後小松天皇に渡した後に出家し法皇となった。しかし、義満が約束を守らず、持明院統（北朝）のみの天皇が続くことになったため、後亀山法皇は怒って吉野へと出奔した。南北朝の合体とされる1392年から18年後の1410年のことであり、不遇をこうむっていた南朝の遺臣たちが集まり、一大勢力を形成する。南朝再興の動きは、室町時代末期の応仁・文明の乱頃まで続いた。約60年間続いた南北朝の動乱は、まだ終わってはいなかったのだ。

豆知識

1. 後村上天皇はあちこちに行幸し、住吉大社の神主であった津守氏の邸内にあった正印殿を行宮（一時的な宮）にして、亡くなるまで過ごした。
2. 南朝は主に山岳寺院を取り込んでいった。山岳密教系寺院は山へ籠って厳しい修行をするために要害の地にあり、伽藍や堂宇（四方に張り出した屋根を持つ建物）を構えたため、城郭化が容易であった。寺院独自のネットワークや修験者が利用する山道を活用し、北朝に対抗した。

115 外交 | 天龍寺船

　後醍醐天皇の冥福を願い天龍寺を建てるために、室町幕府は中国（元）との貿易によって造営費を調達することになった。前例が鎌倉時代にあり、鎌倉幕府は建長寺を再建するために建長寺船を元に送っていた。蒙古襲来によって日本と元との関係は悪化したが、私的な交易は続けられていたのだ。鎌倉時代の記録や、近年見つかった沈没船から、元との交易の姿が明らかになってきている。

◆

天龍寺外観

　建武の新政後、南北朝に分かれて争った足利尊氏と後醍醐天皇であったが、後醍醐天皇の死後、尊氏は後醍醐天皇の冥福を祈るために天龍寺の建立を計画する。天龍寺建立を勧めたのが夢窓疎石（1275～1351）であり、疎石は鎌倉時代に武家社会の上層を中心に広まった臨済宗の僧で、尊氏・直義兄弟、後醍醐天皇らの厚い帰依を受けた。疎石に対する尊氏の信頼は絶大なものがあったという。

　疎石は、敵味方関係なく平等に慈しみ極楽往生を願う「怨親平等」を説き、平安時代に親政を行った後醍醐天皇の祖父、亀山天皇の離宮があったこの地に天龍寺を創建したとされる。天龍寺の造営費を得るために中国との貿易を始める必要があった。このときの中国の王朝は元であり、2度にわたる元寇によって鎌倉幕府と敵対したが、もともと元寇におよんだ理由としては、日本を経由した海上ルートの確保にあった（「蒙古襲来」100ページ参照）。1341年、足利直義が銭5000貫の納入を請け負い、博多商人・至本を船主に任命し、翌1342年には天龍寺船を元に派遣した。

　天龍寺船は、鎌倉幕府が建長寺再建のための資金を得ようとして、元に派遣した建長寺船の先例にならったものだ。建長寺は1253年に5代執権・北条時頼が創建した日本最初の禅宗専門道場である。建長寺船が送られたのは1325年で、2度目の蒙古襲来から40年以上経過している。鎌倉時代末期に成立した兼好法師の『徒然草』第120段には「危険をおかして唐土中国からの航路に無用の物をたくさん積んで持って帰るのは愚かなことである」とあり、日本と元との間で交易が行われていたことがわかる。

　さらに1976年、韓国の新安沖で発見された沈没船から、多くの陶磁器や多彩な形態の木牌などが見つかり、その中には、「東福寺」と記された木簡や「釣寂庵」と記された木牌があった。東福寺は京都五山、釣寂庵は博多にある承天寺の搭頭の一つであり、東福寺と承天寺はともに鎌倉時代の臨済宗の高僧・聖一国師が創建した寺院だ。こうした遺物の調査から、見つかった沈没船は元から日本に向かう途中で遭難した貿易船と推定されている。

豆知識

1. 夢窓疎石は作庭家としても知られ、西芳寺庭園（京都市西京区）と天龍寺庭園（京都市右京区）は国の特別名勝に指定されている。そのほかにも、永保寺庭園（岐阜県多治見市）や、瑞泉寺庭園（神奈川県鎌倉市）、恵林寺庭園（山梨県甲州市）など多くの名園を残している。
2. 紀淡海峡に浮かぶ沖ノ島の北側の海域にある、沖ノ島北方海底遺跡（和歌山県和歌山市）では、古くから網漁業にともなって陶磁器類が引きあげられており、新安沈船と同様の交易船が沈没している可能性が指摘されている。

116 経済 | 座

　商工業者や芸能者における同業者の団体を指した座は、伝統的な宗教的権威や室町幕府の保護により、独占的な権益を得ることになった。座と公家・大寺社は強い関係を結び、座が公家・大寺社に貢納や奉仕をする代わりに、座は公家・大寺社に権益を保証してもらった。特に室町幕府と関係が深かった北野天満宮や、石清水八幡宮などの神社に保護された座は、強大な力を持つようになる。

◆

離宮八幡宮に立つ「本邦製油発祥地碑」

　鎌倉時代に同業者の団体である座が結成されるようになった。座は、伝統的・宗教的権威である寺社などに、座役として貢納や奉仕をする代わりに、同業者組織の権益を保証してもらう組織である。室町時代には座の種類や数が著しく増え、なかには大寺社に所属する下級神職の神人や、天皇に食物や調度を貢納した職能民である供御人の称号を根拠に、関銭（関所を通過するための通行税）の免除や広範囲の独占的な販売権を認められて、全国的な活動を見せた座もあった。
　例えば、菅原道真をまつる北野天満宮（京都府京都市）は、足利将軍と密接な関係を築き、酒麹販売における独占的な販売権を認められた。北野天満宮に所属する西京神人は、神職のかたわら酒造りに必要な麹の生産や販売にも従事し、酒麹の販売の独占と酒麹役（現在の酒造税）の免除を認められていた。この北野天満宮の麹販売における独占に異を唱えたのが比叡山延暦寺だ。北野天満宮は延暦寺の管轄下にあったが、北野天満宮は延暦寺の要望を拒絶する。こうして北野麹座と延暦寺の対立が悪化し、ついに延暦寺は武装した僧兵による実力行使（強訴）に踏み切り、政治力が減退していた室町幕府は、延暦寺の強訴に屈し北野麹座の独占廃止を認めた。対抗した西京神人が北野天満宮へ立て籠り、鎮圧に向かう室町幕府軍と衝突し、北野天満宮が炎上する文安の麹騒動（1444年）へと発展した。この出来事によって北野麹座の独占権は崩れ、その後の麹造りは、酒造業が行うようになった。北野麹座の巻き返しにより、一時的に独占が復活した時期もあったが、後ろ楯となる室町幕府の権威が失墜し、麹造りは酒造業の一工程となる。
　源氏が氏神として崇敬した石清水八幡宮（京都府八幡市）では、神社に所属した油神人によって油座が形成された。創建は平安時代中期に遡り、荏胡麻油の生産が活発化すると、鎌倉時代に油座が結成され、石清水八幡宮は座の会所として大いに栄えた。室町時代になると、畿内・美濃・尾張、阿波など10カ国近くの油の販売と、その原料の荏胡麻購入の独占権を持ち、室町幕府から自治権を認められ自治都市として独自の発展を遂げるほどに成長した。現在も京都府大山崎にある離宮八幡宮は「油の神様」として知られ、酒樽ではなく石油缶が奉納される、特別な神社であり続けている。

豆知識

1. 大山崎の離宮八幡宮は、「天下分け目の戦い」が行われた、天王山のふもとにある。織田信長が死去した本能寺の変後に、明智光秀と豊臣秀吉が争った山崎の戦いの舞台である。
2. 離宮八幡宮の境内には、油つぼを持つ「油祖像」や、「本邦製油発祥地」と刻まれた石碑が立つほか、社務所では「油断大敵」のお守りの授与が行われている。

117 暮らし・信仰｜惣村

　室町時代は農民たちが力を合わせて領主と戦った画期的な時代といえる。一人では何もできなかった農民たちが、惣村を形成して結合を強くし、ときには一揆を結び、荘園領主に押し掛け、室町幕府を脅かすこともあった。農民たちの強い結束を支えたのは、農業経営や祭といった共同作業であり、現代にも影響を残すほどに強く結束したのである。

◆

惣村の姿を残す菅浦集落（滋賀県長浜市）

　鎌倉時代後期、近畿地方やその周辺部では、荘園や公領の内部に「村」が自然発生的に生まれ、南北朝の動乱のなかで各地に広がっていった。農民たちが生み出したこの自発的な村を「惣村」と呼び、古くからの有力農民であった名主層に加え、新しく成長した小農民を構成員とし、結合を強くしていった。

　惣村には①「農業経営」、②「領主に対する抵抗の組織」、③「祭祀」の役割があったとされる。

　①「農業経営」は、山野や水利など共通の利害関係に基づいているため単独では行えない。具体的には農業用水に必要な山や野原などの共同利用地（入会地）を確保するとともに、灌漑用水の管理も行うようになった。②「領主に対する抵抗の組織」であることは、惣村を土台とした土一揆（「一揆」130ページ参照）などの戦いが示す。また、領主権力の介入を排除する「自検断」の論理が支配し、村民はみずから守るべき規約である惣掟を定めたり、村内の秩序を維持するために村民自身が警察権を行使したりすることもあった。惣村にはまた、領主へ収める年貢などを惣村がひとまとめにして請け負う地下請も次第に広がっていく。③「祭祀」は宮座（神社の祭祀に携わる村落内の特権的な集団）や祭りとして現れ、精神的なつながりだけではなく、農業経営に深く関わっていた。豊作の祈願のほか、一揆を結ぶにあたって神仏に誓約する起請文を書き、神水を飲んで結束を高めた。

　強い連帯意識で結ばれた惣村の農民は、不法を働く代官や荘官の免職や、災害時の年貢の減免を求めて一揆を結び、荘園領主のもとに大挙して押しかける「強訴」や、全員が耕作を放棄して他領や山林に逃げ込む「逃散」などの実力行使をしばしば行った。このような形の農民闘争は、鎌倉時代の末期から室町時代の初期にかけて、14世紀に集中しており、15世紀に入ると闘争の対象が広域的となり、土倉や酒屋などの高利貸しや室町幕府に移っていく。

　惣村の形成は地方社会を変えた。有力者の中には、守護などと主従関係を結んで武士化する者が多く現れたため、荘園領主や地頭などの領主支配は次第に困難になっていった。さらに惣村は成長すると、都市の民衆と交流を持ち、地方に文化が伝播していく契機となる。一方で、惣村は根本的には農業共同体の維持機構であり、農民以外に対しては排他的な一面もあった。

　豆 知 識

1. 惣村の代表例とされる、菅浦惣（滋賀県長浜市）は、室町時代のある時期に、構成員に均等に田畑を分割していた。惣村の構成員に平等意識が芽生えていたことを示す。
2. 「入会」とは、同じ場所を複数の人や村で利用し、収益を得る関係を意味している。農民は田畑で作り出せない共用物資を、川や山などの入会地で得なければならなかった。

118 人物 | 足利義満

　足利義満（1358～1408）は南北朝時代の動乱期に生まれ、幼少期には争いを避けて京都を離れた時期もあった。10歳で征夷大将軍に就任した年には、中国大陸で元が滅び、明が建国される。明が主導して新秩序が構築された激動期にうまく対応し、南北朝の合体を成し遂げた後には、明との交易を盛んにして北山文化を生み出したように、国際感覚に長けた人物だった。

◆

足利義満の像（京都府 鹿王院）

　足利義満の幼少期は、南朝方の攻撃や幕府内の争いが激しく、4歳の義満さえ播磨（現・兵庫県）守護の赤松則祐の白旗城（兵庫県上郡町）に難を逃れなければならなかった。わずか9歳で家督を譲られ、翌年には征夷大将軍、20歳になると室町に「花の御所」を建てて移住する。将軍の権力を絶対的にするため守護大名の勢力削減に着手し、対象となったのは美濃の実力者・土岐氏、11カ国の守護職を有した山名氏、勘合貿易（日明貿易）の中心人物・大内氏であった（「守護大名」116ページ参照）。さらに、祖父・足利尊氏以来の南北朝の動乱を終結させ、南朝の後亀山天皇に、神器を北朝の後小松天皇へ譲り渡させた。

　寺社勢力に対しては格式高い寺を定める五山制度を整備し、春屋妙葩を僧録（僧侶の人事を司る役職）に任じて禅宗教団を管理するとともに、経済的な厚い保護によって五山文化を盛んにする。朝廷においては、1382年に左大臣になると、相国寺（「金閣・銀閣」118ページ参照）を建造し、1383年には皇族を表す称号「准三后」の宣下を受けた。そして、1394年には子の足利義持に将軍職を譲り太政大臣となるものの、実権は義満自身が握ったままであった。1395年、太政大臣を辞して出家して以後、北山殿を造営し、舎利殿（釈迦の遺骨を納めて供養した建物）として金閣を建てる。義満は北山殿で政務をとり、中国（明）の勅使を迎え、武家文化と公家文化が融合した北山文化を花開かせた。

　義満が征夷大将軍となった1368年、中国では元が滅び、明が建国された。明の皇帝・朱元璋（1328～1398）が日本に送った使者は、博多の大宰府を訪れたが、このときはまだ南北朝の合体前であり、九州を抑えていた南朝方の懐良親王（後醍醐天皇の子）に届けられた。そのため、明側の記録には、懐良親王を相手にしたことが残る。南北朝の合体後の1401年、元寇以来中断していた中国との国交を正式に再開した。1402年の明使の詔書には「日本国王源道義」と記されている。義満自身「日本国王臣源」として返書を送り、倭寇を鎮圧して明の冊封を受けた。返書の署名に「臣」と入っていることからもわかる通り、冊封とは中国の天子が周辺諸国の臣下に爵位を授け、名目的な君臣関係を築くことを指す。明の従属国になっても、明との貿易（「勘合貿易」128ページ参照）の利益を義満は優先した。特に輸入の大部分を占めた明銭は、当時貨幣を鋳造していなかった日本において、足利将軍が通貨発行権を握っていたといえる。幼少期に苦労した義満だからこそ、将軍に権力が集中する仕組みを築いたのかもしれない。

〔 豆 知 識 〕

1. 足利義満が幼少期に避難した白旗城は、足利尊氏とともに後醍醐天皇に反旗を翻した赤松則村（円心、1277～1350）によって築かれ、則村は室町幕府の播磨守護に任じられた。義満が頼った赤松則祐は、則村の子である。

119 文化・芸術｜水墨画

　墨の濃淡で表現する水墨画は、中国から画法が伝わり日本式に改められた。第一人者である雪舟（1420～1502？）の系譜をたどると、雪舟および雪舟の師匠である周文（生没年未詳）は、いずれも相国寺の僧であり、足利義満が建てた相国寺が水墨画の発展に影響を与えたことを示している。水墨画はモノクロの世界にとどまらず、安土桃山時代を代表する狩野派の豪華絢爛な作風に影響を与えていく。

◆

雪舟肖像画

　南宋の官寺の制にならった寺格の定めである「五山・十刹の制」は、3代将軍・足利義満の時代にほぼ完成する。南禅寺を上に置き、京都五山と鎌倉五山、さらに十刹を配した。五山の禅僧には中国からの渡来僧や中国帰りの留学僧が多く、彼らは禅だけでなく禅の精神を具体化した水墨画や庭園様式などを広く伝えた。

　水墨画は墨の濃淡で自然や人物を象徴的に表現する絵画で、明兆（1352～1431）、如拙（生没年未詳）、周文らによって日本の水墨画の基礎が築かれた。明兆は京都五山のひとつ東福寺の画僧で、『五百羅漢図』（重要文化財）がよく知られる。如拙は足利義満が建てた相国寺（「金閣・銀閣」118ページ参照）の画僧として、日本の水墨画を開拓した先駆者である。4代将軍・足利義持の命で『瓢鮎図』（国宝）を描き、「ヒョウタンでナマズを押さえとることができるか」という禅の公案（参禅者への課題）を表現した。

　如拙と同じ相国寺の僧で、如拙の後に水墨画を発展させたのが周文だ。代表作の『寒山拾得図』（重要文化財）では、中国・唐代の高僧で奇行が多かったと伝わる寒山と拾得を描いた。周文に相国寺で絵を学んだのが雪舟であり、応仁・文明の乱が始まった1467年、勘合貿易（日明貿易）で栄えた守護大名・大内氏の庇護により明へと渡り作画技術を学んだ。帰国後、大内氏の本拠地・山口の雲谷庵に住んだが、応仁・文明の乱が終息していないために豊後（現・大分県）へと向かい、その後も石見（現・島根県）や美濃（現・岐阜県）など諸国を訪ねて水墨画を完成させる。『四季山水図巻』や『天橋立図』（ともに国宝）など、数多くの作品を残した。

　雪舟の影響を受けた水墨画家に、室町時代後期の雪村（生没年未詳）がいる。雪村は常陸（現・茨城県）の豪族・佐竹氏の一族に生まれたものの、禅僧となって鎌倉で修行を重ね、東国で画業にも励んだと考えられている。雪舟を尊敬・模範とし、雪村と号したが、画風はまったく異なっている。

　水墨画の要素に従来の大和絵の技法を融合させたのが、狩野元信（「狩野正信・元信」131ページ参照）であり、色彩性と装飾性に富んだ画風を生み出し、狩野派による安土桃山時代の豪華絢爛な障壁画へとつながっていく。

━━━ 豆知識 ━━━

1. 如拙の『瓢鮎図』は、絵の上に31もの詩が添えられている点も独創的であり、しかも15世紀初め頃の京都の大禅宗寺院の高僧ばかりが名を連ねている。公案に対する回答（考えや感想）を禅僧たちが詩の形で書きつけている。
2. 豊後へと渡った雪舟が描いた『鎮田瀑図』のモデルとなったのが沈堕の滝（大分県豊後大野市）で、作品と同様に豪快な姿を残している。『鎮田瀑図』は関東大震災で焼失したため、狩野常信による模写を京都国立博物館が所蔵する。

120 政治 | 足利義教の恐怖政治

南北朝時代を終結させた3代将軍・足利義満の死後、室町幕府はしばらく安定した。しかし、後継問題に揺れた6代将軍・足利義教（1394〜1441）は再び有力守護大名への弾圧を強化し、危機感を募らせた守護大名によって、義教が殺害される事態へと発展する。若くして比叡山延暦寺の天台座主に上り詰めたものの、将軍職を急に継ぐことになった義教は、なぜ「恐怖政治」を行ったのだろうか。

◆

3代将軍・足利義満（1358〜1408）の跡を継いだ、子の4代将軍・足利義持（1386〜1428）の時代は、将軍と有力守護の勢力均衡が保たれていた。しかし、義持の子・足利義量が5代将軍になるも早世し、義持が再び将軍職を代行し、後継者を定めないまま死去したため、くじ引きによって義持の異母弟（義満の子）・足利義教が6代将軍に選ばれた。

義教は室町幕府における将軍権力の強化を狙って、将軍に服従しない者を力で押さえつけようとしたため、室町幕府からの自立意識が強かった鎌倉府（室町幕府の地方機関）との関係が悪化する。1438年、鎌倉公方（鎌倉府の長官）・足利持氏と、その補佐役である関東管領・上杉憲実が対立したのをきっかけに、憲実を支援するという名目で関東へ軍を送って持氏を滅ぼした。当時の年号をとって「永享の乱」と呼ばれる。さらに1440年には、有力守護である一色義貫と土岐持頼を相次いで謀殺した。

室町時代の公家、中山定親が残した『薩戒記』には、義教が将軍に就任してから1434年までの6年の間に、義教によって処罰された人々の名が書き連ねられており、公家や神職、僧侶、女房など70名以上にものぼる。さらに義教が将軍職を務めていた残りの期間も含めれば、倍以上が処罰されたと考えられている。また、当時の皇族の一人、伏見宮貞成親王が記した『看聞日記』も、義教の弾圧政治について詳しい。

義教による政治は、室町幕府の権威を強化したが、その強権ぶりは「万人恐怖」と称され過激であったために多くの反感を招き、ついに1441年、播磨（現・兵庫県）守護・赤松満祐に殺される事件に発展してしまう（「嘉吉の変」127ページ参照）。

「恐怖政治」と称された一方で、義教は中断されていた中国（明）との貿易を再開し、父・義満を理想として室町幕府を牽引し、明から輸入した芸術品を充実させた。もともと幼少期には、天台宗寺院の青蓮院（京都市東山区）に入り、義円と称した。1419年には、26歳の若さで比叡山延暦寺を総監する天台座主に就任している。1428年、兄・義持の死によって跡継ぎ問題が生じると、くじ引きで将軍に選ばれ、還俗（出家した者が俗人に戻る）して継いだ。将軍になり、人生が180度転換した義教は、同じく若くして出家した、父・義満を目指したのだろうか。

豆 知 識

1. 足利義教の菩提寺である崇禅寺（大阪府大阪市）は、奈良時代に行基が創建した。嘉吉の変で義教を殺害した赤松満祐の一党が、居城の白旗城に逃げ落ちる途中、義教の首を葬ったという因縁がある。
2. 義教が着用したと伝わる大鎧、「赤糸威肩白鎧」（重要文化財）は出雲大社（島根県出雲市）に所蔵される。義教の子である8代将軍・足利義政が奉納した。

121 争い｜嘉吉の変

　6代将軍・足利義教は将軍権力を強化するために、鎌倉公方や守護大名を滅ぼしていった。結果として、危機感を抱いた守護大名・赤松満祐（1373〜1441）が義教を殺害する「嘉吉の変」に発展する。その後、赤松氏は力を削がれるが、室町幕府は赤松氏を抑えるために播磨へと兵を動かしたため、京都で起きた徳政一揆を抑えることができず、室町幕府の力は大きく低下していく契機となった。

◆

　6代将軍・足利義教は、将軍権力の強化を狙って専制的な政治を行い、「恐怖政治」と称される独裁政治（「足利義教の恐怖政治」126ページ参照）によって、次々と有力者を滅ぼしていく。まず、室町幕府に反抗的な鎌倉公方・足利持氏を滅ぼした。その後には守護大名の一色義貫と土岐持頼を相次いで謀殺し、守護大名の力を弱める政策を進めていった。

　所領没収や家督介入など、義教による有力守護大名の弾圧に危機感を抱いた一人が、播磨（現・兵庫県）および美作・備前（現・岡山県）守護の赤松満祐であった。1440年、義教は赤松義雅（満祐の弟）の領地を取り上げ、守護大名の細川氏らに分け与えてしまう。細川氏に与えられた領地は、満祐の父が戦いの功績によって、3代将軍・足利義満から与えられた貴重なものであり、満祐はこの仕打ちに耐えられず、義教に領地の返還を求めたが聞き入れられなかった。両者の対立は激しくなったため、満祐は身を守るために狂気を装って隠居した。

　1441年6月24日、関東での戦いの戦勝を祝うため、京都の赤松屋敷に義教を招く機会があった。義教は家来とともに赤松屋敷を訪ね、会が終盤にさしかかったところで、隠居中の満祐の家来たちが義教に襲いかかり殺害した。このとき、義教に従っていた満祐の同族・赤松貞村は命からがら逃れており、赤松氏全員が義教殺害に関与したわけではなかった。

　満祐は京都を脱出して播磨に向かい、坂本城（兵庫県姫路市）を本拠として室町幕府軍に備える。一方の貞村らは室町幕府軍につき、赤松一族は分裂してしまった。当初、足並みがそろわなかった室町幕府軍であるが、8月下旬頃から坂本城に本格的な攻撃を始めた。坂本城は落城し、城山城（兵庫県たつの市）に移って防戦するものの、9月10日に満祐は家来とともに自害する。この頃、山城（現・京都府）では数万人規模の土一揆が蜂起した。義教が殺害され、8歳の足利義勝が7代将軍に就任したのに合わせ、代始めの徳政（借金の帳消し等を幕府が公認し、債務に苦しむ者を救済すること）を要求したのだ。室町幕府軍は赤松氏追討のため、播磨にとどまっているため一揆の鎮圧を断念し、嘉吉の徳政令を発布した。

　嘉吉の変によって、守護大名・赤松氏の力は削がれたが、将軍を殺害したことで一揆が誘発され、室町幕府の権威が大きく揺らぐ大事件となった。

【 豆 知 識 】

1. 赤松氏の本拠地、白旗城（兵庫県上郡町）は、嘉吉の変で赤松満祐をはじめとする惣領家が滅びた後も、惣領家の再興を目指す一族が一時的に入城する。戦国時代前半まで、白旗城は赤松氏、特に惣領家にとって重要な地とされてきた。

122 外交 | 勘合貿易（日明貿易）

　3代将軍・足利義満が室町幕府に権力を集中させる時期に、中国では元から明に王朝が変わり外交方針が一変した。明に対して使節を派遣し、見返りとして品物を受け取るという朝貢形式に変わり、義満はその利益を優先して勘合貿易を盛んに行い、北山文化を花開かせる。しかし、義満の子で4代将軍の足利義持の代には禁止するなど、実益とメンツのどちらを選択するかで判断が分かれた。

◆

　南北朝の合体後、3代将軍・足利義満は、元寇以来正式な国交関係がなかった中国との国交を開く。1368年、朱元璋（1328〜1398）が元の支配を排して、漢民族の王朝である明を建国すると、明は中国を中心とする伝統的な国際秩序の回復を目指して、近隣諸国に通交を求め、国王が明の皇帝へ朝貢し、その返礼として品物を受け取るという朝貢形式をとった。具体的に日本からは、刀剣や槍、鎧などの武器・武具類、扇や屏風などの工芸品、銅や硫黄などの鉱産物を明に対して朝貢した。その返礼として日本へもたらされた代表格は銅銭であり、貨幣経済が浸透する日本社会に必要不可欠な輸入品であった。他に生糸、高級織物、陶磁器、書籍、書画なども珍重される。

　日本と明の交換は等価ではなく、日本が受けるメリットの方が圧倒的に大きかった。というのも、日本が明から受ける物品の額の方がはるかに大きかったためだ。さらに、朝貢品以外の商品を遣明船に積み、明で販売することが許され、形式上は朝貢であるため関税はかけられなかった。おまけに朝貢形式の貿易では滞在費や運搬費などは明が負担した。この遣明船は、明から交付された「勘合」と呼ばれる証標の持参が義務づけられたため、「勘合貿易」とも呼ばれ、勘合符は明帝の代替わりごとに公布された。

　日本にとって利益が大きい勘合貿易であったが、明に対して朝貢形式をとることへの反発もあった。義満の跡を継いだ4代将軍・足利義持は、朝貢形式に反対して勘合貿易を一時中断し、再開されるようになるのは6代将軍・足利義教のときだった。

　室町幕府が衰退する15世紀後半には、勘合貿易の実権は堺商人と結んだ細川氏や、博多商人と結んだ大内氏の手に移った。勘合貿易では中国の寧波で勘合の査証を受け、北京で交易を扱ったが、寧波で細川氏と大内氏が激しく衝突する寧波の乱（1523年）が勃発する。というのも、無効になった勘合を持った細川方の船が、明の役人に賄賂を贈って厚遇を得るのに成功し、怒った大内方が細川方の正使や明の役人を殺害した。この争いに勝った大内氏が貿易を独占したが、16世紀半ばに大内氏が滅亡すると勘合貿易は断絶し、勘合貿易を維持するために活動を抑えていた倭寇が再び盛んになった（「倭寇」114ページ参照）。

【 豆 知 識 】

1. 勘合貿易が途絶えていた16世紀後半に、毛利氏が支配する赤間関（現・山口県下関市）において、明から来航する貿易船を管理する入港証として使われていた「日明貿易船旗」（重要文化財、山口県文書館蔵）が残っている。
2. 真正極楽寺真如堂（京都府京都市）の縁起を記した『真如堂縁起』に、帆走する遣明船が描かれている。絵巻の内容は、入唐僧の円仁が帰朝する際に乗船した遣唐使船を描いているが、制作年代等から推定して、遣明船をモデルに描いたとされている。

123 経済 博多商人と堺商人

　室町幕府による勘合貿易によって成長し、自治都市として独立した勢力を誇った博多と堺。古くから大陸と交易を重ねてきた博多と、応仁・文明の乱による京都の荒廃がきっかけで発展した堺では実情は異なっていた。いずれも、勘合貿易が断絶しても商人による自治都市として栄え、室町幕府から織田信長・豊臣秀吉に権力が移るのを見逃さずたくましく生き残っていく。

◆

現代の堺の町並み

　古代から海外との交流が盛んだった博多（「国際貿易港博多」93ページ参照）は、商業港として栄えるようになる。明との勘合貿易（日明貿易）や朝鮮半島との交易、さらには琉球を通じて東南アジアにまで貿易圏を広げた。博多商人は「年行事」と呼ばれる12人の豪商による会議で市政が運営され、自治都市の性格を備えていった。「博多三傑」と称された神屋宗湛と島井宗室、大賀宗九の３人がよく知られる。神屋宗湛は博多の豪商の家に生まれ、豊臣秀吉による太閤町割（戦乱で荒れた博多の町を整備し復興した事業）で重要な役割を果たし、明との貿易や米の取引などで博多商人の第一人者として活躍した。島井宗室も豊臣秀吉から信頼を得て、酒造りや金融業で財をなし、朝鮮半島との貿易を行い、博多から対馬、朝鮮半島にいたる交通路を築き上げたとされる。大賀宗九は豊前（現・大分県）中津生まれで、中津藩主の黒田長政が筑前国に移る際に博多に移住し、福岡城の築城や城下町の整備などに尽くし、東南アジアと交易を行った。

　博多とは異なり、室町時代から港として発展したのが堺である。もともと、勘合貿易では兵庫湊（現・兵庫県神戸市）が使われたが、京都で応仁・文明の乱が勃発すると、戦乱地に近い兵庫湊は使われなくなり、代わりに堺が使われるようになった。応仁・文明の乱が始まって２年後の1469年に遣明船が初めて堺に入港する。1477年には堺から初めての遣明船が出航し、その頃から堺は国際港として賑わっていった。堺の地名は旧国名の摂津、和泉、河内の３国の境で発展したことに由来する。京都や奈良、大坂から近く、瀬戸内海航路の終点にも位置したため、畿内と瀬戸内海の経済圏を結び多くの商人が集まることになった。15世紀後半には、富裕な町人10人（のちに36人）から構成される「会合衆」と呼ばれる組織を形成し、堺商人による自治が行われるようになる。領主権力の介入を排除し、自治による体制が整った共和制を敷き、町の周囲には堀や櫓を築いて外敵に備えた。牢人（浪人）を雇って戦国大名と戦う体制もできており、織田信長による軍費の調達を一度は拒否するほどであったが、成長著しい信長との協調路線をとる商人も出て、信長に従い、続く豊臣秀吉にも保護された。商人の時流を見る目は鋭く、信長と秀吉に仕えた堺の豪商・千利休（1522～1591）は茶の湯を大成させ、桃山文化にも大きな影響を及ぼしていく。

豆知識

1. ポルトガル人宣教師・ガスパル＝ヴィレラは『耶蘇会士日本通信』で、「堺では、ベニス（ヴェネチア）のように執政官（会合衆）によって政治が行われている」という旨を記し、堺の状況をイタリアのベニスにたとえて報告している。
2. 堺や博多以外にも自治都市として発展した都市が多くあった。平野（現・大阪府大阪市）は平安時代末期から発達し、室町時代には堺と並ぶ自治都市に成長した。桑名（現・三重県桑名市）は、鎌倉時代から海運で栄え、自治的な運営を行った。

124 暮らし・信仰 | 一揆

　一揆はもともと、特定の目的を達成するために結成された地縁的集団を指し、惣村の結束が高まった室町時代に盛んになった。嘉吉の変や応仁・文明の乱で権威が失墜していく室町幕府に反比例して、一揆が社会に与える影響力は大きくなっていく。武士や農民が力を合わせることで、荘園領主や高利貸し、守護大名に立ち向かうことができた画期的な動きであった。

◆

徳政一揆の勝利宣言が刻まれた正長元年柳生徳政碑（奈良県）

　一揆には「揆（はかりごと）を一にする」という意味があるため、言葉としては「連合」や「連盟」が近く、「一揆を結ぶ」と表現される。特定の目的を達成するために、武士や農民が結成した地縁的集団が一揆であった。一揆を構成する集団の階層によって、武士であれば国人一揆、農民であれば土一揆、武士と農民が結合した国一揆に分類される。さらに戦国時代には浄土真宗本願寺派による一向一揆、江戸時代には農民による百姓一揆が盛んになった。室町時代、近畿地方を中心に土一揆が多発した。惣村（「惣村」123ページ参照）をもとにした農民勢力が徳政（借金の帳消し）を求めて蜂起し、1428年の正長の徳政一揆（土一揆）では、京都の土倉や酒屋などを襲い、質物や売買・貸借証文を奪ったため、室町幕府に衝撃を与えた。土倉は倉庫業から転じて金融業も行っており、酒屋も醸造業から転じて金融・運送業などを行っていた（「土倉と酒屋」136ページ参照）。当時の社会には、都市・農村を問わずこのような高利貸し資本が深く浸透していたため、この一揆はたちまち近畿地方や周辺に広がり、各地で実力による債務破棄や売却地の取り戻しが展開される。一方で高利貸しに対する課税が財源であった室町幕府にとっては収入面で大きな打撃であり、農民による室町幕府への政治闘争としての色合いも濃かった。

　1441年、6代将軍・足利義教が有力守護の赤松満祐に殺害される（「嘉吉の変」127ページ参照）と、数万人規模の土一揆が山城（現・京都府）を占拠する嘉吉の徳政一揆が発生した。赤松氏を討伐するために播磨（現・兵庫県）に兵を出していた室町幕府は土一揆を鎮圧できず、要求を入れて徳政令を発令した。この後も土一揆は徳政を掲げて各地で蜂起し、室町幕府も徳政令を乱発するようになる。山城では、応仁・文明の乱の終結後も、戦いの要因となった畠山義就と政長が家督争いを続けたため、山城の国人や民衆らが畠山両軍の退陣などを求めて山城の国一揆を結び、畠山氏を撤退させる。そして、宇治平等院で国掟を制定し、36人の月行事（月ごとに持ち回りで行う共同体の幹事役）によって、8年にわたる自治を実現した。

　農民が土一揆を結んだ一方で、武士は国人一揆を結んだ。土着した武士を指す国人は、鎌倉時代の地頭や御家人の系譜を引く者が多く、複数で力を合わせて守護大名と争う力を発揮した。安芸（現・広島県）の毛利元就のように、国人から戦国大名へと成長する者も現れる。

豆知識

1. 徳政一揆の勝利宣言が刻まれた「正長元年柳生徳政碑」は、奈良市東部の柳生町の旧奈良街道脇に立つ。3～4m大の露出した花崗岩の南面中央に、像高1.1mの半肉彫りの「疱瘡地蔵」が彫られ、石仏に向かって右下に碑文がある。
2. 正長の土一揆は6代将軍・足利義教の代始め（正長元年）、嘉吉の土一揆は7代将軍・足利義勝の代始め（嘉吉元年）に起きたように、支配者の交代によって所有関係や貸借関係などが改められるという社会概念が存在した。

125 人物 狩野正信・元信

室町幕府の御用絵師として活躍した狩野正信（1434？～1530？）・元信（1476～1559）親子は、中国の影響を受けた画風を基礎としながら、平安時代以来の大和絵の要素を織り交ぜることによって、新たな作風へと発展させた。狩野派のライバルとなったのが、天皇に命じられた宮廷絵所預として大和絵を描く土佐光信（生没年未詳）である。狩野派と土佐派のライバル関係は、新たな画風を生むきっかけになっていった。

◆

狩野元信『四季花鳥図』

絢爛豪華で豪快な画風を特徴とする狩野派は、織田信長や豊臣秀吉、徳川幕府に気に入られ、美術界を席巻する。狩野派が頭角を現すきっかけとなったのが、室町幕府の御用絵師になった狩野正信である。8代将軍・足利義政の御用絵師を務め、仏画・肖像画・障壁画と多方面に腕を振るい、狩野派の基礎を築いた。

代表作の『周茂淑愛蓮図』（国宝）は、蓮の花を愛した宋代の学者・周敦頤（茂叔）の故事を描いたもので、中国絵画の漢画に、日本的情緒を加味した作品である。中国文化に深く傾倒していた当時の知識人を象徴する作例といえるほか、室町時代に京都で隆盛した東山文化の水墨画を代表する優品だ。

正信の長男・狩野元信も室町幕府の御用絵師を務めた。平安時代から盛んになった大和絵を、漢画のなかに取り入れて水墨画の装飾画化を進め、色彩性と装飾性に富んだ画風を生み出す。代表作の一つ、大徳寺大仙院（京都府京都市）の方丈（檀那の間）に描かれた『四季花鳥図』（重要文化財）は、花鳥にのみ施された濃彩が鮮烈な色彩効果を上げ、桃山障屏画に直結する要素を数多く含んでいる。正信が大和絵を取り入れたきっかけとして、一説には元信に嫁いだとされる画家・土佐光久（別名「千代」）の存在が指摘される。光久の父は、大和絵技法を極めた画家・土佐光信であり、光信は天皇から任命された宮廷絵所預の職にあった。狩野派は漢画の系譜を引き、室町幕府の御用絵師として活躍した。一方で土佐派は大和絵の伝統を継ぐ宮廷絵所預であり、両派のライバル関係は、新たな画風を生み出す力になった可能性がある。

室町時代末期以降、狩野派は元信の指導を受けた孫の狩野永徳（1543～1590）が、信長や秀吉に仕えて狩野派の黄金時代を築き、江戸時代を通じて幕府御用絵師として栄えた（「狩野派」160ページ参照）。狩野派のライバル土佐派は一時期衰えたが、江戸時代初期に土佐光起（1617～1691）が、従来の大和絵の画法に加え、狩野派が得意とした漢画の手法を取り入れて、新たな土佐派の画風を起こした。狩野派と土佐派の関係は、江戸時代にも続いていたのだ。

―――――――――――[豆知識]―――――――――――

1. 伊豆半島のほぼ中心部に、狩野城跡（静岡県伊豆市）が残り、ここが狩野氏の発祥の地だと考えられている。狩野城は狩野川に沿った断崖絶壁を利用して築かれたが、戦国大名・北条早雲の攻撃を受けて落城したとされている。
2. 狩野元信は1559年10月16日、84歳で没した。本法寺（東京都墨田区）の境内に立つ元信の墓は、1955年に再建されたものだ。

126 文化・芸術 ｜ 能と狂言

南北朝時代以降、武家と公家、中国（明）と日本の文化の融合が進み、成長しつつあった惣村とも交流して、広範囲に文化が伝播していった。その代表格が能と狂言であり、能は幽玄の境地を、狂言はおかしみを求めた。能を洗練させた世阿弥（1363？～1443？）は『風姿花伝』を完成させ、「秘すれば花」「初心忘るべからず」などの金言を残し、演技論を超えて現代の生き方や働き方にもヒントを与えている。

◆

能面

能は、神事芸能として出発した猿楽や田楽のなかから、次第に歌舞や演劇の形をとって発達していった。寺社の保護を受けて能を演じる専門集団が現れ、奈良の興福寺を本所とした金春座、金剛座、観世座、宝生座を「大和猿楽四座」と呼ぶようになる。観世座の観阿弥（1333～1384）は、歌や舞を積極的に取り入れることで、武骨な大和猿楽を華やかなイメージに一新し、人気を博して3代将軍・足利義満の保護を受けるまでになった。観阿弥の子・世阿弥は、幼少期より足利将軍や貴族との交流から知識を得ることができたため、芸術性の高い猿楽能を完成させた。能の脚本である謡曲を数多く著すとともに、能の真髄を述べた『風姿花伝』では、「人々を感動させる仕組みとして、新しさや珍しさを花とし、一人よがりな演技をしてはならない」と戒めている。『風姿花伝』は、演技論を例にしながら、生き方や考え方の本質にふれる内容で、広く共感を呼び、現代も読み継がれている。

上流社会に好まれた洗練された能の一方で、民衆の間では素朴で娯楽性の強い能も各地の祭礼などで盛んに演じられるようになった。さらに、能の間には狂言が演じられるようになり、庶民側から大名や僧侶を風刺する喜劇として、台詞も日常会話が用いられたので、特に民衆にもてはやされた。背景には、室町時代に成長した惣村（「惣村」123ページ参照）の存在があり、民衆の地位が向上するにつれて、武家や公家だけでなく民衆が楽しむ文化も生まれたのだ。

地方への文化の普及を示す資料として、関白経験のある公家・九条政基の『政基公旅引付』には、農民が演じる能のレベルの高さに驚いたとする記録が残る。また、公家・山科言継の『言継卿記』によれば、戦国大名・今川氏の城下町・駿府（現・静岡県静岡市）で猿楽と狂言が演じられ、初日には500～600人、2日目には1400～1500人も集まったとされている。

室町幕府の弱体化も文化の地方への普及を促し、応仁・文明の乱以降、大名を頼って地方へ下る能役者が続出した。織田信長や豊臣秀吉は愛好家であり、能役者は社寺の手を離れて武家の支配を受けるようになった。豪壮な能舞台の様式が確立され、装束が一段と豪奢になったほか、現在使われている能面の型がほぼ出そろう。さらに、狂言にも名手が現れるようになった。

【 豆知識 】

1. 奈良県内を走る近鉄橿原線には結崎駅がある。観阿弥・世阿弥が結崎座として芸道に精進した本拠地と伝わるため、「能楽観世流発祥伝承地」（奈良県川西町）とされ、24世・観世左近（1895～1939）の筆による「観世発祥之地」の碑が立つ。
2. 世阿弥は能の理論の裏づけに力を注ぎ、能楽美論や作能論、作曲論、歌唱論、演技論、演出論、修行論、「座」経営論など多方面にわたる著作を行った。

127 政治 │ 将軍と管領の家督争い

　武家社会において、鎌倉時代には家督（家長権）の相続人である「嫡子」と庶子（嫡子以外の子）に財産を分配する分割相続が定められた。しかし分割相続は時が経つにつれて零細化が進み、破綻したため、室町時代には嫡子が家督（家長権）とともに、財産も一括して相続する単独相続が主流になった。家督に権限が集中すると家督争いが激しくなり、足利将軍や、要職にある管領も例外ではなく巻き込まれていく。

◆

　鎌倉幕府を支えた惣領制は、血縁的関係を重視し、宗家（本家）の首長である惣領（家督）を選ぶ際、父親の意向が絶対的な効力を持っていた。しかし、分割相続を繰り返すうちに零細化していき、鎌倉時代末期には惣領制が解体されて単独相続に移っていく（「永仁の徳政令」105ページ参照）。すると、嫡子の立場が庶子に比べて優位になり、嫡子の地位争いが激しくなった。もはや父親の意志だけでは決定できず、足利将軍や家臣の意向にも左右されるようになり、家督争いが複雑になっていた。惣領を決めるのは家中の判断であっても、室町幕府の枠組みに含まれる守護の任命権は、足利将軍が握っていたためだ。

　この変化を象徴するような家督争いが、6代将軍・足利義教が播磨（現・兵庫県）守護の赤松満祐に殺害された嘉吉の変の後、将軍権力の弱体化にともなって有力守護家や将軍家にあいついで起こった。まず、将軍を補佐する要職にあった三管領のひとつ畠山氏は、畠山持国の実子・畠山義就（1437〜1490）に家督がゆずられたものの、義就のことを快く思わない家臣が、一族の畠山政長（1442〜1493）を擁立して対立した。さらに、畠山氏と同じ三管領の斯波氏でも家督争いが発生する。跡継ぎがいないまま、惣領の斯波義健が死去したため、義健の養子・斯波義敏と、家臣が擁立した斯波義廉が家督を争うことになった。

　畠山氏、斯波氏と管領家に家督争いが続く中、将軍家では8代将軍・足利義政（1436〜1490）の弟・足利義視（1439〜1491）と、子の足利義尚（1465〜1489）を推す日野富子（1440〜1496）との間に家督争いが起こる。義政は政治への興味を失って引退することばかり考え、子がいない時期に弟の義尋を還俗（出家した者が俗人に戻ること）させ、義視と名乗らせて次の将軍にしようとした。しかしその後、義政の正室である富子が義尚を産んだため、義尚を将軍につかせたい富子と、義視を推す義政の両者は争うことになったのだ。さらに、室町幕府の実権を握ろうとして争っていた管領の細川勝元（1430〜1473）と有力守護大名の山名持豊（宗全）（1404〜1473）が家督争いに介入したため対立は激化した。ついには、守護大名が細川軍（東軍）、山名軍（西軍）に分かれて戦う応仁・文明の乱へと発展し、戦国時代が幕を開けた（「応仁・文明の乱」134ページ参照）。

豆知識

1. 畠山氏は北武蔵（現・埼玉県）の名族・秩父平氏の系譜を引くとされる。源平争乱から鎌倉幕府創立期にかけて活躍した畠山重忠が築いたとされる国指定史跡・菅谷館（埼玉県嵐山町）には、重忠の像が建てられた。
2. 斯波氏の発祥地は紫波郡（現・岩手県紫波町）とされ、鎌倉時代中頃、足利氏の一族が紫波郡の大半を所領し名乗ったことに始まると考えられている。足利尊氏は、斯波家長を奥州管領に任じ、東北地方における後醍醐天皇方の勢力に対抗させた。

128 争い｜応仁・文明の乱

　総勢約30万人の兵が京都に集結し、約11年間に及んで陣取り合戦を繰り広げた応仁・文明の乱。関ヶ原の戦いのように勝敗ははっきりしたものではなく、東軍の足利義視が東軍から西軍に移るなど、複雑な情勢であり、主要な武将が陣中で亡くなる内に終結した。長引く戦乱で京都は荒廃したが、文化や人材が地方へ伝わるきっかけになり、都市と地方の関係を考えるにあたり重要な争いだ。

◆

上御霊神社前に立つ「応仁の乱勃発地」碑

　管領家、畠山氏と斯波氏の家督争いに端を発し、足利将軍家の後継者争いに、幕府の実権掌握を狙っていた細川勝元と山名持豊（宗全）が介入し、応仁・文明の乱へと突入した（「将軍と管領の家督争い」133ページ参照）。さらに8代将軍・足利義政の後継者争いが重なる。義政が後継者に推す足利義視を擁した細川勝元は、室町幕府を本拠地とし、隣にある相国寺（「金閣・銀閣」118ページ参照）を本陣に置いた。一方で山名宗全は自身の屋敷を本陣とし、この本陣は細川勝元が本陣を置いた相国寺より西に位置したため、「西軍」と呼ばれた。そして、西軍の本陣があった場所ということから、「西陣」と呼ばれるようになった。1600年の関ヶ原の戦いでは、大部分の大名が領地の地理的な東西で、東軍と西軍に分かれて争ったのに対し、応仁・文明の乱では、京都の相国寺を境に東軍と西軍に分けた。室町時代の軍記物『応仁記』によれば、細川軍16万、山名軍11万とされる。

　戦いの当初は、現役の将軍（足利義政）を擁した東軍（細川勝元）が優勢であったが、勘合貿易（日明貿易）の利権で勝元と争っていた大内義弘（「倭寇」114ページ参照）が2万の大軍を率いて西軍に味方したため、東軍は劣勢に立たされる。とはいえ、両軍ともに決定的な勝利にいたらず、約11年間も京都に大軍が陣を敷いたまま陣取り合戦を繰り返した結果、京都中心部の大部分が戦火に焼かれて荒廃した。1477年、戦いに疲弊した両軍の間に和議が結ばれて終戦を迎え、守護大名の多くも領国に下ったが、争乱はその後も地域的な争いとして続き全国に広がった。この争乱により、有力守護が在京して幕政に参加する室町幕府の体制は崩壊した。

　勝敗ははっきりとしなかったが、応仁・文明の乱後に、日野富子が推した足利義尚（1465〜1489）が9代将軍に就任する。しかしその14年後の1487年、近江（現・滋賀県）守護・六角高頼を討伐するために出兵し、討伐に失敗したうえに陣中で義尚は病没した。守護大名との戦いにも勝てず、足利将軍の権威失墜を象徴する出来事であった。応仁・文明の乱によって京都が荒廃すると、京都の公家たちが地方の戦国大名を頼り、京都の文化が地方に伝播するきっかけとなる。特に勘合貿易で栄えていた大内氏の城下町・山口には、文化人が多く集まった。

豆知識

1. 室町幕府は段銭賦課権（土地に対する課税）の権限があったが、応仁・文明の乱の頃から、守護大名に対して一国につき100貫文をおさめさせる方法に切り替えた。室町幕府が地方の土地を支配する権利を放棄し、権限が守護大名に移ったことを示す一例である。
2. 10代将軍・足利義稙の父は足利義視である。義視は戦いの当初、足利義政によって次期将軍に推されたが、両者は仲違いをして義視は西軍に移った。戦後に、義視と義政は関係を修復し、義視の子・義稙が10代将軍に就任した。

129 外交 | 日朝貿易

　室町幕府は、明との勘合貿易（日明貿易）と同時期に、朝鮮（李朝）と日朝貿易を行った。明に対する朝貢形式とは異なり対等な関係であったが、対馬の宗氏を仲介とする手法をとり、宗氏は江戸時代まで朝鮮半島との外交を担当する特異な役割を果たしていく。また、日朝貿易の主要な輸入品である木綿は、麻布を基本としていた当時の日本のファッション事情に革命的な影響を及ぼした。

◆

　1392年、朝鮮半島では倭寇を撃退して名声を挙げた武将、李成桂（1335〜1408）が高麗を倒し、朝鮮（李朝）を建国した。朝鮮（李朝）は通交と倭寇の禁止を日本に求め、3代将軍・足利義満が応じたため、両国の間に国交が開かれる。日朝貿易は明との貿易（「勘合貿易」128ページ参照）と異なり、室町幕府だけでなく守護や国人、商人なども参加して始まったので、朝鮮（李朝）側は対馬の宗氏を通して通交についての制度を定め、貿易を統制した。1443年、朝鮮（李朝）と対馬島主・宗貞盛が結んだ癸亥約定（嘉吉条約）によって、日本からの渡航船の増加に対し、朝鮮（李朝）側が統制策を示す。宗氏はもともと、対馬などを支配した北部九州の豪族であり、大宰府の役人であった惟宗氏が武士化したとされ、鎌倉時代には地頭代、南北朝時代末期には対馬国の守護に成長した。

　朝鮮（李朝）は日朝貿易のために富山浦（釜山）、乃而浦（薺浦）、塩浦（蔚山）の3港を開き、首都の漢城（漢陽）に日本の使節の接待と貿易のために倭館を置いた。朝鮮（李朝）からの主な輸入品は織物類で、特に木綿は大量に輸入され、麻布を衣料として使っていた当時の日本人の生活様式に大きな影響を与えた。室町時代の中頃までの木綿は高価であったが、室町時代末期には木綿が三河（現・愛知県）や河内（現・大阪府）で作られるようになり、価格は安くなっていく。一方で日本からは銅や硫黄などの鉱産物や工芸品などを輸出した。1420年に来日した宋希璟（1376〜1446）は、日本滞在中の見聞と自作の詩を記した『老松堂日本行録』を残している。京都で4代将軍・足利義持に謁見した帰途、尼崎（現・兵庫県尼崎市）に宿泊したときの見聞として、「秋に耕して大小麦をまき、明年夏にそれを刈り取り苗をまく、また『木麦』（ソバ）をまいて冬の初めに刈り取る」と、農村で麦・稲・ソバの三毛作が行われていたことを記録している。

　その後、宗氏は戦国大名となり、宗義調の代に豊臣秀吉に服属し、1590年に宗義智は朝鮮通信使来日の功により、従四位下侍従・対馬守に任ぜられ、以後その官位が宗家の慣例となった（「朝鮮通信使」191ページ参照）。義智は朝鮮出兵回避のため努力したが、開戦となり、結果として日朝貿易は中断する。その後、日朝国交回復に努めて、1609年に己酉約条を結んで貿易を再開し、江戸時代を通じて日本と朝鮮（李朝）との外交の実務と貿易を独占した。

[豆 知 識]

1.「対馬宗家文書」（重要文化財）は、対馬藩主・宗家に伝わった大名家文書。江戸幕府の将軍や老中の書状など約1万4000点の文書群である。対馬藩が朝鮮（李朝）との国交を回復するために偽造した朝鮮国王印も含まれる。
2. 日朝貿易によって与えられた特権が縮小されていったのを不満に感じた日本人が、朝鮮半島で暴動を起こし、鎮圧された事件を、「三浦の乱（1510年）」と呼ぶ。

130 経済｜土倉と酒屋

室町時代に高利貸しとして力を握った土倉・酒屋は、徳政一揆の襲撃の標的になり、悪玉のイメージがつきまとう。しかし、荘園制の崩壊に直面していた室町幕府にとっては、土倉・酒屋に課す税は、貴重な収入源であった。一揆によって土倉・酒屋が破壊されることも、一揆を抑えるために徳政令によって借金を免除することも、室町幕府にとっては大きな打撃だった。

◆

『春日権現験記』に描かれた土倉

貨幣経済が浸透していた室町時代において、室町幕府の財政は銭貨の徴収によってまかなわれていた。御料所（直轄地）からの年貢米もあったが、鎌倉幕府が保有していた関東御領（「封建制度」94ページ参照）に比べると直轄地はかなり少なくなり、室町幕府の財源としては、重要性が低下していたのが実情だ。財源を確保するため、室町幕府は必要に応じて不定期な課税を行う。また、陸上交通の要所に設けた関所で徴収する関銭や、海上交通の通行税として津料を課した。多くの荘園を保有し、豊かな経済力を誇っていた禅宗寺院に対しては室町幕府が援助する代わりに、将軍参詣時の献納などさまざまな形で税を徴収した。室町幕府が財源確保のために目をつけたのが、高利貸しを営む土倉や酒屋であった。平安時代末期に宋銭が流入し貨幣経済が進展すると、僧侶や神人（神社に属する下級神職）などが有力社寺の庇護を受け高利貸しを営み、質草（質に預かった品物）を収納する倉庫が必要となったことから「土倉」と呼ばれた。土倉はもともと、漆喰で塗られた白壁を持つ耐火性の高い倉庫を指し、『春日権現験記』に描かれているのがわかりやすい。担保用の保管庫の役割を果たしていたが、金融業者そのものを指すようになった。また、貸し出しだけではなく預金業務を行い、「中世の銀行」ともいえる存在である。高利貸しとして土倉と並ぶ酒屋は、酒造業者を指すが、経済的に裕福な酒屋は土倉を兼ねていた。

室町幕府は納銭方という役職を設けて、土倉・酒屋を保護する見返りに営業税を徴収した。豊富な資金力と、室町幕府の保護を背景に力を握った土倉・酒屋は、恨みを買いやすい立場でもあり、土一揆（徳政一揆）の対象となる。京都や奈良で蜂起した一揆が、土倉・酒屋を襲うパターンが一般化するため、土倉・酒屋も用心棒を雇い、堀や溝を構築して防御を固めた。『東寺百合文書』には、木戸や堀、櫓に関する記述があり、京都市内の発掘調査でも、一揆勢から酒蔵を防衛するために築かれた可能性がある遺構が確認されている。また、酒造りに必要な麹販売をめぐって、麹販売の座を形成した北野天満宮と争い、麹販売の独占を阻止したこともあった（「座」122ページ参照）。しかし、室町幕府の支援があってこその土倉・酒屋であり、室町幕府の衰退とともに力を失っていく。

豆知識

1. 北野天満宮の座による麹販売の独占がなくなると、清酒造りが発展した。正暦寺（奈良県奈良市）は、麹と掛米（清酒の基本となる醪を作るお米）の両方に白米を使用する「諸白造り」などの技術を開発し、「清酒発祥の地」として知られるようになる。
2. 土倉や酒屋に関する研究は、江戸時代の学者・新井白石が著した『読史余論』にさかのぼるとされるが、不明点も多い。

131 暮らし・信仰 ｜ バサラ

　ゲーム「戦国BASARA」などの影響で、現在でも親しみのあるバサラという言葉。実際の「バサラ」は戦国時代より前、南北朝時代から室町時代に流行した、華美で人目をひく風俗を指す。伝統的権威を無視し、傍若無人な振る舞いをする人物を「バサラ大名」と呼び、歴史書『太平記』や法令「建武式目」にも取り上げられるなど、当時の社会に大きな影響力を持った。

◆

　鎌倉幕府が滅亡した後の混乱した社会の中で、従来の身分秩序を無視し、贅沢で派手な振る舞いや、粋で華美な服装を好む美意識が流行した。奇抜な衣装や道具を身にまとい、唐物（中国から輸入した物品）を使った室内装飾で、人目を驚かせた美意識の持ち主を「バサラ」と呼ぶ。

　この時代に新たな社会勢力として進出してきた畿内の新興武士層を担い手とし、連歌や田楽、茶寄合、生け花などの流行を先取りしていた。最近では聞きなれない言葉であるが、実際には、「バサラに耽ける」や「バサラな装い」などという風に用いられ、例えば『太平記』巻二十四条の「天龍寺建立之事」では「そぞろなるばさらに耽て、身には五色を飾り、食には八珍を盡し（以下略）」と記されている。

　バサラを体現した人物として、軍記物『太平記』に佐々木導誉（高氏）（1296〜1373）が描かれ、自由奔放な振る舞いから「バサラ大名」とも呼ばれた。京都の妙法院での振る舞いが、導誉の性格をよく表す。妙法院で導誉の部下が紅葉の美しさに思わず枝を折ってしまう事件が起き、怒った僧によって部下が痛めつけられると、導誉は自ら兵を引き連れて寺に火を放つ。妙法院は皇室ゆかりの天台宗寺院であり、比叡山延暦寺の怒りを買うことになったが、導誉は物怖じしなかった。また、1361年に南朝方に攻められた際、都落ちにもかかわらず、自身の宿所を豪華絢爛に飾って退却した逸話も残る。

　勝楽寺（滋賀県犬上郡甲良町）に伝わる『佐々木高氏（導誉）像』は、生前に描かれた僧衣姿の肖像画で、南北朝時代の数少ない似絵だ。曲禄（椅子）に腰をかけ、鋭い目つきが特徴的な像は、導誉の三男・佐々木高秀が父の姿を描き、導誉自身が賛（画中の詩や文）を書いた。この文から浮かび上がる導誉の人物像は、世間の評判などは一向に気にせず、上品な奥ゆかしいことを好み、正しい道を一心に求め、人との付き合いを大切にしている。

　室町幕府が定めた「建武式目」では、第一条で「倹約」を定めており、その文言の中で「婆佐羅」が最初に名指しされていることが、当時のバサラの影響力を表している。戦国時代末期から江戸時代初期にかけては、異様な格好をする人々を「かぶき者」と呼んだが、社会の治安を乱すこともあり、文化的な影響力を持ったバサラとは似て非なるものである。

【 豆知識 】

1. 佐々木導誉（道誉とも書く）の菩提寺である勝楽寺は、念持仏と伝わる大日如来坐像（重要文化財）、導誉の三男・佐々木高秀の画・賛になる『絹本著色佐々木高氏像』（重要文化財）などを伝える。
2. 近江佐々木氏の一族、朽木氏に伝えられた1060余通の古文書からなる『朽木家古文書』（重要文化財）のなかに、導誉が朽木氏宛に送った、吉野出兵のために上洛を促した「佐々木導誉書状」が残っている。

132 人物｜北条早雲

　北条早雲（1456～1519）は、応仁・文明の乱後に下剋上によって成り上がった、戦国大名の先駆けとされる。当時は京都だけでなく、関東でも激しい争いが繰り広げられていた。生き残りをかけた早雲は、的確に状況を見極めて戦い、すぐれた民政手腕によって支持を集めることで、新たなリーダー像を示した。

◆

小田原駅にある北条早雲の像

　応仁・文明の乱より前、6代将軍・足利義教が鎌倉公方・足利持氏を討伐した（「足利義教の恐怖政治」126ページ参照）。その後、関東では持氏の子・足利成氏が鎌倉公方になったが、成氏と、鎌倉公方を補佐する関東管領・上杉氏の対立から争いに発展する。鎌倉公方の成氏は鎌倉を追われるも、古河（現・茨城県古河市）へ逃れて「古河公方」と称した。一方で鎌倉には8代将軍・足利義政の庶兄・足利政知（1435～1491）が派遣されたが、関東の諸将に支持されず、堀越（現・静岡県伊豆の国市）で「堀越公方」と称した。政知の死後を狙って堀越公方を滅ぼし、戦国大名に成長したのが北条早雲（伊勢宗瑞）である。

　早雲の出自には主に5つの説があり、そのなかの「備中伊勢氏説」によると、備中高越山城（岡山県井原市）の伊勢盛定の子として生まれ、一時、京都伊勢氏の伊勢貞高の養子となった。応仁・文明の乱が勃発すると、足利義視に従って京都から伊勢に落ちのび、伊勢にとどまったと考えられている。義視は義政の弟であり、次期将軍として東軍に担がれたものの義政との対立から西軍に移り、さらに京都から伊勢へ下向した人物だ。その後、駿河（現・静岡県）の守護大名・今川義忠へ嫁いでいた姉の北川殿に誘われて今川氏に仕官する。義忠の死後、今川氏の内紛に介入して甥の今川氏親を家督につけ、1487年に興国寺城（静岡県沼津市）を与えられて拠点とした。1493年には、跡継ぎ問題で混乱する堀越公方を滅ぼして伊豆（現・静岡県）を奪う。この時、伊豆一帯に「風病」（風邪の一種）が流行していたため、早雲は京都や駿府から薬を取り寄せ、農民たちに飲ませて病気を治したと『北条五代記』に記されている。さらに、これまで「五公五民」だった年貢（収穫量の5割）を「四公六民」（収穫量の4割）に引き下げた。優れた民政手腕によって、早雲は人心を掌握していったのである。

　早雲が定めた「早雲寺殿廿一箇条」には、掃除に水を使うにあたり、適任者に掃除をすべきところを調べさせてから水を使うようにと説いている。さらに同時代に生きた連歌師・宗長は、早雲を「針すらも蔵に蓄えるが、戦いがあれば高価なものでも打ち砕いてしまう」と評している。早雲の教えが効いたのか、早雲の死後に北条氏は相模（現・神奈川県）の小田原城を本拠地とし、子の北条氏綱、孫の北条氏康によって、関東の大半を支配する大名に成長した。

豆知識

1. 北条早雲は大徳寺（京都市北区）で禅を学んだ時期があり、小田原は臨済宗大徳寺派と深く関わっていた。茶の湯が盛んな大徳寺の影響を受けた影響か、小田原で鋳造された湯釜「小田原天命」が一世を風靡した。
2. 早雲寺（神奈川県箱根町）は1521年に北条早雲の子・北条氏綱によって創建された臨済宗大徳寺派の古刹（古くて由緒正しい寺のこと）。北条家の菩提所として栄えたが、1590年に豊臣秀吉の小田原攻めで焼失し江戸時代に再建された。

133 文化・芸術｜御伽草子

『一寸法師』や『浦島太郎』など、昔話として現代まで親しまれている作品は、御伽草子のひとつのジャンルに過ぎない。また、「身分が低い主人公が出世をとげる」というおなじみの展開は、戦国時代に盛んになった下剋上の風潮を表しているとされる。人々の間で語り継がれたという特性もあるので、当時の人々の声に耳を傾けるつもりで読んでみたい。

◆

一寸法師（御伽草子）

御伽草子は、絵の余白に当時の話し言葉で書かれている形式のものが多く、読み物としてだけでなく、絵を見て楽しむこともできた。文化が地方や民衆に伝播し、庶民に愛好された室町時代を象徴する芸能といえる。

当時の読書は黙読ではなく、音読が多かったと考えられており、物語は語られ、聞かれる作品であった。そのため、同じ語句が何度も繰り返されたり、よく似た言い回しが別の作品にあったりするのが御伽草子の特徴である。また、ほとんどの作品は作者がわかっておらず、人々の間で語り伝えられていった文学だということを示す。応仁・文明の乱による不安な社会状況を反映し、平和や豊かさへの願いとともに、庶民の明るい笑い声も包み込んだ世界が展開されている。

数ある御伽草子の中で、『浦島太郎』や『一寸法師』のように、今も昔話として残っている作品はほんの一部だ。そもそも御伽とは、「貴人・敬うべき人のための話し相手になる」という意味があり、現代に親しまれている多くの昔話のように、必ずしも子どもを対象にしたものではない。『浦島太郎』や『一寸法師』は「庶民物」というジャンルに分類され、他にも平安時代以来の物語に通じる貴公子や姫君を主人公とした「公家物」や、源義経や弁慶などの武士を主人公にした「武家物」などのジャンルがある。平安時代末期から鎌倉時代に成立した『鳥獣戯画』に始まる擬人化表現を踏襲し、人間以外のものが主人公になった「異類物」も特徴的なジャンルだ。「異類物」に分類される『百鬼夜行絵巻』は、楽器や仏具、鍋などの日用品に霊が宿り、夜中にひつぎから出て暴れ回り、日の出とともに退散する「付喪神」と呼ばれる化け物が、現代の漫画に近いタッチで描かれている。『百鬼夜行絵巻』をモチーフにした『百鬼夜行図』は江戸時代以降にも描かれ、幕末の狩野派絵師・河鍋暁斎や、肥後（現・熊本県）細川家の御用絵師・尾田郷澄が描いた作品が残る。

身分の低い主人公が、思いもよらない出世をとげる「立身譚」も描かれた。よく知られる『物ぐさ太郎』や『一寸法師』が該当し、室町時代後半には身分や出自に関係なく、実力で権力を握ることができた「下剋上」の風潮が、作品に影響を与えた可能性が指摘されている。

豆知識

1. 『浦島太郎』や『カチカチ山』などの昔話を、文豪・太宰治（1909～1948）がアレンジした作品が『お伽草紙』だ。ユーモラスな口調を生かしながらも、人間を鋭く描写している。太平洋戦争中、本土空襲を逃げ延びながら執筆し、戦後に表現の一部を改めた。

134 政治 | 分国法

　応仁・文明の乱に始まった戦国の争乱のなかから、地方に根を下ろした実力のある支配者（戦国大名）が台頭してきた（「応仁・文明の乱」134ページ参照）。戦国大名たちは室町幕府が定めた法に従わず、各自で分国法を定めて独立を保った。ただし分国法が定められた時代には60年以上の開きがあり、大名と家臣による相互協約の性格を持つものなど時期によって内容はさまざまである。また、分国法を定めた戦国大名は少数派であり、しかもほとんどが敗れ去った一面もあり、戦国大名にとって分国法は不可欠な存在ではなかったといえる。

◆

　16世紀前半、いまだに近畿地方では室町幕府における主導権をめぐって、細川氏を中心とする権力争いが続いていたが、他の地方では自らの力で領国（分国）を支配する地方権力、「戦国大名」が勢力を伸ばしていた。戦国大名は、家臣団統制や領国支配のための政策を次々と打ち出し、領国支配の基本法である分国法を制定する者もあった。分国法は、幕府法や守護法を継承し、国人一揆の規約を吸収した法などが見られ、中世法の集大成的な性格を持っていたのだ。

　ひとくくりに分国法といっても制定の時期には約60年の幅があり、伊達稙宗（1488〜1565）が定めた『塵芥集』は1536年、最も新しいとされる四国の長宗我部元親（1538〜1599）が定めた『長宗我部氏掟書』は1596年に制定された。

『塵芥集』は171条からなり、犯罪や年貢滞納に関する連座制（罪を犯した本人だけでなく家族などにも刑罰を及ぼすこと）の規定が特徴的である。一方で、『長宗我部氏掟書』や武田信玄（1521〜1573）が定めた『甲州法度之次第』には、喧嘩両成敗法など戦国大名の新しい権力としての性格を示す法もみられる。喧嘩両成敗の目的は、家臣相互の紛争を自分たちの実力による私闘（喧嘩）で解決することを禁止し、すべての紛争を大名による裁判に委ねさせ、領国の平和を目指した。

　必ずしも、戦国大名の権力が強大だったために制定したものばかりではない点にも留意したい。近江（現・滋賀県）の六角氏が定めた『六角氏式目』は、六角氏の重臣たちが67条の法度を起草し、当主の六角義治、さらに引退したものの家中に絶対的な影響力を持つ父・六角義賢も、家臣と同様に法を守ることを誓っている。主君と家臣の相互協約ともいうべき性質であった。

　戦国大名の領国経営の性格を表すうえで、分国法は大きな特徴であるが、全ての戦国大名が分国法を定めているわけではなく、分国法を定めた戦国大名のほとんどが敗れ去った。今川義元や武田信玄、朝倉氏などが該当し、天下統一の主役となっていく織田信長や豊臣秀吉、徳川家康には分国法を定めた形跡がない。例えば信長は13条からなる楽市令を出して、城下町における自由な経済活動を保証した。分国法から脱し、新たな時代を切り開いたといえるだろう。

豆 知 識

1. 分国法の条数にも大きな差がある。『塵芥集』は「塵（ちり）」や「芥（ごみ）」のような些末な条文まで収録したとされ、171条にも及ぶ。一方で、『朝倉孝景条々』は17条、『六角氏式目』は67条、『甲州法度之次第』は26条（のちに55条）である。

135 争い｜戦国大名

「守護大名ののちに成長した戦国大名」と説明されることの多い戦国大名だが、守護大名から戦国大名になった例はまれである。実際には、守護大名に代わり、現地で力を持った守護代や国人が戦国大名化した例がほとんどだ。新たな信頼を獲得するためには戦いに強いだけでは不十分であり、武力闘争のかたわら、領国のインフラや経済を整える経営手腕も求められたのが、戦国大名の実情である。

◆

武田信玄肖像

足利将軍と有力守護大名が争った、応仁・文明の乱が終わり、地方で力をつけた実力者たちが、戦国大名に成長したとされる。ただし、守護大名から戦国大名に成長した例は武田氏や島津氏などごく少数であり、実際には、守護を補佐していた守護代から身を起こし、戦国大名に成長した例が多い。

というのも、京都に滞在することが多い守護に代わり、守護代が在地に力を持ったためである。織田信長のように国人領主が戦国大名化した例もあり、国人一揆を結んで戦国大名に成長した安芸（現・広島県）の毛利元就の例もある。「戦国大名の先駆け」とされる北条早雲は、いずれにも該当しない珍しい例であった。

成長の過程はさまざまであるが、戦国大名として権力を維持していくためには、激しい戦乱で領地支配が危機にさらされた家臣や、生活をおびやかされた領国民の支持が必要であった。戦国大名には「軍事指導者」かつ「領国支配者」としての実力が求められ、室町幕府が任命する守護のような役職は通用しなくなっていたのである。

まず「軍事支配者」として、新しく服従させた国人や、成長著しい地侍を家臣に組み入れた。収入額を銭に換算した「貫高」という基準で統一し、収入を保障する代わりに、彼らの貫高にあった軍役を負担させた。この貫高制により、戦国大名は家臣団に組み入れた地侍を有力家臣に預けて組織化し、鉄砲や長槍などの新しい武器を使った集団戦を可能にした。

さらに「領国支配者」として、家臣団統制や領国支配のための政策を打ち出し、分国法を制定する者も登場する（「分国法」140ページ参照）。戦国大名は有力な商工業者を取り立てて、領国内の商工業者を統制させ、城や城下町の建設、鉱山の開発、大河川の治水・灌漑などの事業を行った。例えば、騎馬隊を率いて戦いに明け暮れたイメージがある武田信玄は、河川の氾濫を抑えて農業振興を図るために「信玄堤」と呼ばれる堤防を築いた。魅力的な町づくりも、ライバルの戦国大名に勝つための重要な要素であったのだ。

豆知識

1. 守護大名から戦国大名に成長したのは、約150家の中の少数派だった。甲斐（現・山梨県）の武田氏や駿河（現・静岡県）の今川氏、近江（現・滋賀県）の六角氏、豊後（現・大分県）の大友氏、薩摩（現・鹿児島県）の島津氏など。
2. 織田信長は城下町の整備にも手腕を発揮した。小牧山城（愛知県小牧市）で自由な商取引の実現を目指し、岐阜城（岐阜県岐阜市）には市場を設け、安土城（滋賀県近江八幡市）では一大商業拠点を築き上げた。

136 外交｜琉球王国

　沖縄に点在する約300のグスク（城）跡が、14世紀頃まで続いた争いの歴史を物語る。争いを収束した尚巴志（1372～1439）が、1429年に琉球王国を建国し、1879年までの約450年間にわたって存在した。本拠地・首里城に中国と日本の築城術を融合させたように、さまざまな国の文化を吸収して独自の発展を遂げるとともに、特異な支配体制に組み込まれていた。

◆

首里城（2019年焼失以前）

　沖縄の古称である「琉球」は、中国の唐代に編纂された『隋書』に「流求」とあるのが初見とされる。「琉球」の呼び方が定着した14世紀頃、琉球は「三山」とも呼ばれる、北山（北山）・中山・南山（山南）の地方勢力が成立して争っていた。佐敷（現・沖縄本島南部）から攻め上がった尚巴志が、浦添城（浦添市）を攻略して中山王となり、北山の今帰仁城（今帰仁村）、南山の大里城（南城市）も勢力下に置き、1429年に三山を統一して琉球王国が誕生した。

　琉球王国は那覇港（旧那覇港）を開港し、明や日本などと国交を結ぶとともに、海外貿易を盛んに行った。琉球船は、南方のジャワ島やスマトラ島、インドシナ半島などにまでその行動範囲を広げ、明の海禁政策のもと、東アジア諸国間の中継貿易に活躍する。さらに琉球王国の本拠地として築かれた首里城は、曲線を描いた高さ約6～10mの城壁で囲み、13の城門を備え、信仰上の聖地である御嶽を設けた、壮大なグスクであった。グスクは奄美諸島や沖縄諸島、宮古島など広範囲にわたって300ほど点在した。そのなかでも首里城に見られる築城術は特異で、随所に中国と日本の建築文化の影響を受けているとされる。

　1609年、琉球王国は薩摩（現・鹿児島県）の島津軍に征服され、薩摩藩の支配下に入った。薩摩藩は琉球に検地を行って農村支配を確立したうえ、通商交易権も掌握する。さらに琉球王国の尚氏を、石高8万9000石余りの王位に就かせ、独立した王国として中国との朝貢貿易を継続させる。薩摩藩は琉球産の黒砂糖を薩摩藩に上納させたほか、琉球王国と明（のちに清）との朝貢貿易によって得た中国の産物も送らせた。さらに琉球王国は、江戸幕府の将軍が代替わりすると慶賀使、琉球王国の国王が代替わりすると謝恩使を江戸に参府させ、島津氏にともなわれていくのが慣例となっていた。

　江戸時代以降の琉球王国は、事実上は薩摩藩に支配されながら、名目上は明や清を宗主国とする両属関係にあった。この関係は、明治政府が琉球王国を日本領とする方針に転換する1872年まで続き、琉球王国は1879年まで存続する（「沖縄県と北海道」261ページ参照）。

（「沖縄県と北海道」261ページ参照）

豆知識

1. 1853年5月26日、アメリカ東インド艦隊司令長官・ペリーが日本開国の目的で琉球に立ち寄り、那覇港から上陸した。ペリー艦隊一行は6月6日に首里城を訪問し、その後、那覇港を拠点として、小笠原諸島や浦賀、函館などを訪問した。
2. 首里城は王位争いや失火で3度焼失後、沖縄戦で灰燼に帰した。正殿などの主要建造物は1992年に復元されたが、2019年に再び焼失。遺構として残るのは、正殿の基壇や、国王が安全祈願をした園比屋武御嶽石門などである。

137 経済 | 撰銭令

　貨幣経済が浸透するなかで、室町幕府は日本での鋳造を認めず、中国で鋳造された銭貨（明銭）に頼ったが、銭貨の数量に限りが出ていた。そのため、何度も使って質が落ちたり、自前で作ったりする悪質な銭貨が流通し、経済活動に混乱をもたらすことになる。室町幕府は銭貨の使用を統制する撰銭令を出し、織田信長のように交換比率を定めた柔軟な対応策を出す大名も現れた。

◆

　平安時代末期に始まった貨幣経済を維持するために、室町時代には明から流入した永楽通宝などの銭貨が使用されたが、銭貨の需要が増大するにつれ、粗悪な私鋳銭（私的に偽造した銭貨）が流通するようになる。また、同じ銭貨を繰り返し使うことで銭貨が擦り減り、傷つくこともあった。こうした見た目の悪い銭貨を「悪銭」（鐚銭とも）と呼び、取引にあたって悪銭を嫌って、良質の銭貨（精銭）を選ぶ撰銭が行われて、円滑な流通が阻害されていた。

　例えば、京都の東寺に伝えられた『東寺百合文書』の中に「悪銭替事」という記録があり、東寺領の荘園から上がってきた年貢に悪銭が混ざっており、東寺は会議で検討した結果、5分の1は悪銭で受け取ることにし、残りは精銭で納め直すようにと命じている。額面通り使用することができない悪銭を、東寺が嫌った当時の状況を示している。

　また、一乗谷朝倉氏遺跡（福井県福井市）の発掘調査からは、偽造された銭貨が存在した可能性が指摘されている。出土した2万8000枚余りの銭貨のすべてが銅銭であり、約95％を中国製の銅銭が占め、残りはベトナム銭や琉球銭などである。さらに、中国銭を元に造られた銭貨が数パーセント含まれることもわかっており、銭写（コピー）が繰り返されたことから文字が不鮮明であり、元の銭貨より小型で薄く粗悪なものが多い。

　銭貨の質が一定でないために撰銭が行われるが、撰銭によって円滑な経済活動が阻害されてしまっていた。この問題を解決するため、室町幕府は悪銭と精銭の混入比率を決め、一定の悪銭の流通を禁止する代わりに、特定の銭貨を強制的に流通させる撰銭令を発布する。例えば、1505年に室町幕府が出した撰銭令は、銭貨全体の流通を阻害するような粗悪な銭貨の使用を禁止する代わりに、それ以外の銭貨は「1枚＝1文」で使わせようとした。

　次第に、戦国大名も各自で撰銭令を発布するようになり、織田信長も当初は室町幕府と同様に撰銭を禁止した。しかし信長は途中で方針を転換し、すでに室町幕府などによって出された撰銭令で禁止された銭貨の使用を認め、各銭貨の価値によって、銭貨の交換比率を定める。撰銭令をめぐる対応でも、信長は独自の対応を打ち出したが、1636年に寛永通宝が発行されるまで、通貨の品質が安定するには時間がかかった。

豆知識

1. 堺環濠都市遺跡（大阪府堺市）では、文字を持たない無文銭と、北宋銭を中心とした中国銭の鋳型が同じ場所から出土している。撰銭令で無文銭は排除されたが、堺では何か目的があって無文銭が造られていたと考えられている。

2. 最初の撰銭令とされるのは、1485年に有力守護大名・大内氏が出したものである。大内氏は勘合貿易（日明貿易）の中心人物であり、永楽通宝や洪武通宝が撰銭の対象となっている。

138 暮らし・信仰 | 足利学校

応仁・文明の乱によって京都が荒廃すると、地方へ移った公家たちが文化を伝播させた。この情勢よりも前から、関東では儒学・易学の教育機関である足利学校が再興され、全国から集まった禅僧や武士が高度な教育を受けていた。足利学校は江戸幕府に継承され、徳川幕府と密接な関係を築くことになる。さらに足利学校に対する想いは今も生き続け、約10年かけて江戸時代の姿に復元された。

史跡足利学校の外観

足利氏の祖・源義康は、鎌倉幕府に仕えた御家人であり、足利(現・栃木県足利市)に居館「足利氏館」を建てて本拠地としたことから、足利氏を名乗るようになった。この足利氏館に隣接するように立つのが、「坂東の大学」と呼ばれた教育機関、足利学校である。

足利学校の起源には諸説あり、奈良時代の国学の遺制であるという説や、平安時代初期の公卿・小野篁創設説、鎌倉時代初期の足利義兼創設説などがある。歴史が明らかになるのは、室町時代中期に関東管領・上杉憲実(1410～1466)が再興したときである。憲実は、主君である鎌倉公方・足利持氏が室町幕府に反抗的であったため不和になり、6代将軍・足利義教の協力を得て、持氏を滅ぼした人物として知られる(「足利義教の恐怖政治」126ページ参照)。この争い(永享の乱)が終結した1439年、鎌倉から禅僧の快元を招き、初代の庠主(校長)に迎えて足利学校を再興し、その後は代々、禅僧が庠主を務めた。憲実の子・上杉憲忠や、子孫の上杉憲房も貴重な書籍を寄進するなどして、足利学校の基礎が固まっていった。

永正年間(1504～1521)から天文年間(1532～1555)には「学徒三千」とされ、事実上の日本の最高学府となる。1549年に来日したスペイン人宣教師・フランシスコ=ザビエルは、「日本国中最も大にして最も有名なる坂東の大学」と海外に伝えるほどであった。

室町時代最後の庠主・閑室元佶は、徳川家康の信任が厚く、京都の伏見に圓光寺を建立し、足利学校にならって学校にすると、僧俗を問わず入学を許した。家康の下で「詩経」の講義、漢籍の出版などで活躍し、閑室元佶と江戸幕府との結びつきから、足利学校は100石の土地の領有権を保証された。庠主は将軍の1年間の運勢を占い、将軍に献上する役割もあった。幕末の志士・吉田松陰や学者で画家の渡辺崋山など、江戸時代を通じて多くの文人が訪ねている。

明治時代には、僧侶の庠主制度を改めて教頭などを置き、建物の一部は小学校になった。1982年、小学校の移転を契機に史跡の保存整備事業に着手し、1990年に江戸時代中期の姿によみがえった。2015年には、「近世日本の教育遺産群―学ぶ心・礼節の本源―」として文化庁が選ぶ日本遺産に登録され、足利学校のあり方が注目されている。

豆知識

1. 足利氏の祖とされる源義康が構えた屋敷跡は、足利氏館として鎌倉時代の武士の館の面影を残し、足利一門の氏寺となった鑁阿寺本堂は、落雷で焼失後に1299年に改修され、2013年に国宝に指定された。
2. 日本遺産「近世日本の教育遺産群―学ぶ心・礼節の本源―」の主な構成資産は足利学校の他に、旧弘道館(茨城県水戸市)、旧閑谷学校(岡山県備前市)、咸宜園跡(大分県日田市)である。

139 人物 | 織田信長

織田信長（1534～1582）は、居城移転や楽市楽座、兵農分離など、革新的な施策を次々と打ち出し、「革命児」と称される。何より、絢爛豪華な天守を中心とした安土城の築城は衝撃的であり、城は軍事施設だという既成概念を覆し、権力の象徴へと意識を変革させた。信長の死後、信長に関する遺構はほとんど残っていないが人々を引き付けるカリスマ性は今日も健在だ。

◆

織田信長肖像画

織田信長が全国に名を轟かせたのは、駿河（現・静岡県）の戦国大名・今川義元を破った桶狭間の戦い（1560年）だ。今川軍に対して10分の1にも満たない兵で挑んだが、実際には奇襲ではなく少数の兵で勝てるように綿密な策を立て、正攻法で破ったと考えられている。その後の1563年、信長は小牧山城（愛知県小牧市）に居城を移し、1567年に美濃（現・岐阜県）の斎藤氏を滅ぼして岐阜城に移ると、「武家が天下を治める」という意味を込めた「天下布武」の印判を使用して上洛を目指した。この居城移転は革新的な手法であり、家臣ごと本拠地を移すという戦略を可能にしたのは、兵農分離による職業軍人化によって、土地に縛られない家臣団を形成したためだ。

1568年に信長は、足利義昭（1537～1597）を立てて入京し、義昭を15代将軍につける。3年前の1565年、13代将軍・足利義輝が戦国武将の三好氏や松永氏に暗殺され、義昭は京都から逃れていた。恩賞として義昭は信長を管領や副将軍に任命しようとしたが、信長は断っている。いずれ義昭を追放したい信長からすれば、室町幕府のポストにつくと、義昭に対する謀反という形になり、世間の批判を想定したと考えられるためだ。このように革新的な考え方を持つ信長には敵も多かった。姉川の戦い（1570年）で有力大名の浅井長政と朝倉義景を破った。翌年には比叡山延暦寺を焼き打ち、1573年には「反信長包囲網」を導いた義昭を京都から追放して室町幕府を滅ぼした。さらに長篠・設楽間の戦い（1575年）では鉄砲を大量に用いた戦法で、騎馬隊を中心とする武田勝頼（1546～1582）軍に大勝する（「長篠・設楽原の戦い」148ページ参照）。その戦い後に築城された安土城は、城郭史上で画期的な影響を及ぼした。山上にそびえる外観5重の天主（※安土城と坂本城のみ「天守」を「天主」と表記）は、金箔を使った絢爛豪華な建造物であり、石垣造りの土台が天主を支え、「権威を見せつける城」として威容を誇るようになった。信長は新城築城の許認可権を握り、家臣への恩賞のなかに新城築城許可が加わった。そのため安土城以降、天守を構築し、瓦や石垣を使用した「近世城郭」が、飛躍的に増加していく。経済政策にも余念がなく、自治都市として栄えていた堺を従わせ、楽市令によって自由経済を保証した（「楽市令」150ページ参照）。

近畿、東海、北陸地方を支配して天下統一事業を完成しつつあった1582年、京都で滞在中の本能寺にて家臣の明智光秀（1528？～1582）に背かれて敗死した。本能寺の変の数日後には、信長の偉業を象徴した安土城も焼失し、実態は謎に包まれてしまった。

〔 豆 知 識 〕

1. 織田信長との争いに敗れた15代将軍・足利義昭は鞆（現・広島県福山市）へと落ちのび1573年に室町幕府は滅亡した。しかし、征夷大将軍の職は罷免されておらず、豊臣秀吉による政権下の1588年に将軍職を辞し出家している。

140 文化・芸術 | 書院造と枯山水

　8代将軍・足利義政（あしかがよしまさ）（1436～1490）の時代に盛んになった東山文化は、禅の精神や、幽玄、侘びなどの精神性が重んじられた。その精神性は書院造と枯山水に代表され、東山文化を象徴する銀閣がその先駆けといえる。銀閣のように部屋を仕切り、畳を敷くようになったのは室町時代に入ってからであり住宅様式の変革であった。

◆

龍安寺石庭

　応仁・文明の乱の後、8代将軍・足利義政は京都に東山山荘を造営し、祖父である3代将軍・足利義満にならって観音殿を建てた（「金閣・銀閣」118ページ参照）。この時期の文化は東山山荘に象徴されることから「東山文化」と呼ばれ、禅の精神に基づく簡素さと、伝統文化である幽玄や詫びを精神的な基調としていた。義政の死後、東山山荘は慈照寺と改められ、慈照寺の持仏堂にあたる「東求堂（とうぐどう）」の中に、「同仁斎（どうじんさい）」と呼ばれる四畳半の部屋が作られ、義政の書斎および茶室として使われた。一般に「慈照寺東求堂同仁斎」と呼ばれるこの部屋の書院造こそ、現在の和風住宅の原型となったとされる。

　言い換えれば、現代のような一戸建て住宅に近い住居は、室町時代までなかった。室町時代以降の新しい住宅様式の特徴として、間仕切りによって一棟を数室に分けた点が挙げられる。それにともない、襖（ふすま）などを用いた引き違いの戸が一般化するようになった。さらに、畳を部屋一面に敷き詰めるようになったが、それまでは現在の和室のように畳は敷き詰められておらず、広い部屋の一部に2枚ないし3枚の畳を置いて座る程度であった。間仕切りを設けて一つの部屋が小さくなったので、畳を敷き詰めるようになったと考えられる。

　書院造の登場によって、床の間が出現し、小さな部屋ができたことによって、夜の灯火にも変化が見られるようになった。灯油を使った灯明皿（とうみょうざら）や行灯（あんどん）は、ようやく室町時代になって一般化し、明るい夜を送る人々が増加したのだ。ただし、実際この時期に、書院造の建物に住んだ人は少数で、ほとんどは土間に藁（わら）を敷き、藁にもぐって寝ていたと考えられる。それでも新しい住宅様式の成立によって、座敷の装飾が盛んになり、掛軸や襖絵などの絵画、床の間を飾る生花や工芸品を発展させる契機となった。水墨画や茶道もこの時期に生み出されていく。

　書院造の住宅や禅宗様の寺院には、岩石と砂利を組み合わせて象徴的な自然を作り出した枯山水が設けられた。代表的な龍安寺石庭（りょうあんじせきてい）は、長方形の平庭に白砂と大小15の石を配置し、「虎の子渡し」と呼ばれる。龍安寺は管領・細川勝元（ほそかわかつもと）が創建した。応仁・文明の乱で焼失後、子の細川政元（まさもと）が再建し、石庭もこのときに築造されたと伝わるが、作庭者はわかっていない。極端なまでに抽象化された構成に、作庭者が何を託したのかも謎に包まれているが、枯山水の精神性は今も多くの人を魅了し続けている。

【 豆知識 】

1. 平安時代に書かれた庭園書『作庭記（さくていき）』は「枯山水」という語の初出文献とされるが、「池を中心に設計される寝殿造庭園の中で、水手から離れた場所に作られる石組みを指す局部的手法」を示し、室町時代に流行した枯山水様式とは異なる。

2. 禅に影響を受けたApple創業者・スティーブ・ジョブズも枯山水を好んだとされる。

141 政治 刀狩り

　1588年、天下統一を目前にした豊臣秀吉（とよとみひでよし）（1537〜1598）は、農民から刀や槍（やり）、鉄砲などの武器を取り上げる刀狩令を出した。身分が下の者が上の者を倒す下剋上の風潮のなか、低い身分に生まれながら武器を持ち天下人まで上りつめた秀吉は、自分のような下剋上の申し子が出る可能性をつぶそうとした。

◆

　秀吉の刀狩令は全3条で、「農民が武器を持つことを固く禁じる」こと、「取り上げた武器は大仏の釘（くぎ）やかすがいにする」こと、「農民は農具だけを持って耕作に励むことが幸せである」ことが書かれている。集めた武器を釘やかすがいに鋳直して使うとあるが、当時から「実際は一揆ができないようにするためである」といわれていた。

　刀狩りによって各地で武器が没収された。では農民はその後、武器を一切持たなくなったのかというと、そうではない。例えば江戸時代の信濃国松本藩や上田藩では、領内の村が所持する鉄砲の数は藩や藩士の持つ数よりずっと多かったという。とはいえこれらの鉄砲は、主に猟や害獣への威（おど）しとして用いられたようだ。江戸時代には耕地面積が大きく伸びたが（「新田開発」178ページ参照）、その裏には鉄砲を持ち害獣と戦った農民の姿を思い浮かべることもできそうだ。

　刀狩令で取り上げられた、もしくは取り上げようとした武器は、刀や脇差（わきざし）が中心だった。刀や脇差は接近戦に用いるもので、遠距離から攻撃できる弓や鉄砲、槍の方が脅威になりそうなものである。にもかかわらず、没収した武器を提出したら奉行に「刀と脇差が少ない」と言われた例もある。

　一方で出雲大社領には、神官に対して「地域を管轄する人だから、刀と脇差を持つことを許す。普段から帯刀するように」という書状が残っている。出雲大社の例からは、帯刀が許可された人がいること、許可されたのは政権の支配の一端を担う立場の人であることが読み取れる。つまり、身分によって帯刀の権利が奪われたり、与えられたりしたのである。

　刀狩令は、武器を取り上げることで百姓の一揆を防ごうという政策である。ただしそれだけでなく、身分によって帯刀する権利を与えるという、身分政策でもあった。帯刀が身分を表すものとなり、江戸時代の武士の特権である名字・帯刀につながっていく。

〔 豆 知 識 〕

1. 秀吉は高野山に対し「僧が学問をせずに武器を持つのは悪逆無道のことだ」と言っており、百姓は耕作、僧は学問に専念するべきという考えを持っていた。
2. 九州の島津義弘（しまづよしひろ）は、国許にいてまったく刀狩りを進めない兄・義久（よしひさ）に対し「他の国々では早々に武器を提出しています。島津はまだ提出しておらず、疑われています。島津の長い刀はこちらでも有名なので、短い刀ばかり提出するのはよくありません。長いのと短いのを混ぜて、たくさん刀を提出してください」という書状を送っている。政権と、政権に非協力的な兄に挟まれた義弘の気苦労が垣間見える。

142 争い｜長篠・設楽原の戦い

　1575年、織田信長（1534～1582）・徳川家康（1542～1616）の連合軍が三河（現・愛知県新城市）で武田勝頼（1546～1582）を破った。一般に長篠の戦いと呼ばれるこの戦いは、長篠城をめぐる攻防戦と、設楽原の戦いの2つからなる。「戦国最強」といわれた武田騎馬隊を大敗させたのは、3000丁（1000丁とも）の鉄砲と馬防柵だった。

◆

長篠合戦図屏風

　戦いのきっかけとなる長篠城は、徳川方から武田方に、そしてまた徳川方へとその所有が移り変わっていた。城の奪回をめざす勝頼は大軍を率いて城を囲む。家康はすぐに信長に救援を要請、信長も応じ、5月17日に織田・徳川両軍が集結した。

　翌日、設楽原に陣をしいた信長は、川のそばに防御用の木柵を三重に作らせ、さらに空堀を掘らせて土塁を築く。一方、信長の出陣を知った勝頼は、一部の兵力を長篠方面に残し設楽原方面に移動を始める。ところが残した兵力を背後から突かれて、押し出される形で武田軍全体が設楽原に出てきて合戦となった。三重の柵が勝頼軍を阻み、信長の足軽鉄砲隊によって武将が次々と討ち取られ、勝頼はわずか6騎で敗走した。

　この戦いでは、足軽鉄砲隊が3000丁の鉄砲を1000丁ずつに分けて3列に並べ、号令で最前列が一斉に発砲し、次は2列目が最前列となって発砲するという「三段撃ち」「三段装填法」が用いられたとされてきた。しかし現在は見直され、3丁1組で取り組まれたとされている。

　とはいえ、長篠・設楽原の戦いは、初めて鉄砲を主要兵器にすえた戦いであった。その実現に信長の特色を見ることができる。多量の鉄砲を用意できた経済力は、尾張と美濃の穀倉地帯としての豊かさ、伊勢湾舟運とそれに関わる商品流通が基盤となっている。将軍・足利義昭から勧められた副将軍就任を蹴って、代わりに堺と大津・草津を直轄地にと求めたことも大きく影響している。

　また、訓練を積んだ足軽鉄砲隊は、兵農分離により常備軍団を組織したことで実現した。そして何より、命をかけた戦いに前例のない戦法を導入できたのは、信長の命令が絶対の独裁体制を敷いていたからである。

豆知識

1. 救援要請を受けた信長は、岐阜から三河に向かう途中で熱田神宮の八剣宮が壊れているのを見て、造営を命じた。この任についた大工・岡部又右衛門は、のちに安土城の建設を担当している。

143 外交 | 南蛮貿易

「襦袢」「かるた」「タバコ」と聞くと、いかにも古くから日本にある言葉のように思えるが、これらはポルトガル語が日本語化されたものだ。これらの言葉は南蛮貿易を経て、日本の日常に定着した。15世紀半ばから始まった大航海時代、ヨーロッパ諸国が世界に進出して世界の一体化が進むなか、日本は鉄砲伝来という形でヨーロッパと出合う。

◆

　南蛮は南方の外国という意味で、ポルトガルやスペイン、イタリアなど南欧系の人々を南蛮人と呼んだ。彼らとの貿易を南蛮貿易という。きっかけは1543年（1542年とも）、種子島に漂着した船に乗り込んでいたポルトガル人によって鉄砲が伝えられたことだ。ただし、このとき漂着した船はポルトガル船ではなく中国の船で、持ち主とされる王直は、当時平戸を拠点としていた倭寇の首領だった。倭寇は海賊だが貿易商人でもあるから、ポルトガル人は倭寇と結びつき、東シナ海に進出していたようだ。この6年後には、イエズス会の宣教師フランシスコ＝ザビエルが来日して日本にキリスト教を伝え（「キリスト教布教」151ページ参照）、翌年平戸にポルトガル船が入港した。スペイン船は少し遅れて1584年に来航している。

　ヨーロッパ人との交易というと、ヨーロッパから直接船がやってきてヨーロッパの産物をやりとりするように思えるが、これは違う。ポルトガルはインドのゴアや中国のマカオに、スペインはフィリピンのマニラに拠点を持っていたし、日本に持ち込まれた交易品は主に中国産の生糸で、次いで戦国大名の求める鉄砲や火薬などが持ち込まれた。軍需物資は宣教師が布教許可を得るのに役立ち、貿易と布教が一体となっていた。これらは主に日本の銀と交換される。当時、日本の銀の産出量は世界の総産出量の3分の1を占めるほどで、世界地図に石見銀山が掲載されるほど、日本の銀が注目されていた。この時代、中国で銀を貨幣としてよく使うようになり、銀の需要が高まっていたのだ。中国は政策で中国人と日本人の直接の交易を禁じていたため、南蛮貿易は銀が欲しい中国と生糸が欲しい日本の仲介となった。

　17世紀に入ると、南蛮貿易にも陰りが見えてくる。まず、生糸について幕府が糸割符制度を作り、管理・統制を始める。これは、幕府が選任した豪商たち（糸割符年寄）が、ポルトガル側の代表と協議して生糸に標準価格をつけ、一括購入するものだ。生糸の価格が低く抑えられ、また、このころには朱印船貿易（主に東南アジアとの貿易）が盛んになっていたことや他国（中国やオランダ）の来航を促進する動きも出ていたことなどから、ポルトガル船の日本貿易は衰退していく。さらに、幕府がキリスト教への警戒を強めていき、スペイン船やポルトガル船の来航を禁止したことで南蛮貿易は終息した。

[豆 知 識]

1. 活発で自由な気風の貿易が行われていたインド洋海域で、ポルトガル人は武力にものを言わせて交易を行い、土地を征服した。一方、明を中心とした朝貢貿易が基本の東アジアでは明に朝貢することも認められず、武力で押し切ることもかなわなかった。居座ったマカオでも、明は居留を認めはしたものの地租を納めさせ、割譲はしていない。マカオに移り住んだ華人も明の法律に従った。なお、1999年にマカオがポルトガルから返還されたが、このポルトガルによる植民地支配は1887年からのもので、明のあとの清の時代に始まったものだ。

144 経済 楽市令

「当所中、楽市として仰せ付けらるるの上は、諸座諸役・諸公事等 悉 く免許の事」。1577年、織田信長（1534〜1582）が安土城の城下町に出した楽市令はそのような言葉で始まる。楽市令は、それまで特権を持った商人に仕切られていた市を開放して誰でも商売ができるようにし、関所の撤廃とあわせて商業を活性化させた政策として知られる。

◆

楽市令といえば冒頭のものが有名だが、信長が初めて行った政策ではない。楽市にふれたものとして現在知られた史料を見る限りでは、1549年の六角氏の書状が最も古いものだ。ただし内容は「ここは楽市なのだから」と楽市であることを追認するもので、これ以前から楽市があったことがわかる。ほか、駿河の今川氏真も信長より前に楽市令を出しているように、信長以前から楽市に取り組んだ戦国大名はいた。ただ、現存する楽市に関する史料は、主に西日本、特に信長の勢力圏で多く、16世紀に集中している。単に商業を活性化させる政策なら全国各地で長い期間行われそうなものだが、実際には楽市が必要な土地に限り行われる限定的なものとも考えられる。

楽市令の内容は、おおよそ治安の維持と税の免除が含まれる。また、旧領主への債権について徳政令を盛り込んだものもある。このような内容から、「楽」という言葉の意味は、「自由」や「自然」に近いと考えられ、俗的諸権力・世間などのしがらみから解放された状態をさす。

楽市令を出すねらいには、もともとある商人のネットワークを利用するためや、縄張りをアピールするためという側面もあった。後者の例では、徳川家康が1570年、武田氏との対立の前線である大井川沿いの遠江国榛原郡（現・静岡県榛原郡吉田町）の小山に楽市令を出している。ここを押さえることで、情報収集や軍需物資の調達、水上交通の支配が有利になるとみたためと考えられる。なお、現存する家康の楽市令はこれだけである。

信長は楽市令の実例が多い。安土への楽市令では、近くの街道を通る商人に安土の通行と宿泊を強制している。一方、商売をするようには強制していない。これは商売よりも、商人に安土と信長の支配を知ってもらうことを優先したと考えられる。安土城が築かれた近江には、商人と強く結びついた六角氏の影響が残っていたのだ。楽市令の冒頭、楽市を「仰せ付けらるる」という大げさな文句からも、信長の強いアピールが読み取れる。

とはいえ信長の楽市令には特に目新しい点があるわけではない。ただ、信長が楽市だけでなく楽座にまでふみこんだことの意味は大きい。1568年、岐阜の加納に出した定では「楽市・楽座の上、諸商売すべき事」とはっきりと楽市と楽座をあわせてうたった。商工業者や芸能者による同業者組合である座の特権を否定したことにより、公家や寺家を本所とする特権商業の束縛から商人たちが自由になったのである。

豆 知 識

1. 現在も東京都世田谷区で行われる「世田谷のボロ市」は、1578年に北条氏政が出した楽市令が由来だ。このとき、氏政は六斎市を開くことと、楽市とすることを定めた。楽市の対象となった市の多くは衰退したが、この市は規模を縮小しながらも、400年以上続く。

145 暮らし・信仰 | キリスト教布教

1549年、宣教師フランシスコ＝ザビエル（1506？～1552）が鹿児島に来日し、キリスト教を伝えた。「以後よく伝わるキリスト教」の語呂合わせでおなじみのこの出来事は、ポルトガルがもくろむ領土拡大の上にあった。

◆

フランシスコ＝ザビエル肖像画

16世紀のヨーロッパでは、ローマ教皇が"買えば罪が許される"という免罪符を売り出したことをきっかけに、教皇を批判する宗教改革が起こった。ザビエルはローマ教皇に従うカトリックで、内省から設立されたイエズス会の創設メンバーのひとりだ。ポルトガル国王がイエズス会のアジア派遣を求めたことから、ザビエルは東インド管区長としてアジアで布教を始めた。マレー半島西部のマラッカで日本人のヤジローと出会い、日本への布教を決意したという。ヤジローは大隅（現・鹿児島県霧島市）で殺人を犯して国外に脱出していたらしい。

1549年、鹿児島に上陸したザビエルは、領主の島津貴久から許可を得て布教を始めた。このときザビエルは、島津の家紋が白い十字架であったことに驚いたという。しだいに仏教勢力から反発を受けるようになると、肥前の平戸（現・長崎県）に移り、日本国王の布教許可を得るため京都へ向かう。しかし当時、朝廷の力はなく、室町幕府下で将軍・足利義輝も洛外に追放されていた。落胆しつつ、九州へ戻る途中に周防（現・山口県）で大内義隆、豊後（現・大分県）で大友宗麟の保護を受け、布教を行う。ザビエル自身は1551年に日本を離れたが、来日した司祭や修道士が布教を続け、1582年にはキリスト教徒は15万人になっていた。これは当時の総人口の1％という数だ。

肥前の大村純忠や豊後の宗麟らは洗礼を受け、キリシタン大名となる。1582年には、4人の少年を天正遣欧少年使節としてローマ教皇のもとへ派遣した。とはいえ純忠らが洗礼を受けたのは信仰上の理由ではなく、イエズス会とともにあったポルトガル商船から鉄砲や火薬などを得るためだ。イエズス会士はこれらの品と引き換えにして、領内の布教許可を得た。

イエズス会の主な活動は布教だが、同時にポルトガルの領土拡大にも関わっていたと考えられる。長崎のイエズス会士が総会長に向けた手紙には、「九州と四国くらいは獲得できる」と書かれており、布教と領土獲得が表裏一体になっていたようだ。この思惑を感じた豊臣秀吉や徳川家康ら権力者は、のちにキリスト教を排除する政策をとっていくこととなる。

豆知識

1. イエズス会の会員である医師ルイス・デ・アルメイダは、日本初の病院を開き、1557年には日本初の外科手術を行った。また、彼は育児院もつくっている。

2. 日本ではイエズス会とポルトガルの動きが連動したため、ついイエズス会の会士をポルトガル人と思ってしまいそうになるが、ザビエルはスペイン人、『日本史』を執筆したルイス＝フロイスはポルトガル人、天正遣欧使節に同行したヴァリニャーノはイタリア人と出身地はさまざまである。

146 人物 豊臣秀吉

豊臣秀吉（1537～1598）は立身出世の代表的な存在だ。百姓の子として生まれながら関白になり、天下統一を成し遂げた。自ら「天皇の子」とか「太陽の子」と喧伝していたが、もちろんこれは虚構である。かといって確かな素性は明らかになっていない。秀吉は文字通り、おのれの才覚で歴史に名を刻んだ。

◆

豊臣秀吉

秀吉は尾張国の百姓の子として生まれた。生まれた年は一般に1536年とされるが、日付含め諸説ある。父は元鉄砲足軽とされるも怪しい。父が亡くなり母が再婚すると、8歳で寺に入れられ、その後商人に仕えるようになったとも、父の遺産を元手に、木綿針を売りながら東海道を東に下っていったともいう。これが15歳ころの話である。

その後、遠江国頭陀寺城の城主・松下之綱のもとで家の物の出納を任せられるまでになるも、周りの嫉妬を見かねた之綱が尾張に帰した。残念な結果だが、秀吉は之綱に恩を感じていたらしく、賤ケ岳合戦後に2千石を与え、小田原攻め後は1万6千石の大名としている。

尾張に戻った秀吉は、織田家の小者（雑用係）頭の推薦で織田信長に仕えることになる。このとき秀吉18歳、信長は家督を継いだばかりの21歳だった。25歳でおね（のちの北政所）と結婚し、このころから木下藤吉郎と名乗るようになる。木下の姓の由来は、信長からもらった、木の下で信長に仕官を直訴した、父が木下の名字を持っていた、おねの実家が木下氏から出ている、など定かではないが、おねとの結婚後なので、おねの実家の木下を名乗ったとする説が有力だ。

秀吉は美濃への攻略で戦功を上げ、織田家の中で存在を認められる。これは28歳のときで、このときから確かな史料に秀吉の名が見られるようになる。信長が本能寺の変で自害した後、自身が推す三法師（織田信忠の長男）を後継者にすることに成功した。対立する織田家重臣・柴田勝家を自害に追い込み、徳川家康と小牧・長久手の戦いで一戦を交えつつ、秀吉による天下統一が進められていく。1584年には大坂城の築城を開始、翌年関白となり、さらに翌年には太政大臣となった。関白となった秀吉は、官位による大名編成を進め、大名間の私闘を禁じる惣無事の論理で関白の権限による全国支配に乗り出す。刀狩りや太閤検地を行い兵農分離が進む中、朝鮮侵略を開始するも、2度目の侵略中に没した。徳川がとって代わり、豊臣家は大坂の陣で滅亡する。

豆知識

1. 秀吉には、秀勝という子が3人いる。1人目は側室が生んだ石松丸、2人目は信長の四男で養子にもらった於次丸、3人目は甥で養子の小吉。いずれも若くして亡くなった。於次丸は信長の葬儀で喪主を務めている。
2. 秀吉の印章は「みみずの糸印」と呼ばれ、直径40mmのゆがんだ円に、みみずがのたくったような印文が彫られている。この印文はまだ解読されていない。
3. 長浜に城下町をつくるとき、秀吉は税を免除して人を集めた。人が集まると、「これからは税をとる」と命令した。これを知ったおねが「それでは約束を破ることになりますよ」と釘を刺したため、秀吉は命令を撤回し、元通り税を免除することにした。

147 文化・芸術 ｜ 姫路城

　白鷺城とも呼ばれる姫路城は、肩書の多さでも日本を代表する城だ。国宝であり、日本初の世界文化遺産のひとつであり、今も残る城郭の中で最大の城だ。さらに、天守が現存する城（現存十二天守）のひとつでもある。明治時代の廃城令や太平洋戦争の空襲をくぐり抜けたこの城は、修理を繰り返しながら現在も荘厳な姿で立ち続ける。

◆

姫路城

　日本における城は、中世までは防塞として山に築かれる山城が多かったが、安土桃山時代には、交通の利便性が高い小高い丘の上につくる平山城や平地につくる平城が多くなり、城主の居館や政庁としての機能も持つようになった。姫路城は平山城だ。重層の天守閣や土塁や堀で囲まれた複数の曲輪を持つようになった雄大・華麗な城郭建築は、この頃の文化を象徴する。

　姫路城の始まりは1346年、赤松氏の築城に始まるとされる。それ以前に、黒田重隆・職隆父子が築城したともいわれ、この２人は豊臣秀吉の軍師であった黒田官兵衛の祖父と父である。1577年、秀吉が毛利輝元を攻めた「中国攻め」の際、秀吉は官兵衛の勧めで姫路城に入城して３層の天守を築いた。さらに1600年には大名として池田輝政が入城し、秀吉の天守を壊して新たな姫路城をつくる。1609年に完成したこの城が現在の姫路城だ。

　城がある内曲輪（内堀の内側）の面積は23ヘクタール（23万平方メートル）、武士の住む中曲輪、商人・職人が住む外曲輪を合わせた面積は233ヘクタール（233万平方メートル）にものぼる。構造は、大天守を中心にして３つの小天守が渡櫓で結ばれた連立式になっている。大天守は外から見ると５層だが、内側は地下１階地上６階の７階建てで、地下１階は石垣の中に収まっており、籠城に備えたトイレや台所の流しがある。外壁は木や竹を格子状に組み、壁土を重ねたものに漆喰を塗った。漆喰は火に強く、主に鉄砲に備えた。まっ白な壁や屋根は白鷺城という愛称の由来のひとつといわれる（由来は他に、多くのシラサギが棲んでいたからや、烏城と呼ばれた岡山城との対比からなどともいわれている）。

　城はつくられて以来、修理が繰り返されてきた。築城から50年たたないうちにも柱の補強修理が行われており、江戸時代には大天守だけでも軸の修理と屋根・軒周りの修理がそれぞれ20回程度行われている。また、歴代の藩主も入城するときに大天守の垂直や水平を調べており、状態を気にかけていたことがわかる。明治時代には廃城こそ免れたものの荒れ果てたことがあったが、価値を認めた陸軍大佐の意見書により保存が決定されたほか、姫路市民の働きかけで「明治の大修理」が行われた。昭和時代には、太平洋戦争による中断を経て「昭和の大修理」が行われている。2009年から「平成の大修理」が行われたのは記憶に新しい。

豆知識

1. 姫路市の初夏の風物詩である、長壁神社の例祭「姫路ゆかたまつり」を始めたのは、1732年に姫路城主となった榊原政岑という言い伝えがある。当時、長壁神社は姫路城内にあり、参拝は武士に限られていた。政岑は城下に御分霊を祀り、式服のない領民が浴衣で例祭に参加できるようにしたというものだ。
2. 政岑は派手好きで、徳川吉宗が倹約令を出している時代に、江戸の新吉原の高尾太夫を大金で身請けしたり派手な服で江戸城の警備をしたりして幕府の怒りを買い、結局強制隠居させられている。

148 政治 バテレン追放令・海賊取締令

織田信長の路線を受け継いでキリスト教の布教を認めていた豊臣秀吉は、1587年、バテレン追放令を出して宣教師の国外退去を命じる。一方で、海賊取締令を出して倭寇（わこう）を禁止し、海上の安全を確保して貿易を奨励したため、貿易と一体だったキリスト教布教への取り締まりは不徹底に終わった。

バテレンとはポルトガル語でパードレのことで、司祭や宣教師を指す。秀吉は最初からキリスト教を敵視していたわけではなく、布教の許可も与えていたし、あるとき教会を訪れ「一夫多妻を禁じるという点をゆるくすれば、自分もキリシタンになろう」と言って出された菓子を食べて帰ったという記録もある。

しかし1587年、島津氏討伐（しまづ）のために九州へ来た秀吉は、長崎がイエズス会の教会に寄進され教会領となっていることを知る。そこでまずは大名がキリスト教の信者になることを許可制としたが、九州平定後、突然バテレン追放令を出し、宣教師は20日以内に国外に退去するように命じた。この原因は、一説に秀吉に少女を献上しようとした側近が、少女らがキリシタンで、貞節を守るため隠れてしまったことを根に持って秀吉にキリスト教を悪く吹聴したためという。また、秀吉が九州で実際に信者たちを見て団結力に危機感を覚えたことも一因と考えられる。ただ、南蛮との貿易船や商売は奨励した。

1588年には海賊取締令で海賊行為を禁止して海の安全を実現し、京都や堺、長崎、博多の豪商らに南方での貿易を奨励したため、貿易と布教が一体化していたキリスト教の取り締まりはしだいにゆるんでいった。秀吉は、1591年に天正遣欧使節を率いたイタリア人の司祭・ヴァリニャーノに会って、公然と布教してはならないと伝えており、宣教師にもたびたび布教禁止の原則を伝えている。バテレン追放令ののち、長崎は秀吉の直轄領になるものの、建てられていた教会が破壊されることもなく、貿易にはイエズス会の仲介が必要なことも認めざるを得ない状態だった。

しかし1596年、土佐国に漂着したスペイン船の乗組員が、「スペインは宣教師を利用して領土を拡張しようとしている」と証言したサン＝フェリペ号事件が起きた。これを知った秀吉は宣教師と信者26名を捕らえ、長崎で処刑している（二十六聖人殉教）。この事件により、秀吉ら支配者層はキリスト教への警戒心を強く持つこととなる。

〖 豆 知 識 〗

1. 長崎の修道院と教会は、結局のちに破壊された。理由は、朝鮮出兵のために秀吉がいた名護屋（現・佐賀県唐津市）で材木が不足していて、解体して利用するためだという。このとき修道院と教会から材木をとることを提案したのは長崎奉行で、ルイス＝フロイスによれば、イエズス会が賄賂を渡さなかったためにそのような提案をしたのだという。
2. ヴァリニャーノは、秀吉の態度の変化の理由として、イエズス会の日本トップである日本準管区長ガスパル＝コエリョが、秀吉に大砲を積んだ軍船を見せたことがきっかけとしている。イエズス会士への聞き取りでは、コエリョは以前から「日本国の支配者になる」と話していたという。コエリョはバテレン追放令ののち、大量の火縄銃の買い付けを指示するとともに、キリシタン大名に反秀吉連合の結成を呼びかけたり、フィリピンに援軍派遣を要請したりしている。このような武力による抵抗はコエリョの独断ではなく、援軍派遣要請は日本にいたイエズス会士の協議会で決定された。

149 争い | 関ヶ原の戦い

1598年、豊臣秀吉が没する。遺されたのはわずか6歳の息子、秀頼だった。秀吉は徳川家康（1542～1616）や石田三成（1560～1600）らにあとを託すが、豊臣政権を維持しようとする三成と、実力者としてトップに立とうとする家康の溝は深まっていく。そしてついに「天下分け目の戦い」と呼ばれる関ヶ原での戦いが始まった。

◆

関ヶ原合戦図屏風

関ヶ原で合戦が繰り広げられたのは1600年9月15日だが、関ヶ原の戦いにはこの日以外のさまざまな戦闘が関わっており、関ヶ原での合戦は「決戦」だ。家康率いる東軍が7万4000人、一方三成率いる（ただし大将は毛利輝元）西軍は8万4000人の軍勢である。三成は東軍を押し包むように布陣しており、数も布陣も西軍が有利だった。

戦闘は東軍先鋒の福島正則と井伊直政の隊が発砲したことを合図に始まる。しかし、西軍の吉川広家は軍勢を動かさない密約を家康と交わしており、小早川秀秋へ途中で東軍に寝返るという約束を交わしていた。家康は周到な根回しをしていたのだ。秀秋は戦闘が始まってからも寝返るかどうか悩んでいたが、三成からの軍を動かすよう催促する狼煙を無視する一方、家康方になることを決意して寝返った。これにより西軍は総崩れになり勝敗が決する。三成は逃亡するも捕らえられ、京の六条河原で処刑された。

この関ヶ原での決戦に、家康の嫡男である秀忠が参加していない。上田城攻めに手間取り、到着が遅れていたのだ。秀忠は3万8000の軍勢を率いていたから、到着していれば東軍は数の面で圧倒的に有利だった。秀忠が遅れた理由には諸説あり、一つは父子の戦死によって徳川家が滅亡することを防ぐためにわざと到着を遅らせ、秀忠を温存したというものだ。ただし、家康の上方への移動の命を受けた秀忠は大急ぎで移動している。もう一つの説は、家康はもともと大垣を包囲しての持久戦を想定していたが、予想を上回る速さで前線が進んだことなどから、短期決戦に切り替えたことで秀忠が遅れたというものだ。これなら、家康が秀忠に上田城攻めを命じておきながら、途中で上方への移動を命じたことも説明がつく。西軍の毛利・吉川の本陣が関ヶ原側でなく大垣側から発見されたことから、三成側も大垣城決戦の持久戦に持ち込もうとしていたことがうかがえる。

関ヶ原の戦いの後、政権は豊臣から徳川へと移った。また、家康は大名に対して大規模な改易・減封・加封・転封を行って大名を統制し、幕藩体制（「幕藩体制」168ページ参照）へのレールが敷かれた。

豆 知 識

1. 開戦の決断は悩ましいものだった。驀進する前線と毛利輝元の出馬気配の中、秀忠を待つべきか待たざるべきか悩んだ家康は、足利学校（中世における最高教育機関）の校長で易学の大家である閑室元佶に開戦の日取りを占わせた。戦国の武将たちは吉日・悪日といった日にこだわり、悪日の中でも特に悪い日は戦を避けるなどしていた。しかし吉日・悪日は全国共通ではなかったので、自分のところが悪日だからといって戦がないわけではなかった。

150 外交 | 朝鮮侵略

「茲に特に爾を封じて日本国王と為す」。最初の朝鮮侵略の後、明皇帝からの詰勅に激怒した豊臣秀吉（1537〜1598）は、2度目の朝鮮侵略を引き起こす。秀吉が求めたのは、衰退した明に代わり東アジアの盟主となることであった。大陸征服の野望は、結果的に豊臣政権を衰退させ、家臣たちの団結に亀裂を走らせた。

◆

　秀吉は関白に就任したときすでに大陸征服の意思を表明しており、日本を中心とした新たな東アジアの国際秩序を構築しようと、ゴアのポルトガル政庁、マニラのスペイン政庁、高山国（台湾）などに服属と入貢を求めた。九州平定の後には、朝鮮に入貢（朝廷への貢物を持ってくること）と明出兵のための先導を求めるも、朝鮮がこれを拒否すると、1592（文禄元）年、15万余りの大軍を朝鮮に派兵した（文禄の役）。

　秀吉の軍は漢城や平壌を占領したが、李舜臣の水軍や朝鮮義兵の抵抗、明将・李如松の来援によって戦局は次第に不利になる。飢えと寒さに苦しむ現地の軍は、明との講和を求めた。このとき秀吉は条件として、明皇女と天皇の結婚、朝鮮皇子の人質、朝鮮南部の割譲などを出すも、講和を急ぐ小西行長（1558〜1600）ら現地の武将が握りつぶし、明に対して宗属国となると申し出る。秀吉がそれを知ったのは明の使者が冒頭の詰勅を伝えたときであった。1597（慶長2）年、秀吉は再び14万の軍勢を朝鮮に送る（慶長の役）が病死し、遺言によって軍は撤退した。

　朝鮮への出兵に対し、武将たちの立場はさまざまであった。加藤清正（1562〜1611）のように「大唐に於て廿カ国拝領せしむる事」と領土欲を見せる者もあれば、過重な軍役をのろう者もいたし、行長は対明貿易・南蛮貿易を独占するための戦争として位置づけている。また、領土欲があったとしても、現地の戦闘が過酷であったことに変わりはなく、渡海組と残留組との間に溝が生まれた。さらに、清正ら武功派と石田三成（1560〜1600）ら吏僚派の対立も強まる。文禄の役の際には、三成らは朝鮮在陣奉行に任じられ、秀吉の名代として渡海した。民生安定を任務としたと考えられるが、清正らは軍監の派遣として受け止め不快感を示した。加えて、文禄の役の講和条約は三成と親しい行長が主導的な役割を担い、交渉が清正抜きで進められる。怒った清正は交渉の動きに同調せず、これを三成が秀吉に報告して清正に召還命令が下ると、両者の対立は決定的となった。

　膨大な戦費と兵力を棒に振った朝鮮侵略は豊臣政権を衰退させ、武将たちの対立の構図は、関ヶ原の戦いへとつながっていく。

豆 知 識

1. 清正の伝記である『清正記』には、朝鮮から戻った清正を出迎えた石田三成が「茶会を開いて慰労したい」と言うと、清正は、「こちらはせめて稗粥でもてなそう」と、兵糧の欠乏に苦しんだ朝鮮滞在中の苦言をぶつけたとある。

151 経済 太閤検地

豊臣秀吉は、1582年から征服した地の大名に命じて領内の土地を測量させ、検地を始めた。全国統一後には、統一された長さの検地竿を使い、検地条目を定めて検地奉行を全国に送り、改めて検地を行っている。土地の生産力の把握を目指した秀吉による太閤検地は、中世までの複雑な土地の権利を整理したことや、兵農分離を進めたことで知られる。

◆

　太閤検地とそれまでの検地にはいくつかの違いがある。その一つは検地の方法だ。それまでは、土地の領主に土地台帳を提出させる指出検地が行われていたが、これは自己申告であるため正確とはいえず、基準もバラバラだった。これが太閤検地では、統一の長さの検地竿を使って実測させる。検地竿というのは面積を調べるときに使う竿で、長さは6尺3寸（約191cm）と決められている。この1尺をどれくらいにするかというのも、基準尺をつくって示した。検地竿をもとにした面積の単位は、6尺3寸四方＝1歩、30歩＝1畝、10畝＝1段、10段＝1町で表される。また、竿とともに枡も統一された。枡は米の収穫量を調べるときに使うもので、京都付近で使われていた京枡（内法14.8cm四方、深さ8.2cm）に統一している。これにより、全国の土地や米の収穫量が統一の度量衡で調べられるようになった。

　太閤検地は「天正の石直し」とも呼ばれ、石高制を確立した政策でもある。石高は土地の生産量を米の収穫高で示したものだ。計算方法は、田畑などの等級（上・中・下・下下田などがあった）ごとの標準収量（石盛という）に面積（1段）を乗じる。それまでのしくみは貫高制で、土地から得られる税を銭に換算して示していた。太閤検地からは石高をもとに、農民に対する年貢や武士に対する軍役が定められるようになる。この仕組みは江戸幕府にも受け継がれた。

　さらに、太閤検地は一地一作人の原則もつくった。この原則は、土地を耕作する権利を一人だけに定めるもので、土地の所有者として名前が検地帳に記録された（検地帳には他に、土地の面積や等級などが記録された）。それまでは、一区画の土地に荘園領主や在地の代官、戦国大名や家臣などの権利が複雑に積み重なっており、小作料を徴収されたり、労役を課されたりしていた。秀吉は一地一作人の原則によってこの複雑な権利を整理し、小作料や労役といった中間搾取を排除しようとした。太閤検地によって土地の耕作者は耕作権を認められる。同時に、年貢を納入する義務も負った。なお、年貢は村全体の石高（村高）から計算され、村で納める。年貢はおよそ収穫量の7割を占めた。

【 豆 知 識 】

1. 1尺を示すための基準尺のいくつかは現在も残されており、島津領で使われた基準尺には、検地奉行の一人だった石田三成の署名が書かれている。

2. 度量衡の単位は移ろいやすい。尺は中国や朝鮮半島、日本で使われる単位だが、時代や地域で長さが違う。701年制定の大宝律令では、1尺＝10寸、1寸＝10分で、1分はどれくらいかというと中ぐらいの秬黍1粒の幅だという。この秬黍は中国北方の秬黍が基準だそうだ。

152 暮らし・信仰 | 兵農分離

　兵農分離は武士と農民の身分の区別が明らかになることをいう。戦国時代、大名の家臣のほとんどは、武士でもあり百姓でもある半農半士の地侍だった。織田信長が踏み出した兵農分離への道は、豊臣秀吉が進めた太閤検地や刀狩り、人掃令などの政策によって完成した。

◆

　戦国大名は地侍を家臣団に組み込むとき、寄親寄子制を利用した。少数を率いる寄子が支城主レベルの寄親のもとに集まり、軍団を組織するしくみだ。寄親は上層家臣で専業武士だが、寄子は下層家臣で半農半士である。半農半士は基本が百姓で、戦時に武士の末端として戦に出る。農繁期があり、長期間の戦に参加できない。また、寄子の寄せ集めでは集団訓練もできない。そこで信長は、まず田畑から切り離しやすい地侍の二男・三男などで親衛隊を組織し、兵農分離を始める。やがて常備軍が編成され、農業経営をしない家臣が城下町に住むようになると、城を移すことができるようにもなった。信長は家臣団の城下への集住を進め、都市を支配の拠点とする方針を打ち出した。

　秀吉は太閤検地で一地一作人の原則を示し（「太閤検地」157ページ参照）、実際の耕作者を百姓として検地帳に登録し、年貢の負担を義務づける。これは、年貢を徴収する武士と年貢を納める農民の区別を明確にした。刀狩りでは農民から武器を没収し、耕作に専念するように説いた。同年に出された海賊取締令も、大名の水軍と一般の漁民を区別するものである。刀狩りから3年後の1591年には身分統制令を出した。これは、武家奉公人（武士の使用人で兵の一部）が農民や町人になること、農民が商人になることを禁止し、大名が拠点を移す際に、検地帳に登録された百姓を新しい領地に連れていくことを原則禁止する法令だ。そのねらいは朝鮮出兵のために武家奉公人を確保することと年貢を確保することの両立と考えられるが、結果的に農民は農民、武士は武士、商人は商人という身分の固定と区別が進んだ。江戸時代の士農工商（「士農工商」179ページ）の身分制の原点ともいえる。

　さらに翌年には秀吉の甥・豊臣秀次の命により、武家奉公人・町人・百姓の職業別にそれぞれの戸数と人数を調査する戸口調査が行われている。こうして武士は都市に住んで生産には携わらず、農民は村に住んで武器を持たずに生産と年貢の納入を行うという社会の仕組みができた。

豆知識

1. 家臣団の城下集住を進めた信長だが、一筋縄にはいかなかった。1578年、安土の城下に住む弓足軽・福田与一が火事を起こしてしまう。与一は妻子を国許においてきたいわば単身赴任で、慣れない台所仕事が失火の原因だった。妻子は村で農業経営を行っていたという。信長の命で単身赴任者の調査が行われると、120人もの家臣が村に妻子を残していたことが判明する。怒った信長は村に残る妻子の家を焼き払わせ、むりやり妻子を安土城下に引っ越しさせ、また一つ兵農分離が進んだ。

153 人物 | 千利休

侘茶を大成したことで知られる千利休（1522〜1591）。堺の裕福な魚問屋に生まれ、茶道を司る茶頭として織田信長や豊臣秀吉に仕えた。「内向きのことは利休、外向きのことは秀長（豊臣秀吉の弟）に相談せよ」といわれ、秀吉に物を言うのは利休しかいないとまでみなされた彼は、突然秀吉に切腹を申し付けられて果てた。

◆

千利休肖像画

千利休は茶の湯の盛んな堺で生まれたことから、幼い頃より茶に親しんだと思われる。正式に茶を学び始めた17歳より前から、すでに茶会を催していたようだ。はじめ北向道陳に師事し、のちに道陳の紹介で武野紹鷗に師事した。道陳から古式で貴族向きの書院の茶、紹鷗から庶民向きの草庵の茶を学ぶ。草庵の茶は侘茶のことで、簡素な中に精神的な深さを味わう。村田珠光が始め、紹鷗に受け継がれていた。

今井宗久や津田宗及とともに信長の茶頭として仕え、信長亡き後は秀吉の茶頭となる。利休が60歳頃のことである。秀吉は統一事業を進めながらもしばしば茶会を開いており、1585年には大徳寺や禁裏（御所）で茶会を開き、利休は正親町天皇から「利休」という号を与えられた（初めは与四郎、紹鷗に師事するときは宗易と名乗っていた）。茶頭の地位も筆頭となり、1587年の北野大茶会では秀吉の次席につく。茶人としての名声が極まるとともに、秀吉の側近としての権勢も極まった。利休は侘茶に精進し、茶の湯にさまざまな変化をもたらした。例えば現在、茶室への小さい入り口（躙り口）やしゃがんで使う手洗い場（蹲踞）を見ることができるが、これはそれまで身分や地位で別の様式だったものを、利休が人間は平等であるという精神で統一して用いたものだ。

しかし1591年2月13日、秀吉から謹慎を命じられて堺に移る。大政所（秀吉の母）や北政所（おね、秀吉の正室）からのとりなしの申し出も断り、26日には京都の自宅に移され、28日、命令により切腹した。利休の罪状は2つある。秀吉もくぐる大徳寺の山門の2階に自分の木像を安置したこと、茶道具の目利きや売買で不正を行ったことだ。木像は利休の切腹に先んじて磔にされ、利休の首はこの木像の足に踏ませてさらされた。ただ、本当の理由は他にあるのではないかと言われ、以下のようなさまざまな説が唱えられている。

・利休の娘を側室に望んだが、断られた。　・利休が秀吉を毒殺する陰謀を持っていた。
・利休はキリシタンで、棄教しなかった。　・利休が朝鮮への出兵に反対した。
・秀吉の成金趣味と利休の侘茶が対立した。　・堺衆の政治的役割が終わったことを示した。
・秀長が死んだことで反勢力が利休の追い落としを図った。

豆知識

1. 信長から利休へあてた手紙が残っている。内容は、注文していた鉄砲の弾が届いたことを感謝するものだ。利休は紛れもなく茶人だが、堺の商人でもあった。
2. 利休は秀吉の小田原攻め（北条氏政討伐）に同行し、箱根の湯元に滞在した。ここで利休は竹の花入れを作り、その一つとされる「園城寺の花入」は現在、東京国立博物館に収蔵されている。

154 文化・芸術 | 狩野派

　日本の絵画史上最大かつ最長の流派といわれる狩野派。織田信長や豊臣秀吉の時代に活躍した狩野永徳（1543～1590）が特に有名だが、室町時代におこり明治時代まで続く400年の歴史を持つ。各時代の権力者に愛され、御用絵師として確固たる地位を築いた狩野派は、以降の日本画壇にも大きな影響を与えた。

◆

　狩野派は狩野正信（1434？～1530？）、子の元信（1476～1559）の父子によって成立した。父子は中国から輸入された水墨画の画法と、色彩豊かな大和絵を融合させた新しい装飾画を大成した。永徳は元信の孫で、天下統一が進む時代の空気にマッチした豪壮で華麗な絵を描く。死因が過労死といわれるほど、信長の安土城、秀吉の聚楽第や大坂城の障壁画のほか多くの作品を描いたが、ほとんどが失われてしまった。数少ない現存する作品には「唐獅子図 屏風」や信長が上杉謙信に贈った「洛中洛外図屏風」などがある。

　ここまで見てきたように、狩野派は同族経営の流派だ。最初の本拠は京都で、しだいに関東に広がる。江戸幕府ができると探幽（1602～1674）が御用絵師となり、宗家も江戸に移って、4つの分家ができた。そして子孫や門弟の増加によって12家（15家とも）ができる。4家を奥絵師、12家を表絵師と呼び序列があった。3代将軍・徳川家光が二条城の大増築を行ったときには、当時の狩野派の有力者がフルメンバーで参加している。また、各家の分家や名字を許された門人で江戸で独立した者は町狩野と総称された。地方でも諸藩が狩野派系統の画家を御用絵師にしたので、狩野派の絵画は全国に広がった。

　順風満帆のように見える狩野派だが、永徳が48歳の若さで亡くなった後には危機があった。秀吉が溺愛した息子を亡くし、菩提を弔うため建立した寺の障壁画制作をライバルである長谷川等伯一門にとられたのだ。まだ若い一族を支えたのは永徳の門人で実力者の山楽（1559～1635）だ。秀吉の時代からさまざまな制作に携わった山楽は、先の二条城の大増築のときにも参加している。狩野家の宗家が江戸に移ったのちも、山楽と子弟・門人は京都に残った。画風の違いがあり、現在では江戸狩野と京狩野と区別される。

　狩野派は画家の教育機関のような役割も担っていたようだ。学習を重んじ、手本の模写を基本とした。狩野派に学んだ画家のなかには、狩野派の画家として活躍した者もいれば、円山応挙のように手本の模写から離れ、別の道を歩んだ者もいる。手本の模写は御用絵師としての水準を保つ助けにはなったが、画一的な作品しか生み出せなくなった要因とされる。明治時代になると御用絵師の地位を失い、多くが転業した。

［ 豆 知 識 ］

1. 御用絵師は単に後援者のいる絵師という意味でも使われることがあるが、江戸時代には若年寄の支配下にあって、幕府から禄や扶持といった給与をもらっていた。奥絵師は月に6回、江戸城本丸大奥の御絵部屋に出仕する。明治維新で奥絵師の一家のみ士族となり、他は平民になった。

155 政治 江戸幕府

　1603年、征夷大将軍に任命された徳川家康が江戸幕府を開く。戦乱の世に終止符を打ち、家康から15代将軍・慶喜まで、約260年におよぶ「泰平の世」を実現した。封建的主従関係を築きながら幕藩体制（「幕藩体制」168ページ参照）を確立した江戸幕府は、鎖国（「鎖国」177ページ参照）を行って体制の維持を目指した。圧倒的な力を持ったはずの幕府だが、18世紀に入ると揺らぎ始める。

◆

　江戸幕府が大坂夏の陣（「大坂冬の陣・夏の陣」162ページ参照）で豊臣氏を滅ぼすと、応仁・文明の乱から続く戦乱が終わり「元和偃武」と呼ばれる平和の時代が到来した。偃武は「武力闘争を放棄する」といった意味だ。身分秩序を支配の基本にし、大名に「武家諸法度」、朝廷と公家に「禁中並公家諸法度」（「禁中並公家諸法度」175ページ参照）、寺院・僧侶に「寺院法度（諸宗諸本山法度）」を出して統制した。百姓など庶民も厳しく統制された。

　幕府は財政面や軍事面で諸大名を圧倒した。5代将軍・綱吉の頃には、石高は全国の約4分の1を占め、主要鉱山や京都・大坂・長崎など直轄都市からの収入もあり、貨幣の鋳造権も握った。軍事面では、「旗本八万旗」と呼ばれる旗本・御家人と、諸大名の軍役による軍事力で圧倒する。

　政治のしくみは3代将軍・家光のころまでに整う。将軍と側近による政治は、老中を筆頭に若年寄や三奉行などが分担して行う体制となった。また、参勤交代が制度化されて将軍と諸大名の主従関係が確立される。外交面では、はじめこそ朱印船貿易が盛んであったが、禁教と貿易統制のため鎖国した。4代将軍・家綱のころから、軍事力による政治から儀礼や道徳によって秩序の安定を図る政治に変化した（「文治政治」182ページ参照）。

　財政難などを抱えて政治が行き詰まり始めると、享保の改革、老中田沼意次の政治、寛政の改革といった対策が行われたが、反発を招くことも多く、幕府の威信は弱まっていく（「徳川吉宗」201ページ、「田沼時代」203ページ、「寛政の改革」210ページ参照）。

　19世紀には凶作が続いたことで騒動が頻発し、外国船の接近への対応も迫られた。内外に課題を抱えるなか、ペリー来航をきっかけに開国し、不平等な通商条約も天皇の許可なく結ぶ。幕府への批判や攻撃が続くなか、薩摩藩など雄藩の発言力が高まるとともに、上位の権威としての朝廷や天皇が求められるようになって天皇を尊び外国勢力を排除しようという尊王攘夷運動が盛んになる。この運動はやがて倒幕に傾き、薩摩藩と長州藩が行動を起こそうとすると、1867年、15代将軍慶喜が大政奉還を行った。これにより264年続いた江戸幕府は滅んだ（「大政奉還」238ページ参照）。

(豆 知 識)

1. 家康は膨大な蓄財をしていた。1603年のヨーロッパ人宣教師の報告に「蔵の柱が金の重みで折れた」と記されているほどだ。家康の死後、久能山（静岡県）に移されたため徳川埋蔵金の伝説ができたが、実際は尾張・紀州・水戸の徳川御三家に分配された。金銀の額は大体200万両とみなされ、一両10万円とすると2000億円にのぼる。そしてこの金銀は、将軍職を譲った後の10年間で蓄えたものという。

156 争い｜大坂冬の陣・夏の陣

　関ヶ原の戦いに勝利して独裁体制を築いた徳川家康だが、大坂には豊臣秀頼（1593〜1615）がおり、立場としては豊臣政権の五大老、あるいは天下の大老という位置づけだった。家康は征夷大将軍に就任して徳川政権をアピールするが、自覚のない豊臣家をとうとう滅ぼさざるを得なくなる。

◆

大坂夏の陣図屏風

　家康が征夷大将軍になったとき、豊臣家は「家康はまだ幼い秀頼の代行で、秀頼が成長すれば政権を返すだろう」と思っていた。亡き秀吉と家康の約束だったからだ。だから2代将軍・徳川秀忠が将軍職を世襲したとき大きな衝撃を受け、政権が戻らないことを悟る。しかし制度上では一大名になった豊臣家にその自覚はなく、家康が駿府城のお手伝い普請（幕府が諸大名に課す土木事業の普請役）を命じても黙殺した。家康は周囲に示しをつけるためにも豊臣家をどうにかしなければならなかった。自分は老いていくのに、秀頼は青年へと成長していく現実も気を重くした。

　両者の間をとりもっていた豊臣恩顧の大名たちが相次いで没すると、家康は「方広寺鐘銘事件」をきっかけに豊臣家を一大名に格下げしようとする。秀頼が奉納した釣り鐘の「国家安康」「君臣豊楽」という銘に対し「安の字で家康の名を分断し、豊臣を君として楽しむという意味だ、けしからん」と難癖をつけたのだ。弁明に来た豊臣方に、一大名のふるまい、つまり「江戸への参勤・母を人質として差し出す・国替え」のいずれかに応じるよう打診した。これに大坂方、特に秀頼の母・淀殿が激怒し、内部で仲たがいまで始まってしまう。

　1614年10月、徳川方は20万ともいわれる軍勢で大坂城を包囲し、大坂冬の陣が始まる。大坂方の軍勢はにわか集めであったが10万を超えていた。戦況は一進一退で、特に大坂方の真田幸村（正しくは信繁）隊が築いた真田丸での攻防は激戦となる。両陣営は休戦を意識するようになり、12月に講和が成立。このときの条件で大坂城は本丸と堀だけの裸同然の姿になった。

　和平の状態も長くは続かなかった。翌1615年、双方で開戦の動きが出る。大坂方の軍議で幸村は前回同様出撃を主張したが採用されず、籠城が採択された。5月、徳川方が出陣すると、出撃策を捨てきれない幸村は仲間と奇襲をかけることにした。しかし連携がまずく、大坂方の実働隊有力メンバーが討ち死にしてしまう。冬の陣のあと戦力が半減していた大坂方は、15万の徳川軍勢を相手に追い詰められていく。それでも幸村は「家康の首をとる」と一発逆転を狙う行動に出て家康本隊への接近に成功し、驚いて逃げ出す家康や旗本に波状攻撃を繰り返した。しかし討ち死にする。淀殿・秀頼の母子は最後の頼みの綱として、家康の孫で秀頼に嫁いだ千姫を使って助命を嘆願しようとしたが、結局自刃し、豊臣家は滅亡した。

豆知識

1. 大坂の陣はさまざまな作品のモチーフにされている。そのひとつが歌舞伎の演目「沓手鳥孤城落月」。なかでも「糒倉の場」は、大坂城落城目前、千姫の逃走を知って激しく取り乱す淀殿が強い印象を残す。そのため淀殿が主役と思われがちだが、本来の主人公は片桐且元。長年豊臣家に仕えたが、「方広寺鐘銘事件」後、徳川方に寝返った人物である。

157 外交 | 東インド会社

スペインとポルトガルが主導した大航海時代も、17世紀になると新たな勢力が台頭する。イギリスとオランダだ。「東インド会社」が設立されてアジア貿易に乗り出すと、日本とも貿易を展開する。やがてイギリスは日本から撤退してインドへと交易の場を移し、オランダは鎖国下の日本においてヨーロッパで唯一貿易が許された国となった。

◆

　ここでいう「東インド」はヨーロッパから南アフリカの岬・喜望峰を回って行きつく地域を指す。「東インド会社」は西欧諸国の東洋経営の特許会社で、フランスやデンマークなどでも設立された。

　16世紀末から17世紀初め、経済発展著しいオランダの商人は、香辛料の販売がスペイン人やイタリア人に独占されていることを不満に思い、自分たちで東インドに船を出すことに挑戦した。困難に遭いつつも船が多くの商品を積んで戻ったことで、東インドと直接の貿易が可能なことがわかり、東インド貿易が一大ブームとなる。しかしこの頃の船は風を利用して航海したので、皆が同じ時期に商品を仕入れて売ることになり、仕入れ値は高く、売値は安くなるという問題があった。そこで政府が間に入り、1602年、オランダ各地の貿易会社を合同したオランダ東インド会社が設立される。一方、イギリスもオランダの東インド交易の成功を見て、1600年にロンドン商人がイギリス東インド会社を設立した。

　日本との通商は、1600年、オランダ船リーフデ号が日本に漂着したことをきっかけに始まる。徳川家康は乗り込んでいた水先案内人のイギリス人ウィリアム＝アダムス（1564～1620）と航海士のオランダ人ヤン＝ヨーステン（1556？～1623）を外交・貿易の顧問とし、本国と日本の通商を斡旋させた。両国はスペイン・ポルトガルと異なり、プロテスタントであることが歓迎された。アダムスは三浦半島に領地を与えられて三浦按針となる。ヨーステンは現在の東京都八重洲に屋敷を与えられ、八重洲の地名はヨーステンの日本名・耶揚子に由来する。

　1609年、オランダ東インド会社は平戸に商館を置くことを許される。平戸の商館での貿易はオランダ東インド会社全体の利益の大部分を占めるようになり、貿易のため幕府に従順な姿勢をとった。幕府が武器や日本人傭兵の輸出を禁じれば守り、商館長は将軍に貿易許可のお礼を言うために江戸に参上した。1641年、商館を長崎へ移せという命令にも抵抗せず、出島から出てはならないという命令にも従っている。同時に先発のポルトガル商人を追い落とすため、商人とキリスト教宣教師の結びつきを幕府に喧伝し、断交を仕向けた。イギリス東インド会社もオランダ東インド会社との競争に敗れて1623年に日本を離れる。インドに貿易の拠点を置き、綿織物を輸入してイギリスにインド産綿織物の流行をもたらした。

豆知識

1. インドなど西南アジア一帯の織物は江戸時代の日本でも人気だった。唐桟あるいは奥嶋と呼ばれ、なかでも桟留縞と呼ばれる縦縞の織物が代表的。特に江戸では「粋」を表現するものとして人気が高く、浮世絵にもしばしば、粋な遊女や若衆の縦縞の着物姿が描かれている。『東海道中膝栗毛』には、着物を作ろうとする喜多八が「唐桟じゃおやじっぽいしなぁ」とああでもないこうでもないと悩む様子が描かれている。
2. 各国の東インド会社の船は、自前であったり借り物だったりする。大きさや形は各国とも似たようなものだった。しかしフランス東インド会社の船だけには、パン焼き窯が設置されていた。

158 経済 村と百姓

幕藩体制は、百姓（農民）の年貢が支える石高制の社会だ。体制を続けるためには、いかに年貢を取り立てるかが鍵になる。とりすぎて百姓が没落してもいけないし、とらなすぎると財力をつけ反抗するのでよくない。徳川家康は「年貢は百姓が死なぬように生きぬように取り立てよ」という指針を持っていた。

◆

　江戸時代の人口の80％以上を占めたといわれる百姓。彼らは村に住み、名主（庄屋・肝煎とも）・組頭・百姓代の村役人（村方三役）を中心に、村の掟に基づいて村を運営した。名主は村長、組頭は村長の補佐役、百姓代は村民代表だ。村役人の選出は話し合いや選挙のところもあったが、多くは世襲だった。

　村には屋敷の集まる集落を中心に、耕地や野・山・浜がある。農業に使う用水の管理や肥料・家畜のえさがとれる山野の管理、治安の維持や防災などを自分たちでやった。村人は農作業や屋根の茅葺など人手がいるときのために結・もやいと呼ばれる共同組織をつくったり、山野を共同利用したりと、村の暮らしは共同作業や結びつきに支えられていた。村の掟に違反すると、このような結びつきを絶たれる村八分などの制裁が加えられる。

　村に住む百姓は大きく、本百姓、水呑百姓、名子（被官・譜代・家抱・門屋などとも）の3種類に分けられる。本百姓は検地帳に名前が登録されている百姓で、田畑や屋敷を持ち、年貢と諸役を負担し、村の運営に関わる。先述の村役人も本百姓から選ばれた。また、五人組（年貢の納入や治安維持などに連帯責任を負った）に組織されたのも本百姓だ。その次の階層に位置する水呑百姓は、検地帳に登録されておらず、田畑・屋敷を持っていない。家を借り、小作人として生活した。そして最下層に位置する名子は名主の隷属農民だ。16世紀頃は有力百姓が大家族をつくったが、耕地が広がった17世紀中頃になると、兄弟や名子が分家や自立をして本百姓となり、夫婦単位の家族をつくるようになった。

　年貢は田畑と屋敷にかけられ、米や貨幣で納める。年貢率は四公六民から五公五民、つまり収穫物の半分をとられる。この他にも、山や川などの利用や副業などに対する税、土木工事などに駆り出される「夫役」と呼ばれる労役（夫役はのちに米や銭で代納）があった。幕府は確実に年貢を得るため、百姓に土地の売買を禁止したり（「田畑永代売買禁止令」171ページ参照）、土地の分割相続に制限をかけたり（分地制限令）して百姓が没落しないようにした。さらに日常生活にもこまごまと指示を出し、多くの百姓は粗末な家屋に住んで貧しい生活を強いられた。まさに「死なぬように生きぬように」制御していたのだ。

豆知識

1. 家康は将軍になってすぐ「百姓を簡単に殺してはいけない。過ちがあったとしても捕まえて奉行所で対決するのだ」という内容を含む法令を出した。ところが古くからの徳川家の重臣で「どちへんなしの天野三兵」ともうたわれた天野康景の足軽が百姓を殺してしまう。百姓が城の資材を盗んだからだ。幕府は足軽を差し出すよう求めるが、康景は職務を忠実に守った足軽をかばい続け、「直をまげて曲がったものに従うことはできぬ」と出奔したため、改易（大名としての身分や城・土地を剥奪されること）になってしまった。

159 暮らし・信仰 | 藩

「藩」は大名の領地と支配の仕組みを表す言葉だ。大名は1万石以上の領地を与えられた者をいう。しかし、実は江戸時代に「藩」はない。というと乱暴だが、江戸幕府は「藩」という言葉を公には使っておらず、公式に「藩」を使ったのは明治政府だ。それも、廃藩置県で廃止されるまでの短い間だった。

◆

　江戸時代に藩という言葉を使い出したのは儒学者だ。古代の中国で天子（皇帝）が諸侯を藩補や藩鎮などと呼んだことになぞらえて、大名を諸侯、領地と支配の仕組みを藩と呼ぶようになった。「親藩」「藩士」などの熟語や、「水藩」（水戸藩）といった固有名詞も普及はしたが、幕府が公称として使ってはいない。大名の領地は公称では「領分」で、明治政府はこれを「藩」と呼んで行政区画として扱った。

　江戸時代の藩の数は一定ではなく、特に初期は変動が大きい。中期以降は大体260〜270だ。大名の領地は将軍から与えられる形をとり、将軍の代替わりごとに領知宛行状（領知朱印状）が発給された。この領知宛行状は3代将軍・徳川家光（1604〜1651）まではまちまちに発給されていたが、4代将軍・家綱（1641〜1680）はすべての大名に一斉に発給しており、支配体制が確立したことがわかる。

　藩の政治は、藩法に基づき、家臣を家老や奉行などに任命して分担して行った。家老は幕府でいう老中にあたり、政治を統括する。参勤交代があったので国許と江戸の両方におかれ、世襲が多かった。

　藩の財源は一部を除き年貢米だ。各藩に仕える武士の身分である藩士は、俸禄として米を与えられた。かつては領地を与えて支配を認める地方知行制をとることもあったが、17世紀半ばには多くの藩で米を支給する俸禄制度が行われるようになる。年貢米の半分ほどが藩士への俸禄に使われた。また、江戸時代も初めの頃は、領内における大名の権力は強くなかった。実力主義の戦国時代から急に変わることはなく、領内に支城を拠点とした有力武士がいることもあったのだ。1615年、幕府が諸大名の居城以外の城の破却を命じる一国一城令を出す。これは大名統制の法令だが、支城が破却されたことで有力武士が拠点を失い、結果的に大名が領内を支配する力を強くした。

　大名にはさまざまな形で格式がつけられた。例えば、15万石以上の広い領地を持つ大名を国持大名または国主といい、その下に国持並・城持・城持並・無城があって、それぞれ家格を表す。さらに朝廷から与えられる官位もあり、年頭の礼など幕府の諸儀礼の場での序列を決め、江戸城でも詰所（控室）が身分や家柄によって決められていた。

1. 史料をもとに大名の平均的な一生をえがくと、15〜16歳で元服し、22〜23歳で家督を継いで、十数年大名でいたあと家督を譲り、50歳で没するというものになるそうだ。また、なかでも江戸時代前期の大名の平均寿命が高いという。

160 人物 | 徳川家康

　江戸時代260年余りの基礎を築き神君とも呼ばれる徳川家康（1542〜1616）には、一方で「狸おやじ」や「腹黒い男」という評価もつきまとう。幼年期から苦労を重ねた苦労人か、豊臣政権の簒奪者か、世界史にも稀な長期政権を築き上げた神なのか。後世でもさまざまな見方をされる徳川家康とは、一体どのような人物だったのだろうか。

◆

徳川家康

　家康は三河国岡崎（現・愛知県岡崎市）の城主・松平広忠の子として生まれた。今川氏と織田氏の勢力に挟まれた弱小大名で、6歳のとき今川氏に人質として出される。しかし途中でさらわれ織田信秀のもとに送られた。信秀は松平氏を味方に引き込もうとしたが、広忠が「人質を殺すも生かすも存分になされよ」と拒絶したため、家康は役に立たない人質として2年ほど過ごした。今川方と織田方の人質交換の形で駿府へ送られ、1560年まで過ごす。駿府では今川義元の軍師である太原崇孚（雪斎）について学問をしたともいわれ、のちに義元の姪を妻とするような厚遇から人質ではないという議論もある。

　1560年、桶狭間の戦いで義元が討ち取られ、家康は岡崎城に入って自立する。西三河の一向一揆の鎮圧を通じて家臣団の結束が強化され、瞬く間に東三河も制圧。松平から徳川に改姓し、1566年に従五位下・三河守に叙任された。1572年、武田信玄とぶつかった三方ヶ原の戦いは珍しく大敗した戦だ。家康は籠城を進言する周囲に反し、信玄のおびきだし作戦にのってしまい、絶体絶命の状態に陥る。多くの家臣が家康の鎧や采配を身につけて身代わりとなって死んだ。現在も残る「顰の像」と呼ばれる家康の肖像画は、このとき敗走した姿を描かせたものといい、家康は生涯この絵を見て己をいさめたという（異説あり）。

　本能寺の変の際には織田信長の同盟者であるために追われ、命からがら伊賀越えをしている。一方で主不在となった甲斐・信濃に勢力を広げ、その後台頭する豊臣秀吉と対等に近い関係を保つことができた。秀吉との小牧・長久手の戦いの後は親秀吉的行動をとり、天下統一に協力。朝鮮出兵では渡海せず、兵力・財力の消耗をほぼゼロに抑えている。死に瀕した秀吉から子の秀頼のことを頼まれたが、自ら征夷大将軍となり、大坂の陣で豊臣氏を滅ぼした（「大坂冬の陣・夏の陣」162ページ参照）。これにより豊臣政権の簒奪者、裏切り者とも言われがちだ。しかし「天下は回り持ち」であり、実力のある者が天下をとるのは戦国を生きた大名にとって当たり前のことだった。

　明治維新では討幕派の正当性を示すために江戸幕府が否定され、創始者の家康も悪く言われた。戦後、組織づくりや人材登用などの能力が注目され再評価を受ける。神格化されたり悪しく言われたり評価されたり、これほど評価に波がある人物も珍しいのではないだろうか。

豆知識

1. 家康出生の伝説がある。母・於大の方が丈夫な男児を授かるよう薬師如来に願掛けすると、夢の中で薬師如来に従う十二将の一つである真達羅大将がお腹に飛び込み、懐妊を知ったというものだ。しかも薬師堂の真達羅大将の像だけが消えていたという。さらに後日譚として、家康が没すると真達羅大将の像がもとの場所に戻っていたとか。

161 文化・芸術 ｜ 江戸城

徳川将軍家の居城・江戸城。はじめは小さな城だったが、江戸幕府が開かれてからは全国の大名をお手伝い普請に駆り出して修築と拡張を繰り返し、3代将軍・家光の時代には我が国城郭史上最大の天守が完成した。家康が江戸に移ってから47年後のことだ。260年余りにおよぶ徳川の治世の中心地であり象徴だった江戸城は、幕末に無血開城をし、一度も戦を経験しなかった。

◆

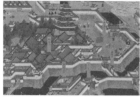

『江戸図屏風』に描かれた江戸城

1590年、家康は豊臣秀吉の一大名として江戸城に入る。小田原攻めの褒美としての移封だった。このころの江戸城は本丸と二の丸だけの、石垣もない、朽ちかけた貧弱な城だったらしい。家康はとりあえずの改修工事をして城下町の建設を優先した。2年後には修築工事が始まって西ノ丸が建設されるが、秀吉の死や関ヶ原の戦いなどがあり、築城は一時中断する。

1603年に家康が征夷大将軍に任命されると、江戸城の工事が活発になる。江戸城が「将軍の城」となり、それにふさわしい姿にする必要が出てきたからだ。今度の工事は一大名の工事ではなく、天下の大工事だ。はじめに行われた基礎工事には70家の大名が手伝い普請に駆り出され、江戸城のすぐそばまで食い込んでいた入江を神田山を切り崩して埋め立てるなどの工事が行われた。この工事によって現在の日本橋浜町から新橋付近までに市街地が造成されて、江戸城周辺にできていた町人町がここに移された。翌年からは江戸城改修が本格化し、西国大名に準備が命じられる。関ヶ原の戦い前後に徳川家についた外様大名28家は石垣用の石材調達を命じられた。工事は1606年から始まり、縄張（設計プラン）は築城の名手・藤堂高虎が担当した。翌年にかけて天守を含めた本丸の主な部分が完成し、将軍の城としての形がひとまず整う。このときの天守の様子は詳らかでなく、史料によって五重とも、七重とも、九重とも記録されている。外観は漆喰が塗られ、鉛瓦の白亜の姿だったらしい。拡張と改修工事はなおも続き、1614年には現在まで皇居として残っている本丸・二の丸・三の丸・西の丸・北の丸・西の丸下まで拡張された。

江戸城改修と外郭の整備は2代将軍・秀忠と3代将軍・家光の代にも引き継がれている。天守は将軍交代のたびに建て替えられ、1623（元和9）年には秀忠が本丸拡張工事に合わせて修築して元和度天守が、1638（寛永15）年には家光が再び天守台と御殿を修築して我が国城郭史上最大の寛永度天守が完成している。城の改修と外郭の整備がほぼ完成したのは寛永年間（1624〜1644年）だ。1657年には明暦の大火（「明暦の大火」186ページ参照）により天守や本丸御殿が焼失するが天守は再建されず、それでも大部分は幕末まで保たれた。1868年4月に江戸城は無血開城して明治政府軍に明け渡され、9月には明治天皇が江戸城に入り、10月に東京城と改称されて皇居となった。

―――― 豆 知 識 ――――

1. 家光は新しくなった本丸御殿を見て回り、華麗につくられたところを壊し、簡素につくり直すように改めさせた。家光は同じころ贅を凝らした日光東照宮も建てているが、倹約は強く意識していた。1635年改定の武家諸法度では、進物や贈答品、屋敷などについて近頃華麗に過ぎるので、これからは簡略にし、万事倹約を心がけるよう定めている。

162 政治｜幕藩体制

　江戸時代の社会体制は、強い権力を持った将軍（幕府）と大名（藩）が土地と人民を統治する幕藩体制だ。この仕組みは徳川家康が江戸幕府を開くと同時に完成したわけではなく、3代将軍・家光の頃までかけてつくられてきた。幕府は法令や制度によって大名を統制するとともに、上の者に従うという儒教的な身分制秩序によって不満をおさえた。

◆

盛岡藩の参勤交代ともいわれる一行（『冨嶽三十六景 従千住花街眺望ノ不二』より）

　1万石未満の将軍直属の家臣には、将軍に御目見得（謁見）が許された「旗本」と許されない「御家人」がおり、江戸に住んで幕府の政治や軍事の仕事をした。大名は1万石以上の領地を与えられた者で、大名の領地や支配のしくみを藩という。大名は親藩・譜代大名・外様大名の3つに分類される。親藩は徳川氏一門の大名で、将軍の跡継ぎを出す尾張・紀伊・水戸の三家が最も位が高かった。譜代大名は古くから家康に仕え大名に取り立てられた者で、小藩は関東に、比較的大きな藩は要所に置かれた。外様大名は関ヶ原の戦い前後に徳川氏に従った大名で、江戸から離れたところに置かれている。

　幕府は大名の統制にさまざまな工夫をした。江戸時代の初期には、大名の改易（領地を没収し家を断絶させる処分）を多く行っている。財政を圧迫して弱体化させるため、大名を土木事業に動員する「天下普請」（お手伝い普請）も行っている。1615年、2代将軍・秀忠のときに制定された「武家諸法度」は、大名に政治や治安、儀礼の規定を示すもので将軍の代替わりごとに出され、家光は参勤交代を制度化した。大名は原則1年ごとに江戸と領地に交代で住むこと、妻子は江戸に住むことを強制した制度だ。大名行列や江戸の藩邸にかかる経費は大名の財政を困窮させた。

　幕府の政治は最高責任者として老中がいて、補佐役の若年寄や寺社・勘定・町奉行の三奉行などの役職がある。勤務形態は月番と呼ばれる1カ月交代だ。老中や若年寄、奉行などのいわゆる高級官僚は譜代大名から選ばれた。外様大名は高い禄（給与）を持つ者もいたが権力は持てず、一方で譜代大名のなかには禄は低いが老中となり権力を持つ者がおり、禄と権力の集中を防いだ。幕藩体制は、下剋上を否定し、上に従う儒教的な身分制秩序のもとで維持された。幕府が示した秩序の例として、家光が家督を継ぐにあたり、聡明な弟より兄である家光を優先した例がある。この長幼の序の方針は諸大名、武士に広がり、上下の秩序意識が強化されていく。武士を支配階級とし、不満をそらす役割も持った「士農工商」（「士農工商」179ページ参照）も、幕府にとって理想的な理念であった。

豆知識

1. 家康が天下普請で建てた城のひとつが京都の二条城だ。二条城は江戸幕府の始まりから終わりをみた。まず家康の征夷大将軍の就任セレモニーである将軍宣下が行われ、秀忠・家光のときもセレモニー会場となった。その後、将軍宣下は江戸城で行われるようになったため二条城の存在は薄れていくが、1863年に14代将軍・家茂が230年ぶりに上洛したのをきっかけに再び脚光を浴び、1866年には徳川最後の将軍・慶喜の将軍宣下セレモニーが開かれた。そして翌年には、大政奉還の会場ともなった。

163 争い｜島原の乱

　1637年、九州で起こった島原の乱は、幕末以前では江戸幕府の体制に反抗した最後の内乱だ。南蛮貿易が盛んに行われた地でキリスト教が深く根付いた地であったこともあり、島原の乱は一般的に、キリシタンによる、キリシタン弾圧に対する一揆だと思われがちだ。しかしそれだけでなく、この地で行われていた過酷な支配も大きく影響している。

◆

　島原の乱が起きた理由は大きく2つある。一つはキリシタン弾圧、一つは百姓の不満だ。
　島原地方（現・長崎県）や天草島（現・熊本県）はキリシタン大名の有馬晴信と小西行長の領地で、領民にもキリスト教の信者が多くいた。しかし晴信は贈賄事件の責任で切腹、1616年に島原藩主となった松倉重政はキリシタン絶滅を掲げて苛烈な弾圧を行い、多くの信者を棄教・殉死させた。改宗しないキリシタンは火山の火口に投げ込まれたという。また、重政は島原城を新築し、多大な費用と労役を領民に負担させた。ただでさえ島原藩の石高は実際は3万石のところ名目上6万石としていたうえ、凶作も続いて飢饉となり、領民の負担は非常に重くなっていた。天草も領主の寺沢氏が圧政をしく。重政や寺沢氏は、年貢を払えない農民に蓑踊りという残忍な刑罰を科した。これは体に巻き付けた蓑に火をつけるもので、熱さに悶える様子が踊っているように見えることから蓑踊りという。年貢の減免を求めようとしてもキリスト教信者の抵抗とみなされ、取り締まりを口実に苛烈な取り立てがまかり通っていた。
　1637年10月25日、島原の農民が代官を殺害したことをきっかけに島原の乱が始まる。27日には天草でも天草（益田）四郎（益田時貞）を中心に蜂起、やがて合流した。蜂起したのは土豪や百姓たちだ。キリシタンも含まれてはいたが、圧政と飢饉をきっかけにした百姓一揆だった。そのため、島原・天草一揆ともいう。また、かつて有馬家・小西家に仕えていた者たちによる抵抗という一面もあり、一揆軍が戦略的に動くことができたのは指導層に元武士がいたためだ。一揆軍は3万7000にまで膨れ上がり、11月末には原城に立てこもった。廃城だった原城を、島原城築城で培った技術で修復したという。松倉氏の倉を襲い、籠城に必要な米と武器を確保した。一報を受けた幕府は島原藩だけでは鎮圧不可能と判断し、九州諸大名に命じて戦の準備をさせ、板倉重昌を使者として鎮圧軍を送るが失敗。幕府はさらに老中の松平信綱を派遣し、12万5000の大軍で原城を囲んで兵糧攻めにした。また、オランダ商館とも連携し、海上のオランダ船から砲撃を加えた。2月27、28日に総攻撃が行われ、四郎をはじめとしてほとんどの城兵が戦死。生き残った者も、幕府側に寝返った南蛮画家を除いて全員処刑された。幕府側では、島原藩主の松倉勝家は圧政と一揆の責任を問われ斬首、天草を領有していた寺沢堅高は天草の4万石を没収された。

豆知識

1. 天草四郎は、小西家の遺臣である益田好次の長男で、長崎でキリスト教を学んだという。乱のときは15歳であった。彼が乱の首領となったのは、かつて宣教師が言い残した「25年後にこの地に神童が現れてキリスト教を再興する」という内容に合致していたためという。ただしこの話は小西家の遺臣が創作して流布したものといわれる。
2. 乱が起きたとき、島原藩の家老は役人や江戸の藩主に知らせる一方、周りの藩にも救援を求めるが、武家諸法度で幕府の指示なく領外に出兵することが禁じられていたため断られた。乱の後、武家諸法度の解釈について、一揆などのときは幕府の指示がなくとも出兵し、周りと協力して鎮圧するようにと改められた。ちなみに乱が起きたとき、九州の大名は病気で伏せていた薩摩藩の島津家久を除き、江戸参勤のため誰も九州にいなかった。

164 外交 | 朱印船貿易

江戸時代には鎖国が行われたが、初めから閉ざされていたわけではない。徳川家康は朱印船貿易を奨励し、東南アジアには多くの日本町ができた。1635年に朱印船が途絶えるまでに、確認できるだけで356隻の朱印船が海を渡った。

◆

朱印状(『外蕃書翰』)

1601年、家康は東南アジア諸国に貿易開始を求める国書を出す。この国書で、正式な貿易船には朱印を捺した許可状(朱印状)を持たせること、持っていない船には貿易を許さなくていいことを書いている。この朱印状を持った正式な貿易船を朱印船という。現在見つかっている一番早い朱印状は1602年のものだ。ただし、朱印状は見つかっていないが、朱印船の制度を始めたのは秀吉という考え方もある。

朱印状を受けるには、船を送る船主が申請して幕府の審査を受ける。許可されれば行き先を書いた許可状に家康の朱印が捺されて、申請者の船主に与えられた。船主は豪商が中心だが、大名も送ったし、家康の側室にも船を送った人物がいる。海外に出て行った朱印船の数は、史料で確認できるだけで356隻にのぼり、多い年では20隻以上が渡航した。行き先は東南アジアが中心で、一番多い交趾(ベトナム)が全体の2割ほどを占める。次に暹羅(タイ)、呂宋(フィリピン)と続く。これらの地に出向いた朱印船は出会貿易を行った。出会貿易とは、この頃の日本と中国(明)の貿易の形をいう。明が民間人の渡航や貿易を認めない海禁政策をとっていたため、商人たちは日本でも中国でもない国に出向き、日本産の銀と中国産の生糸・絹織物を交換する取引を行っていたのだ。

朱印船の行き先には日本人が集団で住む日本町(「日本町」205ページ参照)が形成された。当時の船が季節風を利用して進んでいたため、季節風の向きが変わるまで出向いた先で待つ必要があったのだ。また、取引が活発になると、駐在員を置いて情報収集や買い付け、販売を行わせるようになったり、高値で売れる時期を待つための倉庫を管理する商社のようなものができたりしていく。

朱印船がトラブルを起こすこともあった。1608年、九州の大名・有馬晴信の朱印船乗組員がマカオで騒ぎを起こしたとして約40人が殺害された。翌年、晴信は長崎沖に来航したポルトガル船を報復として撃沈している。公的な朱印状を持った朱印船のトラブルは国際問題に発展することがあった。また、朱印船でキリスト教宣教師が出入りしたり、締め出された商人らが密貿易をしたりといった問題もあった。幕府の禁教と貿易独占が進む中、1635年に日本人の海外渡航・帰国が禁止され、朱印船貿易は終わった。

豆知識

1. 朱印状を受けた船主の数は105人。内訳では多い順に商人、華人、ヨーロッパ人、大名、武士となる。日本人だけが受給できたということはなく、朱印船には中国やポルトガルなど外国人を船主とする船もあった。

165 経済 田畑永代売買禁止令

　百姓は米をつくりながら自分たちではほとんど食べられず、ぎりぎりの生活を営んでいた。年貢が重くのしかかっていたのだ。それでも幕府にとって百姓の貧しさは問題にならなかった。年貢さえ得られればよかったのだ（「村と百姓」164ページ参照）。しかし寛永の飢饉をきっかけに、幕府は農村の崩壊を危惧し、百姓が米をつくり続けるための政策を打ち出す。その一つが「田畑永代売買禁止令」だ。

◆

　幕藩体制は、朝は早く起き、日のあるうちは農作業、夜は夜なべをして懸命に働く百姓に支えられていた。しかし年貢は収穫高の半分、他にも山や川の使用料などの雑税や労役があり搾取は厳しい。年貢が払えないときは、子どもや妻、最後には自分自身を質にして、富農や高利貸しから借りて払った。借りた分を返せなければ質流れとなり、ついに没落してしまう。このような例が17世紀半ば過ぎまで見られたという。

　そんな中で起きたのが寛永の飢饉だ。江戸時代最初の大飢饉で、1641年から1642年にかけておこり、5万〜10万の餓死者を出したといわれる。幕府の対応は初め倹約を主眼に置いたもので、衣服や穀物、祭事や仏事などを切り詰めるよう指導した。しかし飢饉の被害が拡大すると、百姓が百姓として生活するための政策をとるようになる。諸藩でも、飢饉をきっかけに同様の政策が広がった。これは百姓からの搾取をやめることではなく、末永く搾取し続けるためだ。

　1643年、幕府は田畑の売買を禁止する田畑永代売買禁止令を出す。自立した農民が土地を失って小作人に転落するのを防ごうとした。これは単独の法令でなく、代官宛てに出された法令の一部と、百姓宛てに出された法令の一部の総称だ。代官宛てには「豊かな百姓は田畑を買い集めてますます豊かになり、貧しい百姓は田畑を売ってますます貧しくなるので」と理由が示されている。

　永代売買というのは現代の我々が思う売買の形で、年限を定めずに完全に売り払うことだ。永代売ともいう。中世から近世初めの田畑の売買方法には永代売のほか、定めた年限がくれば買い戻さなくても元の持ち主に田畑が返ってくる年季売、買い戻さなければ返ってこない本物返（本銭返）があった。年季売と本物返は、買主が田畑の利用から得る利益が利子の役割を果たす、質のようなものだ。幕府は田畑の永代売買を禁止したが、年季売や本物返を禁じたわけではない。土地を質に金を借り、返済できずに土地を取り上げられるというパターンがあったから、法令は形骸化してしまった。そして土地が質流れして小作人に転落する農民は増えていった。

豆 知 識

1. 百姓宛てに出された「土民仕置条々」は全17条。「庄屋の衣服は絹・紬・木綿、一般農民は木綿以外着るな」「衣服を紫紅梅に染めるな」「ふだんは雑穀を食べ、米はみだりに食べないこと」「五穀節約のためうどんや素麺、まんじゅうなどの商売は禁止」「酒造と酒の販売は禁止」「町へ出てむやみに酒を飲むな」「草取りに励め」「独身や病気の百姓は手伝ってあげろ」「乗り物に乗るな」「よそからきて農業をしない者は置くな」などなかなか小うるさい。

166 暮らし・信仰 ｜ 禁教令と隠れキリシタン

江戸幕府は1612年、直轄地にキリスト教を禁止する禁教令を出し、翌年全国に広げた。幕府による厳しい取り締まりのなかでも信仰を捨てなかった隠れキリシタンは、江戸時代を通じてひそかに信仰を貫き、独自の存在になっていった。

◆

絵踏み

徳川家康が禁教令を出したきっかけはキリシタン大名の有馬晴信とキリシタンの武将・岡本大八との贈収賄事件といわれる。1614年には長崎に集められた宣教師や信徒がポルトガル船に乗せられて追放された。幕府ははじめ宣教師の摘発に主眼を置いたが、徐々に一般民衆の信仰も弾圧していく。1619年には京都で信者52人が処刑され、幕府の断固とした方針が示された。1620年、朱印船貿易の船主であった平山常陳が宣教師を密入国させた事件を引き金に、1622年に長崎で55人の宣教師や信徒が処刑される（元和の大殉教）。この事件はその後の幕府の貿易やキリスト教への取り締まりの方針に大きな影響を与えた。幕府は島原の乱（「島原の乱」169ページ参照）の中心がキリシタンであるとみなし、鎮圧後に取り締まりを強化した。

幕府はキリシタンでないことを証明させるため、すべての人を特定の寺（檀那寺）に所属させる寺請制度を施行した。特に信者の多い九州北部などでは、イエス像などを彫った踏絵を踏ませる絵踏が行われた。宣教師側では、迫害者に対する信仰告白は一般信徒の義務ではないという見解や、生命に危険が及ぶなら信仰を否定することも容認するという見解もあった。

禁教下で信仰を隠しながら暮らした人々を「隠れキリシタン（潜伏キリシタン）」と呼ぶ。組ごとにまとまり、カトリック教会を模した位階を設けて一般信徒が司祭の役割を果たし、典礼を継承した。組が村の自治組織と重なることも少なくなかったことで、隠れ続けることが可能だったと考えられている。組は地域ごとに異なる様相をみせる。例えば生月（現・長崎県平戸市）では位階が「爺役―御番役―御弟子」で爺役が洗礼を行うが、浦上や外海（現・長崎県長崎市）では位階が「帳方―水方―聞役」で水方が洗礼を行った。オラショという祈りの言葉が口承で伝えられ、マリア観音や納戸神（納戸に掛け軸や聖具を安置して祀られる神）を崇拝の対象とした。長い歴史の中でさまざまな宗教が混ざり、カトリックとは異なった信仰形態になったといわれる。藩は隠れキリシタンの存在をある程度把握していたらしく、ときに摘発が行われた。

1864年、日仏修好通商条約をきっかけにフランス人のための教会が建てられ（日本二十六聖人教会）、隠れキリシタンの一部がカトリック教会に戻った（復活キリシタン）。教会に戻らなかった人々は隠れキリシタン（離れとも）と呼ばれ、現在も続いている。

豆知識

1. 拷問の末に棄教する宣教師もいた。クリストファン＝フェレイラは20年余り日本で布教を続けたイエズス会の宣教師だが、天正遣欧使節のひとりである中浦ジュリアンとともに穴吊りの拷問にかけられ、棄教した。のちに沢野忠庵と名乗ってキリシタンの取り締まりに協力し、「目明し忠庵」とも呼ばれる。禁教下の日本に２度にわたり宣教団が派遣されたのはフェレイラを信仰に立ち返らせようとしたためといわれる。このとき日本に来たジュゼッペ・キアラも拷問の末に棄教し、岡本三右衛門と名乗った。キアラは遠藤周作の小説『沈黙』の主人公のモデルとなっている。

167 人物 徳川家光

「生まれながらの将軍」として君臨した徳川家光（1604～1651）だが、実際には弟がいて将軍を継げるか怪しい状況だった。大御所の家康が長幼の序で家光を推したことで世継ぎとなった。積極的に政治をこなした家光は、晩年体調を崩したことで、幕府の行政組織は将軍不在にも耐えられるよう整えられることになる。

◆

徳川家光

家光は2代将軍・秀忠とその妻お江との間に生まれ、長男として育てられた（兄がいたが早世している）。時代はまだ長子相続が浸透しておらず、父の秀忠からして三男ながら将軍になっているので、長男といえども家光は「生まれながらの将軍」とは言い切れない。しかも父と母は優秀で快活な弟を溺愛しており、家臣の間でも弟が将軍になるのではとささやかれていた。そんな状況に立ち上がったのが乳母のお福だ。のちに春日局と呼ばれる彼女は、「乳母将軍」とまでいわれた。お伊勢参りに行くと言って江戸城を出た彼女は駿府に赴き、処罰も恐れず家康に窮状を訴え出た。家康も跡継ぎ争いが生まれそうな状況をきらったのか、江戸城で竹千代（家光）と弟の国松（忠長）に対面し、秀忠やお江、家臣たちの前で竹千代を上段に招き、国松を下段に座らせた。そして秀忠らに「竹千代は心が広いので天下を保つ器だし、国松は賢いからよい家臣になるだろう」と告げ、「弟といえども家臣だ」と釘を刺したという。なお、忠長は引き続き溺愛されたが、やがて常軌を逸した行動をとるようになり、蟄居を命じられた。そして大御所として政治を行っていた秀忠が没すると、家光は弟を改易して幽閉し、自刃に追い込んでいる。

秀忠没後、家光は豊臣系の大大名である肥後熊本52万石の加藤忠広（清正の子）を改易し、忠長の改易とあわせて大名に対する厳しい姿勢を示した。また、代替わりの上洛では家康や秀忠を上回る大部隊を率い、威光を示した。

武家諸法度の改定では参勤交代を義務化・制度化したことで知られる。このとき参勤交代を命じられたのはほぼ外様大名で、譜代大名が参勤交代をするようになるのは1642年になってからだ。関東八州に含まれる譜代大名は半年交代、それ以外は隔年の参勤となった。

また、幕府の行政や裁判業務を迅速化するため職制を整備し、将軍を核として運営した。家光が元気なうちはこれで円滑に幕府の政治は運営されていたが、病で1年間政務をとることができない間に政治は滞ってしまった。将軍が病床にあっても幕政がつつがなく運営されるシステムが求められ、老中が政治を掌握できるよう改革していく。そして将軍の下に老中がいて、老中が各奉行や大目付を掌握するという、時代劇などでもおなじみの江戸幕府の仕組みができあがった。

豆知識

1. 参勤交代ははじめ西国大名と東国大名とが交替で江戸に参勤していたのが、島原の乱を境に、徐々に各地でバランスよく組み合わせて参勤するようになっていく。例えば、肥前唐津城主と肥前島原城主は交互に参勤している。これは島原の乱がおきたとき、九州にほぼ大名がいなかった反省によるものと考えられている。
2. 忠長の乱行には、100万石の加増を要求したり、罪のない者を殺したりといったものが挙げられる。

168 文化・芸術 | 日光東照宮

　日光東照宮は、江戸幕府初代将軍である徳川家康を祀る霊廟だ。幕府が総力を挙げて造営した豪華絢爛な建物群は、世界文化遺産にも登録されている。しかしその姿は、当の家康の望みとは違うものだったようだ。

◆

日光東照宮

　日光東照宮のある日光山は、8世紀から山岳信仰の聖地だった。中世には武家の信仰を集めたが次第に衰退し、再び隆盛するのは家康のブレーンだった天海が山の管理を任されてからだ。死期を悟った家康は自分の死後のあれこれを指示し、一周忌が過ぎたら日光山に小さい堂を建てるように遺言した。とはいえ将軍であるので、2代将軍・秀忠によって1617年に東照宮が造営されたときも規模はかなりのものだったが、質素な白木のものだった。それが1636年には、3代将軍・家光によって大規模に造り替えられ、現在の規模・構造となる。家光は特に家康への尊崇の念が強く、造り替えには金57万両・銀100貫・米1000石という巨費が投じられ、これらの費用は大名に課されず一切を幕府が負担した。このとき建造されたものの一つである陽明門には、動植物や人物など500をこえる彫刻が金や七宝の飾り金具をほどこされて隙間なく配置され、圧巻だ。

　「東照宮」という名になったのも家光のときで、それまでは「東照社」だった。朝廷に働きかけて1645年に宮号宣下を受けている。朝廷からは天皇の使いとして捧げものを奉る、日光例幣使が毎年派遣された。朝鮮通信使や琉球からの使節(慶賀使)も日光に参詣している。オランダの商館長は参詣していないが、1636年のシャンデリアをはじめ、さまざまな灯架を献上している。日光東照宮の荘厳華麗さは、家光の家康への思慕から発するのはもちろんだが、日本の威信を示すものでもあったようだ。

　家康は朝廷から東照大権現の神号を授かり、神として祀られている。日光東照宮のつくりは本殿の前に拝殿を置いて石の間で連結するという霊廟建築の代表的な様式で、日光東照宮独自のものではないが、日光東照宮にちなんで「権現造」と呼ぶ。

　日光東照宮は日本古来の神の信仰と仏教信仰が融合した神仏習合であったが(「神仏習合」60ページ参照)、明治時代の神仏分離令によって二荒山神社と満願寺(輪王寺)が分離独立した。幸いにも東照宮境内の仏教的建造物が残され、現在に神仏習合時代の様相を伝えている。

豆知識

1. 日光東照宮に至る日光街道・例幣使街道・会津街道には、合計約40kmにおよぶ1万数千本の杉並木がある。これは家康の側近の一人で、秀忠・家光と3代にわたって仕えた松平正綱が、20余年にわたって植え付けたものだ。紀伊の熊野から苗を取り寄せて植えた。現在、栃木県では保護事業としてオーナー制度を実施しており、並木杉1本1000万円で購入できる。

2. 家康の宗教関係のブレーンである天海と崇伝は、家康の神号をどうするかで激論を交わした。天海は「権現」、崇伝は「明神」を推している。秀忠が裁定して「権現」となった。その後、幕府は朝廷に神号を求め、「東照大権現」「日本大権現」「威霊大権現」「東光大権現」の4つを示され、幕府が東照大権現を選んで決定した。権現は、仏や菩薩が人々を救うために仮の姿をとって現れることや、現れたものをいう。

169 政治 | 禁中並公家諸法度

　のちに神君とも呼ばれる徳川家康だが、その権威を自分自身で裏づけることはできなかった。将軍や幕府を正統化し、権威づけることができる存在は朝廷だ。彼らの権威を支配に利用しつつ、権力をふるったり他の大名に利用されたりしないよう、幕府は朝廷への干渉を強める。禁中並公家諸法度の第1条「天皇が行う諸芸能のうち、第一にすべきは学問である」は、史上初めて天皇の行動を制限したものとして注目されてきた。

◆

　禁中並公家諸法度は徳川家康と2代将軍・秀忠、関白になる二条昭実との連名で出された。家康はすでに将軍職を譲って駿府城に移っていたが、なおも実権を握りいわゆる大御所政治を行っていた。出された時期は大坂夏の陣で大坂城が落城した後のことだ。法令は、天皇は学問に専念すべきことや、武家の官位は公家とは別とすること、親王と太政大臣・左大臣・右大臣の三公では三公のほうが上座であることなどを定めている。朝廷が持っていた儀礼や栄誉に関する権限に干渉したのだ。また、武家への官位については幕府の許可制だった。この権利はかつて豊臣秀吉の息子・秀頼が持っており、大坂の陣を経てようやく秀頼の権限を否定できたのだった。

　禁中並公家諸法度は幕府の朝廷支配の基幹となる。ここに至るまでに家康は徐々に朝廷への干渉を強めていた。禁中並公家諸法度に先駆け、公家の義務などを規定する公家衆法度を出している。幕府の役職としては、京都所司代に朝廷の監視を行わせた。また、朝廷の高い地位につく摂家（近衛・鷹司・九条・二条・一条）の権限を強化し、天皇の意思決定に関わらせる。これはあくまで幕府の後ろ楯による権限で、天皇の意思決定を統制する役割があった。朝廷と武家をつなぐ窓口となる武家伝奏の役割も大きかった。武家伝奏は公家から2人選ばれる朝廷の役職だが、江戸時代には幕府寄りの行動を見せ、伝奏に就任する際に老中・京都所司代あてに起請文（誓約書）を提出したり、幕府から役料が支給されるようになったりした。禁中並公家諸法度が出されたときの天皇である後水尾天皇の即位をめぐっても幕府の意向を強く反映させている。禁中並公家諸法度の定めの一つに紫衣に関する規定がある。紫衣は高僧にだけ許された紫色の法衣・袈裟のことで、天皇に許可の権限があるのだが、法度は許可を慎重にするようにと定めていた。ところが1627年、幕府はみだりに紫衣が許可されているとして法度が出された以降の紫衣を無効にし、抗議した大徳寺の沢庵らを処罰する。このできごとを紫衣事件といい、天皇の許しより幕府の法度が優越することを示した事件である。

豆知識

1. 禁中並公家諸法度や武家諸法度の作成の任にあたった金地院崇伝(1569〜1633)は臨済宗の僧で、「黒衣の宰相」と呼ばれた家康の政治・外交の顧問だ。朱印船貿易の朱印状も書いている。朱印状ははじめ西笑承兌、承兌の死後は閑室玄佶、玄佶の死後は崇伝と特定の個人が書いていた。
2. 秀忠の娘・和子は後水尾天皇の中宮となったが、入内までもめにもめた。入内が大坂の陣や家康の死去、後陽成院（後水尾天皇の父）の死去などで延び延びになり、当初の予定から6年たってようやくというとき天皇と「およつ御寮人」と呼ばれた女性の間に皇子が生まれていたことが発覚。怒った秀忠が入内を延期する中でおよつ御寮人がまた子を産み、幕府と朝廷の関係の緊張感が増した。天皇が譲位をほのめかして入内延期の再考を求めたり、秀忠が天皇の近臣を処罰して圧力をかけたり、処罰がさらに溝を深めたりとごたごたは続いた。入内が最終的に決定した直後には京の町に放火が続き、和子の入内は必ずしも歓迎されたものではなかったようだが、天皇とのあいだはうまくいったようで、生まれた娘は紫衣事件の後、明正天皇として即位した。

170 争い シャクシャインの戦い

　蝦夷地（北海道）を中心にサハリンや千島列島、北東北に住んでいたアイヌ民族。かつては縄文文化の担い手でもあったが、本州で稲作が行われるようになってからも狩猟採集生活を続け、独自の文化を形成した。15世紀ころから蝦夷地で和人（本州系日本人）が増加すると、両者の間に軋轢が生じるようになる。そして1669年、近世最大のアイヌの蜂起であるシャクシャインの戦いが起こった。

◆

17世紀末の和人の進出

　江戸時代、蝦夷地には松前藩が置かれた。藩主の松前氏はもともと、15世紀に蝦夷地でアイヌと和人との交易を仕切っていた安東氏の家臣だ。安東氏が秋田に移ったのち、アイヌと和人の間に勃発したコシャマインの戦い（鉄製品の交易価格が問題となった）を鎮圧したことで蝦夷地の和人勢力の支配者となり、1599年に徳川家康から蝦夷地支配を認められる（「アイヌ」107ページ参照）。1604年にアイヌとの交易独占権を得て藩を形成した。交易は商場と呼ばれる場所でのみ行われた。松前藩は特異な仕組みを持った藩で、寒冷で米がとれないため石高がなく、アイヌ交易と商船からとる税金が収入源だ。家臣は商場でアイヌと交易する権利を与えられ、交易収入が家臣のものとなった（商場知行制）。松前氏はこの商場知行制によってアイヌ交易を仕切り、商人を排除してアイヌ交易の主導権を握るようになる。交易の交換レートもアイヌに不利になっていった。かつては塩鮭100匹と20升入り米俵1俵が交換できたのに、米が減らされていき、17世紀半ばには交換できるのは8升入り米俵となる。

　このような交換レートの悪化と松前藩や和人の横暴な振る舞いに、アイヌの間で不満が高まった。1669年6月、シブチャリ（現・北海道新ひだか町）の首長シャクシャイン（？〜1669）が蜂起への参加を呼びかけ、蝦夷地南側全域のアイヌが呼応。シャクシャインの戦いが起こった。蜂起により273人とも355人ともいわれる和人が殺害されている。一方松前藩は幕府に蜂起を伝え、幕府の指示で津軽藩などからの支援を受けることとなった。しかし戦いが長期化すると交易に支障をきたし、財源を失ってしまう。そこで松前藩は10月、和睦を提案し、誘い出したシャクシャインを謀殺。指導者を失ってくずれた蜂起軍を鎮圧した。

　この戦いのあと、松前藩はアイヌに対しいっそう政治的にも経済的にも締め付けを強くする。アイヌの各地の首長は松前藩への服従を誓う起請文を提出させられたほか、定期的に藩主に謁見すること、法度を伝達することを強要された。ただ交易レートは改善した。18世紀には商場知行制を廃止、商人が商場（場所）を請け負って税金を納める場所請負制度となった。場所に住むアイヌは労働者として酷使されるようになる。1789年にはクナシリ・メナシの蜂起が起こるが鎮圧され、和人との同化政策が進められていった。

豆知識

1. アイヌは津軽藩の領内にも居住しており、シャクシャインの戦いに派遣された杉山吉成の隊には飛脚として加わっていた。シャクシャインの戦いの後に津軽藩が実施した蝦夷地探索にも同行し、アイヌと接触して蜂起の原因などを聞き出すことに成功したという。ちなみに津軽藩3代藩主は石田三成の血を引くともいわれる。

171 外交 | 鎖国

　江戸幕府が日本人の海外渡航と外国船来航の規制を断行し、「鎖国」となった。この言葉からはどこか窮屈な印象を受ける。まるで日本が世界との接触を嫌って閉じこもったかのようでもあり、鎖国までの道のりではキリスト教への取り締まりの強化もあって排他的なにおいがする。事実、世界との接触は限定的にはなったが、果たしてそれは世界をおそれての消極的な行動だったのだろうか。

◆

唐人屋敷跡（長崎県長崎市）

　江戸時代初めには朱印船貿易（「朱印船貿易」170ページ参照）を奨励していた幕府は、なぜ鎖国に踏み切ったのだろうか。幕府の支配と相容れないキリスト教の影響をおそれたからだろうか。それも要因のひとつではある。幕府がキリスト教の取り締まりを進めるなかで、海外への渡航や貿易に制限を加える必要が生まれたからだ。一方で、幕府にはもっと積極的に貿易を制限する理由があった。朱印船貿易で船主となった大名はほとんど九州の大名である。お手伝い普請などにより大名の財力をそごうとしていた幕府にとって、彼らが貿易で大きな利益をあげることは見過ごせない問題だった。また、当時世界の産出量の3分の1を占めたといわれる銀の国外流出も防ぎたかった。経済は内需で成り立っており、無理な貿易は必要ない。これらのことから、鎖国の最大の理由は幕府の貿易独占にねらいがあったと思われる。「鎖国」といっても幕府は直轄地の長崎で中国・オランダと交易を行い、風説書と呼ばれる海外情勢の報告書を提出させている。長崎には奉行をおいて管理した。オランダは1641年に商館が平戸から長崎の出島に移され、船の荷物は厳しくチェックされた。オランダ人は基本的に出島から外に出ることは許されず、出島の中につくられた屋敷に家賃を払って住んだ。また、日本人が出島に入るにも手続きが必要で、交流は厳しく制限されていた。中国とは国交回復が望めなくなったことから、私貿易を幕府の統制下に置く。1688年、長崎に唐人屋敷と呼ばれる居住区画がつくられ、翌年オランダの場合と同じく家賃をとって住まわせ、人の出入りを制限した。なお両国との交易量を見ると、中国が上回る年が多い。

　幕府は対馬藩を通して朝鮮と、薩摩藩（さつまはん）を通して琉球（りゅうきゅう）とも外交を持っていた。また、アイヌの人々による北方交易には松前藩を窓口にしていた。このように、鎖国下でも実際には世界との交流は途絶えていない。ではなぜ「鎖国」という言葉を使うのか。この言葉は、ドイツ人医師ケンペルによる『日本誌』の邦訳が「鎖国論」と題されたことに始まるとされる。邦訳した志筑忠雄（しづきただお）は江戸後期の蘭学者（らんがく）で、幕府の対外政策に批判的だった。なおケンペルは、日本が長崎を通じてオランダとのみ交渉を持つ閉ざされた状態であると指摘しており、ヨーロッパとの関係における日本の状態を「鎖国」といっている。

豆知識

1. 鎖国政策が実行されるなかで、1636年には日本人とポルトガル人の間に生まれた子など287人がマカオに、1639年にはオランダ人やイギリス人などと日本人の間に生まれた子とその母親の32人がバタヴィア（現・ジャカルタ）に追放された。バタヴィアに追放された一人の女性は「ジャガタラお春（はる）」としても知られる。西川如見（にしかわじょけん）（1648〜1724）の『長崎夜話草』で悲壮感あふれる脚色がされた彼女だが、現地で結婚し、裕福な生活を送ることができたようだ。

172 経済｜新田開発

　17世紀は「大開発時代」とも呼ばれる。慶長年間（1596～1615年）に163万5000町歩だった耕地面積は、享保年間（1716～1736年）には297万町歩にまで拡大した（1町歩は約1ha）。新田開発と農業技術の革新によって生産力も飛躍的に増大し、人口もこの間におよそ2倍近く増加したとみられている。

◆

　江戸時代に入ると、戦で功をあげて領地を拡大することが不可能になった。そこで全国の領主は、土地を開発して耕作地を増やすことで実質的な拡大を図ることになる。戦国時代から江戸時代の初めには築城技術や鉱山の採掘技術が発達して、それまで技術的にできなかった治水・灌漑工事ができるようにもなっていた。

　耕地にするには水の適切な管理が重要だ。大規模な開発は幕府や藩によって行われた。利根川の東遷もそのひとつだ。江戸湾に流れ込んでいた利根川をつけかえて銚子から太平洋に流れ出るようにした大工事で、それまで氾濫に見舞われていた地域を耕地にすることが可能になった。地形によって治水・灌漑工事の内容は異なり、用水路で水が供給されるところもあれば、排水が必要なところもある。また有明海の干拓のように、築堤が必要となるところもあった。干拓とは、遠浅の海や湖などの浅瀬を仕切り、海水を排出させて干上がった地を陸地にする方法である。

　開発の主体となるのは幕府や藩だけではない。町人が開発を請け負った新田を町人請負新田といい、有名な例では幕府も資金協力をした椿新田がある。椿新田は、現在の千葉県匝瑳市・旭市の辺りにあった椿海と呼ばれる湖を干拓してできた新田で、椿海の面積は諏訪湖の3倍あったといい、漁業や船の通航も行われていた。江戸の町人である白井次郎右衛門と辻内刑部左衛門が幕府に干拓計画を願い出て、幕府の資金援助も受けて工事を進め、1673年に完了。翌年から新田の販売が始まり、幕府は2500町歩を売って1万2500両を回収している。新田には開発に携わった周辺の村々の人々が入植して18の村ができた。また、同じく町人請負新田には豪商によってつくられた鴻池新田（現・大阪府東大阪市）や、日本最大級の新田開発といわれる紫雲寺潟新田（現・新潟県新発田市）などがある。農民による新田開発も行われており、土豪開発新田や村請新田などのパターンがある。土豪が行ったものでは、武田氏に仕えていた市川五郎兵衛による信濃国北佐久郡の矢島原（現・長野県佐久市）の開発、村請新田では関東平野の西半分である武蔵野台地の開発などがある。

　新田開発は江戸時代を通じて常に奨励・歓迎されたわけではない。近世後期になると、秣（肥料や家畜のえさ、家屋に用いられる）をとる土地がなくなるといった理由で周辺の村々から開発を反対されることもあった。またこの頃には、荒廃した耕地の再開発も多くなっている。

⎡ 豆 知 識 ⎤

1. 治水工事の方法には関東流と紀州流という正反対の二大流派があった。関東流は伊奈忠次・忠治ら伊奈一族が受け継いだ技術で、河川の流れを受け入れながら誘導するところに特徴がある。紀州流は紀伊藩に仕えた井沢弥惣兵衛が代表で、強固な施設で川の流れを固定するところに特徴がある。もともと関東では関東流が用いられていたが、新田の拡大で技術的な限界を迎え、8代将軍・徳川吉宗が弥惣兵衛を召集して紀州流を採用した。

173 暮らし・信仰｜士農工商

　士農工商は江戸時代の社会を構成した主要な身分である武士・農民・職人・商人を指す言葉だ。この並びには商業活動を低くみる儒教的な考え方が反映されている。また、士農工商と別に下位の身分として、穢多・非人がおかれたが、彼らも社会を構成する一員である点に違いはない。

◆

　士農工商の典拠は『漢書』『管子』などの中国の古典で、国を支える人民を4つに区分したものだ。総称して四民ともいう。区分は分業や職業を基準とするもので、必ずしも身分や貴賤の序列を意味していない。日本では鎌倉時代の僧である道元が「田商仕工」、鎌倉時代から南北朝時代の公卿である北畠親房が「農商工士」の順に書いている例がある。

　兵農分離以降は士と農工商の区別が進んだ。江戸時代には、武士は名字を持ち、太刀をさす「名字帯刀」が許された支配階級で、被支配階級の農工商との間には大きな溝ができたものの、農工商の間に序列はなかった（一部の儒学者たちは「士農工商」に序列を込めた）。工商は町人としてひとまとめにされ、実際には農民より上位の扱いを受ける場合が多かった。士農工商のほかにも僧侶や神職、芸能者など職業や住むところによって多数の身分の区別があり、団体や集団ごとに組織された。

　そしてこれらの身分の下位に、幕府は賤民として、穢多・非人と呼ばれた人々を置いた。意図として考えられるのは、下の身分をつくることで農民に優越感を持たせ、武士への不満をそらすことだ。穢多・非人は幕府の主に警察権力の末端としても利用され、百姓一揆の鎮圧に出動させられた例もある。なお、穢多は主に皮革処理や牢屋の牢番・行刑役などを生業とし、穢多頭の支配下におかれ、一般人との交際や居住地を制限された。非人は物乞いや遊芸などに従事し、穢多頭のもとに組織される非人頭が支配した。貧困や犯罪で非人になることもあり、そのような人々は一定の期間を過ぎればもとの身分に戻れることもあった。

　なお、江戸時代には身分制による支配が行われていたが、身分間の移動ができなかったわけではない。例外的ではあるが、農民や商人が武士になった例もある。身分制度にも揺らぎがみられた。例えば18世紀には都市部に野非人（非人組織に属さない乞食状態の者）が増加しすぎて、非人組織が機能しなくなるといったことも起きている。

　また、身分と身分の間の区分もあったが、同じ身分のなかにも複雑な区分・差別が存在した。家についても家長（戸主）の権限が強く、女性の地位は低かった。

豆知識

1. 江戸時代中期以降、町人が御家人株（御家人の格式や役職・俸禄が株化したもの）を買って幕臣の資格を得ることが行われるようになる。『南総里見八犬伝』で知られる滝沢馬琴も孫に御家人株を買い与えた。馬琴は武士から町人になった例で、主家を転々としたあと、本や浮世絵の出版で知られる蔦屋重三郎の使用人となり、履物商の娘に入り婿した。息子は医者となり、松前藩のお抱え医師になったが早く亡くなった。

174 人物｜林羅山

　林羅山（1583〜1657）は徳川家康から家綱までの４代にわたり仕えた儒学者で、子孫もまた代々幕府に仕えた（林家）。儒学の中でも朱子学に立脚し、他の派には不寛容で仏教は厳しく非難したが、僧の姿で幕府に仕えた。生涯読書好きで、57歳の一年には700冊の本を読んだという。

◆

林羅山

　朱子学は儒学の一派で、12世紀に朱熹（朱子）が大成した。朱子学は、全てのものは素材である「気」と、あり方を定める「理」でできていると説く（理気二元論）。人も気でできた体に理が宿っているとされ、気から生じる情（私欲など）によって悪になることがあるが、各人が修養して理を取りもどせば国は治まり、世界が平和になる。そのためには仁、義、礼、知、信（五常）が大切になるという。父子・君臣・夫婦・長幼・朋友の役割を重視し、各自が社会的身分に応じた役割を果たすことが必要と説く。この考え方が江戸幕府の身分制支配とマッチして、朱子学が盛んになった。

　ただ羅山が家康に仕えることになったのは、儒学者としてより博識や文才を買われたからだ。僧の姿で幕府に仕えたのも、はじめ幕府に儒学者にあてる職制がなく、学問で仕えるのは僧侶という前例が踏襲されたことによる。家康の周りには僧侶の崇伝や天海などがいて重用され、羅山はそれほど幕政に関与できたわけではなかった。それでも徐々に参与し始め、３代将軍・家光のときには改定する武家諸法度を起草し、諸大名や旗本の前で読み上げる。朝鮮通信使の応接や外交文書の起草など学問や儀礼関係の公務に従事した。また、幕府の命を受けて『寛永諸家系図伝』（大名・旗本の家系図）や『本朝通鑑』（日本通史）などを編纂した。1630年には家光から屋敷と200両を下賜されて家塾を開き、孔子廟をおく。これらはのちに湯島に移された（湯島聖堂）。羅山が思想的に幕府の政治に大きな影響を与えたとはいえない。しかしその学識と文才で将軍４代にわたって仕えて儒学者の社会的地位を高めた。

　羅山は幼い頃から聡明で、一度読んだ本は忘れなかったという。禅寺に入り仏教と儒学を学んだ（当時、儒学は僧の間で教養として学ばれていた）が、出家せず家に戻り、江戸時代初期の儒学者・藤原惺窩に師事するなどして学問を深めた。惺窩は教養として学ばれていた朱子学を体系化して独立させた（京学派）人物だ。近世朱子学の祖といわれ、権力とは距離をおき、家康に出仕を請われたが断って羅山を推挙している。やや偏執的なところのある羅山は惺窩のおおらかな学風をたびたび批判しており、惺窩から「経験に基づかず、本の知識でしかない」とたしなめられている。羅山は読書を好み多くの書籍を集めていたが、明暦の大火（「明暦の大火」186ページ参照）で焼失した。このショックで病に伏したともいわれ４日後に没している。

豆知識

1. 羅山は寺を出たあとも勉学にいそしみ、儒学書の公開講座を開いた。中世の学問は秘伝のものだったため、学問を家業とした公家の清原秀賢（船橋秀賢）は「朝廷の許可を得ていない」と朝廷に告訴している。それを聞いた家康は笑って「志がせまいな」と取り合わず、秀賢も口をつぐんだという。
2. 本好きの羅山は、家康に仕えて駿河文庫の管理を任され、貴重な書物を読む機会を得たことをとても喜んだ。明暦の大火のときは自宅で漢籍の訓点をつけており、なかなか動こうとしなかった。促されて避難するときも離さず、作業を続けた。

175 文化・芸術 | 有田焼と薩摩焼

日本の磁器生産は17世紀、佐賀県有田町で始まる。豊臣秀吉による朝鮮侵略の際に朝鮮半島から連行された陶工は日本の窯業を大きく前進させ、やがて日本の陶磁器は世界に飛び出した。明治時代に入っても、窯業は輸出のエースとして日本の近代化を支えた。

◆

有田焼

有田焼は肥前国有田（現・佐賀県有田町）でつくられる磁器だ。伊万里焼とも呼ばれるのは伊万里港から積み出されたからという。開祖とされる李参平は、肥前国領主・鍋島氏の家臣によって日本に連行され、窯を開いた。初期の伊万里焼は染付（青色顔料による下絵だけのもの）でつくられている。有田焼といえば、乳白色の素地に赤い絵を焼き付ける手法の酒井田柿右衛門が有名だが、鮮やかで細かな絵を描く赤絵（色絵）の技術は17世紀半ばになって中国から持ち込まれた。当時の中国は王朝が明から清へ交代するときだ。中国人の技術者が混乱を避けて日本に流入したほか、オランダ東インド会社は入手しづらくなった中国の磁器にかわり日本の磁器をあつかうようになる。柿右衛門様式はヨーロッパ向けの高級磁器として人気を博した。元禄年間（1688〜1704年）には染付をベースに赤絵と金彩を駆使した金襴手が国内外で流行した。

有田焼の人気はほかの藩が磁器生産を始めるきっかけともなる。瀬戸・美濃で磁器生産を始めた加藤民吉も、伊万里で磁器を学んだ。また、これらの一般向けの磁器制作とは別に、佐賀県伊万里市の大川内地区には藩窯が設けられた。藩の厳格な指導の下で、鍋島様式と呼ばれる技術と意匠の粋を結集した磁器が制作され、将軍家や幕閣への献上品となった。

薩摩焼は鹿児島県で作られる陶磁器の総称だ。こちらも朝鮮侵略の際に島津義弘が朝鮮半島から連行した陶工によって始められた。義弘が金海という陶工につくらせた初期の薩摩焼は古帖佐と呼ばれて珍重される。薩摩焼には大きく2つの分類があり、ひとつは産地で系統を分ける。伝統的なものとして堅野系、龍門司系、苗代川系、西餅田系（以上主に陶器）、平佐系（磁器）などがあり、中心を担ってきた堅野窯は、薩摩藩の初代藩主・島津家久（忠恒）が金海を招いて堅野冷水窯を築いたのが始まりだ。もう一つの分類は陶器を高級品の「白薩摩（白もん）」と庶民向け日用品の「黒薩摩（黒もん）」に分ける。

11代藩主の斉彬は薩摩焼を輸出品へ育成しようと試み、死後、1867年にパリ万博に出品された金襴手の薩摩焼はヨーロッパで高い評価を受けて、「SATSUMA」というジャンルは横浜や京都など日本各地で作られた。

[豆 知 識]

1. 17世紀半ば、中国産磁器（景徳鎮窯の磁器）の代わりとしてヨーロッパに渡った有田焼。その後中国では17世紀後半から陶磁器の生産が再開されたが、すでにヨーロッパでの人気は有田焼の金襴手に移っていた。ヨーロッパ側の要請で、中国・景徳鎮窯では伊万里焼を模倣した磁器（チャイニーズ・イマリ）がつくられるようになる。中国産磁器の強い影響を受けてきた有田焼が、中国で模倣されることになったのだ。

176 政治｜文治政治

　長きにわたる戦乱の世を終わらせた天下統一は、武力によって成し遂げられた。江戸幕府が開かれてからも支配を安定させるため武威による政治（武断政治）が続いたが、解決できない問題が出てきた。3代将軍・徳川家光までの武断政治にかわって行われるようになった文治政治は、戦国時代から続く価値観を大きく転換させた。

◆

　家光までの時代には、大名の改易や減封などの処分により多くの牢人（仕える家を失くし、収入を失った者）が生み出され、社会不安を招いた。そのような中で4代将軍となった家綱から7代将軍・家継までの治世には、儀礼や法の整備、道徳によって社会の秩序を保とうという方針がとられる。これを文治政治という。

　家綱の時代には末期養子の禁止が緩和された（「由井正雪の乱」183ページ参照）ほか、殉死が禁止された。末期養子とは、跡継ぎのいない武家の当主が死ぬ直前に養子をとり、家の断絶を防ぐことである。末期養子を禁じていたことで、大名の家が断絶し、家族や家臣もろとも牢人になる例が相次いだ。また、それまで主人の死に追従する殉死は武士の中で美徳とされてきたが、家綱は殉死を無益と否定し禁じた。主人の死後は跡継ぎの新しい主人に奉公することを義務づけ、主人個人でなく、主人の家に忠誠を尽くすことを良しとした。主家は主家であり続け、家臣は代々主家に奉公し続けることを新たな価値観とすることで、下剋上の可能性をつぶした。

　5代将軍・綱吉は武家諸法度に大きな変化をもたらした。最も重要な位置づけである第1条を、それまでの「文武弓道に励むこと」から「文武忠孝に励み、礼儀を正すこと」にしたのだ。この主君に対する忠、親に対する孝、礼儀による上下の秩序を求める姿勢にみられるように、綱吉は儒教を重視した。また有名な生類憐みの令で生き物の殺生を禁じる。この法は子どもや病人を捨てることの禁止や行き倒れた人の保護など、現在の私たちからみてまっとうに思える内容も含んではいたが、殺生を慎むことを強制し、弾圧的に臨んだことから天下の悪法とも呼ばれる。ほかに、喪に服す期間と忌引きの日数を定める服忌令も出した。これらの政策により、綱吉は戦国時代から続く武士の論理（人を殺すこと、殉死すること）や生き物を殺すような荒っぽい行為を否定した。この時期には、朝廷の儀式の復活や寺社の造営も盛んに行われている。

　忠孝や礼儀の重視は以降も引き継がれた。6代将軍・家宣、7代将軍・家継の治世には側用人の間部詮房と儒者の新井白石が活躍した（「正徳の政治」189ページ参照）。わずか3歳で将軍となった家継を権威づけるため、将軍の人格でなく地位が格式と権威を持つよう、儀式や典礼を重視した。また、ひと目で身分の序列が明確になるよう服制の整備も行われている。

　短命な2人の将軍が没した後、8代将軍となった吉宗は側用人（将軍に仕え、将軍の意を老中に取り次ぐ役）による政治を廃し、家康時代への復古を掲げて享保の改革を始めることとなる（「享保の改革」196ページ参照）。

豆知識

1. 綱吉にとって生類憐みの令は肝入りだったようだ。病床にありながら「100年後といえどこの法だけは続けるように」と遺言した。しかし白石は綱吉の死後10日で廃止した。

177 争い｜由井正雪の乱

　1651（慶安4）年4月、第3代将軍の徳川家光が没し、家綱が将軍を継ぐことになる。家光も2代将軍・秀忠も、将軍に就任したとき先代の将軍が存命で、後見を受けることができた。しかし家綱はそうではない。しかもまだ11歳だった。大御所のいない幼君への代替わりを突いて、由井正雪（1605？〜1651）が幕府の転覆を狙う。

◆

　家光までの将軍が大名の改易などの処分を相次いで行ったことで、主家を失った牢人が増え続けた。戦乱のない世の中では新たな仕官は難しく、海外へ進出する者もいたが鎖国でそれもできなくなり、牢人の不満が高まっていた。江戸市中に牢人があふれ、不穏な空気が漂う中、親政をしてきた家光が没して幼い家綱が将軍に就任することになったのだ。

　軍学者の由井正雪は大名や旗本の諸家に出入りしており、周りには仕官のあっせんを求める牢人が集まっていた。幼い将軍への代替わりにあたり、将軍の独裁が途切れる今こそ蜂起のときと判断する。計画は、江戸で槍の名人である牢人・丸橋忠弥が指揮して火を放ち、江戸城に侵入して将軍を奪ったあと、駿府で正雪と合流する。京都や大坂でも牢人たちが呼応し、二条城を乗っ取り、大坂城に立て籠る。正雪は久能山を占拠し、東西の指揮をとる、というものだったらしい。反乱計画に参加した牢人の数は明らかになっていないが、1500人とも5000人ともいわれる。7月22日、正雪は江戸を立って駿府に向かった。しかし23日夜、幕府のもとに密告が相次ぎ、計画が露見する。幕府は当日中に正雪を捕らえるため駿府に急使を送り、江戸の蜂起を指揮するはずだった忠弥と一味を捕らえた。25日夜、正雪は駿府に入り、紀伊家の家臣と偽って宿に泊まるが、駿府町奉行らに包囲され、26日、一味とともに自刃した。京都や大坂の一味も自刃したり捕らえられて処刑されたりし、9月18日に正雪の親族が処刑されて事件はひとまず落着した。反乱の目的は正雪自身が書き置きした幕政改革説のほか、キリシタン説、尊王倒幕説、牢人救済説と諸説ある。慶安年間に起きたことから慶安事件とも呼ばれる。

　7月に家綱に対する将軍宣下が行われ、9月に江戸で宣下の儀式が予定されているなかでの出来事だった。幕府の政治機構や運営規則は定まっていたため政治も鎮圧も支障なく行われたが、事件をきっかけに幕府は牢人対策に取り組むことになる。御家断絶の原因となっていた末期養子の禁止を緩和し、当主が50歳未満の場合には、死に際に養子をとることが認められた。幕閣の議論では江戸から牢人を追放する強硬策も出されていたが、末期養子の禁止を緩和するという宥和路線がとられたことに、武断政治から文治政治への流れを見て取れる（「文治政治」182ページ参照）。

─［ 豆 知 識 ］─

1. 正雪を捕らえるため、指名手配書である人相書きが出されている。絵ではなく文章で特徴が書かれた。正雪の人相書きには「年は40あまりで、総髪。ただし髪を剃っている可能性もある」「背は小さく色白で額は短い。髪は黒くて唇は厚い」「目はくりくりしている」とある。

178 外交 | 長崎

1543年（1542年という説もある）に鉄砲が、1549年にキリスト教が日本に伝来した。どちらも舞台は九州で、その後盛んになる南蛮貿易の主な舞台も九州だ。長崎は南蛮貿易をきっかけに開かれ、江戸時代には、鎖国下で唯一のヨーロッパとの窓口になった。

出島

ポルトガル船が盛んに訪れていたのは隣国の平戸だ。平戸には倭寇の頭である王直の拠点があり、ポルトガル船を平戸に呼び寄せたのも王直といわれる。日本にキリスト教を伝えたイエズス会の宣教師フランシスコ＝ザビエルははじめ鹿児島に上陸したが、平戸にポルトガル船が集まっていることを知り、平戸を訪れる。領主の松浦隆信がキリスト教の布教を許可したことから、ポルトガル船との貿易も盛んになり、キリスト教の信者も増えていった。やがて仏教徒とキリスト教徒が対立するようになり、緊張が高まるなかで、1561年に貿易取引をめぐるいざこざから14人のポルトガル人が殺害される事件が起こる。

日本での布教の責任者だったコスメ・デ・トルレスはこれを見てポルトガル船の平戸入港を許可せず、隣接する大村氏の領内の横瀬浦に回航させた。これをきっかけに、大村氏の領内での港選びが始まり、1570年から長崎にポルトガル船が訪れるようになる。1563年、領主の大村純忠は洗礼を受け、最初のキリシタン大名となる。のちに天正遣欧使節（キリシタン大名の名代としてローマへ渡った4人の少年使節）を送った大名のひとりだ。この使節は長崎から出航した。1580年、純忠は長崎をイエズス会に寄進し、しばらくはイエズス会が長崎を統治する状況となったが、豊臣秀吉はバテレン追放令を出し、長崎を没収して直轄領にした（「バテレン追放令・海賊取締令」154ページ参照）。

その後、江戸幕府も長崎を直轄地にしている。また、朱印船貿易の朱印船は必ず長崎から出航することになっていた。この頃はキリスト教が黙認されたため、もともと盛んな地域でもあり信者も増加していた。幕府が禁教や貿易統制を強めるなか、1616年にはヨーロッパ船の寄港地が平戸と長崎に限定され、1635年には中国船の寄港地が長崎に限られる。長崎港内に出島がつくられたのは1634年のことだ。はじめはポルトガル人の収容が目的だったが、やがてポルトガル船の来航が禁止され、1641年にはオランダ商館が平戸から移された。中国人も長崎の唐人屋敷に集住させた（唐人屋敷は出島にはない）。この間、幕府の禁教政策の下、厳しい取り締まりが行われた（「禁教令と隠れキリシタン」172ページ参照）。

以降、江戸時代を通じて幕府直轄の貿易が行われた（「鎖国」177ページ参照）。1856年に日蘭和親条約が、1858年には日蘭修好通商条約が結ばれ、オランダ人も日本人も出島の出入りが自由になり、オランダ商館も役割を終えている。

―――― 豆 知 識 ――――

1. 明治時代に入ると出島周辺が埋め立てられ、海に浮かぶ出島の姿は消えた。史跡指定や整備事業が行われ、平成時代に入ってから本格的な復元整備事業が始まった。
2. 2018年、「長崎と天草地方の潜伏キリシタン関連遺産」が世界文化遺産に登録された。江戸時代の禁教下でキリシタンがどのように信仰を継続したか、そして禁教下で形成された宗教的伝統が、禁教が解かれたあとどのように変容し、終焉を迎えたかを示す遺産群だ。「潜伏」のきっかけから「潜伏」が終わりカトリックに復帰するまでを12の遺産で示す。

179 経済 城下町

　　1615年、江戸幕府は一国一城令を出した。大名の居城以外の城を破却させるこの法令によって、「藩の城」が一つに定まる。すると、大名の居城のある城下町は藩の都として発展し、近世城下町が誕生した。

◆

城下町として栄えた小田原城

　　　　　　　　城郭を中心につくられた城下町には、戦国城下町と近世城下町がある。どちらも家臣や商人・職人が集まった、政治や経済の中心となった都市だが、やや違いがみられる。

　　　　　　　戦国時代、大名は広い領域を支配する必要から本拠地を充実させるようになり、本格的な城下町がつくられるようになる。兵農分離も進んでいないので、城下に集住した家臣は重臣クラスだけで数は多くない。城下町の人口の中心は商人や職人で、居住地も武士と混在していた。戦国城下町として知られるのは、後北条氏の小田原（現・神奈川県）、今川氏の駿府（現・静岡県）、朝倉氏の一乗谷（現・福井県）などで、朝倉氏の分国法である「朝倉孝景条々」には家臣の集住の定めがある。

　　近世城下町になると、政治・経済・文化の中心としての役割が大きくなる。すべての家臣が城下町に集住するようになり、武家屋敷の集まる武家地と城の面積が城下町の大半を占めるようになる。また、武家地、町屋の集まる町人地、寺社の集まる寺社地など身分ごとに居住地がはっきりと区別された（士庶別居住区分という）。それぞれの配置は特に決まりがあったわけではないが、大半は城の周りに武家地、その外側に町人地、その外側に寺社地が置かれた。

　　武家地、町人地のなかにも配置の工夫がみられる。城の周りの武家地では、城に近い方が重臣クラスで離れるにつれ石高の低い武士が配置された。町人地のなかでも業種ごとにまとまりがみられ、扱うものによって配置を工夫した。例えば交通や運輸、流通に関わる商人は特に街道筋に置かれた。伝馬町（公用に使われる馬を用意する伝馬役を課された人々が住む）、連雀町（商人が住む）などがそれにあたる。火薬を使う鉄砲町や火を使う鍛冶町は、危険なので町はずれに置かれることが多い。町人地には多くの町（丁）という共同体があって、町内に屋敷を持つ町人から選ばれた名主たちが町の運営にあたった。

　　町人地のさらに外側に、防衛として足軽長屋が置かれることもある。近世城下町の軍事的な側面は道路にも見られる。碁盤目状や放射状はほとんど見られず、丁字路や袋小路を組み合わせ、一気に進めない複雑なものが多い。城下町のはずれに穢多・非人が居住させられているのも近世城下町の構造だ。城下と城下外は、警備や見張り番が詰めている「番所」や木戸で区切られた。

┌─ 豆 知 識 ─┐

1. 一国一城令により全国におよそ3000あった城は170ほどに整理・縮小されている。
2. 千代田区の神田連雀町は連雀（行商人）の集まっていた町だ。明暦の大火のあと、火除け地として居住地を没収された町民25戸が、武蔵野に移住して連雀新田（現・三鷹市）を開いている。

180 暮らし・信仰 | 明暦の大火

「宵越しの銭は持たない」とは、その日稼いだお金はその日中に使ってしまおうという江戸っ子の気っ風の良さを表した言葉だが、この気質が育まれた一因は江戸の火事の多さにあるともいわれている。火事でいつ銭を失うかわからないので、貯めこんでも仕方ないというわけだ。なかでも被害が最大規模だったのが、1657（明暦3）年正月に起きた明暦の大火だ。現在の千代田区と中央区付近を中心に、当時の江戸市中の約60％を焼き、死者は10万人に及ぶともいわれる。この明暦の大火は江戸幕府、そして江戸という超過密都市のターニングポイントになった。

◆

　明暦の大火では3つの火事が起きている。風の強い日だった。1つ目は1月18日午後2時頃に始まる、本妙寺（現・東京都豊島区）からの出火。北西の風にあおられ、湯島天神、神田明神などを次々と燃やし、川も越えて延焼した。19日の午前2時頃一応鎮火するも、2つ目の火事が19日正午頃に始まる。小石川の新鷹匠町（現・東京都文京区）付近からの出火だ。江戸城に飛び火し、天守・本丸・二の丸などを焼き、周囲の大名屋敷などがいっせいに燃え上がった。さらに同じく19日夜には、麹町（現・東京都千代田区）の町屋から3つ目の出火が起きる。大名屋敷が燃え、西の丸下（現・皇居外苑）の屋敷群が全焼する。翌20日には芝浦まで延焼して海に至って鎮火した。

　火事の原因は不明だが、1つ目の火事が「娘3人を呪い殺したといういわくつきの振袖を本妙寺で焼いたことから始まった」という伝説から、明暦の大火は振袖火事とも呼ばれる。ほかにも由井正雪の残党が放火したという噂もあった（「由井正雪の乱」183ページ参照）。

　幕府はすぐさま江戸の町と江戸城の復興に取りかかるが、江戸城本丸の修築費だけで100万両に及んだという。天守は再建されなかった。「すでに天守が示す武威が必要なくなったから」ともいわれるが、このころ鉱山からの収入が激減しており、幕府が財政難に陥っていたことも確かだ。復興にかかる費用は幕府の財政をさらに破綻させる一因となった。

　幕府は防火に主眼を置いた大規模な都市改造を行うため、正確な地図を作成させた。江戸城内では火事対策の空地を設けるため、城内にあった武家屋敷を場外に移し、外郭内にあった寺院も移動した。江戸市中には延焼防止のための火除け地や火除け堤、広小路が設けられ、町の様相は大きく変わった。それでも密集地の江戸では度重なる火事が起こり、「火事と喧嘩は江戸の華」とまでいわれるようになった。

　　　　　　　　　　　　　　　豆 知 識

1. 明暦の大火の犠牲者を弔うため回向院（東京都墨田区）が建てられた。回向院はその後、自然災害や海難事故によって亡くなった人や無縁仏なども供養するようになる。供養碑のなかのひとつに、1782年に海へ出て消息を絶ち、1792年にロシアのラクスマンとともに帰還した大黒屋光（幸）太夫の供養碑がある。遭難死したものとされて建てられたが、生きて帰ってきたのだ。

181 人物 | 徳川綱吉

　4代将軍・家綱の死去に際し、跡を継いだ徳川綱吉（1646～1709）は静謐を求めて鳴り物や普請の停止を命じた。死者の権威は停止期間の長さで示される。その期間が長すぎて、大工をはじめ人々の生活に支障をきたした。学問を好み秩序を正す文治政治を進めた綱吉だが、生類の憐みの令しかり、どこか行き過ぎて人々をうんざりさせるところがあった。

◆

徳川綱吉

　40歳になったばかりの家綱が実子のないまま危篤に陥り、館林藩主だった弟の綱吉が末期養子に入って将軍家を継いだ。直系でない初めての将軍だ。自分の権力機構を整備するため、館林藩の幕政を担っていた家臣を幕臣に編入する。また、家綱の下で権勢をふるっていた大老・酒井忠清を免職して、自分を将軍に擁立するのに功のあった堀田正俊を大老に据えた。

　綱吉はまず農政を重視した。幕領の百姓が疲弊しているのは代官たちが仁義を施さないからだと考え、代官の服務規定を定めて従わない代官を大量に処分する。綱吉の治世で厳罰に処せられた代官は34名おり、このうちの8割近くが治世前期に行われた。

　武威でなく上下の身分秩序で主従を安定させることを目指し、新しい価値観への転換が図られた。代替わりの武家諸法度では忠孝や礼儀を重んじ、武威と対照的な学問や文化を重視することで、武威政治の後退を浸透させていった。儒学者の林鳳岡（林羅山の孫）を初代の大学頭に任命し、1691年には湯島に聖堂を建てて林家の家塾と孔子廟を移転させた。仏教や神道なども支持し、寺社の造営を多く行う。綱吉の治世で寺社の造営・修繕にかかった費用は約70万両という計算もある。また未だ戦国時代の価値観を引きずり、新しい社会秩序に抵抗して乱暴を働くかぶき者に対して強引な検挙が開始された。これらの政策に加えて生類憐みの令や服忌令（「文治政治」182ページ参照）が出され、泰平の世にふさわしいとされる価値観が生まれた。

　明暦の大火後の復興に引き続く大規模な寺社造営は幕府の財政破綻を招いた。この対策として、勘定吟味役の荻原重秀が提案した貨幣改鋳が採用される。小判の金含有率は、従来の慶長小判が84％だったのが元禄小判では57％に引き下げられ、幕府は500万両の増収となった。しかし貨幣価値の下落と物価の騰貴が人々の生活を直撃する。さらに1707年、関東地方と東海地方の大地震に続いて富士山が噴火し、甚大な被害が出る。幕府は全国に復興金（諸国高役金）を納めるように命じ、約49万両が集められた。が、そのうちの40数万両が他に流用された可能性がある。綱吉の政治の後半、人々は生類憐みの令で困らされ、貨幣改鋳による物価騰貴で困らされ、災害が起き、復興のために納めた諸国高役金は使途不明で、うんざりしたことだろう。しかし江戸時代に長く平和をもたらす基礎となる、文治政治を取り入れさまざまな改革を行った人物であったことには間違いない。

[豆 知 識]

1. 綱吉は将軍と老中の取り次ぎをする側用人の役職をつくった。この役職を常設、あるいはほぼ常設していたのは綱吉・6代家宣・7代家継・10代家治で、側近政治が行われた。

182 文化・芸術 | 浄瑠璃

語り物の一つとして室町時代中期に始まった浄瑠璃節は、安土桃山時代になって三味線の伴奏を取り入れ、人形遣いの芸と合わさって人形浄瑠璃へと発展した。江戸時代に盛り上がり、現在の文楽に継承される。

◆

現在の文楽

江戸時代の人形浄瑠璃といえば、「曽根崎心中」「国性（姓）爺合戦」などで知られる浄瑠璃作者の近松門左衛門（1653～1724）が浮かぶ。武家に生まれた近松は若い頃公家に仕えたことで人形浄瑠璃との縁ができたらしい。京で高い人気を得ていた浄瑠璃太夫の宇治加賀掾（嘉太夫）のもとに出入りするようになる。近松作と確実視されているもののなかで最も古い「出世景清」の初演も加賀掾の手による。1685年のことだ。

1684年には、竹本義太夫（1651～1714）が大坂道頓堀に竹本座を創立し、旗揚げ公演で「出世景清」を上演して成功を収めた。この義太夫が始めた義太夫節が以降の人形浄瑠璃の主流となり（現在の文楽も義太夫節を継承している）、義太夫節以前に流行っていた諸派は古浄瑠璃と呼ばれ区別される。近松が作り義太夫が上演した「出世景清」は古浄瑠璃と義太夫節の境となる作品、近代演劇としての人形浄瑠璃を確立した作品として評価される。義太夫や近松により、人形浄瑠璃界は新しい展開を迎えたのだ。

近松は10年ほど軸を歌舞伎に置くが、浄瑠璃も書き続けた。1703年、「曽根崎心中」が大人気となる。曽根崎心中は同年4月に起きた実際の事件をモチーフにした世話物だ。身近な事件をすぐ劇化する手法は歌舞伎で盛んで、近松はこれを人形浄瑠璃に取り込んだ。竹本座専属作家となった近松は「用明天皇職人鑑」で山場の配分など時代物（歴史的な出来事を題材にした作品）の規範を形づくり、その作劇法は1715年の「国姓爺合戦」で完成をみる。

近松が1724年に没した後、浄瑠璃は複数の作者の合作でつくられるようになる。人形遣いでは3人がかりで1体の人形を動かす三人遣いの技法が発明され、人形を写実的に動かす傾向がいっそう強まった。技術の発展や改革により18世紀中ごろには「菅原伝授手習鑑」「義経千本桜」「仮名手本忠臣蔵」といった名作が生まれ、黄金期を迎えたといえる。この勢いは18世紀末になると陰りをみせたが、それは人形浄瑠璃が全国的に浸透したためで、稽古事としての需要も増し、古典となっていった。1811年、2代目植村文楽軒が大坂で芝居興行を始め、大坂での人形浄瑠璃の中心となる。そして「文楽」という名称そのものが人形浄瑠璃の代名詞になった。

豆知識

1. 初期の近松作品には署名がない。これは上方に作者が署名する習慣が定着していなかったためだ。また、はじめは役者出身の作家が多く、近松は珍しい存在といえる。本や看板に近松が名前を出しているのを見て「大層自慢らしい」と嫌味をいう人もいるらしい。一方で「時代も変わったのだし、芝居に命をかけるならいっそ有名になったほうがいい」という意見もあり、専業作家が定着する過程の世間の反応が表れている。

2. 義太夫は旗揚げ前、加賀掾の一座などに出ていた。竹本座をつくり「出世景清」で成功すると、京都から加賀掾が出てきて挑んできた。加賀掾は井原西鶴の「暦」を、義太夫は近松が手を入れたという「賢女手習並新暦」を上演し、興行は義太夫側に軍配が上がった。次も加賀掾が西鶴作、義太夫が近松作で行われたが火事で興行がストップし、勝敗がつかないまま加賀掾は京都に帰っている。

183 政治 | 正徳の政治

　5代将軍・綱吉（つなよし）が没すると、その政治が招いた混乱を収め、政策を正し、財政を立て直すことが急務となった。その任にあたった儒学者の新井白石（あらいはくせき）（1657〜1725）による文治政治を、年号から正徳の政治という。側用人の間部詮房（1666〜1720）とともに諸政策を進めるが、道半ばにして終わる。

◆

　6代将軍・家宣（いえのぶ）（1662〜1712）のもとでは、老中（つまり譜代大名）による政権の運営をおさえて将軍の判断を直接政治に反映するため、側用人の詮房が老中層の合議に参加して、合議の結果を詮房が単独で将軍に報告する形がとられた。1712年、家宣が在位3年あまりで没すると3歳2カ月の家継（いえつぐ）（1709〜1716）が7代将軍となり、幕政における詮房・白石への依存が深まる。

　生類の憐みの令は綱吉の葬儀を行うより先に停止され、人々に歓迎された。また政治の腐敗を警戒し、蔓延していた賄賂を禁止した。経済政策として貨幣の質を元に戻すことと長崎貿易の制限が図られる。白石は貨幣改鋳を主導している荻原重秀（おぎわらしげひで）の罷免（ひめん）を訴えたがなかなか認められず、家宣政権のもとでは、質の悪い元禄小判を改鋳して乾字金（けんじきん）しか発行できなかった。これは金の含有率を元の慶長小判に戻したものだが、金の量は半分だったので新貨幣へ交換する動きは少なく、貨幣の流通を混乱させた。重秀が罷免されたあと、1714年にやっと慶長小判と同じ金の含有率・量の正徳小判を発行できた。長崎貿易の制限は金銀の海外流出を防ぐことがねらいで、1715年の海舶互市新例（かいはくごししんれい）で年間の貿易額は清船が30隻・銀高6000貫まで、オランダ船が2隻・銀高3000貫までとされた。密貿易が増えないよう許可状を与えるとともに、貿易商品を一括購入して入札で販売する方式をとり、長崎会所（貿易機関）の利益は上がった。

　朝廷との関係は、家宣の御台所（妻）が公家の近衛基熈（このえもとひろ）の娘・熈子（ひろこ）で、交流が持たれたことを背景に協調路線が増した。白石は、徳川将軍家を例に皇位継承が危うくなる恐れがあることから新しい宮家の創立を建言し、閑院宮家（かんいんのみや）が創設されて宮家は3家から4家になっている。

　1711年、家宣の将軍宣下を慶賀する朝鮮通信使が来訪するが、白石はこれまでの待遇（使節の往復5カ月分の接待費を負担）が丁寧すぎたとして簡素化し、全体の6割を節約した。また、朝鮮からの国書に記す日本の将軍を「日本国大君」から「日本国王」に改めさせている。

　間部と白石は将軍の地位そのものが格式と権威を持つ仕組みをつくろうと、格式ごとに礼服を色分けしたり、官位に応じた武家装束を規定したりした。幼児の家継が将軍となると、権威づけのため皇女八十宮（やそのみや）との婚約を決めた。しかし1716年、家継が突如として没し、詮房と白石は失脚して正徳の政治は道半ばにして途絶えてしまった。

豆知識

1. 家宣代替わりの武家諸法度（宝永令）は、第一条が「文武を修めること、人倫（君臣の義や長幼の序など）を明らかにすること、風俗を正しくすること」というように儒教色が強い。また、それまでの漢文体を改めて和文（書き下し文）で統一した。「新令句解」という註解本（注釈書）も併用された。

184 争い｜村方騒動

　村では百姓が年貢などさまざまな負担を強いられながら暮らしていた。百姓は自分たちの村や生活を守るための運動を繰り広げる。年貢の軽減や不正を行う代官の交代を求めるような、村の外からの圧力に対して行うものもあれば、村の中の問題に立ち向かうこともあった。村の中の問題に対して行われた運動を村方騒動という。

◆

　戦国時代の村の指導者は地侍や土豪が中心で、戦乱がおさまっていくなかで百姓化し、名主（庄屋）となっていった。一般の百姓は、経営が安定して自立できるようになっていくと村の運営への発言力を強めていき、意見を反映させるため、村役人に百姓代を送り込むようになった（「村と百姓」164ページ参照）。名主は村長、百姓代は村民代表である。村の百姓たちは、名主の専断的なふるまいを糾弾するようにもなる。戦国時代には通用した強引なやり方は通用しなくなっていくのだ。

　村方騒動は不正を糾弾するものもある。例えば年貢は村全体で請け負うが（村請制）、村内で誰がどれだけ負担するかという割付は名主などの村役人が中心となって行った。その過程で納得できないことがあれば一般の百姓たちは声を上げた。また、村のお金をきちんと管理しているか、私腹を肥やしていないかなど厳しく目を光らせ、帳面の公開を求めた。名主らが私腹を肥やすことは、村を困窮させることにつながるという認識は広く共有されていた。村役人と一般の百姓の財政をめぐる論争は、村役人のリコールへと発展するようになる。

　1725年から1726年にかけて富田村（現・大阪府高槻市）で村方騒動が起き、庄屋が罷免された。当時の富田村は「近頃庄屋のおごりがはなはだしく、村入用がおびただしく、百姓は年々生活が困窮している」という状況だった。きっかけは、支払いを連絡してきた庄屋・藤兵衛に対して豪農の清水市郎右衛門が帳面を見せるように要求、拒否した藤兵衛が領主に訴え出たことだった。はじめは藤兵衛と市郎右衛門の争いとして始まったのだが、庄屋への不満を高めていた村の一般の百姓たちは、これを機に庄屋替えを願い出ることにした。慶端寺の僧の扱いのもとで調停されることになり、藤兵衛ら庄屋2人がリコールされた。一般の百姓が庄屋をリコールするという、時代の新しい傾向を示す出来事だ。なお、このあと次の庄屋を誰にするかで対立が起こり、慶端寺の僧が再び調停に入った。このとき選ばれた庄屋ら村役人は、投票してまで決めたことだから世襲はしないと誓約している。村方騒動の経験により、村役人が世襲制だったところでも、投票によって選んだり複数の庄屋の隔年制がとられたりするようになる。

豆知識

1. 帳面について、下総国相馬郡川原代村（河原代村とも。現・茨城県龍ヶ崎市）の年貢の例はこうだ。毎年領主から年貢割付状が届く。これには年貢の全体額しか載っていないので、村役人が中心になって個別の年貢額を決定する作業を行う。川原代村は「坪」という単位に分かれており、坪ごとの年貢量を算出した田方勘定帳をつくり、これをもとに各人の年貢量を記載した田方割賦帳がつくられ、百姓の年貢負担額が決定する。納入状況を把握するため、一人一人の年貢納入状況を御年貢米斗立名前帳に、坪当たりの年貢納入状況を御年貢米斗立庭帳に随時記録した。ちなみに畑の年貢は別に帳簿が作られ、割付・納入が行われる。村では複数回に分けて年貢を納めるが、そのたびに領主から小手形（領収書）が発行され、全ての年貢を納めたとき小手形全部と引き換えに年貢皆済目録が発行される。年貢割付状と年貢皆済目録は重要な記録なので大切に保管された。

185 外交 朝鮮通信使

　朝鮮との国交は、豊臣秀吉の侵略により断絶していたが、徳川家康は1599年から対馬の藩主・宗氏を通じて交渉を開始する。国交回復後、朝鮮からは使節が派遣されるようになる。異国情緒あふれる一行は500人にもおよぶことがあり、外国からの使節は、鎖国下において将軍の威光を見せつけるイベントにもなった。

◆

　宗氏にとって朝鮮半島との付き合いの断絶は死活問題だった。室町時代以降、財政の基盤は朝鮮半島との交易で、米や大豆を支給されてもいたため、朝鮮侵略で相当の痛手を受けていた。交渉のため使者を送るも相次いで帰国せず、1605年になってやっと家康と朝鮮側の使者を引き合わせることに成功した。宗氏は対朝鮮外交を任され、国交回復交渉にあたる。

　外交関係では先に使者や国書を出した方が恭順したとみなされる。家康も朝鮮側も相手が先に動くことを求めており、板挟みになった当主・宗義智は国書を偽造することにした。東アジアの交易は何かと統制が多く複雑なので、宗氏は「日本国王」の偽造印さえ持っていたのだ。家康の名で秀吉時代の非を改めることなどを書いて朝鮮に提出した。朝鮮側は怪しんだが、このころ大陸は王朝交代を控えた激動の時代を迎えており、安全保障上の思惑から受け入れ、1607年に回答兼刷還使を派遣した。これは家康の国書への回答と、日本に連行された朝鮮人を連れ帰ることを目的とした使者という意味だ。宗氏は辻褄を合わせるために朝鮮からの返書も改ざんし、使者の名称も「通信使」として幕府に取り次いだ。1609年には対馬藩と朝鮮政府との間で通行貿易条約である己酉約条（慶長条約とも）を締結。主な内容は、日本からの使者の限定、対馬島主からの船の数の規定、渡航船には島主の証書を持たせ釜山にだけ出入りを許可することなどだ。成立後、釜山浦に倭館が設けられて交易の場となった。

　3回の回答兼刷還使を送った頃、朝鮮半島では北方の後金（清）からの圧力もあり、軍事力を北に集中させたい状況となった。そのため朝鮮では、南方の日本との友好関係を深める政策の必要性が高まり、4回目の使節派遣となる1636年からは、友好のための通信使として派遣された。

　朝鮮の通信使一行は船で対馬を経て下関から瀬戸内海に入り、沿岸各地に寄港しながら大坂に向かい、諸大名が提供する川船で淀川をさかのぼり、京都から陸路で江戸に向かった。正使・副使のほか医者や学者、文人、通訳、子ども、兵士など多岐にわたる人々が300人から500人、他に日本人の案内役や警護、馬が付き従う。行列の先頭には30～50人で編成された楽隊がおり、沿道の人々を魅了した。しかし次第に両国の財政が困窮し、派遣が対馬どまりとなった1811年が最後となった。

豆知識

1. 国書の偽造・改ざんは、1635年に明るみに出た。宗氏のもとからの自立を図っていた家老の柳川調興が暴露したのだ（柳川一件）。幕府は宗氏の外交手腕と専門性をかって藩主の宗義成を無罪にしたため、宗氏のお家断絶は免れた。一方、調興ら関係者は処罰された。ただしその後、幕府は宗氏への放任を改め、京都五山の高僧を対馬に置いて外交文書作成などにあたらせることになった。また、国書の将軍の称号は「日本国王」から「日本国大君」とし（その後、新井白石が「日本国王」に改め、8代将軍吉宗がまた「日本大君」に改めている）、日本側国書には日本年号を用いることにした。

186 経済 | 鉱山とたたら製鉄

16世紀にヨーロッパで作られた世界地図に石見銀山が載っているのは、それだけ日本の銀が知れ渡っていたからだ。しかし江戸時代に入るとその産出量にかげりを見せる。かわって銅の産出が盛んになって、長崎貿易や貨幣で活躍した。鉄は古代から続くたたら製鉄のほか、江戸時代後期には鉄鉱石を使った製鉄が始まった。

◆

　一時は日本の銀の産出量は世界の3分の1にのぼったともいわれる。16世紀から17世紀に銀の産出量が爆発的に伸びたのは、灰吹法という新しい精錬法が導入されたためだ。1533年、博多の豪商である神谷寿禎が、宗丹と桂寿という2人の技術者を招いたことで朝鮮から伝わった。灰吹法は、①鉱石の粉と鉛を混ぜて熱し、含銀鉛をつくる、②含銀鉛を動物の骨灰を塗った炉で熱する、③鉛が骨灰を塗った炉に溶け込み、銀だけが残る、というものだ。金にも応用でき、生産量が急増した。

　江戸時代の初期には、石見大森の銀山（現・島根県）、但馬生野の銀山（現・兵庫県）、出羽院内の銀山（現・秋田県）のほか、佐渡の金山で特に採鉱が盛んだった。銀や金の産出量が減少傾向となると、17世紀後半からは銅の採掘がメインになる。1610年に発見された足尾銅山（現・栃木県）は幕府の御山となり、17世紀なか頃から再開発されて近世における全盛期を迎える。江戸城や東照宮、芝の増上寺の銅瓦がつくられたほか、1760年代ごろは長崎港から輸出される銅の5分の1が足尾産の銅だった。1690年には、江戸時代最大の銅山となる別子銅山（現・愛媛県）が発見される。この銅山は泉屋（住友家）が経営し、大部分が長崎経由の輸出にあてられた。18世紀に入ると産出量が減っていくが、およそ300年にわたって採掘が行われた。ほか、現在の秋田県にある尾去沢銅山・阿仁銅山も近世の主な銅山だ。

　一方鉄は、出雲地方でたたら製鉄によってつくられた玉鋼（砂鉄を解かした良質の鋼）などが、刀剣のほか、工具や農具に加工された。たたら製鉄は日本で千年以上の歴史を持つ製鉄法で、現代にも継承されている。「たたら」はもともと送風用のふいごのことだが、製鉄作業全般や場所、建物なども含んで呼ばれる。たたら製鉄は砂鉄と木炭を交互に炉に入れて鉄をつくる。日本は鉄鉱石がほとんどないため、鉄の原料はもっぱら砂鉄だった。砂鉄ではない鉱石による製鉄は、1857年、南部藩士大島高任が釜石鉄山（現・岩手県）に洋式高炉を建設して始まった。もともとは水戸藩の鋳砲用素材の生産のための製鉄だったが、農具や生活用具の製造などにも使用された。

［ 豆 知 識 ］

1. 家康の側近である大久保長安は、関ヶ原の戦いの後、石見銀山の採掘を命じられてこれまでにない大量の運上銀（税）をもたらした。経営の刷新や新しい技術の導入によって、佐渡や伊豆の金山でも最盛期を築いている。駿府の奉行衆の一人、幕領の代官頭、道中奉行、城の普請奉行と大活躍をしたが、死後、生前に金銀の隠匿や幕府転覆計画があったなどの理由で7人の子が死罪に処せられ、縁のあった大名や旗本も連座させられた。

187 暮らし・信仰 ｜ 五街道と宿駅

　江戸・日本橋を起点に各地を結んだ5本の基幹道路を五街道という。江戸と上方を結んだ東海道・中山道、江戸と日光を結んだ日光道中、日光道中の途中から白河（現・福島県）に至る奥州道中、江戸から下諏訪（現・長野県）に至り中山道に合流する甲州街道で、総延長は約1575km。さらに付属する脇街道やその他の街道が1万500kmある。街道には2～3里ごとに宿泊施設や馬が用意された宿駅（宿場）があり、浮世絵の「東海道五十三次」の53は宿場の数だ。

◆

五街道のひとつ東海道を描いた「東海道五十三次」

　五街道は1601年、徳川家康が江戸と京都を結ぶ東海道に伝馬制度（公用で旅行する人のために宿場をつくって、周辺の農民に伝馬役として人馬を提供させる制度）をしいたのが始まりだ。2代将軍・秀忠の時代に街道の整備が命じられ、街道の標準道幅を約9mと定めたほか、一里ごとに塚を築き（一里塚）、並木が植えられた。1630年代にひとまず整い、1659年には道中奉行が設置されて、五街道や付属の道路を支配した。

　宿駅の宿泊施設は身分や格式で分けられていた。大名や公家・幕府の役人が泊まるのは門や玄関があって格式が高い本陣・脇本陣で、庶民は旅籠や木賃宿（薪代を払って自炊を旨とする宿）に泊まった。問屋場には人馬が常駐し、ここで人足や馬、荷物の継ぎ替えをする。例えば幕府公用の継飛脚はここでバトンタッチするのだ。問屋場に常駐する人馬の数は、東海道は100人・100匹、中山道は50人・50匹……というようにあらかじめ決められていた。足りないときは近くの指定された村々（助郷）から出させた。この助郷役は負担が重く、反対一揆が起こることもある。

　街道には関所が設けられ、通行人や荷物をチェックした。東海道には箱根と新居、中山道には碓氷と木曽福島、甲州道中には小仏、日光・奥州道中には栗橋に置かれ、ほかの街道もあわせ50数カ所あった。治安維持が目的で、通行には関所手形（通行手形）が必要だ。特に厳重にチェックされたのは「入り鉄砲に出女」で、つまり江戸に鉄砲が入ってくることと、江戸屋敷の大名の妻女が国許へ帰るのを防ごうとした。鉄砲が江戸に持ち込まれることは反乱や謀反を引き起こす可能性があること、人質である妻女を取りもどした国許の大名もまた、謀反を起こす可能性があることを警戒したのだ。江戸に近い箱根と新居関はチェックが厳しく、女性を検査する専門官（人見女、改め婆）がいて、通行する人物が、関所手形に書いてある特徴と合っているかを調べる。この女改めが行われている間ほかの旅人は関所構内に入れず、外で待った。

┌─ 豆 知 識 ─┐

1. 東海道の総延長は江戸―京都間が約495.5km、江戸―大坂間で約538.5km。化政期（1804～1830年）の参勤通交大名数は146家だった。大名が参勤交代のとき通る道は決められていて、同じころの参勤通行大名数は日光道中が41家、奥州道中が37家、甲州街道が3家だから、同じ五街道でも東海道を通る大名がいかに多かったかがわかる。

188 人物 新井白石

5代将軍・徳川綱吉の「悪政」を正した新井白石（1657〜1725）（「正徳の政治」189ページ参照）。学問を政治に役立てることを胸に、自分の理想を追い求めたが、あまりに追い求めすぎて「鬼」とも呼ばれた。

◆

久留里城址の新井白石像（千葉県）

1677年、父・正済と21歳の白石は、政争に巻き込まれて主家を追われ、他家への奉公も禁じられた。この期間、白石は豪商の河村瑞賢らから縁組を持ちかけられたが断って、牢人生活をしている。もとの主君が廃絶になって他家への奉公が可能になったので、1682年に大老の堀田正俊に仕えた。正俊は綱吉の初期の政治を支えた人物だ。

しかし2年後、正俊が若年寄の稲葉正休に殺害されてしまい、堀田家も綱吉に冷遇されるようになり、白石も経済的に苦しくなって再び牢人生活に戻った。30歳頃から儒学者の木下順庵の門に入る。ずっと独学だった白石だが、学問に優れ、多くの秀才が集う順庵のもとでも「木門の五先生」「木門の十哲」に数えられた。

1693年、順庵の推挙で甲府藩主・徳川綱豊（のちの6代将軍・家宣）の侍講（学問を講義する人）になった。綱豊はその前に林家（林羅山等の一族）に弟子を紹介してくれるよう頼んだが断られており、白石のことを篤く信任したという。白石の信念は、上に立つ者がまず自ら高い徳を身につけ、道に則した政治を率先することでこそ安定するというもので、綱豊が理想的な君主となることを願い、19年間に1299日の講義を行った。綱豊が綱吉の世継ぎとなって江戸城西の丸に移ると白石もついていき、綱豊が家宣と改め将軍になってからは、7代将軍・家継まで将軍2代にわたり幕政に積極的に参加、側用人の間部詮房とともに政治を進めた。白石の政治論はあまりに理想に走りすぎており、また、対立意見に対して徹底的に論破してくる姿勢は老中らに「鬼」と忌み嫌われ、間部とともに孤立していった。1716年、吉宗が8代将軍となると失脚し、不遇のなかで著作に励む。

白石は漢籍の知識だけでなく、幅広い分野に関心を寄せた。鎖国下でめずらしいものとして、イタリア人宣教師シドッチを尋問して得た知識をもとに著した『西洋紀聞』『采覧異言』がある。大名の系譜・家伝をまとめた『藩翰譜』も白石の著作である。

━━━━ 豆知識 ━━━━

1. シドッチは1708年8月29日早暁、大隅国屋久島に和服帯刀の姿で上陸した。すぐ捕らえられて長崎へ送られ、翌年江戸に護送。白石が家宣の特命を受け、4回にわたり小石川の切支丹屋敷吟味所でシドッチを尋問した。

189 文化・芸術 | 歌舞伎

　現代では伝統芸能になっている歌舞伎も、江戸時代には生まれたての芸能だった。武士の世界にとどまった能とは違い、**歌舞伎は町民のなかにとけこみ町民のなかで育つ。歌舞伎・人形浄瑠璃・寄席の芸が庶民の娯楽で、文化の担い手はもはや公家や武士だけではなくなった。**

◆

　江戸初期に始まった歌舞伎は、出雲の阿国が始めたかぶき踊りにルーツがあるといわれる。阿国はかぶき者（派手な格好をした無頼の徒）の風俗を取り入れた演目で人気を博し、評判が広まって多くの女歌舞伎の芸団ができた。やがて遊女の女歌舞伎が大人気となるが、風俗の乱れや過度な熱狂が取り締まりの対象になり、幕府は1629年に女歌舞伎を禁止する。かわって元服前の少年が演じる若衆歌舞伎が人気になるが、これも同じ理由で1652年に禁止された。以降、成人男子だけの野郎歌舞伎が行われることとなる。

　元禄年間（1688～1704年）とその前後に成立した上方（京や大坂など）と江戸の歌舞伎の総称を元禄歌舞伎とよぶ。上方に和事（恋愛劇）を得意とする初代坂田藤十郎（1647～1709）（近松門左衛門とタッグを組んだ）や女形の芳沢あやめ（1673～1729）、江戸に荒事（勇壮な演技）で好評な初代市川団十郎（1660～1704）ら名優が生まれて活躍した。享保年間（1716～1736年）には積極的に人形浄瑠璃の人気演目が移植され始める。「国性（姓）爺合戦」「仮名手本忠臣蔵」「菅原伝授手習鑑」「義経千本桜」など多くの演目が歌舞伎化され、今も上演されている（「浄瑠璃」188ページ参照）。寛政期（1789～1801年）には人気役者という意味の千両役者が実際に千両の給金をもらうというように、芝居興行の経費がかさみ、そのしわ寄せで入場料が高くなった。入場料が払えなくなった町人は簡素な芝居小屋や寄席などに行くようになり、落語や講談なども盛り上がりを見せる。化政期（文化・文政、1804～1830年）は世相に享楽的な雰囲気があって歌舞伎趣味が盛り上がり、各地に歌舞伎を真似た村芝居ができたり、歌舞伎の衣装や化粧、言葉遣いなどが流行を生み出したりして、「芝居が世の中を真似るのでなく、世の中が芝居を真似するようになった」といわれた。上方と江戸の両方で活躍した三代目中村歌右衛門、敵役の名人五代目松本幸四郎などを輩出し、大仕掛けや早替わりなどの舞台機構も観客をわかせた。作者では「東海道四谷怪談」が有名な四代目鶴屋南北（1755～1829）が活躍し、この頃から夏の演目に怪談物が入るようになったという。幕末には河竹黙阿弥（1816～1893）が白浪物（「白浪」は中国の故事で盗賊のこと）や怪談物の優れた作品を書き、明治時代はじめには新しい時代の風俗を映した散切物も書いた。

　明治維新後、上流階級や高官が観るのにふさわしい上品で史実第一主義の劇が奨励されたことから始まった演劇改良運動により、1889年には歌舞伎座が開場している。

豆知識

1. 四世鶴屋南北は大南北ともいう。はじめのころは番付（配役表や宣伝チラシなどのこと）からしばしば姿を消し、動向不明になっている。真相は不明。社会の下層にいる人々を描写する「生世話」の作風で、観客の求める残虐なシーンや濡れ場にも力を入れ、棺桶が出る芝居は南北作、とも言われた。

2. 江戸時代の歌舞伎役者は原則1年契約だった（時期と地域で異なる）。新しいメンバーで初めて行う興業が「顔見世」。一年を占う興行なのでとかく華やかな演出や宣伝がされた。顔見世狂言（顔見世のときの芝居）には「時代物の序幕の場面は必ず神社」「世話物の序幕でさびれた家に雪を降らす演出をする」などさまざまな約束事があった。

190 政治 | 享保の改革

江戸幕府が開かれてから100年が過ぎた頃に行われた享保の改革。江戸時代に行われた三大改革（享保の改革、寛政の改革、天保の改革）のうち、唯一将軍によって行われた改革だ。側用人による側近政治をやめ、「恥辱をかえりみず」財政再建を目指した。

◆

　幕府財政は悪化を続けており、徳川吉宗（1684〜1751）が将軍についた頃には、幕臣への俸禄の支給すら危ぶまれる状況だった。側用人による側近政治も続いていた。吉宗は徳川家康の時代への回帰を目指し、享保の改革（1716〜1745年）を行う。名奉行として知られる大岡忠相（創作物では「大岡越前守」とも）はこのとき抜擢された。彼のような優秀で、しかし家禄の少ない人材を登用するための制度が「足高の制」で、家禄が役職の役高（基準となる石高）に満たないとき在職中だけ不足分を支給するしくみだ。代々受け取る家禄は据え置きだから幕府の支出を抑制できるメリットもある。改革を進めるためには業務運営を潤滑にすることも必要だ。奉行所の一般政務に支障をきたす量になっていた金銭貸借訴訟の受理をやめ、当事者間で解決させる相対済し令を出した（負債を抱えた旗本・御家人の救済策ともされる）が、悪用して借金を踏み倒す者も出て10年で緩和された。最重要課題である幕府財政の再建は、厳しい倹約令で支出の削減を図りつつ増収を目指した。臨時処置として、大名に対して参勤交代を緩和する代わりに米を献上させた「上米の制」は、御触書に「恥辱をかえりみずお命じになったもの」と書かれている。抜本的な対策としては新田開発（商人による新田開発が奨励された）、年貢の増徴（作柄を調べて税率を決める検見法から豊凶にかかわらず一定の税率で取り立てる定免法に変更）、商品作物の奨励（青木昆陽による甘藷〔さつまいも〕の栽培など）がある。質流し（れ）禁令（質入れの形で田畑を売買することを禁止）は、質取側（名主など有力者）がうやむやにしたり質置側（零細百姓が多い）が徳政令と勘違いしたりと混乱が生じ、質地騒動に発展。幕府は騒動の参加者に磔や獄門、遠島を含む厳しい処分を下し、法令を撤回して、事実上地主という存在や土地の集積を容認する方針に転換した。

　江戸の都市対策は享保の改革の特色の一つだ。火事対策として火除け地や広小路をつくったほか、これまでの大名や旗本による火消役に加え、町火消を設置した。庶民が意見を投書できる目安箱を置き、実際に貧民救済のための施設である小石川養生所が設けられている。

　法に基づく合理的な政治を目指し、法制整備も行われた。過去の判例をもとに裁判や刑罰の基準を定めた「公事方御定書」の制定、法令を集大成した「御触書寛保集成」の編纂があげられる。財政面に一定の成果が出た一方で、米価の下落と年貢増徴の頭打ちで改革は行き詰まった。また、享保の改革のころを境に人口の増加が停滞する。これも年貢増徴策の負担によるものと考えられる。

豆知識

1. 吉宗の時代には公文書の保管・管理の仕組みも整えられた。大岡忠相は寺社奉行のとき、ほかの寺社奉行と相談して書類の保管方法を変えている。寺社奉行の役所は特定の場所でなく、奉行の江戸屋敷を使う。奉行はおよそ4人いて月交代なので、役所も毎月変わるのだが、交代で行政文書を入れる簞笥と寺社宛の御朱印写しを入れる簞笥を運んで引き継いでいた。大岡らは相談して、すぐ使わない行政文書は別の簞笥に入れ、御朱印写し入れの簞笥とともに年番担当者が管理することにした。これで月番の引き継ぎはすぐ使う行政文書だけで済むようになった。

191 争い | 飢饉と百姓一揆

江戸時代にはしばしば大飢饉が起こった。主なものに寛永の飢饉、享保の飢饉、宝暦の飢饉、天明の飢饉、天保の飢饉がある。享保の飢饉はウンカ(稲の害虫)の発生、その他の飢饉は冷害が原因だ。ただ、飢饉は人災による面もある。年貢など重い負担を課されていた百姓は、物言わぬ存在ではない。自分たちの暮らしと生業を守るため、百姓一揆に立ち上がる。

◆

18世紀後半以降、各大名は大商人に多額の借金をしていた。借金は年貢米で返すので、凶作であっても年貢は取り立てる。すると領内の食料不足が拡大する。これが人災による飢饉だ。飢饉への対応は領主の政治手腕が問われる。百姓は自分たちが望まない政治をする領主に対し、要求を掲げ、しばしば一揆を起こした。

百姓一揆の形態は時代によって変化し、大きく3つに分類できる。17世紀後半の代表越訴型一揆、17世紀末の惣百姓一揆、幕末に一般化した世直し一揆だ。なお17世紀初めは中世の名残りがあり、武士を交えた武力蜂起などが行われた。

代表越訴型一揆は義民が直訴する一揆をいう。代表的なのは佐倉惣五郎(木内宗吾)(生没年未詳)による一揆だ。一揆や惣五郎が実在したかは確かではないが、『堀田騒動記』『地蔵堂通夜物語』に伝説が残り、1851年には歌舞伎「東山桜荘子」が上演されている。大筋は、下総佐倉藩領で、領主堀田氏の威を借りた家臣らの苛政を、名主の惣五郎が単身で将軍に直訴をする。年貢は減免となるが惣五郎一家は処刑された。その怨霊により堀田氏は滅亡する、というものだ。

惣百姓一揆は村をあげての一揆をいう。村役人層が指導して、数の力で圧をかけながら政治的な要求を領主に直訴する。一揆の範囲が藩領全体になると全藩一揆という。全藩一揆の代表例のひとつ、陸奥国磐城平藩(現・福島県いわき市)で起こった元文一揆では、2万人が城下に結集し、藩政の修正を求めた。いったん要求の大部分を飲んだ領主・内藤氏は、一揆終息後に約束を反故にする。しかし領主は一揆により日向延岡(現・宮崎県延岡市)に転封された。

世直し一揆は18世紀末から見られるが、幕末に広まる。苦しい現実からの救済や解放を求める願望が込められたもので、1866年には100件を超す一揆がおき、江戸時代最高数となった。

かつては権力への抵抗とみられた百姓一揆だが、現在は領主に仁政の回復を求めての行動と認識されている。百姓一揆で共通するいでたちが、農作業に使う蓑や笠を着て鎌を持つという百姓の姿を強調するものであるのも、武力で武士に反抗する意図がないことを示唆しているという。

訴訟のため村から出てきた人々を泊め、訴訟手続きや書状作成を代行する公事宿や郷宿もあった。また、訴状のひな型や訴訟マニュアルのようなものがあったり、一揆の訴状が寺子屋の教材になったりしている。

豆知識

1. 「百姓一揆」は後世の呼び方だ。幕藩領主は「一揆」という言葉を島原の乱以降使わず、形態によって「徒党」(百姓が大勢で申し合わせる)、「強訴」(大挙して城下に押し寄せ訴願する)、「逃散」(申し合わせて村から離れる)と呼んだ。これらを合わせたものが百姓一揆とされる。なお、逃散は年貢を全て納めていれば鎌倉以来の慣例で認められていたが、享保の改革の際、公事方御定書で禁止された。

192 外交 | 洋学のはじまり

洋学は江戸時代の西洋学術の総称だ。唯一ヨーロッパで交易があったのがオランダだったことから、オランダ語を通じて学ぶ蘭学が中心となる。鎖国下においても、旺盛な知識欲で世界を取り入れた人々がいた。

◆

　鎖国下でも、オランダ商館の置かれた長崎であればオランダというヨーロッパと接することができた。最も接するのは通訳をする通詞だろう。オランダ語の理解が進むにつれ、通詞のなかからオランダ商館の医師に学ぶ者が出てきた。通詞の楢林鎮山が1706年に『紅夷外科宗伝』（外科書）を編纂し、1682年（推定）には通詞の本木良意による『和蘭全躯内外分合図』（人体解剖書の翻訳）ができた。さらに諸大名から派遣され、特に許されて医学を学ぶ者もいた。鎖国下でヨーロッパの学問や知識を吸収することは困難を極めてはいたが、オランダ人との接触によって、個人的にではあるが、しだいに学ばれていく。なお、先駆けとして、朝鮮・中国・台湾・南洋・インド・西洋などの広い地域におよぶ海外事情と通商関係を記した『華夷通商考』が挙げられるが、著者である西川如見（1648〜1724）は長崎出身で、『華夷通商考』は長崎で見聞きしたものをまとめている。また、新井白石（1657〜1725）はイタリア人宣教師シドッチを尋問した際に得た知識をもとに『采覧異言』（世界の地理書）、『西洋紀聞』（西洋研究書。地理や風俗などを記録）を著した（「新井白石」194ページ参照）。

　本格的に蘭学が発達したのは、8代将軍・徳川吉宗が漢訳洋書（中国で漢文に翻訳した洋書）の輸入制限を緩和（洋書は家光の時代に輸入が禁止され、綱吉が方針を強化していた）したことと、青木昆陽や野呂元丈らにオランダ語を学ばせたことに始まる。医学や科学技術が真っ先に取り入れられた。前野良沢（1723〜1803）・杉田玄白（1733〜1817）が解剖書を翻訳し『解体新書』を出版する成果を上げる。先述の通詞による蘭学と異なり、専門の医師が西洋の医学を学びとった意義は大きい。この本の出版をきっかけに、本草学（薬物学。のちに博物学の様相を見せる）・天文学・地理学などの各分野で発展する。蘭学入門書『蘭学階梯』を出した仙台藩の医師大槻玄沢（1757〜1827）の門人には、内科書の翻訳『西説内科撰要』を著した宇田川玄随（1755〜1797）、日本最初の和蘭辞書『ハルマ和解』をつくった稲村三伯（1758〜1811）がいる。博学多才なことで知られる平賀源内（1728〜1779）も長崎で本草学を研究しており、エレキテル（摩擦発電器）の実験や不燃性の布などをつくったほか、蘭学書で西洋画法も学んだ。

　18世紀後半からのロシアの南下をきっかけに、幕府が北方探査を命じるなど世界や日本の地理を学び直す動きが出る。蘭学は、広い意味で科学・技術の有用性が評価されるようになった。1811年には幕府の天文方に蘭書の翻訳研究を専門とする蛮書和解御用が設けられている。

豆知識

1. 吉宗は海外情報に関心が高かった。長崎のオランダ商館長にさまざまなことを尋ねている。一例として、「オランダでは鷹狩をするか」「モスクワ公国（現・ロシア）と日本の距離・方角は」「オランダの帆船は星のない夜でも航行可能か」など。また、オランダ商館長は謁見した際、吉宗からオランダ語の歌と踊りをやるように言われ、意にそぐわないが将軍の望みなので逆らえなかったと日記に書いている。なお実際に歌い踊ったのは一緒にいた簿記役と医師である。踊りは滑稽なものをやったという。

193 経済 | 豪農と豪商

江戸時代、武士は支配身分として特権を持っていたが、経済的な豊かさでは必ずしも上位に
あったわけではない。泰平の世の中で力をつけ、武士をしのぐ経済力を持つ豪農や豪商もいた。
彼らの経済活動は、江戸時代の工業を推し進める。

◆

　17世紀後半からの1世紀で、農業生産力は大きく発展する。後押ししたのは農具の改良や金
肥（お金を出して買う肥料等）の使用、『農業全書』などの農書だ。また、自家消費用の作物だ
けでなく、商品作物の栽培も広がった。これらには貨幣が介在するので、農村にも次第に貨幣
経済が広がっていく。特に18世紀後半からは広く浸透するようになり、自給自足的な社会のあ
り方が変わった。

　村では、村役人をする層に、下人や年季奉公人を使って2～3町歩（およそ2～3ha）の
田畑を耕作する者がいて（地主手作という）、高い生産力を持つ彼らは余剰分を商品として販売
した。地主手作をする者のなかには、貧しい小百姓に田畑を抵当に貸し付けを行う者もいて、
借金が返済できず質流れとなった田畑を村の内外から集め、大規模な土地を小作させる地主に
も成長した。このような18世紀以降における村の有力者を豪農といい、農産加工業や金融業、
製造業を兼ねることも少なくなかった。村役人を兼ねる豪農と小百姓や小作人の対立も生まれ
た（「村方騒動」190ページ参照）。

　一方の商人では、初期には朱印船貿易や、幕府や大名と結びついた特権によって巨大な富を
得た豪商（初期豪商）がいた。船や倉を持つ者は、地域の価格差を利用して利益を得た。しか
し、海外貿易の制限や、交通網の整備・生産力の増大により全国市場が形成され地域間価格差
が失われると衰退する。江戸に十組問屋、大坂に二十四問屋という問屋仲間の連合組織ができ、
荷物運送の安全や流通の独占などを図る。問屋の活動は全国展開するようになり、大商人は両
替商も兼ねた。三都（江戸・大坂・京都）の問屋は、初期豪商が希少性で利益をあげたのと異
なり、商品の大量販売で利益を上げて豪商となる。「現金（銀）掛け値なし」の商法を行った越
後屋（三井）が代表例だ。

　農村の工業は百姓が原料の調達から販売まで行う農村家内工業から、都市の問屋と豪農が結
びつき、百姓に原料や賃金を渡して製品を生産させる問屋制家内工業へと展開する。なお、村
側はただ農産物や加工品の供給をしていたわけではない。都市の特権商人らが村の農産物や農
産加工品を安く買いたたくことに対し、自由な販売を要求して訴え（国訴）を起こすこともあ
った。多くは畿内地方に発生し、参加者の範囲は時に郡や国を越えて周辺の国々にまで拡大し
た。

⎡ 豆 知 識 ⎤

1. 豪商は都市にだけ存在するのではなく、地方にもいた。出羽国飽海郡酒田（現・山形県酒田市）の本間家が有名だろう。
　三代目にあたる光丘が商業・金融・地主の事業で財をなし、一代で数百町歩の巨大地主となった。金融では領主である
　庄内藩主の酒井家、米沢藩の上杉家、秋田の諸藩などに金融貸し付けを行った。また、防砂林の植樹や神社・仏閣の建
　立も行い、地域への貢献も多大。「本間様には及びもせぬが　せめてなりたや殿様に」と謡われた。

194 暮らし・信仰｜儒学の発展

　元禄期（げんろく）（1688〜1704年）、幕藩体制の安定とともに政治の秩序が安定していくと、人々の関心は現実社会での生き方、政治や道徳に向けられるようになる。上下の身分秩序を重んじ、「忠孝・礼儀」を尊ぶ儒学の考え方は支配層に望まれて発展し、多くの私塾も開かれた。

◆

　儒学のうち、朱子学は封建社会を維持するための教学とされた。5代将軍・綱吉（つなよし）の時代には、林家（りんけ）（「林羅山」180ページ参照）の林 鳳岡（信篤）（はやしほうこう のぶあつ）（1644〜1732）が初代大学頭に任じられ、家塾を湯島聖堂の側に移して幕府の文教政策を進めた。加賀前田家に仕え、綱吉の侍講となった木下 順庵（きのしたじゅんあん）（1621〜1698）の門下からは、6代将軍・家宣に仕えた新井白石（あらい はくせき）（1657〜1725）や、8代将軍・吉宗の侍講となった室 鳩巣（むろきゅうそう）（1658〜1734）、対馬藩に仕えた雨森芳洲（あめのもりほうしゅう）（1668〜1755）が出ている。以上は朱子学のなかの京学の面々だ。主な一派でほかに、土佐で成立した南学（海南学派）がある。南学からは、土佐藩の家老として藩政改革を推進した野中兼山（の なかけんざん）（1615〜1663）、垂加神道を創始した山崎闇斎（やまざきあんさい）（1618〜1682）などがいる。垂加神道は吉田神道（室町時代に大成された神道教説）と朱子学を結びつけたもので、神道と天皇の徳は一体と説き、幕末の尊王論の根拠となる。また、特定の学派に属さない貝原益軒（かいばらえきけん）（1630〜1714）のような朱子学者もいた。

　主流であった朱子学を批判するかたちで陽明学や古学が登場する。陽明学は明の王陽明（おうようめい）が創始した一派で、朱子学と見解が対立し、行動主義で、現実社会の矛盾を改めようという革新性があった。江戸初期の陽明学者である熊沢蕃山（くまざわばんざん）（1619〜1691）は岡山藩の藩政に活躍したが、『大学或問』で幕政を批判したことで幽閉されている。古学は日本で生まれた儒学で、朱子学や陽明学は後世の解釈でしかないとして排除し、直接孔子や孟子の教えに学ぼうとした。兵学者の山鹿素行（やまが そこう）（1622〜1685）は自ら考えた学問体系を聖学と呼び、『聖教要録』にまとめたが、幕府に「不屈なる書物」と咎（とが）められ流罪になった。素行は儒教理念に基づいた武士道を大成している。伊藤仁斎（いとうじんさい）（1627〜1705）は孔子・孟子の古典に直接あたろうという古義学をとなえ、京都に私塾古義堂（堀川塾）を開いた。荻生徂徠（おぎゅうそらい）（1666〜1728）は、古典を成立当時の意味で解釈しようとする古文辞学派を始めた。私塾の名前から蘐園学ともいう。5代将軍・綱吉の側用人だった柳沢吉保（やなぎさわよしやす）に仕え、綱吉にも講義をしている。門下の太宰 春台（だざいしゅんだい）（1680〜1747）は経済学の分野を研究し、著作で藩専売などの経済政策を提案した。

　18世紀後半には諸学説を折衷して正しい解釈を求める折衷学派や、古典の確実な典拠に基づいて解釈をめざす考証学派が盛んになる。新たな動きに、幕府は朱子学を正学とし、林家の家塾を幕府直営の昌平坂学問所（しょうへいざか）にして幕臣の教育機関とした（「寛政の改革」210ページ参照）。

[豆 知 識]

1. 古義学の伊藤仁斎は、学問は高尚で実行しにくいものではなく、身近なものという姿勢を持ち、批判的な人物にも門戸を開いた。公卿や富裕な商人、医者なども集まった古義堂（こぎどう）では、一方的な講義ではなく、同志が茶菓を持ち寄って和やかに討論する演習形式の学習が行われた。

195 人物 | 徳川吉宗

　徳川吉宗（1684〜1751）は数奇な運命をたどった。兄2人がいて普通なら家督を相続し得なかっただろうに、紀州藩主となり、そして江戸幕府第8代将軍にまでなった。江戸幕府開府より100年あまり。社会の変容のなかで、藩主として将軍として、それぞれに改革を行い一定の成果を出した。

◆

徳川吉宗肖像画

　吉宗は1684年、御三家のひとつ紀州藩第2代藩主・徳川光貞の四男（夭折した兄がいるので三男とも）として生まれた。14歳のとき越前国丹生郡（現・福井県）の3万石の領地が与えられ、徳川御三家庶流の一大名として一生を終えるはずだった。ところが、紀州藩主となった長兄が亡くなり、跡を継いだ次兄もすぐ亡くなって、急遽吉宗が藩主となる。22歳だった。藩主となった吉宗は藩の財政再建に取り組む。藩は吉宗が藩主となる以前の1668年、すでに幕府から10万両を借金しており、火事や婚礼、葬儀と出費がかさんでいた。質素倹約を旨とし、城下には倹約の監視役人を置いた。藩士の禄高の5％を藩に上納させ、新田開発を行い、訴訟箱を置いて庶民の意見を聞き……と、このときの政策は将軍となってからの改革（「享保の改革」196ページ参照）に生かされる。藩政改革の結果、1716年ごろには藩の繰越金が金14万887両、米11万6400石にまでなった。

　その頃、7代将軍・家継が危篤に陥る。家継は跡継ぎがないので尾張・紀州・水戸の御三家から後継者を選ぶのだが、有力候補がいなかった。老中・側用人・天英院（6代将軍家宣の正室）が話し合い、天英院が推したことで吉宗が8代将軍となる。詳しい経緯は不明だ。将軍となった吉宗は享保の改革を行い、一定の成果を出した。また、5代将軍・綱吉が禁止した鷹狩を復活し、日光社参も65年ぶりに行っている。改革の一環として教育振興も図られた。それまでの教育は上層階級を対象にしていたが、吉宗は庶民も視野に入れた。湯島聖堂や高倉屋敷（公家高倉家が所有する屋敷）での儒学者による講義を庶民に開放した。また、明の教育勅語の注釈書である『六諭衍義』の平易な日本語訳『六諭衍義大意』を出版し、江戸市中の寺子屋の師匠に配っている。さらに実用的なものとして、庶民でも入手可能な薬や簡単な治療法を平易な和文で紹介した医学書の『普救類方』も出版した。

　将軍職は長男の家重に譲った。また、次男の宗武、四男の宗尹を家祖として田安家と一橋家を創出している。大御所として政治を行うつもりであったようだが、病などで難しくなり、1751年に68歳で没した。6カ月後には、吉宗が信頼しともに享保の改革を推し進めた大岡忠相も75歳で没している。

```
豆 知 識
```

1. 庶民にも開放された儒学者の講義。湯島聖堂では偶数日に幕臣や藩士、奇数日に町人と身分で聴講日を分けた。一方、高倉屋敷では分けていない。高倉屋敷での講義は林家以外の儒学者が担当し、そのひとりである室鳩巣は、自分の講義がほかの講師のものより聴衆が多いことを自慢している。
2. 『六諭衍義』は荻生徂徠が訓点を施したものも出版された。加点しても庶民には難解ということで、吉宗は室鳩巣に命じて内容を縮小して日本語訳させた。さらに、手習いの手本としても使えるよう、能書家の石川勘助（柏山）に清書させている。

196 文化・芸術 ｜ 琳派

　大和絵的な装飾画風の画系である琳派は、古くは「尾形流」「光悦派」「宗達光琳派」とも呼ばれた。狩野派（「狩野派」160ページ参照）のように宗家・支家および一門で形成された流派ではない。家系ではなく私淑による断続的継承が特色のひとつだ。

◆

紅白梅図屏風（模写作品）

　始まりはいずれも安土桃山時代から江戸初期の人物で、京都の町衆出身とされる俵屋宗達（生没年不詳）と本阿弥光悦（1558〜1637）だ。宗達は大胆な構図と金地に鮮麗な彩色、豊かな量感の作品を描き、装飾画の新しい様式を確立した。「風神雷神図屏風」は琳派に受け継がれる画題・モチーフとなり、光琳や後に活躍する酒井抱一（1761〜1828）も描いている。光悦は蒔絵・陶芸・書道などで幅広い才能を発揮し、書では光悦流を創始した。彼らは交流があり、合作も残している。

　新たな展開は江戸時代の元禄期（1688〜1704年）、尾形光琳（1658〜1716）と弟の乾山（1663〜1743）による。彼らは光悦の遠い親戚にあたる。光琳は宗達の画法を取り入れ、さらに時代に合わせた優雅な装飾性を生み出した。呉服商を営む家庭に生まれた環境からか、作品には衣装文様や、型紙を使うなど装飾技法が使われている。絵画のほか蒔絵や陶器の絵付け、小袖の描絵など幅広く手掛けており、梅や菊などを意匠化した光琳模様が染織デザインとして流行した。一方の乾山は光悦の影響が強く、窯を開いて陶工となったほか、書画も残す。作品には文人的な素養と情緒の豊かさが見られる。二人は江戸で活動することもあり、乾山は江戸に定住した。

　京都で生まれ育まれた光琳の画風を江戸で再興したのが酒井抱一だ。酒井家に光琳の画が多くあり（抱一は姫路藩主の次男。祖父が光琳を支援した）、また江戸に乾山が移り住んだことや乾山の弟子で「光琳3世」を名乗る立林何帛がいたことで、江戸にも光琳の画風が伝えられていた。若いころから絵画・文芸を好み、狩野派や浮世絵などさまざまな流派に親しんだ抱一はしだいに光琳の画風に惹かれるようになり、引き継いだ。光琳の画風を基礎としながら洒脱で繊細な表現が特色で、草花図を得意とした。また、抱一は『光琳百図』（光琳の画集）や『緒方（尾形）流略印譜』（光悦・宗達・光琳ら琳派の落款印譜集成）、『乾山遺墨』（乾山の画集）を出版し、琳派を広めている。抱一から弟子の鈴木其一、池田孤邨らに伝えられた画系は特に江戸琳派と呼ばれる。其一の、師風から離れた色彩・構成・形態感覚は琳派の流れに特異な存在だ。

豆知識

1. 「紅白梅図屏風」中央の川の水紋は筆で描いたものではない。銀箔に水紋部分をマスキングして、周りを黒く変化させている。「光琳波」と呼ばれる光琳創案の文様だ。

197 政治｜田沼時代

　田沼意次（1719〜1788）が側用人・老中として幕政の実権を握っていた1767年から1786年までの20年間は、賄賂・金権政治があたりまえの品格なき時代だった。かつては紀伊徳川家の足軽に過ぎなかった田沼家だが、父・意行の時代に紀伊から8代将軍・吉宗が出たことをきっかけに江戸に移る。子の意次も9代将軍・家重の側用人となり、着実に石高の加増を繰り返して前代未聞の出世を遂げた。

◆

　1751年、9代将軍・家重の後見役で、享保の改革を断行した8代将軍・吉宗が亡くなると、側用人（「徳川綱吉」187ページ参照）による政治が復活し、10代将軍・家治の側用人に田沼意次がついた。将軍の信頼篤くまもなく老中となり、幕府財政の建て直しの名目で、公私ともども職権をフル活用していく。

　将軍である吉宗が行った享保の改革が、百姓からの年貢増徴で幕府経済を復興させたのに対し、小姓からの成り上がりであるたたき上げの田沼は、発展してきた商業・流通経済を積極的に利用する現場主義の改革を行った。

　幕府直営の座を設けて銅・銀・真鍮・石灰・人参を専売制とし、享保年間（1716〜1736）以来、公認されてきた株仲間（「株仲間」220ページ参照）を都市から農村まで広げた。こうして商工業者の利権を増やし、代わりに営業税・営業免許税である運上・冥加金を取り立てたのだった。

　また、田沼は貿易も活発化した。それまで長崎では輸出に銅を用いていたが、やがて銅が不足した。そのため輸出には銅ではなく、ふかひれ・いりこ・干あわびなどを詰めた俵物を推奨し、長崎に俵物役所も設けた。そして、これらの主産地である蝦夷地の開発も手がけた。北海道・千島・樺太は、アイヌの住む地域で、松前藩が独占交易をしていたが、この頃、ロシア船が通商目的に現れるようになっていた。ロシアとの交易も検討し、産物調査に北方探検家の最上徳内（1755〜1836）を派遣させたりした。

　さらに下総の印旛沼や手賀沼の干拓を進め、大規模な新田開発を行ったが捗らなかった。失脚後に完成するも利根川の洪水で潰れてしまう。1781年には武蔵・上野に、生糸・綿糸・反物などの検査所を設置して検査料を徴収しようとしたが、農民一揆によって撤回することもあった。

　これらの増収策で、座の専売や株仲間の公認によって特権を得た大商人は潤ったが、そのための賄賂が公然化し、むしろ政治腐敗の一因ともなった。一方で天災が続き、農民や在郷商人の窮状は深刻だった。1783年には浅間山が大噴火を起こして、周辺に大被害をもたらし、火山灰に村ごと埋まったところ（鎌原村遺跡）もあった。続いて東北地方に冷害が起き、膨大な餓死者もでた（天明の飢饉）。百姓一揆も増大し、都市では打ちこわしが続出した。

　こうして社会不安の増す世情に、田沼に向けられた不満がたまり、息子で若年寄だった意知（1749〜1784）が斬殺されてしまう。さらに1786年に将軍・家治が亡くなると老中を罷免された。政策もあらかた中止され、20年にわたる田沼時代は幕を閉じた。

豆知識

1. 仙台藩医である工藤平助（1734〜1800）が『赤蝦夷風説考』を著して献上したため、意次はロシアとの交易を企てた。当時、ロシア人は赤蝦夷、赤人と呼ばれていた。

198 争い｜明和事件

　江戸中期後半になると幕府と諸藩の封建制による結びつきにも動揺が見られるようになった。儒学を発展させ、天皇を絶対的権力の源とする尊王論を広める学者らが現れてきた。これを受け入れる公家や影響される藩士も増え、幕府を批判する彼らは厳重な処罰を受けたのだった。

◆

　封建的身分制を支え、主従関係を守る大義名分論を説く朱子学（「林羅山」180ページ参照）が官学となり、徳川幕府と朝廷との融和策として機能を果たしてきた。江戸初期に、その朱子学を発展させた山崎闇斎（「儒学の発展」200ページ参照）が垂加神道を興しており、朱子学にあった尊王斥覇論（天皇を尊び覇者を排斥する）を取り入れた。この思想は尊王論の根拠として受け継がれ、やがて幕末に倒幕派を奮い立たせることとなった。

　この垂加神道を学んだ竹内式部（1712〜1767）が、上級公家の徳大寺家に仕えながら、私塾で復古派公家たちに『日本書紀』などを講義して尊王論を説いた。かつて後醍醐天皇が鎌倉幕府から政権をとりもどしたこと（建武の新政、「建武の新政」112ページ参照）を夢見て軍学や武術に励む公卿もあり、京都所司代に訴えられて尋問されたこともあった。門人に、時の関白らに対立する若い公卿らの勢力がまとまってきたため、ついに1758年、式部は京都から追放処分を受けた。同調する若手公卿らも謹慎処分を受けた（宝暦事件）。

　この事件から逃れた尊王論者の藤井右門（1720〜1767）が身を寄せた先が、江戸の尊王兵学者の山県大弐（1725〜1767）だった。大弐は、9代将軍・家重の側用人、大岡忠光に医官兼儒者として仕えたのち、八丁堀に塾を開き儒学や兵学を講義していた。浪人学者ながら医学書、兵書、天文書、和算書などを著し、門下生も多かったという。匿名で出した『柳子新論』が有名で、尊王斥覇を説き、幕府を批判したため幕府から目をつけられることになった。そんな折、大弐の門人で上野国（現・群馬県）小幡藩の家老が失脚することがあった。この小幡藩の内紛に巻き込まれた大弐は、「倒幕の目論みあり」と嘘の通報をされて、1766年に同居人の藤井右門ともども捕らえられたのだった。幕府が尊王思想を弾圧した明和事件だ。倒幕思想弾圧の最初として注目したい。日ごろの幕府批判や兵学講義が不敬として両人とも処刑され、これに関連して、伊勢に退いていた竹内式部も八丈島への流罪となった。

豆知識

1. 明和事件の際、小幡藩主・織田家は出羽国高畠（現・山形県高畠町）へ移封された。織田信長の次男・織田信雄の末裔で、信長の子孫として待遇された国主格も失った。

199 外交｜日本町

　江戸幕府初期の対外政策は、キリスト教は禁じるが、貿易は奨励するというものだった。1635年に日本人の渡航・帰国禁止令（「鎖国」177ページ参照）が出るまで、日本人の海外進出は盛んだった。朱印船（「朱印船貿易」170ページ参照）を出して貿易利益を上げた商人も多く、東南アジア各地に日本町が形成された。

◆

アユタヤの日本人村「アユチヤ日本人町の跡」の碑

　秀吉の朝鮮出兵によって関係が悪化した明とは国交が回復できていなかったこともあり、朱印船は東南アジア方面へと向かった。ルソン（フィリピン）・トンキン（ハノイ）・アンナン（ベトナム）・カンボジア・シャム（タイ）などである。

　江戸幕府が成立してから鎖国令が出るまでの約30年間で、海外に渡航した日本人の数は約10万人と推定されるが、そのうち約7000～1万人は東南アジア全域にわたる約20カ所に居住した。そこで自治制を敷いた日本町が作られることもあった。日本町は、ベトナムのツーランやフェフォ、カンボジアのプノンペンやピニャルー、タイ・アユタヤ朝のアユタヤ、ミャンマーのアラカン、マニラ郊外のディラオやサン・ミゲルの8カ所の存在が確認されている。

　朱印船は帆船であり、当時の航海技術では、日本からの出発は晩秋から初冬の北風を利用する必要があった。帰国は翌年春から夏にかけての南風を利用するため、渡航先で年を越さねばならない。さらに日本からの商品を保管する倉庫も必要で、その管理者も常駐させたい。また、交易相手国にしても、日本人がまとまって一つの区画に暮らしていた方が都合のいいこともあって、急速に日本町が生まれたのである。日本町では自治制だけでなく治外法権も認められ、在留日本人の有力者が選ばれて行政を担当していた。住人は貿易関係者だけにとどまらず、関ヶ原や大坂の陣後に亡命した浪人なども多かったという。

　日本町を知るうえで外せないのが山田長政（？～1630）だ。彼は駿河に生まれ、1612年頃、タイのアユタヤに渡った。のちに日本町の頭領となり、アユタヤ王朝で王室に重用され、アユタヤ王国の従属国で、南部の現・ナコーンシータマラート辺りに位置したリゴール王国の太守（国王）にまでなった人物である。全盛期のアユタヤには3000人もの日本人がいた。長政がその頭領に選ばれたのは、1620年か翌年のことだといわれる。長政は貿易商としても活躍したが、日本人傭兵部隊を率いてアユタヤ王朝の親衛隊を編成して王朝に仕え、次々と武功を立てた。その功績により1628年、国王より最高官位オークヤーに任ぜられ、セーナピモックという名を与えられる。1629年、リゴールの太守に任命されるが、翌年、王位継承争いに巻き込まれて毒殺された。

　1635年以降、日本町には人員、物資、資本の補充も絶え、女性の人数が少なかったこともあって、徐々に衰退していった。

〔豆知識〕

1. 1621年のアユタヤ使節の来日に際して長政は、時の老中・土井利勝に書簡を送り斡旋に努めた。これが金地院崇伝の日記『異国日記』に転写されている。その後もたびたび日本の有力者に贈り物や書簡を送り、日本とアユタヤの親善・外交に尽力したといわれている。

200 経済 ｜ 三貨・藩札

　江戸幕府が発行した貨幣は、金・銀・銭の3種で、三貨と呼ばれた。金・銀の貨幣は、1600年に開設された金座・銀座で鋳造され、1636年からは、中央に穴のある銅貨「寛永通宝」が銭座で作られ、三貨による統一貨幣制度が整う。しかし、貨幣の流通量は十分とはいえず、経済の発達にともない17世紀後半以降、各藩や旗本の領国内では独自の紙幣である藩札を発行して、三貨の不足を補うとともに財政難を救おうとした。

◆

　金貨には、大判（10両）、小判（1両）、一分金などがあり、大判は大判座、小判や一分金は当初、京都と江戸に置かれた金座で、後藤庄三郎（生没年未詳）のもと鋳造された。銀座は、大黒常是（生没年未詳）のもと、まず伏見（現・京都府）と駿府（現・静岡県）に置かれ、のちに京都・江戸に移され、丁銀（銀貨の中心になるナマコ型の銀塊で不定形）や豆板銀（丁銀の補助的役割を果たした少額銀貨で大きさ・重さは一定、小粒・粒銀などとも呼ぶ）を鋳造した。金・銀両座とものちに江戸に一本化されている。金貨の単位は「両・分・朱」で、1両が4分、1分が4朱の4進法による計数貨幣であった。それに対して銀は、重量を計る秤量貨幣で、「貫・匁・分・厘・毛」の単位が使われた。銭は中世以来の永楽通宝が長らく流通していたが、寛永期に江戸と近江坂本の銭座で寛永通宝が鋳造されて以来、各地の民間請負の銭座で一文銭・四文銭が銅や鉄で作られ、広まっていった。ちなみに銭の単位は「貫・文」である。そして17世紀中頃までに、金・銀・銭の三貨は全国に普及し、商品流通の飛躍的な発展を支えることになる。

　しかし、計数貨幣と秤量貨幣が混在していたため、三貨の交換はかなり面倒だった。しかも貨幣相場が変動するので貨幣の流通は必ずしも安定しない。そのうえ、江戸を中心に東日本では主に金での取引（金遣い）であり、京・大坂など西日本では銀が中心（銀遣い）である。そのために、三貨間の両替や為替を商売とする両替商が発達し、なかには大きな富を蓄える豪商も生まれた。

　三都や城下町の両替商は、三貨間の両替や秤量を商いとし、江戸の三井や大坂の天王寺屋や鴻池など、諸藩の蔵屋敷での商品売買を代行して蔵物（年貢米やその他の物産）の出納を行う蔵元も兼ねる本両替は、今の銀行のような、公金の出納や為替・貸付などの業務を行い、幕府や藩の財政を支えるとともに、流通の促進にも貢献した。

　一方、藩札を発行するには幕府の許可が必要で、1661年の福井藩の藩札が最初だといわれる。藩によっては専売制と結びつけて、領内の特産品を藩が買い上げる際の支払いには藩札を使い、それを三都に売りさばいて金・銀を得るという例も多かった。

豆知識

1. 小判の大きさや重さは18世紀半ば以降だんだん小さく軽くなっていった。金産出量の減少や幕府の財政難からである。例えば、慶長小判は、縦73mm、重さ17.9g、金含有率84％とかなり立派なものだったのに対し、その約230年後に鋳造された天保小判は、縦59mm、重さ11.3g、金含有率約57％と一回り小さくなり、幕末の万延小判に至っては、縦36mm、重さ3.3g、金含有率57％と、慶長小判の4分の1程度のサイズになった。
2. 秤量貨幣の丁銀や豆板銀は商取引に用いられ続けたが、一方では、銀の計数貨幣も作られた。田沼意次（「田沼時代」203ページ参照）によって、南鐐二朱銀が鋳造され、その後の寛政の改革で一時廃止されるが、1800年には復活し、それ以降、銀貨の計数貨幣化が進む。文政年間には一朱銀、天保年間には一分銀が発行された。

201 暮らし・信仰 | 藩校と寺子屋

　幕末に来日した外国人がみな一様に驚いたのが、日本人の識字率の高さだったといわれる。特に女性や子どもの読み書き能力には舌を巻いた。世界でも屈指の水準を誇った江戸時代の日本の教育を支えたのが、藩校や私塾、寺子屋だ。

◆

　8代将軍・吉宗が、儒学によって武士や庶民を教化しようとしたこともあり、民間にも儒学が普及していった。幕府は朱子学を正学として1797年、林家の私塾を官立の昌平坂学問所（昌平黌）と改称、幕臣の教育機関とした。また、多くの藩では18世紀半ば以降、藩士や子弟の教育機関として藩校（藩学）が設立され充実していった。寛政異学の禁の影響もあって、当初は朱子学を主とする儒学や武術を教えるものが多かったが、やがて洋学や国学も取り入れ、年齢や学力に応じた学級制も採用された。藩政改革に必要な優秀な人材の育成を目的に、朱子学のみならず実学を重視した基礎教育や高等教育の必要性が認識されたためである。城下を離れた地域にも藩の援助を受けて、藩士や庶民の教育機関・郷学（郷校）が作られた。藩校等で育った人材がのちに寺子屋を開くことも多かった。

　民間でも武士・学者・町人により、高等教育機関としての私塾が開かれたが、天明期以降その数を増やしている。儒学を中心に国学・洋学などが講義され、ここから次代を切り開く英才が数多く輩出された。

　庶民の初等教育機関である寺子屋（手習所）は、18世紀後半から都市でも農村でもその数を著しく増やし、幕末には全国で1万5000余りにのぼった。浪人、村役人、神職や僧侶、富裕な町人などによって、民家や寺社などを校舎として運営され、多くは6・7歳頃から13歳くらいまで就学した。『庭訓往来』など往来物と呼ばれるテキストを使って文字の読み書きや算術など日常生活に必要な教育を行い、儒教的な道徳や礼儀作法なども教えた。とはいえ現代とは違い、生徒は必ずしも先生の方を向いて座っていたわけではなく、教科書も生徒の年齢もバラバラで、入学年齢・学習時間・在学期間も自由だった。寺子屋の師匠には女性もおり、女子には貝原益軒の著作がもとになった『女大学』などで読み書きから家や社会における女性の心得を、また、華道や茶道、香道なども教えていた。地方では在地の産業に必要な知識も教え、農村では農閑期の冬季にのみ開設される寺子屋もあり、商家や職人の丁稚や小僧などのための夜学もあった。

　そのほか、町人には、石田梅岩が創唱した、商行為の正当性・倫理性を肯定し、勤勉・倹約・堪忍・正直などの徳目をわかりやすく説いた石門心学も広まった。

豆知識

1. 17世紀から18世紀に設立された私塾の主なものとして、儒学では、1662年設立の伊藤仁斎の古義堂（京都）、1709年頃には荻生徂徠による蘐園塾（江戸）、18世紀後半では、国学の本居宣長（「本居宣長」208ページ参照）による鈴屋（伊勢松坂）や、蘭学の大槻玄沢による芝蘭堂（江戸）などがある。
2. 江戸の寺子屋の師匠たちは、学びに来る子どもたちそれぞれに合わせて、親の職業や本人の希望を考えた個別カリキュラムを作って教育していた。

202 人物 本居宣長

18世紀後半、経済的に繁栄していた伊勢国松坂（現・三重県）で生涯を過ごした国学者・本居宣長（1730～1801）の生業は医者である。小児科医としての生活の傍ら、『源氏物語』『万葉集』『古今和歌集』など日本の古典を講義した。また、『古事記』を研究し、35年をかけて注釈書『古事記伝』44巻を完成（1798年）させた。この間、紀州藩主に招かれて講義も行い、諸国からの門人は没年当時500人を数えるほどだった。

◆

本居宣長六十一歳自画自賛像

古典を文献学的に研究し、儒教や仏教渡来以前の日本人の精神や思想、古道を明らかにしようとした国学を、学問的・思想的に大成したのが本居宣長である。『古事記伝』の他に『詞の玉緒』（語学、1785年）、『玉くしげ』（古道、1787年）、『玉勝間』（随筆、1793～1801年）、『源氏物語玉の小櫛』（作品注釈、1796年）、『宇比山踏』（学問論、1798年）など著作も多い（カッコ内は作品のジャンルと成立年）。

宣長は、伊勢国松坂の出身だ。江戸にも店舗を持つような木綿問屋、小津家の長男に生まれた。ところが店は傾き、幼い頃よりすぐれた記憶力を持ち読書を好む宣長を、商人には不向きと考えた母の勧めもあって、医学の道を志す。約5年半、京都に遊学して医術を修めるとともに、堀景山に入門。堀景山は、曾祖父・堀杏庵から続く儒医・儒学者で、朱子学とともに古文辞学や国学にも精通していた。彼のもとで、漢学、徂徠学や契沖の国学、和歌などを学んだ宣長は、様々な学問にも興味を持った。この京都での生活が、彼の人格・学問の形成に決定的な影響を与える。松坂に帰って小児科医を開業するが、同時に国学の研究に励み、門弟を集めて古典の講義を始めた。1763年、かねてから敬慕していた賀茂真淵が松坂に宿泊したのを訪ねて対面し、翌年入門して古道研究の意思を固め、『古事記伝』著述に着手する。

宣長の学問は、『古事記』を中心に日本独自の道としての古道を明らかにするため、古語の実証的研究として注釈の形がとられた。また、風雅を解することが古道の理解に不可欠だとして、『源氏物語』の本質が「もののあはれ」にあり、従来の仏教的・儒教的文学観ではなく、自然や人事に触れて生まれる感動や情感の表現こそが本旨であるという文学観を打ち出した。歌論においても『石上私淑言』（1763年頃執筆）では、「歌はもののあはれを知るより出でくるものなり」と、その基本に「もののあはれ」を置いている。

宣長は自宅の書斎を「鈴屋」と呼び、「鈴屋」を号とした。そこから、彼の私塾を鈴屋、その門流を鈴屋学派という。宣長の死後、その幅広い学問はそれぞれ弟子たちに受け継がれた。歌学は養子の大平に、考証学的な学風は伴信友に。そして、復古神道を継承して尊王攘夷運動（「水戸学・尊王攘夷論」235ページ参照）を支えることになる国学者・平田篤胤は、宣長の死後その書物を通して私淑した自称門人だった。

豆 知 識

1. 宣長は医者だったので、本来の正装は十徳だが、古典の講義や歌会のときなどは鈴屋衣という独自の衣装を着ていた。文献上の初出は35歳の5月と比較的若い頃からで、一種のトレードマークとなっていた。後年の和歌山での御前講義や京都の公家衆への講釈のときにも着用したことが日記に記されている。

203 文化・芸術｜浮世絵

　葛飾北斎（1760～1849）の「富嶽三十六景」や歌川（安藤）広重（1797～1858）の「東海道五十三次」、喜多川歌麿（1753？～1806）の美人画など、「浮世絵」といえばすぐに思い浮かぶのが多色刷りの版画の数々だろう。しかし、浮世絵には肉筆画と版画があり、その技法もテーマも範囲は広い。初期の肉筆画や墨一色の木版画から、印刷技術の発達により多色摺木版技法が開発され、飛躍的に発展して江戸文化を象徴する大輪の花となった。

◆

見返り美人図　菱川師宣

　浮世絵の「浮世」は、仏教的厭世思想の「憂き世」が、享楽に浮かれる「浮世」に変わり、やがて当世風、現代風という意味になったもので、江戸の今を活写した絵画のことだ。

　浮世絵版画の創始者とされるのが、元禄期（1688～1704）に活躍した菱川師宣（？～1694）である。版本の挿絵や絵本から墨一色で刷られた安価な組物の一枚絵「墨摺絵」を制作し、人気を得た。肉筆画も多く手掛け、有名な「見返り美人図」をはじめ、江戸の二大悪所と呼ばれた吉原遊郭や芝居町、花見や舟遊びに集う人々の姿、古典的主題の見立て絵などを描き、浮世絵の基本的な様式を確立した。

　元禄末から宝暦（1751～1764）頃まで長く活動した奥村政信は、自ら版元を経営し、細長判の「柱絵」や西洋の透視画法で遠近感を強調した「浮絵」などを考案して人気を集めた。師宣から約100年、技法的には墨摺絵から1色筆彩した「丹絵」や「紅絵」、せいぜい3色止まりの「紅摺絵」にとどまっていた浮世絵版画に、1765年、鈴木春信（1725？～1770）が多色摺木版画「錦絵」を創始して革命を起こす。可憐で人形のような春信の美人画は一世を風靡するが、彼の死後は、現実的・写実的な傾向が強まり、やがて、天明・寛政年間（1781～1801）、鳥居清長や歌麿の美人画、東洲斎写楽（生没年未詳、「蔦屋重三郎」223ページ参照）や歌川豊国（1769～1825）の役者絵などによって、浮世絵版画は全盛期を迎えた。歌麿と写楽が完成させた人物の胸から上を大きく描く「大首絵」は人物描写の質を高め、背景を1色で平坦に摺る「地潰し」は色彩の美を際立たせた。

　幕末の化政期（1804～1830）になると一挙に出版の大衆化が進み（「滑稽本と読本」230ページ参照）、浮世絵出版には、混迷する政治や社会情勢が色濃く反映されるようになった。北斎・広重などの花鳥画・風景画（のちにヨーロッパで高い評価を受ける。「パリ万博」240ページ参照）、歌川国芳（1797～1861）の武者絵や戯画など描く領域も広がった。同時期には美人画と役者絵で揺るぎない世評を得ていた歌川国貞（三代豊国、自称二代）や、時代の美意識を投影した独特な美人画の渓斎英泉なども活躍している。開国、倒幕、維新、開化と激動の時代、浮世絵はますますジャーナリスティックになり、内乱の惨状や文明開化の新風俗に取材した内容で何とか命脈を保つが、明治の終焉とともにその歴史的な役割を終えた。

豆知識

1. 江戸庶民の最高の娯楽、芝居小屋を飾る絵看板は、鳥居派の祖・鳥居清元（1645～1702）とその次男・清信（1664～1729）に始まる。荒事（「歌舞伎」195ページ参照）の力強さを「瓢簞足蚯蚓描き」という独特の描法で表現した。
2. 鳥居派と歌舞伎のつながりは清元以来300年続き、現在は鳥居派初の女性絵師・鳥居清光が腕を振るっている。

204 政治 | 寛政の改革

　1787年から1793年（天明7～寛政5年）、老中・松平定信（1758～1829）が行った寛政の改革は、享保の改革、天保の改革とともに、幕政の三大改革といわれる。田沼時代の乱れた世情に、天変地異が続いて農村も荒れ、飢饉・打ちこわしが続いた。そうした危機的状況から幕政は一時回復したが、あまりに厳しい統制・倹約を行い、民衆の反発を招くこととなった。

◆

　松平定信は、8代将軍・吉宗が興した「徳川御三卿」（田安徳川家、一橋徳川家、清水徳川家）のうちの田安家に生まれ、吉宗の孫であり将軍職候補でもあったが、将軍就任は田沼意次に阻まれて、陸奥国白河藩の養子となっていた。26歳で白河藩藩主となると、天明の飢饉の折には自ら倹約を率先して、一人の餓死者も出さなかった。財政を立て直し、殖産興業を行い、人口も増加させるなど、藩政改革を成功させた。

　田沼の失脚後、しばらく田沼派と御三家（尾張徳川家・紀州徳川家・水戸徳川家）・御三卿との主導権争いがあったが、全国的に起こっていた天明の打ちこわしが江戸市中では4日も続き、田沼派は退陣した。11代将軍・家斉の実父で、定信のいとこの一橋治済や御三家の強力な後押しで、まだ30歳の定信が老中筆頭に抜擢され、寛政の改革が始められた。田沼時代の賄賂政治を一掃して商業資本を抑え、幕府経済の根本である農業の復興を推し進めることになる。翌年、まだ16歳と幼い将軍家斉の補佐役となり、諸奉行に数々の有能な人材を登用し改革体制を固めた。御三家や治済の意見をあおぎ、重要政策を次々と打ち出した。まずは緊急の、打ちこわしなどへの治安対策である。農村から都市へ流入した百姓が浮浪者となることが多かったため、旅費や農具代を与えて農村へ帰るよう推奨した（旧里帰農令）。行き場のない無宿人には石川島人足寄場で職業訓練を受けさせた。また、町の運営費を節約させ、節約分の7割を積み立てさせて（七分積金）、窮民救済や防災を扱う町会所を設けさせた。

　農村対策として、帰農令のほか飢饉対策として大名に1万石につき50石を5年間備蓄させ（囲い米）、各地に穀物倉である社倉と義倉を置かせた。また、出稼ぎを禁止したり、米・菜種・綿以外の作物を制限して商人の出入りを抑えた。旗本・御家人救済のため、札差（幕府から旗本・御家人に支給される米の仲介を行い、運搬・売却による手数料や、蔵米を担保にした高利貸しで儲けた）にした借金を帳消しさせる棄捐令を発したが、さらなる借金ができなくなり、かえって窮地に陥るケースもあった。また、幕府批判を抑えるため、思想統制を図った。朱子学を正学とし、林家主宰の湯島聖堂学問所ではそれ以外を禁止し（寛政異学の禁）、昌平坂学問所と名を改めた。庶民にも倹約を強制して芸妓・混浴・賭博・出版などの風俗や贅沢を細かく取り締まった。やがて将軍家斉と対立して1793年、定信は老中を解任された。寛政の改革は田沼時代の腐敗政治を改めたが、厳しすぎる緊縮政治に民衆の不満がたまり、わずか6年で幕を閉じた。「白河の清きに魚もすみかねて元の濁りの田沼恋しき」―― たとえ政治が腐敗していたとしても、文化や経済が活発だった元の田沼の時代が懐かしい、とやがて狂歌にもうたわれた。

豆知識

1. 飢饉や不作対策に、社倉は農民らが自ら相応に穀物や金品を供出して備えた。義倉は豪農・豪商らの慈善で同様に備えた。藩や領主が穀物を備蓄したのが常平倉で、合わせて三倉と呼んだ。

205 争い｜フェートン号事件とゴローウニン事件

　日本が鎖国をしている間に、ヨーロッパ諸国は17世紀半ば～18世紀に市民革命を経て近代化を遂げていた。産業革命が始まったイギリスは東アジアに進出し、植民地の争奪戦を繰り広げていた。ロシアでは皇帝のもとで近代化を図り、太平洋の南下政策を進め、それぞれ日本に接近してきた。

◆

　1808年にイギリスの大型軍艦フェートン号が、オランダ国旗を掲げて長崎港に侵入してきた（フェートン号事件）。敵国の旗を掲げる戦法は、当時の国際法では合法だったが、中立国港内での敵船拿捕は違反とされていた。出迎えたオランダ商館員を人質とし、湾内を捜査し終えると、薪水・食糧を要求し、さもなくば港内の日本船や中国船、市街を焼き払うと脅迫した。

　当時、ヨーロッパでは、ナポレオン戦争（1799～1815）の真っ最中で、1804年にナポレオンがフランス皇帝となり全盛期を迎えていた。英仏は植民地戦争を展開し、フランスがオランダを征服すると、イギリスはこの機にオランダのアジア拠点を襲い、大英帝国に組み入れようとした。オランダ東インド会社は、1798年に総督がイギリスに亡命し、負債を抱えて倒産していた。そのため東アジアでは唯一、長崎だけにオランダ国旗が揚がっていたのだ。

　長崎奉行の松平康英（1768～1808）は肥前藩兵を動員して焼き討ちの準備をするも結局、要求をのんだ。フェートン号は人質を放して去ったが、責任をとって松平康英と肥前藩家老は自害した。

　一方で、ロシアも南下政策を進めていた。幕府は蝦夷地の確保と海防のため、直轄地とし1802年に箱館奉行をおいていた。しかし、1806～1807年には日本への通商要求を拒否されたロシア使節レザノフの部下が中心となって樺太や択捉・利尻島を襲撃したフヴォストフ事件（「ロシアの接近」219ページ参照）が起きた。そのため、日本側は1811年に国後島で、測量中の軍艦ディアナ号の艦長・ゴローウニン（1776～1831）と部下を捕らえ、フヴォストフ事件の取り調べを行い、報復として松前に拘留しつづけた。翌年、ディアナ号副艦長リコルドが、択捉～根室の植民地経営を行っていた高田屋嘉兵衛を抑留したが、かえって冷静な嘉兵衛を頼ることとなった。嘉兵衛を仲介役に、アドバイス通り、フヴォストフ事件が政府の指示でなく出先の軍人が勝手にしたことと釈明、日本側に謝罪した。ゴローウニンは2年余たって無事釈放された。この間、ゴローウニンは探検家の間宮林蔵に天文や測量を教え、オランダ通詞の馬場佐十郎（1787～1822）にロシア語を伝授した。自ら滞日手記をまとめた『日本幽囚記』（1816）はすぐに各国語に訳され、当時の日本を詳細に伝えている。そして、これを機にロシアとの関係は一挙に改善されたのだった。

豆知識

1. 高田屋嘉兵衛は、淡路国津名郡都志（現・兵庫県洲本市）に生まれ、船持船頭となって、兵庫～酒田～箱館～蝦夷地を回る北前船交易で儲け、松前藩御用達となる。蝦夷地が幕府直轄地となると、幕命でエトロフ島航路を開き漁場を開発した。1801年に蝦夷地御用定雇船頭となり、幕府直営廃止後は、エトロフ～根室の場所請負（植民地経営）をして莫大な富を築いた。1995年に故郷の五色町に高田屋顕彰館ができ、ゴローウニン、リコルド、高田屋嘉兵衛それぞれの子孫の集うイベントなど、ロシアとの交流を企画している。

206 外交 | ジョン万次郎

ジョン万次郎（1827？〜1898）は14歳で漂流したのち、幸運にもアメリカ教育をしっかり身に付け、開国直前に帰国できた。当時、日本国内で最もアメリカを知る航海士・英学者として明治新政府に大いに寄与した。彼の遺産は日米交流の原点として現代に受け継がれている。

◆

　万次郎は、足摺岬に近い土佐国中浜（現・高知県土佐清水市）の漁師家に生まれ、1841年正月に土佐国宇佐浦から仲間ら5人で出漁した。まもなく暴風雨にあい6日後、太平洋の孤島の鳥島に漂着。飢えをしのいで143日後、アメリカの捕鯨船ジョン・ホーランド号に助けられた。船長のホイットフィールドに気に入られた万次郎は、アメリカ行きを決め、仲間4人とホノルルで別れを告げ、捕鯨船に乗りこむ。このとき船名に由来してジョン・マン（John Mung）と呼ばれた。それから2年後、アメリカ最大の捕鯨基地マサチューセッツ州ニューベットフォードに帰港し、その対岸の船長の故郷・フェアヘーブンで、養子となり、英語、数学、測量、航海、造船等の教育を受けた。勉学に励み首席になるほどだった。

　航海士として捕鯨船フランクリン号に乗って7つの海をめぐり、やがて一等航海士、同船副船長となる。カリフォルニアにゴールドラッシュが起こると、そこで万次郎は日本への帰国資金を稼ぎだし、上陸用ボートを調達して漂流仲間のいるハワイへと向かう。仲間2人とホノルルをあとにし、1851年に万次郎は琉球に上陸する。実に漂流から10年後のことである。薩摩、長崎でも長期の取り調べを受け、1952年の夏、ようやく土佐へ帰ることができた。

　土佐藩の参政である吉田東洋から70日間にわたる取り調べを受けたのち、立ち会った絵師・河田小龍（1824〜1898）の自宅に寄宿した。万次郎の漂流記を挿絵入りでまとめた小龍の『漂巽紀畧』は、万次郎が経験したアメリカでの生活や文化が描かれ、江戸でも話題となった。その後、土佐藩士となった万次郎は、後に明治政府で要職を歴任する後藤象二郎や三菱財閥創業者の岩崎弥太郎らを藩校教授館で教えている。翌年、幕府に招聘されて直参旗本となり、故郷の地名を苗字にして中浜万次郎を名乗った。翻訳、造船、航海、測量、捕鯨などの仕事で国中を回り、勝海舟（1823〜1899）のもとでは軍艦教授所教授も務めた。

　1860年には、日米修好通商条約批准のため、幕府は初めて公式使節団をアメリカに送ることになり、万次郎は、通訳・航海士として活躍した。使節団を乗せた咸臨丸には福澤諭吉らも乗船し、艦長を勝海舟が務めていた。その後は忙しく、小笠原諸島での調査や捕鯨のほか、薩摩藩開成所で教えたり、土佐藩では後藤象二郎と開成館を設立し、藩船（夕顔丸）買い付けに後藤らと上海へ渡航したりしている。明治維新後は新政府の開成学校（のちの東京大学）教授に就任し、1870年に品川弥二郎、大山巌らの普仏戦争視察団に同行した。このとき、フェアヘーブンに寄りホイットフィールド船長と再会できた。帰国後、病いに倒れるも、静かに余生を送り71歳で波乱の人生を終えた。

[豆 知 識]

1. 万次郎は、日本人初のアメリカ留学生ともいわれる。その縁で、高知県土佐清水市、マサチューセッツ州フェアヘーブンとニューベットフォード、沖縄県豊見城市が姉妹都市となり、ジョン万次郎資料館やホイットフィールド・万次郎友好記念館が、ホイットフィールドの住居跡に開館している。そのほかにも、フェアヘーブン—万次郎友好協会やジョン万次郎ホイットフィールド記念国際草の根交流センターなど、万次郎の遺したものははかり知れない。

207 経済｜江戸・大坂・京都

　江戸・大坂・京都は、幕府直轄地のなかでも群を抜いた規模を誇る都市として、「三都」や「三箇津」などと呼ばれた。17世紀中頃には、江戸は人口約100万人、大坂は約35万人、京都は約40万人という世界でも有数の大都市となっている。また、都市としての特徴や住民気質が異なる三都は、その比較が盛んに行われ、当時から一定の三都観が定着していた。

◆

　三都の発展には交通網の発達が大いに寄与した。特に海運（河村瑞賢による東回り・西回り航路の開発）が、江戸と大坂を物資流通の中核に位置づけた。陸上交通は江戸日本橋が起点だが、海上交通は比較的波が穏やかな西回り（日本海側）海運が主要なルートであり、大坂がその終着点だった。大坂はまた、上方（京都や大坂といった畿内地方）で生産され江戸で消費されるいわゆる「下りもの」（品質の良いものが多く「下らない」＝「品質が悪い」の語源になった）をのせて江戸へ向かう、菱垣廻船や樽廻船など千石船の出発地でもあり、水上交通の拠点として全国の物資の集散地となり、諸藩の蔵屋敷が多く置かれて「天下の台所」となった。

　江戸は「将軍のお膝元」だ。全国の大名の藩邸、旗本・御家人の屋敷が集まり、それらの家臣や奉公人を含めて多くの武家人口を擁した。また、江戸全体の15％の広さしかない町人地には、ありとあらゆる商人・職人・日傭（日雇い労働者）が約50万人も集まり、活気に満ちた大江戸を形成していた。そして、日本最大の消費都市でもあった。ちなみに町人地の大半は、江戸城の東から南にかけての外堀と隅田川・江戸湾で囲まれた地域に集中していた（現在の中央区、台東区、千代田区の一部）。

　京都は千年の王城の地として天皇や公家が住み、寺院の本山や歴史ある神社が多く集まっていた。また、西陣織を中心とした高級織物、優れた染色をはじめ、長い文化的伝統に支えられた武具や蒔絵、陶磁器、漆器、仏具、人形などの高級美術工芸品の生産都市でもあった。また出版や学術の面でも（のちに江戸にその中心を譲るものの）先んじていた。

　当時の人々の三都観は、文化人の随筆や番付等に残されている。例えば『まけずおとらず三ヶ津自慢競』（1813年頃）という番付には、まず三都の象徴として、江戸は「諸大名方」、京都は「諸宗本山」、大坂は「仏法最初天王寺」が、次に、江戸「山王まつり」・京都「祇園のほこ（祇園会の鉾）」・大坂「天神祭のてうちん（提灯）」と代表的な祭りが並ぶ。川なら江戸は隅田川、京都は鴨川、大坂は淀川というように、三都の名所・名物がいくつも列挙されている。また、江戸後期の儒学者で漢詩人の広瀬旭荘は『九桂草堂随筆』の中で三都の気質を比較しており、「京は神経が細やかで誇り高く、住むなら京が一番だと思っている。大坂は何事にも貪欲で殺気だっていて、この世に金ほど大事なものはないと強調する。江戸は万事に大げさで血気盛んであり、金よりも官爵を尊ぶ風潮がある」という。今でも納得できそうな三都観だ。

豆知識

1. 江戸に警察と行政機能を担う南・北町奉行所が置かれたように、京・大坂にも東・西町奉行所が置かれた。ちなみに池波正太郎の小説で有名な火付盗賊改方長官・長谷川平蔵宣以の父・長谷川宣雄は、京都西町奉行を務めている。また、大塩平八郎（「大塩平八郎の乱」218ページ参照）は、元大坂東町奉行所の与力であった。

208 暮らし・信仰｜三行半と縁切寺

　江戸時代の女性については、封建制度と儒教思想のもと「家」という概念に縛られ、その地位はとても低く、様々な場面で男性に虐げられていた、というイメージがある。しかし最近の研究では、そうとばかりもいえないことが徐々に明らかになっている。

◆

　中世以降「嫁取り婚」が一般的になってくると、家庭内での女性の地位や力は、それまでと比べて低くなっていった。江戸時代に入ると、家督の長男相続や儒教の三従の教え＝女性が従うべき道「家にあっては父に従い、嫁しては夫に従い、夫死してのちは（老いては）子に従う」が説かれ、男尊女卑の傾向は強まっていく。しかし、武士・町人・農民を問わず、妻は自分の財産（実家からの持参金や持参田畑、嫁入り道具など）の所有権は認められていて、それなりの経済力も持っていた。夫と異なる財布を持ち、村人に融資したり、隠居後の小遣いとしたりしていた名主（「村と百姓」164ページ参照）の妻の例も知られている。

　ところで、「三行半」とは、去状・離縁状ともいい、離婚の際、夫から妻に発行される書類のことだ。3行半で書かれていたのでそう呼ばれた。一方的に夫から妻へ突きつける印象があるが、三行半は離婚証明書であると同時に、夫からの再婚許可証でもあった。建前上、離婚の決定権は男性にあったため夫から出されたが、離婚が成立するには、妻が三行半を受け取らなければならず、そのため、なかには受け取っていないと突っぱねて居すわる女房もいたという。再婚するためには必要不可欠だったので、嫌がる夫に強引に書かせる女房もいた。そもそも、江戸時代には離婚はタブー視されていない。18世紀までの武家の離婚率は約11％、武家の女性の再婚率は約59％だというから驚く。しかも、現代と同じ協議離婚がほとんどだった。離婚の際には、妻の持ってきた持参金は返済しなければならなかったが、妻が原因を作った離婚の場合はその義務は免除された。

　離婚をしたいのに夫からどうしても離縁状を得られない妻が、非常手段として駆け込んだのが縁切寺（駆込寺）である。そこで3年間の奉仕をすれば離婚が認められた。その間はもちろん、外出も男性と会うことも許されない。江戸時代を通じて、縁切寺は鎌倉の東慶寺と上野の満徳寺の二つの尼寺に限られていた。

　江戸時代の婚姻は、武家や商家にとって家と家の結びつきであり、経済の問題でもあった。つまり、嫁入りには持参金や田畑などの財産をともなうのが普通で、それが結婚の決め手ともなったのだ。庶民や農民であれば、持参金のうえに手に職を持って稼げるなら、なお良しとなる。ある農村には、養蚕や機織りで収入を得て一家の稼ぎ頭として夫を養う女房もいたという。

豆 知 識

1. 条件付きながら、妻からの離婚も認められていた。夫が妻の財産を勝手に処分した場合や、別居や音信不通など事実上の離婚状態が3、4年続いたときなどである。妻と夫の財産は別のものであり、離婚原因を作った側は慰謝料を支払わなければならなかった。建前上、妻の不倫は死罪とされていたが、どうもよくあることだったらしく、大概は金銭で解決されていた。

2. 妻が原因を作った離婚では、夫に持参金返納の義務はないことから、何かと難癖をつけては離婚を繰り返し、持参金で一儲けするというふとどき者もいた。また、結婚が成立すれば、その仲介者には持参金の10％の手数料が支払われるとあって、商売としての仲人業も盛んだった。井原西鶴の『日本永代蔵』によれば、女性のこうした仲人業者を「仲人かか」と呼んだ。

209 人物 伊能忠敬

正確な日本地図『大日本沿海輿地全図』の作製で有名な伊能忠敬（1745〜1818）。彼は、隠居後の50歳から本格的に天文・暦学等を学び、55歳から17年かけて日本沿岸を蝦夷地から九州まで徒歩で実測した。その道のりはおよそ4万km、地球1周分にも及ぶ。

◆

『大日本沿海輿地全図』の一部分

伊能忠敬は18歳で下総（現・千葉県）の佐原の伊能家に養子に入り、没落しかけていた酒造業を再興、米の仲買いなどで財を築き、名主や村方後見として村政にも貢献した。若い頃から学問好きだったが、家督を息子に譲ると50歳で江戸に出て、19歳も年下の幕府天文方・高橋至時（1764〜1804）に、天文・暦学・測量等を学んだ。1800年、忠敬が55歳のとき、東北・蝦夷地へ向けて第1次測量の旅に出る。当時、正確な暦を作るうえで必要な地球の正しい大きさを知るために、緯度1度の正確な距離を割り出す必要があった。そこで忠敬は長い南北距離の測定を企て、ちょうど北辺防備への危機感から蝦夷地の情報が欲しい幕府（「フェートン号事件とゴローウニン事件」211ページ参照）に、正確な地図を作る名目で蝦夷地南東沿岸の測量を願い出て許可を得たのである。

測量には田畑を測る一般的な方法（導線法）が用いられた。目印の標識を立て、その間の距離を歩数によって測り（歩測）、方位磁石で細かく正確な方位を導く。歩けない険しい海岸は、船から海に縄を渡して測量する。緻密な補正も加えながら、測量の合間には北極星の観測も続けた。こうして、東北・北海道南部の正確な地図を作るとともに、子午線1度＝28里2分（110.8km）、地球の外周を約4万kmと導き出した。これは、今日わかっている子午線1度＝111kmと比較しても、高い精度である。

蝦夷地の地図は幕府に評価されて測量の継続が認められ、翌年から4次にわたって東日本の測量に出た。1804年、江戸から蝦夷地までの日本の東半分の地図（『日本東半部沿海地図』略称『沿海地図』）が完成する。その精密さに驚いた11代将軍・徳川家斉は、彼を幕吏に登用して全国の地図を作るよう命じた。翌年、60歳になった忠敬は、畿内・中国の測量の旅に出かける。幕府御用の測量となったため大規模になり、人手も増えてより精密に測量できるようになるが、その分時間も手間もかかり、西日本の測量の旅は第8次まで10年の歳月を要した。さらに、1815年の伊豆七島（忠敬は高齢のため不参加）と翌年の江戸市中の測量を加え、都合17年をかけて、忠敬の全国測量の旅は終わったのである。忠敬は1818年、74歳でこの世を去ったが、その死は伏せられ、3年後の1821年、弟子たちによって、大図・中図・小図合計225枚からなる『大日本沿海輿地全図』は完成を見たのだった。

┌─── 豆 知 識 ───┐

1. 伊能図の形は正確だが、北海道や東北、九州南部などで東西方向にズレがあるという。緯度の測定は天体観測で比較的容易にできたが、経度は地点間の時間の差を測る必要があるため、正確な時計のない当時は観測が難しかった。計算で求めた経線が地図上に引かれたことで、実測とのずれが生じたのではないかという。
2. 忠敬が行った歩測は複歩法と呼ばれ、厳しい訓練を必要とした。また、杖の先に羅針盤を取りつけた杖先方位盤で細かい方位を測ったが、磁石に狂いを生じさせないために、身に寸鉄（小さな刃物）も帯びなかったそうだ。

210 文化・芸術 『解体新書』

　8代将軍・徳川吉宗の漢訳洋書輸入制限の緩和（「洋学の始まり」198ページ参照）により、蘭学を学びたい者には、西洋の書物によって知見を広める絶好の機会が訪れる。なかでも医学分野では、西洋医学の解剖書『ターヘル・アナトミア』を、蘭方医の前野良沢（1723～1803）・杉田玄白（1733～1817）らが翻訳した『解体新書』（1774年）が出版され、画期的な成果を上げる。

◆

『解体新書』

　長崎のオランダ商館などを通して手に入れた、ドイツ人クルムスによる『解体図譜（Tabulae anatomiea）』のオランダ語訳本『ターヘル・アナトミア（Tafel anatomia）』を手に、死刑囚の腑分け（解剖）に立ち会った中津藩医・前野良沢、小浜藩医・杉田玄白、幕府医官・中川淳庵の3人は、その図解のあまりの正確さに驚嘆する。1771年3月4日のことだ。と同時に、これまで彼らが学んできた中国や日本の人体図がいかに間違いだらけであるかを思い知らされ、この本を翻訳しようと決意した。

　『蘭学事始』は、玄白が83歳のときに著した、『ターヘル・アナトミア』を翻訳した際の苦心談を記した回想録だが、このとき「何とぞこのターヘル・アナトミアの一部、新たに翻訳せば、身体内外のこと分明を得、今日治療の上の大益あるべし、いかにもして通詞等の手をからず、読み分けたきものなり」と決意したことを記している。しかし、『ターヘル・アナトミア』の翻訳は、「誠に艫舵なき船の大海に乗り出せしが如く、茫洋として寄るべきかたなく、たゞあきれにあきれて居たる」と、艪も舵もない船で大海原に乗り出したかのように広く果てしなく、途方に暮れるばかりの遠い道のりだった。

　早速、中津藩邸内の良沢の家に、玄白、淳庵、石川玄常、桂川甫周らが集まり、翻訳作業が始まる。良沢のみが少々オランダ語がわかる程度の知識でスタートしたこの大事業は、とても困難なものだった。辞書も教科書もないのである。挿絵と文字を突き合わせながらの手探りで苦心に苦心を重ね、4年後にやっとその完成を見る。この『解体新書』は、我が国初の西洋解剖書の本格的翻訳本であり、その後の蘭学発達の基礎となった。しかし、その完成度に納得できない良沢は、刊行者としての名前を掲載しなかった。

　良沢や玄白らの教えを受けたなかから、すぐれた蘭方医や蘭学者が生まれた。なかでも大槻玄沢（1757～1827）は、オランダ語の入門書『蘭学階梯』を著し、江戸で蘭学塾「芝蘭堂」を開いて、多くの門弟を育てた。また、20年もの歳月を費やして『解体新書』の改訂作業を行い、1826年、『重訂解体新書』として刊行した（完成したのは1798年）。

豆知識

1. 『解体新書』の扉絵と挿絵の解剖図は、小田野直武が描いた。直武は秋田藩士で、1773年、秋田藩に招かれた平賀源内から西洋画法を学んだ人物だ。藩主・佐竹曙山の命により江戸へ出て西洋画を研究し、秋田藩内に西洋画熱を高めて、秋田蘭画の中心的存在として活躍した。

2. 『解体新書』を出版した版元は、日本橋にほど近い室町二丁目に店を構えた申椒堂須原屋市兵衛である。彼の出版物には、杉田玄白・平賀源内・森島中良（源内の弟子の一人で桂川甫周の弟）やその関係者の著作が多かった。中良の友人だった林子平の本も出している。申淑堂を介した、洋学者を中心とする文化人コミュニティの存在がうかがえる。

211 政治 | 天保の改革

江戸末期の1841～1843年、老中・水野忠邦（みずのただくに）が行った幕政改革が天保（てんぽう）の改革だ。寛政の改革後、再び幕政がゆるみ出し、またもや大飢饉が襲った。外国列強の動きも増し、天保の改革で幕藩体制の強化を図るも、もはや幕藩体制は限界を迎えつつあった。封建制から次の時代へ、維新への鼓動が高まり出していた。

◆

　寛政の改革を行った松平定信が1793年に解任され、しばらく、寛政の遺老（いろう）と呼ばれた定信派の老中らが成果を上げていた。11代将軍・家斉は1837年に将軍職を家慶（1793～1853）に譲ったが、なおも亡くなるまで大御所として実権をふるったので大御所時代（1793～1841）と呼ばれる。1818年に、田沼派の養父を持つ水野忠成（みずのただあきら）（1762～1834）が老中筆頭になると田沼再来といわれ、それまでの緊縮政策が反動のように緩和され、人事や財政が悪化した。それにともない庶民文化が爛熟して化政文化と呼ばれた。

　1833年から凶作が続き大規模な飢饉（天保の飢饉）となり膨大な餓死者が出た。物価が高騰し、激しい百姓一揆や打ちこわしが各地に乱発した。1837年には大塩平八郎の乱が起こり、欧米列強の接近も激しくなり内憂外患（ないゆうがいかん）の危機が本格化する。1841年に家斉が亡くなると、12代将軍・家慶に信任されて水野忠邦が老中首座となった。

　享保・寛政の改革を見本とし、幕藩体制強化、幕府の権威回復、質素倹約、風俗矯正の方針で、すべての階層に、生活全般にわたって細かく統制した。錦絵や人情本などの出版、寄席や歌舞伎などの娯楽、年中行事、料理や菓子、装飾品や服装までも制限された（風俗取締令）。荒廃した農村人口対策に、出稼ぎを許可制にし、家族を持たない江戸の元百姓は帰農（人返し令）させ、本百姓を減らさないよう農家の副業を禁止した。また「あばれ沼」とも呼ばれ数々の水害の中心地となってきた印旛沼（現・千葉県）の開発を、干拓と利根川への舟運路のために着手したが、忠邦が失脚して中断された。1841年には、すべての株仲間を解散させ、自由に競争させて物価の引き下げを図ったが、流通が混乱し、冥加金（商工業者への営業免許税）などの収入も減ることとなり、10年後には株仲間再興を認めた。

　また、1843年に上知令（あげちれい）を出して、江戸・大坂の入り組んだ大名や旗本の所領を召し上げて幕領とした。これには、年貢収益の増加と、同時に近づきつつあった列強の脅威から江戸や大坂などの中心地を守る海防策としての意図もあった。これに対し大名・旗本のほか、彼らに年貢先納や貸金している村の猛反対にあって撤回した。これらに風紀取り締まりの不満がたまり、この直後に忠邦は失脚し、幕府最後の大改革は挫折となった。

　ちょうどこのころ、清国にアヘン戦争（1840～1842）が起こり、イギリス艦隊の軍事力を、オランダや中国を通して情報を得ていた忠邦は、ただちに不要な衝突を避けるため異国船打払令を薪水給与令（しんすい）に改めた。川越藩と忍藩（おし）に江戸湾口の警備にあたらせて下田奉行と羽田奉行を設置し、異国船や漂流船へ燃料・食糧の支給を命じ、穏便な帰帆を促した。この時期、藩政改革に成功を見た薩摩・長州・肥前藩などの西南雄藩が以降実力を伸ばしていくことになる。

豆知識

1. この時期に活躍した遠山景元（とおやまかげもと）（1793～1855）は、テレビでおなじみの「遠山の金さん」で、金四郎は通称だ。株仲間の解散に反対したり、芝居小屋を浅草移転によって存続させたりしたとされ、庶民派の北町奉行であったらしい。

212 争い｜大塩平八郎の乱

1833〜1837年に江戸三大飢饉の一つ、天保の飢饉が起こり、天下の台所である大坂でも餓死者が出始めた。何の手当てもしない幕府を見かねて、元町奉行与力であり陽明学者であった大塩平八郎（1793〜1837）がついに「救民」の大旗を掲げて蜂起した。

◆

大塩平八郎

天保年間（1830〜1844）になると、天明の飢饉（「寛政の改革」210ページ参照）をこえる凶作が続いた。1833年の収穫は平年の半分以下となり、奥州一帯で多くの餓死者が出ており、都市でも物価が高騰し米が買えずに、やはり餓死者が出ていた。百姓一揆や打ちこわしが各地で起こり、江戸期の中でもピークに達していた。

特に被害が甚大だった1836年には、甲斐、三河で最大級の一揆が起き、蔵米や諸物産が全国から集まる大坂「天下の台所」でも、餓死者が続出していた。このとき、大坂町奉行所元与力の大塩平八郎は38歳で引退し、天満宮東の屋敷町（現・大阪府北区）に陽明学塾の洗心洞を開いて下級幕臣や村役人に教えていた。与力とは、町奉行などの支配下で、司法、警察など治安維持を司る役職である。儒学者で漢詩人としても有名な頼山陽と同志的親交を持ち、潔癖、激情型の大塩は、このような世相に対し行動を起こすのではないかと、心配されていたようだ。

大塩は、大坂東町奉行の跡部良弼（？〜1869）に庶民の救済を幾度となく嘆願するも、跡部は何もせず、幕府の命によって大量の米を江戸に回していた。豪商らは米を買い占めて暴利をむさぼっていた。こうした状況に怒り、知行合一（知識と行為は一体であり、本当の知は実践をともなわなければならないという考え）を説く陽明学者の大塩は、門弟や富農らと図り挙兵を計画する。自らの蔵書を売り払い、窮民1万人に金1朱ずつを配り参加を募った。1837年2月に天満の自宅から門弟ら20余人らと武装蜂起した。大筒を撃ち、天満一帯を焼き払いながら豪商が並ぶ船場へ向かった。鴻池屋などを焼き討ち、金穀をばらまいた。参戦した民衆は総勢300人ほどにふくれあがったが、銃撃戦が始まるとほどなく四散して終わった。ひと月あまり後、大塩父子は追い詰められ自爆死した。しかし遺体は識別がつかない有様で、しばらく逃亡生存の噂があちこちで聞かれた。

幕府の超重要直轄地において、しかも役人で著名な学者が自ら挙兵したことは、幕府や藩に大きな衝撃を与え、各地に伝わるのは速かった。大塩の行動に呼応して、国学者の生田万（1801〜1837）が大塩の門弟を名乗り越後柏崎の桑名藩陣屋を襲った（生田万の乱）。同じく門弟と称して、備後に三原一揆、摂津に能勢騒動が起きたりした。その後1年たっても事件が起きると大塩の仕業とされ、連鎖が続いた。

豆知識

1. 跡部良弼は、老中・水野忠邦の実弟で、大塩平八郎の挙兵のとき、大砲の音に驚いて落馬したと揶揄されて伝わる。弟の体験が、天保の改革の動機となる危機意識（飢饉と一揆）につながり、反映されている可能性が高い。

213 外交 | ロシアの接近

　17世紀半ば〜18世紀中に、ヨーロッパでは市民革命が進み、イギリス、アメリカ、フランスなどでは近代市民社会が誕生していた。かたや、封建制を維持しながら、上からの近代化を図るプロイセン、オーストリア、ロシアなどの啓蒙絶対王政も強力であった。これらの国々が交易を求めて、東アジア進出、植民地政策を推し進めていた。ロシアはシベリアから北太平洋への開発をはじめ、隣接する日本の蝦夷地にやってきた。

◆

　日本人漂流民を保護して日本語や文化を心得ていたロシアの女帝・エカテリーナ2世は東洋の日本に関心を持っていた。漂流民であった船頭・大黒屋光太夫（1751〜1828）は、ロシアに来て10年がたとうというとき、女帝への謁見がかない帰国を許された。1792年に通商をもとめる使節・ラクスマン（1766〜1796?）にともなわれて、帆船エカテリーナ号で根室に送還された。当時、蝦夷地を管轄していた松前藩主あてに修交要望書状を出すと、ただちに老中・松平定信に報告されたが、前例がなく、他の老中や三奉行に諮問された。翌年に宣諭使・石川忠房（1754?〜1836）が松前に派遣され、ラクスマンと謁見。長崎での交渉を約束して長崎入港を認める信牌を渡し、ロシアへ帰った。

　1794年にはウルップ島（千島列島の島）にロシア人が植民を始め、1796年にはイギリス探検隊がシベリア東端から日本の太平洋岸、台湾、朝鮮、沿海州を測量調査し、津軽海峡を航行していった。また、それより前の1789年に、松前藩は国後島で場所請負という植民地経営を飛驒出身の商人・飛驒屋久兵衛に任せていたが、搾取と酷使に堪えかねたアイヌ人が蜂起した（クナシリ・メナシの蜂起）。これをきっかけに、幕府は大々的な蝦夷地調査を1798年から始めた。近藤重蔵（1771〜1829）や最上徳内（1755〜1836）らを千島調査にあたらせ、翌年には東蝦夷地を直轄地とし1802年に箱館奉行を設けた。

　1804年にはロシアの全権使節・レザノフ（1764〜1807）が、ラクスマンに与えた信牌と国書を持って、仙台の漂流民・津太夫（生没年未詳）ら4名をともなって長崎に寄った。レザノフは、1799年にできた露米会社の総支配人でもあり、アラスカ植民地経営のために日本との通商や航路開設が必要だった。これを皇帝アレクサンドル1世（1777〜1825）に説き、ロシア初の世界周航探検隊に加わったのだ。半年間ほど日本に滞在し交渉したが、中国・オランダ以外とは通商をしないのを祖法（先祖伝来の法）とするとして拒否された。裏には、オランダ商館の妨害工作があったらしい。憤慨するレザノフは帰途、軍事的圧力を示唆し、露米会社海軍に1806年にサハリンを、翌年に択捉、利尻を攻撃させた（フヴォストフ事件）。この後幕府は、西蝦夷地（知床半島と奥尻島を結ぶラインの北側）も直轄にした。

豆 知 識

1. 大黒屋光太夫は、1782年12月に伊勢白子浦（現・三重県鈴鹿市）から江戸に向かう途中で暴風にあい、翌年、アリューシャン列島に漂着し救助された。カムチャツカやイルクーツクで暮らし、ラクスマンの父の尽力で、1791年にペテルブルグでエカテリーナ2世に嘆願できたのだった。11代将軍・家斉、老中・松平定信に質問責めされ、それを桂川甫周がまとめた『北槎聞略』『漂民御覧之記』は貴重な史料である。

214 経済 ｜ 株仲間

株仲間は、幕府、諸藩から株札の交付を認められた商工業者が結成した、独占的な同業者組合である。代表的な株仲間には、江戸初期の生糸貿易の糸割符仲間（「朱印船貿易」170ページ参照）や、中期以後の江戸十組問屋、大坂の二十四組問屋などがある。17世紀前半から19世紀後半まで、政策の変化にともない政府の株仲間に対する対応も、禁止→黙認→公認→奨励→解散→再興→廃止、と変化していった。

◆

「株」とは営業上の種々の権利をいい、それを保持するために内仲間や組合などを結成していた。江戸時代初期、幕府は戦国時代の楽市楽座政策を踏襲して、交通規制や治安維持の必要から認めた運送業や質屋といった限られた業種以外は禁止していたが、徐々に同業者同士での株仲間結成を黙認するようになり、流通統制に利用するようになった。

8代将軍・吉宗が行った享保の改革（「享保の改革」196ページ参照）において従来の方針を転換した幕府は、物価統制や奢侈禁止令の励行を期待して、商工業者の仲間を公認し、営業の独占を認める。「御免株」と呼ばれる株仲間の成立である。認可の代償として株仲間は、冥加金の上納のほか、職分に応じた役の負担、幕府や領主需要物の献上、経済政策への協力も行った。その後のいわゆる田沼時代（「田沼時代」203ページ参照）には、畿内を中心に急激に発展しつつあった商品生産の増大、流通機構の拡大・活発化を、株仲間を通じて統制すると同時に、重要な財源となっていた運上・冥加金の増収を狙って、幕府は積極的に株仲間の結成を奨励し、公認した。それまで未公認の内仲間が、願い出て認められた株仲間を「願株」という。

株仲間では、行事・年寄などと称する役員の寄合で意思決定を行った。新規加入を制限し、仲間以外の同種営業を禁止、仲間内でも競争を禁じて価格の協定、供給量の加減、利潤の公定を行った。また、信用を第一として商品を検査、度量衡を一定化するなど不正商行為を排除した。これらははじめ、ある程度の効果を上げられたが、やがてその独占機能が価格の吊り上げなどの既得権益擁護の方向へ走り、物価騰貴の弊害をもたらす結果となる。そのため、1841年、老中・水野忠邦はその解散を命じた（「天保の改革」217ページ参照）。ところが、それがかえって経済混乱を招く結果となり、その10年後、老中・阿部正弘は問屋組合再興令を出す。これまでの冥加金を廃止する一方、独占売買、価格の吊り上げ、不正商行為を禁止し、農村などの在郷商人を含めた新規加入希望者への制限撤廃などを条件に株仲間を復興させた。しかし、開港以降、外国貿易などにより株仲間の特権や市場は大きく侵害され、維新後は有名無実となり、1872（明治5）年に解散した。

豆知識

1. 十組問屋は、1694年、江戸と大坂間の海上輸送の不正や、遭難による損害を防ぐために江戸で組織された菱垣廻船の荷受問屋の組合である。10組とその取扱商品は、塗物店組（塗物類）、内店組（絹、太物、繰綿、小間物、雛人形）、通町組（小間物、太物、荒物、塗物、打物）、薬種店組（薬種）、釘店組（釘、鉄、銅物類）、綿店組（綿類）、表店組（畳表、青莚）、川岸組（水油、繰綿）、紙店組（紙、蠟燭）、酒店組（酒）で、のちにその組合数を増した。これに呼応して大坂でも二十四組問屋（当初は十組問屋）を結成した。

215 暮らし・信仰 ｜ 湯治と巡礼

　参勤交代での必要性から交通網の整備が進み、産業も発達する宝暦・天明から化政期（18世紀後半〜19世紀半ば）には、人々の旅行熱が高まってくる。庶民の旅行は原則禁止だったが物詣（神社や寺に詣でること）は別で黙認されていた。有名社寺への参詣を名目に、人々は湯治や物見遊山の旅を楽しんだ。それにともない人々の見聞も広がり、文物の交流も盛んになった。

◆

お蔭参りをする人々（「伊勢参宮宮川の渡し」歌川広重画）

　江戸後期、庶民の娯楽は芝居や祭礼はもちろん、寺社の縁日や開帳、富突（富くじ）などにも人気が集まった。また、参詣を名目とする観光旅行も流行した。伊勢神宮、信州の善光寺、讃岐の金比羅、安芸の厳島神社、成田の新勝寺などが人気で、特に、一生に一度は行きたいと人々が憧れたお伊勢参りでは、大勢の民衆が爆発的に参詣する「御蔭参り」が、ほぼ60年周期、数百万人規模で数回起こるほどであった。お伊勢参りは、今でいう宣伝マンとツアーコンダクターを兼ねたような御師と呼ばれる下級神官が、全国にお札や伊勢暦を配りながら伊勢神宮の「おかげ」を宣伝、さらに参宮の団体「伊勢講」を率いて、もてなしながら参詣に導いたことから人気を集めていた。特に多くの「おかげ」を授かるという御蔭年に起きた御蔭参りは、伊勢神宮のお札が降ってくるなどの神異を契機に始まる。もちろん何者か（史料はないが御師である可能性は高い）がこっそりお札をばらまいたり、有力者の家に貼り付けたりしたのだろうが、それが噂となり、やがて群衆の集団参拝の波が起きた。参宮者のなかには主人や家人に無断で飛び出し参加する「抜参り」の者も多く、道中の食べ物や路銀の施しを受けるためのひしゃくを持って旅する者や、犬を代参させたり、趣向を凝らした衣装を着て歌い踊りながら道中を歩く者もいた。後には頭に笠、手にひしゃくという参詣スタイルが一般化し、「おかげ踊り」も流行した。参宮者には道中、飲食物などの施行がされたので、抜参りでも参詣ができたのである。ほかにも、信仰や経済・社交・娯楽活動のための仲間組織「講」が作られ、富士講、伊勢講、大山講など、グループで参詣や遊山に赴いた。さらに、巡礼の旅も盛んに行われ、観音信仰の西国三十三カ所（近畿、岐阜）、坂東三十三カ所（関東地方）や、弘法大師信仰の四国八十八カ所遍路（四国）などの聖地・霊場をめぐる巡礼に多くの人々が参加した。

　歴史ある湯治場では、将軍や大名などの治療目的の滞在が多かったが、庶民も湯治願いを出すことで湯治ができた。一般的に3週間程度滞在していたようだ。また、伊勢参りや金比羅参りなどの行き帰りに温泉地に宿泊するケースも多く、例えば東海道の箱根では、芦の湖畔の箱根宿だけが正式な宿場だったが、「箱根七湯」と呼ばれる各温泉地も賑わった。一夜湯治と称して、正規の宿場ではなく1泊だけ温泉地に宿泊するケースも多かった。江戸後期には「諸国温泉効能鑑」といった番付も数多く発行され、100近くの温泉地がその効能とともにランキングされたが、たいてい東の大関（大関が最高位）は上州草津の湯（現・群馬県）、西の大関は摂州有馬の湯（現・兵庫県）が不動の1位で、他に伊香保、箱根、熱海、道後なども人気だった。

216 人物 ペリー

「太平之ねむりをさます上喜撰たつた四はいて夜もねられす」。当時流行していた茶葉の銘柄「上喜撰」と、江戸湾に突如現れた「蒸気船」をかけたこの狂歌は、黒船来航の大騒ぎを揶揄している。1853年6月、黒船ことアメリカ東インド艦隊の軍艦4隻(蒸気船2隻、帆船2隻)を率いて浦賀沖に乗り込んできたのがマシュー・カルブレイス・ペリー(1794〜1858)だった。

◆

ペリー

ペリーが黒船で日本にやってきたのは、彼の晩年のことである。東インド艦隊司令長官として、アメリカ大統領ミラード・フィルモア(1800〜1874)の国書を持参し、日本に向けて東海岸のノーフォーク港を出港したのが1852年11月、58歳のときだった。

海軍軍人一家に生まれた彼は、14歳で士官候補生として海軍に入隊し、米英戦争(1812〜1815年)で活躍するのを皮切りに、海賊鎮圧や護衛任務などでも頭角を現した。また、エンジニアとしての才能にも恵まれ、武器類の改良やアメリカ初の蒸気軍艦建造にも携わる。1837年、当時のアメリカ海軍の最高位である大佐に昇進後も、蒸気船の建造、灯台施設の改良、士官教育の振興に尽くし、「蒸気船海軍の父(Father of the Steam Navy)」とたたえられている。1843年にはアフリカ艦隊司令長官、1846年にはメキシコ湾艦隊副司令官として、アメリカ・メキシコ戦争(米墨戦争)に従軍して活躍、艦隊司令官に昇格した。1852年3月、東インド艦隊司令長官に就任し、11月、いよいよ日本遠征に向かうのである。

アメリカが日本に開国を求めるのにはいくつか理由があった。当時、米墨戦争で手に入れたカリフォルニアには金鉱が発見され、急速に開けていた。小さな開拓地だったサンフランシスコが数年で新興都市に成長し、カリフォルニア中に町が建設された。海・陸路、鉄道などの交通網も整備され、1850年には31番目の州になる。こうした背景のもと、清との貿易を進めたいアメリカは、時間のかかる大西洋経由ではなく、太平洋経由での貿易を企図したのである。同時に、ランプ用の油をとるための太平洋の捕鯨業も盛んになっていたので、商船や捕鯨船が燃料や水・食料の補給を受けられ、緊急時には避難できる寄港地が必要になっていた(「開国」233ページ参照)。そんな中、大統領から開国交渉を任されたペリーは、事前にかなり日本を研究したようだ。圧倒的火力を備えた軍艦で威圧しながらの巧みな交渉術に、その成果が表れているといえよう。返答期限をはっきり求めて簡単には引き下がらず、大統領の親書は政府の重役に直接手渡す、蒸気船軍艦の偉容を日本人に見せつけて軍事的威圧を背景に持ちつつも日本政府に対してはあくまでも平和的に交渉する、というペリーの作戦は実にうまく運んだ。翌年の1854年、7隻の軍艦とともに再び日本にやってきたペリーは、今の神奈川県の横浜に上陸する。強硬かつ粘り強い交渉で、ついに「日米和親条約」締結に持ち込んだのである。

豆知識

1. アメリカには、開国交渉に失敗した場合、代わりに琉球や小笠原諸島を領有するという前提があった。そのため、ペリーはまず琉球を訪問して石炭資源の調査をし、さらに小笠原諸島にも足を伸ばしたのちに江戸湾に向かっている。琉球ではかなり脅迫的な態度をとり、同行した宣教師に「こんな傲慢きわまりない侵入…」と言わしめた。

217 文化・芸術 ｜ 蔦屋重三郎

蔦屋 重三郎（1750〜1797）、通称「蔦重」は、江戸の浮世絵や絵入り本など主に娯楽的な作品を出版・販売する江戸の地本問屋であると同時に、編集者兼流行をしかけ情報を発信する凄腕プロデューサーでもあった。18世紀後半に登場する浮世絵の喜多川歌麿、東洲斎写楽、戯作の山東京伝、狂歌の大田南畝（蜀山人）といった花形スターたちを巧みに売り出し、江戸文化の最先端を演出・創造した。

◆

葛飾北斎「画本東都遊」に描かれた蔦屋の店先

蔦屋重三郎の本名は喜多川珂理、重三郎は通称で、蔦屋は屋号である。自らも蔦唐丸の筆名で狂歌や戯文を作った。安永の頃（1770年代）吉原大門口に開いた本屋「耕書堂」で、吉原の案内本『吉原細見』を売っていたが、やがてその版権を得て大いに利益を上げたことを皮切りに、浄瑠璃富本節の楽譜である富本正本、長唄など歌舞音曲の稽古用テキストの稽古本、寺子屋の教科書になった往来物、洒落本・滑稽本・黄表紙（「洒落本と黄表紙」228ページ参照）といった戯作類と出版の内容を広げ、1783年には日本橋通油町に進出して、江戸の出版業界に名だたる地本問屋に成長する。江戸時代の出版業は上方（京都や大坂）中心に発展し、江戸もはじめは上方の有力本屋の出店が多かった。しかし、田沼時代の開放的な空気を背景に、18世紀後半からは江戸で成長した本屋が活躍する。その一人が蔦屋重三郎だった。

彼は時代のニーズを的確に読む企画力に優れ、さらに南畝や京伝ら一流の狂歌師・戯作者の協力によって、洒落本や黄表紙、絵本、狂歌本などを次々と刊行し、ヒットさせていった。葛飾北斎と組んだ狂歌と浮世絵を合体させた狂歌絵本も、カラーで再版するなどの人気を集め、その一方で、浮世絵（錦絵）の版行にも意欲を見せた。耕書堂には、有名無名も含めて多くの知識人、戯作者や狂歌師、絵師などが出入りし、蔦重サロンともいうべき文化人の交流の場が成立していたのである。しかし1791年、山東京伝の『仕懸文庫』など洒落本3作の出版が風俗に悪影響を与えるとして、寛政の改革の出版統制令違反に問われ、蔦重は身代半減（財産の半分を没収）の刑を受ける。幕府が出版統制の見せしめとして槍玉に挙げるほど、江戸出版業界の立役者だったともいえよう。

ところで、彼は新人発掘の名人でもあり、多くの逸材を世に送り出している。曲亭馬琴や十返舎一九も蔦重が見出し育てた作家だった。特に美人画の歌麿の才能を存分に開花させた大首絵の発明や、斬新で個性的な役者絵や力士絵で颯爽とデビューした謎の絵師・写楽の売り出し方には、プロデューサーとしての非凡さが見て取れよう。

豆知識

1. 蔦重の営業基盤だったのが『吉原細見』と『富本正本』だ。『吉原細見』は吉原の見世（店）と遊女の名を記したガイドブックで、絶えず改訂を必要とする刊行物であり、いわばJRの時刻表のような隠れたベストセラーだった。また、当時大人気だった富本節は歌舞伎舞踊にも用いられ、身分を問わず愛好者も多かった。その楽譜である『富本正本』もまた、隠れたベストセラーだったのである。

2. 当時、錦絵は「あづま錦絵」と呼ばれて全国に普及し、愛好家も増えていた。そのため、江戸土産として大変喜ばれるようになった。また、十返舎一九や曲亭馬琴の長編の読本は、貸本屋を通じて流通し、地方の読者にも広まっていった。

218 政治 | 雄藩

　天保の改革で幕政立て直しを模索しているころ、藩政改革に成功し、経済力と軍事力を背景に幕末・維新期に国を動かす原動力となった藩が雄藩と呼ばれる。近代国家を担う人材を育てあげ、やがて幕藩体制を解体し、藩自体を消滅させることになった。

◆

　薩摩・長州・肥前・土佐・宇和島などの外様藩や、水戸・越前などの親藩では、藩内政争を経験し、自由で新しい発想を持つ中下級藩士らの改革派が藩政の要職に抜擢され、借財整理、殖産興業、近代的軍備拡充などの藩政改革を果たした。

　薩摩藩では、下級武士の調所広郷を1827年に抜擢した。当時薩摩には主に大坂商人などに対し500万両余の負債があったが、これを無利子で250年という長期年賦返済で押し通した。また、奄美大島、徳之島、喜界島に黒砂糖専売制をして増益を図ったほか、蝦夷地の俵物や中国の唐物などの密貿易を琉球を拠点に行い、莫大な利益を上げた。調所は密貿易の露見と同時に自害したが、藩政への功績は大きく、約100万両蓄財された。1851年に28代藩主になった島津斉彬（1809〜1858）は、反射炉、溶鉱炉、ガラス（薩摩切り子）製造所などを集めた洋式工場の集成館を設け、積極的に殖産興業を進めた。

　長州藩では、1831年に百姓の防長大一揆があり、深刻な状況のなか、毛利敬親（1819〜1871）が13代藩主となると、村田清風（1783〜1855）を大抜擢した。銀8万5000貫の借財を37年賦返済で整理し、国産方（藩の役所）をおいて米・紙・塩・ろう・木綿などを専売制にし、商人登録をさせた。また藩外廻船が運ぶ物産積荷（越荷）を抵当に貸付や委託販売を行う越荷方を下関に設置した。これが大成功して、のちの洋式武器の購入へと繋がっていく。しかし、このため、大坂に回るはずの産物などが減り、幕府利益を損ねたため、禁止されて清風の引退につながった。周布政之助や高杉晋作（1839〜1867）らの「正義派」（改革派）が清風を受け継ぎ、保守派である「俗論派」との藩内政争が幕末まで続く。

　肥前藩では、1831年に鍋島直正（1814〜1871）が藩主になって、古賀穀堂（1777〜1836）を側近にし、藩校出身者らに天保の改革を進めさせた。また長崎で、早くから西洋技術に接し、日本初の反射炉を築いて大砲を鋳造していた。幕末にはかなりの銃砲兵器を備え、洋式軍隊編成に努めていた。

　こうして西南雄藩は、経済的、軍事的に国力をつけていたが、明治維新の原動力となる尊王攘夷思想（「水戸学・尊王攘夷論」235ページ参照）を用意したのは、徳川御三家の一つである水戸藩だった。水戸藩主・徳川斉昭（1800〜1860）も富国強兵を進め、1841年には藩校・弘道館を設立した。尊王攘夷論を醸成し、藩校頭取の会沢安（正志斎）の著した『新論』は尊攘志士のバイブルとなった。

〔 豆 知 識 〕

1. 土佐藩では、13代藩主・山内豊熈（1815〜1848）が下級藩士「おこぜ組」を中心に改革を進め、第15代藩主・山内豊信が吉田東洋（1816〜1862）を側近にし、彼の率いる「新おこぜ組」から後藤象二郎、福岡孝弟、板垣退助らが起用された。

219 争い｜安政の大獄

　1860年、桃の節句の祝いに登城する大老・井伊直弼（1815〜1860）の一行が、雪の降りしきる江戸城桜田門前で襲われた。井伊大老は短銃で腰を打たれ、動けぬまま駕籠から引きずり出され、首まで落とされた（桜田門外の変）。井伊が行った尊王攘夷派への大弾圧（安政の大獄）の恨みはひどく、過激な草莽志士を奮い立たせるに至った。

◆

　諸大名との協調路線をとる老中・堀田正睦（1810〜1864）は、日米修好通商条約の締結について、ハリスとの協議が進み、御三家や大名との合意がとれて朝廷の勅許をとる段になった。しかし、攘夷に頑固な孝明天皇からの勅許が得られずにいた。

　この最中に、13代将軍・家定の後継問題が起きた（将軍継嗣問題）。紀州から8代将軍となった吉宗以来、紀州出身の南紀派血統が主流となり譜代大名や大奥、側近ら保守派が代々支えてきた。これに対して改革派の外様大名や、藩政改革で実力をつけてきた雄藩ら（「雄藩」224ページ参照）は対立関係にあった。尊王攘夷を盛んに主張していた水戸藩主・徳川斉昭、福井藩主・松平春嶽、薩摩藩主・島津斉彬、土佐藩主・山内豊信ら改革派（一橋派）が、斉昭の第7子で、優秀であり将軍としてふさわしいと評判の一橋慶喜（1837〜1913）を将軍後継に推し、老中堀田も連合してこの国難をのりきろうとしていた。ところが、老中・堀田の留守中に大奥などの根回しが進み、南紀派の近江国彦根藩主・井伊直弼が1858年に大老に就任した。ただちに、幼年ながら血統の近い紀伊藩主・徳川慶福（のち家茂、1846〜1866）を世継ぎとし、独裁ぶりを発揮した。さらに、勅許を得ぬまま日米修好通商条約に幕臣の岩瀬忠震が調印し、続いてオランダ・ロシア・イギリス・フランスと同様の条約を結んだ（安政五カ国条約）。

　これについて、徳川斉昭・慶喜父子、尾張藩主・徳川慶勝、松平慶永らが、井伊大老に詰め寄ったため、それぞれ謹慎、蟄居、登城停止などの処分を受けた。一橋派への弾圧が始まったのであった。岩瀬や、勘定奉行・川路聖謨、軍艦奉行・永井尚志らも処罰された。

　朝廷にこの調印が伝わると孝明天皇は怒り、戊午の密勅を水戸藩に出した。それは、水戸藩に対して幕政改革をするようにと指示するものであった。これに危機感をおぼえた井伊大老は、なおいっそうの大弾圧（安政の大獄）を朝廷へも広げていった。尊攘派や一橋派に協力した公家・大名やその家臣、幕臣らおよそ100余名が処罰された。公家では、右大臣・鷹司輔煕、左大臣・近衛忠煕が辞官し、前関白・鷹司政通、前内大臣・三条実万が出家した。尊攘派志士へはさらに残酷だった。越前藩士・橋本左内、長州藩士・吉田松陰、若狭国小浜元藩士・梅田雲浜、儒者・頼三樹三郎らは処刑された。

　こうした弾圧に憤激した水戸藩士らが、1860年に桜田門外で大老・井伊直弼を暗殺したのだ。

［ 豆知識 ］

1. 桜田門外の変で、大老・井伊直弼の首を切り落としたのは、水戸脱藩士17名に唯一、薩摩脱藩士として加わった有村次左衛門（1838〜1860）だった。古流剣術の示現流の達人だったという。

220 外交 異国船打払令

19世紀に入ると、西洋諸国では産業革命の進展によって機械の潤滑油や照明に使う鯨油の需要が増大したため、捕鯨業が黄金期を迎えていた。北太平洋へ向けて盛んにイギリスやアメリカの捕鯨船が往来するようになり、諸外国の商船も含めて日本近海に頻繁に現れ、しばしば直接上陸しては、要求を行ったり事件を起こしたりした。

◆

幕府は外国船に対して、これまで薪水や食料を与えて帰す穏便な方法をとっていたが、長崎でイギリス軍艦によるフェートン号事件（「フェートン号事件とゴローウニン事件」211ページ参照）があって以来、苦慮していた。

1818年にイギリス人ゴルドンが直接浦賀に来航して通商要求したり、1822年に捕鯨船サラセン号が江戸湾に侵入し、翌年には常陸那珂湊沖（現・茨城県）に現れていた。1824年には、常陸大津浜に上陸したイギリス捕鯨船員と交易を繰り返していた漁師を捕らえ、さらに同年、薩摩藩領・宝島では、上陸して牛を略奪したイギリス船の船員が島民に射殺されるという事件も起こった。これらの事件が重なり、翌年には異国船の警戒、対処にかかる費用を抑える意味もあって、異国船打払令（無二念打払令）を出し、日本に上陸した外国人は躊躇なく逮捕か射殺することを命じた。

1837年に、アメリカ商船モリソン号が日本人漂流民7名の返還と、通商の目的で来航したが、浦賀奉行は異国船打払令にそって浦賀沖で砲撃する。被弾して退去した後、薩摩藩山川港に寄るも、そこでも薩摩藩の砲撃を受け、やむなくマカオに引き返した（モリソン号事件）。幕府はこの後長崎オランダ商館長から、モリソン号の一連の出来事を知るのだが、この経緯がもれ、田原藩家老で洋学者の渡辺崋山は『慎機論』を、蘭方医の高野長英（1804〜1850）は『戊戌夢物語』を著して、幕府の対外政策を批判したため、1839年に処罰された（蛮社の獄）。これは、崋山や長英が属した洋学勉強会の尚歯会に対する言論弾圧だった。背景に、林家（「藩校と寺子屋」207ページ参照）を中心とする儒学者らの洋学に対する反発があったとされる。

1840年から1842年に起こった清朝とイギリスの戦争であるアヘン戦争の情報が届くと、老中・水野忠邦は打払令について評議し、海防掛の老中・真田幸貫の意見を取り入れ、1842年に元の薪水給与令に戻した（「天保の改革」217ページ参照）。

豆 知 識

1. 無二念打払令とは、触書に「二念無く打払ひを心掛け」とあったから、こう呼ばれた。
2. 蛮社の獄を実行した目付の鳥居耀蔵は、昌平坂学問所の長官であった林述斎の子で、かねてから蘭学者らを憎悪していた。
3. 真田幸貫は、寛政の改革をはたした松平定信の次男で、信濃国松代藩真田家に入り、藩主として藩政改革に励み、佐久間象山を抜擢して富国強兵策に成果を上げていた。

221 | 経済 | 天保の飢饉

江戸時代には大きな飢饉（きん）が3回あった（「飢饉と百姓一揆」197ページ参照）。19世紀半ば、冷害や風水害の続発によって全国規模で起きた飢饉が「天保の飢饉（てんぽう）」である。各地で百姓一揆や打ちこわしが続発し、救民を訴えて蜂起した「大塩平八郎の乱（おおしおへいはちろう）」や「生田万の乱（いくたよろず）」は、幕府に衝撃を与えた（「大塩平八郎の乱」218ページ参照）。

◆

お救い小屋の様子（「荒歳流民救恤図（こうさいりゅうみんきゅうじゅつず）」渡辺崋山）

天保の飢饉は、1833（天保4）年と1836（天保7）年の冷害・風水害による大凶作を頂点に、7年に及ぶ不作によって起こった。享保（きょうほう）、天明（てんめい）の飢饉と並ぶ江戸時代三大飢饉の一つである。天保期に入ると毎年のように凶作となっていたが、特に1833年の春から夏にかけて、西国を除く各地が大風雨・洪水・冷害に見舞われる。このため、東北・北関東地方では作柄が例年の3割にも届かないという極端な不作となり、大飢饉となった。米価をはじめ諸物価は高騰し、村の貧農や、都市の貧しい民衆の生活を圧迫した。幕府や諸藩は「お救い小屋」を設けたり、米価引き下げを行うなどして救済に努めたが不十分で、多くの餓死者や行き倒れ、病人、離散者を出した。また、救済を求める百姓一揆や打ちこわしが各地で続発した。そのため、諸藩では米の領外搬出を禁止するなどしてその確保に努め、秋田藩や南部藩などは、加賀（かが）・越後（えちご）などから米を買い入れ一揆の再発をなんとか防止しようとした。

1834年と1835年は比較的天候に恵まれたものの、それまでの餓死者や病人による労働力の減少などで生産はあまり回復しなかった。そこに1836年、再度の冷害による大凶作で厳しい飢饉となる。米価は暴騰し、しかも、都市では食糧品以外の購買力が減退したため、各地の特産物が売れなくなった。そうした生産地などでは、米価暴騰と生産減という二重の不況となり、人々は苦境に陥る。このため、各地の都市と農村で打ちこわしが続発した。特に甲斐国郡内（現・山梨県）の郡内騒動（甲州一揆）は、80カ村1万人が蜂起し、豪農・豪商宅を打ちこわして甲府に迫り、三河国加茂郡（かも）（現・愛知県）の加茂一揆では、240カ村1万2000人が蜂起する大騒動に発展し、「世直し」を求めるに至った。ともに幕府領での一揆であることから、幕府の衝撃は大きかった。大坂でも飢饉の影響は大きく、1837年、幕府が飢饉に対する救済策を何らとらなかったことに憤慨して、元大坂町奉行所与力で陽明学者の大塩平八郎の武装蜂起（ようりき）が起きるなど、不穏な情勢が続いた。こうした大規模な凶作や飢饉、それにともなう騒動などは、その後の天保の改革（「天保の改革」217ページ参照）を行う要因の一つとなった。

┌─────── 豆 知 識 ───────┐

1. 江戸では、幕府が「お救い小屋」を建てて困窮者を収容したり、寛政の改革で設けた町会所の備蓄米や銭を分け与えたりなどして、かろうじて打ちこわしを未然に防いだ。また、関東や東北では、安価な米を確保しようとする一揆や打ちこわしが次々起こると、藩は他領の米を買ってまでしてその沈静化に努めた。

2. 米不足による都市部の米価の暴騰によって、凶作ではなかった西国諸藩の米商人は、領内の米を大量に江戸・大坂に出荷して利益を得ようとした。その結果、四国や九州でも米不足が起きて米価が引き上げられ、生活困窮者が生まれた。1834年に讃岐国坂出（さぬき）（さかいで）（現・香川県）一円で起きた打ちこわしは、まさにそうした人々が起こしたものだった。

222 暮らし・信仰 | 洒落本と黄表紙

　18世紀後半になると、上方の「浮世草子」類が衰退し、代わって江戸に、身近な政治や社会の出来事、庶民の日常生活などを題材にし、巧みな挿絵や易しい文章で楽しませる小説が誕生する。これらは、出版物や貸本屋の普及、寺子屋（「藩校と寺子屋」207ページ参照）等での庶民教育の広まりにより多くの人々に愛好された。代表的なジャンルが「洒落本」と「黄表紙」だ。

恋川春町『金々先生栄花夢』より

　洒落本は、江戸の遊里（遊郭）を題材とした短編小説である。遊里での一昼夜の遊興を時系列に描いたもので、遊里独特のしきたりや風俗を教える、いわば遊里遊びの教科書だった。明和から文政年間（1764〜1830頃）にかけて次々と刊行され、官許の吉原はもちろん、品川・新宿などの宿場や深川など非公認の遊里（岡場所）も舞台となった。作品には、遊里に精通し、金に淡泊でスマートな遊び方をする「通人」とその美学がたっぷり取り入れられ、作家としては、山手馬鹿人（大田南畝、1749〜1823）・田螺金魚・万象亭などが有名だった。やがて、山東京伝（1761〜1816）の登場によって洒落本はその全盛期を迎える。

　京伝は戯作者・狂歌師であり絵師でもあった。初めは絵師として黄表紙の挿絵などを描いていたが、やがて作者も兼ねるようになり、大田南畝に作家としての才能を認められ、『江戸生艶気樺焼』など黄表紙作家として名をはせた。洒落本では『通言総籬』（1787）など優れた作品がある。1791年の『仕懸文庫』ほかの洒落本三部作を蔦重（「蔦屋重三郎」223ページ参照）から刊行、大当たりをとって江戸中をわかせた。ところが、これが寛政の改革（「寛政の改革」210ページ参照）の好色本追放の出版統制令に違反したとして、絶版を命じられたうえに、50日の手鎖の刑に処せられ、版元の蔦重も財産の半分を没収される。

　一方、黄表紙は、知的で滑稽な挿絵小説であり、江戸の当世風風俗を活写し風刺した作品が多かった。恋川春町（1744〜1789）の『金々先生栄花夢』（1775）を皮切りに、1806年まで江戸で出版された黄（萌黄）色の表紙の絵入りの小型本をいう。1冊約10ページで、多くの場合、一作品が2冊組や3冊組だった。ちなみに、1806年以降は内容や製本形式の変化から「合巻」と呼んで区別している。黄表紙は、当時流行していた言語・風俗・事物を文章と挿絵にふんだんに取り入れ、ナンセンスな筋立ての中に現実を思い切り茶化してみせた。約30年間に2000種以上の黄表紙が出版され、作者には、恋川春町・朋誠堂喜三二（1735〜1813）、山東京伝など人気作家が名を連ね、挿絵も、鳥居清長・喜多川歌麿（「浮世絵」209ページ参照）など有名絵師が描いた。最盛期の1788〜1789年には1万部以上売り上げる作品も生まれたが、洒落本同様、寛政の改革で弾圧を受けた。

豆知識

1. 浅草寺の境内には山東京伝の机塚がある。京伝没後に弟の京山が建てたものだ。手鎖の刑ののち、洒落本とは縁を切り、読本や合巻などを書いていた京伝だが、黄表紙や洒落本時代の生彩はなくなっていた。石碑の下には、京伝が9歳で寺子屋に入門するときに親に買ってもらった机が埋められている。1816年に56歳で亡くなるまで、京伝はこの机を愛用し続け、ここで多くの作品を生み出した。愛用の机に寄せて詠んだ狂歌も残っている。「耳もそこね　あしもくじけてもろともに　世にふる机　なれも老たり」

223 人物 坂本龍馬

新時代へ明確なビジョンを持ち、危険も顧みず様々な人物を仲介した坂本龍馬（さかもとりょうま）（1835～1867）の行動力は、大商人の DNA によるのかもしれない。坂本家は代々続く士族ではない。本家は富豪商家であり、龍馬は郷士株を得た分家で、同じ敷地内で「大商い」を見て育った。

◆

坂本龍馬

龍馬は1835年11月、土佐藩・御用人の5人兄弟の末っ子として生まれた。剣術が得意で、18歳で江戸に出て千葉周作の弟・定吉の道場で、江戸三大流派といわれた剣術・北辰一刀流の免許を得る。黒船来航時には、品川沿岸警備に動員されたという。

土佐へ帰国した折、ジョン万次郎を世話した絵師で思想家の河田小龍（しょうりょう）から、海外事情や通商航海のことを聞き、目を開かされた。1861年8月、親戚で親友の武市瑞山が結成した尊王攘夷派志士の結社・土佐勤王党に参加し、翌年には武市の使いで長州藩の久坂玄瑞（くさかげんずい）を訪ね、強い影響を受けた。帰国すると3月に脱藩し、江戸へ出る。

その後、江戸で軍艦奉行並（ぶぎょうなみ）（幕府海軍を統括し軍艦や船員を管轄する役職）をしていた勝海舟（かつかいしゅう）（1823～1899）の人柄と見識に感激して弟子入りし、神戸海軍操練所開設のために奔走した。1864年5月に念願の神戸海軍操練所が開設されるが、池田屋事件や禁門の変に操練所生徒が関係していたことから、翌年10月に勝は失脚し、操練所は閉鎖された。この間、龍馬は、松平春嶽や横井小楠（よこいしょうなん）、由利公正（ゆりきみまさ）、西郷隆盛など、維新の立役者たちと知り合っている。

行き場のない神戸海軍操練所の練習生20余名を引き取った龍馬は、勝の紹介で薩摩藩の保護を受ける。小松帯刀（たてわき）の世話で長崎に移り、豪商・小曽根家（こそね）の援助で、1865年5月に日本初の株式会社とされる「亀山社中」（かめやましゃちゅう）を起こす。商社であり、海運業、航海術訓練などをしながら討幕も目指した。社中を介して中岡慎太郎（しんたろう）（1838～1867）と協力し、1866年1月、犬猿の仲だった薩摩藩と長州藩を結びつけ、幕府に対抗しうる二大雄藩連合を実現させた（「薩長同盟」231ページ参照）。その2日後、京都伏見の寺田屋で奉行所役人に襲撃されたが、寺田屋の養女お龍（1841～1906）、槍使いの三吉慎蔵（みよししんぞう）（1831～1901）に助けられ、一命を取り留める。のちにお龍と結婚し、西郷や小松のすすめで、薩摩の霧島山に温泉療養もかねて旅に出た。これが日本初の新婚旅行とされている。

1866年の第二次長州征討には、ユニオン号で参戦して長州藩を助けた。翌年に、土佐藩の後藤象二郎が龍馬を訪ね、亀山社中は「海援隊」（かいえんたい）と改名して土佐藩の組織となる。龍馬は脱藩を許され海援隊隊長となり、中岡は陸援隊隊長となった。同年6月、京都に向かう藩船中で龍馬は後藤に、大政奉還など、新たな国家体制の指針「船中八策」を説いた。これをもとに土佐藩主・山内豊信が将軍徳川慶喜に大政奉還を進言し、10月に実現された。しかし、このひと月後に龍馬は、京都の近江屋で中岡慎太郎とともに、京都見廻組（みまわりぐみ）に斬殺される。享年33。京都東山の霊山護国神社（りょうぜんごこく）にある龍馬と慎太郎の墓前には、今も参拝者の香花（こうばな）が絶えない。

224 文化・芸術 ｜ 滑稽本と読本

文化・文政頃（19世紀前半）になると、洒落本や黄表紙（「洒落本と黄表紙」228ページ参照）に代わって、「滑稽本」や「読本」などが盛んに出版された。滑稽本は、洒落本の「通」の世界とは正反対の「野暮」な庶民の生活世界を、おかしみや笑いをもとに会話を通して描き出した。また、文章を主体にした読本では、歴史や伝説を題材にした伝奇ロマン的な作品が生まれた。

◆

曲亭馬琴『南総里見八犬伝』

滑稽本は、十返舎一九（1765～1831）の『東海道中膝栗毛』（1802）の刊行に始まる。江戸っ子の弥次郎兵衛・喜多八コンビによる滑稽な旅行記だが、大人気となり、東海道だけではなく、讃岐の金比羅詣、安芸の宮島詣、木曽街道、信州善光寺道中、草津温泉道中と次々と刊行・シリーズ化された。正続併せて43冊、2人が江戸に帰り着く1822年までの21年間も読者に愛され続けた。また、式亭三馬（1776～1822）は、江戸の銭湯や床屋を舞台にした『浮世風呂』や『浮世床』で、江戸の人々の生活感覚を、精緻な会話描写から生まれ出る滑稽さで赤裸々に描いた。

文政期以降、江戸町人の恋愛模様を主体に描いた「人情本」が生まれ、女性を中心に人気を得る。1832年、為永春水（1790～1843）の『春色梅児誉美』は、そこに描かれる粋な会話とおしゃれなファッション、恋の駆け引きが女性の心をつかんでベストセラーとなった。また、寛政の改革で打撃を受けた黄表紙は、描くテーマを変えて長編化し、数冊分を綴じた「合巻」として再生しつつあったが、1829年、柳亭種彦（1783～1842）の『修紫田舎源氏』が登場する。足利将軍家のお家騒動の世界を舞台に『源氏物語』の巻々が忠実に翻案され、人気絵師・歌川国貞（三代豊国）の艶麗な挿絵と相まって、女性を中心に爆発的な人気を呼び、1842年には38編、計152冊の大長編になっていた。しかし、天保の改革の厳しい風俗取り締まりにより、人情本の為永春水は処罰され、『修紫田舎源氏』は絶版を命じられた。

読本は、『雨月物語』を書いた大坂の上田秋成（1734～1809）の後は、江戸の曲亭（滝沢）馬琴（1767～1848）の作品に尽きるといえよう。山東京伝や式亭三馬、為永春水、柳亭種彦なども一度は読本を手掛けているが、春水に「読本は馬琴の他に読む人なし」とまで言わしめたほどに、余人の追随を許さなかった。『椿説弓張月』（1807～1811）、『南総里見八犬伝』（1814～1841）など、雄大な構想と波瀾万丈なストーリー、勧善懲悪・因果応報の思想を底流にした大長編伝奇小説を、絢爛たる修辞の荘重な和漢混交文で発表し、当時の文人などインテリ層に絶大な人気を博した。

豆知識

1. 『膝栗毛』シリーズは、江戸発祥の小説（戯作）が全国に広まるきっかけになった。江戸っ子は、弥次喜多が架空の人物だと知っているので、彼らがどんなに馬鹿げたことをしてもプライドは傷つかず、一方、地方の読者は、日頃自分たちを軽蔑している江戸っ子が、実はなんと馬鹿なことをする輩であるかと、優越感をもって受け止めた。こうして双方に歓迎されたのである。

2. 馬琴は『南総里見八犬伝』を28年の歳月をかけて完成した。物語も終盤にさしかかった頃、長年のハードな執筆活動がたたったのか失明した馬琴は、亡き息子の嫁に文字を教えながらの口述筆記という形でこの大長編を完成させた。

225 政治 薩長同盟

薩長同盟は、幕府の第2次長州征討（「長州征討」232ページ参照）に対してできた薩摩藩と長州藩の軍事同盟だ。反目し合っていた両藩が、欧米列強の圧倒的な軍事力を体験して、倒幕へ舵を切り出した。そのタイミングを見て、土佐藩の坂本龍馬と中岡慎太郎が仲介し、2藩をまとめ上げた。幕府に対する二大雄藩連合の対抗軸ができ、日本の近代化への歯車がかみ合い始めたのだった。

◆

　1862年8月、生麦村（現・神奈川県横浜市）にて、薩摩藩・島津久光の江戸からの帰途、行列を妨げたイギリス人3人を薩摩藩士が殺傷してしまった（生麦事件）。イギリスは幕府・薩摩藩に犯人引き渡しと賠償金を要求。幕府は賠償金を支払ったが、薩摩藩が拒否したので、報復のため、その翌年の7月、イギリス艦隊7隻が鹿児島湾に来襲した。薩英戦争へと発展し、双方とも大被害を受けたが11月に和議が成立した。これにより薩摩藩は、列強の軍事力を目の当たりにして攘夷の無謀さを知った一方、イギリスは薩摩藩を見直し、むしろ両者が接近する機縁となった。

　公武合体派（公［朝廷］と武［幕府］の提携による政局安定策）だった薩摩藩は、会津藩や同調する公家らとともに政治クーデターを起こし、1863年、急進的攘夷派の長州藩と公卿を京都から追い出した（八月十八日の政変）。長州藩内では、その挽回策にもめたが、松下村塾生の久坂玄瑞や真木和泉の長州藩の冤罪を訴えようとする進発論が広まり、藩兵・諸隊志士が上京した。嘆願もままならず、ついに1864年7月、御所蛤御門で会津藩や薩摩藩と交戦したが、足並み揃わず撃退された（禁門の変）。このとき西郷隆盛（1827〜1877）は薩摩藩を指揮したが、御所防衛という中立的立場からだった。

　この直後、長州では8月に四国艦隊下関砲撃事件（「長州征討」232ページ参照）が起きた。攘夷派が実権を握っていた八月十八日の政変以前、攘夷を決行しようとした朝廷の命により、長州藩は下関を通る外国船に対して砲撃していた。その報復と、長州藩が封鎖していた関門海峡を安全に通航するため、イギリス公使オールコックが長州藩攻撃を画策したのだ。遊撃隊など諸隊が上京中で、奇兵隊（高杉晋作が組織した、約3割が庶民からなる軍隊）が軍監・山県有朋（1838〜1922）のもと奮戦するも戦力の差は明らかで、やがて講和を結んだ。長州藩もまた、この事件をきっかけにもはや攘夷は不可能と思い知らされ、軍備を増強し、開国・倒幕へと向かうことになった。

　こうして薩長雄藩の、攘夷から倒幕への道筋が重なり出したが、宿怨を持つ両藩が結ぶのは簡単ではなく、土佐藩の坂本龍馬（「坂本龍馬」229ページ参照）と中岡慎太郎の仲介役が必要だった。1866年1月、京都の薩摩藩邸・小松帯刀宅で、薩摩藩から西郷隆盛と小松、長州藩側から桂小五郎（木戸孝允、1833〜1877）らが、6カ条の相互攻守援助を盟約した。この同盟に基づき、長州藩は第2次長州征討に勝利できた。

豆 知 識

1. 近年、小松帯刀は再評価が進んでいる。西郷、大久保に並ぶ薩摩藩のホープだったが、維新後まもなく、若くして病死した。温厚な人柄ながら大事な局面に現れて活躍し、坂本龍馬の最も信頼する人物の一人だった。

226 争い｜長州征討

　幕末の1864年と1866年の2回、幕府が勅令を受けて長州藩を攻撃した。攘夷から倒幕に方針変換する長州藩をつぶそうとするが、結果はむしろ、幕府側の不首尾を露見させることとなり、倒幕雄藩を勢いづかせて大政奉還への道筋をつけることとなった。

◆

　1863年8月18日、薩摩藩・会津藩を中心とする公武合体派が、尊攘派の長州藩や公卿を朝廷から追放するクーデターが起こった（八月十八日の政変）。長州藩は宮門警備を外され、三条 実美（1837～1891）らの公卿が長州に逃れた（七卿 落ち）。

　しかしその後、長州藩残党らの挙兵計画が発覚し、翌年6月、京都警護役の新撰組が京都三条小橋の旅籠・池田屋に集合していた尊攘派志士らを襲う池田屋事件が起きた。犠牲者が多く出たこの惨劇で、近藤勇（1834～1868）局長が率いる浪士隊、新撰組の名を京中にとどろかせたのだった。

　これにただちに反発し、盛り返しに焦る長州藩尊攘派らが翌7月、京都に結集し挙兵した。薩摩・会津・桑名の藩兵の守る京都御所諸門で戦った禁門の変（蛤 御門の変）である。このとき、西郷隆盛が率いる薩摩藩は中立的立場をとりながらも、長州勢を撃退し多大な犠牲者を出させたため、長州藩からは「薩賊会奸」と恨まれた。池田屋事件で新撰組を配した会津藩への仕返しが主だったが、御所に刃向かったことで長州藩は朝敵となってしまい、ついに征討勅令が下った。幕府はこの大義名分をもって長州藩を攻めるべく10月に進発する。第1次長州征討である。

　しかし長州藩では、先に攘夷実行の朝命のもと、アメリカ船などを砲撃した四国艦隊下関砲撃事件が起きており、その報復に8月、イギリス・アメリカ・フランス・オランダの四国艦隊17隻が下関を砲撃、占領していた（「薩長同盟」231ページ参照）。その責で尊攘派は弾圧され、実権をとっていた保守派（俗論派）が、幕府にひたすら従う姿勢を示して、戦わずして長征幕府軍に屈服したのだった。

　西欧列強の圧倒的な軍備を見せつけられた長州の下士・浪人・農民・町人らは、民衆までも巻き込んだ遊撃隊・八幡隊・集義隊など諸隊を各地に作り、奇兵隊を編成していた高杉晋作（1839～1867）や桂小五郎らを中心に、西洋式に軍事力を増強させ、尊攘から倒幕へと大転回したのだった。

　この動きに対して、幕府は1865年5月、14代将軍・徳川家茂（1846～1866）自ら江戸を立ち、第2次長州征討に向かった。幕府は軍備も旧式であり、先に薩長同盟の密約を交わしていた薩摩藩は出兵して加勢することなく、芸州口、石州口、小倉口などで連敗が続いた。この最中に将軍・家茂が大坂城で病死し、禁裏御守衛総督（京都御所を警護するための役職）の一橋慶喜（1837～1913）は撤兵を決め休戦した。幕府の威信をかけた軍事行動が失敗したことにより、ここに幕府の権威は完全に失墜した。

＿＿＿＿＿＿＿＿＿＿＿＿＿＿＿＿＿＿＿＿＿＿＿＿＿＿＿＿＿＿
（ 豆 知 識 ）

1. 京都御所の蛤御門には、弾痕が今も残っており当時の戦いの激しさを物語っている。

227 外交 | 開国

　19世紀になって欧米列強の東アジアへの進出がより活発化していたが、それは、清朝がイギリスに敗れたアヘン戦争にみるように、圧倒的軍事力で威嚇するいわゆる砲艦外交であった。これまでの補給や海難寄港地の要請とは異なり、外交・通商を目的として、日本に本格的に開国を迫ってきたペリーもまた、強圧的な「黒船」砲艦外交だった。これを察知した列強は、こぞって日本に開国をもとめた。

◆

　1853年6月に江戸湾口の浦賀沖に、巨大な4隻の軍艦が突如、現れた。東インド艦隊司令長官ペリーが率いる黒船の噂は、またたくまに伝わり日本中を震撼させた（「ペリー」222ページ参照）。アメリカ大統領フィルモア（1800～1874）の国書を浦賀奉行が受けとり、翌年の回答を約束すると、ペリーは引き揚げた。翌年2月、ペリーは軍艦7隻を率いて再来し、江戸湾内を測量調査する示威行動をとり開国を迫った。これに圧された幕府は翌月、日米和親条約（神奈川条約）を結ぶ。内容は、両国の永久和親、欠乏品供給用に下田・箱館を開港すること、遭難船や乗組員の救助、下田に領事駐在を認める、などである。さらには、アメリカの最恵国待遇（他国に認めている最もよい待遇と同等の待遇を与えること）を一方的に認め、不平等面を残した。このあと、ほぼ同様の和親条約をイギリス、ロシア、オランダと交わすが、ロシアとは千島列島など国境に関する取り決めも含まれた。

　老中・阿部は前代未聞のことで、旗本や諸大名に諮問し、朝廷にも報告し、それらと協調する挙国一致体制でこの難局にのぞもうとした。これは幕閣独裁制を変換する契機でもあった。また国防強化のため、江戸湾に台場（砲台）を設け、海軍伝習所や洋学所を設置し、清新な人材を登用した（安政の改革）。が、まもなく阿部は病に倒れ、老中・堀田正睦（「安政の大獄」225ページ参照）が筆頭となり引き継いだ。

　1856年には、アメリカより初代総領事ハリス（1804～1878）が下田に着任し、翌年に13代将軍・家定に謁見して、幕府と通商条約交渉に入った。老中・堀田は条約締結に際し朝廷の許可を求めて上京するが、ままならなかった。折から第2次アヘン戦争が起き、イギリス・フランス連合艦隊は清に大勝しており、その余勢で、日本にも襲来する懸念があった。そのような有事にはアメリカが仲介するとハリスが了承したため、1858年6月に海防掛目付の岩瀬忠震らは条約調印にふみきった。ついでオランダ、ロシア、イギリス、フランスと同様の条約を結んだ（安政五カ国条約）。新たに神奈川・長崎・新潟・兵庫の開港、民間の自由貿易、アヘン輸入禁止、開港場に外国人居留地を設置、外国人の国内旅行禁止などが規定されたほか、領事裁判権（在留外国人の裁判を、その本国の領事が行う権利）を認め、関税自主権（自国の関税率を自主的に規定できる権利）を失った協定関税制であり、不平等な内容であった。

　朝廷の許しもなく日米修好通商条約へ調印したことに尊攘派の反対活動が激しくなり、保守派の大老・井伊直弼が大弾圧を行った。その結果、過激な尊攘派の怒りを買い、暗殺されることになった（桜田門外の変）。

豆知識

1. 日米和親条約調印の3日前に、イギリス・フランス対ロシアのクリミア戦争が勃発し、それぞれの対日接近に影響した。イギリスは来日予定が延期され、アメリカがその隙を狙って、日本の開国一番乗りを果たしたのだ。

228 経済 | 工場制手工業

　経済の発達とともに工業生産の形態は変化していった。近代工業の萌芽である。「工場制手工業（マニュファクチュア）」は、のちの産業革命によって機械制大工業に取って代わられるまで、様々な分野で取り入れられた。手工業の発達には、中世的な封建制から近代的な資本主義へと、社会のあり方が大きく変わってきたという背景があった。

◆

　農業生産を経済の基礎として、そこから年貢を徴収することによって成り立つ幕藩体制の仕組みは、19世紀前半には本格的に行き詰まっていた。農業・工業における商品生産が発展し、貨幣経済が深く浸透してきていたのだ。農村の貧富の差は拡大し、小百姓や小作人が増加する一方で、広い土地を所有する地主や豪農が出現する。地主や豪農は、年季奉公人や日雇いを使った地主手作を行って経営を拡大し、中には在郷商人として成長する者も現れ、その資金をもとに農村工業が発展していった（「豪農と豪商」199ページ参照）。

　近世の工業は、初期は農業と結びついた自給自足の「農村家内工業」であったが、18世紀には、資本を持つ問屋商人が生産者に資金や道具、原料を提供して生産させ、できた製品を回収する「問屋制家内工業」が次第に広まっていった。19世紀に入ると問屋制家内工業はよりいっそう発展し、一部の地主や問屋商人は、作業場（工場）を設けて奉公人（賃金労働者）を集め、分業と協業による手工業生産を行うようになった。これを「工場制手工業」という。それぞれの作業担当者が各自の役割に精通し、製品の生産性や品質の向上を図るため、高い生産能力を持つことができた。

　工場制手工業の本格的発展は19世紀半ばから明治維新にかけてのことになるが、摂津の伊丹・池田・灘などの酒造業や、下総の銚子や野田の醤油の醸造業では、早くからこのような経営が行われていた。18世紀後半には、京都の西陣の高級織物業、大坂周辺や尾張の綿織物業、北関東の桐生・足利などの絹織物業で、数十台の高機と数十人の奉公人を持つ織屋が登場している。幕末になると、甲斐・信濃・武蔵の製糸業、川口の鋳物業、大坂の製油業、伊万里の製陶業など、様々な分野に広がった。

　また、藩によっては、商品生産や工業の発展に積極的に対応して、藩営専売制や藩営工場を設立するところも多くなる。幕末になると、肥前藩の反射炉での大砲製造、薩摩藩の紡績工場、水戸藩の石川島造船所など、藩営の大規模な洋式機械工業も起こってきた。

「豆知識」

1. 工場制手工業には2つの形態がある。同一作業場内で分業に基づく協業を実現する労働形態を「集中マニュファクチュア」と呼び、家内工業の形態を残したまま商業資本に掌握され、事実上の資本・賃金労働関係が形成されたものを「分散マニュファクチュア」という。

2. 英語の「マニュファクチュア」（manufacture）は、「マニュ」（manu）＝「手」、「ファクチュア」（facture）＝「製造」の意味で、本来は手工業全般を指す言葉だ。しかし、歴史用語としては「工場制手工業」のみを指す。資本主義の先進国イギリスで、16世紀半ばから18世紀後半にかけて飛躍的に発達し、特に、繊維工業や金属工業などの重要部門での発達が目立った。

229 暮らし・信仰 | 水戸学・尊王攘夷論

　幕末の尊王攘夷運動に多大な影響を与えた水戸学は、水戸藩で形成された独自の思想大系をいう。2代藩主・徳川光圀（1628～1700）による『大日本史』編纂事業の過程で徐々に成立した学風で、朱子学を軸に国学や神道を総合し、天皇尊崇と封建的秩序の確立を説いた。光圀の時代の前期、9代藩主・徳川斉昭（1800～1860）の時代の後期に分けられる。

◆

旧水戸彰考館跡の大日本史編纂之地（茨城県）

　前期水戸学は、光圀の時代から18世紀にかけての『大日本史』の本紀・列伝・論賛の編纂に取り組んだ時期に、君主と臣下、親と子の分別をわきまえ、常に上下の身分秩序や礼節を重んじるという、大義名分論として展開する。徳をもって治める王は、力をもって支配する覇者にまさるという、朱子学を軸にした名分論からの尊王斥覇論を主張した。この前期を代表するのが、安積澹泊、栗山潜鋒、三宅観瀾ら17世紀の後半に光圀の周囲に集まった学者たちである。

　9代藩主・徳川斉昭による天保期（1830～1844）の藩政改革のなかで大成されたのが、後期水戸学である。その根底には、18世紀後半の異国船の接近といった欧米列強の進出と、幕藩体制の動揺による内憂外患に対する強い危機意識があったことは確かだろう。藤田幽谷（1774～1826）は『正名論』などで、尊王が幕府の権威を維持するために重要であると説き、幽谷に学んだ会沢安（正志斎、1782～1863）は『新論』で、対外的危機に対して国家の独立を維持するために、天皇を中心とする政治・宗教体制を構想、尊王と攘夷を強く主張した。さらに、幽谷の子で『弘道館記述義』を著した藤田東湖（1806～1855）や徳川斉昭らも尊王攘夷論を説いて、単なる歴史学から抜け出し、実践的政治運動へと展開していった。幕末の錯綜した政治情勢下で反幕・尊王攘夷勢力に強い影響を与えたものの、徳川御三家の一つという立場もあり、倒幕論にまでは発展しなかった。しかし、水戸学は吉田松陰（1830～1859）や大久保利通（1830～1878）たちを通して、明治政府の指導者に受け継がれて、天皇制国家のもとでの教育政策や国家秩序を支える理念（天皇制や国体論など）となっていった。ところで、水戸の学問が他藩からも注目されるようになったのは天保年間以降のことで、当時は「天保学」「水府の学」などと呼ばれた。「水戸学」と呼ばれるようになったのは、明治以降のことである。

豆知識

1. 水戸2代藩主・徳川光圀は「水戸黄門」の呼び名で有名だ。「黄門」とは官位の中納言の唐名で、隠退時に権中納言に任じられたことから、のちの講談師などが呼び名とした。TVドラマの影響で「諸国を漫遊しながら弱きを助け強きを挫く好々爺」のイメージが強いが、実際に諸国をめぐったという史料はない。ただ、『大日本史』編纂にともなう資料収集のため、家臣を全国に派遣したり、光圀本人が領国内を視察した事実はあるようだ。

2. 1657年、光圀が史局（後の彰考館）を開設して編纂事業に着手した『大日本史』は、記述内容や編集方針をめぐる幾多の論争を経て、約250年後の1906年、全397巻・目録5巻が完成した。神武天皇から後小松天皇（南北朝合一が成立したときの天皇）に至る歴史を漢文で叙述したもので、紀伝体（歴代天皇の編年記録の「本紀」に主要人物の伝記「列伝」などを配した歴史叙述の形式）を採用している。

3. 『大日本史』と共通する史観で、江戸から明治にかけてベストセラーとなった歴史書がある。頼山陽（1780～1832）が書いた『日本外史』だ。これは、朱子学の大義名分論を、源氏と平氏から徳川氏までの日本の武士の歴史にあてはめて述べたもので、幕末の尊王攘夷運動に大きな影響を与えた。

230 人物 | 西郷隆盛

革命家は、革命が済めば、お払い箱になる。革命後は、政治家が必要になる。明治維新を一種の革命とすれば、革命家が西郷隆盛（1827～1877）、政治家が大久保利通と見ることもできる。同じ町内で育ち、薩摩藩士として鍛え、時代の波に乗り、相互に補完し合いながら維新のピークを乗り越えた。大久保の綿密な計画を、西郷の人望で実現していった。

◆

西郷隆盛

西郷隆盛は、1827年12月7日に薩摩藩城下の下加治屋町の下級藩士の家に生まれた。吉之助と称し、のちに隆盛を名乗った。町内に3つ年下の大久保利通がいた。18歳で出仕し、農政改革の意見書が、改革派藩主の島津斉彬の目にとまり、27歳で抜擢され江戸で勤務した。斉彬の手足となって一橋慶喜の将軍擁立に奔走する（「安政の大獄」225ページ参照）うち、尊攘派の藤田東湖や開明派の橋本左内らと交わり、志士仲間に知られるようになった。1858年に斉彬が急死し、西郷にも安政の大獄で追っ手がかかった。京都の同志僧・月照（1813～1858）と落ちのびたが、薩摩藩に拒絶され錦江湾にともに身投げした。西郷のみ助かり、このとき「敬天愛人」を悟ったといわれる。入水死とされ、名を変えてひそかに奄美大島に隠された。その後、島津久光の上京計画のため、西郷は1862年に呼び戻されたが、批判と独断が過ぎ、今度は重罪人として沖永良部島に流された。

1864年に再び戻され、京都の蛤御門の変（「薩長同盟」231ページ参照）で薩摩隊を指揮し名をはせた。第1次長州征討では、征長軍参謀をつとめ、長州藩内の政変に応え無血降伏させた。2年後、第2次長州征討の幕命を受けるが、それより前に薩長同盟を結び、西郷は出兵しなかった。むしろ龍馬の亀山社中に、薩摩藩名を使っての長州の銃調達を許し、長州勝利を後援した。その後、大政奉還を経ていよいよ幕府と新政府側とが戦闘状態（「戊辰戦争」239ページ参照）に陥ると、西郷は臨時政府の参与になり、東征大総督府参謀として転戦し、勝海舟と会談して江戸城の無血開城に応じた。

戊辰戦争後は鹿児島に戻ったが、岩倉・大久保の要請で、1871年に再び上京し、薩長土3藩から集めた兵8000名を政府軍に編制した。のちに参議となり軍政面から廃藩置県の断行に協力した。11月に、岩倉使節団（「岩倉使節団」247ページ参照）が出発すると、留守政府を預かり、徴兵令や地租改正などを実施した。また朝鮮進出を唱えたが（征韓論）、明治6年の政変によって征韓派が破れ、西郷をはじめ留守政府の参議らのほとんどが抗議辞職した。

引退して戻った鹿児島県では、西郷の開いた私学校が士族を中心とする一大派閥となり、県令の大山綱良（1825～1877）も同校出身者を県政幹部に採用し、さながら士族独立国のようであった。政府は破壊工作員を潜ませ、1877年に私学校派士族が挑発されて挙兵した（西南戦争）。義理がたい西郷は、当然、推されて隊長となる。半年の長期戦となるも、装備と人員にまさる政府軍に勝てず、9月24日に鹿児島城山で西郷は自決した。享年49だった。

＿＿＿＿ 豆 知 識 ＿＿＿＿

1.「敬天愛人」とは、西郷隆盛の座右の銘で、よく揮毫した。天をおそれ敬い、人を愛する境地に到達することが道義であるということ。

231 文化・芸術 ｜ 俳諧

　中世の連歌から派生した俳諧は、元禄期に松尾芭蕉（1644〜1694）によって芸術の域に高められる。旅に生き、旅に死んだ芭蕉は、幽玄閑寂を旨とし、さび・しをり・ほそみといった句境を完成して蕉風（正風）俳諧を確立した。芭蕉の没後、次第に俗化していった俳諧を再興しようとしたのが、天明期の与謝蕪村（1716〜1783）である。文化・文政期には、人間味のある生活句の小林一茶（1763〜1827）が登場した。

◆

　芭蕉以前の俳諧には、まず、江戸時代初期に流行した松永貞徳（1571〜1653）らによる貞門派がある。連歌師の家に生まれた貞徳は、俳諧を連歌から文学として独立させたが、その句は形式に流れ、自然・人事に取材するものの言語遊戯的な要素が強かった。続いて、西山宗因（1605〜1682）を中心とする談林派が登場する。貞門俳諧を排して、俳諧を和歌や連歌などの古典的伝統の束縛から解放、自由闊達な作風で、町人の生活感情をそのまま表現しようとした。しかし、彼の弟子たちによって新しさや奇抜さのみが残り、崩壊していった。

　松尾芭蕉は、貞門の技巧と談林の自由な描写の両方を学び、その遊戯的な俳風を脱して、純粋な自然詩としての俳諧を目指した。「蕉風」と呼ばれる芭蕉の俳諧は、「さび（寂び）」（自然に溶け込んだ枯淡の心境）・「しをり（栞）」（十分な余情をつつむリズム）・「ほそみ（細み）」（繊細な味）で示される「幽玄閑寂」に価値をおき、自然と人生をよく見つめ、本質の象徴的表現を主とする。単に連歌の発句にすぎなかった俳諧は、彼によって独立した芸術の段階に高められたのである。『野ざらし紀行』や『奥の細道』といった紀行文を残しているように、全国を旅して自然の中に広く素材を得、旅を重ねるごとに新しい美を発見し、句境を深めていった。蕉風俳諧の愛好者は全国に広がり、榎本其角（1661〜1707）や向井去来（1651〜1704）など「蕉門の十哲」をはじめ弟子の数も多かったが、芭蕉の死後、多くの派に分裂した。

　文人画家でもあった与謝蕪村は、南宋の画論をふまえた離俗論を唱えて、芭蕉の後に俗化してしまった俳諧を排除し、本来の蕉風の復興を提唱する。天明期（1781〜1789）の俳諧の風雅復興運動の中心となった。『蕪村七部集』を代表とするその句は、絵画的で感覚的、芸術至上主義的な傾向があった。小林一茶は信濃の農家に生まれたが、子どもの頃から肉親との縁に薄く、家庭的な不幸が続いた孤独・逆境の人だった。こうした体験から「境涯の俳人」として、文化・文政期（1804〜1830）の俳壇で独特の句風を示すことになる。方言・俗語・擬態語を自由に用い、弱者への同情を多く詠み、農民の生活感情に密着した『おらが春』を残した。

　芭蕉・蕪村・一茶の句はよく知られているものが多い。季語をキーにいくつか挙げてみよう。それぞれの句風を比べてみるのも面白い。

季語：蛙
「古池や蛙 飛びこむ水の音」（芭蕉）　「痩せ蛙 負けるな一茶これにあり」（一茶）

季語：さみだれ
「五月雨を集めて早し最上川」（芭蕉）　「さみだれや大河を前に家二軒」（蕪村）

季語：名月／月
「名月や池をめぐりて夜もすがら」（芭蕉）　「月天心貧しき町を通りけり」（蕪村）　「名月を取ってくれろと泣く子かな」（一茶）

232 政治｜大政奉還

　ついに徳川幕府が終焉を迎えようとしていた。15代将軍・慶喜が政権を朝廷に返上したのだ。それは同時に、明治維新の幕開けでもあった。もはや止まることのできない薩長討幕派は、一挙に加速してクーデターを起こし、旧幕府軍との武力交戦に突入する。

◆

　第2次長州征討（「長州征討」232ページ参照）の失敗後、1866年12月に一橋慶喜が15代将軍となった。武力において薩長に劣ることが明らかとなり、さらに孝明天皇が急死して朝廷内でも幕府の立場が弱まった。そこで、フランス公使ロッシュ（1809～1900？）の支援で幕政改革（慶応の改革）にとりかかった。軍事顧問を受け入れて洋式訓練を始め、軍艦製造のために横浜に製鉄所やドックを設け、また、老中職務を陸軍・海軍・内政事務・会計・外国事務の専務制とした。

　一方、薩長倒幕派が幕府に打って出る機会を模索する中、1867年6月、土佐藩の後藤象二郎（1838～1897）・坂本龍馬と、薩摩藩の小松帯刀・西郷隆盛・大久保利通らが京都にて協議を行った。将軍に政権を返上させ、天皇のもとの諸侯会議による政治（公議政体）を目指す約束（薩土盟約）を結んだ。これにしたがって後藤が、前土佐藩主・山内豊信（容堂）（1827～1872）に進言し、豊信より将軍慶喜に「大政奉還」が建白された。慶喜は政権を返上したのちの諸侯会議においても、徳川家が筆頭となることを予想して、大政奉還を受け入れ、1867年10月14日にこれを天皇に奉った。

　同時に、急進派公家の岩倉具視のはからいで、慶喜追討の勅書（討幕の密勅）が出されていた（これには偽物説もある）が、政権返上の表明によって意味がなくなった。そこで、もうひと押し、徳川家・慶喜を外すためのクーデターを起こしたのだった。

　まず、若き明治天皇によって王政復古の大号令が1867年12月に出された。それは神武天皇の御代に戻り天皇中心の新政府体制をつくる命令だ。ここに260年あまり続いた幕府は滅亡し、摂政・関白なども廃止された。代わりに総裁・議定・参与の三職が新たにおかれた。総裁は政務を統括する最高職で、有栖川宮熾仁親王が任命された。議定は皇族・公卿・諸侯ら10名がなり、参与に下級公家・西南雄藩の藩士らがなり実務をこなす体制だ。

　同日、さっそく三職により、明治天皇が隣席する小御所会議が開かれた。岩倉具視・大久保利通らの討幕派が、山内豊信・後藤象二郎ら土佐派の公議政体論を抑えて、徳川慶喜は新政府に加えずに官位と領地を返上させる（辞官納地）と決定した。

　この措置を受け入れられない旧幕府側は、ついに武力闘争を起こした（戊辰戦争）。倒幕派の計略通りともいわれる。

豆 知 識

1. 幕府寄りで、第2次長州征討の中止に激怒していた孝明天皇は、顔面に紫斑をうかべ吐血する不審死をとげた。倒幕派による毒殺説が否定できないといわれている。
2. 公議政体論は、坂本龍馬が土佐藩主・山内豊信に進言するため、上洛中の洋上で後藤象二郎に説いた「船中八策」が原案とされる。
3. 山内豊信は「幕末の四賢侯」の一人とされ、ほかは、薩摩藩主・島津斉彬、越前国福井藩主・松平春嶽、宇和島藩主・伊達宗城である。

233 争い | 戊辰戦争

　王政復古の大号令によって、先が見えなくなった15代将軍・徳川慶喜はもはや武力に訴えるしかなかった。大坂城から徳川軍は1868年に京都へ進撃する。戊辰戦争が始まった。

◆

　徳川家の存続処分は新政府内でもまだ決定されていなかった。公議政体派（公衆が認める議論によって政治を行おうと主張し、武力倒幕派とは相対する）が優勢になり、三職会議では、徳川が領地を返上する代わりに他藩同様に政府経費を負わせることで、徳川家は温存されることとなったのだが……。慶喜はしばし成り行きを見ようと大坂に引き揚げていたが、江戸より援軍と艦隊が着くと、王政復古を否定し事態の巻き返しを図ろうと、京にむけて行軍する。率いたのは旧幕兵や会津・桑名の藩兵である。1868年、明治元年となるこの年の正月2日、戊辰戦争が始まった。これより、徳川軍や旧藩兵と新政府軍の戦いが東国各所でくりひろげられるが、始まりの年の干支が戊辰であったことから、戊辰戦争と呼ばれた。

　まず、京都南郊の鳥羽と伏見で旧幕府軍と薩長軍が衝突した（鳥羽・伏見の戦い）。徳川軍1万5000兵に対して薩長ら官軍4500兵とあり、数のうえでは徳川方がかなり優勢だったが、途中から薩長が「錦の御旗」（天皇の軍の旗）を掲げると、賊軍となることを恐れた幕軍の士気は下がり、一挙に形勢逆転して官軍勝利に終わった。寄せ集めの傭兵と官軍兵の士気の差とも、兵士の質の差ともいわれる。敗戦の決まった6日には、慶喜は早々と会津藩主・松平容保を連れて江戸に引き揚げてしまった。

　この戦いを受け、慶喜追討令が出されると、新政府内は臨戦体制をとり武力倒幕派が実権を握った。勝ち進む東征軍（薩長などの新政府軍）が江戸城攻めを決めると、イギリス公使パークスの仲介もあり、降伏を示す慶喜の代理として勝海舟が西郷隆盛と会談した。そこで、インドや清国のように内戦が独立をあやぶませる例に鑑み、平和裡のうちに江戸城が明け渡されることが決まった（無血開城）。これで全面的戦闘は避けられたが、不服だった旧幕府軍の彰義隊が上野の東叡山寛永寺に籠り抵抗した。これは大村益次郎が指揮する官軍に壊滅させられている。

　京都守護職で会津藩主の松平容保がもどった旧幕府軍の会津藩は、最後まで抵抗した。東北諸藩25藩が奥羽越列藩同盟を結成して支援したが、会津若松城、越後長岡城が激戦の末に落城すると、他藩は戦うことなしに降伏した。

　また、江戸城が開城したときに、旧幕府海軍副総裁の榎本武揚（1836～1908）は軍艦数隻で脱走しており、箱館の五稜郭要塞に陣取った。旧幕兵らとともに北海道に独立国をつくろうとしたのだが、翌1869年5月に箱館湾で榎本艦隊は全滅し、五稜郭まで砲撃を受けて降伏した。ここに戊辰戦争の最終幕が降り、新政府の国内統一が達成された。

豆 知 識

1. 会津藩が敗色にあっても抵抗したのは、家訓1条に、他藩がどうであれ、将軍への忠心を尽くすべき、とあったためともいわれる。この家訓は、2代将軍・秀忠の子で3代将軍・家光の異母弟だった藩祖の保科正之が遺したものだ。
2. 新撰組副長の土方歳三は鳥羽・伏見の戦いの後、転戦して会津戦に加わり、仙台から榎本艦隊に合流した。箱館戦争中、一本木で戦死した。

234 外交 | パリ万博

1867年に開催されたパリ万国博覧会に幕府は初めて公式に参加する。それは、万博への出品・代表者派遣を通して、ヨーロッパ諸国との外交や経済関係の強化を図り、同時に幕府の威信を高め、日本の統治者としての正当性を示す機会となるはずだった。パリ万博で日本文化の国際的評価は高まり、北斎や広重の浮世絵を中心とした「ジャポニスム」の流行に拍車をかけることになるが、薩摩藩の単独行動によって、幕府の立場の危うさを露呈する結果となった。

◆

第4回パリ万博

第1回ロンドン万博（1851年）に対抗して1855年にパリ万博を開いたナポレオン3世は、第2回（1867年）の開催も決め、ヨーロッパ以外の国々へも参加を求めた。1865年、駐日公使ロッシュ経由で15代将軍・徳川慶喜にも、出品と国家代表者参列の要請が届く。当時、薩英戦争（1863年）などで欧米の力を思い知った慶喜は、開国姿勢に転じフランスとの関係を深めていた。翌年、弟の昭武（1853〜1910）を名代として万博に参加することを決定し、ロッシュの協力のもと、芸術作品や家具、服飾、農産物など様々な出品物を集める。さらに、独占的貿易政策への批判をかわす意図から諸藩にも出品を呼びかけ、薩摩と佐賀両藩が幕府の統括する展示に参加することを表明した。しかし、薩摩藩は1865年から留学生を含む五代友厚（1836〜1885）ら19名をイギリスに送り、ベルギー人モンブラン伯爵の助力を得て、あたかも独立国家のように「薩摩・琉球国」としての出品を画策していた。いち早く会場に乗り込んだ薩摩藩は、出品目録や展示ブースの国名表示、ナポレオン3世への独自の勲章の贈呈など、ことごとく幕府の先回りをした。幕府と薩摩・佐賀両藩の展示が同列扱いになっていたこともあり、主権をアピールしたい幕府の思惑とは裏腹に、その権威への懐疑が広がることになる。

ところで、徳川昭武は当時14歳、警護役として水戸藩士7名が選ばれ、その取りまとめ役として加わったのが、かつて過激な尊王攘夷論者であった渋沢栄一（1840〜1931）だった。彼には有能な実業家的手腕も期待されていた。渋沢は、担当の庶務・会計についてその能力を発揮し、資金難の使節のため経費削減に努め、出品物の売却等の事後処理も行った。

さて、博覧会場では、幕府が巨費を投じて制作した飾馬に乗る武者人形が話題を呼び、江戸商人が連れてきた3人の芸者が茶屋で日常生活を再現してみせてパリっ子の人気をさらった。また、薩摩や佐賀藩出品のものも含めて、刀剣、和紙、書籍、錦絵（浮世絵）などの絵画、絹製品、漆器、陶磁器など、美術・工芸品の精緻な造りは来場者を驚愕させた。特に、和紙・絹製品・漆器は高く評価され、グランプリが授与されている。

幕府による万博参加は、ジャポニスム流行の本格化と日本の工芸品の輸出需要を生み出し、その後の明治政府下での万博参加や工芸輸出政策の基礎となるなど大きな影響を及ぼした。

┌ 豆 知 識 ┐

1. 渋沢栄一は、万博随行員としての使命を果たすかたわら、1年半ほどのパリ滞在中に、経済の理法や会社組織の実際、金融の仕組みなどを調査・研究した。それらが、後の近代的企業の設立、租税制度や貨幣制度等の改正・改革へとつながることになった。

235 経済 西洋との貿易の影響

　1859年、横浜・長崎・箱館の３港で貿易が始まるが、大消費都市の江戸や、生糸の生産地である関東や甲信地方、茶の生産地の静岡を背後に控えた横浜の取引量は、他の２港に比べて圧倒的に大きかった。また、国別では、南北戦争で国内が混乱したアメリカをはるかにしのいで、輸出入ともにイギリスが最大の相手国になった。

◆

　輸出入品の取引は、外国人に対して居住や営業の自由を許可した「居留地」でのみ行われた。外国商人と、輸出では日本人の売込商（各地の輸出品を取り扱う貿易商）、輸入では引取商（輸入品を買い取り売りさばく日本人商人）との間で、銀貨が用いられた。日本からの輸出は、生糸が80％に及び、次いで茶、蚕卵紙、海産物などがあり、輸入品は、毛織物や綿織物などの繊維製品が70％を超え、次いで武器・軍船などの軍需品が多かった。貿易額は急激に増大し、当初は輸出が多かったが、1866年の改税約書で輸入関税が一律５％になると輸入超過に陥った。

　生糸や茶の輸出が激増すると国内物資の不足を招き、商人の買い占めなどもあって物価は急激に高騰した。輸出商品の産地と直接結びついた在郷商人が、問屋を通さず直接商品を開港場に送ったので、大都市の問屋商人を中心とする特権的な流通機構は次第に崩れていった。そこで幕府は、物価抑制を理由に貿易を統制するため1860年、雑穀・水油・蠟・呉服・生糸の重要５品目は、必ず江戸の問屋を経て輸出するよう命じた（五品江戸廻送令）。しかし、在郷商人の抵抗と外国商人の反対で、効果は上がらなかった。

　また、金銀の交換比率が、外国では１対15、日本では１対５と著しい差があったため、外国人は銀貨を持ち込んで日本の金貨を安く手に入れ、その差額で大きな利益を上げようとした。そのため、10万両以上の金貨が海外に流出する。幕府は金の含有量を大幅に下げた万延小判を鋳造して金貨流出は止まったが、貨幣の実質価値が下がった。さらに同時に作られた万延二分金と併せて約5000万両が市中に流れてインフレが進み、物価高騰にますます拍車がかかる。

　こうして生活を著しく圧迫された下級武士や庶民は貿易に対する反感を強め、反幕の機運が高まるとともに激しい攘夷運動が起こる一因となった。外国人殺傷事件も相次ぎ、1861年、ハリスの通訳ヒュースケン（1832〜1861）が暗殺され、1862年には「生麦事件」（「薩長同盟」231ページ参照）、さらに、品川御殿山に建設中のイギリス公使館を高杉晋作・久坂玄瑞らが襲って焼いた「イギリス公使館焼打ち事件」などが起こった。

豆知識

1. 輸出の品目にある「蚕卵紙」というのは、一つの紙をいくつかの桝目に区切り、その上に丸い蛾輪をのせ、中に１匹ずつ蛾を入れて卵を産みつけさせたものだ。当時、ヨーロッパ(特にフランス、イタリア)では蚕の病気が流行り、日本から蚕卵を輸入して養蚕業の回復を図ろうとしたのである。
2. この頃の攘夷熱は大きく広がり、まもなく新１万円札の顔になる渋沢栄一でさえ、1863年、親戚の尾高惇忠・渋沢喜作らと、横浜を焼き打ちして外国人を皆殺しにする計画を立てたほどだった。家業の藍玉商売の売上金をこっそり流用して武器を買い集め、同志を募るなど計画を進めていた。幸いにもこの計画は中止となるが、もし実行されていたら、その後の栄一の活躍はなかった。

236 暮らし・信仰 ｜ ええじゃないか

　幕末の社会不安は、世直し一揆や打ちこわしなど、様々な形の民衆運動として現れた。「ええじゃないか」もその一つだといえよう。三河吉田を皮切りに、東海道筋から関東・近畿・中国・四国にわたる広い範囲に瞬く間に広がった。

◆

歌川芳幾（落合芳幾）『豊饒御蔭参之図』

　開国にともなう物価高騰など経済の混乱や政局をめぐる対立抗争は、社会不安を大きくし、世相は極めて険悪になった。世直しを叫んで蜂起する世直し一揆や都市部での打ちこわしなど、民衆の幕府に対する不信も形となって表れていた。

　そんななか、1867年7月、東海道の吉田宿に伊勢神宮のお札が降り、8月に入って祭りや踊りが行われたのを最初に、民衆の熱狂的乱舞のムーブメントが起こる。東は横浜・江戸まで、西は京都・大坂から山陽道、四国にまで広がったが、政府の禁止令もあって、翌年4月頃にはほぼ終息した。お札降りを契機に民衆が群舞するという形は、伊勢参宮の「御蔭参り」（「湯治と巡礼」221ページ参照）と似ているが、そのほとんどは参詣することのない独自の動きであった。

　「ええじゃないか」はまず、お札などの降下に始まる。そのお札を祭壇に納めてお祀りし、祭壇の前では大盤振る舞いの祝宴が開かれる。奇抜な女装や男装をした老若男女が「ええじゃないか」とか「ちょいとせ」などと連呼しながら乱舞する。群衆は地主や富商の家に入り込んで物品や酒食を強要したりもした。こうした狂乱状態は3日2夜あるいは7日6夜などで終わり、降ってきたお札は神社の境内などに納められた。

　こうした動きは、民衆の世直しへの願望を宗教的な形で表現した行動だと考えられている。仕掛けたのは伊勢神宮の御師とも討幕派の志士ともいわれるが、確証はない。しかし実際のところ、この騒動における大規模な混乱は、討幕運動には有利に働いた。大政奉還があった10月以降の関西での「ええじゃないか」は、多分に政治的性格を帯びていたようで、京都や大坂では、取り締まりの町方役人まで巻き込むほどの騒ぎが続き、その騒ぎに守られながら、薩長討幕派や岩倉具視らの王政復古クーデターへの画策が進められたという。

　踊りながら唱える言葉は「ええじゃないか」だけでなく、地域によって様々であったが、主に近江以西で使われた「ええじゃないか」をとってそう呼ばれている。東では、豊年踊、御札祭、おかげ祭、おかげ踊、チョイトサ祭、ヤッチャロ祭などと呼んでいた。また、時代の転換期を迎え、行き詰まった世相や苦しい生活から救われたいと願う民衆に応えるかのように、この時期、黒住教や天理教、金光教などの神道系の民衆宗教（教派神道）も急速に広まった。

【 豆 知 識 】

1.「ええじゃないか」は各地でその呼び名もだが、囃子言葉も違っていた。例えば、「阿波踊り」のお国柄のためか、国全体が激しい興奮状態に包まれたという阿波では、「こいつ呉れてもええじゃないか／そいつあげてもええじゃないか／持って去んでもええじゃないか／着ものぬいでもええじゃないか／あたまはっても（頭を叩いてもの意）ええじゃないか…（後略）」と囃された。また、「日本のよなおりはええじゃないか／ほうねんおどりはお目出たい」といった言葉もあったという。

237 人物 徳川慶喜

　江戸幕府を終わらせた最後の将軍が、徳川慶喜（よしのぶ）（1837～1913）だ。長身で男前、それでいて「英明さ」を見込まれて、傍系の血筋から第15代将軍として選ばれた。29～30歳に将軍職につき、近代的君主制を目指していたが、引退後は表に出ることがなかった。

◆

徳川慶喜

　1837年に、水戸藩主・徳川斉昭の七男として江戸小石川の水戸藩邸に生まれる。幼名は七郎麿（しちろうまろ）・昭致（あきむね）といい、11歳で一橋家（ひとつばし）を継いで慶喜と名乗った。1857年から第13代将軍継嗣問題（「安政の大獄」225ページ参照）が公然となり、ペリー来航以来、強力な将軍が望まれた。慶喜を推す松平慶永や島津斉彬ら改革派雄藩の一橋派と、徳川慶福（よしとみ）（家茂）（いえもち）を推す保守派譜代中心の幕閣の南紀派が争ったが、1858年4月に譜代筆頭の井伊直弼が大老になり、慶福を世子に独断で決定した。また勅許を得ずに日米修好通商条約に調印したことに、慶喜は、実父・徳川斉昭、尾張藩主・徳川慶勝らとともに臨時登城して井伊大老に問責したため、安政の大獄で謹慎の処分を受けた。その後も尊王攘夷派の大量処分が行われたため、1860年に急進派志士らが怒り、桜田門外で井伊大老が暗殺された。のち幕政が宥和（ゆうわ）方針に変わり慶喜らの謹慎が解かれた。

　1862年、公武合体を目指し慶喜を将軍に押す薩摩藩の島津久光は、勅使（天皇の使者）である大原重徳に随行して江戸に出た。幕府に幕政改革を迫り、勅命で慶喜が将軍家茂の後見職についた。こうして実権を握った慶喜は、政事総裁職についた松平慶永とともに幕政改革にあたり、開国を説くべく上洛するが、かえって攘夷日を5月10日と決定されてしまう。翌年の八月十八日の政変で、尊攘派の長州藩や公家が追放されると、慶喜は上洛し、将軍後見職から新設の禁裏御守衛総督（京都御所の警護長官）に任命された。京都守護職の松平容保と京都所司代の松平定敬（さだあき）との3名からなる一会桑体制（いちかいそう）で京都の治安維持などの政策を行い、有力な公家と協調して朝廷に勢力を伸ばした。

　禁門の変の後、第1次長州征討（「長州征討」232ページ参照）を経て1865年5月に将軍・家茂が上洛し大坂城に入る。翌年6月に長州再征の勅許が下り第2次長州征討が始まるが、薩長密約によって薩摩藩は出兵せず、7月に家茂が病死したので戦闘中止となった。

　12月に慶喜が第15代将軍となり、フランス公使ロッシュの意見にそって幕政改革に取り組むも時すでに遅かった。同月、孝明天皇が亡くなると、翌1867年に明治天皇が即位する。倒幕を目指す公家の岩倉具視も動き出した。10月に薩摩・長州に倒幕の密勅が下がり、同時に土佐藩主・山内豊信の建白によって慶喜は大政奉還を行う。だが12月に王政復古のクーデターがあり、徳川家の辞官納地が決まる（「大政奉還」238ページ参照）。1868年正月、慶喜は鳥羽・伏見の戦に敗れ、大坂から海路で江戸に帰還し、上野寛永寺に謹慎した。江戸城が開城になると水戸へ移り、徳川宗家の家督を田安亀之助（たやすかめのすけ）に譲ってさらに駿府（すんぷ）に移った。時に31歳。その後四十数年、隠居生活を送った。

238 文化・芸術 | 芝居小屋

「芝居小屋」へ出かけて芝居（歌舞伎）を見物することは、江戸の庶民にとって最大の娯楽だった。芝居小屋を中心に、そこで演じる役者も周辺の賑わいも、庶民にとっては贅沢で華やかな夢の世界だったが、為政者にとっては時に弾圧の対象となった。

◆

歌川広重『東都繁栄の図（中村座）』

「芝居」とは、もともと劇場の客席を指した。初期の芝居小屋は屋根を持たず、竹を組んだ上にむしろを被せた虎落で囲み、中央に構えた櫓の下に2カ所の出入口（鼠木戸）を設けただけの簡素な造りだった。中は、能舞台のような屋根付き舞台の三方を露天の見物席の「芝居」（土間）が囲み、その周りを屋根付きの特等席「桟敷」が囲んでいた。芝生の見物席という意味の「芝居」が、やがて劇場全体を、さらにはそこで演じる劇そのものや役者の演技をも指すようになる。時代が下ると芝居小屋は板囲いになり、舞台のサイズも大きくなるが、小屋全体の屋根が許されたのは、1718年になってからだった。しかしその後は、防火の観点から瓦葺きが推奨される。客席を貫いて舞台につながる「花道」が常設されるようになったのも享保10年代頃（1725〜1734）だ。同時期、土間も板敷きになり、枡席に区切られるようになった。江戸中期には舞台機構も発達した。例えば「廻り舞台」は1758年、大坂の歌舞伎作者・初世並木正三の創案による。ところで、江戸時代の芝居は限られた場所でのみ、幕府の許可制で興行を許された。芝居小屋周辺には、小屋付きの芝居茶屋や数々の見世物小屋、役者や芝居関係者の住まい、本屋や煙草屋、菓子屋、飲食店などの商店が集まり、芝居小屋を中心とした「芝居町」と呼ばれる一大歓楽街となる。吉原遊郭とともに悪所と並び称されたゆえんである。17世紀半ば以降、中村座・村山（市村）座が堺町・葺屋町（現在の日本橋人形町の辺り）に、山村座・森田座が木挽町（現在の銀座の辺り）に集められ、この2カ所が江戸の芝居町となった。四座の競演が元禄歌舞伎の発展を支えたのだが、1714年、大奥大年寄の絵島が将軍生母・月光院の代参（他の人の代わりに寺社へ参拝すること）の帰途、山村座で人気役者の生島新五郎と密会したことが発覚して処罰された「絵島生島事件」によって山村座は廃絶、以降は、世襲の興行権が与えられた「江戸三座」制が続いた。1841年に起きた火災をきっかけに、天保の改革（「天保の改革」217ページ参照）の一環として三座は、当時は辺鄙な土地だった浅草聖天町に強制的に移転させられる。猿若町と名を変えた町の一丁目に中村座、二丁目に市村座、三丁目に森田座（当時は控櫓の河原崎座）が並び、瞬く間に繁華な歓楽街となって明治になるまで繁栄した。

豆 知 識

1. 幕府に興行を許された芝居小屋（座）は、まず小屋に櫓をつくり、そこに座の定紋を白く染めぬいた櫓幕を引き回す。それが官許の興行権所有の印だったのだ。ここから、興行権を与えることを「櫓を許す」、興行を開始することを「櫓を上げる」といった。
2. 裕福な家の子女の芝居見物は1日がかりの一大イベントだった。朝4時頃から支度にかかり、着飾って朝日に輝く隅田川を屋根舟に乗って浅草へ。提灯を掲げた芝居茶屋の迎えで座敷に上がり、開幕の合図とともに、予約しておいた桟敷席に案内される。芝居の幕間には茶屋の座敷に戻っては、衣装替えをしたり、菓子や寿司、果物などをつまんだりする。午後6時頃芝居がはねると、芝居茶屋で夕食のご馳走を食べ、午後10時頃に帰宅したという。

239 政治｜明治政府

　　天皇を中心とした中央集権的国家体制の基礎を固めることが、明治新政府の当面の課題であった。そこで封建的支配体制を解体した後、政局の動揺を抑え、公家・諸侯・諸藩士を新政府のもとに集結させる目的で、新しい国家としてのコンセプトを天皇自らが神に誓う「五箇条の誓文」が宣言される。明治維新のスタートである。

◆

五姓田芳柳画『遷都東幸』江戸城受け取り（西丸・大玄関）

　　1868（明治元）年3月、戊辰戦争の終結も見ないうちに、天皇が群臣を従えて神々に誓うという形式で「五箇条の誓文」が宣言された。政治参加の範囲を広げ、議論の場を設けて合意を形成する「公議輿論」の尊重、旧習の打破、開国進取など新しい政治の基本方針と、天皇を国家の中心とする政治理念が国内に示されたのである。翌日、一般庶民に対して「五榜の掲示」（高札）で、五倫の道を説き、徒党や強訴、キリスト教の禁止など、旧幕以来の儒教道徳を引き継いだ教学政策を掲げたが、すべて5年以内に撤廃される。

　　さらに4月、誓文の方針を具体化する「政体書」が公布され、官制改革が実施された。1867年の王政復古の大号令によって定めた三職制から、天皇親政の方針に沿い、さらにアメリカの制度をモデルとした三権分立による太政官制（七官制、1869年4月からは八官制）に改編して、権力の集中を図ったのだ。行政官（行政）、刑法官（司法）、議政官（立法）を上官とし、行政官の下に神祇官・会計官・軍務官・外国官が置かれ（のちに民部官も設置）、議政官の下に、上局・下局を設置し、上局には議定と参与が配置された。実際には、上局参与に大久保利通・木戸孝允ら実力者が就任して行政各官の責任者も兼ねたりしたので、会議機関として十分機能はしなかったが、下局は翌年3月、公議所と改称され（7月には集議院と改称される）、各地方から選ばれた貢士（公議人）が集まる論戦の場となった。太政官制は、翌年の版籍奉還（諸藩主が土地と人民を返上した改革）後に二官六省制に改編され、さらに廃藩置県（1871年、「廃藩置県」249ページ参照）後には、正院・左院・右院からなる三院制となった。その後、1875年に左院と右院は廃止されるが、1885年の内閣制度の制定まで太政官制は続く。中央官制が整えられると、1868年7月に江戸は東京と改められ、8月には明治天皇（在位1867～1912）の即位の礼が行われ、9月、明治と改元された。このときに一世一元の制（天皇一代の間に元号は一つにして変えない制度）が立てられる。さらに、10月、明治天皇が東京行幸を行い、翌年初めには政府も移って東京遷都が断行された。まさに五箇条の誓文の文言「旧来の陋習を破り」、人心一新を図ったわけである。こうして、明治新政府は、欧米先進列強諸国と肩を並べる近代日本の建設を目指す第一歩を踏み出した。

【 豆知識 】

1. 五箇条の誓文は「広ク会議ヲ興シ万機公論ニ決スヘシ」「上下心ヲ一ニシテ盛ニ経綸ヲ行フヘシ」「官武一途庶民ニ至ル迄 各 其志ヲ遂ケ人心ヲシテ倦マサラシメン事ヲ要ス」「旧来ノ陋習ヲ破リ天地ノ公道ニ基クヘシ」「智識ヲ世界ニ求メ大ニ皇基ヲ振起スヘシ」の5項目である。

240 争い｜台湾出兵

　明治新政府へと移行し、近隣対外課題には、清国・朝鮮との外交通商条約、ロシアとの領土確定、琉球の処遇などが急がれた。そんなとき、漂流琉球民の殺害事件が台湾で起こった。

◆

　1871年に、琉球・八重山島民が台湾南東岸に漂着し、54名が原住民に殺害される事件が起こった。琉球を管轄する鹿児島県参事・大山綱良（1825〜1877）は政府に責任追及の出兵を上申した。さらには1873年には台湾に漂着した備中柏島村の乗組員4名が略奪を受ける事件が起こり、台湾征討の声が盛り上がった。特命全権大使として外務卿・副島種臣が清国外務局に問いただすと、原住民は「化外」であり清国の統治外にあると責任を回避した。

　一方で、1874年には、有能な司法卿だった江藤新平が征韓論争（朝鮮の武力開国論争）（「征韓論」254ページ参照）に敗れ下野し、征韓党首領となって佐賀県庁を襲撃するなど蜂起した（佐賀の乱）。大久保が全権を任され、西郷従道（西郷隆盛の弟）が指揮して鎮圧したが、各地に不平士族（士族特権が廃止され政府に不満を持つ旧士族）の反乱（「四民平等」256ページ参照）があいついで起こり、対策は急務だった。

　外交顧問となった前アモイ駐在アメリカ領事ル・ジャンドル（1830〜1899）の、「台湾の東半分は清国領でなく植民地化できる」との進言もあり、新政府は台湾出兵にふみきったが、征台方針については政府内に齟齬があったようだ。征韓論争に敗れながらも、政府に居残った大隈重信（1838〜1922）、西郷従道らは積極的で、台湾を領有して士族植民をもくろみ、対清開戦も懸念されていた。大久保、木戸らはそれには反対だった。イギリス公使パークスとアメリカ公使ビンガムから、清政府への無断出兵に異議が出され、大久保は延期を決めるが、征台総督の西郷は独断で先発隊を送った。結果、日本軍3650名が台湾に上陸し、南東部に位置する牡丹社原住民を半月で制圧した。約5カ月駐留し、戦死者12名に対して、風土病・マラリアなどの病死者約660名というありさまで、植民地化など程遠いものだった。

　当然、清国は日本の行動に対して抗議し、撤兵要求をしてきた。フランス人法律顧問ボアソナードをともない、大久保自ら全権委任をもって北京入りして交渉したが、清国側は意に介さず難航した。開戦もやむなしとされたが、清の政治家・李鴻章（1823〜1901）の意見を取り入れ仲裁した駐清イギリス公使ウェード（1818〜1895）によって、出兵を「義挙（正義のために起こした行為）」と認めさせて、遭難民見舞い金50万両を払うことで講和を結んだ。こうして八重山島民は日本の保護下となり、琉球の日本領有化を有利にした。新政府として初の海外派兵であった。

豆知識
1. 佐賀の乱の直前の1874年1月に、高知県の士族9名に右大臣の岩倉具視が襲われる事件があった。外堀に落ちて命拾いしたが、この事件をきっかけに不平士族の問題を、岩倉をはじめ、政府首脳も身近に感じたに違いない。

241 外交 | 岩倉使節団

初期明治政府の大きな外交課題の一つに、欧米諸国との不平等条約の改正があった。そこで、1871年11月、条約改正の予備交渉と、欧米各国の国情視察を目的に、右大臣・岩倉具視を特命全権大使とする使節団を派遣する。随行者や留学生も含めると100名を超える大型使節団だった。欧米12カ国を歴訪してアジア経由で帰国したのは、約2年後の1873年9月である。折しも征韓論争をめぐって、政局は風雲急を告げようとしていた。

◆

岩倉使節団

使節団には、副使として参議・木戸孝允、大蔵卿・大久保利通、工部大輔・伊藤博文、外務少輔・山口尚芳（1839〜1894）といった政府の中心人物たちも参加していた。また、国際的な知識を持つ旧幕臣や有能な人材を起用し、総勢46名、平均年齢は約30歳と若かった。

まず、ワシントンで不平等条約の改正の予備交渉に入ったが、法体系の未整備など、日本の近代国家としての諸制度がまだ確立されておらず、副使の大久保が全権委任状をとりに帰国するといった不手際もあり、国力の差の前に挫折する。そのため、使節団はもっぱら、欧米の制度や文物を視察することにした。政治、経済、産業、軍事、社会、文化、思想、宗教などあらゆる分野にわたって制度・文物を詳細に見聞し、立憲政治の発展、産業の振興、自主の精神の実現などに裏打ちされた欧米諸国の充実した国力と、日本の立ち後れを痛感する。1年9カ月にも及ぶ視察で、彼らが何を見、何を感じたかは、その公式報告書『特命全権大使米欧回覧実記』（久米邦武編、全100巻［5編5冊］、1878年刊）に詳しい。こうして、西洋文明の実態を克明に観察し、大いに刺激を受けて帰国した大久保らは、その後「富国強兵」と「殖産興業」の重要性を再認識し、欧米列強を目標とする近代化政策を急速に推し進めていく。

ところで、使節団に同行した留学生の中には5人の少女がいた。のちに陸軍卿・大山巌と結婚して「鹿鳴館の貴婦人」と呼ばれる山川捨松（12歳）、女子英学塾（現・津田塾大学）を創設し、女子教育の発展に貢献した津田梅子（8歳）、海軍大将・瓜生外吉と結婚し、官立の東京音楽学校（現・東京藝術大学）と東京女子高等師範学校（現・お茶の水女子大学）で音楽教育に尽力した永井繁子（10歳）と、吉益亮子（15歳、眼病で翌年帰国）、上田悌子（15歳、病気で帰国）だ。アメリカ人家庭にホームステイして学び、10年以上に及ぶ留学生活を送った。他には、金子堅太郎、団琢磨、中江兆民らがおり、多彩な顔ぶれだった。

＿＿＿＿ 豆 知 識 ＿＿＿＿

1. 政府の主要メンバーが使節団に加わったため、その間の政府を「留守政府」と呼ぶ。留守政府は新たな政策を実施しない約束だったが、徴兵令や地租改正など重要政策を実施する。それに対する士族や民衆の反発を征韓論で突破しようとするが、帰国した大久保・伊藤らは国内政治の整備が最優先であるとして対立、西郷隆盛ら征韓派の参議（留守政府）は一斉に辞職した（明治六年の政変）。

2. 使節団は多くの人物と会見しているが、なかでも鉄血宰相・ビスマルクとの会見には強烈な印象を受けた。ドイツ皇帝・ウィルヘルム1世に謁見した際、ビスマルクは一行を会食に招き、プロイセンがいかにして欧州列強の弱肉強食のなか発展したかについて熱弁を振るった。一同は感銘を受け、特に大久保は強い影響を受けたという。

242 経済 | 地租改正

　近代国家を目指す明治政府は、様々な改革を進めていったが、それには多額の経費を必要とするため、財政の安定化が急務であった。これまで通り歳入のほとんどを農民が米で納める年貢でまかなっていたものの、地域ごとに税率もまちまちで、そのうえ米価の変動で歳入は不安定であり、長期的な財政計画が立てられなかった。そこで、国家財政の基盤を固めるために、統一的な土地制度・租税制度の改革に取りかかった。

◆

地券

　まず政府は、経済・商業の自由な発展を妨げる諸制度を撤廃した。株仲間（「株仲間」220ページ参照）の解体による売買の自由許可、一般農民に対する米販売の許可、関所の廃止、田畑勝手作（かってづく）りの許可、職業の自由公認などである。また、土地制度を改革するために、田畑永代（えいたい）売買の禁止（「田畑永代売買禁止令」171ページ参照）を解き、地価を定め、土地所有者に対してその土地の所在・地種・面積・価格・持ち主などを記載した「地券（ちけん）」を交付して、旧領主ではなく地主・自作農の土地所有権を認めた。これによって、土地に対する単一の所有権が確定し、近代的土地所有制度が確立したのである。

　次に行ったのが、地券制度をもとにした地租（ちそ）改正である。1873年、地租改正条例が公布された。その内容は、①地価を課税の標準とする（これまでは収穫高が標準）、②税率を地価の100分の3（3％）とし、原則として豊凶によって増減しない、③貨幣によって納入する（これまではほとんどが現物納）、④地租負担者は地券を交付された土地所有者とする、などであった。

　地租改正事業は、1880年頃まで数年間をかけて全国に実施され、政府は安定した財源を確保することができた。しかし、歳入を減らさない方針だったため税率が高く、農民にとっては幕藩時代と変わらない重税だったので、各地で地租改正反対一揆が続発した。1876年には、茨城県（真壁（まかべ）騒動）や、三重・愛知・岐阜県などで数万人規模の農民一揆（伊勢暴動＝東海大一揆）が起こる。農民一揆と不平士族（「四民平等」256ページ参照）の反乱との結合を恐れた大久保利通の意見で、翌年、地租率は100分の2.5（2.5％）に引き下げられた。

　これにより、農民の負担は江戸時代の年貢に比べて約20％の軽減となり、また、1870年代末から80年代初めには米価が大幅に上昇したので、農民の実質的な地租負担はかなり軽減され、その生活にもゆとりが生まれた。しかし、土地を持たない小作人は、地主への現物納に変わりはなかったので、米価上昇による利益はなく、地主の取り分を増やすばかりだった。

【 豆 知 識 】

1. 国税総額に占める地租の割合は、1875年は85.1％、1876年は83.2％と非常に高かった。税率が下がった1877年は、国税総額自体が大きく落ちこんだが、地租の割合は82.3％と高いのは変わりない。1890年以降には、所得税や様々な間接税の割合も増加してくるが、地租は政府の重要な財源であり続けた。
2. 伊勢暴動は、最大の地租改正反対一揆だが、当初は三重県の農民が基準米価の改定などの嘆願を繰り返していたにすぎない。それが12月19日、ついに蜂起して、近隣の県にも飛び火し、激しい打ちこわし・焼き打ちに変わった。結局12月24日には鎮圧されたが、翌年の地租税率引き下げにつながったので、「竹槍でドンと突き出す二分五厘」などといわれた（後日の東京日日新聞で「竹槍でちょいと突き出す……」と報じられたとする研究もある）。

243 暮らし・信仰 | 廃藩置県

　戊辰戦争（「戊辰戦争」239ページ参照）に勝利した新政府は、旧幕府領や幕府側の諸藩の領地を没収・削減して府と県を置いたが、依然としてまだ藩による各地の支配は残っていた。天皇を中心とする中央集権体制の近代国家を樹立したい新政府は、藩を廃止して県を設置する「廃藩置県」を断行した。

◆

　新政府にとって、欧米列強の圧力に対抗して近代国家を作るには、藩による封建体制を打破する必要があった。その手始めが「版籍奉還」である。これは、諸藩主が領地（版）・領民（籍）を天皇に返上することであり、その計画・実行の中心人物は、大久保利通と木戸孝允であった。彼らの強い勧めにより1869年、薩摩・長州・土佐・肥前の藩主が揃って版籍奉還を申し出で、次いで諸藩主もこれにならった。新政府は申し出を認め、旧藩主を改めて知藩事に任じ、石高に代えてその10分の1を家禄として支給、藩政にあたらせた。これにより、従来の藩主は形式的には中央政府の行政官となり、中央集権体制が一応は強化されたが、実質的な効果はさほど上がらなかった。

　そこで、中央集権の実を上げるために、明治政府は薩長土3藩から1万の兵を東京に集め、政府直属の御親兵として軍事力を固める。次いで、長州の木戸孝允、薩摩の西郷隆盛、土佐の板垣退助（1837～1919）、肥前の大隈重信（1838～1922）ら各藩の実力者を集めて参議に据えた。そして、大久保・西郷・木戸らが密かに計画を進めて、1871年7月14日、政府は「廃藩置県の詔」を発して、一挙に藩を廃止して県を設置した。同時に、これまでの知藩事を罷免して東京に住まわせ、新たに政府の官吏を派遣して県知事（のちに県令と改称し、1886年、再び知事と改称）に任命した。当初300以上あった県は、同年11月に大幅に統合整理されて、3府72県になった。こうして幕藩体制は完全に解体され、全国は政府の直接統治のもとに置かれることになったのである。

　ところで、政府から一方的に通告・実施されたこの大改革に対し、諸藩の抵抗はほとんどなかった。これには主に二つの理由がある。一つは、戊辰戦争によって多くの藩が負債を抱え、財政的に窮乏しており、政府に対抗するだけの経済的実力がもはやなかったことである。政府は、こうした藩の負債のうち、1843年以前のものは棄捐し、それ以降のものは政府の公債として引き継いだ。二つ目は、藩の側でも、欧米列強と肩を並べる国づくりをするには、中央集権体制の強化が必要だということへの理解が深まっていたことである。例えば、福井藩の藩校で物理・化学を教えていたアメリカ人教師グリフィス（1843～1928）が『明治日本体験記』に廃藩置県のときの福井藩の反応を記している。それによれば、使者が東京から到着したとき、福井には大きな興奮と動揺が起こった。しかし、知識や学問のある藩士たちは、異口同音にこれは日本のために必要なことだと語り、「これからの日本は、あなた方の国やイギリスの仲間入りができる」と意気揚々と話す藩士もいたという。

　　　　　　　　　　　　　┌ 豆知識 ┐

1. 廃藩置県による旧藩主の東京移住については、藩によって反応が違っていた。福井では、その出発を晴れ着で着飾った数千の領民たちが見送ったというが、岡山や島根などでは、強制的な旧藩主の東京移住に反対して、旧領民の間に一揆が起きている。

244 人物 | 大久保利通

　西郷隆盛、木戸孝允とともに「維新三傑」と呼ばれた大久保利通（1830〜1878）。大柄で野生的な親分肌の西郷、育ちがよく理想主義で剣豪の木戸に対し、長身でやせ型の大久保利通は、沈着冷静で、強靭な意志力を持ち、ときに大胆非情な謀略家だった。大久保なくしては、幕府は倒せても、維新後はなかったといわれる。

◆

　利通は、1830年8月10日、鹿児島城下高麗町の下級武士の家に生まれた。まもなく加治屋町に移り、この町内に3つ上の西郷隆盛がいた。以降、西郷とは同じ藩校で学び、盟友となる。17歳で出仕し、やがて西郷がまとめる島津斉彬を推す有志組（誠忠組）に所属すると、11代藩主・島津斉彬の藩政改革に尽くした。1858年に斉彬が急死し、直後に安政の大獄が起こると、誠忠組では「脱藩して井伊大老を討とう」と騒動が起きる。大久保は12代藩主・忠義の直筆慰留書でこれを抑え、それ以来大久保は藩政指導層と下士層を結ぶかなめとして、島津久光に引き立てられ、公武合体運動の先鋒役として京都入りする。

　大久保は、上司となる小松帯刀とともに様々な政治工作をし、公家の岩倉具視らの協力を得て、1862年に久光の1000余兵率いての上洛を実現させた。さらに勅使・大原重徳卿の江戸下向に久光一行らを随行させ、一橋慶喜と松平慶永の登用、将軍上洛、五大老の設置を幕府に迫った。すでに幕閣も弱腰で、これに従い雄藩協調になびいた。

　第2次長州征討時、幕府独裁再強化に反発する大久保と西郷は、薩長同盟を交わし長州藩の勝利に協力した。さらに翌1867年5月、大久保らは、長州藩の扱いと兵庫開港問題で、諮問機関として四侯会議（雄藩の実質的代表4名による合議）を企画し、雄藩連合へ政権奪取をもくろんだが、新将軍の慶喜の策略と執拗さに根負けして会議は終わった。この失敗から、選択肢は武力倒幕へと絞られた。この後、6月に土佐藩の後藤象二郎の呼びかけで、大政奉還と公儀政体を目指す薩土盟約を結んだ。10月には岩倉具視の策略で、薩摩藩・長州藩に倒幕の密勅が下るも、慶喜が大政奉還をしたことで、不発に終わった。そこで岩倉と大久保は王政復古のクーデターを起こし、徳川家の排除、天皇中心の中央政権化を一歩進めた。続いて起こった戊辰戦争で幕府は滅亡し、大久保は明治維新の中心的指導者となった。

　新政府において、利通は常に内政の中枢を握り、木戸孝允らとともに、版籍奉還や廃藩置県を断行し、幕藩体制を解体した。また、1871年には岩倉使節団の副使となって米欧先進国を視察し、イギリスの産業発展、プロイセンの軍事力と立憲君主制度などに強い衝撃を受けた。帰国して、征韓論にまとまる留守政府に、国内優先を主張し、西郷らの多くの閣僚の下野を黙認した。1873年には内務省を新設して、他省から地方行財政・警察・土木・労働・神道などの管轄を移管して内政全般を扱い、自身が内務卿となって徐々に独裁体制を築く。

　一方で、佐賀の乱や西南戦争などの士族反乱を徹底的に武力鎮圧したため、1878年5月14日、馬車で赤坂仮皇居へ向かう途中、紀尾井坂で、不平士族6名に斬殺された。享年47。幼なじみの西郷が49歳で自決してわずか半年後のことで、1年前に木戸は43歳で病死している。維新三傑がほぼそろって往生し、明治維新期の終わりを予感させた。

245 文化・芸術 | 近代小説の目覚め

　明治維新は、近代文学のテーマでもある、封建制の打破、個人の確立、自我の目覚めへの原動力となるが、だからといって、維新と同時に近代文学が登場したわけではない。むしろ維新以降にこそ、江戸文学からいかに脱皮し、新しい時代の文学を創出するかという課題が立ち上がった。やがて、西洋文学を学んだ2人の文学者によって、日本の近代文学は産声を上げる。

◆

坪内逍遥

　新しい時代が始まっても、江戸時代からの戯作文学が依然として人々に好まれた。その中で、開化の世相（「文明開化」263ページ参照）を描き出した仮名垣魯文（1829〜1894）の『西洋道中膝栗毛』『安愚楽鍋』などが生まれる。また、文明開化の風潮から、外国文学の翻訳小説が流行する。井上勤訳『魯敏孫漂流記』、川島忠之助訳『八十日間世界一周』などがそれだ。折からの新聞や出版業の発達によって、文学作品は広く国民の間で読まれるようになってくる。1880年前後の自由民権運動（「自由民権運動」259ページ参照）の高まりから、その政治思想の宣伝と啓蒙を目的とした政治小説が書かれた。矢野龍渓（文雄）の『経国美談』、東海散士の『佳人之奇遇』、末広鉄腸（重恭）の『雪中梅』などがその代表だ。

　1880年代半ばになると、西洋の近代文学の影響のもと、小説に芸術としての価値を見出そうとする考えが起こる。その口火を切ったのは坪内逍遥（1859〜1935）だった。英文学を学んだ逍遥は、その評論『小説神髄』で、伝統的な勧善懲悪の小説や功利的な政治小説を真っ向から否定し、ありのままの「世態風俗」を客観的に写す「写実主義」文学を唱えた。近代文学理論のさきがけである。自ら小説『当世書生気質』で実践を試みたが、残念ながら戯作調を脱しきれてはいなかった。

　ロシア文学を学んだ二葉亭四迷（1864〜1909）は、逍遥の考えを深め、現実そのままを写し取るのではなく、現実の奥に潜む本質をとらえることを説き、言文一致体で書かれた『浮雲』を発表した。自己に忠実に生きようとして、官僚社会からも家庭からもはじき出されていく下級官吏の苦悩を見事に描いた。内容も文体も新しい、まさに「近代小説」の誕生だった。しかし、『浮雲』は完成に至らず未完のままに終わり、世の中に十分に受け入れられたとはいえなかった。

豆知識

1. 1890年代は、それまでの急激な欧化主義に対する反動が現れた時代だった。文学の世界でも伝統を尊重する古典主義的な傾向が支配的になり、「硯友社」を率いた尾崎紅葉（1867〜1903）や、『五重塔』などを書いた幸田露伴（1867〜1947）の文学が広く受け入れられた。当時は「紅露」と並び称され、紅葉の『金色夜叉』は明治期最大のベストセラー小説となった。2人とも井原西鶴に学び、その伝統を受け継ぐ姿勢を示した。
2. 逍遥は『小説神髄』の中で「小説の主脳は人情なり、世態風俗これに次ぐ。（中略）人情とは人間の情慾にて、所謂百八煩悩是れなり」と説いた。

246 政治｜富国強兵

　東アジアへ進出する欧米列強に対抗するために、さまざまな課題が日本に突きつけられた。軍事力を背景とした列強外交に負けないための国力充実が緊急の重要課題であり、特に明治初期には「富国強兵」のスローガンのもと、経済面、軍事面での西欧化、庶民生活の近代化（文明開化）が国民的目標として叫ばれ、庶民にも浸透していった。

　幕末期にも、富国強兵をスローガンに、経済改革、軍事改革などが幕府・諸藩それぞれに進められたが、本格的に国家政策として一体化されたのは維新政府として統一されてからである。

　「富国」とは殖産興業政策で、金融・銀行などの資本主義的制度の導入や、近代技術を取り入れた諸産業の保護育成、通信・交通・流通などのインフラ整備も必須だった。幕府や諸藩が、幕末に殖産興業に励み、設立していた工場や鉱業施設や造船所などを、明治新政府は官営として引き継ぎ、また多額の資金を投じて、富岡製糸場などさまざまな官営工場を設立し、北海道には開発拠点となる開拓使をおいた。西洋技師を雇い入れ、留学生を送り、西洋技術の導入とともに、生産用機械も輸入し、産業育成に尽力した（「殖産興業」262ページ参照）。

　「強兵」は、徴兵令の発布と、近代的軍隊編成による陸海軍の建設を指す。長州での奇兵隊（「薩長同盟」231ページ参照）の創立と歴戦経験を持つ大村益次郎が、新政府になったころから兵部大輔として軍制改革を図り、国民皆兵による常備軍創成を立案していた。ところが1869年に大村が暗殺され、同じ奇兵隊出身の陸軍卿・山県有朋が引き継いで具体化した。1872年に徴兵告諭を出し、1873年徴兵令を公布した。身分に関わりなく20歳以上の男子に3年間の兵役を義務づけたが、戸主とこれに準ずる長男や養子、官吏、官立学校生などは免役規定があり、その他の者も代人料270円で免役されたため、実質、富裕者は免除され、貧農の二・三男などがほとんどであった。元藩士中心の政府軍は、一般国民を基礎にした常備軍として編成された。しかし、軍隊経験のない農民や町民らから反対の一揆が起こったりした。のちに兵員確保の必要性が増して再三の免除縮小を行い、1889年発布の大日本帝国憲法で、兵役が「日本臣民」の義務とされ、徴兵忌避者に対する罰則も規定された。

　また1873年に内務省が設置され、地方行政制、国民生活全般の管理業務が他省から結集された。警察業務も司法省から内務省に移管され、各地方で巡査が募集され、旧士族や徴兵除隊者を引き受けた。巡査は地方業務につくが、時に巡査隊として西南戦争にも参加するなど予備軍としても役割を果たした。

◆

豆知識

1. 1872年に出た徴兵告諭に「血税」の文字があり、徴兵で血が搾られると早合点されたことが多かったという。そこから、徴兵反対の一揆は「血税一揆」と呼ばれた。

247 争い｜江華島事件

　明治政府の対外課題の一つに朝鮮外交があった。日本同様、朝鮮にも欧米列強が来航していたが、ことごとく追い払い、宗主国の清以外に鎖国政策をとっていた。日本は、明治新政府の成立を伝える国書を送ったが、明治政府の交渉態度に不満を抱いたのか、朝鮮は新政府の国書を受けとろうとしなかった。

◆

　鎖国を続けながら江戸時代には、将軍の代替わりごとに隣国の李氏朝鮮王朝から、12回の朝鮮通信使（「朝鮮通信使」191ページ参照）を盛大に迎え入れており、それらの仲介や交易のために対馬藩が釜山の倭館に駐在していた。倭館を通して、新政府は1868年にその成立を伝える国書を渡したが拒否され、さらに版籍奉還、廃藩置県に際して、外交や倭館の引き継ぎを伝えるも認めなかった。こうした朝鮮に征韓論が盛り上がり、岩倉使節団が外遊中の留守政府において西郷隆盛の朝鮮派遣まで決まるが、使節団の帰国後には政変が起き、西郷ら征韓派が総下野する事態になっていた（「西郷隆盛」236ページ参照）。

　しかし、同じ頃鎖国を続けていた朝鮮王朝が、大院君政権から閔氏にかわり対外政策を和らげ始めていた。この動向を探りながら、1874年から交渉を始めるが、尚もなかなか進捗せず、交渉にあたった外務省の森山茂は軍艦による圧力を要請した。

　このような経緯から、日本は1875年、航路研究名目で軍艦・雲揚に朝鮮半島西岸を巡らせた。首都ソウルに近い漢江河口の江華島沖で、飲料水を求めてボートから上陸しようとしたところ砲撃された。日本側もさっそく雲揚艦砲で応戦し、江華島の対岸にある永宗島に上陸して大砲37門などを奪い、さらには朝鮮人35名を殺害し報復した（江華島事件）。

　この事件を口実に、欧米列強に先がけて日本政府が朝鮮政府に開国を迫った。1876年に、日本の全権正使に参議の黒田清隆（1840～1900）、元老院議員の井上馨（1835～1915）が副使となり、戦艦2隻、輸送船4隻で、江華府にのぞんだ。儀仗兵（儀式、護衛のために政府高官などにつけられる兵隊）約200名、そのうち砲兵45名に最新兵器のガトリング砲4門を上陸させ、近代的軍事力を見せつけた。これらは、20年ほど前に日本が経験した、軍事力を背景としたペリーの「黒船外交」にならったものである。

　その結果、日本が一方的な不平等を強いた日朝修好条規（江華条約）が難なく調印され、釜山・仁川・元山の開港、日本側の領事裁判権、日本在外公館の設置、日本諸貨幣の流通、輸出入品の関税免除などが決められた。また、朝鮮は自主独立国を宣言し、清の宗主権を否定した。このとき、宗主国である清はイギリスと対立しており、さらなる日本との争いを避けたいため、清の李鴻章（1823～1901）からの容認指示勧告があったとされる。

豆 知 識

1. 黒田清隆は開拓長官だったが、1874年に北海道開拓の屯田兵を創設したばかりで、その指揮を任されて陸軍中将になっていた。輸送船4隻のうち3隻は開拓使の船で、上陸しなかった兵も含めた総勢800余名は海軍と開拓使の連合軍だったのだ。陸軍の不参加は、領土的野心のないことをアピールしたとされる。
2. 黒田清隆の「黒船外交」のために、外務卿・寺島宗則（1832～1893）がアメリカ公使ビンガムに、ペリーが下田に来たときのごとくの処置をしたいと言い、ペリーの政府に出した復命書を借り出したといわれる。

248 外交 征韓論

1868（明治元）年12月、維新政府は朝鮮に「大政一新」を知らせる外交文書「書契」を送った。ところが、その中で使われている「皇」や「勅」の文字は朝鮮の宗主国である清の皇帝だけが使える文字で前例に反するとして、朝鮮側は受け取りを断った。日本側は、外交文書を受け取らないのは無礼であるとして、鎖国排外政策をとる朝鮮を武力で開国させる方針を立てた。

◆

征韓論之図

江戸時代、徳川幕府と朝鮮政府との間では、朝鮮通信使が派遣されるなど、友好関係が保たれていた。「書契」事件後、朝鮮に対し武力で開国させ勢力を伸ばそうという征韓論が広がったが、対外戦争に取り組む財源はなかった。

1872年、釜山の倭館で、日本の外務省官吏と朝鮮側官吏との対立が激しくなった。倭館には密貿易を行う日本商人が出入りしていたが、朝鮮側は密貿易を禁止する。さらに朝鮮が倭館に日本を侮蔑する掲示をしたとの作為的な報告が日本に伝わった。

この頃、不平等条約改正に向けた予備交渉のため岩倉具視を大使とし、木戸孝允、大久保利通、伊藤博文らを副使とした一団が欧米に派遣されていた。留守政府では征韓論が主流を占め、参議だった西郷隆盛は自らを朝鮮に派遣するよう願い出た。交渉が決裂して自分が殺害されれば戦争が起こり、不満のたまる士族のエネルギーを外へ向けられると考えたのである。当時、徴兵令は不要という意見があったが、朝鮮や台湾に武力で向かうことでその必要性を示すこともねらいだった。1873年9月に帰国した岩倉使節団の岩倉、大久保、木戸らは、留守政府の即時海外派兵に対して内治優先を主張した。戦費を欠く今はその時期ではないという判断だった。太政大臣代理となった岩倉は、西郷派遣の閣議決定を天皇に報告する際、派遣反対の上奏文も提出し、派遣は無期延期となった。そのやり方に怒った西郷は参議を辞任し、板垣、副島、後藤、江藤らも下野した（明治六年の政変）。

1874年の台湾出兵後、明治政府は朝鮮に対して強硬姿勢に転じた。1875年9月20日、日本の軍艦雲揚号が朝鮮の首都漢城近くにある江華島の砲台を軍事的に挑発し砲撃戦が始まった（「江華島事件」253ページ参照）。このときの日本側の行動は、ペリーの江戸湾内への侵入を真似た行為だったが、それ以上に国際法違反で、無法な行動だった。

1876年2月、日朝修好条規が締結された。これは徹底的な不平等条約であり、釜山のほか2港の開港、日本人の往来通商を認めること、日本の航海者に随時自由測量と日本の領事裁判権を認めることが決められた。さらに付属条約と通商章程によって日本貨幣の流通、日本の輸出入商品への無関税も盛り込まれた。日本は朝鮮に対して、日本が欧米諸国にされたのと同じように小西欧として臨んだのである。

豆 知 識

1. 倭館は朝鮮が建て、滞在費も朝鮮が負担し、長崎の出島以上に厳しい規制が敷かれていた。
2. 冊封とは、中国の皇帝が、その一族や功臣、周辺諸国の君主に、冊をもって王、侯などの爵位を与えることをいう。この場合、「宗主国」である清と「朝貢国」である朝鮮との関係である。

249 経済｜国立銀行の設立

「国立銀行」誕生の立役者は、新1万円札の顔・渋沢栄一（1840～1931）である。国立銀行という名称は、一見、国有・国営の銀行を思わせるが、国の基準で設立された私営の民間銀行のことだ。アメリカのナショナル・バンク制度にならったので、訳語がそのまま名称にあてられたのである。

◆

第一国立銀行

欧米の先進資本主義列強と肩を並べる強国を作りたい明治政府が、経済面においてまずやらなければならないことは、貨幣・金融制度の確立であった。これまで、一般貨幣の他に藩札や外国貨幣など多種多様の通貨が存在し、さらに、財政難によって不換紙幣の太政官札や民部省札なども乱発されて、混乱をもたらしていた。これらを整理するため、1871年、伊藤博文（1841～1909）の建議によって、新貨条例が公布され、新貨幣を鋳造して金本位制を導入、円・銭・厘の十進法をとることが決まった。

また、金融・商業機関としては、これに先立つ1869年に半官半民の通商会社・為替会社が設立されたのだが、成功しなかった。そこで、海外の近代的な銀行制度の移植を図り、伊藤博文・渋沢栄一らを中心に、アメリカのナショナル・バンクの制度にならって、1872年、国立銀行条例を制定する。そして翌年から、商人・資産家・華族などに呼びかけて民間の出資を仰ぎ、東京の第一国立銀行（三井組・小野組の出資、1896年に第一銀行と改称）をはじめ、各地に民間の国立銀行が設立された。

当初、国立銀行には、資本金の60％まで兌換銀行券（紙幣）が発行でき、残り40％は正貨（金貨や銀貨）を準備して紙幣との兌換にあてることが義務づけられたため、設置は4行（第一国立銀行の他に、横浜に第二国立銀行、新潟に第四国立銀行、大阪に第五国立銀行）にとどまった。この条件が厳しかったため、1876年、条例を改正して正貨兌換義務を廃止し、資本金の80％まで紙幣を発行できることとした。これによって銀行の営業は活発となり、全国で銀行設置が急増し、1879年の京都で設立された第百五十三国立銀行まで続いた。兌換義務がなくなった銀行による不換紙幣の乱発はインフレーションを招いたが、同時に潤沢な産業資金を生み出すのには役立った。

その後、松方財政（「松方財政」273ページ参照）による日本銀行の開業（1882年）にともなって、翌年、国立銀行条例が再改正される。その結果、紙幣発行権は日本銀行に一本化され、国立銀行は徐々に普通銀行に転換させられた（1899年までに転換完了）。

豆知識

1. 新貨条例によって制度上は「金本位制」を採用したものの、実際には貿易用の銀貨も発行する「金銀複本位制」であった。これは、中国が銀本位制で、貿易の決済が銀で行われていたことが影響している。欧米では金本位制だが、日本は東アジアでの貿易が圧倒的に多かったため銀貨を用いた。そのため、実質的に金銀複本位制になったのである。
2. 国立銀行としての寿命はわずかだったが、国立銀行を母体とし、その名称も引き継ぐナンバー銀行が、今も各地に残っている。第四銀行（新潟市）、十六銀行（岐阜市）、十八銀行（長崎市）、七十七銀行（仙台市）、百五銀行（三重県津市）、百十四銀行（香川県高松市）だ。面白いところでは、第十九銀行と六十三銀行が合併した八十二銀行（19＋63で82、長野市）もある。名称を完全に変えて現在も継承されている旧国立銀行は意外に多い。

250 暮らし・信仰 ｜ 四民平等

　1869年の版籍奉還（「廃藩置県」249ページ参照）によって、藩主と藩士の主従関係は解消された。中央集権体制の強化を図る明治政府は、これを機会に封建的身分制度を大幅に改革する。旧大名や上層の公家を「華族」、一般の武士を「士族」とし、農工商ら庶民を「平民」に改めた。

◆

芳虎落款画『士族の商法』

　1870年、四民平等の立場から、政府は平民の苗字（名字）の使用を許可し、翌年には、華族・士族・平民間での結婚、職業選択や移転・居住の自由を認めた。

　また、いわゆる解放令を公布し、これまでの「穢多・非人」の呼称を廃止して、身分・職業ともに平民に同じとした。制度上での差別は撤廃されたが、それに見合う十分な施策は行われず、西日本では解放令に反対する農民一揆が起こった地域もあった。結婚・就職・居住・教育など様々な面で、実質上の社会的差別がその後も根強く続くことになる。

　かつての特権はなくなったものの華族・士族には依然として家禄などの俸禄（秩禄）が主に米給で支給されていた。徐々に削減・整理されつつあったが、廃藩置県後には約490万石に達し、諸藩の支払いの肩代わりをする政府の負担は、これだけで国家財政の30％にも及んだ。そこで、政府は「秩禄処分」に着手する。まず、1873年、秩禄奉還の法を定めて、公債や現金と引き換えに自発的に俸禄を返上させ、さらに1875年にはこれまで米給だった俸禄を貨幣での支給（金禄）にした。次いで翌年、金禄公債証書発行条例を制定して家禄制度を全廃する。これは、秩禄を廃止する代わりに年間支給額の5〜14年分の金額の「金禄公債証書」を交付し、5年間の据え置きを経て、6年目から抽選で償還を開始するというものだった。本来ならば、すべての士族に一斉に相応の現金を渡すのが理想的だったが、政府にはそれだけの資金がなかったため、証書を交付して毎年抽選で一部の対象者に償還するシステムで支出を平準化したのである（1906年に償還が完了）。ちなみに、1人当たりの償還額の平均は、華族が6万4000円余りだったのに対し、士族は500円足らず、利子収入も安かった。そのため、生活苦から金禄公債を早々に手放してしまう士族が多かった。同じ年には、軍人・警察官以外の帯刀を禁じる「廃刀令」も発布され、士族にとっては収入だけでなく、武士の象徴すらも失った。一部の士族は、官吏・教員・新聞記者などになって新しい生活を始めるが、多くの士族たちは、帰農したり、あるいは金禄公債を元手に商売を始めるものの、いわゆる「士族の商法」で大半が失敗し、その生活は困窮した。そのため、政府に不満を抱く「不平士族」が増加し、反乱を起こしたり、自由民権運動（「自由民権運動」259ページ参照）に走る者も現れた。これに対し、政府は士族救済策として、開墾・移住の保護奨励、官有地の廉価払い下げ、事業資金の貸し付けの「士族授産」を行った。

【 豆 知 識 】

1. 不平士族の反乱には、主なものとして、1874年の「佐賀の乱」、1876年の「敬神党（神風連）の乱」「秋月の乱」「萩の乱」などがある。その最大のものが1877年の「西南戦争」（「西南戦争」260ページ参照）であった。

251 人物 ｜ 板垣退助

　板垣退助（1837〜1919）といえば、遊説中の岐阜遭難事件での言葉「板垣死すとも自由は死せず」で有名だ。民撰議院設立建白書で国民の政治参加を主張、高知に立志社を結成して自由民権運動の指導者として活躍した。国会開設にともない、自由党を結成して総理（党首）となり、短命に終わったが、大隈重信と日本初の政党内閣（隈板内閣）を組織（1898年）した。

◆

板垣退助

　板垣退助は土佐藩士の長男として生まれ、旧姓を乾、名を正形という。退助は通称である。家督を継ぐと藩の要職を歴任するが、藩の公武合体路線とは相容れず討幕運動を進めた。1868（明治元）年の戊辰戦争では新政府軍高官として転戦、会津攻略に活躍する。この頃から板垣と名乗る。

　1871年、新政府の参議に任命され、岩倉使節団派遣後の留守政府を預かる。廃藩置県を断行して征韓論（「征韓論」254ページ参照）を唱えるも、帰国した大久保利通・木戸孝允らと対立し、1873年、西郷隆盛や後藤象二郎らとともに辞職した（明治六年の政変）。翌年、後藤象二郎・江藤新平（1834〜1874）らと愛国公党を結成するとともに、民撰議院設立建白書を提出し、高知で立志社を設立して民権思想の普及に努め、地租軽減、国会開設、条約改正を要求する自由民権運動の先頭に立つ（「自由民権運動」259ページ）。立志社は、のちの愛国社・国会期成同盟へと発展する民権運動の中心政社となった。

　1881年、国会開設が決定すると自由党を結成、総理に就任する。翌年4月、岐阜で暴漢に襲われ負傷したが、このとき、怪我をものともせず、有名な「板垣死すとも自由は死せず」と叫んだとされている。この言葉は自由民権運動のスローガンとして喧伝された。自由民権運動の広がりに対し、政府は様々な手段で取り締まるとともに党の弱体化を図った。同年11月から翌年にかけて、板垣は後藤象二郎とともに欧州に外遊するが、これも自由党の党勢をそぐための政府の差し金だったともいわれる。やがて、激化し暴走する民権運動に、正常な政党活動が困難になったとして、板垣は自由党を解党した。

　1890年、悲願であった初の国会開催を前に、板垣は再び愛国公党を組織して立憲自由党に合流し、翌年には自由党と改称して総裁に就任する。第一議会では、野党（民党）勢力を率いて行政整理を迫り、予算の大幅削減を要求して山県有朋（1838〜1922）内閣と対立したが、政府が民党側の要求を一部受け入れたことで、譲歩して妥協するに至る。しかし、第二議会以降は民党連合路線を守り、予算案審議においても譲歩しなかった。1896年、第2次伊藤博文（1841〜1909）内閣の内相を務め、その2年後には、自由党・改進党が合流して憲政党を組織すると、大隈重信とともに日本で最初の政党内閣となる隈板内閣（第1次大隈内閣）を作り、内相に就任した。1900年、憲政党を解散して立憲政友会に合流するのを機に政界を退いた。

━━━ 豆 知 識 ━━━

1. 岐阜遭難事件で板垣は、実際のところ例の名言をしゃべってはいない。当時の岐阜県御嵩警察署御用掛の上申書によれば、負傷した板垣は、起き上がり出血しながら「吾死スルトモ自由ハ死セン」との発言をしたという。

252 文化・芸術 │ 『たけくらべ』

24歳でこの世を去る樋口一葉（ひぐちいちよう）（1872〜1896）は、1894年末から亡くなる直前までのわずかな間に、最高傑作といわれる代表作『大つごもり』『たけくらべ』『にごりえ』『十三夜』『われから』を次々に発表した。この期間を研究者は「奇跡の14カ月」と呼んでいる。

◆

樋口一葉

『たけくらべ』は、文芸同人雑誌『文学界』（1893年創刊）に連載された（1895年1月〜1896年1月）。『文学界』には、北村透谷（とうこく）（1868〜1894）や島崎藤村（1872〜1943）らが参加し、ヨーロッパのロマン主義の影響を受けて人間の自由な感情を重視し、自我や個性の尊重と封建道徳からの解放を主張した（ロマン主義文学）。主観的な真実や理想を情熱的に追究したロマン主義の作品には、森鷗外（おうがい）『舞姫（まいひめ）』『即興詩人（そっきょうしじん）』、藤村『若菜集』、泉鏡花（いずみきょうか）『高野聖（こうやひじり）』、徳冨蘆花（とくとみろか）『不如帰（ほととぎす）』などがある。一葉は『文学界』同人らとの交流を通じて、西洋的な近代文学の教養を身に付けることができ、それが「奇跡の14カ月」につながった。

樋口一葉は、本名を奈津（なつ）という（夏子とも）。14歳で中島歌子の歌塾「萩の舎（はぎのや）」に学ぶ。本が好きで親孝行な娘だったという。一葉の父はいわゆる没落士族で、父と長兄に先立たれ、女相続戸主となる。一葉は、貧困にあえぎながら母と妹を守り、東京の本郷・神田・下谷界隈に転々と居を移した。19歳で家族を養うべく小説家を志し、新聞記者で小説家の半井桃水（なからいとうすい）（1860〜1926）に教えを請うが、その関係がスキャンダルとなり離れざるを得なくなる。一葉は、小説家としての4年ほどの活動期間に、短・中編を20余り書いているだけだが、最晩年に一気にその才能を開花させ、主要作品を連続して発表した。随筆や日記にも類いまれな才能を示している。

「廻れば大門（おほもん）の見返り柳いと長けれど、お歯ぐろ溝（どぶ）に燈火（ともしび）うつる三階の騒ぎも手に取る如く、明けくれなしの車の行来（ゆきき）にはかり知られぬ全盛をうらなひて、大音寺前（だいおんじまへ）と名は仏くさけれど、さりとは陽気の町と住みたる人の申き……」

有名な『たけくらべ』の冒頭だ。吉原遊郭付近を舞台に、思春期の少女と少年のほのかな恋心を下町情緒の中に描いている。一葉は、独特な擬古文調の美しい文体で、過酷な運命と向き合う明治の女性たちの哀歓を、冷静なまなざしとともに鮮やかに描ききった。『たけくらべ』は『文学界』に連載された後、博文館の『文芸倶楽部』に一括掲載され（1896年4月）、森鷗外、幸田露伴（こうだろはん）、斎藤緑雨（りょくう）ら多くの人に激賞されたが、同年11月、結核でこの世を去る。短い生涯ではあったが、その作品は現在まで読み継がれ、2004年11月発行の5000円札には、肖像が採用された。

【 豆 知 識 】

1.『たけくらべ』が『文芸倶楽部』に一括再掲載されると、辛口で鳴る文芸評論誌『めざまし草』の「三人冗語」で鷗外、露伴、緑雨の3人が、口を揃えて一葉の才能を絶賛した。鷗外は「此の人にまことの詩人といふ称をおくることを惜しまざるなり」と言い、一葉が敬愛してやまない露伴は「大方の作家や批評家に技倆上達の霊符として呑ませたきものなり」と言った。この3人が揃ってここまで褒めたのは『たけくらべ』以外にはない。このことを『文学界』同人の平田禿木と戸川秋骨（しゅうこつ）が、病床の一葉に大騒ぎで報告に来たことが、5月2日の日記に書かれている。

253 政治｜自由民権運動

明治10年代、若き都市民権家たちは東奔西走して演説を行った。長旅を経て会場に着くと待ちかまえた数百人の聴衆に迎えられ、立ち合いの警官に演説中止や解散を命じられたり、ときには投獄を覚悟しながら熱弁を振るった。演説会後の懇親会では深夜まで激論が交わされた。

◆

1873年、征韓論争で大久保利通らに敗れた板垣退助（1837〜1919）や西郷隆盛、江藤新平（1834〜1874）らが政府を去った（明治六年の政変）。板垣らは翌年1月に愛国公党を結成して政府に民撰議院設立建白書を提出、藩閥政治を批判し国会の設立を求めた。こうして自由民権運動の口火が切られたが、愛国公党は時期尚早で自然消滅した。土佐に帰郷した板垣は立志社を結成し、自由民権思想の普及に努めた。

1875年1月、大久保は板垣・木戸孝允らと大阪で会合し、板垣は参議に復帰したが、その前に日本初の全国的政治結社である愛国社を結社した。4月、「漸次ニ国家立憲ノ政体ヲ立テ」ることを約束する詔が出されるが、木戸と対立した板垣は再度下野し、政府は名誉毀損に対する処罰を定めた讒謗律や新聞・雑誌による反政府的言論活動を封じる新聞紙条例を公布して自由民権運動を厳しく弾圧した。1877年、立志社が地租軽減、国会開設、不平等条約改正などを眼目とした建白書を天皇に提出したが、愛国社・立志社は西南戦争（「西南戦争」260ページ参照）に関与したとして活動不能となり、民権運動は一時下火となる。翌年、政府の増税政策に民衆の不満が爆発、愛国社が再興され、士族を中心に地方有力者、農民など多くの層が集まり民権運動は高揚した。1880年、愛国社は国会期成同盟を結成、約10万人の委託を受けて国会開設請願書を提出したが政府は受け取りを拒否し、集会条例を制定してこの動きを抑えた。

1881年、北海道の開拓長官黒田清隆が開拓使官有物を同郷薩摩の五代友厚らへ安値・無利子で払い下げる決定をした。これに対して世論の批判が起こり、自由民権運動は勢いを取り戻す。1878年に大久保利通が暗殺された翌日、内務卿に就任した伊藤博文は対立する大隈重信らを政府から追放する一方（「明治十四年の政変」266ページ参照）、国会開設の勅諭を出して10年後に国会を開くことを約束した。そこで板垣らは自由党を結党、旧士族や豪農層などの支持のもと、急進的な自由主義を主張した。大蔵卿・松方正義（1835〜1924）が緊縮政策を断行しデフレが始まると多くの自作農が小作農に没落（「松方財政」273ページ参照）、この農民層と結びついて民権運動の急進化が進んだ。1882年、大隈が穏健な立憲君主制を主張する立憲改進党を結党し国会開設への機運が高まったが、自由党は穏健派の首脳部と直接行動を目指す急進派に分裂、やがて福島事件、群馬事件、加波山事件といった激化事件が相次ぎ、1884年10月29日、解党を決める。その2日後、埼玉県秩父郡で負債に苦しむ数千人の農民が武装蜂起（「秩父事件」267ページ参照）したが、軍隊の投入によって鎮圧され、自由民権運動は終息した。

```
豆知識
```

1. 演説会の熱狂は、国会開設や憲法などに特に関心を持たない民衆も惹きつける魅力を持っていた。そんな中から川上音二郎の「オッペケペー節」が生まれた。

254 争い｜西南戦争

　明治初期、佐賀の乱、神風連の乱、秋月の乱、萩の乱など士族の反乱が毎年のように起きた。なかでも最大で最後の反乱が1877年2月に始まる西南戦争だ。西南戦争の戦費は、西郷軍70万円に対して政府軍は4156万円と、圧倒的な差があった。刀剣などで戦う白兵戦では、死を覚悟した西郷軍は、徴兵制で集められ戦闘に不慣れな政府軍の兵士よりも強かったが、総兵力では勝ち目がなかった。一方、農民出身者が中心の徴兵を指揮して戦った政府軍の指揮官たちにとって、西南戦争は貴重な実戦経験となった。

◆

小林永濯「鹿児島新報田原坂激戦之図」

　各地で起きた士族の反乱は、大久保利通の独裁政権に対する不満や、封建時代への復帰を願う復古思想などその主張は様々であったが、共通しているのは、帯刀禁止令によって士族に残された最後の特権が廃止されたことと、秩禄処分によって家禄がなくなり、収入が激減したことに対する反旗で、彼らにとっていわば死活問題だった。

　明治六年の政変で下野した西郷隆盛は鹿児島に帰郷したが、征韓論争で敗れたからというよりも、陰で天皇を操作する大久保や岩倉具視のやり方に腹を立て、政治に対する熱意を喪失したからだと考えられる（「征韓論」254ページ参照）。だから、鹿児島に戻った西郷自身は乱を起こす意志を持っていたわけではなかったが、西郷に続けとばかりに、鹿児島出身の軍人や文官ら数百人が辞職して帰郷した。西郷は1874年6月、鹿児島で私学校を創設した。これは西郷とともに帰郷した不平士族たちを統率することと、県内の若者を教育することが目的だったが、鹿児島県下に136の分校があり、旧薩摩藩士の鹿児島県令・大山綱良も支援していた。鹿児島県は新政府に租税を納めず、私学校の関係者や出身者の集団である私学校党が鹿児島の地方行政を掌握し、鹿児島は「士族王国」の様相を呈し始めた。

　政府に対する反乱の機運が高まっていくなかで、危機感を抱いた大久保政権は1877年1月、鹿児島陸軍弾薬庫から弾薬を大阪に搬送させようとした。これを知った私学校党は鹿児島県各地にある火薬庫を襲撃して弾薬や武器類を奪取した。また、大久保政権は鹿児島出身の警官二十数名を密偵として送り込んだ。ところが、彼らは私学校党に捕まって拷問された結果、西郷を暗殺する計画だったと自供した。これが真実であるかどうかはわからないが、私学校党は怒りに燃えた。決起に反対していた西郷も、もはや抑えられなかった。2月12日、西郷は政府に尋問したいことがあるので旧兵士を率いて上京するという届けを鹿児島県令に提出した。14日から17日にかけて、1万6000名の将兵が鹿児島から熊本に向けて出発した。こうして、3万の西郷軍と7万の政府軍との戦いが始まった。戦域は熊本県、宮崎県、大分県、鹿児島県に及び、熊本城の攻防戦、田原坂の戦いなど激戦を経て、9月24日、西郷は鹿児島の城山にたてこもったところを攻撃されて自刃し、西南戦争は終結する。

豆知識

1. 鹿児島の決起に西郷も加わっていると聞いた大久保利通は、西郷とわかり合えるのは自分だけだ、直接会って説得しようと考えたが、伊藤博文は、大久保が鹿児島に行けば殺されかねないとして必死で止めた。

255 外交｜沖縄県と北海道

　かつて琉球と呼ばれた沖縄も、蝦夷地と呼ばれた北海道も、明治初期に日本の領土として確定された場所である。そして、もともとかの地に住んでいた人々は、明治政府の政策のもと、本土の制度や内地人との差別に苦しめられることになった。

◆

　琉球はもともと「琉球王国」という独立国だったが、江戸初期の島津氏の武力侵入以来、薩摩藩の支配下にあった。しかし、それ以前から中国王朝への進貢の歴史もあり、名目上は清国にも属する両属関係にあった。明治政府は琉球を日本の領土として、1872年に琉球藩を置き、琉球国王・尚泰（1843〜1901）を藩王として華族に列した。この前年、台湾に漂着した琉球民50名余りが原住民に殺される事件が起こる。清国はその責任を取ろうとせず、清国に賠償と処罰を要求したい政府は、琉球を日本の領土とする必要があった。清国との交渉は難航し、日本は台湾に出兵する（「台湾出兵」246ページ参照）。さらに1879年には、軍隊を派遣して廃藩置県を断行し、沖縄県を設置した（琉球処分）。清国は琉球の宗主権を主張し、両国の対立は続くが、結局、日清戦争（1894〜1895年）での日本の勝利によって、事実上、日本の領土となる（「日清戦争」274ページ参照）。1892年からの奈良原繁らの県政では、土地・租税・地方制度などで琉球の古い制度を残し、急激な改革は避けるという旧慣温存策がとられた。その理由として、沖縄の旧支配階層の反発を回避することと、中央政府が国内外の動向をおもんぱかり沖縄に対し具体的な政策を打ち出す余裕がなかったこと、旧税制による統治のほうが中央政府にとって経済的利益が大きかったことなどが挙げられる。この政策が沖縄の近代化を阻み、県民は本土との格差に苦しんだ。謝花昇らが参政権獲得運動を展開したが、衆議院選挙の実施は1912（大正元）年まで遅れる。

　蝦夷地には1869年「開拓使」が設置され、北海道と改称される。ロシアの南下政策を警戒した政府が本格的統治に乗り出したのだが、2つ問題があった。広大な土地の開拓と、先住民族のアイヌの人々との関係である。開拓と北方警備にあたる人員確保のため、1874年、屯田兵制度が制定される（1904年廃止）。困窮する士族の授産（救済策）を目的とするもので、翌年、札幌近郊に最初の屯田兵が入植する。当初は防衛的色彩の濃い配置だったが、1890年応募資格を士族から平民にも広げ、内陸の開拓興農が目的となり、開発も拡大した。制度が廃止されるまでに入植した人数は、家族も含めて4万人近くに及ぶ。1876年には札幌農学校を開き、アメリカから教頭としてクラーク（1826〜1886）を招いて、開拓を担う農業指導者を育成した。アイヌの人々に対しては同化政策がとられ、耳輪や入れ墨などの伝統的な風習や生活習慣、言葉などの文化、土地の所有、生業であった狩猟や漁労などを禁止し、日本語と日本人名を強制した。1899年には北海道旧土人保護法を制定し、保護を名目に、同化政策で困窮したアイヌの人々に農地が支給されたが、実質的には農耕の強制となり、日本式（皇民化）教育の徹底が図られた。

［豆知識］

1. 1997年、アイヌ文化振興法（アイヌ新法）が制定され、ようやく北海道旧土人保護法は廃止された。新法を受け2020年、国立アイヌ民族博物館・国立民族共生公園・慰霊施設などの施設を含む「民族共生象徴空間」（ウポポイ）が開業した。貴重な文化でありながら存立の危機にあるアイヌ文化を復興・発展させ、将来に向け、先住民族の尊厳を尊重し差別のない多様で豊かな文化を持つ、活力ある社会を築いていくための拠点としての役割が期待されている。

256 経済｜殖産興業

　1871年、岩倉使節団が欧米に派遣された。副使として同行した大久保利通は、イギリス各地で造船所、木綿器械場、製鉄所などを見学してその盛大さに驚き、僻地まで汽車が走る様子に感銘を受ける。さらにウィーン万国博覧会を訪ねて衝撃を受け、日本が欧米諸国と肩を並べるためには殖産興業を最優先しなければならないと考えた。

◆

富岡製糸場（現在）

　1873年に岩倉使節団が帰国してみると、留守政府は征韓論でまとまっていた。大久保らは、外征より内治優先としてこれをむりやり覆し、怒った西郷隆盛らは下野した（明治六年の政変）。この政変後、大久保は内務省を新設して参議兼内務卿に就任し、殖産興業政策を積極的に推進し始めた。同じとき参議兼大蔵卿に就任した大隈重信は積極財政を展開し、参議兼工部卿に就任して工部省を率いることになった伊藤博文とともに大久保を支えた。当時、近代工業は官営によって始めざるを得ず、その中心となったのは工部省だった。

　幕末以来日本は農業国で、明治に入っても主要な輸出品は生糸と茶だけだった。欧米諸国に伍していくには工業化が必要である。だからこそ薩摩も佐賀も幕府も、造船所や紡績工場などの建設に力を入れていた。しかし、例えば幕末に建設された薩摩の紡績所は藩内の綿花の生産が追いつかず、稼働しない日がほとんどという有様だった。農業においても西洋農業技術の導入が図られ、農業振興を国策に位置づけていた政府が官立学校を建設し運営した。

　1872年開業の富岡製糸場は近代製糸の出発点で、官営模範工場としてよく知られている。最初、フランスの機械と技術者が導入され、寄宿工女404人中の大半が士族の子女だった。

　鉄道の建設も急がれたが、工部省の興業費の多くをつぎ込んで建設した新橋―横浜（1872年開業）と大阪―神戸（1874年開業）の2線だけの営業を維持するために、マネージャー、技術者、運転手、火夫、保線など多数の高給外国人を雇わなければならなかった。鉄道建設自体に莫大な資金を費やしたことや西南戦争などで財政的に窮地に陥ったため、鉄道建設はなかなか進まず、東海道本線が全通したのは1889年だった。

　官営工場は次々に設立されたが大半は赤字の連続で、大阪造幣局や軍事工業を除く多くが、1877年に民間に移管したり払い下げられたりした。これが民間の起業を促し、産業革命につながっていく。

257 暮らし・信仰 文明開化

　自由民権運動家の植木枝盛（1857～1892）は1875年に19歳で土佐から上京し、演説会や明六社の会合に参加し、新聞に投書した。彼の日記を読むと当時の東京の開化の様子がよくわかる。新聞縦覧所に通い、コウモリ傘や帽子を買い、写真を撮り、牛肉や牛肉ソップ（スープ）を食べて葡萄酒やビールを飲み、福沢諭吉（1834～1901）の『学問のすゝめ』『文明論之概略』、中村正直の『自由之理』、そして『明六雑誌』を読みふけった。

◆

三代歌川広重「文明開化絵 銀座通煉瓦造鉄道馬車」

　維新政府は神武天皇創業の時代に戻る「王政復古」を大義名分としながら、欧米の文化・文明を取り入れる「文明開化」を進めていくことになった。「文明開化」という言葉は、福沢諭吉が1875年に発表した『文明論之概略』の中で「civilization」の訳語として用いて定着させた。実際には文明開化は幕末から徐々に始まっていて、維新政府が殖産興業を推進するために開化政策をとったことで、1871年頃から社会的な出来事や一般の風俗などとしても開花した。例えば、「散切り頭を叩いてみれば、文明開化の音がする」という歌が流行ったのは1871年。これは髷を切り、刀を差すのをやめることを認めた散髪脱刀令が同年に出されたことを受けていた。断髪は牛肉、靴、洋傘、帽子などとともにわかりやすい風俗の変化だった。1871年7月、廃藩置県が断行され、11月に岩倉使節団が留学生を多数連れて米欧に向けて出発した。「天は人の上に人を造らず、人の下に人を造らずと云へり」という言葉が登場する福沢の『学問のすゝめ』は1872年に初編が出版された。17編まで続いて大ベストセラーとなり、文明開化を代表する本とされる。開港地の横浜と東京の新橋を結ぶ鉄道が完成したのも1872年で、鉄道は文明開化の象徴だった。同年の大火で銀座から築地まで約3000戸が焼失、その後に東京府が開化のモデル地区として建設したのが銀座煉瓦街だった。西洋料理店や新聞社など洋風建築がたくさん生まれたが、それは人力車や乗合馬車が通る表通りだけで、横道に入ると木造の裏長屋が続いていた。木戸孝允の「日本橋一里四方の文明開化」はこの状況を的確に捉えた言葉だった。

　人々の生活に大きな影響を与えたのは太陽暦の導入だろう。1872年12月2日にそれまでの太陰暦を廃止して、翌日を太陽暦の1873年1月1日とした。7日で1週間とする曜日の制度が導入され、日曜日を休日とし祝祭日を設けた。1872年には学制が制定された。

　明六社は外交官の森有礼（1847～1889）が1873年に同志を募って始めた。翌年2月から『明六雑誌』を発行し、講演会や談話会などを開催したが、1875年、言論の取り締まりが厳しくなり、『明六雑誌』も廃刊となった。この年をもって文明開化が終わったととらえる人も少なくない。

豆 知 識

1. 1883年に欧米風の社交施設として建設された鹿鳴館も文明開化を語る際によく登場する。日本の高官やその夫人が洋装に着飾って舞踏会に出かけたが、着こなし、ダンスの踊り方、食事のマナーなど失敗や間違いばかりで、外国人に陰で嘲笑された。

258 人物 | 大隈重信

　大隈重信（1838～1922）は1869年、東京の築地本願寺隣の大邸宅に移り住んだ。有名な「築地梁山泊」である。梁山泊は中国の小説『水滸伝』に登場する豪傑や野心家の集まる場所。築地梁山泊には常に30人ほど食客がいて、井上馨（1836～1915）、五代友厚（1836～1885）、山県有朋（1838～1922）など若き政府官僚や論客が集まった。

◆

大隈重信

　大隈重信は1838年、佐賀藩の上士の長男として生まれた。長崎で英学を学んでいたとき、宣教師フルベッキから聖書やアメリカ独立宣言のことを知り、大きな影響を受ける。藩の財政や軍制の改革に携わるが藩内の抵抗に嫌気がさし30歳のとき脱藩、大坂・京都に赴いて大政奉還のために働こうとするが捕らえられて送還され、1カ月の謹慎処分を受けた。その後、藩命で長崎に赴任、そこで井上馨と出会い、維新政府に引き立てられることになる。

　外国事務判事として外国人と交渉する際に堂々と渡り合ってその外交力が評価され、当時の外務次官である外国官副知事に抜擢された。「築地梁山泊」はこのころのことである。こうして大隈は外交と財政の両面で維新政府を支えていくようになり、官営工場の設立や鉄道・電信の敷設などを推進し、参議兼大蔵大輔に就任する。

　大隈は外国との不平等条約改正のため海外への使節団派遣を提案、それは岩倉使節団として実現するが、大隈自身は参加者から外されてしまう。残った大隈は留守政府の中心として開化政策を推進していき、明治六年の政変後の10月には参議兼大蔵卿に就任する。それ以降、内治優先を掲げる大久保利通を支え、積極財政を展開して殖産興業を推進していった。

　ところで、維新政府は西南戦争で多額の借金を抱えたため、財政健全化は大隈にとって最大の課題だった。大隈は財政投融資を実施しようと考え、大規模な紙幣発行に舵を切ると、これがインフレーションを招いた。それでも大隈は、外債募集によりインフレを抑制することで消極財政への転換を阻もうとした。しかし、憲法制定や国会開設に対して急進的な考えの大隈に対して政府内で不信感が募り、さらに北海道開拓使官有物払下げ事件が起きて、大隈は新聞社へのリークを疑われ下野する。そして立憲改進党を結成し、東京専門学校（現・早稲田大学）を創立する。

　1888年、条約改正案に対して国内で多くの反対意見が巻き起こり、政府が窮地に立ったとき、大隈は外務大臣に就任した。しかし外国人判事を導入するという交渉の内容がもれて反対運動が高まる中、爆弾を投げつけられて右足切断の重傷を負う。1898年、旧自由党と旧進歩党が提携して大隈を首相とする日本初の政党内閣が成立したが、4カ月で倒壊する。1914年に76歳で2度目の首相となり、第一次世界大戦に参戦するが、2個師団増設が政友会と国民党に反対され衆議院を解散、激しい選挙干渉で大勝利する。そんな大隈だが、薩長ではなく佐賀出身であること、明るく人好きでタフな性格、自由民権運動にも貢献したことなどから、一般市民には人気があり、83歳で病死したときは「国民葬」が行われ、約30万人が参列した。

259 文化・芸術 俳句・短歌の近代化

「やは肌のあつき血汐にふれも見でさびしからずや道を説く君」—— 1900年8月、鳳晶子（1878～1942）は同年創刊の機関誌『明星』拡充のために大阪にやってきた与謝野鉄幹（1873～1935）と運命的に出会う。鉄幹には妻がいたが、晶子は翌年上京、離婚した鉄幹と結婚する。自分の思いをまっすぐ言葉にする晶子は近代短歌を切り開く歌人の一人となった。

◆

正岡子規

俳句・短歌の近代化を強く推し進めたのは正岡子規である。1867年、伊予国温泉郡藤原新町（現・愛媛県松山市花園町）に生まれた正岡常規（1867～1902）は17歳のとき松山中学校を中退し上京した。東京大学予備門（旧制一高の前身）に入学した頃から和歌や俳句を作り始め、古俳諧も研究した。1889年に最初の喀血をしたが、肺病による喀血の様子がホトトギス（子規）の鳴き方に似ていて、ホトトギスは肺病の代名詞になっていたことから号を子規とした。翌年、帝国大学文科大学（現・東京大学文学部）哲学科に入学、その後、国文科に転科する。1892年、新聞『日本』で紀行文「かけはしの記」と俳句論「獺祭書屋俳話」の連載が始まる。後者で子規は、発想や表現が陳腐で類型的なものを月並として批判し、俳句革新ののろしを上げた。1893年の連載「芭蕉雑談」では「芭蕉の俳句は過半悪句駄句」と断定し、上乗のものも夜明けの星ぐらいほんのわずかと批判する。しかしわずかといっても200もあり、芭蕉は一大文学者であるとし、芭蕉の文学は古を模倣せず、自ら発明したもので、蕉風の俳諧を創開したものと評価している。「芭蕉雑談」は芭蕉批判というより、その権威を疑わない歌人らを批判することが主眼だったようだ。

子規は1898年に「歌よみに与ふる書」を新聞『日本』に連載した。古式を尊ぶ桂園派を中心にした旧派の歌人を意識して、短歌革新を目的として書かれた歌論である。この評論では、長く日本文化の基調となっていた『古今和歌集』（『古今集』）を「くだらぬ集にこれあり候」と否定し、『古今集』選者の紀貫之（？～945）を「下手な歌よみ」と酷評している。一方、『万葉集』や源実朝（1192～1219）の和歌を高く評価し、『万葉集』の再評価と写生による短歌を提唱した。短歌革新にのり出した子規は自宅で根岸短歌会を始め、脊椎カリエスの病に耐えきれなくなるまで続けた。

与謝野鉄幹も旧派の歌人を激しく攻撃し、1899年文学結社新詩社を設立、『明星』を創刊して浪漫主義文学の拠点とした。その綱領で「自我独創の詩を楽しむ」自由な集団たることを宣言し、新しい詩歌の創作に努めた。『明星』の代表的な歌人となったのが与謝野晶子である。晶子は『明星』や自らの歌集『みだれ髪』で大胆で斬新な表現に富んだ歌を発表して注目を集め、浪漫主義的な近代短歌の時代を開花させた。日露戦争に従軍した弟を思って発表した長詩「君死にたまふことなかれ」は文壇に論争を生んだ。

--- 豆知識 ---

1. 獺祭書屋は子規の号の1つ。獺はカワウソで、カワウソは捕らえた魚を食べる前に並べておくことから獺祭という言葉が生まれ、転じて詩文を作るとき、多くの参考書を広げ並べることを意味するようになった。

260 政治 | 明治十四年の政変

　1881（明治14）年7月末、『東京横浜毎日新聞』と『郵便報知新聞』に大スクープが載った。薩摩閥の北海道開拓長官・黒田清隆（1840～1900）が同郷の政商・五代友厚（1836～1885）らに官有物をごく安価・無利子で払い下げるというのだ。批判の嵐が巻き起こり、政府は激しく揺れた。参議の大隈重信が払い下げに反対していると伝わると世論は大隈を英雄視し、まだ西南戦争の記憶が生々しいなか、政府は大隈の追放に向けて動き出す。

◆

　1877年、西南戦争を乗り切ると、明治政府は議会開設や憲法制定に向けて動き始めるが、早急な実現は困難だという立場だった。しかし国会開設運動が興隆するなか、それに消極的な右大臣・岩倉具視も、1979年末以降、伊藤博文や山県有朋、黒田清隆、大隈重信などの参議や諸卿に立憲体制導入の手法について意見書の提出を求めた。提出された意見の多くは将来的な議会開設を目指すとするものだった。

　そんななか、1881年3月、大隈がようやく意見書を提出した。その内容はイギリス流の議院内閣制の採用を主張し、速やかに議会開設の期日を宣言すべきというものだった。伊藤は大隈の意見書があまりに急進的な内容だったのに驚き、岩倉は大隈が自分を差し置いて自分より上位の左大臣・有栖川宮熾仁親王（1835～1895）に対して意見書を密奏したため激怒した。そんな状況で起こったのが、北海道開拓使官有物払下げ事件だった。これが報道されると、民権派の人々の間でこれこそ薩長藩閥政治の弊害とされ、政府批判が燃え上がった。肥前出身の大隈が英雄視される一方、政府内では大隈が薩長打倒を企て、情報を新聞社にリークしたという井上毅（1843～1895）や黒田清隆らの大隈陰謀論が急速に広まった。薩長両グループは政府から大隈を追放することで意見がまとまった。しかし、大隈を追放するだけでは政府批判の火に油を注ぐばかりなので、払い下げの中止と議会開設もあわせて発表することになった。

　こうして10月11日、御前会議が開催され、大隈の政府からの追放と開拓使官有物の払い下げ中止が決定された。12日には「国会開設の勅諭」が出され、9年後の議会開設が宣言された。この政変の結果、伊藤を中心とする薩長藩閥政権が確立した。また、天皇が定める欽定憲法の制定や、イギリス流の議院内閣制ではなくドイツ流の立憲君主制を採用するという流れが決まった。下野した大隈は立憲改進党の結党と東京専門学校（現・早稲田大学）の創設に関与したが、どちらも前面に出ようとはしなかった。いずれ政府復帰を射程に入れていたからだったといわれる。財政面では、大隈による積極財政から松方正義による緊縮財政にシフトすることになった。

豆知識

1. 大隈の追放が決まった御前会議の翌10月12日、大隈は辞表を提出するため参内しようとしたが、守衛に入門を拒否された。この日、政府は大隈の追放により反乱やテロが起こることを懸念して東京市中に厳戒態勢を敷き、大臣や参議の警護が強化された。

261 争い | 秩父事件

「天朝様へ敵対するから鉄砲を持ち大宮の方へ出ろ」。蜂起の際、一人の男が叫んだ。「天朝様
への敵対」、すなわち政府を倒すというのは通常の農民の発想からは出てこない。この叫び声を
あげたのは、実際に政府の打倒をもくろんでいた自由党員であった。

◆

秩父困民党無名戦士の墓

1884年11月1日、板垣退助が自由民権運動のなか開設した
自由党の解党が決定された3日後に、埼玉県秩父郡で数千人の
農民が蜂起した。秩父事件である。自由党が解党した理由の一
つは、自由党員が関わる激化事件が相次ぎ、板垣退助がそれを
許容できなかったことだった(「自由民権運動」259ページ参
照)。激化事件が増えた背景には、農家の負債問題があった。多
くの負債を抱えた農民たちは債権者に負債の軽減や据え置きな
どを嘆願するが聞き入れられず、次第に尖鋭化していき、ついには騒擾事件(乱闘事件)に発
展した。これを負債農民騒擾と呼ぶ。1883年から1885年の間に、記録が残されているだけで
も全国で64件の負債農民騒擾が起きたという。秩父地方も状況は同じだった。この地方は江戸
時代以来、養蚕や製糸業が盛んで、日本が幕末に開港してから茶とともに生糸が主要な輸出品
となったことで活況を呈していた。ところが1881年に始まる松方デフレ(「松方財政」273ペー
ジ参照)によって生糸の価格が急落し、蚕糸業で生計を立ててきた秩父地方の農民は困窮し
始め、土地を抵当にして高利貸に多額の借金を負う者が続出した。

秩父地方の農民たちは、1883年の末頃から、負債の軽減や返済猶予を求める運動を始めた。
集団となって高利貸と交渉したり役所に請願に行くが埒があかなかった。ついに指導者たちは
武力蜂起の方針に傾き、負債の10カ年据え置き、40カ年年賦払いを高利貸に要求する、学校費
節約のため小学校の3カ年休校を県庁に要求する、雑収税の減免を内務省に要求する、村費の
削減を村の役人に要求するといったことを決めた。最後にもう一度郡役所に請願を行ったが受
け入れられなかったため、計画通り11月1日に下吉田村の椋神社に約千名が集結、軍隊式の組
織が編成された。猟銃、刀剣、竹槍などで武装し、「新政厚徳」の旗を立て、大宮郷の郡役所を
占拠して「革命軍本部」の看板をかけた。そして各村の高利貸を襲撃しながら移動し、憲兵隊
や鎮台兵と各所で交戦、10日後、ついに八ヶ岳の山麓に壊滅した。

これは幕末によくみられた農民一揆や打ちこわしではなく、国家を相手にした蜂起だった。
彼らは自由党の革命的な思想を受け入れ、自分たちの行動こそ正義であり、国家の方に不義が
あると考えていた。だから、農民を勧誘する際も、自由党への入党というかたちをとることが
多かった。そういう意味でも、秩父事件は自由民権運動の最後の大規模な戦いであった。

[豆 知 識]

1. 秩父事件による逮捕者・自首者は3618人、7名が死刑判決を受けた。中心人物の一人である井上伝蔵は捕まらず、欠席
裁判で死刑判決を受けたが名前を変えて北海道で暮らし、35年後、死の直前に初めて妻子に自分の素性を語った。

262 外交 | 日英同盟

　1894年から1895年にかけて日本と中国は朝鮮の支配権をめぐり争った（「日清戦争」274ペ
ージ参照）。その後、日本には対立が深まるロシアと妥協して日露協商を結ぶべきと主張する元
勲の伊藤博文らと、日英同盟を進めようとする桂 太郎（1848～1913）首相らの2つの考え方
があり、ロシアとイギリスにはもう一方との交渉を秘密にしていた。イギリスとの交渉が急速に
進展したため、桂は協議のために訪ロしている伊藤に打電し、協議が進まないよう釘を刺した。

◆

ロシアが焼く栗（朝鮮）をイギリスにそそのかされた日本がとりにい
こうとしている。後ろで様子をうかがうのはアメリカ

　日清戦争後の下関条約には遼東半島の割譲が明記さ
れていたが、ドイツ・フランス・ロシアの3国が清国
に返還することを要求した（三国干渉）。また、欧州の
列強は清国が日本に支払う莫大な賠償金に対する借款
の供与によって清国に恩を売り、その見返りとして我
先に中国に進出するようになった。たとえばロシアは
清国から満洲北部を横断する東清鉄道の敷設権と旅
順・大連の租借権を獲得し、フランスは安南鉄道の雲
南延長権や広州湾の租借権を手に入れ、イギリスも九龍半島と威海衛の租借権を得たのであ
る。1900年に「扶清滅洋」をスローガンに起きた義和団事件（北清事変）はこうした列強の中
国進出に対する反乱であった。なかでも日本が最も脅威に感じていたのはロシアだった。北清
事変のとき満州を軍事占領したロシアは撤兵を約束しながら撤退しようとせず、さらに華北、
朝鮮半島を手中に収めようとしており、朝鮮、清国への勢力拡大を図る日本と対立していた。
一方、イギリスは伝統的に「光栄ある孤立」を守っていたが、アジアにおける自国の利益を図
るうえでロシアとの対立が深刻になり、同盟国を求める方向に舵を切ろうとしていた。その相
手国として、義和団事件鎮圧において目覚ましい活躍をして「極東の憲兵」と位置付けられた
日本に注目していて、また日本がロシアと手を結ぶことを恐れてもいた。日英の利益が合致し、
1902年1月30日、日英同盟協約が調印された。
　日英同盟協約のポイントは、イギリスが清国に持っている特殊権益、日本が朝鮮・清国に持
っている特殊権益をお互いに承認して利益保護を図ること、同盟国のどちらかが利益保護のた
め第三国と交戦するときはもう一つの同盟国は厳正中立を守ること、もし同盟国の一方が2国
以上と交戦したときにはもう一つの同盟国は参戦の義務を負うということで、事実上の軍事同
盟だった。さらに秘密交渉で、日本は単独で対露戦争に臨む方針が伝えられ、イギリスは中立
を約束した。日露戦争が勃発したのは日英同盟協約締結から2年後だった。
　1905年、日英同盟協約は日露戦争後の講和条約の前に改訂され、イギリスは日本が朝鮮に
おいて指導、監理、保護の措置をとることを承認し、日本はイギリスがインド国境付近で特殊
利益を持ち、それを守るために措置をとることを承認した。その後、1911年にも改訂され、
1921年のワシントン会議で調印された条約で、日英同盟協約の終了が明記された。

［ 豆 知 識 ］

1. 日露戦争のとき、ロシアの管理統治下にあったモンテネグロ公国は日本に宣戦布告したが、戦闘に参加しなかったので
   宣戦布告は無視された。もし認められていたら、イギリスには日英同盟協約により参戦の義務が生じていた。

263 経済 ｜ 金本位制

19世紀末にはロンドンのシティを中心に国際金本位制が確立していた。金本位制は金を通貨価値の基準とする制度である。維新政府も国際的な流れである金本位制にしたかったが、そのために必要な巨額の金（きん）を準備する見込みが立たなかった。ところが、1895年、日清戦争に勝利し多額の賠償金を得て、政府はすぐさま動き始める。

◆

維新政府は戊辰戦争に多額の費用を要し、国家運営の資金が不足していたこともあって、1868年から太政官札や民部省札を発行した。市中では江戸時代の金銀銭貨や各藩が発行した藩札が流通していたし、偽造金貨・紙幣も横行しており、貨幣に対する信用は著しく低く、外国からも苦情が殺到していた（「国立銀行の設立」255ページ参照）。通貨制度の整備は喫緊の課題だった。

政府は1871年に新貨条例を制定した。混乱する貨幣制度を統一すること、金本位制にすること、通貨単位を両から円に改め十進法を採用することがねらいだった。金本位制にするためには、中央銀行が、発行した紙幣と同額の金を常時保管して、紙幣を金と引き換える兌換（だかん）を保証しなければならない。しかし、当時の日本では金不足から外国との貿易には１円銀貨を通用させていたので、実際は金銀複本位制だった。1872年、市中に出回っている旧紙幣を回収し紙幣を統一するために、新紙幣「明治通宝」を発行したが偽造が多発、1881年から「改造紙幣」と呼ばれる新紙幣が発行された。しかし、明治通宝も改造紙幣も金との交換が保証されない不換紙幣だった。

政府は近代的な銀行制度を確立するために1872年に国立銀行条例を制定し、民間資本である国立銀行に、一定条件のもと兌換紙幣の発行権を付与した。しかし、金貨不足で紙幣発行額に制約があり経営不振に陥ったため、1876年に不換紙幣の発行を認めた。

1877年に西南戦争が起きると、戦費を調達するために政府紙幣や国立銀行紙幣が増発され、それが激しいインフレを招いた。これは財政緊縮と紙幣の回収整理により何とか収束されたが、兌換銀行券の発行によって紙幣の乱発を回避し、通貨価値の安定を図ることが必要だという認識がいっそう強まった。

1882年、中央銀行としての日本銀行が設立され、1885年、日本銀行兌換銀券が発行された。これは政府が同額の銀貨と交換することを保証した日本で初めての兌換紙幣だった。日清戦争の賠償金を得た政府は1897年貨幣法を公布して金本位制を確立し、２年後に日本銀行が金貨との交換を保証した日本銀行兌換券を発行した。それまでに発行された政府紙幣と国立銀行紙幣は通用停止となり、日本銀行券に統一された。

＿＿＿＿＿＿＿＿＿＿＿＿＿＿
［ 豆 知 識 ］

1. 明治通宝はドイツの印刷業者が原版を製造し印刷は精緻だったが、偽造の多発以外に、異なる額面なのにデザインがほぼ同じで、用紙が高温多湿の日本の風土に合わないなど問題が多かった。
2. 改造紙幣は日本初の肖像画入り政府紙幣で、神功皇后が描かれていた。しかし、肖像の作者はイタリア人キヨッソーネだったので、その姿は外国女性風に見える。

264 暮らし・信仰 ｜ 新聞・雑誌

　明治時代の新聞には、瓦版や落首など近世の庶民的な伝統をひく小新聞と、知識人を対象に漢文口調で政論を語る大新聞の2つのタイプがあった。

◆

　日本最初の新聞は、居留地で外国人が外国人向けに英字で発行したものだった。最初の日本語の新聞は、1862年、バタビア（現・ジャカルタ）のオランダ総督府の機関誌を幕府の蕃書調所が抄訳して刊行した『官板バタビヤ新聞』である。これに続いて、1864年に通訳・貿易商のジョセフ・ヒコ（浜田彦蔵）（1837〜1897）が外国の新聞を抄訳して『新聞誌』（のち『海外新聞』）を発行した。

　明治維新の動乱期には国内ニュースへの要求に応えた新聞がいくつも誕生した。一部を挙げると、1868年に『中外新聞』、『江湖新聞』が創刊され、1870年には横浜で日本最初の日刊紙『横浜毎日新聞』が発行された。1872年には日報社が東京最初の日刊紙『東京日日新聞』（現在の『毎日新聞』の前身）を創刊した。大阪、京都、長崎など地方の主要都市でも新聞が発行されるようになった。維新政府も士族などの支持が必要と考え、法律、政令等をはじめ国の報告や資料を公表し理解を促す広報紙として『太政官日誌』を発行した。さらに維新政府は新聞の普及が国民の啓蒙に役立つと考え、積極的に発行を許可する方針をとり、各地に新聞を閲覧できる縦覧所も作られた。自由民権運動が盛んになってくると政府に批判的な論調の「政論新聞」が増えてきたため、政府は1875年に政府への批判を禁止する新聞紙条例や、名誉毀損・誹謗中傷を取り締まる讒謗律を公布して弾圧した。

　知識人を対象とした漢文体の政論新聞は大判だったので「大新聞」と呼ばれた。それに対して平仮名中心で一般大衆を対象とした通俗的な内容の小型の新聞も発行され「小新聞」と呼ばれた。1874年創刊の『讀賣新聞』はその代表で、1879年に大阪で創刊された『朝日新聞』も小新聞だった。1880年代になると、福沢諭吉の『時事新報』、黒岩涙香（1862〜1920）の『万朝報』、秋山定輔（1868〜1950）の『二六新報』など報道中心の新聞が誕生した。日清戦争、日露戦争などで戦時報道が強く求められ、新聞は電信や電話を利用しながら報道の速さを競うようになる。

　新聞に比べて雑誌の出発は遅かった。1874年に福沢諭吉らの『民間雑誌』、明六社の機関誌『明六雑誌』などの啓蒙的評論誌が創刊される一方、政治風刺雑誌『団団珍聞』（1877）、小説雑誌の始祖『芳譚雑誌』（1878）、キリスト教思想誌『六合雑誌』（1880）、『女学新誌』（1884）など様々な専門誌が創刊された。明治中期から末期にかけては、教育の普及、都市の賃金労働者の出現などにより、雑誌も利益が見込めるようになってくる。徳富蘇峰（1863〜1957）の『国民之友』（1887）は平民主義を掲げ、万単位の売れ行きを示した。商業出版の先駆とされる博文館は本格的な総合誌『太陽』（1895）をはじめ多くの雑誌を創刊し、雑誌王国を築いた。1887年、京都・西本願寺から創刊された『反省会雑誌』はのちに『中央公論』と改題し、代表的な総合誌となっていった。

豆知識

1. 野村文夫（1836〜1891）が創刊した『団団珍聞』は戯画入りで辛辣な政治風刺を行った。明治藩閥政府を批判し、自由民権思想を鼓吹して人気が高かったが、しばしば発売禁止や発行停止の弾圧を受けた。

265 人物 伊藤博文

　自己顕示が強い、変わり身が早い、優柔不断、八方美人、哲学なき政略家……伊藤博文（いとうひろぶみ）（1841〜1909）の人物評である。伊藤といえば、大日本帝国憲法制定や議会開設、金本位制導入などを主導し、初代内閣総理大臣を務め、立憲政友会を結党して政党政治の道を開くなど、もっとも有名な明治の政治家の一人だが、国際感覚豊かな開明派とされつつも評価は必ずしも高くなかった。しかし、近年、それを見直す研究も出てきた。

◆

伊藤博文

　伊藤博文は周防国（現・山口県東南部）の農民の長男として生まれたが、父が長州藩の足軽・伊藤家の養子になったため伊藤姓を名乗る。萩で吉田松陰（よしだしょういん）（1830〜1859）の松下村塾（しょうかそんじゅく）に学び、高杉晋作や木戸孝允らの影響で尊王攘夷運動に加わる。1863年、藩命により井上馨らとともにイギリスに密航留学して開国論者となるが、長州藩と四国連合艦隊の衝突を知り急遽帰国、藩の攘夷路線を転換させようとしたが聞き入れられなかった。しかし、木戸らの信頼を得て維新政府に取り立てられ、外国との交渉などを担当するようになる。伊藤にとって西洋文明との出合いが立身出世の道を開いた。

　1870年に財政制度を学ぶために渡米、1871年には岩倉使節団に副使として参加した。木戸や大久保利通らと米欧を視察し、文明国として制度改革を進める決意を固めた。帰国後、内政優先の立場から西郷隆盛の征韓論に反対し、参議兼工部卿に就任した。1877年に木戸が病没、西郷が西南戦争で敗死、翌年大久保が暗殺され、維新の三傑が姿を消すと、藩閥政府の中心人物となった。政府内の権力バランスに配慮しながら議会開設、憲法制定の主導権を握ることに努め、明治十四年の政変では急進的意見の大隈重信を下野させた。1882年にも渡欧して憲法調査を行った。

　1885年に太政官制を廃止し内閣制度が創設されたとき、初代内閣総理大臣に就任した。ただ、このときは閣僚の大半は薩長出身の藩閥政府だった。1887年、民権派を3年間皇居外3里の地に追放する保安条例を発布。1890年、帝国議会が創設されると初代貴族院議長に就任。第2次伊藤内閣のとき日清戦争が勃発、下関講和条約に調印するが、露・独・仏の三国干渉に押し切られる。1898年に第3次伊藤内閣を組閣したが、自由党や進歩党との連携に失敗し半年足らずで退陣、大隈と板垣退助（いたがきたいすけ）（1837〜1919）を中心とした日本初の政党内閣が成立した。伊藤は1900年に、民権派の自由党の後身・憲政党と提携し立憲政友会を結党する。立憲政友会の初代総裁となり第4次伊藤内閣を組閣、政党政治家に転身する。場当たり的と批判されたが、時勢を見極めながら漸進的に事を進めるのが伊藤の政治スタイルだった。

　伊藤の生涯の目的は国際社会に伍していける文明国を作ることで、そのために漸進的ながらも議会中心の立憲国家を確立し、国民の意識を改革しようとしたという見方もできるだろう。

豆知識

1. 伊藤は国際協調を重視しており、日露戦争にも韓国併合にも慎重だった。しかし、初代韓国統監を辞職した後、ハルビンで韓国の民族主義運動家・安重根（アンジュングン）に狙撃されて死亡した。

2. 44歳2カ月での総理大臣就任は、2021年現在、日本の歴代総理大臣の中でもっとも若い記録である。

266 文化・芸術 | 唱歌・童謡の誕生

　1872年の学制によって小学校の教科の1つとして「唱歌」が定められたが、当時は日本における西洋音楽の揺籃期で、欧米の曲に日本語の詞をむりやりあてがったようなものが多く、小学校でも有名無実な教科だった。やがてこれが反省され、滝廉太郎（1879〜1903）など日本人が作曲したものも採用されるようになっていく。

◆

滝廉太郎

　滝廉太郎は1879年、東京府で生まれた。少年時代から音楽が得意で、当時珍しいヴァイオリンやハーモニカを級友の前で演奏したりしていた。高等小学校を卒業する頃、音楽の道に進む決心をし、1894年9月、東京音楽学校（現・東京藝術大学音楽学部）に最年少で合格、ピアノ、作曲、声楽などを熱心に学ぶ。生徒主催の音楽会でピアノを独奏し、学友や教師に注目される。教師や生徒の作歌に曲をつける授業で、2年先輩の東くめの「春の海」に作曲をしたところ、先生に高く評価され、作曲とピアノ演奏の才能はめきめきと伸びていった。

　当時、欧米にひけをとらない日本オリジナルの西洋音楽が求められるようになり、中学校唱歌用の歌詞につける曲が一般募集された。二百余種の応募作品から38種が選ばれたなかに、滝が作曲した3曲「荒城の月」「豊太閤」「箱根八里」が入った。滝は「お正月」「鳩ぽっぽ」などの幼稚園唱歌も作曲しており、これらは日本で生まれた最も古い童謡とされる。音楽留学生に選ばれた滝は、1901年、ドイツでピアノや作曲、音楽理論を学ぶが肺結核を発病して帰国、1903年6月29日、23歳10カ月というあまりに早い死を迎えた。

　大正期に入ると、子どもたちのために童謡が次々と作られるようになった。その中心的な舞台は、鈴木三重吉（1882〜1936）が1918年に創刊した童話雑誌『赤い鳥』である。三重吉は広島市生まれ、東京帝国大学英文科入学後、小説『千鳥』が夏目漱石（1867〜1916）に激賞されて作家を志すが、ロマンチシズムを本領とする三重吉は自然主義全盛時代に合わず、児童文学に転向した。『赤い鳥』は童話だけでなく童謡にも力を入れた。三重吉は、学校唱歌は低俗で機械的と批判し、『赤い鳥』には北原白秋（1885〜1942）、西条八十（1892〜1970）らの詩人と、山田耕筰（1886〜1965）、中山晋平（1887〜1952）らの音楽家が参加し、「かなりや」「雨降りお月さん」「七つの子」「夕焼け小焼け」「赤とんぼ」などの優れた童謡が創作された。坪田譲治（1890〜1982）、新美南吉（1913〜1943）ら多くの童話作家を育てた『赤い鳥』は、1936年8月までに196冊刊行された。児童文化に対する鈴木三重吉の貢献は高く評価されている。

豆知識

1. 滝廉太郎が東京音楽学校に入学した1894年に日清戦争が始まった。戦勝に湧くなか、滝は「日本男児」「尽くせや」「勇兵」など国民を鼓舞する曲も作った。
2. 日本を代表する名曲「荒城の月」は作詞・土井晩翠（1871〜1952）、作曲・滝廉太郎。2人は一度だけ対面した。それはドイツ留学中に病を得て帰国する滝を、欧州遊学中の土井がロンドン停泊中の船に見舞ったときだった。
3. 鈴木三重吉は、子どもたち自身が作りだす綴方（作文）にも力を入れた。綴方は文章表現の練習ではなく、「人そのものを作りととのえる、人間教育の一分課」ととらえたからだった。

267 政治 松方財政

　大蔵卿の大隈重信は不景気を避けようと腐心したが、明治十四年の政変（1881年）後に大蔵卿に就任した松方正義（1835〜1924）は農民の「怠惰偸安（目先の安楽を求めて怠けること）の悪弊」一掃に熱心で、民権運動に参加した豪農層が農家経営や地域経済の立て直しに奔走せざるを得なくなるようにしむけた。

◆

松方正義

　明治十四年の政変で大隈が政府から追放されると、財政においても大きな転換が起こった。大隈による積極財政から、松方による緊縮財政にシフトしたのである。

　殖産興業に力を入れる大久保利通のもとで、大隈は積極財政を進めていたが、1877年に起きた西南戦争の戦費調達のために不換紙幣が発行されると、大規模なインフレーションが発生した。大蔵卿の大隈は、外債を発行して得た銀貨を市場に流して不換紙幣を回収すれば安定すると考えた。一方、次官にあたる大蔵大輔の松方は、明治維新以来、積極財政をとり続けたためにインフレが起きたのだから、不換紙幣を回収し、正貨（当時は銀貨）を蓄積することが最優先であると主張した。これは大隈の財政政策を根底から否定する考え方であり、大隈を怒らせた。そんななかで起きたのが明治十四年の政変だった。政府を追われた大隈に代わって、大蔵卿に任命された松方が財政再建に取り組むことになる。

　松方は薩摩藩出身だが、大久保以来薩摩グループの看板であった積極財政には否定的だった。ただし勧業政策（産業を推奨する政策）自体に消極的だったわけではない。兌換制度を確立し、海外為替資金を供給することが勧業政策の推進につながる。そのためには徹底的な緊縮財政を進める必要があるという主張だった。松方の考え方には背景があった。1878年に第3回パリ万国博覧会が開催されたとき、日本代表団の事務総裁だった松方は、パリでフランス蔵相レオン・セイに会い助言を得る。それは、金本位を採用することと、中央銀行を持つことだった。松方はこの助言に従って紙幣整理を行い、外債に依存せず、中央銀行の主導により金融システムを整備し、十分な量の金を確保できなかったため、まずは銀本位制度を導入することで、近代的財政・金融制度を確立しようとした。

　紙幣整理がデフレーションを招くことは承知していたが、一連の政策が引き起こしたデフレは深刻なものだった。特に農村に大きな打撃を与えた。例えば秩父事件の発端は松方デフレによる農家の負債問題であった（「秩父事件」267ページ参照）。中下層農民が没落し、自作農が小作に転落したり、多くの小作農が一家を挙げて都会に出て賃金労働者になったりした。松方は官営工場の払い下げも進め、それによって政商が財閥に成長していった。こうして、松方デフレによって資本家層と労働者層の分離という資本主義経済の下地が作られていった。

```
豆 知 識
```

1. 現在、日本の会計年度は4月―3月制だが、この導入が決定されたのは、松方正義が大蔵卿を務めていた1884年10月で、1886年4月から実施された。その前は7月―6月制だった。

268 争い｜日清戦争

　日清戦争の直接のきっかけは、1894～1895年に朝鮮で起こった甲午農民戦争（東学党の乱）である。当時、朝鮮では崔済愚という宗教家が、キリスト教を意味する西学に対して、儒教・仏教・道教が混合した東学という民衆宗教を創始し、窮乏した農民たちの心を摑んでいた。

◆

1895年、日清戦争の勝利を記念し東京・日比谷に造られた凱旋門

　1884年12月、朝鮮でクーデターが発生するが、清国軍の介入によって3日で失敗した（甲申政変）。日本はクーデターを起こした側に協力していたため、日清両国は緊張状態となった。事件の処理と緊張緩和のために天津条約が締結されて日清両国軍が朝鮮から撤兵して以来、日清間は10年近く小康状態にあった。1894年3月、東学の農民軍が増税反対や「斥倭斥洋」（日本も西洋も排斥する）をスローガンに蜂起し、朝鮮半島南西部の全羅道の全州を占領して首都・漢城に迫る勢いとなった。この反乱に対して、朝鮮の事大党政府は、清国に鎮圧のための派兵を要請する。日本政府は清国の出兵に対抗して派兵を決定、日本初の戦時大本営を設置した。そして清国に、日清両国が共同で朝鮮の内政改革をすることを申し入れる。清国側の責任者・李鴻章（1823～1901）は戦争回避を望んでいたが、日本側の計算通り、清国はこの提案を全面的に拒否したため、日本は清国との開戦に踏み切ることになる。7月20日、日本は朝鮮に対して駐留清国軍の撤退、朝清間の条約や規則の廃棄などの要求を盛り込んだ最後通牒を突きつけた。そして23日に漢城の王宮を攻撃して事大党を率いる閔氏一族を追放し、国王高宗の実父・大院君を政権につけた。こうして朝鮮や遼東半島・満州最南部などを舞台にした日清戦争が始まった。日本も清国も、正式な宣戦布告は8月1日だったが、日本海軍は7月25日、豊島沖で清国艦隊を奇襲している。両国の戦いは翌年2月まで約8カ月続いたが、近代装備を持つ日本軍は、平壌で清国陸軍の主力を破り、山東半島の威海衛を占領して北洋艦隊を降伏させるなど、予想外の大勝利を収めた。だが、台湾の譲与を講和条件に入れることを考えていた伊藤博文首相は、台湾島西方の澎湖諸島に歩兵一個旅団を上陸させ、台湾島攻略のための前進基地とした。

　3月20日から下関で講和会議が開かれ、日本全権の伊藤博文・陸奥宗光、清国全権の李鴻章との間で下関条約が調印された。清国は日本に対して、朝鮮を独立国として認めること、遼東半島・台湾・澎湖諸島を割譲すること、賠償金約2億両（当時の日本の国家予算のほぼ3年分の金額）を払うこと、日本に最恵国待遇を与えること、沙市・重慶・蘇州・杭州の開市開港と揚子江航行権を与えることなどがその内容であった。

　ところが調印の直後、ロシアはフランス・ドイツとともに、「東洋の平和のために」遼東半島を清国に返すように要求してきた（三国干渉）。すでにこれらの国を敵に回すだけの余力はなかったため、日本は要求を受け入れ、代わりに清国からさらに3000万両の賠償金を得ることになった。このときの民衆のロシアに対する恨みが、日露戦争の呼び水となる。

豆 知 識

1. 政治的な民主化を求めた日本国内の在野勢力も、大半は藩閥政府以上に日本の侵攻を歓迎していた。

269 外交 | 台湾統治

台湾平定の困難さは武装による抵抗だけではなく、マラリア、赤痢、栄養不足から来る脚気などもあった。征討も半ばを過ぎると各隊の半数以上が病人となり、戦闘力が低下した。

◆

17世紀後半に清国に併合された台湾は、19世紀に入ると茶や砂糖を中心に産業が発展し始め、本土からの移住者も増加した。清朝は日本や欧州列強に対する国防上の観点から台湾を重要視するようになり、1885年に台湾省を置いた。開化派の劉銘伝（1836〜1896）が巡撫（省の長官）になると、省都・台北の近代都市化が図られ、電気や鉄道などの社会基盤が整備され、本土の商人を呼び寄せるなどの政策を進めた。

一方、帝国主義政策を進める日本にとって台湾はマレー半島や南洋諸島に進出する根拠地ととらえられていて、日本が確保しなければ列強が奪取するということを恐れていた。そこで清国に台湾の割譲を要求することを決め、準備を進めた。こうして、日清戦争も終盤の1895年3月、台湾島の西方約50kmに位置する海上交通の要衝・澎湖諸島を足がかりとして占領した。日本は下関条約で台湾と澎湖諸島を獲得した。下関条約発効後、軍令部長・樺山資紀（1837〜1922）大将を台湾総督に任じ、近衛師団とともに台湾に向かった。

台湾では、本土から移住した商人らが中心になって日本の領土となるのを拒否し、5月25日、台湾民主国を建国、台湾省巡撫・唐景崧（1841〜1903）が総統に就任した。5月29日に近衛師団の一部が台湾北部に上陸を始め、6月17日に台北に台湾総督府を設置、19日に南進が始まった。しかし、武装した抗日義勇軍の抵抗が激しく、南部上陸の作戦を変更せざるを得なかった。増援部隊到着後、7月29日、ようやく台北管内を制圧した。巡撫の清軍は9000人と推定されていたが、その大半が傭兵であったため、近衛師団が上陸すると一戦も交えずに崩壊し、唐総統は台湾を脱出した。日本軍にもっとも強く抵抗したのは先住民の高山族で、台南を拠点に戦った。

10月21日、日本軍はようやく台南に入り、11月18日、大本営に全島平定が報告された。台湾を制圧するために、日本は軍夫を含めて約7万6000人の兵力を投入、日本軍の死傷者5320人（戦死者164人、マラリア等による病死者4642人）、女性・子どもも参加したゲリラ戦などによって抵抗した台湾側の兵士・住民の死者はおよそ1万4000人と推測されている。日本統治への抵抗は1902年まで続いた。

台湾総督府は1896年に軍政から民政に移行し、1898年、第4代台湾総督に就任した児玉源太郎（1852〜1906）は、内務省官僚だった後藤新平（1857〜1929）を民政長官に抜擢し、硬軟両方を使い分ける政策で台湾統治を進めていく。

豆知識

1. 台湾征討近衛師団長として出征した北白川宮能久親王もマラリアで亡くなった。皇族として初めての外地における殉職者だった。

270 経済 ｜ 日本の産業革命

　新たな機械の導入などによって生産力が飛躍的に増大し、生産様式や経済体制が画期的に変革されるのが産業革命だ。日本では1886年の銀本位制移行を契機として企業設立ブームが起こったが、このとき民間の紡績業や鉱山業などに機械が導入された。これが日本の産業革命の始まりとされ、日清戦争（1894〜1895）・日露戦争（1904〜1905）を経て、民間の鉄鋼業や機械工業が発展していき、1907年の恐慌前後に終了したと見られている。

◆

　繭から生糸を製造する製糸業は日本最大の輸出産業だった。日清戦争前後に、富岡製糸場のフランス式鉄製繰糸機などをモデルにして安価な木製繰糸機が作られ、長野・山梨などで器械製糸場が続々と設立された。生産性は向上したが、女工にとっては仕事が過酷になるばかりだった。現・トヨタグループの創始者である豊田佐吉（1867〜1930）が安価な動力織機を発明したのもこの頃である。1882年に渋沢栄一らが設立した大阪紡績会社では、最新式の輸入機械とインドの安い輸入綿花を使い、女工を昼夜二交代制で働かせて高い利益を上げた。それを見た大都市商人が出資して各地で大紡績工場が設立され、綿糸は日清戦争後には中国や朝鮮に輸出されるようになった。

　日露戦争前後には、製鉄・造船などの重工業を中心に産業革命が起きた。鉄鋼業では、1901年に福岡で官営八幡製鉄所が操業を開始し、清国の大冶鉱山の鉄鉱石と、福岡の筑豊炭田や清国の撫順炭田などの石炭を使って生産量を伸ばした。巨大軍工廠も設立され、日露戦争後には兵器や軍艦が国産化されるようになった。鉱業では、政府によって北海道や九州などの炭鉱や、足尾銅山、釜石鉱山の開発などが行われていたが、これらが民間へ払い下げられ、蒸気機関の導入と機械化によって生産力が向上した。

　鉄道は、1889年に東京と神戸を結ぶ東海道本線が全通、1906年には鉄道国有法により17の民営鉄道会社が買収、国有化され、国内輸送の一元化が可能となった。住友鋳鋼所、神戸製鋼所、川崎造船所鋳鋼工場、日本鋼管などの民間の製鋼メーカーも日露戦争前後に設立された。海運では、日本郵船が1893年に神戸・インドのボンベイ間の航路を、1896年に欧米定期航路を開設した。政府と繋がりの深い三井、三菱、古河などの政商は優先的に官営工場の払い下げを受け、鉱業、貿易、金融など多角的経営に乗り出して財閥を形成していった（「財閥」283ページ参照）。

　こういった資本家側の動きに対して、過酷な労働を強いられる側も結束の必要性を痛感し始める。1894年、大阪の天満紡績工場でストライキが起こり、また1897年には日本最初の労働組合として、鉄工組合が企業横断的に組織される。政府は1900年に治安警察法を制定してこれらを弾圧する一方、1911年に初の労働者保護法である工場法を制定した。

豆知識

1. 1880年頃、日本ーインド間の航路は欧州の3社が組織するボンベイ・日本海運同盟が支配し、綿花に高率の運賃が課されていた。これに対して日本郵船は国内紡績会社連合会と輸送契約を結んでボンベイ定期航路を開設、2年間の激しい競争の末、同盟側が競争停止を申し入れた。

271 暮らし・信仰 | 神仏分離

　滋賀県の日吉大社（ひよしたいしゃ）は平安時代には延暦寺と習合して山王権現（さんのうごんげん）を祀る日吉社（ひえしゃ）となっていた。ところが、1868年に神仏分離令が出されると、諸国の神官出身の志士たちや日吉社の神職である社司・宮仕、人足など約120人が押し寄せて本殿の鍵を渡せと要求、これを拒むと神域内に乱入し、ご神体の仏像や仏具、経典などを破壊し焼き捨てた。

寺院を小学校にするため尊像や法具を焼き捨てる人々（1873〜1874年刊『開化乃入口』第二編上より）

　1868年、王政復古の大号令に続いて、祭政一致、神祇官（朝廷の祭祀や諸国の官社を司る）の再興が布告され、全国の神社・神職は神祇官に附属することが定められた。神仏分離令はこの一連の神道国教体制づくりの一コマであった。もともと江戸時代に水戸藩や薩摩藩、津和野藩などでは、国学や水戸学の影響を受けた為政者が神仏分離政策をとって寺院整理や神社・寺院改革を行っていた。神道国教化による祭政一致の政体を目指す維新政府は、幼い天子を擁して政権を奪ったという非難に対抗するためにイデオロギーが必要だった。そこで、国学者らが登用され、神道国教化の宗教政策が展開された。

　神仏分離令は仏教の排斥を意図したものではなかった。千年以上続いてきた神仏習合（「神仏習合」60ページ参照）を終わらせ、神社と寺院を分離してそれぞれ独立させ、神社に仕える僧侶を還俗させて、権現・菩薩・明神などの神号を廃し、神社から仏像・仏具などを取り払うことが目的だった。これまで年中行事や祭礼など庶民の暮らしと一体となり信仰を守ってきた寺社が一朝一夕に変貌させられるはずもなく、神仏分離令の影響は地域差が大きかったが、概して神社より優勢だった寺院は檀家制度に守られ経済的にも恵まれていて、中には庶民の反感を買う僧侶もいた。そのため、神仏分離令が出されると、冒頭に挙げた日吉社の事件のように、激しい廃仏毀釈（きしゃく）運動が起こり、多くの寺院が廃寺になり、仏像や仏具が破壊された地域もある。驚いた政府は、今後、仏像や仏具を取り除く際には届け出て指図を受けよと布告している。

　神道の国教化は宣教経験の乏しい神道関係者だけでは行えず、仏教界の協力が不可欠だった。そこで政府は1872年に大教院という教育機関を設置し、僧侶も教導職に任命して、神道国教化のために神仏が合同で布教に取り組むことになった。

　神道国教化はキリスト教排斥も目的の一つだったが、これには西洋諸国が強く反対し、信教の自由の承認を条約改正交渉の前提条件としたため、キリスト教に対する禁教令は1873年に廃止された。結局、大多数の国民の支持もなく、仏教側の十分な協力も得られなかったため神道国教化政策は放棄された。その後、1889年に制定された大日本帝国憲法では信教の自由が明記されたが、神道は国家の宗祀（そうし）であり、宗教ではなく道徳として扱われることになった。神仏分離政策は庶民の民俗信仰や修験道も禁止するなど、以後の日本人の精神生活に大きな影響を与えた。

豆 知 識

1. 阿修羅像で有名な奈良県・興福寺は伝統的に春日社と一体の存在だったが、神仏分離令により僧侶の一部が春日社に移り多くは離散、一時は廃寺同然となった。1871年の上知令（あげちれい）で領地が没収された影響もあり、五重塔が25円で売却されたといわれる。

272 人物 | 山県有朋

山県有朋（1838～1922）と伊藤博文は同じ長州藩出身で山県のほうが年上だった。明治維新後、二人とも藩閥政府の最高幹部まで上り詰めていくが、万事抜かりなく、長州グループの実力者木戸孝允に気に入られた伊藤に対して、愚直で生真面目な山県は、失敗や不運も重なり、伊藤に先を越されることが少なくなかった。

◆

山県有朋

山県有朋は長州萩の下級武士の子として生まれた。1858年、長州藩が時勢を学ばせるために京都に6名の青年を派遣することになったとき、山県もその一人に選ばれた。6名のうち4名は吉田松陰が開いた松下村塾の塾生で、そのなかに伊藤博文もいた。

当初、尊王攘夷派の急先鋒だった長州藩は1863年5月10日、下関を通るアメリカ船に発砲、その後フランスやオランダの軍艦にも砲撃を加えた。報復に備えて長州藩は高杉晋作に馬関防備を命じた。高杉は身分制度にとらわれず志願者を募り、西洋式の装備、編成をした奇兵隊を組織、山県もこれに加わり軍監（隊長の総管に次ぐ地位）になった。1864年8月、米・仏・英・蘭4カ国の艦隊が襲来、長州兵は3日で壊滅し、山県も敵弾を受けて負傷した（四国艦隊下関砲撃事件）。このとき山県は武器の改良が急務であることを痛感するとともに、志願兵からなる奇兵隊が、正規の藩兵より勇敢・沈着に戦うことを実感した。

1868年、山県は戊辰戦争で活躍し、兵部少輔（次官クラス）に任じられる。1871年に廃藩置県が断行され、旧藩の藩兵が解散を命じられるなか、山県は兵部大輔に昇任、1872年に兵部省が廃されて陸軍省と海軍省が設立されると陸軍大輔に任じられる。1874年には36歳の若さで参議兼陸軍卿（陸軍大臣クラス）となった。その後も参議兼任として陸軍の要職を務め、1883年に内務卿を兼任、1885年に近代的内閣制度ができると内務大臣になった。山県は軍制改革にあたって近代的陸軍の建設に大きな役割を果たし、1873年には徴兵制度を創設した。これには政府内でも反対が多かったが、奇兵隊を経験し、ヨーロッパの軍制を視察したことがある山県は、国民皆兵こそ軍事力の要だと確信しており、反対の声を押し切った。

1889年12月、伊藤博文、黒田清隆に続いて第3代内閣総理大臣に就任した。翌年11月29日に大日本帝国憲法施行、山県内閣のもとで議会制度が開始され、衆議院・貴族院による両院制の帝国議会が設立された。山県の首相在任は1年5カ月と短かったが、第1回帝国議会を無事に乗り切ったことで、伊藤に匹敵する実力者としての地位を確立した。以後、陸軍を中心とした山県系官僚閥を作り上げて存在感を示し続けたが、「穏健な帝国主義者」と評された山県は政党政治に不信感を持ち、藩閥・軍閥が日本をリードすべきという考え方は生涯変わらなかった。

[豆知識]

1. 1867年、西郷隆盛と出会った山県有朋は西郷に心酔し、西郷は山県を信頼して期待をかけた。以来、親しい関係が続いたが、西郷が征韓論争で下野した際、山県は煮え切らない態度をとり、木戸の怒りを買った。

273 文化・芸術 ｜ 自然主義文学

「別れた後そのままにして置いた二階に上った。……芳子が常に用いていた蒲団（ふとん）── 萌黄唐（もえぎから）草の敷蒲団（くさ）と、線の厚く入った同じ模様の夜着とが重ねられてあった。時雄はそれを引出した。女のなつかしい油の匂いと汗のにおいとが言いも知らず時雄の胸をときめかした。夜着の襟の天鷲絨（びろうど）の際立って汚れているのに顔を押附けて、心のゆくばかりなつかしい女の匂いを嗅い（か）だ。」── 田山花袋（たやまかたい）（1871〜1930）の『蒲団』（1907）のクライマックスである。

◆

　日本の自然主義文学の作家は、内面を含め人間生活の真実を客観的に描こうとした。代表的な作家として挙げられるのは、島崎藤村（しまざきとうそん）（1872〜1943）、田山花袋（たやまかたい）、国木田独歩（くにきだどっぽ）（1871〜1908）、徳田秋声（とくだしゅうせい）（1871〜1943）などだが、1897年に、藤村はロマン主義の詩集『若菜集』を、花袋や独歩は『抒情詩』を刊行しているように、出発点はロマン主義だった。それが日露戦争（1904〜1905）後、西欧の自然主義の影響もあり、独歩「春の鳥」（1904）、藤村『破戒』（1906）、花袋『蒲団』、秋声『新世帯』（しんじょたい）（1908）といった自然主義の作品が次々と発表され、文学の主流が変わる。これらの作品は、個人の内面の現実を徹底的に描写するところに特徴があった。

　藤村の『破戒』の主人公は、被差別部落出身の小学校教師・瀬川丑松（うしまつ）だ。彼は「出自を隠せ」という父の戒めを守っていたが、同じく被差別部落出身で敬慕する解放運動家・猪子蓮太郎（いのこれんたろう）が自らの本で出自を明かして活動しているのを見て、自分は隠し続けるかどうか悩む。激しい差別の現実に苦しみながら、蓮太郎の壮烈な死をきっかけに、生徒たちの前で自らの出自を打ち明け、教師を辞めて米国に旅立つまでの苦悩と葛藤が描かれている。発表時には文壇に大きな衝撃を与え、日本の自然主義文学の出発点となった作品だ。夏目漱石（なつめそうせき）（1867〜1916）は弟子に宛てた手紙で「明治の小説として後世に伝ふべき名篇也（めいへんなり）」と激賞している。『破戒』は社会の矛盾を描くことより、自我の苦悩に力点が置かれた告白の文学だった。

　田山花袋の『蒲団』も自然主義文学の記念碑的な作品とされる。著者自身と思われる主人公の中年作家が、若く美しい女性の弟子に恋心を抱く。実生活における嫉妬や愛欲が赤裸々に告白されていて、作家のその姿勢が注目された。『蒲団』の影響力は大きく、これ以降の自然主義文学の作品はあからさまな自己表白をする方向に流れ、社会との接点を見失いがちであった。そのため、彼らの試みた真実の追求は、自然主義文学を擁護する立場の長谷川天渓（はせがわてんけい）（1876〜1940）に「現実暴露の悲哀」と表現された。花袋が『蒲団』の2年後に発表した長編小説『田舎教師』も自然主義文学の代表的な作品だ。貧しい家庭に生まれ育った主人公は上級学校へ進学できず、文学を志しながらも田舎教師として埋没してゆく煩悶を日記に記す。実在のモデルの日記に基づいて書かれた。

　自然主義文学は一世を風靡したが、1910年頃最盛期を迎えると同時に急に衰退していった。

豆知識

1. 民俗学者の柳田國男（やなぎたくにお）（1875〜1962）は若い頃から田山花袋と文学仲間で、『抒情詩』も一緒に刊行した。しかし、『蒲団』は「きたならしい作品」と批判した。

274 政治 ｜ 内閣制度

　伊藤博文は議会開設のための諸改革が思うように進まず、「神経症」になった。見かねた井上馨らが憲法調査のための外遊を勧め、1882年3月、ドイツ、オーストリアに向けて出発した。そして1883年8月、伊藤は出発前とはうって変わって、意気揚々と帰国した。

◆

　出発前の伊藤は筆頭参議になって新設の参事院議長も兼任したが、元老院や華族制度の改革、内閣制度の創設は、岩倉具視・井上毅（1843～1895）ら保守派の反対で停滞していた。

　欧州での憲法調査で伊藤は憲法の条文や制度にもまして、その運用や行政のあり方の大切さに気がついた。ウィーン大学の国家学の権威・シュタイン（1815～1890）に2カ月間講義を受けたとき、シュタインはドイツ式の憲法を薦め、立憲制とは君主・議会・行政府の3機関が牽制しながら調和する政治共同体であるとした。伊藤はシュタインから、行政府は議会や君主から過度の影響を受けないで、自律性を確保することが重要であることを学んだ。

　1885年12月、伊藤は「太政大臣、左右大臣、参議各省卿の職制」である太政官制を廃止し、内閣総理大臣と各省長官を兼ねる9名の国務大臣からなる近代的な内閣制度を発足させた。初代の内閣総理大臣は伊藤が就任した。それまで大臣には有栖川宮熾仁（1835～1895）や三条実美（1837～1891）、岩倉など皇族華族しかなれなかったが、以後、形式上は国民であれば誰でも大臣の職につくことができることになった。大臣は、内務卿の山県有朋が内務大臣、井上馨が外務大臣、松方正義が大蔵大臣、大山巌（1842～1916）が陸軍大臣と、多くが太政官制のもとでの参議兼卿のポストと同じものに就任した。太政大臣だった三条は天皇の補佐役である内大臣に、左大臣だった有栖川宮は参謀本部長になった。総理大臣は各大臣の首班として大政の方向を指示し、行政各部を統督する強い職権を持った。

　こうして君主は政策決定に直接介入せず、政治責任も負わないという立憲制の前提が作られた。しかし、天皇と内閣の関係はあいまいだったため、1886年9月、伊藤は機務六条を提出し、天皇もほぼこれを受け入れた。機務六条には、総理の要請がなければ天皇は内閣に臨席しないこと、政務に関して主管大臣・次官の拝謁を認めること、天皇は必要な行事・儀礼に出席すること、などが記されていた。

　これに前後して、伊藤は宮中改革を行って宮中（皇室）と府中（政府）を制度的に分離し、華族令を制定して爵位を公・侯・伯・子・男の五等に区分し、国家に偉勲、勲功ある者を華族に組み込んだ。さらに高級官僚の養成を目的として帝国大学（現・東京大学）を創設し、官僚制度の近代化も進めた。1888年には枢密院を創設し、天皇の政治活動を制度化して秩序づけた。これら一連の国家的な構造改革を仕上げて、いよいよ明治憲法に取り組んだ。

【 豆 知 識 】

1. 1884年7月に制定された華族令で、伊藤、山県、黒田清隆らは伯爵になった。新華族のほとんどは薩長土肥出身の士族だった。

275 争い 義和団事件

　義和団事件が起きて8カ国が共同出兵した際、日本以外の国はそれぞれ事情があって出兵しにくかった。日本は鎮圧軍をすぐに出せたのだが、陸軍大臣・桂 太郎（1847〜1913）の「列国を困難に陥らしめて後、これを救うのが得策」という "作戦" によってすぐには派兵しなかった。この "作戦" は成功し、イギリスから出兵を求められ、財政援助まで申し出てきた。このときの日本兵の活躍は目覚ましく、「極東の憲兵」と位置づけられるようになった。

◆

義和団事件　連合国8カ国の兵士

　1894年から1895年にわたる日清戦争で敗北した清国には、ロシア・ドイツ・フランス・イギリスなどの列強が一気に進出するようになった。そのころ清国の宮廷内では、西太后（1835〜1908）が妹の子どもである光緒帝（1871〜1908）を擁立して権力を掌握していた。それに対して康有為（1858〜1927）ら改革派はすみやかに改革を進めるべきだという上書を皇帝に提出したりしたが、西太后派は改革に抵抗し続けた。

　一方、山東省では義和拳という拳法を行う秘密結社が勢力を伸ばしていた。彼らは、排外的活動、特にキリスト教を排斥する活動に力を入れており、外国から安い商品が流入するなどして生活が破壊された農民の間で広がっていた。やがて義和団と名称を変え、「扶清滅洋」（清朝を助け、外国を滅ぼす）のスローガンを掲げ、キリスト教会を焼き討ちするなど、活動をエスカレートさせていった。山東省で弾圧が厳しくなると、義和団の勢力はかえって強力になり、山東省の外へも拡大する結果となった。1899年には山東省西部で蜂起してドイツ軍と衝突した。翌年には鉄道の破壊やキリスト教会の焼き討ちを行いながら北京まで侵入し、北京の公使館街を55日間包囲した。西太后を中心とする守旧派は最初これを弾圧しようとしたが、むしろ利用価値があると考えて結託するようになり、1900年6月、ついに清国は列強に宣戦布告した。7月、日本・イギリス・アメリカ・ロシア・フランス・イタリア・ドイツ・オーストリアの8カ国が共同出兵し、北京・天津をはじめ華北の要所を攻略した。義和団は駆逐され、西太后と光緒帝は西安に逃れた。この一連の動きを北清事変と呼んでいる。

　翌1901年北京議定書が調印され、清国は列国の華北駐兵権、賠償金4億5000万両の支払いなどを承認した。北清事変で清国政府は潰滅状態になり、中国は半植民地といわれる状況になった。なお、北清事変を通して日本とイギリスはさらに接近し、1902年に日英同盟協約が結ばれることになった。この協約は、イギリスが清国に持っている特殊権益、日本が朝鮮に持っている特殊権益の存在を互いが承認すること、そして、その利益を擁護するために他国と戦争を起こしたときは、同盟国は厳正中立を守り、もし交戦相手国の同盟国が参戦した場合は、共同参戦することが取り決められていた（「日英同盟」268ページ参照）。

―――[豆知識]―――

1. ロシアは北清事変の波及防止を口実に満州を軍事占領した。このことが数年後の日露戦争のきっかけとなった。
2. 1963年のアメリカ映画『北京の55日』は義和団事件を題材にしているが、史実に反してアメリカ人とイギリス人が中心的な活躍をしている。

276 外交｜条約改正

1886年、横浜から神戸に向かうイギリス船籍の貨物船ノルマントン号が紀州沖で難破した。船長ら乗組員はボートで脱出したが、日本人乗客25人は全員溺死。船長の責任が問われたが、神戸領事の海難審判で船長は無罪、その後、横浜領事裁判所で禁固3カ月となったが、死者への賠償金は支払われなかった。憤激した国民は法権回復の必要性を痛感し、早期の不平等条約改正が叫ばれた。

◆

　幕末に江戸幕府は列国との間に条約を締結した。それは、日本での外国人の犯罪に日本の法律や裁判が適用されない治外法権や、日本側だけ関税自主権が与えられない、といった不平等条約であった。この条約を改正することが明治政府の外交における悲願であった。

　1871年、政府は岩倉使節団を米欧に派遣して条約改正の談判をしようとしたがまったく応じてもらえなかった。1876年、寺島宗則（1832〜1893）外務卿のもとで、まず関税自主権の回復を目指して交渉が始められた。アメリカは賛成したが、イギリスの強い反対でこの交渉は失敗した。1879年、外務卿に就任した井上馨は、法権、関税自主権ともに漸進的に回復しようとした。これに対してもイギリスは反対し、数年にわたる交渉の結果、領事裁判権（治外法権）を廃するが外国人が被告の事件は外国人判事が多数を占める裁判を行う、内地を開放して外国人に居住権や営業権を与える、関税率を5％から11％に引き上げる、という改正案が同意される。しかし政府顧問・ボアソナード（1825〜1910）や農商務大臣・谷干城（1837〜1911）は、これは日本の法権を毀損するものだとして断固反対を唱えた。国益を損なう改正案に対して自由民権派の反対運動も各地で高まりをみせ、政府は保安条例を発布して秩序の回復を図ったが、結局、井上外相は辞職し、条約改正交渉は無期延期となった。井上後任の外相となった大隈重信は、治外法権撤廃を中心に、内地開放、大審院のみ外国人法官任用、法典整備などの改正案で交渉を始めたが、それが伝わると国論が沸騰し、自由民権派や国家主義者らは憲法違反として激しい反対論を展開、大隈は刺客の爆弾によって片足を失い、改正交渉は挫折した。

　第1次山県有朋内閣の外相・青木周蔵（1844〜1914）は、法権の回復、関税自主権の一部回復、かわりに内地を開放するという案でイギリスと合意しかけるが、1891年に訪日中のロシア帝国皇太子ニコライが滋賀県大津で警察官津田三蔵に斬りつけられて負傷する大津事件が起こり、青木は辞任した。青木の路線を受けた榎本武揚（1836〜1908）は議会が紛糾し不調に終わる。第2次伊藤内閣の外相陸奥宗光（1844〜1897）は法権回復だけの案で英国と交渉を始め、1894年に治外法権撤廃、関税自主権の一部回復、居留地の廃止、相互的最恵国待遇などを内容とする日英通商航海条約に調印、日清戦争の勝利にも助けられて、1897年までに他の諸国とも同様の条約を結んだ。関税自主権の全面回復はこれより遅れ、1911年に外相・小村寿太郎（1855〜1911）による新条約で実現、ようやく日本は悲願を達成し、列強と対等な国際関係に入ることとなった。

豆知識

1. 井上改正案に反対して政府を辞した谷干城は国民的英雄のように扱われ、旧自由党員たちは靖国神社境内で「谷君名誉表彰運動会（デモンストレーション）」を開催、数百名の参加者は「谷君万歳」「国家の干城」などと書かれた旗を持って市中をデモ行進した。しかし、谷自身は英雄に祀り上げられるのは本意ではなかった。

277 経済 ｜ 財閥

日露戦争（1904〜1905）の頃から第二次世界大戦終結（1945）まで、同族による閉鎖的な所有・支配のもとで、持株会社を中核として多角的経営を行う独占的巨大企業集団があった。これを財閥と呼ぶ。三井・三菱・住友が3大財閥で、安田を加えて4大財閥ともいわれる。

◆

岩崎弥太郎生家の三菱マーク（高知県）

三井家は江戸時代、呉服商と両替商を営み、幕府の大坂御金蔵の為替業務を請け負って莫大な利益を得た。幕末には幕府から重い御用金（強制的寄付）が課せられたが、これを巧みに切り抜けた。1867年、明治維新政府は金穀出納所（後の大蔵省）を設け、三井・小野・島田の豪商3家を為替方に任命、三井は金融関係の一端を担うことになった。明治政府の貨幣制度改革のときは、大蔵省の井上馨や渋沢栄一とのコネを利用して、三井単独で新旧貨幣の交換業務を請け負った。こうして政商として頭角を現す三井にとって、三井銀行の設立認可を政府から受けることが、明治初年の最大課題だった。渋沢から三井・小野共同での銀行設立を半ば強制的に提案され、日本初の銀行「第一国立銀行」が発足したが（「国立銀行の設立」255ページ参照）、その後、政府が公金預かりに対する条件を厳しくしたため、対応できなかった小野、島田は倒産、三井はかろうじて乗り切った。1876年7月、ついに政府の認可を得て、日本初の民間銀行・三井銀行が開業、続いて三井物産が誕生した。日清戦争（1894〜1895）では軍需品の調達を担った。さらに三井銀行、三井合名、三井物産を中核として、株式保有、官有物払い下げ、融資などを通じて三池炭鉱、鐘淵紡績、北海道炭鉱鉄道、王子製紙、芝浦製作所などを傘下に収め、三井財閥が築かれていく。

三菱も政商から財閥に転身した。創業者の岩崎弥太郎（1834〜1885）は土佐藩の下級藩士だったが、才能が認められて藩の殖産興業などを任され、やがて三菱商会を設立し海運事業に乗り出す。台湾征討のとき軍事輸送を担当して明治政府との関係を深め、1875年、郵便汽船三菱会社に改称する。政府所有船の払い下げを受け、軍事輸送を一手に引き受けて海運業を牛耳った後、鉱業、金融、造船、不動産、農業など事業拡大を進め、三大財閥の一角に食い込んだ。

住友財閥は、江戸時代の銅商・両替商の住友家を始祖とし、別子銅山を経営して発展した。維新後は多難だったが、すぐれた経営者の力量で乗り切り、1921年、住友総本店を住友合資会社に改組、持株会社として、貿易、海運、倉庫、金融などに手を広げて大財閥を築いた。

安田は安田善次郎が一代で築き上げた財閥である。幕府の古金銀収集方を一手に引き受けて巨利を得、明治になると銀行や保険などの金融業を中心とした財閥をつくった。

政商が頼みとする政治家は常に順風満帆ではないし、しばしば無理を命じられ、共倒れのリスクもともなう。政商から財閥への転身は、政府や政治家に依存して生きる政商より自律的な企業体であろうとした結果ともいえる。急速な工業化と経済発展を目指して邁進する明治政府に対して、大財閥は経済の根幹を担う産業組織として強い影響力を発揮するようになった。

【 豆 知 識 】

1. 財閥は学閥、藩閥などと同じく明治時代に造成されたジャーナリズム用語で、当初、同郷の富豪の共同事業を指した。

278 暮らし・信仰 | 民法

明治新政府によって近代的な諸法典が編纂されるなかで、1890年に民法が公布された。しかし、西洋の個人主義的な内容だったために論争が巻き起こって施行は延期され、1898年に内容が修正された民法が施行された。家父長的家族制度を維持する旧態依然としたものであった。1890年に一度公布された民法を旧民法、1898年に内容を修正して施行されたものを新民法と呼ぶ。

◆

旧民法は、フランスの法学者ボアソナードが起草したものだ。フランス法を範とし、個人の自由と独立を重視する。これが施行されなかったのは、西洋の個人主義的な内容が日本の習俗文化にそぐわない、家制度を破壊するという反対意見があったためだ。反対派の穂積八束は「民法出デテ忠孝亡ブ」と施行延期を主張した。賛成（断行）派には「民法の父」といわれる梅謙次郎がいた。断行派と反対派に分かれて起こったこの論争は「民法典論争」という。結局反対派が勝ち、旧民法を修正して旧来の家制度を明文化して規定する新民法が編まれた。

新民法の特徴の一つは「戸主権」の強化である。家は「戸主」とその家族からなり、家族は戸主の命令・監督に従い、戸主は家族を扶養する義務を負うというものだ。新民法では、家族が結婚するときは必ず戸主の同意を得ることが明記された。現在では結婚は、「両性の合意のみに基いて成立し、夫婦が同等の権利を有することを基本として」と憲法24条に定められており、基本的に個人の自由である。また、家族の居住指定権など、戸主に家族を拘束する権利を認めたものだった。

もう一つの特徴に、家督相続制度がある。戸主の地位と財産は、家督相続によって年長者、男子優先で直系卑属（子・孫など自分より後の世代で、直通する系統の親族）が単独相続するとした。家督相続人である長男だけが特別に扱われる規定で、他の子どもや女性の地位は低かった。戸主の妻の権利も制限されており、妻は原則として家督相続はできず、遺産相続も子がいない場合にだけ認められる。

このような男女不平等は全体を通して見られた。たとえば、妻は夫に対して貞操義務を負うものの夫にはその義務はなかった。妻が姦通を行ったときは離婚理由になるが、夫が姦通しても妻から離婚を訴えることはできず、姦淫罪で刑に処せられたときに初めて提訴することができるのだ。そのほか、結婚すると女性は法律行為が認められず、夫の許可が必要になるといったものもあった。明治民法の法制度は、第二次世界大戦後、日本国憲法の施行にともなった改正で廃止されるまで続いた。

┌─ 豆 知 識 ─┐

1. ボアソナードは、明治大学や法政大学の前身で教鞭をとった。法政大学市ヶ谷キャンパスの27階建て校舎が、彼にちなんで「ボアソナード・タワー」と名づけられている。

279 人物 山本権兵衛

日本海軍を一から育て、「海軍の父」とも呼ばれたのが山本権兵衛（1852～1933）だ。日清戦争では作戦指揮にあたり、日露戦争でも海相として難局を切り抜けた。その後、薩摩閥の実力者として政界に進出する。時に立憲政友会とも連携して大正期に2度、首相を務めたが、海軍高官の疑獄事件などが重なり、世論の激しい非難を浴びて、いずれも短命内閣に終わった。

◆

山本権兵衛

日清戦争の前、海軍の一大佐だった山本が取り組んだ最大の仕事は「無能幹部の大量首切りだった」と、作家の司馬遼太郎（1923～1996）が小説『坂の上の雲』で書いている。「薩の海軍」と言われ、維新の功績だけで重職についたものの、艦船の運用知識もないような薩摩出身の幹部がごろごろしていた。これを同じ元薩摩藩士として断固一掃したのは、能力ある者を重職につけないと戦争に勝てない、と考えたからだ。実際、のちの日露戦争で、ロシアのバルチック艦隊幹部には風帆船の操法しか知らない老朽士官が多かったといい、日本海軍に撃破された。西郷従道海相のもと大リストラを進め、ほとんどゼロから新海軍を設計、建設した山本の功績は大きく、司馬は「世界の海軍史上最大の男の一人だった」と高く評価する。

だが、政界に進出してからは運に見放された。第1次護憲運動が広がる中、長州閥の巨頭、山県有朋（1838～1922）や陸軍と結んだ第3次桂太郎内閣が1913年に倒れると、その対抗軸たる薩摩閥・海軍閥の実力者、山本に政権が回ってきた。立憲政友会から原敬（1856～1921）を内相に迎えるなど、政党内閣に近い構成で組閣。5300人の官吏を削減するなど行政改革を進め、軍部大臣現役武官制をゆるめて予備役の大将・中将も大臣になれるように改めた。ところが、軍需品購入をめぐって海軍幹部がドイツのシーメンス社から賄賂を受け取っていたことが1914年に発覚。英ヴィッカーズ社の軍艦建造をめぐる海軍汚職も明るみに出た。海軍への非難が高まるなか、山本は1年余りで総辞職に追い込まれる。

それから9年。首相在任中に胃がんで亡くなった加藤友三郎（1861～1923）の後を受け、山本が2度目の組閣を始めたところで、今度は関東大震災（1923）に襲われる。被災者救援と復興に奔走したが、直後の混乱でデマが飛び交うなか、多数の朝鮮人や中国人、社会主義者が虐殺される。社会不安が高まるなか、無政府主義の青年が1923年12月、議会の開院式に向かう裕仁親王（のちの昭和天皇）を暗殺しようと狙撃する虎ノ門事件が起きた。裕仁親王は無事だったが、事件の衝撃は大きく、第2次山本内閣はわずか4カ月で退陣となった。

豆知識

1. 海軍の大リストラをした山本権兵衛だったが、人員整理リストには「海軍大佐・東郷平八郎」の名もあったという。のちの日露戦争で連合艦隊司令長官となり、ロシアのバルチック艦隊を撃破した英雄だ。鹿児島城下の加治屋町で育った4歳年上の東郷と山本は同郷の士で、さすがにこのリストラには山本も首を縦に振らなかったという。
2. 虎ノ門事件を起こしたのは、山口県選出代議士の息子、難波大助だ。黒塗りの仕込み杖から2発の弾丸を発射したが、裕仁親王にけがはなかった。兄の一人は東大法科卒業、もう一人も京大法科を卒業。自らは旧制高校入試に3度失敗し、自暴自棄のなか無政府主義に近づいた青年だったという。事件の翌年、絞首刑となり、父親も議員を辞職した。

280 文化・芸術 | 建築の西洋化

　明治政府は近代国家建設の道を歩み始めた。西洋文明に追いつくためには優れた人材が必要なため、西洋建築を含む様々な分野でお雇い外国人を高待遇で雇用した。しかし、建築家ジョサイア・コンドル(1852〜1920)は高収入だけに惹かれて来日したわけではない。もともと日本美術の熱烈な愛好家だった彼は、喜び勇んで憧れの国に向けて旅立った。

◆

ジョサイア・コンドル

　日本の近代建築の生みの親といえばコンドル(本来はコンダーと発音)が真っ先に挙げられるだろう。彼は1852年ロンドンで銀行員の子として生まれたが、13歳のとき父親が急逝、商業学校を卒業した後、伯父の建築家ロジャー・スミスの建築事務所で働き始める。ここで建築の実務を学びながら、サウスケンジントン美術学校とロンドン大学に通って建築学の学識も身に付け、有名な建築家ウィリアム・バージェス(1827〜1881)の事務所で2年間修業する。そして1876年、英国王立建築家協会のコンペで一等のソーン賞を獲得する。24歳のこの年、コンドルは日本に行くことを決めた。仕事は工部大学校教授兼工部省営繕局顧問で、雇用は1877年1月28日から5カ年。日本人に本格的な建築教育を授け、優れた西洋建築をつくることが課せられた使命だった。コンドルはこの役割を期待以上に果たした。

　彼が任された工部大学校造家学科(現・東京大学工学部建築学科)はまだ教授がいなかった。コンドルの前にお雇い外国人の建築家が教壇に立ったが、実技はできても体系的な建築教育の伝授は無理だった。日本人を見下したような態度にも学生たちは反感を覚えていた。そこにやってきたのが、新進気鋭の紳士で、技術ばかりか建築の本質を伝えることができ、教育・指導にも熱心なコンドルだったので、学生たちの喜びは大きかった。こうして、造家学科から辰野金吾(1854〜1919)、片山東熊(1854〜1917)、曾禰達蔵(1853〜1937)、佐立七次郎(1857〜1922)の4人が最初の建築家として巣立っていった。それぞれの作品として、辰野は日本銀行本店・東京駅、片山は赤坂離宮、曾禰は慶應義塾大学図書館、佐立は旧日本郵船小樽支店がある。コンドルの契約は1884年まで延長され、教授の席が辰野に譲られた後も講師を務めた。

　教育のかたわら、建築設計でも活躍した。工部大学校在職中の代表作には上野博物館、開拓使物産売捌所、鹿鳴館などがある。1886年に学生を引率してドイツへ出張し、ロンドンに立ち寄った。このとき行く末を考え、日本への永住を決意する。1888年設計事務所を開き、民間建築家として三菱1号館、三井倶楽部や企業家たちの邸宅などを数多く手がけた。

　コンドルは画家の河鍋暁斎(1831〜1889)に師事し、暁英という号をもらった。自宅に出稽古に来ていた花柳流の踊りの師匠・前波くめを妻とし、『日本の花と生花芸術』『日本風景庭園の芸術』『河鍋暁斎　本画と画稿』などの本も出版している。

[豆知識]

1. コンドルは落語や歌舞伎にも興味を持ち、年に1度、友人を招いて自宅の広間で自ら歌舞伎を演じていた。

281 政治 | 大日本帝国憲法

「1889年2月9日　東京全市は11日の憲法発布をひかえてその準備のため言語に絶した騒ぎを演じている。到るところ奉祝門・照明・行列の計画、だが滑稽なことには誰も憲法の内容をご存じないのだ」。26年間日本に滞在し東京医学校（現・東京大学医学部）で内科学の教鞭をとったドイツ人医師・ベルツの日記の言葉である。彼は日本と日本人を心から愛していた。

◆

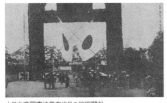
大日本帝国憲法発布当日の桜田門外

　1874年の民撰議院設立建白書以来、憲法制定の要求が高まり、自由民権運動の結社や個人から様々な憲法私案（私擬憲法）が発表された。しかし、政府はどのような憲法にするか方向性が定まらず、自由民権運動の動きを抑圧して弱体化させた。

　1881年、国会開設の勅諭が出され、1890年を期して国会が開設されることになり、それまでに憲法も制定されることになった。そこで伊藤博文が渡欧して憲法制度の調査を行った。帰国後、伊藤は井上毅、伊東巳代治（1857〜1934）らとともに憲法案を起草し、枢密院の審議を経て、1889年2月11日、大日本帝国憲法（明治憲法）として発布された。

　明治憲法は君主権の強いドイツ型立憲君主制を手本にして、天皇中心の国家観を接合させたもので、立憲的要素と絶対主義的要素の両方からなり、しかも後者の色彩のほうが濃厚なため「外見的立憲制」といわれる。天皇が国民に与える欽定憲法で、「大日本帝国は万世一系の天皇これを統治す」（1条）に始まるように天皇が中核である。しかも「天皇は神聖にして侵すべからず」（3条）とあるように、天皇は現人神と規定された。天皇のもとでの統治権は、帝国議会、国務大臣、裁判所の3つの機関が行使した。立法権は議会の協賛によって、また天皇の広範な権限は各国務大臣の輔弼（君主が政治を行うのを助けること）によって天皇が行い、司法権は天皇の名によって独立の裁判所が行うとされた。

　帝国議会は明治憲法の最も立憲的側面だが、公選による衆議院とほぼ対等なものとして、皇族、華族、勅任議員などからなる貴族院が設置された。また、天皇を輔弼する国務各大臣は天皇によって任命され、天皇にだけ責任を負うものとされた。明治憲法には内閣や内閣総理大臣についての規定がなく、内閣総理大臣は、内閣の組織や内閣総理大臣の職権などに関する勅令である内閣官制によって「各大臣の首班」とされたが「同輩中の首席」にすぎず、その権限は弱かった。さらに、天皇の諮問に答えて重要な国務を審議する枢密院は天皇の勅任だったし、天皇を常時輔弼する内大臣や元老など憲法外の機関もあった。軍は「統帥権の独立」によって天皇に直結していた（「協調外交の挫折」324ページ参照）。このように、国政を統一的に運営する権限が内閣にはなく、いくつもの補佐機関が天皇を取り巻いていたため、各機関は無責任になりがちだった。そして明治憲法は言論の自由などの権利を認めていたが、それは「法律の範囲内に於て」保障されたもので、法律によって広範な制約を加えられるものだった。

豆知識

1.「日の丸・君が代・御真影・万歳」という国民統合の4点セットが初めて勢ぞろいしたのは大日本帝国憲法が発布された日だった。

282 争い | 日露戦争

日露戦争で満州軍総参謀長を務めた児玉源太郎（1852〜1906）は、奉天会戦勝利後、戦況報告のため東京に戻ったとき、参謀本部次長にこう言った。「何をぼんやりしとる。点火したら消すことが肝要なのを知らぬか。それを忘れているのはばかじゃヨ」。

◆

　日清戦争、北清事変（義和団事件）を経て、ロシアは旅順・大連を租借し、シベリア鉄道を建設、東清鉄道の敷設権を獲得するなど満州への侵略を展開していった。朝鮮、さらに満州への進出を狙う日本はロシアの動向に危機感を持ち、日英同盟を締結して日露戦争に備えようとした。しかし、当時世界一の陸軍国ロシアとの戦争はリスクが大きく、日本はロシアと交渉して、朝鮮とその沿岸はロシアの利益外であることをロシア側が承認し、日本は満州におけるロシアの特殊利益を認めるとする満韓交換論を基調とした協約を結ぼうとしたが、交渉は決裂した。

　日本国内では、ロシアの満州からの撤兵不履行などで開戦論が高まっていく（「日英同盟」268ページ参照）。対露同志会が結成され、東京帝国大学教授らが対露強硬意見を主張すると（七博士意見書）、新聞もそれを大々的に報じて開戦世論を煽った。週刊『平民新聞』を創刊した幸徳秋水（1871〜1911）、堺利彦（1870〜1933）ら社会主義者やキリスト教信者内村鑑三（1861〜1930）らは非戦論を展開したが、熱狂的な主戦論の中で孤軍奮闘だった。

　奇襲作戦を決めた日本は、1904年2月8日、ロシアに宣戦を布告する2日前に連合艦隊の主力が旅順港外でロシア艦隊を攻撃、同日、陸軍の先遣部隊が仁川に上陸を開始した。同年8月、ロシアが近代的要塞を築いていた旅順への総攻撃を開始したが、死傷者1万5千人という大損害を出して失敗に終わる。遼陽の戦いではロシア軍は後退したが、双方とも2万名以上の死傷者が出た。こうして日本軍は6万名近い死傷者を出して旅順を占領した。1905年3月の奉天会戦では日露両軍合わせて56万人にも及ぶ兵士が対峙し、日本軍は7万人、ロシア軍は6万人の死傷者が出た。日本にとってこれ以上の戦争継続は、もはや軍事的にも戦費の面でも限界だった。同年5月、連合艦隊がロシア海軍の主力バルチック艦隊と日本海で海戦を繰り広げ圧倒的な勝利を収めた後、日本はアメリカの仲介で講和を持ちかけ、ポーツマスで講和会議が開かれた。最終的にロシアが朝鮮に対する日本の優越権を承認し、旅順・大連の租借権と長春以南の鉄道などを日本に譲渡、南樺太（サハリン）の割譲などの内容でポーツマス条約が調印された。

　日本は大きな犠牲を払ったのに賠償金が得られなかったため国内では講和反対の主張が盛んになり、各新聞も講和反対を掲げた。条約調印の日、東京の日比谷公園で開催された講和問題同志連合会の大会は講和条約破棄を決議し、参加者の一部が暴徒化、内務大臣官邸や警察署、交番などを焼き打ちした（日比谷焼打ち事件）。

　日露戦争は日露双方に大きな犠牲をともなう戦争だったが、日本の朝鮮支配は国際的な承認を受け、朝鮮の植民地化を本格的に推し進めることになった。また、日本は満州にも勢力を拡大し、アジアにおける強国の一員になっていく。

豆知識

1. 石川啄木（1886〜1912）は17歳のとき、雑誌『太陽』に掲載された日露開戦論に感激し、日清戦争を美化する「戦雲余録」を書いたが、のちに「無邪気なる好戦国民の一人であった」と自己批判した。

283 外交 | 韓国併合

明治維新のときから、政府にとって朝鮮を植民地として支配することが対外政策の重要課題だった。1876年、軍事力を背景に朝鮮に対して不平等条約である日朝修好条規を締結した。以来、明治政府は朝鮮の独立という建前とは逆に、その独立を阻止し続け、ついに植民地にした。

◆

魚（朝鮮）釣りをする日本と清、機をうかがうようにじっと見つめるロシア

日清戦争は清国が朝鮮（大韓帝国）に対して持つ宗主権を弱体化させ奪い取ることが目的だったが、日本の朝鮮支配は実現しなかった。その後、朝鮮政府はロシアとの提携を図るようになり、日露戦争が始まった。日本は日露開戦直後の1904年2月に日韓議定書を締結して朝鮮に戦争協力を強要し、同年8月に第1次日韓協約を結んで、日本政府推薦の財政・外交顧問を置き、外交は事前協議することを認めさせた。日露戦争後のポーツマス条約で朝鮮における日本の優越的立場が認められ、英米の了解も取り付けた。そこで、1905年11月に日本軍の圧力のもとで第2次日韓協約（乙巳保護条約）を締結した。韓国統監府を設置し、統監（初代統監は伊藤博文）が外交権を掌握して朝鮮を保護国とした。朝鮮国内は騒然となり、日露戦争下の反日運動の流れを汲む義兵が各地で蜂起する。この時期に日露戦争遂行のための鉄道敷設、通信機関の掌握、港湾の占領、日本通貨の通用など植民地化がいっそう進み、反日闘争はさらに激化した。

大韓帝国の皇帝・高宗（1852〜1919）は1907年ハーグで開かれた万国平和会議に密使を送って朝鮮の独立を訴えようとしたが聞き入れられなかった。伊藤統監は高宗に譲位させ、皇太子が皇帝の座についた。その後、第3次日韓協約が締結され、朝鮮の内政権剥奪、朝鮮軍隊の解散、司法権の委任、各部次官への日本人の任用などが取り決められた。事実上の大韓帝国廃止だったが、ロシアの同意が得られず、併合には至らなかった。しかし、第3次日韓協約締結の後で日露協約が締結され、この障害もなくなった。

1907年7月に韓国軍隊解散の詔勅が発布されると、軍人と民衆が合流して蜂起、全国的な義兵闘争が始まった。1910年の韓国併合までに日本軍と義兵との衝突は2819回、衝突義兵数は14万1603人、義兵の死亡者数1万7688人という記録が残っている。義兵征討作戦が展開されるなか、朝鮮を名実ともに植民地とする計画が着々と進められた。

1909年10月、伊藤博文がハルビンで安重根（1879〜1910）に射殺されると、日本政府は軍隊と憲兵隊を常駐させた。ロシア、イギリスの了解を取り付けた後、第3代統監・寺内正毅（1852〜1919）は総理大臣・李完用（1856〜1926）と交渉を開始、翌年8月、韓国併合条約が調印された。大韓帝国の統治権を完全かつ永久に日本に譲渡することなどが規定され、1392年から続いてきた李氏朝鮮は滅亡し、統治機関として朝鮮総督府が設置された（初代総督は寺内正毅）。朝鮮は日本の植民地となり、その支配は1945年8月15日まで続いた。

豆 知 識

1.「併合」という言葉はこのときまであまり使われていなかった。日韓対等合併の印象を与えず、国家廃滅・領土編入でありながらあまり刺激的ではない言葉として選ばれた。

284 経済 労働組合とストライキ

　日本の産業革命は、紡績業や製糸業などの軽工業から始まり、その労働者の多くは女性たちだった。日本の急速な近代化は、まずは紡績業で低賃金・長時間労働を強いられた女工たちの大きな犠牲により可能となったといえる。欧米列強が数百年かけた資本主義の形成過程を、わずか半世紀ほどで達成したことで、社会には多くのひずみが生まれていったのだ。

◆

　当時、紡績業の先進国はイギリスだった。その市場に日本が割り込むには安価な製品を作るしかなく、そのために資本家がとった策が人件費の削減だった。イギリスではすでに1日8時間労働制が確立していたが、日本では10時間を超す労働が当たり前。機械を終日フル回転させ、女工を昼夜二交代制で働かせる工場もあった。賃金はイギリスの26分の1だったとされる。

　明治末期には、製糸工女や機械女工を合わせ、現場で働く女性労働者は100万人を突破していた。その圧倒的多数が、一人一畳ほどの寄宿舎に押し込まれる劣悪な生活を強いられた。その身は一種の人身売買ともいえる前借金制度に縛られ、結核により命を落とす女工も相次いだ。女工たちの労働実態を克明に描いた1925年の『女工哀史』には、「監獄よりも寄宿ずまいはなお辛い」と記されている。

　資本主義の発展につれ、賃金労働者も急増。重工業や鉱山の労働者は男性が多数を占め、その多くは農家の次男や三男だった。紡績、織物、鉄工、ガラス、印刷など13業種の現場を農商務省が実地調査し、1903年に刊行した全5巻の『職工事情』には、労働者たちの悲惨な生活実態が描かれている。

　こうした中、労働者側には次第に階級的な自覚が高まり、1897年に高野房太郎（1868〜1904）、片山潜（1859〜1933）らが労働組合期成会を組織した。その指導により鉄工組合、日本鉄道矯正会、活版工組合などの労働組合が各地につくられて、待遇改善や賃金引き上げを求める労働争議（ストライキ）が頻発するようになっていく。1914年にわずか50件だった争議が、5年後には497件と10倍近くに増えていることからも、当時の運動の盛り上がりがわかる。「溶鉱炉の火は消えたり」といわれた1920年の官営八幡製鉄所のストライキには、2万3000人の労働者が参加したという。

　労働運動の中心的存在となったのが、鈴木文治（1885〜1946）ら15人が1912年に結成した友愛会だ。当初は労使協調の穏健な立場だったが、次第に急進化。1921年には日本労働総同盟に名を改め、階級闘争路線に転じた。しかし左右の路線対立が生まれ、1925年には左派が日本労働組合評議会を結成して分裂してしまう。

豆 知 識

1. 1890年代には東京や大阪などの都市部に、低所得者が集住する貧民窟（スラム）が出現し、劣悪な衛生状態や貧困が社会問題になった。『日本之下層社会』『最暗黒の東京』といったルポ作品が社会のひずみを告発した。

285 暮らし・信仰 | 非戦論

1904年、満州・韓国の支配をめぐって日露戦争が開戦した。この開戦前、日本国内では、開戦・非開戦の両論に分かれて大きな論争となっていた。開戦に反対する主張が「非戦論」で、特に内村鑑三（1861〜1930）、幸徳秋水（1871〜1911）、与謝野晶子（1878〜1942）などの反戦の訴えが知られている。

◆

内村鑑三

当時の新聞や雑誌の多くは対露開戦に積極的で、主戦論を展開していた。主戦論の中心は、1903年に結成された対露強硬主義の国家団体である対露同志会だった。他にも戸水寛人ら東京帝国大学7人の教授たちがいわゆる「七博士意見書」で主戦論を唱え、それを新聞が大々的に発表したことも民衆に大きな影響を与え、世論は主戦論が主流であった。非戦論の主張でよく知られているのが、新聞『萬朝報』の元社員たちだ。黒岩涙香を社長とする『萬朝報』ははじめ非戦論を唱えていた。だが、世間の流れのなかで社長の黒岩が主戦論に転ずる。社内で分裂を生じたことにより内村鑑三、幸徳秋水、堺利彦は退社して非戦論を訴え続けた。幸徳秋水と堺利彦は、退社後「平民社」を結成して週刊新聞『平民新聞』を創刊、社会主義の立場から非戦論を主張した。『平民新聞』は「平民主義、社会主義、平和主義」を掲げている。

内村鑑三は明治・大正期の代表的なキリスト教者だ。アメリカ留学からの帰国後、不敬事件が原因で第一高等学校（現在の東京大学）を退職後、『萬朝報』で英文記事を書く記者をしていた。日露開戦の1年前、鑑三は『萬朝報』において「余は日露非開戦論者であるばかりでない、戦争絶対的廃止論者である、戦争は人を殺すことである、そうして人を殺すことは大罪悪である、……大罪悪を犯して個人も国家も永久に利益を収め得ようはずはない」と非開戦を主張した。日露戦争時は絶対的戦争廃止を訴えた鑑三だが、実は、日清戦争では戦争に賛成しており、日本がアジアのリーダーであり、日清戦争は弱い朝鮮を守る義のための戦争であるとする「義戦論」を展開していた。しかし日清戦争が終わってみれば、戦争は利益を求めるものであり、戦争を行う者は戦争によって滅ぶのだと考えを改め、日露戦争時には、いっそう非戦の考えを強めたのだった。なお、戦時中には女性によって反戦の文学が発表され反響を呼んだ。歌人の与謝野晶子が雑誌『明星』に発表した長詩「君死にたまふことなかれ」は、戦争を支持する側からの非難を受けた。「あゝおとうとよ君を泣く／君死にたまふことなかれ」から始まり、「親は刃をにぎらせて／人を殺せとをしへしや」「旅順の城はほろぶとも／ほろびずとても何事か」など従軍中の弟の無事を祈る内容だ。また、詩人の大塚楠緒子も、「ひとあし踏みて夫思ひ／ふたあし国を思へども／三足ふたたび夫おもふ／女心に咎ありや」と、戦地の夫の無事を切実に願う妻の心情を描いた詩「お百度詣」を『太陽』に発表している。

豆 知 識

1. 内村鑑三は「不敬事件」でも有名だ。「教育勅語」の末尾にある天皇の宸署（署名）に最敬礼をしなかったことが「国賊」と新聞等で非難された。騒動時、鑑三はインフルエンザで寝込んでおり、反論できないまま退職に追い込まれてしまった。

286 人物 福沢諭吉

福沢諭吉（1834〜1901）が始めた慶應義塾からは多くの門下生が育ち、官僚や実業家になった者も多かった。福沢は明治政府の首脳とも交流しており、なかでも大隈重信（1838〜1922）とはイギリス流の議院内閣制、早期の議会開設、積極財政などで考えが一致していた。しかし、それがあだとなり、両者にとって考えてもみない出来事が起こることになる。

◆

福沢諭吉

福沢諭吉は中津藩士の次男として大坂で生まれた。1歳のとき父が亡くなり、下級武士の子で母子家庭としての悲哀を味わい、「門閥制度は親の敵」と、身分制度を憎むようになる。漢学、蘭学を学び、大坂の緒方洪庵の蘭学塾・適塾に入門、やがて塾長となった。1858年、江戸に赴任し、中津藩中屋敷内で蘭学塾を開いた。これがのちに慶應義塾となる。翌年、横浜を見学した際、蘭学が役に立たないことを知り、英学の独習を始めた。

1860年、幕府が遣米使節を派遣した際、幕府が保有していた軍艦咸臨丸司令官の従者となって渡米した（「ジョン万次郎」212ページ参照）。翌年には幕府の遣欧使節に通訳として参加、欧州の各国を歴訪した。さらに1867年には幕府の軍艦受取委員に加わって渡米した。これらの体験に基づく『西洋事情』は1866年から8編刊行され、合計20万部以上売れた。1867年の王政復古、1868年の江戸開城後、新政府から何度も出仕を要請されたが辞退し、以降生涯官職にはつかず、著述、慶應義塾での講義やその運営に力を注いだ。

「天は人の上に人を造らず」に始まる『学問のすゝめ』（初編は1872年、17編まで刊行）は300万部以上売れて文明開化を象徴する書物となった。平等を力説し学問を奨めるのは、国民としての自覚を促すためであった。1873年、明六社に参加、『明六雑誌』に執筆し、演説会を催した。1874年、民撰議院設立建白書が政府に提出されると賛成論を唱えた。

1879年、福沢が「国会論」を発表して議会開設の機が熟したと主張すると、議会開設を求める声がいよいよ高まった。伊藤博文らは、福沢を責任編集者にして政府系新聞の発行を企て協力を要請した。折しも北海道官有物払下げ問題が新聞に載り、政府批判が高まった。もともと大隈に不信感を抱いていた黒田清隆や伊藤は、新聞社にリークしたのは大隈・福沢グループではないかと疑い、大隈を政府から追放した（明治十四年の政変）。そのため新聞発刊の話は消え、福沢は翌年、日刊紙『時事新報』を創刊した。福沢は民権運動の高揚には批判的で、1881年の『時事小言』では、立憲制とイギリス流議院内閣制・政党内閣制によって政府と民権運動とは調和すべしと主張した。1884年に甲申事変が起きると「脱亜論」を著し、軍事的介入による朝鮮の文明化を説き、戦後は列強の中国分割に割り込むことを唱えた。

豆知識

1. 天は人の上に人を造らず、人の下に人を造らず」は諭吉自身の言葉ではなく、アメリカの独立宣言の一節を意訳したものといわれている。
2. 『学問のすゝめ』はもともと中津の学校で使うために書かれたが、広く世間に布告することを勧められて慶應義塾から活字版出版第1号として刊行された。

287 文化・芸術 ｜ 日本画と西洋画

　美術館などで「日本画」に分類される絵画を見て、日本画の定義とは何かと疑問に思った経験はないだろうか。日本人や日本の風景を描いた素朴な絵が多いとはいえ、油絵のように鮮やかな色彩のものもあるし、外国の風景を描いた絵画さえあるからだ。実は「日本画」という言葉の歴史はそう古いものではなく、日本人の造語でもない。東京大学文学部の教師であったアメリカ人のアーネスト・フェノロサ（1853〜1908）が「Japanese painting」と表現したのが最初とされる。

◆

黒田清輝『裸体』

　日本における絵画の歴史は長く、旧石器時代から、日本人は絵を描いてきた。千葉県の上引切遺跡では抽象的な線画が描かれた石の破片が出土しており、これは約1万5000年前のものと考えられている。縄文人は土器などに人物や動物などを立体的に表現することが多かったが、弥生時代になって、自然現象や動物、神話などを平面的に描いた絵画が増える。その後、中国から絵画の技法が輸入されて高松塚古墳の壁画に見られるような「唐絵」が描かれるようになると、日本的な絵画は「大和絵」と呼ばれるようになる。そして明治時代にヨーロッパから洋画がもたらされ、フェノロサが「日本画」という言葉を発明した。つまり、日本画の概念は外来の技法や表現に対比して生まれたもので、明確な定義はないのだ。一般的には紙や絹の布に、水墨や顔料を膠で溶いた岩絵具で描かれ、写実的ではないものが多い。特に浮世絵は、西洋人の目に「表情がない」と映ったようだ。

　フェノロサは、通訳の岡倉天心（1862〜1913）とともに美術教育に尽力し、廃仏毀釈（「神仏分離」277ページ参照）で多くの仏像が破壊されるなか、古い寺を訪ねて仏教美術を調査し、その保護を訴えた。特に200年もの間、僧侶でさえ見たことがなかった、法隆寺夢殿の本尊である救世観音を開帳するよう説得したことは知られている。

　1887年には岡倉天心とフェノロサが東京美術学校（現在の東京藝術大学美術学部の前身）を創立する。開校にあたり、欧米で行われている美術教育を調査しているが、当初は日本画科しか設けられていなかった。1896年には西洋画科と図案科も新設し、西洋画の教育にも力を入れ始める。「富嶽飛翔」が記念切手にも採用されている日本画家の大家、横山大観（1868〜1958）は東京美術学校の一期生で、卒業後は図案科の助教授を務めた。他にも日本画家の菱田春草（1874〜1911）や下村観山（1873〜1930）らの卒業生が、教壇に立っている。

　西洋画科の教授には黒田清輝（1866〜1924）がいる。黒田清輝はパリ留学でラファエル・コランの指導を受け、現地の展覧会で入賞した。日本に戻ってからは、戸外で自然光を受けて制作する作風を確立するが、裸婦を描いた「朝妝」や「裸体婦人像」が物議をかもし、展覧会では絵の一部を布で覆われた。これは「腰巻事件」と呼ばれている。江戸時代にも春画はあったが、西洋画のリアルな表現に、当時の日本人は驚いたようだ。

豆知識

1. 日本の芸術を愛したのはフェノロサだけではない。ゴッホ（1853〜1890）は浮世絵を好んで収集したし、小泉八雲（1850〜1904）は『日本の心』のなかで、浮世絵を「あるがままの現実を広く包含する芸術」と称賛している。

288 政治 | 桂園時代

　もともと軍人だった強面政治家の桂 太郎（1847～1913）。フランス留学中に人権思想に触れ、自由民権運動にも加わったという西園寺公望（1849～1940）。一見、タイプの異なるこの２人が1900年代初期、お互いに支持・協力し、妥協・連携して10年余りにわたり交互に内閣を組織した。「政権のたらい回し」といわれた、桂園時代である。

◆

桂太郎

　長州藩士の息子として生まれた桂は、幕末には奇兵隊に参加し、戊辰戦争にも従軍した。ドイツに３年間留学したのち、長州閥・軍閥の巨頭である山県有朋に引きたてられ、陸軍次官、陸相と順調に出世の階段をのぼった。山県を後ろ盾として1901年、念願の首相となり、日露戦争を指揮して勝利する。しかし、日露講和会議で賠償金がとれなかったことから民衆の怒りを買い、日比谷焼打ち事件（1905年）が起きた。これをきっかけとして講和反対運動が全国に拡大。この間、桂は立憲政友会の実力者、原敬と何度も秘密会談を持ち、立憲政友会がいかなる講和条件でも政府を支持する代わりに、桂は辞職して後任に西園寺を推す、という約束が交わされた。

　桂園時代が幕を開けた背景には、この講和反対運動の盛り上がりがあると指摘したのが、近現代史専門の歴史研究者、松尾尊兊だ。そのころ都市には土地を奪われて流出してきた貧民層が出現していた。職人層は解体の過程に入り、新たに労働者階級が誕生しつつあった。中小の商工業者は政府の特権的保護を受ける大資本と対立していた。多様な人々の不満の代弁者である新聞や、既成政党の枠からはみ出た急進政治グループ、こうした人々が一挙に歴史の上に姿を現したのが講和反対運動であり、この新時代の民衆を統治するには「民意を代表する」という建前をとる政党を同盟者とする必要が生まれた、というのだ。民衆を指導し、かつ藩閥に反逆をくわだてる心配がない政党、それが立憲政友会であり、立憲政友会もまた自らに依存してくる藩閥の弱点を利用して譲歩を迫った。いわゆる桂園時代はここに開幕した。

　1906年に後継首相となった西園寺は、京都の公家出身だ。自由党の流れをくむ立憲政友会の総裁でもあり、おおむね衆議院第一党の座を確保して内閣を２度組織した。この間、原が内相につき、鉄道敷設や港湾整備など地方利益を積極的に誘導することで地主や地方財界人の間に支持を広げた。

　結局、第２次西園寺内閣は1912年、３度目の政権返り咲きを狙う桂の策略もあって総辞職。第３次桂内閣は大正政変により２カ月足らずで退陣に追い込まれ、桂園時代は幕を下ろした。

――――――――［ 豆 知 識 ］――――――――

1. 軍人政治家で強面イメージのある桂太郎だが、ついたあだ名は「ニコポン宰相」。にっこり笑ってポンと肩を叩き、政治家たちを味方につけていったからだという。
2. 「最後の元老」と呼ばれたのが西園寺公望だ。元老は天皇の最高顧問で、後継首相を推薦するなど大きな力を持っていたが、どこにも明文上の規定はなかった。

289 争い｜大逆事件

明治天皇の爆殺を企てたという理由で、幸徳秋水（1871～1911）ら大勢の社会主義者、無政府主義者らが1910年に逮捕され、うち24人に死刑判決が言い渡された。「大逆事件」と呼ばれるこの事件の真相は長く闇に包まれていたが、実は国家権力が仕組んだ大規模な思想弾圧事件だったことが、戦後になってようやく明るみに出た。

◆

幸徳秋水

高知出身の幸徳秋水は、自由民権運動に加わったのち、片山潜らと日本最初の社会主義政党「社会民主党」を結成（1901年）。『萬朝報』や自ら設立した『平民新聞』では日露開戦に反対するなど、健筆をふるうジャーナリストでもあった（「非戦論」291ページ参照）。事件は、その『平民新聞』を読んで社会主義に目覚めたとされる機械工の宮下太吉（1875～1911）が、無政府主義者の管野スガ（1881～1911）らと4人で共謀し、天皇の血を流すことで国民の迷夢をさまそうと「爆裂弾」による暗殺計画を練ったとして、1910年5月に逮捕されたことから始まる。実は幸徳は、この粗雑な「計画」には冷淡で、宮下も幸徳は関与していないと明言していたという。だが、司法当局は管野と事実婚の関係にあった大物の幸徳が「関係ないはずはない」として逮捕した。大阪や和歌山、熊本の社会主義者らも話を「聞いた」とか、宮下に「部屋を貸した」とか、酒席で計画に「賛意を表した」などの理由で次々に検挙した。事件には無関係にもかかわらず、検挙されたり事情聴取されたりした関係者は数千人に及ぶ。

結局、幸徳を含む26人が刑法73条の「大逆罪」（1947年に廃止）で、現在の最高裁判所にあたる大審院に起訴される。審理は非公開となり、証人申請はすべて却下され、わずか1カ月余りたった翌年1月、うち24人に死刑判決が言い渡された。その6日後には幸徳ら11人、翌日さらに1人の死刑を執行。残る12人は特赦により無期懲役に減刑されたが、うち5人は獄死した。被告のうち2人は爆発物取締罰則違反で懲役11年と8年になった。

幸徳らが逮捕されたのは、日本が韓国併合に踏み切ったのと同じ1910年だった。外に向けては帝国主義的政策を推し進め、内に向けては批判的な言論を封じ込めようという政権の狙いが事件の背景として考えられる。実際、逮捕者のなかには非戦論者が幸徳以外にも多くいた。

死刑から100年。日本弁護士連合会は2011年、この事件について「司法の自殺行為にも等しい」とする会長談話を掲げた。死刑判決を受けた人の名誉回復や、顕彰の動きも少しずつ広がっている。国家と個人の関係を考えるとき、この事件は時代を超えて重い意味を持っている。

豆知識

1. 何ら罪を犯していなくても、事件を「計画」「準備」したとされる瞬間に処罰され得るという点では、2017年の法改正で施行された「テロ等準備罪」とも酷似している。
2. 大逆事件の遠因として、義和団事件の際の「馬蹄銀事件」を指摘する研究がある。『万朝報』記者だった幸徳が、清国の馬蹄銀という銀塊を日本の派遣部隊が横領した、と追及。軍紀に乱れはなかったとする陸軍トップ、山県有朋の恨みを買ったとする見立てだ。
3. 社会主義者の荒畑寒村が満期出獄したとき、妻だった管野スガが幸徳と深い仲になったことを知り、短銃を懐に2人を襲おうとしたことがあったという。

290 外交｜南満州鉄道株式会社

　日本の中国侵略の足がかりとなったのが、1906年に半官半民で設立された南満州鉄道株式会社だ。略称「満鉄」。日露戦争講和のためのポーツマス条約（1905年）により、日本がロシアから得た満州（現・中国東北部）南部の鉄道利権や資産の運営会社として作られた。企業としての事業経営にとどまらず、国策会社として関東軍に全面協力し、日本の植民地経営に大きな役割を果たしたが、敗戦とともに消滅した。

◆

　ポーツマス条約により、日本がロシアから譲渡されたのは、①東清鉄道のうち旅順・長春間など南部支線と付属利権、②旅順・大連の租借権、③樺太の南半分、の３つだった。

　東清鉄道とは、ロシアが1896年に清国から80年間の所有権を得て建設した路線だ。ロシアは２年後、遼東半島を租借地として獲得すると、その先端にある旅順から東清鉄道本線の中心都市ハルビンまでの路線も開通させていた。そのうちの長春以南を日本は得たわけで、ロシアにとって満州支配の大動脈だった鉄路を奪う形だった。

　だが日本は当初、その価値を十分に理解せず、ロシアの南下を阻止する役割程度にしか考えていなかったという。首相の桂太郎は、来日したアメリカの鉄道王ハリマンと日米共同経営の予備契約に合意したほどだ。しかし、条約交渉から帰国した外相の小村寿太郎（1855～1911）から強硬に反対され、契約を破棄するという珍事が起きていた。満鉄はポーツマス条約の翌1906年に発足した。初代総裁には後藤新平（1857～1929）がついた。株式会社とはいえ、政府が株の半分を所有し、官僚も派遣する事実上の国策会社である。鉄道運輸にとどまらず、周辺の石炭採掘や水運業、倉庫業へと手を広げた。鞍山製鉄所も建設し、1920年代には一大コンツェルンに成長した。しかし、現地で民族運動が広がり、世界恐慌（1929年）の影響もあって業績は悪化をたどる。

　そんな満鉄の運命を決定づけたのが、1931年に柳条湖で満鉄本線が爆破されたことに始まる満州事変だ。関東軍の自作自演だったが、これを張学良軍の仕業だとして関東軍が行動を起こし、東３省を制圧。翌年には「満州国」として独立を宣言した（「満州事変」331ページ参照）。この間、満鉄は軍事輸送や情報収集、宣伝の面で関東軍を積極的に支援し、事変拡大の片棒をかついだのだ。「10万の生霊と20億の戦費」といわれる多大な犠牲を払って得た満州の地に、産声を上げた満鉄だったが、その命は長くは続かなかった。太平洋戦争も敗色濃厚の1945年８月、ソ連軍が満州に侵攻。関東軍はたちまち瓦解し、武装解除された。当時、満州には150万の日本人がいたとされるが、満鉄はその対ソ折衝を押し付けられる形になった。最後の総裁として残務を担った山崎元幹（1889～1971）は「日本官憲の無能、無力、無施策ぶり」を悪罵していたという。満鉄は９月22日、ソ連側代表の命により39年の活動に幕を下ろした。

━━━ 豆 知 識 ━━━

1. 東京にあった満鉄東京支社ビルは戦後、清算の過程でアメリカに売却され、大使館別館となった。その後、三井不動産に売却され、敷地にはいま商船三井本社ビルが立っている。

291 経済｜公害問題

　近代産業が発展するにつれ、環境汚染も広がって、明治の半ばには人々の暮らしや命にまで危険を及ぼす公害問題が各地で起きるようになった。その原点とされるのが、足尾銅山鉱毒事件だ。欧米列強に追いつこうと、資本主義の形成を急ぐあまり、いろいろな「ひずみ」が社会に目立ち始めた。その象徴的な事件だった。

◆

　栃木県足尾町（現・日光市）の渡良瀬川沿いにある足尾銅山は、江戸幕府の直轄鉱山として開業され、鋳銭や瓦などに使う銅を細々と産出してきた。明治初期の払い下げで古河財閥の創業者である古河市兵衛（1832〜1903）が手に入れ、最新洋式機械を導入。良質の鉱脈も見つけ、産出量は飛躍的に増えた。銅は電線や軍需物資の原材料として使われ、日本の近代化を支える柱となっていた。

　だが、その製錬過程で発生する鉱毒の被害が1880年代半ばから明るみに出始める。銅山周辺の木々が枯れ、渡良瀬川のアユも大量死したことが報じられた。1890年に川が洪水を起こしたときには、流れ出た鉱毒により田畑や農作物に大きな被害が出た。

　立ち上がったのが地元選出の衆議院議員、田中正造（1841〜1913）だ。1891年の国会で初めて鉱毒被害を取り上げ、政府に対策を迫った。何千人もの被害民とともに上京し、集団圧力により政府や議会に請願する。そのスタイルは「押出し」と呼ばれ、演説会を開いたり、「鉱毒悲歌」を歌ったり、自ら被害を調査して報告したりして運動に工夫を凝らした。求めたのは、鉱毒除去と銅山の操業停止、被害民の救済だ。キリスト教思想家の内村鑑三（1861〜1930）（「非戦論」291ページ参照）ら知識人も問題解決を求めるキャンペーンを展開し、鉱毒事件は大きな社会問題となっていった。

　政府は1897年、経営側に鉱毒予防工事命令を出したものの、技術的な問題や工事の手抜きから効果は乏しく、被害は止まなかった。そこで被害民らは1900年、4回目の「押出し」に出発したが、待機していた警官隊から暴行を受けて100人以上が検挙（川俣事件）され、指導者たちは一網打尽となる。田中は直後の国会で、民を殺すことは国家を殺すことだ、と強く非難する「亡国演説」をしたが、首相の山県有朋（1838〜1922）は「質問の趣旨が理解できないので回答せず」という答弁書を出すに終わったという。

　ほかにも、東京深川にある浅野セメント工場では1883年に粉じん問題が起き、日本最初の公害問題とされた。愛媛県新居浜市の別子銅山でも1890年代に煙害が問題化。秋田の小坂鉱山、岐阜の神岡鉱山、熊本の五木銅山などでも同様の問題が発生した。精錬所を無人島に移したり、山上に大煙突を建てたりして対策をとる現場も一部にはあったが、国が公害対策基本法を成立させて法規制に乗り出すのは戦後の高度経済成長期以降のこととなる。

豆 知 識

1. 政治に失望した田中正造は1901年に議員を辞職し、明治天皇に直訴するという思い切った行動に出て世論を沸かせた。その後は農民とともに闘い、71歳で生涯を閉じた。「真の文明は山を荒らさず、川を荒らさず、村を破らず、人を殺さざるべし」という信念の持ち主だった。

292 暮らし・信仰 | 学校令と義務教育

　　1872年、日本で最初に学校制度を定めた教育法令の「学制」が施行された。教育理念を明示した序文「被仰出書（おおせいだされしょ）」には、「邑（むら）に不学の戸なく家に不学の人なからしめんことを期す」と抱負が示されている。1886年には、まとめて「学校令」と総称される学校ごとの法令が出され、「小学校令」で義務教育制度が確立した。

◆

洋風建築の小学校（旧開智学校）

　　1871年、教育制度の国家統制を強化する「文部省」が設置され、翌1872年には、日本で初めて近代的学校制度を定めた法規「学制」が公布された。学制では、全国を8大学区に分けて、各大学区のなかに32中学区を、さらに中学区のなかに210小学区を設置して、それぞれに大学、中学、小学校を設立する構想だ。フランスの学制にならったもので、江戸時代までのような儒教思想に基づく教育ではなく、欧米の近代思想に基づいた個人主義・実学主義の教育観を原理として持つものだった。その理念を象徴するように、洋風建築の校舎が取り入れられた。

　　学制の特徴はまず、義務教育制だ。それまでの学校は藩校や郷校といった、藩士の子弟つまり武家を対象としたものと、庶民向けの寺子屋とに分かれていた。明治新政府の打ち出した四民平等の考えから、学制は全国民を対象とする学校制度であることを強調している。小学校は、全国の小学校区に5万3760校の設立が計画され、学制公布から1年間で全国に1万3000の小学校が作られ、下等小学校に4年間、上等小学校に4年間の計8年間6歳以上の子どもが通うようになった。ただ、当初の小学校は授業料がかかった。しかも月額50銭と当時としては高額である。また、当時の日本では多くが農民だったため、子どもも農作業や子守りの大事な担い手とみなされており、就学率は1885年の時点で50％に達しなかった。そこで、1886年には、「学校令」の一つである「小学校令」で下等小学校を尋常小学校と改めて3〜4年制の義務制に改め、義務教育が明文化される。さらには1900年の小学校令改正で授業料を無料にしたことにより、ほとんどの子が小学校に通えるようになった。のち、1907年には尋常小学校における義務教育は6年間に改められた。

　「学校令」は近代的な学校体系を確立するものだったが、同時に国家主義的な色彩の強いものだった。その色彩は次第に強まっていき、1890年に発布された「教育勅語」に示された。「教育勅語」の示す指導原理は儒教主義に基づく徳育で、忠君愛国（君主に忠義を尽くし、国を愛すること）や忠孝（主君に対する忠義と、親に対する孝行）などを基礎にして、天皇を中心とする国家体制を確立しようとするものだった。

─ 豆 知 識 ─

1. 小学校で習う教科は、はじめは読物・算術・習字・問答を中心に、書取・作文・復読・体操を加えた8教科だった。

293 人物 ｜ 美濃部達吉

　大正デモクラシーが盛り上がる中、「閥族打破・憲政擁護」をスローガンとする第1次護憲運動に理論的な根拠を与えたとされるのが、「天皇機関説」を唱えた美濃部達吉（1873〜1948）だ。天皇の権限を限定的にとらえるその学説は、明治から大正にかけ学界や政界で広く受け入れられていた。だが、昭和に入ると時代の空気が変わり、「不敬」として攻撃を受けるようになる。

◆

美濃部達吉

　兵庫県に生まれた美濃部は、一高から東京帝国大学（現・東京大学）法科大学政治学科を2位の成績で卒業し、ヨーロッパに留学。ロンドンでは同じく留学中の夏目漱石（「夏目漱石と森鷗外」300ページ参照）と親交があったという。その後、母校の教授になり、自由主義的な行政法学や憲法学の理論体系を作った。

　世間の注目を浴びたのは1911年夏、文部省主催の講習会での憲法講義がきっかけだった。美濃部の学説は、統治権の主体は法人としての国家であり、天皇はその最高機関として憲法の条規に従って統治権を行使する、というものだ。天皇機関説と呼ばれ、天皇の権限を限定的にとらえたもので、講義録はすぐに『憲法講話』として出版された。

　そのころ東大には、天皇の権限を絶対ととらえた天皇主権説を説く憲法学教授、穂積八束（1860〜1912）がいた。美濃部は講義のなかで、穂積の学説は「国体」に名を借りて専制的思想を国民に吹き込み、国民の権利を抑えて絶対の服従を求めるものだと攻撃する。病に倒れていた穂積に代わって反撃に出たのが、東大の憲法学の講義を譲られた弟子の上杉慎吉（1878〜1929）だった。天皇の権力行使に制限はないと考える上杉は、美濃部の学説は「国体に関する異説」だと批判。東大教授同士の論争は広い関心を集めたが、多くの支持を得たのは美濃部の学説で、天皇機関説は明治憲法の主流的解釈とみなされるようになった。

　ところが、20年余の時が流れ、国家主義が勢いを増した1935年、東大を退官したばかりの美濃部は窮地に陥る。貴族院で軍人出身の議員、菊池武夫（1875〜1955）から反国体的だと非難されたのがきっかけで、軍部や国家主義団体から「不敬の学説だ」として問題視されるようになったのだ。軍の真の狙いは、岡田啓介内閣とそれを支える穏健派の排除だったとされる。岡田内閣は天皇機関説を否定し、日本は古来、天皇中心の国家だったとする「国体明徴声明」を同年に2回も出した。貴族院議員だった美濃部は議員辞職に追い込まれ、1936年には暴漢に撃たれて負傷。著書の一部も発禁処分となった。「権力や暴力の為に迫害を受けるは如何にも心外」。辞職直後に知人に送った手紙に、美濃部は悔しさをにじませた。

　戦争を生き延びた美濃部は戦後、枢密顧問官として憲法問題に関わった。だが戦前の立場を維持して憲法改正不要論を唱えたため、「オールド・リベラリストの限界」ともいわれた。

[豆 知 識]

1. 美濃部達吉が愛媛県の知人に送った手紙は2020年に見つかり、美濃部の故郷である兵庫県高砂市に寄贈された。今後も言論の自由の許す限り、命ある間は学問のために尽くしたい、という趣旨の言葉も書かれていたという。

294 文化・芸術 | 夏目漱石と森鷗外

夏目漱石（1867〜1916）と森鷗外（1862〜1922）はともに近代日本文学を牽引した小説家だ。夏目漱石は『吾輩は猫である』『坊っちゃん』『三四郎』『こころ』など、多くの作品を残し、「文豪」と呼ばれる。鷗外の代表作は『舞姫』『ヰタ・セクスアリス』『高瀬舟』『山椒大夫』など。漱石はイギリスに、鷗外はドイツに留学しており、正岡子規と親しいという共通点もある。直接会ったのは数度だが、著書の交換などの交流はあったようだ。

◆

　日本最古の長編小説は、平安時代の『源氏物語』とされる。文語体で書かれており、それ以降の小説も書き言葉である文語体で書くのが通例だった。しかし話し言葉が時代により変化するにともない、文語体と口語体の違いが大きくなり、不便と感じられることが増えていった。明治時代になると文語体を口語体に近づけようとする運動が生まれ、二葉亭四迷の『浮雲』など、口語体の小説が登場する。これを言文一致運動という。しかし口語体の小説がすぐに主流となったわけではない。たとえば森鷗外の『舞姫』や樋口一葉の『たけくらべ』などは、文語体で書かれている。夏目漱石の小説は口語体だ。

　坪内逍遥は小説論『小説神髄』で、文学は事実を重要とし、美化せず、客観的に描写すべきと主張した。これを写実主義と呼ぶ。ヨーロッパ発祥の自然主義は写実主義とよく似た主張で、日本でも自然主義文学が広がっていった。これに対して森鷗外は人の心の動きを主観的に描くべきだと主張した。このような自然主義を批判する「反自然主義」を代表する作家が、森鷗外と夏目漱石である。反自然主義はのちに、耽美派や白樺派へとつながっていく。

　森鷗外は、東京大学医学部の本科を19歳で卒業し、陸軍省の軍医も務めていた。当時の医学校ではドイツ人教官がドイツ語で講義を行っていたため、鷗外もドイツ語に堪能で、漢詩や漢文にも秀でていた。陸軍省からドイツに留学生として派遣され、1884年から1888年まで滞在。医学を学ぶだけでなく、絵画や演劇を楽しんだ。帰国後も陸軍省医務局長まで昇進し、軍医として活躍すると同時に小説執筆も続けている。

　夏目漱石は帝国大学の英文科を卒業し、高等師範学校などで英語教師を務める。しかし、肺結核を患い、極度の神経衰弱に陥ると、辞職して愛媛県尋常中学校に赴任。この体験は、『坊っちゃん』に生かされている。1900年に文部省からイギリスへの留学を命じられ、文学論などを研究。1903年に帰国すると、第一高等学校と東京帝国大学で英文学を教えた。東京帝国大学では学生たちから前任の小泉八雲と比較されて苦悩し、再び神経衰弱にかかる。その療養のために始めたのが小説執筆だった。処女作の『吾輩は猫である』は好評で、人気小説家になると、鈴木三重吉や内田百閒らの門下生が出入りし、若手の文学者らが集まって議論する「木曜会」では盛んに文学論義が行われた。

豆知識

1. 東京帝国大学では小泉八雲と比べられて苦労した夏目漱石だが、八雲の死後に妻の節子が『思ひ出の記』を出版したのにならって、妻の鏡子が『漱石の思ひ出』を出版している。漱石自身は八雲をどう思っていたのだろう。

295 政治 | 護憲運動

　桂園時代に終止符を打ったのは、「憲政擁護」のスローガンのもと結集した政党政治家や商工業者、新聞記者たちだった。元老や藩閥、軍人たちが意のままに動かす政治ではなく、憲法に基づく政治、つまり立憲政治の実現を求める護憲運動が盛り上がり、一部の特権的勢力を次第に追い詰めていく。

◆

憲政擁護大会の様子
（東京朝日新聞 1912.12.20）

　日露戦争後の1907年に制定された帝国国防方針では、陸軍は現有17個師団を25個師団に増やし、海軍は戦艦・装甲巡洋艦各8隻を中心とする大艦隊（八・八艦隊）の実現を目指すとしていた。ところが計画は進まず、軍部に不満がたまっていたところに起きたのが、中国で清国を崩壊させた辛亥革命（1911年）だ。隣国で民主主義革命が起きたことに刺激された陸軍は第2次西園寺公望内閣に対し、2個師団を増設して朝鮮に駐屯させるよう要求。すでに日露戦争で疲弊し、財政悪化に苦しんでいた内閣は1912年、要求を拒否した。陸軍に多大な影響力を持っていた元老の山県ですら、ごり押しするよりも将来に含みを持たせる形で内閣と妥協する腹だったとされる。

　しかし、3度目の政権に意欲を抱いていた桂太郎は、2個師団増設を強硬に要求するよう、判断に悩んでいた上原勇作（1856～1933）陸相を焚き付けた。上原は閣議で再び増設を強く求め、これを拒否されると単独で天皇に辞表を提出。陸軍は後任の陸相を推薦せず、西園寺内閣は総辞職に追い込まれた。

　こうした軍部と藩閥の動きに世論は強く反発した。「閥族打破・憲政擁護」というスローガンのもと、藩閥や官僚勢力に対抗して政党の力を伸ばしていこうという憲政擁護運動（第1次護憲運動）が動き始めた。憲政擁護会が立ち上がり、ジャーナリズムの寵児となっていた立憲政友会の尾崎行雄（1858～1954）、立憲国民党の犬養毅（1855～1932）らが参加。東京の歌舞伎座に2000人を集めた年末の大会には新聞記者団も加わり、運動は全国へと広がっていく。

　一方、念願かなった桂は1912年12月21日、陸軍や藩閥、官僚を後ろ盾に第3次桂内閣を組織したが、世論の強い逆風を浴びる。そこで1913年1月、自ら新党の立憲同志会を立ち上げ、議会を停会として他党の切り崩しにかかった。だが、西園寺率いる野党の立憲政友会は当時、衆議院の6割近い議席を占めており、新党には藩閥系議員と国民党離党者が加わった程度。2月に議会が再開されると、野党側は内閣不信任案を提出し、桂内閣は組閣から53日で総辞職に追い込まれた（大正政変）。ストレスがたたったのか、桂は10月に胃がんのため65歳で人生を閉じた。立憲同志会は1916年に憲政会、1927年には立憲民政党と改称し、政友会と並ぶ二大政党に成長していくことになる。

【 豆 知 識 】

1. 1913年2月9日の第3回憲政擁護大会は、東京・両国国技館に1万人以上を集めて開かれた。議会の停会明けとなった10日には数万の群集が国会議事堂を取り囲む騒ぎとなり、3000人以上の警官や憲兵とにらみ合いに。いったんは議会解散を考えた桂首相だったが、内乱を恐れて総辞職を決意したという。

296 争い｜第一次世界大戦

「ヨーロッパの火薬庫」と呼ばれたバルカン半島に火が付き、たちまち全欧州に燃え広がった第一次世界大戦。元老の井上馨（かおる）（1835～1915）はこれを「大正新時代の天佑（てんゆう）」と受け止めた。列強が主戦場のヨーロッパに集中している間に、日本がドイツの東アジアにおける拠点を奪い、中国に進出する「天の助け」と見てとったのだ。

◆

　オーストリア・ハンガリー帝国の占領下にあったボスニア州の首都サラエボ。1914年6月28日、オーストリアの皇太子夫妻がセルビアの一青年に暗殺された事件が発端だった。このサラエボ事件が当時、ヨーロッパに広がっていた緊張を爆発させ、ドイツ、オーストリア、イタリアの三国同盟を中心とする諸国と、英仏露の三国協商側についた連合国とが4年にわたって戦火を交える、史上空前の総力戦に突入したのだ。

　日本に参戦の義務はなく、中立を選ぶこともできた。だが、大隈重信政権は連合国陣営に加わることを決断する。日英同盟を理由として8月23日、ドイツに宣戦を布告。9月2日には5万の大軍を、ドイツが拠点とする中国の山東半島に送り込んだ。現地にいたドイツ軍は5000。日本軍は10倍の軍勢で迫り、11月7日にはドイツの租借地・青島を陥落させる。さらに北京と南京を結ぶ交通の要衝、済南にいたる地域を押さえた。海軍も南太平洋に進出し、マーシャル諸島など赤道以北のドイツ領南洋諸島を奪った。

　では、日本はなぜ、「火事場泥棒」のような形で参戦に踏み切ったのか。当時の空気を感じさせるのが、井上馨の言葉だ。外相や内相を務め、元老となっていた井上は当時、静岡県興津（現・静岡市清水区）の別邸で病床にあったが、大戦への対応について自らの考えを側近に書き取らせ、首相らに届けていた。そこには「今回欧州ノ大禍乱（からん）ハ日本国運ノ発展ニ対スル大正新時代ノ天佑」とあり、同盟国である英国などと一致団結し、日本の利権を確立するよう求めていた。「天佑」論が広がったのはここからだ。

　背景には、短命内閣が続き、経済も行き詰まった厳しい状況があった。桂園時代が終わり、後を継いだ第1次山本権兵衛内閣も倒れ、人々は政治に目覚めて「閥族打破・憲政擁護」をスローガンとする国民運動が広がっていた。財政面でも債務超過に苦しみ、取り付け騒ぎを起こす銀行も現れていた。「このままでは民衆の時代になってしまう」──そんな危惧が権力側に生まれ、国民の目を政治から他にそらす必要が生まれた。それが、戦争だったのだ。

　政権が苦境に陥ると、よく戦争待望論が浮上する。だが、戦争への道は結局、地獄への道でしかないことを、私たちはその後の歴史で知ることになる。

豆 知 識

1. 井上馨は1896年、駿河湾を望む静岡県興津に別邸「長者荘」を構え、ミカン栽培や茶の輸出を促して地域経済の基礎を築いた。その貢献をたたえ、高さ5m近い銅像が地元に立てられていたが、第二次世界大戦中の1942年、銅像は金属資源として供出され、失われた。別邸も清水空襲の際に焼夷弾が落とされて焼失したという。

297 外交 ｜ 二十一カ条の要求

　第一次世界大戦で欧米列強が泥沼の戦いに陥った間隙を突き、日本がドイツ軍の根城である中国・山東半島の青島を攻略して2カ月。大隈重信内閣は1915年1月、中国の袁世凱政権に対し「二十一カ条の要求」を突きつけた。ドイツ権益の日本への譲渡や、政府に日本人顧問を置くよう迫る高圧的な内容で、日本の中国進出の意図に気づいた列強から警戒感を招くことになる。

◆

　要求は大きく第1号から第5号まで分けられ、①山東省の旧ドイツ権益を日本が継承する、②旅順・大連の租借期限と南満州の鉄道権益の期限を99年間延長する、③中国最大の製鉄所などを日中共同で経営する、といった内容だった。当時は列強が中国分割を進めていた帝国主義の時代。日本も「一等国」としてその仲間入りをしようという狙いは、当時の列強間のルールからは大きく外れたものではなかったとされる。

　ただ問題となったのが、中国の中央政府に政治・財政・軍事顧問として日本人を置くよう求めた第五号だった。日本の保護国にしようという意図が読み取れる敏感な内容で、日本も第5号については秘密にするよう中国側に求め、列強の目から隠そうとした。

　当時、中国では1911年から1912年にかけての辛亥革命により清国が滅亡し、中華民国が誕生したばかりであった。革命運動指導者の孫文を退け、大総統についたのが軍閥の袁世凱（1859～1916）だった。袁政権は日本の要求に憤り、第5号要求を欧米列強に暴露してその不当性を訴えた。日中交渉は行き詰まったが、日本側は第5号要求を後日に協議するとして撤回し、中国側に最後通牒を発出。結局、第4号までの要求はおおむね承服させた。しかし、最後通牒の期限とされた5月9日を「国恥記念日」とした中国では反日感情が燃え上がり、激しい日貨ボイコット運動が広がった。

　二十一カ条の要求で、交渉を指導したのは外相の加藤高明（1860～1926）だった。その結果については、厳しい評価がある。立憲政友会総裁の原敬は、日中関係を悪化させたうえ列強の猜疑心も増大させたのに、得たものは大して多くなかった、と批判した。

　日本は中国における利害の調整を図るため、1917年に特使の石井菊次郎（1866～1945）をアメリカに派遣する。アメリカは中国における日本の「特殊権益」を、日本はアメリカに中国の「門戸開放」を認め合う石井・ランシング協定を結んだ。これにより、日本はアメリカが二十一カ条の要求を承認したものと解釈したが、アメリカは経済的特権のみを認めたもので政治的特権は承認していないと理解し、対立の根は残った。同盟国イギリスも日本への不信を強め、1921年の日英同盟破棄決定へとつながっていく。

豆知識

1. 外相や駐仏大使、国際連盟の日本代表も務めた石井菊次郎は、当時の花形外交官の一人だったが、意外な最期を迎えた。1945年5月25日夜から翌日にかけての東京大空襲で行方不明となり、罹災死とわかったという記述が、5月30日の『大佛次郎敗戦日記』に出ている。

298 経済 | 大戦景気

　慢性的な不況と財政危機が続いていた日本経済は、第一次世界大戦により息を吹き返した。欧州列強が主戦場のヨーロッパに集中している間に日本が中国市場を独占し、アジア市場にも輸出攻勢をかけることができたからだ。連合国からは軍需品の注文が相次ぎ、国際収支も赤字から一気に黒字に転換。「大戦景気」と呼ばれる空前の好況は1915年から1918年まで続いた。大戦はまさに日本にとって「天の助け」となったのだ。

◆

　日本は第一次世界大戦に連合国側から参戦した国でありながら、主戦場ははるか遠いヨーロッパである。国土は傷まず、すでに一定の工業化も進んでいたため、連合国側から不足する軍需品の供給を相次いで求められた。さらに、アジアなどの市場からヨーロッパ製商品が後退したことで、日本商品の売り込みも進んだ。同じく直接の戦争被害を受けなかったアメリカの好況にも支えられ、アメリカ向け生糸輸出が伸長。銅や綿布、米、豆などの輸出増も目立ち、日本の貿易額は1915年には輸出超過に転じた。

　とりわけ成長著しかったのが、海運業や造船業だ。大戦により世界的な船舶不足となり、船の価格や輸送運賃が高騰。欧米から注文が相次ぎ、造船技術が発達して、日本は英米に次ぐ世界3位の海運国にまで成長した。

　この間、急に大金持ちとなる「船成金」や「鉄成金」が続々と生まれた。その一例とされるのが、内田信也（1880〜1971）だ。三井物産の社員だったが、汽船1隻で内田汽船を立ち上げると大戦景気に乗じ、保有船舶を16隻にまで増やした。35歳で、今の額にして約250億円を蓄財。貿易業や造船業にも手を広げ、神戸の須磨に敷地5000坪の「須磨御殿」と呼ばれる豪邸を建てたことで知られる。

　同じく神戸を本拠地とする鈴木商店も、大戦を機に船舶や物資を大量に購入して巨万の富を得た。1917年には年商が15億円を超え、三井物産を追い越した。

　この結果、日本は国際収支も一気に好転する。大戦前には10.9億円の債務国だったのが、大戦後の1920年末には27.7億円の債権国にまでなった。多くの分野で工業化に拍車がかかったことで工業生産額は農業生産額を追い越し、全体の5割を超えるまでに増加。工場労働者の数も大戦前後で2倍近くに膨らみ、都市への人口集中が進んだ。この間、資本家や経営者らは日本工業倶楽部、日本経済連盟会といった団体を設立し、発言力を強めていった。

　しかし、この好況は長続きしなかった。大戦が終わり、欧州列強が体力を回復させると、1919年には早くも輸入超過に転じ、戦後恐慌へとつながっていく。

［ 豆 知 識 ］

1. 内田信也は1919年、東京行きの列車が転覆事故を起こした際に車内に閉じ込められたことがある。そのとき、外にいた国鉄職員に「神戸の内田だ、金はいくらでも出す、助けてくれ」と叫んだと新聞で報じられ、いかにも成金らしい言動として世間で話題になった。

299 暮らし・信仰 | 生活の近代化

　明治期に西洋の文化・技術が取り入れられたことで、ガス灯・電灯の設置、鉄道の開業などによって都市空間は一変した。大正期には家庭での電気・ガス使用も普及し、服飾面でも洋装・洋髪が定着していくなど生活様式は急速に西洋風に変化していった。

◆

3代歌川広重『東京汐留鉄道館蒸気車待合之図』

　1872年、日本で初の鉄道が開通し、東京・新橋と神奈川・横浜間の約30kmの道のりを53分で走った。その後、京阪神間や北海道など次々に国営鉄道が開業、続いて民営鉄道が全国各地に開業して急速に鉄道敷設が進んでいく。電気で走る電車が開通したのは1895年、京都路面鉄道の路面電車で、以降電車が興隆していった。1887年頃からは家庭用の配電も始まり、都市では電気設備が整っていく。大正期になると家庭では扇風機、アイロン、ミシンなど電気製品が普及。1925年からはラジオ放送が開始され、明治期に日本に入ってきたレコードが家庭に普及するなど電気によって人々の生活様式は近代化していった。

　服飾の面でも西洋式が広まる。文明開化（「文明開化」263ページ参照）以後、男性では洋装・短髪が普及し、懐中時計やコウモリ傘がおしゃれの定番となるなどしていたが、女性ではまだ島田髷（未婚の女性が結うまげ）などの日本髪が多かった。しかし、日本髪は髪結いに結ってもらわねばならないし、油を塗って固めるため重く、雑菌が繁殖して臭いも気になるものだったらしい。洋風の束髪は自分で結うことができ、手間がかからず衛生的である。1885年には「婦人束髪会」が結成され、束髪を取り入れることを呼びかけ、婦人の地位向上を目指す雑誌『女学雑誌』などに西洋上げ髪、イギリス巻、マガレイトなどの髪型を紹介、束髪は大正期にかけて大流行することになった。翌年には皇后が洋装をし、師範学校では制服を洋服にするなど、ちょうど洋風の婦人服が普及してきた頃だった。

　束髪の流行は世相を受けて変化した。明治10年代には、鹿鳴館の舞踏会（夜会）に集まる女性の間で「夜会巻」が流行。大正期にかけて女学生の間で流行したのが、日本第1号の女優といわれた新劇女優（新劇は歌舞伎等の伝統芸能に対して現代演劇を呼ぶ言い方）川上貞奴がしたのを真似た「庇髪」である。入れ毛をして前と左右の髪を膨らませ、庇のように突き出した髪形だ。日露戦争の際は、「庇髪」の一種の「二百三高髷」が流行する。根元の髪をよりながら階段状に巻き上げてまげを作るもので、日本軍が陥落させた旅順の激戦地、二百三高地の地形に形が似ていることから名づけられたものだ。大正時代には電気が普及して、電気ゴテでウェーブをつけて耳を覆い隠すようにする「耳隠し」が流行した。

【 豆 知 識 】

1. 鉄道が登場した頃は乗車時に下駄や靴を脱ぐ人が続出した。1905年に初めて開業したデパートでも、はじめは客の下足を預かる制度で、土足で入店できる制度ができたのは大正になってからの話だ。

300 人物｜吉野作造

　大正期に高揚した自由主義・民主主義的な風潮は、のちに大正デモクラシーと呼ばれ、米騒動に代表される様々な社会運動・労働運動が生まれた。これを「民本主義」という政治思想によって理論的に支えたのが、政治学者の吉野作造（1878～1933）だ。ジャーナリズムにも身を乗り出し、民族自決を求める中国や朝鮮の運動を擁護したり、経済的な苦境にある人に手を差し伸べるなど、その活動は、学者の枠を超えたものだった。

◆

吉野作造

　吉野は宮城県大柿村（現・大崎市）で、綿や糸を扱う商家「吉野屋」の長男として生まれた。高校時代にキリスト教と出会い、クリスチャンになる。東京帝国大学（現・東京大学）法科大学に進学後は政治学者を志す。母校の助教授になり、欧米に3年留学。帰国後に教授となり、民主化を求める国民に大きな影響を与えたのが、雑誌『中央公論』（1916年1月号）に発表した論説「憲政の本義を説いて其有終の美を済すの途を論ず」だ。

　吉野はここで、主権在民の民主主義とは一線を画した「民本主義」というデモクラシー思想を提唱する。明治憲法のもとでも「人民による」「人民のための」政治が可能であることを説き、元老や官僚政治家など特権勢力による専制政治の打破を訴えた。その具体的な方策が、普通選挙、言論の自由、議会中心の政治だと主張した。

　アメリカ大統領・リンカーン（1809～1865）はデモクラシーの原理について、「人民の、人民による、人民のための政治」と有名なゲティスバーグ演説で表している。このうち主権に関わる「人民の」という部分を棚上げにすることで、天皇主権を定めた明治憲法との衝突を避けたのが、吉野の「民本主義」だった。主権在君の明治憲法下でも日本型デモクラシーを実現しよう、という実践的な理論は幅広い層に受け入れられ、1925年の普通選挙法制定へとつながっていく。一方で、人民主権を唱える山川均（1880～1958）や大杉栄（1885～1923）ら社会主義者からは、生ぬるいとして鋭く批判されるところとなった。

　吉野は1918年、進歩的学者の福田徳三（1874～1930）らと思想団体「黎明会」を結成し、民本主義の普及に努めた。その影響を受けた学生らが東大新人会を組織し、1920年代に活発化する学生運動をリードしていくことになる。1924年に東大教授を辞した吉野は一時、朝日新聞社に勤めたが、時局講演の内容や政治批判の記事がもとで、わずか3カ月で退社。その後は『明治文化全集』の編集に携わるなどアカデミックな近代史研究に力を注いだ。神奈川・逗子のサナトリウム病院で旅立ったのは、まだ55歳のときだった。

```
豆 知 識
```

1. 東大を卒業した吉野作造は一時期、清国に渡ったことがある。のちに中華民国総統となる袁世凱の息子の家庭教師として1906年に招かれたためだ。
2. 国家主義の浪人会が1918年の白昼、朝日新聞社長に暴行を働く事件があり、吉野作造はこれを批判。浪人会はこれに抗議し、東京の小劇場で両者が立ち会う演説会が開かれた。吉野を支持する学生ら2000人が会場を取り巻くなか、吉野は浪人会の内田良平らと堂々と相対したという。この事件がきっかけとなり、黎明会が立ち上った。

301 文化・芸術｜白樺派

1910年4月に創刊された文芸雑誌『白樺』は、学習院出身の青年らが刊行した雑誌で、理想主義的な作品が多かった。この雑誌の同人や、寄稿した文学者らを白樺派と呼ぶ。『白樺』の表紙は「麗子像」などの作品で知られる洋画家・岸田 劉生（1891〜1929）が装丁を手掛けるなど、文学だけにとどまらず、美術や芸術面でも大きな影響を与えた。主なメンバーは、作家の武者 小路実篤（1885〜1976）や志賀直哉（1883〜1971）、有島武郎（1878〜1923）、宗教哲学者の柳 宗悦（1889〜1961）などであった。

◆

武者小路実篤

白樺派の大きな特徴は、そのメンバーがことごとく、上流階級の子弟であることだろう。武者小路実篤は公家の家柄だし、志賀直哉は財界人で富豪の息子として生まれている。有島武郎の父は大蔵官僚で実業家、岸田劉生の父も盲学校を設立するなどした実業家だ。名の由来となった雑誌『白樺』は、名門校である学習院の出身者たちが創刊した同人誌だから、当然といえば当然だろう。1907年、武者小路実篤と志賀直哉、木下利玄、正親町公和らを中心に、賛同する学生たちが月2円を出し合って刊行された。

坪内逍遥らが掲げた写実主義や自然主義が、自己否定と客観的な描写を特徴としたのに対し、白樺派の作風は上流階級の子弟らしく自己肯定、人間肯定を持ち味とし、志賀直哉の『城の崎にて』や『和解』など私小説も多い。生命に対する賛美も白樺派の特性だろう。人間らしさや恋愛感情、性欲なども否定せず、個性を重視した。友と同じ女性を好きになり、失恋を前向きにとらえた武者小路実篤の『友情』などは、楽観的と評されることも多い。また、1918年に武者小路実篤が中心となって宮崎県に「新しき村」を設立するなど、社会的格差を是正しようとする人道主義も挙げられる。新しき村は場所や名前の変更があったものの現在なお存続しており、農業を主体にほぼ自給自足の生活が営まれている。武者小路実篤自身もこの村で6年生活し、執筆を続けながらも農作業に参加した。白樺派の文学者たちは、自分たちが上流階級に属していることに、何か引け目を感じていたのかもしれない。

また、ゴッホやゴーギャンなどの海外芸術を受け入れ、雑誌上で紹介した。特に有島武郎はオーギュスト・ロダン（1840〜1917）から贈られたデッサンやブロンズのお礼に浮世絵を贈るなど、親密に交流している。たびたび訪日し、日本民藝館の設立にも協力した陶芸家のバーナード・リーチ（1887〜1979）も白樺派のメンバーと交流を持ち、表紙のデザインを手がけた。特に柳宗悦とは生涯の友であり、宗悦が居を構えたのちに、白樺派の同人たちが次々移り住んだ千葉県我孫子市の別荘地には、窯を設けている。

雑誌『白樺』は、1923年9月1日に発生した関東大震災の影響で廃刊になった。最終号は8月に発刊された160号だ。

豆 知 識

1. バーナード・リーチは日本のとある伝統家具に革命を起こしている。来日するたび正座が苦痛でならなかったリーチは、掘りごたつを発明したのだ。

302 政治 | 政党内閣

　総選挙により議会で多数を占めた政党が内閣を組織する。現代の民主主義社会では当たり前のこの「政党内閣」が、日本で本格的に生まれたのは1918年に原 敬 内閣が成立したときだ。それまでは元老や藩閥、軍部、官僚、貴族院など議会外の権力機構が大きな力を持ち、政治を操ってきた。大正デモクラシーが盛り上がり、民衆の力がもはや無視できない時代になった。

◆

本格的政党内閣となった原敬内閣

　全国に波及した米騒動（「米騒動」311ページ参照）の責任をとる形で、軍人政治家の寺内正毅（1852～1919）を首班とする内閣が1918年に退陣すると、次に組閣に乗り出したのが原敬だった。前年の総選挙で、原が指導する立憲政友会は衆議院議席の4割以上を占める最大勢力となっており、陸相・海相・外相を除く全閣僚を立憲政友会会員から選ぶ初の本格的な政党内閣となった。原は戊辰戦争で敗れた南部藩（現・岩手県）出身の平民だった。「平民宰相」が率いる政党内閣に、国民の期待は膨らむ。世論の支持を背景に、原は教育施設の改善、交通通信の整備、産業振興、国防充実という四大政綱を掲げる「積極政策」を推進した。しかし、1920年の戦後恐慌によって早くも行き詰まり、国民が望む普通選挙法制定にも「時期尚早」として反対したことで失望が広がった。三・一独立運動（日本の植民地支配に対して朝鮮全土で起きた独立運動）を弾圧するなど、強権の度合いを強めていった原は1921年、東京駅頭で刺殺される。

　後を継いだ立憲政友会の高橋是清（1854～1936）内閣は短命に終わり、その後は非政党内閣が続いたが、1924年1月に山県系官僚の清浦奎吾（1850～1942）が貴族院中心の内閣を組織し、政党から閣僚を入れなかったことから世論が反発。立憲政友会・憲政会・革新倶楽部が護憲三派を結成し、特権階級による「超然内閣」の打倒を目指す第2次護憲運動を始めた。その結果、5月の総選挙で護憲三派が圧勝し、清浦内閣は総辞職し、第一党となった憲政会の総裁、加藤高明（1860～1926）を首班とする護憲三派の連立内閣が6月に誕生した。翌年には、ついに普通選挙法が制定され、納税額に制限されず、すべての成人男性に参政権が与えられることになった。以降、1932年の犬養毅（1855～1932）内閣の崩壊までの8年足らずの間、政党政治は「憲政の常道」（「憲政の常道」322ページ参照）となり、衆議院の多数派が内閣を組織する時代が続く。

　大正デモクラシーは、都市に暮らす一部知識人の西洋かぶれだったと軽く見られがちだが、実際はホワイトカラーなど都市に生まれた新中間層に限らず、中小企業経営者や商店主といった旧中間層、急増しつつあった労働者らも加わる「民衆」が主役となり、藩閥政治からの脱却を図る運動だった。その一つの成果が政党内閣であり、男子普通選挙の実現でもあったのだ。

豆 知 識

1. 普通選挙とは、納税額や身分などによる制限をなくし、すべての成人に参政権を認める仕組みだが、女性は1945年の法改正まで待たなければならなかった。欧米各国でも女性の参政権獲得は遅く、1848年の二月革命で普通選挙制を実現したフランスでも当初は男性のみで、女性は日本と同じ1945年である。国政選挙で全国的に認められたのは1893年のニュージーランドが初めてだったという。

303 争い｜シベリア出兵

「日露戦争のあと、他国に対する日本人の感覚に変質がみとめられるようになった」と書いたのは作家の司馬遼太郎だ。とりわけ、1918年のシベリア出兵には「まともな国のやることだろうか」と手厳しい言葉を残している。世界初の社会主義国家を誕生させたロシア革命に干渉すべく、酷寒のシベリアに7万以上の兵員と10億円の戦費を投じた戦いは、3000人以上の死者を残した。軍部の野心とは裏腹に、ほとんど得るところなく終わったのだ。

◆

シベリア出兵

第一次世界大戦（1914〜1918年）の長期化で疲弊したロシアでは、民衆の間にロマノフ王朝批判と「パン、土地、平和」を求める声が広がった。それに応えたのがレーニン（1870〜1924）だ。1917年の11月革命でソビエト政府を樹立させると早速、「平和」を実現すべく12月にドイツと休戦、1918年3月には対独単独講和を結んだ。自国にも革命の影響が広がることを恐れた連合国側はロシアの反革命勢力支援を決め、日本とアメリカにも東部から革命に干渉するよう、シベリア出兵を求めてきた。

日米は当初、大規模な出兵には慎重だった。日本は軍艦や諜報員を派遣するなど反革命工作は進めつつも、軍費調達や兵站（作戦に必要な物資の補給や整備）の確保に不安を抱いていた。アメリカは「すべてのロシア領土からの撤退」を世界に呼びかけたばかりで、出兵には強い名目がないと考えていた。

そこに浮上したのが「チェコ軍団」救出問題だ。オーストリアからのチェコ独立を目指すロシア在留チェコ人らが結成した軍団は、革命後のソビエト政権に反旗を翻し、シベリア鉄道経由でウラジオストクから海路、ヨーロッパに帰ろうとしていた。この軍団を「赤軍から救出する」という大義名分がアメリカを動かした。これを受け、日本も8月に出兵宣言。11月には派遣部隊は7万を超え、英米仏伊が出した兵員に比べ突出した数となった。

それでも日本軍は、革命派のパルチザン部隊に手を焼いた。チェコ軍団が帰国を始めると、アメリカ軍は使命が終わったとして1920年4月には撤退。一方、日本軍は居座り続け、現地で対日感情の悪化を招いた。そこに起きた惨劇が、この年の尼港事件だ。アムール河口のニコラエフスク（尼港）を占領していた日本軍が、パルチザン部隊に襲われて降伏。その後、パルチザンは日本人捕虜全員を殺害し、街を焼き払って逃げ去った。日本人が700人以上、反革命派のロシア人住民も数千人が命を落としたとされる。

日本はその謝罪と代償を求める形で、もともと野心のあった北サハリンを占領する。しかしソビエトでは反革命派の敗北が決定的となり、列強からは厳しい目を向けられ、国内でも大正デモクラシーが高揚するなか批判が高まり、ついに1922年に日本海側の港町ウラジオストクから、1925年には北サハリンから撤兵することになった。

[豆 知 識]

1. ニコラエフスクを占領した日本軍は400人足らず。一方、1920年1月に街を包囲したパルチザンは4000人の大部隊だった。日本側はすぐに本国に救援を要請し、3月には捨て身の奇襲に出たが失敗。援軍は6月3日に到着したが、パルチザンは5月25日に捕虜を殺して逃げた後だったという。

304 外交 ｜ ヴェルサイユ体制

　死者1800万という大きな犠牲をもたらした第一次世界大戦（1914〜1918年）が終わり、勝利した英米仏など連合国が主導する講和会議が1919年1月、パリで始まると、日本も5大国の一員として参加した。6月には、ドイツに多額の賠償金を課し、国際連盟の創設を定めたヴェルサイユ条約が結ばれて、ヴェルサイユ体制と呼ばれる新しい国際秩序が生まれる。明治維新（1868）から半世紀、日本は世界を再分割する「一等国」の仲間入りを果たす形になった。

◆

パリ講和会議

　パリ講和会議は、「民族自決の原則」「国際平和機関の設立」など米大統領ウィルソンが直前に提唱した平和原則14カ条に沿って議論が進められた。国際協調を進める理想主義的立場のウィルソンに対し、仏首相クレマンソーはドイツに対して強硬な現実的立場をとる。結局、ドイツに海外権益を放棄させ、バルト海に通じる地域をポーランドに割譲させ、1320億マルクもの賠償義務を負わせる厳しい内容で条約がまとまった。また、集団安全保障による平和維持を目的とした「国際連盟」を設立することで一致し、1920年に発足した。日本はその常任理事国となる。講和会議に英米仏伊と並ぶ5大国の一員として臨んだ日本は、主要議題にはほとんど修正を求めず、発言も少なかったという。原敬内閣にとって最重要課題は、アジアからドイツ軍を駆逐して手に入れた旧ドイツ権益を確実に手にすることだった。日本への譲渡にアメリカは批判的だったが、日本は要求が受け入れられなければ講和条約に調印できないと主張し、結局、中国・山東半島の旧ドイツ権益を日本が引き継ぐことを認めさせた。ドイツが支配していた赤道以北の南洋諸島も日本が委任統治することになった。

　しかし、ヴェルサイユ体制により過酷な条件を背負わされたドイツには強い不満が残り、やがてナチス台頭を招くことになる。中国でも、パリ講和会議で日本に山東半島での権益が認めたことが伝えられると強い反発が広がり、1919年5月4日には北京の学生や知識人らによる大規模なデモが発生。ヴェルサイユ条約調印反対、日本商品ボイコット（日貨排斥）を呼びかける動きが全国に広がって、五・四運動と呼ばれた。興味深いのが、山東問題、南洋諸島問題と並び、日本がパリ講和会議で強く主張した3大要求の3つ目が、人種差別撤廃問題だったことだ。日本全権団の牧野伸顕（1861〜1949）は最終の国際連盟委員会で「人種的、宗教的な憎しみが紛争や戦争の源泉となってきた」と主張し、規約前文に人種差別撤廃の趣旨を盛り込もうと提案。出席委員16人のうち仏伊を含む11人の賛意を得たが、英米が反対し、重要事項決定は全会一致という原則により不採択に終わった。進歩派で知られたウィルソンが、人種差別撤廃という日本の提案に反対した背景には、アメリカ本国が今に通じる複雑な人種問題を抱えており、提案は内政干渉にあたるという国内の反発があったからだという。

【 豆知識 】

1. 牧野伸顕は明治維新の元勲、大久保利通の次男。青年将校が政府の要人を次々と殺害した1936年の二・二六事件（「二・二六事件」330ページ参照）では神奈川県・湯河原町の静養先「光風荘」で襲われたが、地元消防団員らの助けで九死に一生を得た。光風荘はいま、二・二六事件の資料館となっている。

305 経済 | 米騒動

　日本海に面した富山県の小さな漁村で、米価高騰に苦しむ主婦らが立ち上がったのは1918年夏のことだった。米価引き下げや米の安売りを求め、米の県外積み出しを阻止する直接行動に出たのだ。「女一揆」とか「越中女房一揆」と呼ばれ、やがて全国各地に波及していく米騒動の始まりである。

◆

魚津市に立つ米騒動発祥の地の石碑

　「二百名の女房連が米価暴騰で大運動を起す」。東京朝日新聞は1918年8月5日、富山県中新川郡西水橋町（現・富山市）で2日前に起きたという米騒動を、こんな見出しで初めて報じた。以降、富山各地の騒動は全国紙で連日取り上げられるようになり、世間の注目を集める。8月半ばには大阪や京都、名古屋でも騒動が起きるなど、各地に飛び火していった。

　実際は、富山ではすでに7月上旬から闘いが始まっていたことが最近の研究でわかってきた。本格化したのが8月で、数百人の女性たちが米問屋や資産家の家に押しかけては「米の積み出しをしないでほしい」「安く売ってほしい」などと求めた。沖仲仕らが船に積み込もうとする米俵にすがって、「生活が苦しいのはあんたらも同じやろが」と叫ぶ女性もいたという。背景には三つの事情がある。まずは、米を作る生産者人口の急減だ。第一次世界大戦後に拡張・新設された工場で働く労働者の4割近くが、大戦前までは農業従事者だったことが1917年の統計でわかっている。さらに、大戦後の一時的な好景気でインフレが引き起こされ、値上がりを見こした地主が米の売り惜しみをしたり、米商人が買占めをしたりしたせいもあった。1917年に1石＝16円50銭だった大阪堂島の米相場は、翌年8月には3倍の50円を突破していた。シベリア出兵が決まり、軍による大量の米買い付けが予想されたことが高騰に拍車をかけた面もある。

　では、富山で男性は何をしていたのか。漁業で生計を立てる日本海側の男たちの多くは、そのころ北洋漁業などで出稼ぎに行って留守だった。家に子どもと残された女性たちが、明日食べるものにも困ったすえ、ついに立ち上がったのは当然の成り行きだったともいえる。

　だが、飛び火した先の他県では男性が中心となる大規模な騒動に発展していく。都市貧民や炭鉱労働者、被差別部落民らが自然発生的に集まっては、米価は1升25銭（1石25円）前後が「適正価格」だ、などとして安く売るよう求め、一部では略奪もした。騒動は最終的には青森、秋田、沖縄などを除く42道府県に及んだ。100万人以上が参加した可能性があり、政府は警察力ではこれを抑えきれずに軍隊を投入する。騒動を受け、寺内正毅内閣は9月に総辞職した。近代日本で最大規模の民衆行動は、大正デモクラシーに大きなうねりを与える結果となった。

豆知識

1. 米騒動からちょうど100年後の2018年夏、富山県魚津市で米騒動の史実を伝えるドキュメンタリー映画『百年の蔵』の完成記念上映会が開かれた。地元の高校の生徒が、ゆかりの地や人を訪ねる内容。実際に騒動に参加し、1995年に101歳で亡くなった川岸キヨさんの家族も訪ねて、漁師町の暮らしの今昔を見つめ直す作品となった。市では米騒動が起きた7月23日を「魚津米騒動の日」と定めている。

2. 1918年夏の甲子園、全国中等学校優勝野球大会（現・全国高等学校野球選手権大会）も米騒動のあおりで中止となった。

306 暮らし・信仰 ｜ 大正デモクラシー

日露戦争が終わった1905年から、護憲三派内閣による改革が進んだ1925年までのほぼ20年間、日本では政治や社会、文化など様々な分野で自由主義、民主主義的な風潮が花開いた。大正デモクラシーと呼ばれ、のちの戦後民主主義へとつながる運動だったとされる。一方で、「内には立憲主義、外には帝国主義」という指導理念を持つ運動でもあり、限界もあった。

◆

普通選挙を求めるデモ

大正デモクラシーの源流とされるのが、日比谷焼打ち事件（1905年）だ。日露戦争後、ロシアと結んだ講和条約を不満とする人々が東京で大集会を開いた際に、民衆の一部が暴徒化して派出所や市電、内相官邸などを襲撃した（「日露戦争」288ページ参照）。これを「賠償金がとれなかったことへの不満の爆発」ととらえ、運動は排外的で反動的な側面を持っていたといわれてきた。しかし、近現代史専門の研究者、松尾尊兊は「この運動は同時に、藩閥専制に対する抵抗運動としての別の側面をも持っていた」と指摘。私利私欲を優先させ、言論を弾圧する政治家への強い憤りが、講和反対運動が全国に広がった背景にあったという。

デモクラシーへの機運がとりわけ高まったのは、第一次世界大戦（1914〜1918）のころだ。大戦景気により工場労働者が急増し、農村から都市に人口が流入。日本にも市民社会が育っていた。世界的に高揚した民主主義の機運を受け、民衆が新たな政治主体として登場したのだ。「民本主義」思想は、吉野作造（1878〜1933）が雑誌『中央公論』（1916年1月号）で提唱して一気に広まった（「吉野作造」306ページ参照）。その論理は明快で、明治憲法のもとでも「人民による」「人民のための」政治が可能であること、必要であることを説き、一部特権勢力による専制政治の打破を訴えた。その具体的な方策が、普通選挙、言論の自由、議会中心の政治だと主張。これを受け言論機関の活動も活発となり、朝日新聞や雑誌『改造』など多くのメディアが藩閥や軍部、官僚への批判を強めていった。その後、米騒動（1918年）が起こり、男性普通選挙（1925年）が実現し、大正デモクラシーは頂点に達したといえる。

時代が大きく動いた明治と違って、大正はめざましい発展がなかったと思われがちだ。しかし、庶民生活をみると実はモダンで、面白い時代だった。大正3年に開店した三越呉服店本館には日本初のエスカレーターが設置され、ジャズが流行、浅草オペラも始まった。私鉄各社が郊外駅周辺につくったデパートや劇場は盛況で、映画や演劇が娯楽として定着していった。「今日は帝劇、明日は三越」を合言葉とする都市文化のもと、発達したのが大衆雑誌や新聞などのメディアだ。『婦人公論』や『主婦之友』といった女性雑誌も相次いで創刊。こうして新しい文化が地方都市にも届くようになったことが、大正デモクラシーが全国に広がり、人々に浸透した一因でもあった。

【 豆 知 識 】

1. 日比谷焼打ち事件では、フランス人宣教師宅や天主教会堂、稲荷町教会などキリスト教関係の施設も襲撃を受けた。神田駿河台のニコライ堂にも群集が押し寄せたが、警護していた軍隊から説得され、「警察ではなく軍人なら仕方がない」と引き揚げたという。

307 人物｜原敬

米騒動がなんとか収まった1918年、日本の憲政史上初の本格的政党内閣を率いたのが原 敬（はらたかし）（1856〜1921）だ。「平民宰相」として国民からの期待も高く、第一次世界大戦の大戦景気を背景に、積極的な財政政策を推し進めたが、1920年には早くも戦後恐慌に見舞われ、普通選挙導入に反対したことから国民の失望も広がり、東京駅頭で一青年の凶刃（きょうじん）に倒れることとなる。

◆

原敬

戊辰戦争で敗れた側の南部藩出身だった原は当時、まだ13歳の少年だった。だが、その後の人生で「一山」というペンネームを好んだのは、「白河以北一山百文」（福島県白河地方から北は、一山に百文の値打ちしかない）という東北を蔑む言葉が強く心に残ったからに違いない。戊辰戦争の際に官軍が発した言葉ともいわれ、原が終生、薩長藩閥勢力に対して抱いた強い対抗心の原点だったのかもしれない。

苦学して官界に入り、外相の陸奥宗光（1844〜1897）の引きで外務次官などの要職についた原は、いったんは大阪毎日新聞社の社長となり、読者を3倍に増やすなど経営手腕を発揮する。しかし、1900年に伊藤博文を総裁とする立憲政友会が結成されるとこれに加わり、政界入りして1902年に初当選する。第2代総裁となった西園寺公望を補佐しつつ、次第に立憲政友会の実権を握っていった。「政権のたらい回し」とされた桂園時代（「桂園時代」294ページ参照）の仕掛人でもあり、藩閥勢力を代表する桂太郎と西園寺との「情意投合」を裏から演出した。その間も官僚から有能な人材を引き抜くなど、藩閥の足元を掘り崩して党基盤を強化するしたたかな政治家だった。ついに1918年、陸相・海相・外相を除く全閣僚が立憲政友会会員からなる本格的政党内閣を組織。その政策は、外交では冒険せず欧米協調を進め、内政改革によって国力を強めることで、大陸における日本の影響力を増大させる、という姿勢だった。教育の振興、交通・通信の整備、産業の振興、国防の充実という四大政綱を掲げる「積極政策」を推進。鉄道路線の拡張などの地方開発は党勢拡張にも一役買って、「我田引鉄」と揶揄された。

しかし、大正デモクラシーが盛り上がる中、すべての成年男性が参政権を持つ普通選挙実現を求める声に対しては「時期尚早」と冷ややかで、選挙資格をそれまでの直接国税10円以上から3円以上に広げる選挙法改正をした程度だった。

第一次世界大戦終結後の1920年には戦後恐慌に見舞われ、立憲政友会が南満州鉄道株式会社側からリベートを受け取ったとする満鉄事件など党がらみの疑獄事件も相次ぐと、民心は次第に離れていった。1921年11月、政友会近畿大会に向かうため東京駅で夜行列車に乗り込もうとしたとき、青年に短刀で胸を刺されて絶命。享年65だった。

豆 知 識

1. 暗殺の情報は以前からあり、原敬は1921年2月に遺書を4通書いていた。うち1通は葬儀について、3通は遺産や金銭に関するもの。身ぎれいだった原に財産のないことを心配した実業家が寄付していた15万円（現在の7億円程度）は返還し、受け取らない場合は慈善団体に寄付するよう指示するなど、金銭に潔い性格がにじみ出ていた。

2. 几帳面な原は20歳の青年だった1875年から、刺殺された1921年まで、膨大な日記をつけていた。本は戦後になって出版され、現実的政治家としての原の人間像とともに、明治・大正期の政治史を知るうえで貴重な資料となっている。

308 文化・芸術 耽美主義

　耽美主義はイギリスやフランスを中心に広まった芸術思潮で、美に最高の価値があり、美こそが存在意義と考える。日本には明治時代末期に輸入され、『新思潮』の同人の中から谷崎 潤一郎（1886〜1965）が、文芸雑誌『スバル』の北原白秋（1885〜1942）、『三田文学』の永井荷風（1879〜1959）や佐藤春夫（1892〜1964）らが属している。三島由紀夫（1925〜1970）、澁澤龍彦（1928〜1987）ら美文家も、耽美派とされることがある。

◆

谷崎潤一郎

　耽美主義は唯美主義とも呼ばれるように、美を最高のものとするがゆえに道徳や常識にとらわれず、反社会的な作風のものも少なくない。エロティシズムやフェティシズム、サディズムやマゾヒズムを肯定するので、好き嫌いが分かれる分野かもしれない。

　耽美派の巨匠の一人である谷崎潤一郎は、身近な女性をモデルに執筆することも多く、むしろ小説を書くために恋愛を仕掛けていた節さえある。美しい少女ナオミを引き取った主人公が、その小悪魔的な言動に翻弄され、破滅していく姿を描いた『痴人の愛』は、発売されるや大評判となり、小悪魔的な女性を「ナオミズム」と呼ぶなどの社会現象も起きた。谷崎自身がこの小説を「私小説」と呼ぶように、ナオミにはモデルがいる。谷崎潤一郎の妻である千代の妹、小林せい子だ。妹に夫の心を奪われ、冷たく扱われる千代に同情したのが、同じく耽美派に属する小説家の佐藤春夫。同情が恋愛感情に変わった佐藤は、谷崎から千代を譲り受ける約束をとりつけるが、せい子に結婚を断られた谷崎がそれを破棄したため、絶交に至る。しかし1930年に千代は谷崎と離婚し、晴れて佐藤と再婚した。この事件は「小田原事件」「細君譲渡事件」と呼ばれ、大スキャンダルとなった。谷崎に、千代譲渡の約束を反故にされた際に書いた詩が「さんま苦いか塩つぱいか」で知られる佐藤の代表作「秋刀魚の歌」だ。

　谷崎の小説のモデルになったのは、せい子だけではない。晩年に書かれた『瘋癲老人日記』は、脚に執着する不能の老人が、息子の妻である颯子に踏みつけられたいと願い、手玉に取られたあげくに病に倒れてしまうという日記風の長編小説だが、颯子のモデルは義理の息子、清治の妻であった渡辺千萬子だ。2人が交わした手紙が残されており、そのなかで谷崎は千萬子の美を賛美し、美しさに奉仕すると誓いを立てている。ちなみに清治は谷崎の3人目にして最後の妻、松子の連れ子だった。松子にもラブレターは書かれており、いかに谷崎が美しい女性に身を捧げたのかは、芦屋市の谷崎潤一郎記念館で確認できる。

　耽美主義文学者は、私生活でも独特の美意識を持つことが多いのかもしれない。フランスの耽美小説家であるマルキ・ド・サドの『悪徳の栄え』を翻訳した澁澤龍彦は、わいせつ物頒布等の罪に問われて罰金刑を受けたが、裁判をお祭り騒ぎと受け止めたという。

豆 知 識

1. 海外の耽美主義文学者には、マルキ・ド・サドやザッハー・マゾッホの名が挙げられる。それぞれ「サディスト」「マゾヒスト」の語源となった作家だ。

309 政治 ｜ 普通選挙法・治安維持法

　第一次世界大戦後に労働運動や社会運動が高まると、すべての成年に選挙権と被選挙権を与えるよう求める民衆の声も再び強まった。普通選挙運動と呼ばれる全国的な政治運動を受け、1925年に普通選挙法が成立。女性には権利が認められなかったが、有権者数は一気に1240万人に膨らんで民主主義のすそ野は広がった。しかし、社会主義思想の拡大に神経をとがらせていた政権は、普選法と抱き合わせる形で治安維持法も成立させていた。

◆

　普通選挙の実施を求める運動（普選運動）は1897年、信州松本で普通選挙期成同盟会が組織されたことから始まる。普通選挙法は1911年に初めて衆議院を通過。しかし貴族院では否決され、機運はいったん衰えた。そこに再び火をつけたのが、1918年の米騒動だ。騒ぎの起点となった富山県の市民グループが期成同盟会を結成して全国の注目を集め、1919年には東京の同盟会も活動を再開。関西では友愛会系の労働者や市民らがデモを繰り広げ、仙台、広島、鹿児島など各地へと広がった。1922年に主要全国紙が政界刷新・普選実現を求めるキャンペーンを行うと、1923年秋にかけて運動はさらに勢いを増した。

　これを受け、加藤高明内閣のもと1925年に普選法が成立。衆議院の選挙権は満25歳以上、被選挙権は満30歳以上の男性に与えられ、それまであった納税額による制限は撤廃された。ただし女性の参政権は認められず、貴族院の改革も不十分なままだった。

　この議会で同じく成立したのが治安維持法だ。国体の変革や私有財産制度の否認を目的とした結社や運動を犯罪とし、支援者に対しても10年以下の懲役・禁固とする厳しい内容だった。

　普通選挙制度ができると、社会主義勢力も政治への進出を狙って合法政党を組織し始めた。1925年には農民労働党を結成。これが禁止されると翌年、共産党系を除いた労働農民党が新たに立ち上がった。その後、共産党系が加わったことで左右の党内対立が激しくなると、労働農民党・日本労農党・社会民衆党に分裂。同時に社会民主主義勢力の活動も勢いを増し、1928年に初めて実施された普通選挙では無産政党各派から計8人が当選、衆議院に議席を得る結果となった。

　共産党系の活動に警戒感を募らせた田中義一内閣は1928年、治安維持法を適用して活動家やシンパを大量に検挙（三・一五事件）。さらに、緊急勅令により同法を改正して最高刑を死刑とし、1929年4月には再び大規模な検挙（四・一六事件）に乗り出した。

　天皇制にとって社会主義者、マルクス主義者らは危険な存在とみなされ、特別高等警察（思想犯罪に特化した警察）の手で徹底的な弾圧が加えられて、言論、出版、思想、良心の自由が制限されていく。

［豆知識］
1. シベリア出兵が長引いて難航していた日ソ交渉は、加藤高明内閣のもと1925年に日ソ基本条約が結ばれた。同年に治安維持法を成立させた背景には、国交樹立により今後、ソ連から社会主義思想が流入してくる、という恐れもあったとみられている。

310 争い｜社会主義運動の展開と弾圧

第一次世界大戦終結（1918年）後から関東大震災（1923年）にかけ、国内では平和と民主主義を求める風潮が盛り上がった。賃金労働者が急増して労働組合運動が活発になり、普通選挙の実現を求める声も日増しに強まり、大逆事件（1910年）（「大逆事件」295ページ参照）から長く「冬の時代」が続いた社会主義運動も次第に息を吹き返していく。だが、運動は時代の流れをうまくつかめぬまま、権力側から容赦ない弾圧を受け、1930年代半ばには活動不能に陥っていく。

◆

　米騒動（1918年）が全国の地方都市にまで及んだ影響は大きかった。労働組合運動は勢いを増し、1919年後半には普通選挙の実施を求める運動（普選運動）も全国的な政治運動に発展する。国際協調を進めたワシントン会議（1921〜1922年）で日本が中国やシベリアからの撤兵を迫られると、国内には非軍国主義、民主主義の機運がますます盛り上がった。農民運動も高まり、1922年には神戸市で日本初の小作人組織、日本農民組合が産声を上げ、小作立法や普選を主張。被差別部落の解放を目指す全国水平社も同年に結成された。

　このころ社会主義運動を再建したのが、アナーキズム（無政府主義）の影響を受けた大杉栄（1885〜1923）たち。直接行動を主張して労働運動に大きな影響を与えた。やがて社会主義者や無政府主義者、改良主義者ら、資本主義に反対する勢力を集めて無産政党を作ろうとする動きが広がり、1920年に日本社会主義同盟が発足するが、翌年には結社禁止となる。

　時代はちょうど、ロシア革命（1917年）により社会主義政権が初めて誕生し、一方では第一次世界大戦後の生活苦が広がっていたころだ。若者や知識人の間には、労働者階級を解放し、平等社会の建設を目指すマルクス主義が次第に浸透していく。1922年には堺利彦（1870〜1933）、山川均（1880〜1958）らが中心となり、ソ連共産党指導下にあったコミンテルン（国際共産党）の日本支部として、日本共産党を非合法のうちに結成した。

　しかし当時、最大の政治課題となっていた普選運動に対し、共産党主流派の山川らは「ブルジョワの政治勢力の侵入」を恐れて関与に反対、議会ボイコット論を唱えた。参加を求める議会進出派との対立が続くなか、関東大震災（1923年）が発生。朝鮮人虐殺と同時に大杉栄ら多くの社会主義者が殺されるなど、権力からの激しい弾圧に遭った。打撃を受けた党は1924年にいったん解党を宣言。その後、山川の理論を批判した福本和夫（1894〜1983）が主導権を握り、1926年に再建したが、1928年の三・一五事件、翌年の四・一六事件で大勢の党員が全国で検挙されると、再び大打撃を受けた。

豆知識

1. 1929年にヒットした流行歌「東京行進曲」（中山晋平作曲）の歌詞4番は、原案では「長い髪してマルクス・ボーイ、今日も抱える『赤い恋』」だった。『赤い恋』とはロシアの女性革命家コロンタイが書いた小説で、若者に人気があったという。しかし、当局を刺激することを恐れたレコード会社が作詞した西条八十に書き換えを頼み、「シネマ見ましょかお茶のみましょか、いっそ小田急で逃げましょか」になったという。

311 外交 軍縮とワシントン体制

第一次世界大戦後の国際政治は、疲弊したイギリスに代わって世界の強国となったアメリカを軸に回り始めた。1921年11月～1922年2月には米大統領ハーディング（1865～1923）の呼びかけでワシントン会議が開催される。日本などとの建艦競争に歯止めをかける海軍軍縮条約や九カ国条約が相次いで結ばれ、列強間の協調が進んだ。日本の膨張を抑え込み、東アジア・太平洋地域の安定を目指すこの新しい国際秩序は「ワシントン体制」と呼ばれた。

◆

ワシントン会議

米英日仏伊の5カ国が結んだワシントン海軍軍縮条約（1922年）では、戦艦・航空母艦など主力艦の保有比率を日本は対米英の6割とし、今後10年間は主力艦を建造しないことなどが定められた。同時に調印された、中国に利害関係を持つ関係国による九カ国条約でも、中国の主権・独立・領土保全の尊重と、商工業上の機会均等を定めて、それまで日本の「特殊権益」を認めていた日米間の石井・ランシング協定（1917年）は破棄された。さらに、中国が若干の補償金を支払う代わりに、日本が第一次大戦中に奪った山東半島の旧ドイツ権益を中国に返還し、日本軍は撤兵する、との協定が成立した。会議では、日本はシベリアからの撤兵も宣言した。

日本国内には、対中政策にアメリカが介入することへの警戒感もあった。だが、米英との建艦競争で財政難に陥り、軍費抑制を迫られていた高橋是清内閣は軍縮と行財政改革に熱心で、アメリカとの協調外交を通じて国際的な孤立を防ぐ良い機会と判断した。日本側の首席全権、加藤友三郎（1861～1923）も大局的見地から軍部の不満を押さえ、海軍軍縮条約調印に踏み切った。その結果、日本海軍は老朽艦14隻を破棄し、6隻を建造中止や契約解除することとなった。その後、陸軍も1925年に宇垣一成陸相のもと4個師団を廃止するなど、大規模な合理化と装備の近代化を断行した（宇垣軍縮）。

軍縮会議はその後も相次ぎ、1928年にはパリで世界の主要15カ国が不戦条約を締結した。1930年のロンドン海軍軍縮会議では、米英日3カ国の間で補助艦の保有量制限が決まるなど、国際協調の時代は1930年代初めまで続いた。

1920年代の協調外交を推し進めたのが、ワシントン会議では日本全権を務め、4内閣から外相を任された幣原喜重郎（1872～1951）である。その対英米協調路線は「幣原外交」と呼ばれた。だが、軍人政治家の田中義一内閣が1927年に登場し、在留邦人保護を口実に山東出兵（1927～1928）など対中強硬路線の「積極外交」を取り始めると、時代の空気は変わる。協調路線は「軟弱外交」と呼ばれるようになり、満州駐屯の関東軍の暴発へとつながっていくのだ。

豆 知 識

1. 1925年には中学校以上で軍事教練が正課となり、学校に配属将校が置かれるようになった。そこには国防思想教育という狙いもあったが、宇垣軍縮で軍の人員整理が進んだため、将校の失業対策という側面もあったという。

312 経済 ｜ 恐慌

「大正バブル」とも呼ばれた第一次世界大戦後の好景気は、欧州各国が生産力を回復させ始めると、まさに泡のごとく消えた。1920年には株式市場が暴落し、綿糸や生糸の相場も下落して戦後恐慌に突入。さらに、関東大震災（1923年）による震災恐慌をへて、決済不能となった震災手形の処理をめぐる国会での大蔵大臣の失言から銀行取り付け騒ぎが起こり、金融恐慌（1927年）に陥った。1920年代は大戦期の遺産の「食いつぶし」となってしまう。

◆

金融恐慌での銀行取り付け騒ぎ

欧州列強が大戦の痛手から立ち直るにつれ、日本からの輸出は減退し、貿易収支は1919年には輸入超過に転じた。そこに物価高騰がのしかかる。工業化の進展で、農村から都市への人口集中が進んでいたのに住宅不足だったことから土地価格が高騰。米や生糸などの物価も上昇し、米騒動にこりていた原敬内閣は同年夏頃から、物価抑制策を強めた。その結果、市場は不安定となり、1920年に株価が大暴落。日本は世界に先駆けて戦後恐慌に陥った。

背景には、日本資本主義の発展が戦争頼みで軍事関連産業の比重が大きく、国民の購買力が十分ではなかったとの指摘がある。国内市場が育っておらず、海外市場に依存する構造的な弱さを持っていたのだ。輸出できなくなった大量の在庫の投げ売りを防ぐため、政府系金融機関からは救済資金となる「滞貨金融」が実施されたが、かなりの資金が不良債権化して金融機関の収益を悪化させ、1920年代の日本経済の病根になったとされる。

戦後恐慌は1921年には一段落したものの、1922年のワシントン海軍軍縮条約によって、軍需に望みをかけていた造船・鉄鋼業界はあてが外れ、景気回復は足踏みが続いた。そこを関東大震災が襲い、東京や京浜工業地帯は壊滅的な打撃を受けて、今度は震災恐慌を迎える。

震災で現金化できなくなった手形について、政府は震災手形割引損失補償令を公布し、日本銀行から特別融資をしたり、手形を再割引したりして救済を図ろうとした。だが、震災とは無関係な手形も多く混入し、救済ははかどらなかった。

昭和金融恐慌が起きたのは、大正から昭和に元号が改められて間もない1927年3月だった。与党の憲政会と野党の政友会が鋭く対立する国会で、経済の不安定要因になっていた震災手形問題を処理すべく関連2法案が審議されていたときだ。片岡直温蔵相から「渡辺銀行が破たんした」との発言が飛び出し、中小銀行への信用不安が高まって激しい取り付け騒ぎが起きた。

4月には台湾銀行、十五銀行など大手も含め32銀行が休業する事態に発展。救済のため緊急勅令を発布しようとした若槻礼次郎内閣は、枢密院でこれを否決されて総辞職。田中義一内閣が3週間のモラトリアム（支払い猶予）を発し、なんとか事態を収拾した。

◆ 豆 知 識 ◆

1. 大戦景気で急成長し、「成金」に数えられた鈴木商店だったが、1927年の国会で震災手形関連法案を審議中に、台湾銀行がその最大の保有者であり、大半が鈴木商店関係であることが判明すると信用が失墜、倒産した。倒産後に社員がつくった会社が日商（日商岩井）だ。

313 暮らし・信仰 | 女性解放運動

　明治時代の女性の社会的地位は、家父長的家制度のなかで不当に低いものだった。日露戦争後、デモクラシーの機運が次第に高まっていたことを背景とし、大正期には女性の地位向上を目指す婦人運動が活発になった。雑誌『青鞜』の創刊（1911年）がその第一声となり、やがて社会主義運動とも結びついて女性解放運動へと発展していった。

◆

『青鞜』の同人たち

　明治後期、日露戦争後の資本主義の発展にともなって、事務員、デパート等の店員、電話交換手など働く女性が急増していた。職業婦人の増加とともに女性の自由解放の声も高まり、1911年、平塚らいてう（雷鳥、本名は明）（1886～1971）らは青鞜社を結成して女性のみで作る雑誌『青鞜』を発刊した。青鞜とは、18世紀半ばのロンドンで男性に交じって芸術・文学を論じた学識ある女性たちが、当時一般的だった黒でなく青い靴下を履いたことから「ブルー・ストッキング」と呼ばれたことに由来する。女性が雑誌を作ろうなどとすれば必ずとやかく言われるのだから自分たちで先に名乗ろうという意図だった。実際彼女らが称した「新しき女」が、揶揄をこめて使われることもあったようだ。『青鞜』は文芸活動を通じて女性の能力を発揮させようとし、誌面上では、貞操、母性保護、堕胎、売春などの女性に関わる問題の論争が繰り広げられた。活動を象徴する言葉として有名なのは、らいてうによる発刊の辞「元始、女性は実に太陽であった。」だが、先駆けて女性の自立を訴えていた与謝野晶子も、第1号に寄せた詩に「山の動く日来る。……女 今ぞ目覚めて動くなる」とうたって期待を寄せている。

　当時の女性には選挙権がなく、女性の政治参加を禁じた治安警察法第5条のため政治演説会に出席することさえできなかった。1920年、らいてうと市川房枝（1893～1981）などは「新婦人協会」を結成。会員は300名以上集まって、治安警察法第5条の改正、婦人参政権、男女同権などを求めて活動した。1922年には法律が一部改正され、政治演説会への参加が認められるようになり、初の女性参政権獲得運動として一定の成功を収めたことになる。

　1921年には、社会主義者・山川均の妻の山川菊栄、『青鞜』の編集にもあたった無政府主義者の伊藤野枝らが日本最初の社会主義婦人団体である赤瀾会を発足させた。他にも婦人団体が相次いで起こり、1924年には市川房枝らがそれらを結集して「婦人参政権獲得期成同盟会」（のち婦選獲得同盟）を組織する。運動は盛り上がりを見せたが、女性参政権の獲得は第二次世界大戦後となる。

豆知識

1.『青鞜』創刊の年、イプセンの戯曲『人形の家』が上演された。人気の新劇女優・松井須磨子演ずる主人公ノラが、妻であり母である前に一個の人間として生きようと家を飛び出す結末が話題を呼んだ。

314 人物｜野口英世

　赤貧の農家の子として生まれ、左手の大やけどという苦難にもめげず刻苦奮闘、ついに世界に名のとどろく研究者となる。野口英世（1876〜1928）の物語は、これまで何度も明治の偉人伝として出版され、子どもたちに読み継がれてきた。ただ、戦後に歴史の検証が進むと、実はもっと人間臭い人物で、科学史のなかでも微妙な立場に置かれていたことがわかってきた。

◆

野口英世

　生まれは福島県の猪苗代湖畔。父は大酒飲みで、家の大黒柱は働き者の母だった。そんな母がわずかに目を離した隙に、1歳の野口は囲炉裏に転げ落ち、左手に大やけどを負ってしまう。尋常小学校にあがった野口は成績優秀だった。偶然出会った高等小学校教師、小林栄（1860〜1940）のはからいで進学。小林の呼びかけで教職員や級友からカンパをもらい、会津若松で開業していたアメリカ帰りの医師、渡部鼎（1858〜1932）の手術を受けて、左手も使えるようになった。卒業後は渡部のもとに住み込み、医学の基礎を猛勉強した。

　20歳で上京し、渡部の友人で高山歯科医学院の講師だった血脇守之助（1870〜1947）を頼り、金銭支援も得て勉強に励み、21歳で医師免許を取得。のちに研究者としての「育ての親」となるサイモン・フレクスナー博士に出会ったのは1899年、伝染病研究所で働いていたときだった。来日時に通訳を務めたわずかな縁だったが、これを頼りに単身渡米するとペンシルバニア大学にいた博士のもとに押しかけた。猛烈に研究に打ち込み、ついに博士にも認められ、ロックフェラー医学研究所に移る博士に誘われて一緒に移籍。アメリカ人のメリーと結婚した。

　勤勉さとは裏腹に、実は経済観念に乏しい浪費家でもあった。あればあるだけ使い果たし、なくなると誰かに泣きついて借金する。アメリカ留学時にも、ある女性と帰国後の結婚を約束して大金を手にしたが、のちに破談にして恩人の血脇に返金を立て替えてもらっている。

　研究者として最大の業績は、1913年に進行性麻痺と脊髄ろうの患者の組織から梅毒スピロヘータを発見し、病気の原因が梅毒であることを証明したことだ。この成果は今も揺らいでいない。さらに小児麻痺、狂犬病、南米の黄熱病についても病原体を「発見」したと発表。高く評価され、3度もノーベル賞の候補に名が挙がったほどだった。

　野口にとって悲劇だったのは、当時は細菌学の時代だったことだ。小児麻痺も狂犬病も黄熱病も、細菌が病原体だと考えられていた。だが後に、いずれもウイルスが原因とわかり、野口の「発見」は否定されてしまう。細菌よりずっと小さいウイルスを実体としてとらえられるようになったのは野口の死後、1930年代になって電子顕微鏡が発明されてからだった。

　野口は1928年、アフリカの英領ゴールド・コースト（現・ガーナ）で黄熱病に感染し、51歳で命を落とす。自らの研究への疑問の声に反撃すべく、研究を進めている最中だった。

［ 豆 知 識 ］

1. 野口は「清作」と名づけられたが、22歳のときに「英世」に改名した。坪内逍遥の小説『当世書生気質』に「野々口精作」という田舎出の医学生が登場し、遊郭に出入りする放蕩者の偽善者として描かれていた。思い当たる節のあった野口は、自分がモデルだと誤解されることを恐れ、恩師の小林に相談して改名したという。

315 文化・芸術 芥川龍之介

明治から大正にかけて、学生たちは競うように文芸雑誌を刊行している。学習院出身者による『白樺』や、慶應義塾大学生による『三田文学』、東京専門学校（現・早稲田大学）生による『早稲田文学』などだ。東京帝国大学の学生らが同人となったのは『新思潮』で、1907年に卒業生の小山内薫（おさないかおる）（1881～1928）により創刊されるも6号で休刊。その後も休刊と復活を繰り返した。第4次同人には芥川龍之介（あくたがわりゅうのすけ）（1892～1927）や菊池寛（きくちかん）（1888～1948）らがいる。

◆

芥川龍之介

日本で最初に設立された帝国大学であり、トップクラスの学識を誇る東京帝国大学生らが集まる新思潮派は、現実的、理性的で綿密に構成されたプロットが特徴といえる。

新思潮派の代表格ともいえる芥川龍之介は、純文学の新人賞にその名が冠されるほど著名な小説家で、その作品を一つも知らない人は珍しいのではなかろうか。地獄の底の犍陀多（かんだた）が、お釈迦様の垂らした蜘蛛の糸を登って極楽へ行こうとする『蜘蛛の糸』や、放蕩息子の杜子春（とし）が仙人になるため無口を貫くなか、母の苦難を見て耐えられずに言葉を発してしまう『杜子春（しゅん）』など、教科書に採用されている小説も多く、大まかなあらすじまで広く知られている。1916年に発刊された第4次『新思潮』の創刊号で、今昔物語集の「池尾禅珍内供鼻語（ぜんちないく）（池尾の禅珍内供の鼻のこと）」を題材にした『鼻』を発表し、夏目漱石に称賛される。同じ年に東京帝国大学の英文学科を2位の成績で卒業し、海軍機関学校の英語教官に就任。その後も創作を続け、人気作家になっていった。1919年には大阪毎日新聞社に入社し、執筆活動に専念することになる。しかし、芥川の人生は順風満帆とはいえなかった。35歳のときに秘書の女性と心中未遂事件を起こし、その後単独で服毒自殺したが、その原因は姉の夫が遺した借金に苦しんだからだと考えられている。作品のほとんどが短編小説で、今昔物語集や宇治拾遺物語を題材とした「王朝物」も16作品ある。晩年に書いた『河童』から、芥川の命日である7月24日は「河童忌」と呼ばれる。『河童』は、胎児が生まれるかどうかを選択できるなど、人間の社会とは反対の、河童の国を描いた風刺小説で、映画にもなった。

新思潮派の作家として、芥川龍之介と並んで有名な菊池寛は、東京帝国大学の学生ではなかったが、幼少のころより成績優秀だった。芥川龍之介とはともに夏目漱石の木曜会に出席するなど懇意にしており、その葬儀では号泣しながら弔辞を読んだという。出版社の文藝春秋社を創立し、芥川龍之介賞と直木三十五賞を創設したのも菊池だ。父を殺された実之助が、仇である市九郎とともに難所のトンネルを開通させる『恩讐の彼方に』が評判を呼んだほか、新聞小説として発表した『真珠夫人』は、何度もドラマ化されている。

豆 知 識

1. 黒澤明監督の『羅生門』は、芥川龍之介の『藪の中』が原作だが、さらにその原作は今昔物語巻二十九にある「具妻行丹波国男 於大江山被縛語（妻を具して丹波国に行く男が大江山において縛らるること）」だ。

316 政治 | 憲政の常道

　長い戦争の時代に突入する前、政党政治の原則が確立されていた時代があった。わずか8年間ではあるが、1924年6月に加藤高明内閣が成立してから、1932年5月15日に犬養 毅 首相が銃弾に倒れるまで、議会で多数派を占める政党が政権を担ったのである。ファシズム前夜の短いデモクラシーの時代を支えた慣例、これを憲政の常道という。

◆

　大正デモクラシーの精神的支柱だった吉野作造は論文「憲政の本義を説いて其有終の美を済すの途を論ず」（1916）を発表し、天皇主権においても政治の決定権は民衆にあるという民本主義を唱えた。「憲政」とは文字通り、憲法に基づいて行う政治のこと、つまり立憲政治のことであり、「有終の美」とは物事を最後まで立派にやり通すことをいう。

　清浦奎吾内閣の後を受け、1924年6月に加藤高明を首班とする連立内閣が成立し、短命に終わった高橋是清内閣以来しばらく途絶えていた政党政治が復活した。加藤は前月の総選挙で最多議席を獲得した憲政会の党首である。この第1次加藤内閣は、憲政会・革新倶楽部・立憲政友会の連立政権だったことから、護憲三派内閣と呼ばれる。ちなみに、総選挙の結果を受けて首相が選ばれたのは、戦前ではこのときだけだった。加藤内閣は念願の普通選挙制を実現させたが、昭和のファシズムにつながる治安維持法も制定したため、手放しの評価を与えることは難しい。

　憲政の常道は、政権交代のルールともいえる。与党第一党の内閣が倒れたときには、与党の次期総裁（第二党の党首）が政権を担い、内閣が総辞職したときには、野党の第一党の総裁が代わって政権を担うことが通例になっていた。1926年1月まで続いた（第2次）加藤高明内閣のあとは、第1次若槻礼次郎内閣（～27年4月）、田中義一内閣（～29年7月）、浜口雄幸内閣（～31年4月）、第2次若槻礼次郎内閣（～31年12月）、そして犬養毅内閣（～32年5月）まで、憲政の常道という慣例が守られたのである。

　ただし、陸軍出身の田中義一は選挙での買収工作や共産党への大弾圧を行い、マスコミから「和製ムッソリーニ」と呼ばれた。浜口雄幸は清廉かつ実直で、憲政の常道を体現するような知性派だったが、ロンドン海軍軍縮条約を締結したことで統帥権干犯という批判を受け、東京駅で右翼の青年に狙撃された。一命は取りとめたものの、この傷がもとで辞職後に亡くなっている。

　さらに犬養毅は海軍急進派の青年将校らによって、首相官邸内で暗殺された。この五・一五事件によって、毀誉褒貶の憲政の常道は「有終の美」を飾ることなく、この後、日本は軍事ファシズム体制へと雪崩れ込んでいくのである。

豆知識

1. 加藤高明は、大学（東京帝大）を出た初めての首相でもあった。妻は、岩崎弥太郎（三菱財閥の創業者）の長女。加藤は東京日日新聞（現在の毎日新聞）の社長を務めたこともあり、経済界・マスコミとも太いパイプを持っていた。

317 争い｜張作霖爆殺事件

「親日派」軍閥・張作霖（1875〜1928）の乗った満州鉄道の列車が、1928年6月4日、奉天（瀋陽）駅に向かう途中で爆破された。日本国内では報道管制が敷かれ、真相を伏せたまま「満州某重大事件」として伝えられた。満州に駐留していた関東軍（日本軍）による犯行だったが、終戦まで日本国民に知らされることはなかった。

◆

　張作霖は、遼寧省（当時は奉天省）出身の馬賊である。馬賊とは武装した騎馬集団のことで、清朝の末期、中国東北部に群雄割拠していた。1912年に中華民国が成立してからは、有力な馬賊は軍閥として、中華民国の支配が及ばない東北部の覇権を競い合っていた。そのなかから頭角を現したのが、張作霖である。

　張は日露戦争で日本軍に協力したこともあり、日本政府からも関東軍からも、「親日派」軍閥として期待されていた。東北部に影響力を持つ袁世凱（中華民国初代大総統）が亡くなると、張は勢力圏を広げ、「満州王」と呼ばれるようになった。さらに張は関東軍の支援のもと、1927年に北洋（北京）政府をつくり、大元帥と自称したのだった。

　当時の中国は半ば無政府状態にあった。政府は全土を掌握する力がなく、国民党と共産党に分裂していた。辛亥革命を指導した孫文（1866〜1925）も統一国家設立をめざして、2度目の革命に挑むが、あえなく失敗。こうしたなか、国民党の蒋介石（1887〜1975）が主導権を握ったのである。蒋介石は共産党と手を結ぶと（第1次国共合作）、1927年4月に国民政府の樹立を宣言し、南京に首都をおいた。さらに蒋介石は、張作霖の北洋（北京）政府を倒そうと、北京に向けて出兵したのである。これを北伐という。

　この「南から北への革命」運動は、満州（東北部）に権益を持つ関東軍にとって脅威となった。日本政府は張作霖に防波堤の役を期待していたが、関東軍はコントロールの利かなくなった傍若無人な張に手を焼いていた。1928年、蒋介石率いる国民革命軍が北京を取り囲むと、張はいったん北京から奉天へ退くことにした。爆殺事件は、その「退ড়帰奉」の途で起こったのである。関東軍は満州を直接支配しようと考え、張を見限ったのだった。

　しかし、関東軍のもくろみは国民政府に阻止される。東北部の軍閥が国民政府の革命軍に結集したのである。そのなかには、張作霖の子・張学良の名もあった。張学良は父が殺害されたことを知り、国民政府軍に身を投じたのである。同年12月、国民政府の青天白日旗が満州全域にかかげられ、イギリスやアメリカも国民政府を正統な政府と認めた。

　その後、張作霖爆殺事件は終戦まで日本国民に知らされることはなかった。「満州某重大事件」の「某」は、不問にされたまま。そんな奇態な状況で、昭和史は幕を開けたのである。

┌─ 豆 知 識 ─┐

1. 田中義一首相は、爆殺事件が関東軍の犯行と知ると、「親の心、子知らず」と嘆き、事件を公にすることを決めた。しかし、陸軍の反対にあい、犯人不明の行政処分でお茶を濁したのだった。厳罰を望んでいた昭和天皇はこれに立腹し、田中義一内閣は総辞職に追いこまれたのだった。

318 外交 協調外交の挫折

　大日本帝国憲法下では、主権は天皇にあった。外交の大権も軍隊の統帥権も、すべて天皇にあると規定されていた。この統帥権をめぐる問題が、軍の強硬派に「魔法の杖」をもたらす。1928年に起こった張作霖爆殺事件が天皇の不興を買ったことで、田中義一内閣は総辞職した。このあと、知性派の浜口雄幸（1870～1931）が内閣総理大臣に就任。浜口内閣は協調外交と緊縮財政をかかげ、中国の国民党政府との関係改善に乗り出した。

◆

ライオン宰相と呼ばれた浜口雄幸

　浜口雄幸は信条・理念において、憲政の常道を体現していた首相と評される。道楽とは無縁で清廉潔白、官僚出身の首相（官僚派）でありながら、地方出身議員や党叩き上げの議員ら党人派からも慕われていた。そんな浜口内閣が誕生してまもなく、世界をゆるがす出来事が起こった。1929年10月24日木曜日、ニューヨーク株式市場が大暴落したのである。企業・銀行の倒産があいつぎ、街には失業者があふれた。「暗黒の木曜日（ブラック・サーズデー）」の影響は海を越えて広がり、未曽有の世界恐慌となった。世界恐慌への各国の対応がその後の大戦へとつながる。その一方で、世界恐慌は軍縮の道を切り開いたのだった。大国の多くが財政を圧迫していた軍事費を縮小しようとしたのである。1930年、イギリスの呼びかけで、英・米・仏・伊・日の5カ国による軍備縮小の会議が開かれた。ワシントン海軍軍縮条約（1922）で戦艦や空母の縮小は取り決められていたが、駆逐艦や潜水艦クラスの補助艦の保有も俎上に上げられたのである。

　このロンドン海軍軍縮会議で決められた国別の保有比率は、日本にとって不利なものではなかった。浜口内閣は海軍主流派の支持も取り付け、条約に調印した。しかし、右派政治家や国家主義者が「政府が軍事条約に調印したのは、天皇の統帥権を干犯するものである」とこぞって非難したのである。「干犯」とは、権限を逸脱して他の権利を侵すことをいう。「憲政の神様」こと犬養毅（「犬養毅」327ページ参照）までが「統帥権干犯」と政府を攻撃したため、帝国議会は紛糾した。こうしたなか、浜口雄幸首相は東京駅で右翼の青年から狙撃され、重傷を負う。首相臨時代理の幣原喜重郎（「幣原喜重郎」334ページ参照）が収束にあたったが、浜口内閣は総辞職を余儀なくされた。では、浜口雄幸の協調外交は実を結ばなかったのだろうか。右派勢力の反対を押しのけ、ロンドン海軍軍備制限条約を結んだことは画期的であり、新聞各紙や世論も、そして昭和天皇も評価していた。しかし、これが軍部の不満を高め、不満分子を政党政治打倒へと結集させてしまったのだ。作家・司馬遼太郎は統帥権干犯を「魔法の杖」という。それまで、帝国議会で統帥権干犯という言葉が使われたことはなかったが、まるで既成の概念であるかのように表舞台で使われ、軍部にとって都合の悪い存在を退ける口実となってしまう。「魔法の杖」は、その後も軍の強硬派によって振りかざされることになる。

豆知識

1. 浜口雄幸は、その風貌から「ライオン宰相」と呼ばれた。東京駅で狙撃されたときには、「男子の本懐」という名言を残している。この愛称は、平成時代の半ば、聖域なき改革に挑んだ小泉純一郎首相（在職2001～06）が受け継いだ。

319 経済 金本位制から管理通貨制へ

　協調外交と並ぶ、浜口雄幸内閣のもう一つの柱が緊縮財政だった。浜口内閣は企業の合理化を進め、国際競争力をつけることで経済を好転させようとした。しかし、世界恐慌の波にのみこまれる。浜口内閣は金の輸出解禁によって打開しようとするが、これがマイナスに作用し、昭和恐慌を引き起こしてしまう（「恐慌」318ページ参照）。1931年に誕生した犬養 毅内閣は、昭和恐慌の沈静化に乗り出した。

◆

　犬養毅は財政のエキスパート高橋是清（1854〜1936）を大蔵大臣にすえる。かつて高橋是清は原 敬内閣のあとを受けて首相に就任したが、短命内閣（1921年11月〜1922年6月）に終わり、目立った功績は上げていない。しかし、政治家になる前は日銀総裁として辣腕を振るい、かねてから財政通として高く評価されていた。実際、犬養毅内閣に続く斎藤 実内閣（1932年5月〜1934年7月）、岡田啓介内閣（〜1936年3月）でも大蔵大臣を務め、二・二六事件で暗殺されるまで、「高橋財政」と呼ばれる積極的な財政政策を断行した。

　「高橋財政」は、公共投資を増やすことで雇用を生み出すというケインズの有効需要策を先取りしたものといわれる。犬養内閣で大蔵大臣に就任するやいなや、高橋は金の輸出を再禁止した。金本位制を停止し、事実上の管理通貨制度へと移行させたのである。管理通貨制度とは、国の主導のもと、中央銀行が通貨の発行量を決め、金の流通も管理するというしくみのことをいう。金本位制のもとでは、発行する通貨の量と同じ価値の金を国が保有していなければならない。しかし、管理通貨制度のもとでは、金の保有量とは無関係に通貨量を決めることができる。財政の自由度も高まるわけだが、一方で落とし穴もある。金本位制を停止すると、その国の通貨の国際的信用が下落してしまう。通貨の発行量にも、先を見こした微妙なさじ加減が求められる。

　「高橋財政」はどちらに転んだのか。実際、管理通貨制度に移行したことで、急激な円安になってしまった。ただし、円安は輸出企業には有利に働く。高橋是清は軍事費も増やし、予算の不足分は国債の大量発行でまかなった。これにより、アジア向けの綿布や雑貨などの輸出が増え、国内では軍事を支える鉄鋼・機械・金属といった重化学工業が飛躍的に成長したのである。背景には、満州事変の勃発（1931年9月）により、軍需品の需要が伸びていたことがあった。通貨の国際的信用度についても、イギリスが先立って管理通貨制度に移行しており、金本位制は先進国の必要条件ではなくなっていた。

　こうして1933年には、重工業の生産額がそれまでの主力だった繊維関連の生産額を上回り、経済水準も昭和恐慌以前に回復したのである。「高橋財政」は景気の面では"吉"と出たのだった。しかし、軍事費の増大は日本の行く先に"凶"をもたらすことになる（「軍需産業の成長」332ページ参照）。

豆 知 識

1. 高橋是清は丸顔の顔と大らかな人柄から、首相在職中は「ダルマ宰相」と親しまれた。しかし、その人生は波瀾万丈だった。米国に留学したときには、ホストファミリーから奴隷の身分で他の家に売り払われたことがある。また、日本銀行に採用される前には、南米ペルーで鉱山開発事業に挑んだものの、失敗して無一文になっている。

320 暮らし・信仰 | 関東大震災

　1920年代の欧米は、輝かしき「繁栄の時代」だった。第一次世界大戦の戦場にならなかったアメリカは債権国に転じ、経済大国としての地位を固める。大戦で焦土と化したヨーロッパも20年代半ばになると立ち直り、「狂騒の時代」と呼ばれる繁栄を謳歌した。しかし「極東」の日本は、大戦景気による好況から一転、株価暴落による戦後恐慌にあえいでいた。これに未曽有の大地震が追い打ちをかけたのである。

◆

関東大震災

　1923年9月1日、首都圏を直撃した関東大地震は約58万戸を全壊全焼させ、10万人を超える死者・行方不明者を出した。マグニチュードは7.9、最大震度は7（震源地近くに分布）。東京や横浜を含む人口密集地を直撃したことから、震動より火災による被害のほうが圧倒的に多かった。これは1995年の阪神・淡路大震災にもあてはまる。

　震災恐慌が拡大するなかで誕生したのが、第2次山本権兵衛内閣（1923年9月〜1924年1月）である。帝都復興をめざす山本内閣は、被災した企業の手形（震災手形）を持つ銀行を救済するため、日本銀行に支払いを代替させた。日本銀行の特別融資額は約4億3000万円。この震災手形の大半は不良債権となり、のちの金融恐慌へつながることになる。

　震災は経済に打撃を与えただけではない。阪神・淡路大震災や2011年の東日本大震災のときにも、根も葉もないデマが流れ、社会不安が広がった。しかし、関東大震災はその比ではなかった。「朝鮮人が暴動を起こした」「朝鮮人が井戸に毒を入れた」などといった流言が広がり、それを信じた自警団や警察官が朝鮮人に刃を向けたのだった。一説によると、デマによる朝鮮人の犠牲者（中国人も含む）は6000人以上に及んだという。また、無政府主義者や社会主義者もターゲットとなった。震災の混乱のなか、大杉栄・伊藤野枝夫妻や労働運動の指導者10名が、憲兵らによって殺害されたのである。

　阪神・淡路大震災の1995年は「ボランティア元年」と呼ばれた。全国各地から集まった国民が人命救助から炊き出しまで、広範な救援活動を行ったのだった。関東大震災は前述の虐殺がクローズアップされるが、負の側面ばかりではない。阪神・淡路大震災のときと同様、各地から多くの民間ボランティアが駆けつけたのである。また、大量の支援物資や義援金が届けられ、米・英・インド・タイなど、海外の国々からも救助の手が差し伸べられたという。

豆知識

1. 関東大震災の被害総額は推定55億円とも100億円以上ともいわれる。これは、当時の国家予算をはるかに上回る規模で、一瞬の揺れが日本社会を奈落の底へと突き落としたのだった。

321 人物 犬養毅

「話せばわかる」―― 数ある名言のなかでも、いまわの際(きわ)に発した言葉が語り継がれる人物は多くない。1932年5月15日、犬養毅(いぬかいつよし)（1855～1932）は首相官邸で海軍青年将校に射殺された。銃を向ける青年将校に向かって、さとすようにこう言ったと伝えられる。立憲政治の確立に力を尽くし、一度は政界を引退したものの、支持者に推されて復帰。1931年末には首相に就任するが、五・一五事件の悲劇はそのわずか半年後のことだった。

◆

犬養毅

「話せばわかる」と制した犬養に向かい、青年将校は「問答無用！」と切り捨て、引き金を引いたという。犬養毅の一生は、青年将校が無視した「問答」による政治、つまり議会制民主主義を日本に根づかせることに貫かれていた。幕末の1855年、岡山県の庄屋の家に生まれた犬養は、若き頃から「問答」好きな、そして理路整然とした演説家だったという。

明治政府を追われた大隈重信(おおくましげのぶ)が1882年に立憲改進党を結成すると、20代の犬養はこれに参加。参謀(さんぼう)として、大隈を支えた。1890年第1回衆議院議員総選挙で当選し、第1次大隈重信内閣（1898年6月～11月）では文部大臣を務めた。この内閣は短命に終わったが、日本初の政党内閣として歴史に刻まれている。また、板垣退助(いたがきたいすけ)が内相を務めたことから「隈板内閣」の名称でも知られる。1912年の第1次護憲運動では、桂太郎内閣打倒の先頭に立った。歯に衣着せぬ毒舌は、民衆のみならずジャーナリズムからも支持され、尾崎行雄(おざきゆきお)とともに「憲政の神様」と讃えられた。1924年の第2次護憲運動でも、清浦奎吾内閣打倒で結集した護憲三派の一つ革新倶楽部を率い、政党内閣（加藤高明内閣）を復活させた。さらに普通選挙法の実現という、憲政擁護運動の〈果実〉を見届け、犬養は政界を引退したのである。

ところが、地元岡山の支持者に押されてやむなく復帰。1929年には立憲政友会の総裁となった。そして、満州事変（「満州事変」331ページ参照）から3カ月後の1931年12月、組閣の大命が下ったのである。犬養は首相として満州事変の収束にあたろうとした。しかし、軍事国家を目指す急進派にとって、満州国の設立を認めようとしない「弱腰」の犬養は、恰好(かっこう)の標的になったのである。

犬養に対しては、党利に走った風見鶏(かざみどり)的姿勢や統帥権(とうすい)干犯を政治問題化したことの責任を問う声も少なくない。犬養政権下での軍事費増大が戦争を誘発したという辛辣な声もある。また、言論を封殺するテロへの抵抗と解釈される名言「話せばわかる」も、のちの脚色という見方が強い。ただ、死の間際まで、犬養が「問答」を信じていたのは疑いないだろう。最期を見届けた孫娘の犬養道子(いぬかいみちこ)は、息絶え絶えの祖父が「（いま撃った）若い者をもう一度呼んで来い。よく話して聞かせるから」と声を絞り出したことを鮮明に記憶している。

豆知識

1. 犬養毅のDNAは、さまざまな分野に受け継がれている。最期を見届けた孫の犬養道子は、人道主義に根ざした多くの小説・評論を発表している。ひ孫の緒方貞子(おがたさだこ)は国際政治学者で、国連難民高等弁務官として活躍した。その緒方の母の従妹はエッセイストでタレントの安藤和津(あんどうかづ)。そして、和津の娘は俳優の安藤サクラである。

322 文化・芸術 | プロレタリア文学

18世紀後半にイギリスで起こった産業革命は、資本家階級（ブルジョアジー）と労働者階級（プロレタリアート）を生み出した。矛盾に満ちた格差社会の始まりである。下層の労働者たちは社会主義思想の影響下、労働組合を結成して資本家に対抗していった。日本でも重工業が成長した大正時代、労働運動が広がると、それにともなって新たな文学が生まれた。プロレタリアートたちが、過酷な労働体験にもとづく文学作品をつぎつぎ発表したのである。

◆

「おい地獄さ行ぐんだで！」

二人はデッキの手すりに寄りかかって、蝸牛が背のびをしたように延びて、海を抱え込んでいる函館の街を見ていた。—— 漁夫は指元まで吸いつくした煙草を唾と一緒に捨てた。……

小林多喜二（1903〜1933）の中編小説『蟹工船』の書き出しである。北洋漁業のカニ漁工船を舞台としたプロレタリア文学の代表作は1929年、文芸誌『戦旗』に発表された。船内の労働者たちは劣悪な環境下にありながら、監督の浅川から虐待され、バタバタと倒れていく。まさに「地獄」だった。わずかな楽しみである食事の席の壁には、「一. 不自由と苦しさに耐えよ」というビラが貼られていた。しかし、頭数では負けない労働者たちはある事件をきっかけに立ち上がり、ストライキを起こすのだった。

プロレタリア文学は、1921年に創刊された文芸雑誌『種蒔く人』を出発点とする。フランスで起こった反戦・平和の社会主義運動（クラルテ運動）に影響を受けた小牧近江が創刊した。まさに社会主義の種を蒔くという志のもと、文学を階級闘争運動の「武器」としても活用しようとしたのである。その後、『種蒔く人』は関東大震災によって廃刊となったが、青野季吉らが刊行した雑誌『文芸戦線』（1924年創刊）が継承し、葉山嘉樹や平林たい子らも加わった。葉山の代表作『セメント樽の中の手紙』も、本誌に掲載されたものである。

しかし、『文芸戦線』は共産党支持の是非などをめぐって内部分裂を繰り返し、やがてナップ（全日本無産者芸術連盟）の機関誌『戦旗』（1928年創刊）に主役の座を奪われていった。革命色の強い『戦旗』には、多喜二の『蟹工船』のほか、徳永直の小説『太陽のない街』や中野重治、蔵原惟人らの小説・評論も掲載されたが、度重なる発禁処分を受け、1931年に廃刊となった。

「憲政の常道」が絶えると、プロレタリア文学も落日へと傾いていく。犬養毅の非業の死からおよそ半年後、1933年2月20日、多喜二も東京築地署で亡くなった。心臓麻痺と発表されたが、遺体には拷問による内出血のあとが生々しく残っていたという。

$$\boxed{\text{豆 知 識}}$$

1. 小林多喜二が脚光を浴びたのは、1928年に発表したデビュー作『一九二八年三月十五日』である。田中義一内閣のもと、共産党員とその支持者約1500人が検挙された三・一五事件を描いた小説で、とりわけ北海道小樽警察内での拷問の場面は、特別高等警察（思想犯罪に特化した警察）に虐殺された多喜二の行く末を暗示させる。

323 政治 | 軍部の台頭

　1932年5月15日、犬養毅が銃弾に倒れ、政党政治は幕を閉じた。この五・一五事件は、現職の首相を軍人が殺害するという、許しがたいテロ事件である。ところが、国民の反応は意外なものだった。実行犯を批判・糾弾するどころか、共感・同情の声のほうが圧倒的に多かったのである。こうした情緒的な世論が軍部の台頭を後押ししてゆく。

◆

　「自分たちは信念に従い行動したのだから死はすでに覚悟のうえ、いまさら弁護の力を借りて生きながらえるつもりはない。……支配階級は一君万民の大義に背き、農村の疲弊を放置し、国民精神を退廃せしめてついには皇国の精神を危うくする……」(保阪正康『昭和史七つの謎』)

　五・一五事件を裁く法廷は、異様な雰囲気だったという。被告の青年将校たちは弁明陳述で、以上のことを涙ながらに語った。裁判官も傍聴席の一般国民も、さらには新聞記者も感極まり、法廷内は嗚咽に包まれた。これを記者が情緒的に報道すると、裁判所には全国から減刑を求める嘆願書が殺到した。一説によると、その数は100万通を超えていたという。国民の間に反軍意識が形成されるどころか、テロリストへの共感のムードがつくり出された。国民の窮乏を省みない無策な政党政治、腐敗した政治家・官僚と甘い汁を吸う財界人らへの民衆の怒りが、テロリストを英雄へと仕立て上げたのだった。

　犬養の死後、首相に就任したのは、「最後の元老」西園寺公望が推薦した退役軍人の斎藤実(1858〜1936)である。政治的混乱を回避するための、軍と世論を慮っての人選だった。これに真っ向からの反対は起こらず、斎藤内閣は軍部・官僚・政党の「挙国一致」内閣としてスタートした。「挙国一致」といえば聞こえはよいが、テロ再発を恐れた政党政治家は従わざるを得なかったのである。

　背景には、軍部ならぬ民主主義の台頭があったとも指摘される。1925年に普通選挙法が制定されたことで、男子だけとはいえ納税制限が撤廃され、一気に有権者が増えた。また、この年にはラジオ放送が始まっている。政治を動かすのは、一部のエリートだけではなくなった。そして、世論という大衆の声を無視できなくなったのである。

　軍内部では、国家改造の機運がさらに高まった。「昭和維新」を合い言葉に軍部政権の樹立をめざす動きが強まっていったのである。その理論的指導者が、大川周明(1886〜1957)と北一輝(1883〜1937)だった。とりわけ、国家社会主義を掲げた北一輝の『日本改造法案大綱』(改定版1923年刊)は、当初は発禁処分になったものの、急進派の若手将校に多大な影響を与えた。しかし国家改造のあり方については、陸軍内部で意見が分かれていた。官僚と結んで合法的な総力戦体制をめざす統制派と、武力の行使をいとわずに天皇親政の軍部政権をめざす皇道派の二派が対立していたのである。穏健な統制派の思想は中堅将校に、北一輝の影響を強く受けた皇道派の思想は青年将校にそれぞれ支持されていった。

豆知識

1. 五・一五事件の後、海軍は再発防止のため、若手軍人への統制を強化した。政治との距離にも配慮したのだが、そのため、相対的に陸軍の政治への関与が強まることになった。

324 争い｜二・二六事件

　北一輝の影響を受けた皇道派の青年将校は、具体的な行動に出る。1936年2月26日、大雪の朝のことだった。千数百人の兵士を動員し、首相官邸や警視庁、新聞社などを襲い、政府の要人をつぎつぎ殺害したのである。元首相・内大臣の斎藤実、大蔵大臣の高橋是清、陸軍教育総監の渡辺錠太郎らが犠牲になった。政府は鎮圧に向けて戒厳令を敷いたが、陸軍上層部の動きは鈍かった。

◆

　五・一五事件以降、陸軍内部では皇道派と統制派の対立が激化していった。そんな一触即発の状態下、相沢事件が起こる。1935年8月、陸軍省内で統制派のリーダー永田鉄山が皇道派のリーダー相沢三郎に斬殺されたのである。この事件が皇道派の士気を高め、二・二六事件の導火線となった。

　思想面で火をつけていたのは、国家社会主義を唱えた北一輝である。皇道派の青年将校をクーデターへと導いた北の『日本改造法案大綱』の骨子は、次の通りだ。

「国民の自由権を保障し、治安警察法などの言論弾圧の法律は全廃する。貴族院や華族制度など特権的な制度も全廃する。私有財産には制限を設ける。私有地も制限し、地主・小作人の不平等を改善する。労働者の権利を保障する。親のない子が教育を受ける権利も保障する」

　共産主義思想とも重なり、現在の日本国憲法の原理とも重なる。今読んでも共鳴できる点はあるだろう。ただし、北一輝はこれを実現するためには、天皇親政国家の樹立が不可欠であり、憲法を3年間停止して戒厳令を敷くよう、強く訴えたのである。これに陸軍の青年将校たちが呼応した。地方出身の部下から、娘の身売りが広がる農村の悲惨な状況を聞き、その原因は腐敗した政党政治にあると考えていた。天皇を中心とした軍部政権だけが諸問題を解決できると信じ、皇道派はクーデターという実力行使に出たのである。

　国会周辺を占拠した反乱軍は、岡田啓介内閣の退陣（軍部内閣樹立）と統制派の排除を求めた。当初、陸軍上層部のなかには、反乱軍に理解を示す声も少なくなかったという。しかし、昭和天皇が反乱軍の要求を拒絶し、クーデター鎮圧を求めたことで、陸軍上層部も重い腰を上げた。投降を促す大量のビラをまき、ラジオからも「勅命は発せられた。このまま抵抗を続ければ、逆賊となる」と反乱軍に訴えたのである。占拠から4日目、反乱兵は次々と投降した。後日、二・二六事件は陸軍の軍法会議で裁かれたが、非公開、一審のみという異例のものだった。弁護人もつかないまま、青年将校17名が処刑され、北一輝とその門下の西田税も、国家改造を扇動した「民間の首謀者」として処刑された。昭和天皇は生涯を振り返り、忘れられない出来事が2つあると語っている。一つは終戦の決断、もう一つがこの二・二六事件だという。

豆知識

1. 当時の首相・岡田啓介もターゲットになっていたが、難を逃れた。義弟で秘書を務めていた松尾伝蔵が身代わりとなって、銃弾の前に立ちふさがったのだった。弾を発した兵は、松尾を岡田首相と思い込んでいたのだ。
2. 二・二六事件が起こった1936年は遠い昔ではない。この年、昭和から平成にかけて活躍した多くの芸能・文化人、スポーツ選手が生まれている。北島三郎、立川談志、横尾忠則、長嶋茂雄、川淵三郎……と錚々たる顔ぶれである。

325 外交 | 満州事変

　軍部の国家改造計画は、1936年の二・二六事件で挫折した。「昭和維新」は、国内では起こらなかったのである。しかし、海の向こうでは、国民のナショナリズムを喚起する出来事が進展していた。中国東北部（満州）で、日本の駐留軍（関東軍）が快進撃を遂げていたのである。二・二六事件の5年前に起こった事件が発端だった。

◆

リットン調査団の査察

　中国で「9.18」は、国辱記念日である。毎年この日になると記念式典が開かれ、各地で反日デモも起こる。およそ90年前のこの日（1931年9月18日）、中国東北部の奉天（現在の瀋陽）郊外の柳条湖で、南満州鉄道の線路が爆破されるという事件が起こった。この柳条湖事件は、張作霖爆殺事件（「張作霖爆殺事件」323ページ参照）と同じく、関東軍のしわざだった。しかし、関東軍は中国の犯行のように偽装工作し、軍事行動に出たのである。後手に回り国民政府に主導権を奪われるはめになった張作霖爆殺事件の轍を踏まなかったのだった。

　内政不干渉を掲げていた若槻礼次郎内閣は、事態の「不拡大方針」を発表した。しかし、関東軍参謀の石原莞爾（1889〜1949）はこれを無視し、満州全域に軍事行動を拡大していった。マスコミも世論もこれを熱狂的に支持した。翌1932年、全満州を占領した関東軍は、「ラストエンペラー」（清王朝最後の皇帝）溥儀を傀儡とする「満州国」の建国を宣言。この一連の出来事を、満州事変という。「国辱」を受けた中国は、もちろん黙っていない。日本の侵略行為と非難し、国際連盟に提訴したのである。現地に派遣したリットン調査団の報告を受け、国際連盟の総会は「満州国」承認の取り消しを求める決議を、日本を除く全会一致で可決した。しかし、日本はこれを不服とし、国際連盟を脱退した。ここまでは、教科書で習った通りである。

　満州事変は、昭和史の分岐点といわれる。リットン調査団の報告書は、柳条湖事件以降の関東軍の軍事行動を強く批判しており、「満州国」も民族自決の原則で生まれた国ではないと一刀両断している。しかし、満州を以前の状態に戻せと求めるものではなかった。日本に満州事変で得た利権を手放せと命じるものでもなかった。日本の満州開発の功績を認め、日本の既得権益にも配慮しながら、中国の主権下で自治政府をつくることを提案していたのである。満州の特殊事情をくみ取ったうえでの妥協案といえるものだった。日本にはこの報告書を受け入れ、「満州国」建国を白紙に戻すという道もあったはずである。しかし、関東軍はもちろん、熱狂の渦にあった国民の間に妥協案を支持する声は起こらなかった。分岐点でブレーキをかけることさえなく、猛スピードで右傾化への旋回を強めていくのだった。

【 豆知識 】

1. 上の写真は、爆破された満州鉄道を調査するリットン調査団の様子である。この印象が強いが、査察はこのときだけではない。リットン調査団は事件の翌年2月に来日し、東京で調査。その後、上海、南京、北京、満州と各地を調査し、再び東京を訪れている。4カ月にわたる念入りな調査だった。

326 経済 軍需産業の成長

　1929年に起こった世界恐慌に対し、アメリカは公共事業を軸とするニューディール政策を行い、イギリスやフランスは植民地との貿易から他国を排除するブロック経済政策を推し進めた。日本は、高橋是清大蔵大臣が金本位制から管理通貨制度に移行させた（「金本位制から管理通貨制へ」325ページ参照）。そして緊縮財政を一転し、軍事部門への支出を増やすことで乗り切ろうとしたのだ。

◆

　軍事費の出どころは、赤字国債だった。1932年に「満州国」が建国されると、さらに支出が膨れ上がり、翌1933年の予算額は約22.4億円となった。このうち、軍事費が約8.8億円を占めていたのである。予算に占める軍事費の割合は39.1%に達した。この年、「非常時」という言葉が流行語になった。新聞各紙が「日本はじまって以来の非常時予算である」と書き立てたことによる。「非常時日本の歌」という軍歌が作られ、国威発揚の『非常時日本』という映画まで制作された。

　現在（2020年度）、国家財政を圧迫している社会保障関係費は、一般会計予算の約34.9%を占めている。今後さらに増えることが予想されるので、令和の日本はずっと「非常時」なのかもしれない。ただ、当時の軍事費の伸び率はこの比ではなかった。1930年代後半から40年代にかけて、軍事費の占める割合は右肩上がりに増えていく。日本が国際連盟を脱退することを決めた翌年の1934年は43.8%。さらに日中戦争が始まった1937年は69.5%、太平洋戦争が始まった1941年は75.7%、そして1944年は85.3%であった。

　これによって重化学工業が飛躍的に成長し、軍部と結んだ財閥は潤っていった。また、資源豊富で戦略上重要な「日本の生命線」満州・内モンゴルへの輸出・投資も加速した。管理通貨制度への移行で、1ドル＝5円前後まで円の価値は下落したが、この円安を背景に企業が輸出を増やしたのである。特に綿織物の輸出の伸びは著しく、1933年にその輸出額はイギリスを抜いて世界1位になった。さらに1937年には、レーヨン（人工綿糸）の輸出額もアメリカを抜いて世界1位になった。国際貿易が縮小しているなかの快挙で、欧米列強から「ソーシャル・ダンピング（国家的規模の不当廉売）」と攻撃されたほどである。重化学部門では、産業再編も活発に行われた。1934年には官営八幡製鉄所と民間5社の大合同により、国策会社の日本製鉄会社が誕生した。1938年には、重化学工業の生産額が軽工業の生産額を抜き、さらにこの後、右肩上がりの軍事費を原資に、重化学部門は兵器や軍事物資を増産していくのである。

豆知識

1.「非常時」が流行語になった1933年前後には、「挙国一致」や「転向」という言葉も広まった（「軍部の台頭」は329ページ、「新感覚派と転向文学」は335ページ参照）。

327 暮らし・信仰 ｜ サラリーマンと職業婦人

「尋常小学校か、高等小学校卒業以上の者」「年齢14歳から30歳まで」―― ある会社が、こうした条件で社内の女性に募集をかけた。手動での複雑な操作が必要だったので、それまでは男性が担っていた業務だったが、より操作のしやすい最新型が導入されたのである。それに対し、多くの女性社員が手を挙げたのだった。こうして誕生したのが、日本初のエレベーターガールである。世界恐慌が起こった1929年、松坂屋上野店に初見参した彼女たちは、当時「昇降機ガール」と呼ばれていた。

◆

「年齢14歳から」の募集要項にハテナマークが浮かぶかもしれない。しかし、当時の工場法は14歳の女子の労働を禁じていなかった。1日の労働時間は最長12時間だったが、12歳以上であれば女子の就労を認めていたのである。

さらに許可をとれば、12歳未満（10歳以上）も認めるという例外規定もあった。こうした緩い定めにもかかわらず、違反者があとを絶たず、工場法は空法だったといわれる。

昭和初期、エレベーターガールのような新しい職業がつぎつぎ生まれた。工業化・都市化の進展、教育の普及による高学歴化、さらには文化の大衆化が、多種多様な仕事を生み出したのである。

高学歴の男性たちは企業で事務系の仕事につき、安定した給与生活者となった。いわゆるサラリーマンの登場である。都会の女性たちはタイピストや電話交換手などとして働き、職業婦人と呼ばれた。いわゆるOLの登場である。大正時代に数多く創刊された新聞・雑誌の発行部数も、昭和になると飛躍的に伸びた。1925年に始まったラジオ放送とともに、世論形成に大きな役割を果たすことになる。

活動写真（映画）も人気となった。初の映画館が1903年東京浅草に開館して以来、映画は民衆の最大の娯楽に成長していったが、この頃、無声映画から有声映画（トーキー）に変わったことで、さらに人気に拍車がかかった。

国内初の本格有声映画は、1931年制作の『マダムと女房』（五所平之助監督）である。渡辺篤演じる劇作家が、東京郊外の閑静な文化住宅に越してきた。だが、隣の洋館から聞こえるジャズの音がうるさく、仕事にならない。意を決して扉を叩くと、煙草を手にした妖艶なマダムが現れる。そのまま広間に案内され、ジャズバンドの演奏に合わせ、マダムと一緒に踊る。田中絹代演じる和服の女房は洋装のマダムに嫉妬しながら、自分の部屋でミシンに向かう。モノクロ作品ながら、「劇作家」「文化住宅」「ジャズ」「洋館」「ミシン」など、この時代の最先端のライフスタイルやアイテムをちりばめた作品に、「今日は帝劇、明日は三越」と銀座を闊歩するモガ（モダンガール）も目を奪われたのかもしれない。

【豆知識】

1. 工場法は現在の労働基準法にあたる。明治政府はイギリスにならって制定をめざしたが、紡績業界の反対などにあい、なかなか実現しなかった。制定されたのは1911年で、さらに施行まで5年を要した。

328 人物 幣原喜重郎

　本書で取りあげた人物の中では、幣原喜重郎（1872〜1951）は最も地味な一人かもしれない。掲載している中学の歴史教科書はわずか。戦後、憲法改正を検討する際の首相として紹介されるにとどまっている。しかし、幣原は外交手腕が海外から高く評価され、第一次世界大戦後に展開された「幣原外交」は、国際協調外交の代名詞になっていた。

◆

幣原喜重郎

　満州事変（1931）からポツダム宣言受諾（1945）までの昭和の「15年戦争」が遠くになるにつれ、「幣原外交」を再評価する声が高まっている。幣原喜重郎が外相として活躍したのは、1920年代から30年代初頭にかけて。二つの世界大戦の間という激動の時代に、幣原は国際協調と善隣友好に向けて奔走した。しかし、当時の軍部や右派からは「軟弱外交」と攻撃され、民主派からも後の戦争を回避できなかったとして批判された。

　大阪の旧家に生まれ、東大卒業後、外交官となる。日露戦争間近の1903年、三菱を創業した岩崎弥太郎の四女と結婚。このため、同じく岩崎の娘と結婚した加藤高明は、幣原の義兄となる。財界と政界の後ろ盾を持つエリート官僚として、幣原は出世街道を突き進んだのだが、この良すぎる毛並みが正当な評価の眼を曇らせたのかもしれない。

　加藤高明内閣が1924年に成立すると、幣原は外務大臣に初めて就任した。第一次世界大戦後の世界は国際連盟を設立するなど、国際協調と民族自決を原則としていた。1921年、幣原はワシントン会議に日本の全権に任命され出席し、軍縮や領土保全を旨とする国際協調体制の確立に貢献した。対中外交においても、中国の主権を尊重し、米・英と橋渡ししながら、中国の政治的安定を図ろうとした。国民党の蒋介石を評価し、中国統一の道筋を模索していたのだった。しかし、田中義一内閣（田中が外相兼任）のとき、関東軍による張作霖爆殺事件（「張作霖爆殺事件」323ページ参照）が起こる。幣原は「それまで築き上げた日中親交の基礎が無残に破壊された」と嘆いた。

　その後、浜口雄幸内閣で外相に復帰すると、ロンドン海軍軍縮条約（1930）の締結に尽力するとともに、日中関税協定を締結し、中国の関税自主権を認めた。幣原は愚直なまでに、国際協調と日中関係修復に努めたのだが、関東軍が再び暴走し、その道を邪魔する。満州事変（「満州事変」331ページ参照）が拡大する中、幣原は事態の収拾に乗り出した。しかし、中国は交渉に応じず、国際連盟に訴えたのだった。幣原の「協調外交」が行き詰まると同時に、日本は国際社会から孤立していく。以後、終戦まで、幣原が政治・外交の表舞台に出ることはなかった。

豆知識

1. 終戦から2カ月後の1945年10月、東久邇宮稔彦内閣のあとを受け、幣原内閣が成立した。国際協調と善隣友好の「幣原外交」がGHQから高く評価され、白羽の矢が立ったのである。このとき、幣原は73歳だった。

329 文化・芸術 | 新感覚派と転向文学

　国家主義・忠君愛国主義の風潮が広がる中、文学や芸術も自由な活動が制限された。これに抵抗するように、知性と叙情を融合させた新たな文学運動が生まれるが、長くは続かなかった。大正デモクラシーを背景に盛んになったプロレタリア文学（「プロレタリア文学」328ページ参照）も、1933年の小林多喜二の死後、力を失い変容していく。

◆

　大正末期から昭和初期にかけ、自由の領域が狭まり続ける中、これに反発するかのように新しい文学が生まれた。横光利一（1898〜1947）や川端康成（1899〜1972）、片岡鉄兵、中河与一ら、西洋の前衛芸術の影響を受け、斬新な感覚で多彩なレトリックを駆使する作家が登場したのである。1924年に横光や川端らが創刊した雑誌『文芸時代』が発表の場となった。しかし、斬新さゆえにその「賞味期限」は短く、わずか3年後に『文芸時代』が廃刊になると、文学運動としての力を失っていった。一方、横光や川端らを輩出した雑誌『文藝春秋』は1926年に総合雑誌に移行することで生き延びた。『文藝春秋』は菊池寛が1923年に創刊した雑誌で、当初は川端康成も編集同人に名を連ねていた。

　プロレタリア文学も、1933年2月の小林多喜二の拷問死によって力を失っていく。この4カ月後、治安維持法違反で投獄されていた共産党指導者の佐野学（1892〜1953）と鍋山貞親（1901〜1979）が獄中から同志に向けて、事実上の天皇制・満州事変肯定の声明文を出した。思想弾圧が強まるなか、君主制のもとでも日本的な一国社会主義が可能だと判断したのだった。この「転向」の呼びかけに、多くの共産主義者が雪崩を打って追随していった。文学者も「転向」を迫られ、抗えなかった村山知義、島木健作、中野重治らは自身の変節の苦悩や良心の呵責などを小説に著した。この一連の作品群は、転向文学と呼ばれる。

　1933年には、滝川事件も起こっている。文部省によって、京都帝国大学の刑法学者・瀧川幸辰が辞職に追いこまれた事件で、その著書『刑法読本』もマルクス主義の危険思想とみなされ、内務省によって発行禁止処分になった。翌1934年には、陸軍が「国防の本義と其強化の提唱」というパンフレットを作成し、軍事優先の政治を行うよう求めた。これには議会が反発したが、その要諦である広義国防の考えは、しだいに政治に反映されていった。

　1937年には、文部省が「国体の本義」を全国の学校に配布した。万世一系の皇国の正統性を説くとともに、西洋の自由思想を否定する内容で、国体の尊厳を揺るがすことは絶対的タブーとなった。天皇機関説問題（「美濃部達吉」299ページ参照）と前後して、思想統制・弾圧はその強度を増し、やがて忠君愛国主義の風潮は思想や文学のみならず、社会の隅々までおおうようになる。

［ 豆 知 識 ］

1.『文芸時代』には、奇才・稲垣足穂（1900〜1977）も参加していた。新感覚派とされるが、メカニカルな幻想作家、モダニズム文学の新星、孤立によって文学的栄光に包まれた作家、近年は元祖BL（ボーイズ・ラブ）作家などとも称され、文学史の類型に収まらない特異な存在であった。

330 政治 「満州国」と内政の混乱

　近代国家の成立要件は、領土・国民・主権（政府）の3つである。これが、国際社会の承認を受けることで、独立国として成立する。1932年3月に建国宣言をした「満州国」は、清王朝最後の皇帝・溥儀（ふぎ）を元首とし、「五族協和」を掲げる民主共和制国家であった。領土もあれば、五族の国民もいた。ただし、国際社会からの承認を得られなかったのである。

◆

　リットン調査団の報告を受けた国際連盟は、「満州国」の建国を認めなかった（「満州事変」331ページ参照）。日本の代表・松岡洋右（まつおかようすけ）（1880～1946）はこの決定に憤然とし、総会の席を立った。しかし、新聞各紙はこれを「我ら光栄の孤立」「聞け『正義日本』の高きエールを！」などという見出しで全面支持したのである。国民もこれに熱狂した。こうして、日本は国際連盟を脱退し、国際社会を敵に回すことになった。

　国内世論の支持を得た関東軍は、国際社会の「顔色」もうかがうことなく、満州事変を計画した軍参謀・石原莞爾（いしはらかんじ）（1889～1949）を中心に「五族協和」の国づくりを進めていった。この「五族」とは、漢・満州・蒙古・朝鮮・日本の各民族のことで、孫文（そんぶん）が辛亥革命（しんがい）で掲げた「五族共和」にならったものである。当然ながら、中国人の支持を得られることはなかったが、関東軍は意に介しない。南満州鉄道会社（満鉄）をフル活用した「神速」と呼ばれる兵の迅速な移動で、支配領域をあっという間に約130万km²まで拡大した。これは、現在の日本の国土面積の3倍以上に相当する。本土からの移住も奨励され、満蒙開拓団（まんもう）に始まった日本人移民の数は20万人を超えていった。その中には、国内で転向（「新感覚派と転向文学」335ページ参照）を余儀なくされた文学者・思想家の姿もあった。関東軍の進出拡大の拠点となった大連（だいれん）は、満鉄の本社や東洋一の病院、西洋式のホテルがつぎつぎ建てられ、「北海の真珠」と呼ばれるほど眩（まぶ）しく栄えた。

　一方、国内政治は右旋回をさらに加速していく。二・二六事件のあと、陸軍の内部では統制派が主導権を確立し、政治への発言力を強めていった。1936年3月に成立した広田弘毅（ひろたこうき）内閣に対し、軍部大臣現役武官制の復活や軍備の増強を求めたのである。軍部大臣現役武官制とは、陸・海軍の大臣を現役の陸海軍大将もしくは中将から任命しなければならないという制度で、1900年の山県有朋（やまがたありとも）内閣のときに導入された。その後、憲政擁護運動の高まりにより、1913年に現役軍人以外からも任命できるよう改正されたが、軍部の圧力に押された広田弘毅内閣は軍部大臣現役武官制を復活させ、さらに軍備拡張の要求も受け入れたのである。1936年にはワシントン・ロンドンの両海軍軍縮条約が失効するため、陸海軍が策定した「帝国国防方針・改定」に従い、対ソ連や南方進出のための軍事態勢も整えていった。そして、日本に続いて国際連盟を脱退したドイツに接近していくのだった。

〔 豆 知 識 〕

1. 孫文が辛亥革命で掲げた「五族共和」の「五族」とは、漢・満州・蒙古の3民族とウイグル民族・チベット民族のことで、日本民族は含まれていない。関東軍には、ユダヤ民族を入植させた「六族協和」の構想もあったという。

331 争い｜日中戦争

　北京郊外の盧溝橋付近で1937年7月7日、日本の駐屯軍が演習を行っていた。そこに、一発の銃声が聞こえてきた。300m先には中国軍も駐留していたが、誰が撃ったのかは確認できない。しかし、日中両軍はそのまま衝突し、宣戦布告のないまま、この盧溝橋事件から泥沼の戦争へと発展していった。ここから「たった一発の銃声が日中戦争を引き起こした」などといわれる。ただ、それほど単純なものではなく、戦争回避の道がなかったわけではなかった。

◆

　日中両軍の小競り合いはしばらく断続的に続いたが、最初の銃撃から2日後の7月9日には停戦協定が結ばれた。ところが、再び戦闘状態になったため、当時の首相・近衛文麿（1891～1945）は派兵の決断を迫られた。当初、近衛内閣は戦争不拡大を方針に掲げていたが、政府内で発声力を強めていた陸軍大臣に説得され、大軍の派兵を決めたのだった。中国に住む日本人を保護するという名目もあった。近衛内閣は一撃で中国軍を押さえ込もうとしたのだが、これが蔣介石率いる中国の国民政府軍に火をつけた。日本軍は北京から天津、上海と占領していったが、国民政府軍は徹底抗戦の姿勢をくずさず、中国国民も激しく抵抗したのである。

　1937年12月、日本軍は国民政府の首都・南京を占領し、非戦闘員を含む多くの中国人を殺害した。これが南京事件（南京大虐殺）である。犠牲者数については、研究が進んでいる中国側は約30万人と主張しているが、日本外務省は公式HPで、「日本軍の南京入城（1937年）後、非戦闘員の殺害や略奪行為等があったことは否定できないと考えています。しかしながら、被害者の具体的な人数については諸説あり、政府としてどれが正しい数かを認定することは困難であると考えています」という見解を示している。犠牲者数は諸説あるものの、関東軍の蛮行によって婦女子を含む多くの中国人一般住民と捕虜が犠牲になったことは疑いなく、またその情報は陸軍中央部にも伝わっていた。

　いずれにせよ、この南京事件が中国をさらに挙国抗日へと向かわせたのは確かだった。国民政府軍は屈することなく、アメリカやイギリスの「援蔣ルート」を経た支援を受けながら、内陸の漢口（武漢）、重慶へと拠点を移し、抵抗を続けたのである。一方、日本軍の連戦連勝が報じられると、国内では大人も子ども（少国民）もみな「勝った勝った」のお祭り騒ぎをしていたのだった。ただし、日本の軍部・政権内部には、戦争の泥沼化を回避しようという声もあった。満州事変を引き起こした石原莞爾（1889～1949）も、盧溝橋事件以降の軍の拡大姿勢には異議を唱え、のちに首相となる東条英機（1884～1948）と対立していた。長期戦の様相を呈する中、ドイツの中国駐留大使トラウトマンも仲介に乗り出した。しかし、近衛文麿は「国民政府を対手とせず」という声明を出し、和平の道を閉ざしたのである。

豆 知 識

1. 盧溝橋は、現在の北京市南西部を流れる永定河にかかる全長約267mの橋。元の時代にイタリア人旅行家マルコ・ポーロ（1254～1324）が訪れ、「世界で最も美しい橋」と讃えた。そのため、盧溝橋事件は英語圏では、Marco Polo Bridge Incident（マルコポーロ橋事変）と呼ばれる。

332 外交 | 枢軸国の形成

　日中戦争が長期化する中、ヨーロッパでもきな臭い空気が漂い始めていた。イタリアとドイツでファシズム勢力の政党が躍進したのである。イタリアでは、ムッソリーニがファシスト党を、ドイツではヒトラーが国民社会主義ドイツ労働者党ことナチス（ナチ党）を結成し、それぞれ政権を握った。この両国は1936年にベルリン・ローマ枢軸という協調体制を結ぶ。

◆

　1936年、ナチス・ドイツと日本の間で日独防共協定が結ばれ、翌年11月にはムッソリーニのイタリアがこれに加わり、日独伊防共協定が結ばれた。こうして日本は枢軸国の一員となる。これが、アメリカ・イギリス・フランスを中心とする連合国との第二次世界大戦に発展するのだが、日本はこのときから反米・反英姿勢をとっていたわけではない。イギリスとは日英同盟を結び、アメリカとも日米通商航海条約などを通して密接な関係を築いていた。日独防共協定は「防共」とある通り、対共産主義（対コミンテルン）の軍事協定で、ソ連を仮想敵国としていたのである。

　ところが、日本が満州事変を起こし、1933年に国際連盟脱退を通告すると（『満州国』と内政の混乱」336ページ参照）、欧米諸国は日本との関係を見直すようになった。さらに日中戦争が起こると、アメリカとイギリスは蒋介石の国民政府軍を支援し、ビルマ（現・ミャンマー）を通して物資を支給したのである。日本はこの「援蒋ルート」を絶つため、イギリスとフランスが共同管理していた天津の租界（外国人居住区）を封鎖した。これにより、日本はアメリカから日米通商航海条約（1894年締結）の廃棄を通告され、厳しい経済制裁を受けることになった。

　また仮想敵国のソ連とは、「満州国」の国境線をめぐってたびたび軍事衝突を起こしていたが、1939年の大規模衝突（ノモンハン事件）で大敗を喫してしまった。こうして、日本は日中戦争をしながら、英・米ともソ連とも真っ向から対立するようになったのである。

　国内では、近衛文麿内閣のあとを継ぎ、1939年1月に平沼騏一郎内閣が成立していた。ここに、驚愕のニュースが飛び込んでくる。1939年8月、犬猿の仲だったドイツのヒトラーとソ連のスターリンが独ソ不可侵条約を結んだのである。互いの戦争に干渉せず、中立を保つことを約束した条約であった。強硬派の平沼首相はソ連を仮想敵国とした戦時体制づくりに邁進していた。そのため、梯子を外される形になった独ソ接近に呆れかえり、すっかりやる気を失ったのだった。内閣成立からわずか8カ月で退陣。首相のバトンを渡されたのは、陸軍出身の阿部信行（1875〜1953）だった。首相就任の翌9月、阿部信行内閣の耳にも、さらに驚きのニュースが飛び込んできた。ドイツがポーランドに侵攻したのである。海の向こうで、第二次世界大戦が始まったのだった。

豆知識

1. 枢軸とは、機械や動力のかなめになる部分のこと。枢軸国の由来は、ムッソリーニが「イタリアとドイツを枢軸としてヨーロッパの国際関係は転回する」と語ったことによる。
2. 平沼騏一郎は内閣退陣するとき、「欧州の天地は複雑怪奇なり」という迷言を残している。

333 経済 ｜ 新興財閥と戦時下の経済

　軍需産業の成長（「軍需産業の成長」332ページ参照）にともなって躍進したのが、日産コンツェルンや日窒コンツェルンなどの新興財閥である。三井・三菱・安田・住友といった、金融資本を確立した旧財閥に加え、満州事変以降、新たな財閥が急成長を遂げたのだった。日産コンツェルンは重工業部門で満州に進出し、日窒コンツェルンは水力発電や化学工業で朝鮮半島に進出した。

◆

　旧財閥にとって、満州進出はリスクが大きかった。しかし新興財閥にとって、植民地はブルーオーシャン（未開拓の大市場）であり、大陸進出は絶好のビジネスチャンスだった。両コンツェルンとも、大学出の若い有能な技術者が多く、ベンチャー＆フロンティア精神に満ちあふれていた。また、彼らは関東軍の懐にもどんどん入っていった。軍サイドも「憲政の常道」下の政党と親密だった旧財閥を苦々しく思っていたため、こうした新興財閥の進出を歓迎したのだった。1937年に設立された満州重工業開発会社も、「満州国」と日産コンツェルンの共同出資による国策会社である。

　しかし、蜜月は長くは続かなかった。経営方針をめぐって、関東軍と新興財閥がしだいに衝突するようになったのである。関東軍はやむなく旧財閥にも協力を求めるようになった。こうして新・旧の財閥が、膨張し続ける軍事費予算の受け皿となり、ばく大な利益を上げていったのだった。

　このころ日本政府は、円ブロック経済圏の構築をめざし、朝鮮・台湾・満州で日本円とリンクする貨幣（日系通貨）を発行していた。イギリスやフランスのブロック経済にならった構想で、植民地を「持たざる国」である日本にとって、アジアの円ブロック経済圏確立は悲願だった。しかし、各国がこうしたブロック経済政策に走ったことが、第二次世界大戦という惨禍をもたらすのである。戦後、この反省から自由貿易の必要性が共有され、1948年のGATT（関税及び貿易に関する一般協定）の発足へと至ることになる。

　一方、国内の民衆は厳しい生活を強いられた。多額の国債発行によってインフレーションが深刻化し、増税と実質賃金の低下という二重苦に苛まれていたのである。農家も労働力・資材不足に苦しめられた。1937年に臨時賃金調整法、輸出入品等臨時措置法などが制定され、軍需産業への融資を優先すること、国家が貿易に関する物資を統制することになった。翌1938年には電力管理法が制定され、電気事業が国家の管理下に置かれた。また、政府による労務管理が強化され、1940年には大日本産業報国会が結成されたことで労働組合も強制的に解散させられた。こうして、すべての産業・人員が戦時体制に組み込まれていったのである。

豆 知 識

1. 日中戦争の開戦時、日産コンツェルンは日立製作所、日産自動車、日本鉱業（のちのジャパンエナジー）、日本水産（通称・ニッスイ）など、関連約150社を擁する企業集団に成長していた。

334 暮らし・信仰 ｜ 総力戦

　日本は中国と出口の見えない戦争を続けていた。1938年には、国家総動員法（「国家総動員法と大政翼賛会」343ページ参照）の制定により、労働力・資源・生産のすべてを戦争に動員することになった。それだけではない。対米戦争が近づくと、国民の精神力や忍耐力も"強制供出"させようとしたのである。「ぜいたくは敵だ」―― 中国や英米だけではなく、ぜいたくも目の敵になったのだった。

◆

　日本軍の真珠湾攻撃とマレー半島上陸によって、1941年12月8日に太平洋戦争が始まった。このとき、詩人の茨木のり子（1926～2006）は15歳だった。そして4年後の19歳のとき、終戦を迎えた。代表作の「わたしが一番きれいだったとき」には、戦争に青春時代を奪われた悔しさと怒りが込められている。

　　わたしが一番きれいだったとき　　まわりの人達がたくさん死んだ
　　工場で　海で　名もない島で　　わたしはおしゃれのきっかけを落としてしまった
　　　　　　　　　　　　　　　　　　（「わたしが一番きれいだったとき」茨木のり子）

　軍靴の音が高まるにつれ、日用品や食料も欠乏するようになった。多額の国債発行によるインフレーションによって諸物価が高騰すると、阿部信行内閣（1939年8月～1940年1月）は価格等統制令を発令した。すべての商品の値段は公定価格となり、企業の都合による値上げが禁止されたのである。しかし、国民生活の窮乏は解消されなかった。1940年には砂糖やマッチが切符制になり、やがて配給制度として、味噌・醬油・衣類・米などにも拡大していった。その量は限られたもので、回数もしだいに減らされていった。
　「阪神甲子園球場」（兵庫県西宮市）は、高校野球の聖地として知られる。1924年に開場した東洋一の大運動場の内野席には、「大鉄傘」と呼ばれる鉄製の屋根が設置されていた。しかし、この巨大な屋根は1943年に解体され、すべて軍に供出された。兵器や弾丸の製造に使うためである。街中のベンチや郵便ポスト、二宮金次郎の銅像、さらには寺社の梵鐘・半鐘までが供出された。「大鉄傘」だけでなく、球音も失った甲子園球場のグラウンドは、芋畑に変わった。
　近衛文麿内閣のもとでは、国民精神総動員運動という思想教化運動も展開された。「ぜいたくは敵だ」のスローガンのもと、国民の精神まで供出されることになったのである。新聞社も国民精神総動員運動に協力し、読者から戦中スローガンを募集した。30万を超える応募があり、「欲しがりません勝つまでは」「足らぬ足らぬは工夫が足らぬ」などが入賞した。しかし、国民1億の精神まで「総力戦」に動員するのは難事だった。密かに「素」を加えて「ぜいたくは素敵だ」、「工」を消して「足らぬ足らぬは夫が足らぬ」（男性が徴兵されたため）などと皮肉り、精神の供出に抵抗した者も存在したのだった。

■ 豆 知 識 ■

1. パーマネントもぜいたくとして禁止されたが、その背景には電力不足もあった。それならば、と「おしゃれのきっかけ」を落とそうとしない女性もいた。木炭やガスでコテを高温にし、髪をロールしたのである。

335 人物 | 近衛文麿

　藤原（中臣）鎌足（「大化の改新」35ページ参照）を祖とする藤原氏の家系で、1300年以上にわたって天皇を支えてきた貴族を五摂家という。その筆頭が近衛家であり、近衛家の長男として生まれたのが文麿である。家柄の良さから、国民の期待を一身に背負い、近衛家の「殿下」は1937年6月に首相に就任。太平洋戦争中の1941年10月まで、計三度にわたって内閣を率いた。

◆

近衛文麿

　近衛文麿（1891～1945）が第一次政権を組閣したのは、45歳のときだった。組閣の翌月、盧溝橋事件が起こる。近衛は「国際正義」を方針に掲げ、対中強硬姿勢を示したが、内心では中国との全面戦争を避けたいと思っていた。当初、近衛は派兵には後ろ向きだったのである。しかし、陸軍相が派兵を強く要求すると、優柔不断な近衛はその要求をあっさり受け入れてしまったのだった。

　その後、関東軍は北京から上海、そして国民政府の首都・南京も陥落させた。この頃、和平のチャンスもあったのだが、「国民政府を対手とせず」という声明（第1次近衛声明）を出し、和平の道を閉ざしてしまう（「日中戦争」337ページ参照）。結果、連戦連勝に酔う国民の熱狂をさらに煽ってしまったのである。それでも、近衛は中国との和平の道を模索した。「大東亜共栄圏構想」の先駆けとなる東亜新秩序の建設の声明（第2次近衛声明）を出すとともに、蔣介石につぐ国民政府の指導者・汪兆銘に接近したのだった。反共・和平派の汪兆銘が親日的な政府をつくることに期待をかけ、1938年末「善隣友好・共同防共・経済提携」という近衛三原則（第3次近衛声明）を発表する。しかし、国民政府内には汪兆銘に同調する者が少なく、和平工作は頓挫。英米との関係もさらに悪化し、近衛内閣は翌1939年1月に総辞職した。

　第2次近衛内閣（1940年7月～1941年7月）は、ドイツ・イタリアの枢軸国に呼応し、新体制運動を進めていく。日独伊三国同盟を結び、大政翼賛会（「国家総動員法と大政翼賛会」343ページ参照）を誕生させ、松岡洋右外相によって、1941年4月に日ソ中立条約も締結させた。しかしこの2カ月後、ドイツがソ連に侵攻する。第3次近衛内閣（1941年7月～10月）は連合国との全面戦争を回避すべく、日米交渉を進めたが、失敗。次の東条英機内閣の地ならし役に終わった。戦後、昭和天皇は近衛のことを「意思が弱いし、悪まれたくないし、聞き上手で誰にもかつがれる……。いろいろ長所あったが、あまりに人気を気にして、弱くて、どうも私はあまり同一意見の事はなかった」と評している。「ポツダム宣言」受諾から約4カ月後、近衛文麿は巣鴨プリズン（戦争犯罪者の収容施設）への出頭期限の最終日、自ら毒杯を仰いだ。終戦まもなく、近衛は旧知の新聞記者にこう語ったという。「戦争前は軟弱だと侮られ、戦争中は和平運動者だと罵られ、戦争が終われば戦争犯罪者だと指弾される。僕は運命の子だ」

【 豆 知 識 】

1. 近衛文麿は弁舌さわやかで、多くの国民がラジオで近衛の演説を聴くことを楽しみにしていた。
2. 「55年体制」を1993年に終わらせ、連立内閣の首相となった細川護熙は、熊本藩（肥後藩）の藩主・細川家の当主。そのため、「殿様」首相といわれたが、細川は近衛文麿の孫にあたり、五摂家の血も引いている。

336 文化・芸術 ｜ 大衆文学

　戦時中は当然、文学作品も取り締まりの対象となった。小林多喜二が拷問死し、共産党指導者が転向宣言を出した1933年を境に、文学者たちは自由と想像力の羽をもがれていった。しかし、文学が死に絶えたわけではなかった。このころ、ある作家の全集（全13巻）が刊行され、24万部を超える大ベストセラーになったのである。

◆

　プロレタリア文学のあと、文壇の首座を占めるようになったのは、日本の古典文化や伝統精神を讃美した日本浪曼派である。ドイツ・ロマン派の影響を受けた文学運動で、難渋な文体で知られる評論家・保田與重郎（1910〜1981）がその中心となった。死の美学を説き、若者の戦意高揚に加担したという「黒歴史」から、教科書的な文学史では黙殺されているが、西洋模倣一辺倒の日本の近代化への辛辣な批判は、当時の「意識高い系」青少年の心をわしづかみにしたのだった。保田が発行した雑誌『日本浪曼派』（1935〜1938年刊行）には太宰治や伊東静雄、檀一雄らも加わり、終刊間際には同人50名を超える一大勢力となった。

　日本浪曼派と同じく、文学史で軽視されがちなのが大衆文学である。新聞や雑誌の連載で庶民の人気を博した文学で、中里介山（1885〜1944）が自らの作品を「大衆文学」と名づけたことから、文学の一ジャンルとして定着していった。中里の代表作『大菩薩峠』は、1913年から1941年まで新聞各紙に断続的に発表されたが、中里の死によって未完のまま終わった。同時代では、大佛次郎の鞍馬天狗シリーズ、吉川英治の『宮本武蔵』、白井喬二の『富士に立つ影』などが大衆文学に含められるが、すべて長編の時代小説である。その後、推理小説やSF小説、ユーモア小説なども大衆文学と呼ばれるようになった。純文学との明確な境はないが、一般に大衆文学は通俗的で娯楽性をより重んじた文学と定義される。

　こうした通俗・娯楽という括りに反発しながらも、大衆文学を一時の流行に終わらせなかったのが江戸川乱歩（1894〜1965）である。雑誌『青少年』に掲載されたデビュー作『二銭銅貨』（1923）は、文壇に怪しい新風を吹きこんだ。その後も乱歩は自由と想像力の羽をもがれることなく、推理・探偵小説の傑作をつぎつぎと発表し、冒頭に記した通り『江戸川乱歩全集』全13巻は累計24万部を超え、大ベストセラー作家になったのである。

　戦後は探偵作家クラブ（現・日本推理作家協会）を設立し、後進の育成にも尽力した。その名を冠した文学賞「江戸川乱歩賞」から世に出た作家は、西村京太郎、森村誠一、東野圭吾、真保裕一、桐野夏生、池井戸潤……と錚々たる顔ぶれである。

337 政治 国家総動員法と大政翼賛会

「端午の節句」の5月5日。この日が「こどもの日」として祝日に定められたのは、終戦後の1948年のことである。これを遡る10年前の1938年5月5日、全国民の自由を制限する法律が施行された。議会の反対を押し切り、第1次近衛文麿内閣（1937年6月～1939年1月）が制定した国家総動員法である。

◆

　1937年に発足した第1次近衛内閣（「近衛文麿」341ページ参照）は、「挙国一致」「尽忠報国」「堅忍持久」をスローガンに掲げ、国民精神総動員運動を推進していった。この官製の教化運動に多くの国民は抗うことなく、在郷軍人会はもちろん、全国神職会や日本労働組合会議までもが追従していった。その後、労働組合は大日本産業報国会（1940年11月設立）に束ねられ、強制的に解散させられることになる。同時期に国民徴用令（1939年7月公布）、生活必需物資統制令（1941年3月公布）といった統制法も制定された。

　これらを可能にしたのが、政府への全権委任を認めた国家総動員法である。労務・貿易といった企業の経済活動から、個人の言論・文化活動まで、国民生活のすべてを統制する権限を政府に与える法律で、議会の承認も必要としなかった。この国家総動員法の施行によって、優先されるのは個人ではなく国家、すなわち「お国ファースト」になったのである。

　1940年7月に発足した第2次近衛内閣は新体制運動を始めた。政界再編成を進め、あらゆる政党や政治団体を「お国ファースト」に組みこんでいったのである。お手本にしたのが、ナチス・ドイツだった。ナチスの正式名称は、国家社会主義ドイツ労働者党である。「社会主義」「労働者」という左派的な用語に「国家（主義）」という右派的な用語が被せられているように、ヒトラーはコミュニズムとナショナリズムに互いの目隠し役をさせ、「お国ファースト」「ドイツ民族ファースト」の国づくりを進めていたのだった。

　近衛内閣もナチスのような一党独裁政権を目指した。そして1940年10月に結成したのが、大政翼賛会である。会の総裁は近衛首相が兼任した。最高機関の中央協力会議のもとに、道府県協力会議（道府県知事）、市・郡協力会議、町村協力会議、町内会が置かれた。軍主導の一国一党体制とは異なり、内閣が主導するトップダウンの組織だったが、官僚や軍部、旧政党幹部らの主導権争いが絶えず、翌1941年2月には政治団体としての活動は禁止された。ただし、国防運動としてのモードは維持され、次の東条英機内閣（1941年10月～1944年7月）では、町内会の中でも末端組織の「隣組」まで巧みに組み込み、国防国家体制の強化装置として機能したのだった。

[豆 知 識]

1. 近衛文麿による大政翼賛会の設立は、知識人からも歓迎された。軍部の暴走を食い止める防波堤として期待されていたからである。当時の人気劇作家・岸田國士（1890～1954）が会の文化部長を務め、女性参政権運動を率いた市川房枝（1893～1981）も会の複数の審議委員を務めた。

338 争い｜日米交渉の決裂

　きわに追い詰められると、勝てる見込みのない相手にでも、無謀に挑みかかることを「窮鼠猫を噛む」という。「東亜新秩序」の建設のため、東南アジアへ向かって南進政策を進めていた日本は1941年、アメリカ・イギリス・中国・オランダの4カ国から、在米日本資産の凍結と対日石油輸出禁止という経済制裁を受けた。このABCD包囲陣に追い詰められた「窮鼠」の日本は、アメリカ国務長官ハルとの交渉に一縷の望みをかけるのだった。

◆

ハル国務長官

　日本はアメリカから日米通商航海条約を破棄（1939年7月）され、アメリカの敵国であるドイツ、イタリアと日独伊三国同盟を締結（1940年9月）した。にもかかわらず、第二次近衛内閣はアメリカとの和平の道を模索していた。反米姿勢を薄めた「日米諒解案」をもとにアメリカと交渉を始めたが、スターリンと日ソ中立条約を結んで意気揚々と帰国した松岡洋右外相の反対にあって頓挫した。そこにドイツがソ連に侵攻したため、政府内は北方進出派、南方進出派、対米戦争回避などに意見が分裂。最後は松岡外相が更迭され、新しい第三次近衛内閣が陸軍主張の「好機南進」を進めることになったのである。優柔不断な近衛首相は、声の大きい陸軍・南方進出派に押されたのだった。これに対するアメリカの対応は、近衛内閣の予想を遥かに上回る厳しさだった。在米日本資産の凍結と対日石油輸出禁止によって日本を追い詰める、米・英・中・蘭4カ国合同のABCD包囲陣（「アメリカによる経済制裁」346ページ参照）を敷いてきたのだった。資源を持たざる国の日本は、まさに「窮鼠」の状態に追い詰められたのである。

　このとき、近衛文麿は重大な決断をした。米・ルーズベルト大統領と戦争回避の直接対談（頂上対談）を行うと自ら提案したのである。進んでリーダーシップを発揮することが滅多にない「殿下」の決断に、軍もしぶしぶ受け入れた。ところが、アメリカの国務長官ハルが実務レベルでの交渉を優先すべきとして、取り合わなかったのである。近衛内閣はやむなく軍部の意向を受け入れ、1941年9月6日の御前会議で「交渉期限を設定し、合意に至らなければ開戦する」ことを国の方針として決定したのだった。

　その後、第三次近衛内閣後に成立した東条英機内閣のもとに、通称「ハル・ノート」と呼ばれるアメリカの提案文書が届く。アメリカの日本への不信は相当なもので、提案内容はABCD包囲陣をさらに超える「想定外」の厳しさだった。アメリカは日本に「中国と仏印（フランス領インドシナ）からの日本軍の全面撤退、汪兆銘政権の否認、日独伊三国軍事同盟の事実上の解消」を求めてきたのである。満州事変からの10年間を全否定するもので、日本側には検討の余地がなかった。アメリカの最後通牒と受け取った政府は1941年12月1日、御前会議で開戦を正式決定した。

{ 豆 知 識 }

1.「ハル・ノート」を作成したコーデル・ハル（1871〜1955）は、国際連合の創設にも力を尽くした。その功績から、1945年にノーベル平和賞を受賞している。

339 外交 | 皇民化政策

　満州事変（1931）以降、マスコミと世論の支持を受け、軍部は中国大陸の支配地域を拡大していった。これより前、日本は満州だけでなく朝鮮半島と台湾にも進出し、植民地支配を完成させていた。韓国を併合したのは1910年のこと（「韓国併合」289ページ参照）、台湾を領有したのは1895年のこと（「台湾統治」275ページ参照）である。太平洋戦争が始まると、この2つの植民地で始められていた同化政策は、一段と強化されていった。

◆

　日本の朝鮮植民地支配は、韓国併合の1910年から終戦の1945年まで35年間続いた。その支配の形態は、三・一独立運動を境に変化する。それまで日本は、憲兵に行政警察の任務も与えた憲兵警察制度を導入し、力で自由・言論を弾圧する武断政治によって朝鮮の人々を支配していた。ところが、1919年3月1日にソウルで三・一独立運動が起こると一転。半島全土に広がり、約3カ月にわたって続いた抗日運動によって、日本は見直しを迫られることになったのである。新しく朝鮮総督に就任した斎藤実（1858～1936）は、文治政治への転換を進めた。朝鮮の人々に一定の言論・集会・結社などの自由を認めたのである。しかし、同時に「内鮮一体」のスローガンを掲げ、日本語教育の徹底、神社参拝の強制、君が代斉唱の強制など、個人の内面にも及ぶ、皇民化政策という同化政策を進めていった。

　朝鮮の人々にとって、最も屈辱的だったのは「創氏改名」である。朝鮮民事令改正の施行（1940年2月）によって、民族の固有の姓を奪われ、日本式の姓に強制的に変えさせられたのだった。儒教的な血統を重んじる朝鮮は夫婦別姓が原則だったが（現在も夫婦別姓）、日本風の戸主の姓に統一させられ、家族制度も天皇家を本家とする家父長制に組み込まれていったのである。

　台湾でも日本語や神社参拝が強制されるなど、皇民化政策が進められた。しかし、早期に植民地支配が完成していた台湾では大正時代以降、三・一独立運動のような激しい抗日運動は起こらなかった。台湾中部の山岳地帯で起こった霧社事件（1930）では、130人以上の日本人が殺害されたが、先住民による抗日蜂起で、三・一独立運動とは性格を異にする。

　韓国や中国と比べて、台湾は親日派が多く、日本の植民地支配を真っ向から糾弾する声は小さいといわれる。また朝鮮支配についても、一部には「日本の植民地支配は朝鮮の近代化や教育の普及に貢献した」という主張もみられる。ただ、少なくとも連合国の目には、そうは映らなかった。1943年、米・ローズヴェルト大統領、英・チャーチル首相、中華民国・蔣介石総統は、対日政策の基本を示したカイロ宣言を発表する。そこには、「朝鮮の人民の奴隷状態に留意し、やがて朝鮮を自由で独立のものにする」という一文があった。

豆 知 識

1. 台湾の山村で起こった霧社事件では、日本人だけでなく、約1000人もの先住民が犠牲になった。日本の植民地支配と事件の全貌は、2部構成の長編映画『セデック・バレ』（2011年・台湾）に生々しく、詳しい。

340 経済 ｜ アメリカによる経済制裁

　北朝鮮の拉致問題や核開発疑惑に対し、アメリカ合衆国を中心とする国際社会は、たびたび経済制裁を行ってきた。対イランや対シリアなどに対しても、同様である。2002年1月、米大統領ジョージ・ブッシュは一般教書演説で、北朝鮮・イラン・イラクを「悪の枢軸」と名指しした。同調と批判の声が渦巻いたが、アメリカにとっては、かつての日本も制裁するにふさわしい「悪の枢軸」であった。

◆

　戦後のアメリカはベトナム戦争・湾岸戦争・アフガン戦争もしかり、常に「正義」を掲げ、アメリカが「正義」とはみなさない国々に武力制裁を加えてきた。では、日本との戦争については、どうだったのか。本来、外交について、アメリカはモンロー主義を掲げてきた。モンロー主義とは、欧州の問題には干渉しないという原則で、第5代大統領モンローが1823年に提唱してから、アメリカの外交原則として定着していたのである。

　太平洋戦争も、アメリカが先に手を出したわけではない。武力で挑発したわけでもない。ただ、当時の大統領F.ローズヴェルト（1882～1945）は外交に積極的で、南米への軍事的介入も行っていた。極東への関心も強く、日本に対しても武力は使わないものの、4カ国合同の経済封鎖（制裁）という分厚い真綿で首を絞めてきたのである。アメリカは1939年、日米通商航海条約の廃棄を日本に通告した。日米通商航海条約（1894年締結）は1911年の改正によって、明治政府の念願だった関税自主権の回復を果たしたという、日本にとっては中身も意義も深い条約だったが、日本の中国侵略に抗議してのことだった。日本は石油の8割以上をアメリカに依存していた。鉄も同様だった。このアメリカによる在米日本資産凍結・対日石油輸出禁止措置に同調したのが、イギリス（Britain）、中国（China）、オランダ（Dutch）である。この国名の頭文字をとって、ABCD包囲陣（ABCDライン）と呼ばれる。こうしたことから、アメリカが日本を挑発し、開戦に至らせたという見方もあるが、アメリカが先に武力攻撃したわけではなかった。

　ところで、イギリスと中国がアメリカに同調したのは理解できるが、なぜオランダも加わったのか。オランダ本国はすでにナチス・ドイツに占領されていた。ここでのオランダは、資源豊富なオランダ領東インドのことをいう。日本にとって、オランダ領東インドは重要な資源供給源だった。なお、日本の軍部は「ABCD包囲陣」ではなく、「ABCD包囲網」という言葉を使った。まさにいま包囲されている、という被害者意識を国民に植えつけ、対米戦争に向けての結束を促すのがねらいだった。

豆 知 識

1. 歴史の授業で「ABCD包囲網」と習ったと記憶している方も多いだろうが、現在のほとんどの教科書は「ABCD包囲陣」と記載している。

341 暮らし・信仰 学徒出陣・勤労動員

太平洋戦争が長引くと、武器も弾丸も、そして兵士も底を突き始めた。兵役関連法の改定によって、1941年には大学卒業生を対象とする徴兵検査が実施された。さらに戦局が悪化すると、1943年9月、理系、教員養成系以外の大学・高専在学生の徴兵猶予が停止された。こうした学生・生徒の入隊・出征を学徒出陣という。

◆

学徒出陣の壮行式典

1943年10月21日、約7万人もの若者が明治神宮外苑競技場に集結した。東条英機首相の激励の訓示に続き、若者代表が「積年忍苦の精進研鑽を挙げて悉くこの光栄ある重任に捧げ、挺身以て頑敵を撃滅せん」と宣誓。さらに、生きて帰ることを望まず、天皇陛下の御恩に応え、各位の期待に背かないことを勇ましく誓った。学徒出陣の壮行式典は、戦地に向かう若者たちの「天皇陛下万歳！」三唱で幕を閉じた。しかし、大規模な壮行会はこのときだけで、まもなく規模は縮小し、翌年には開催されなくなった。多くの若者は「赤紙」一枚で召集され、戦地に送り込まれたのである。

多くの成人男子が召集されると、工場や鉱山では労働力が不足するようになった。これを補うため、女性や子ども（10代前半の女子を含む）も労働現場に駆り出された。これを勤労動員という。東条内閣は1943年9月、14歳以上の未婚の女性に対し、女子勤労挺身隊の自主的な結成を呼びかけた。「挺身」とは、自分の身を進んで投げ出して物事にあたることをいう。東条内閣は女性や子どもにも勤労への挺身を求めたのだった。その後、法令によって女子挺身は義務化され、さらに1944年8月には、年齢も12歳に引き下げられた。

同月、東条内閣は「一億国民総武装」を閣議決定する。女性に与えられた武器は、銃や刀剣ではなく、先を斜めに切り尖らせた竹の槍だった。学校の校庭や空き地で女性の竹槍訓練が始まり、敗戦がいよいよの段になると、映画『この世界の片隅に』にも登場するような、地方にひっそりと生きる女性たちも竹槍を手にするようになった。

これを新聞各社は、「農民が鍬をすてて竹槍に走ったら誰が一体食糧を作るのか」（朝日新聞）、「竹槍では間に合わぬ、飛行機だ」（毎日新聞）などと、チャカすことなく、まじめに報じたのだった。しかし、陸軍出身の東条英機が、これに激怒。後者（毎日新聞）の掲載紙は発禁処分になり、記者のもとには「赤紙」が届けられた。

豆 知 識

1. 女子勤労挺身隊の自主的な結成が呼びかけられた1943年9月、上野動物園でアジア象のトンキーが餓死した。この頃、空襲被害で猛獣が逃亡するのを防ぐため、「戦時猛獣処分」が行われていた。しかし、トンキーは最後まで毒入りのエサを食べず、衰弱していったのだった。

342 人物 | 杉原千畝

　1本の映画が、隠れていた偉人にスポットライトをあてた。S.スピルバーグ監督『シンドラーのリスト』(1993)は、ナチス時代を舞台にドイツ人実業家のオスカー・シンドラーを描いたアカデミー賞受賞作である。シンドラーは鼻持ちならない拝金主義者だったが、自社工場で働くユダヤ人労働者と親交を深めるうちに、人道主義に目覚めていく。ユダヤ人の「仲間」を救うため、最後は私財を投じるのだった。

◆

杉原千畝

　そんなシンドラーにたとえられるのが、外交官・杉原千畝(すぎはらちうね)(1900～1986)である。杉原は1937年からフィンランドのヘルシンキ公使館に勤めた後、1939年にリトアニアのカウナス日本領事館領事代理に任命された。リトアニアはバルト3国の最南端の国で、南はポーランドと国境を接している。ここでの勇気ある行動が、のちに「日本のシンドラー」と讃えられることになる。

　1940年の夏のある朝、杉原が勤めるカウナス日本領事館に、多くのユダヤ人がおしかけてきた。隣国のポーランドはナチス・ドイツに占領され、独ソ不可侵条約(1939年8月締結)に付随する秘密協定で、リトアニアはソ連に分割編入されていた。ユダヤ人が多く暮らすカウナスにも、ナチスの足音がひたひたと忍び寄っていたのである。杉原の目に映るヨレヨレの服装をした老若男女のなかには、ポーランドから逃れた避難民も多くいた。彼らは、ナチスの魔の手が及ばない第三国に向かうため、通過用のビザ(渡航許可証)を求めてきたのだった。他国の領事館の多くはソ連の指令で閉鎖されており、ユダヤ人にとって日本領事館は最後の命綱だったのである。ナチスによるユダヤ人迫害を耳にしていた杉原は、本省(外務省)に例外的なビザ発給の承認を求めた。しかし、本省からは「正規の手続きを厳守せよ」という、けんもほろろな返信が繰り返されるだけだった。このとき杉原は、自らの将来と人としての道を秤(はかり)にかけた。悩んだあげく、憔悴(しょうすい)した女性や子どもの姿をまぶたに焼き付けていた杉原は、人としての道を選び、ビザ発給を決断したのである。

　その後、杉原は1カ月にわたり、朝から晩まで発給書類に筆を走らせた。その姿は、ガス室送りからユダヤ人労働者を救うため、801人の詳細なリストを作成したシンドラーの行動と重なる。杉原が発給した「命のビザ」は2139通に及び、約6000人ものユダヤ人の命を救ったのだった。しかし、国に背いた外交官という杉原の汚名が晴らされるまで、半世紀以上を要した。杉原が歴史教科書で紹介されるようになったのも、つい最近のことである。1本の映画はシンドラーだけでなく、杉原千畝にも光をあてたのだった。

【 豆知識 】

1. イスラエル政府は、ホロコーストからユダヤ人を救済した非ユダヤ人に「諸国民の中の正義の人」という称号を授与している。杉原にも与えられたが、終戦から40年の1985年のことであった。

2. 勇気ある「諸国民の中の正義の人」の称号を与えられた日本人は杉原だけだが、世界には2万5000人以上いる。最も多いのは、ポーランドの6454人。シンドラーを含むドイツ人は553人で、アメリカ人は4人である。

343 文化・芸術 ｜ 戦中の大衆文化

戦争中、すべてが灰色だったわけではない。反戦文学や西欧由来の文化・芸術は元栓から止められていたが、「カタカナ」抜きの民謡や大衆演劇は庶民の心を潤していたのである。しかし1945年3月に東京大空襲が始まると、その元栓も止められることになる。

◆

　洋の文化を禁じられた民衆は、やむなく和の文化に向かった。音楽を例に挙げると、多くの庶民が耳を傾けたのは、当世風にアレンジした民謡である。1933年、「東京音頭」（作詞・西条八十、作曲・中山晋平）が大ヒットし、都民は老若男女を問わず、盆踊りでうっぷんを晴らした。電気蓄音機で鳴らすレコードも売れに売れ、人気は全国規模となった。

　古典芸能の歌舞伎や大衆演劇の歌劇などは、どうだったのか。昭和初めに黄金時代を迎えていた歌舞伎は、国劇として人気を保ち続けていた。宝塚歌劇も、派手な化粧の女性が歌い踊るショーでありながら、日中戦争の開戦後も禁止されていなかった。それどころか、1938年には日独伊親善芸術使節団として、ドイツ・ポーランド・イタリアの計26都市をめぐり、翌1939年にはアメリカ公演も成功させている。

　第二次世界大戦が勃発し、戦火が拡大すると、枢軸国の一員である日本にとって、アメリカとイギリスは敵国になっていった。太平洋戦争の開戦前だったが、1940年に政府は、「敵性語」すなわち英語の使用を控えるよう、国民に命じた。同年、「七・七禁令」を出して、国民のぜいたくを法的に制限し、当時はジャズがBGMだったダンスも禁止した。

　1941年に太平洋戦争が始まると、勇ましい行進曲や戦意高揚曲ばかりが響くようになった。1942年には、「月月火水木金金」（作詞・高橋俊策、作曲・江口夜詩）という奇妙なタイトルの歌がヒットした。海軍の兵士が土・日を返上して、艦隊勤務に励んでいることを高らかに歌った軍歌である。翌1943年のヒット曲も、「若鷲の歌」「加藤隼戦闘隊」「ラバウル海軍航空隊」など、猛々しい軍歌一色だった。

　宝塚歌劇は、開戦後もしぶとく生き延びた。1942年には、「満州国」建国10周年の慶祝国民親善使節団として、満州各地と朝鮮のソウル（当時は京城）でも公演を行っている。しかし1944年3月、決戦非常措置要綱が発令されると、すべての劇場が閉鎖された。歌舞伎は勤労動員の慰安などを名目に認められていたが、東京では1945年5月に上演の場が失われた。大空襲で歌舞伎座が焼け落ちたためである。

【 豆 知 識 】

1. 「敵性語」は、次のように言い換えられた。ピアノは「洋琴」、パーマネントは「電髪」、スキーは「雪滑」、野球のストライクは「よし」、ボールは「だめ」など。ただ、どこまで徹底していたのかは、メディアによっても、受け取る側によってもさまざまだったようだ。

344 政治 東条英機内閣

東条 英機（とうじょうひでき）（1884〜1948）は戦後、東京裁判（「東京裁判」365ページ参照）で有罪判決を受け、絞首刑に処された。太平洋戦争の開戦時、首相兼陸軍大臣を務めていたことから、「平和に対する罪」を問われたのである。戦争の遂行者であったが、開戦を本意としない天皇の意向に応えられなかったことを強く悔いていたという。

◆

東条英機

東条は陸軍士官学校を優秀な成績で卒業。陸軍次官になると、その秀才振りが「かみそり東条」と称され、永田鉄山（ながたてつざん）を継ぐ統制派のリーダーとなった。ヨーロッパ駐在後、陸軍大学教官や関東軍参謀長などを歴任した後、第2次近衛文麿内閣に陸軍大臣として入閣。対米交渉が暗礁に乗り上げた第3次近衛内閣の後を受け、1941年10月に内閣を発足させた。

日米交渉の継続を求めた近衛文麿に対し、東条英機は打ち切りを主張していた。そのため、東条内閣の成立はイコール対米開戦の決定と受け取られそうである。しかし、11月5日の御前会議では戦力を再検討しつつ、改めて日米交渉の最終期限を設定したうえで継続するという「帝国国策遂行要綱」が再確認されたのだった。その期限は12月上旬だった。石油の備蓄が11月末で底を突くこと、ソ連軍が動きにくい冬の間に南方を押さえたいことなどが理由だった。ソ連が満州を攻撃する可能性も視野に入れていたのである。しかし、アメリカはすべてお見通しだった。ハル国務長官は「11月25日までにわれわれが日本の要求に応じない場合には、アメリカとの戦争も敢えて辞さないことを決めている」（コーデル・ハル『ハル回顧録』）と読んでいたのである。ハルは事実上の最後通牒である「ハル・ノート」を返答した（「日米交渉の決裂」344ページ参照）。退路を絶たれた東条内閣は交渉を打ち切り、開戦を決定したのだった。

太平洋戦争の開戦後の東条内閣には、2つの相反する見方がある。東条内閣は、開戦まもなく日本軍が連勝を重ねたことを背景に、内閣が候補者を推薦する翼賛選挙を断行した。一つは、これによって議会がさらに形骸化し、東条内閣は独裁的な戦時体制を確立したという見方である。もう一つは、東条はむしろ政治と軍事を分け、権力集中を避けようとしていたという見方である。首相と陸相を兼務していた東条はその立場を混同せず、律儀なまでに使い分けていた。実際、作戦立案や軍の指揮は陸海軍統帥部が担っていた。「統帥権の独立」により、内閣は口出しできなかったのである。1944年2月、東条は参謀総長も兼務することになったが、戦局悪化に歯止めをかけることができなかった。サイパン島陥落により、日本軍は制空権・制海権を失っていく。重臣からの批判も高まる中、東条は内閣改造を提案するが、逆に総辞職を要求されたのだった。7月21日、指導力を発揮できない東条英機の"独裁政権"はあえなく倒れた。

―――――― 豆 知 識 ――――――

1. 東条には「敵の飛行機は精神で墜とすのである」と語ったというエピソードがある。これがのちの「竹槍訓練」につながったといわれるが、近衛文麿と違って「正直者」だったことから、昭和天皇の信は厚かった。

345 争い｜太平洋戦争

　日本軍は1941年12月8日、ハワイ真珠湾の米軍基地を攻撃するとともに、英領マレー半島のコタバルに上陸した。直後、日本はアメリカとイギリスに宣戦布告。3日後、ドイツとイタリアが三国軍事同盟に従って、アメリカに宣戦布告したため、連合国と枢軸国のあいだの全面戦争に突入することになった。

◆

真珠湾攻撃

　こうして始まった戦争を、日本は大東亜戦争と名づけた。欧米列強の植民地支配からアジアを解放し、新しい共存共栄の秩序を確立する「大東亜共栄圏構想」にもとづく戦争という位置づけだったからである。一方、連合国側は太平洋戦争と呼んだ。いずれにせよ、宣戦布告なき真珠湾奇襲攻撃は、アメリカ国民を"リメンバー・パール・ハーバー"を合い言葉に結束させた。このとき、日本はきちんと宣戦布告をするつもりだった。しかし、軍部のもたつきで文書作成が直前になり、さらに外務省の不手際で連絡が遅れてしまったのである。この1時間の遅延が、日本に対するアメリカ国民の敵愾心（てきがいしん）に火をつけることになる。

　真珠湾攻撃は華々しい成果を上げた。約350機の機動部隊がアメリカ太平洋艦隊に壊滅的な損害を与えたのである。これに日本国民は狂喜した。しかし、作戦を指揮した海軍の山本五十六（やまもといそろく）（1884〜1943）は両国の戦力を冷静に比べ、長期戦になると勝つ見込みはないと判断していた。かねてから対米戦争回避論者であり、真珠湾の圧倒的勝利を機にアメリカとの講和に持ち込もうという思惑があったのである。しかし世論の熱狂の前に、「講和」の文字はかき消されたのだった。

　3年9カ月の戦いは、こうして日本軍の猛攻撃によって始まった。真珠湾攻撃の後、マレー沖海戦ではイギリス東洋艦隊を撃ち破り、中国南部からマレー半島、南太平洋一帯を制圧。イギリスはヨーロッパでの対独伊戦に力を注いでいたため、対日戦は疎かになっていたのだった。ところが、一転。開戦から7カ月後の1942年6月3日に始まったミッドウェー海戦で、アメリカに大敗を喫してしまう。戦力に劣る日本は序盤で早くもひっくり返されたのである。日本は航空母艦を擁する機動部隊を失い、その後はずっと劣勢に立たされた。アジア地域でも日中戦争を続けていたため、兵士の疲労の色も濃くなる一方だった。1944年6月からのサイパン島の戦いで、ほぼ勝敗は決した。責任をとり、東条英機首相は辞任した。このとき、敗戦を受け入れる道もあった。しかし、次の小磯国昭（こいそくにあき）首相は無謀にも戦いを継続したのである。野球にたとえると、日本は初回に奇襲攻撃で大量点を上げたが、2回裏、早くもアメリカに逆転され、機動部隊というエースを失った後は、着々と追加点を奪われたという試合展開。7回コールドゲームを選ぶ道もあったのだが、無謀にも試合を続行したのだった。

豆知識

1. F. ローズヴェルト大統領は会見で、真珠湾攻撃の12月7日（現地の日）を「汚辱の日（The day of infamy）」と呼び、アメリカ国民に結束を訴えた。"リメンバー・パール・ハーバー"は、こののちの合い言葉である。

346 外交 | 沖縄戦とポツダム宣言

太平洋戦争は東条内閣退陣ののちも継続された。小磯国昭内閣（こいそくにあき）（1944年7月〜1945年4月）は、「一億玉砕」をスローガンに戦争を続行したのである。1944年10月には、米軍艦船に向けた特攻部隊を編成。「神風特攻隊」と命名された体当たり部隊は、敵軍に多大な損害をもたらしたが、劣勢を覆すまでには至らなかった。

◆

　1944年末になると、米軍機による本格的な本土空襲が始まった。朝鮮総督から首相になった「朝鮮の虎」こと小磯国昭（1880〜1950）は、「一億玉砕」に加えて本土決戦を唱えていた。日本が絶対確保すべきとしていたビルマの輸送路や太平洋の制空権などを失ったため、米軍を本土で迎え撃つ方針を掲げたのである。ただ、勝ち目がないことは重々承知で、和平の道も模索するのだが、もはや「外交」は機能不全に陥っていた。米軍のB29爆撃機は当初、軍事基地や空港・港湾などを標的にしていたが、その範囲を広げていった。主要な都市部を無差別空爆したのである。1945年3月10日の東京大空襲では、10万人以上の命を奪った。

　同月26日、米軍は慶良間諸島に上陸し、4月には沖縄本島にも上陸。以後、3カ月間にわたり地上戦の舞台となった沖縄は、悲惨をきわめた。本土決戦の態勢を整えるための時間かせぎとして位置づけられ、一般県民も徹底抗戦を強いられたのである。沖縄県民の死者は約12万2000人以上、このうち民間人が約9万4000人も占めていた（当時の沖縄の人口は約50万人）。この中には、ガマ（洞窟）や防空壕で集団自決を強制された島民やひめゆり部隊の女子学生たちも含まれる。ひめゆり部隊は負傷兵の看護補助に動員された女子生徒と教員からなる部隊で、ひめゆり学徒隊ともいう。計240人が戦場に送られ、137人が非業の死を遂げた。

　1945年5月7日にドイツが無条件降伏すると、米・トルーマン大統領、英・チャーチル首相（のちアトリー首相）、ソ連・スターリン首相がポツダム（ドイツ）に集まり、日本に降伏を促す宣言文を出した。ただし、宣言は米・英・中の3カ国の名で発表され、ソ連は排除された。このとき、ソ連は日ソ中立条約を結んでいたため、立場上は「中立国」だったからである。ポツダム宣言は、占領地からの日本の完全撤退、戦争指導者の処分、民主主義の確立（それまでは連合国が日本を占領）というもので、戦後の占領政策に至るまでを確認する内容だった。

　小磯内閣の後の鈴木貫太郎内閣（すずきかんたろう）（1945年4月〜8月）は、内々には終戦内閣として誕生した。しかし、ポツダム宣言には「国体護持」（天皇制の維持）を約束する文言がなかった。それどころか「受諾しなければ、完全な壊滅しかない」という脅迫文で締めくくられていたため、軍部も鈴木内閣も途方に暮れるしかなかった。鈴木首相はソ連を介した和平工作に望みをかけていたこともあり、直後の記者会見で「ポツダム宣言を黙殺する」と述べた。「黙殺」は「ノーコメント」の意味だったが、連合国側は「拒絶」と受け止めたのだった。

――――― 豆 知 識 ―――――

1. 朝鮮軍司令官時代、小磯国昭は同化政策を強行したことから、「朝鮮の虎」というあだ名がつけられた。美声の持ち主だったことから、「河鹿」（かじか）というあだ名もあった。

347 経済｜闇市

戦時中よりも、終戦直後の物資・食料不足のほうが深刻だったという声は多い。終戦の1945年は、記録的な大凶作だったからである。米の収穫は前年から3割以上も落ち込んだ。切符制・配給制は続いていたが、遅配・欠配はあたりまえで、多くの国民は空腹にあえいでいた。そんな焦土の日本国民を救ったのは闇市だった。

◆

終戦日（8月15日）から数日後、現在の新宿駅東口広場のあたりに、裸電球を並べる露天商が営業を始めた。やがて米や衣服、皿やコップ、旧軍需工場からの横流しの鍋など、生活用品も並び、飲食の屋台も繰り出すようになった。同様の市場は、他の大都市各地の駅前にも出現した。闇取引を行う市場だったことから、闇市と呼ばれた。

闇市の大半は、「組の親分衆」によって管理されていた。庶民にとっては命綱だったが、闇取引は国家の経済統制に反する行為である。しかし、警察も腹が満たされているわけではなく、半ば公然と黙認していたのだった。都内では、有楽町・新橋・池袋・上野など、山手線のほとんどの主要駅前で開かれた。闇市で働く闇商人は、約7万6000人（1946年2月／警視庁調べ）に及んだという。「アメ横」の愛称で知られるアメ横商店街（上野駅〜御徒町駅）も、闇市から発展した商店街である。海産物の扱いが増えたのは1950年代半ば以降で、当初はイモ飴を売るアメ屋が多かった。そこから「アメ横」の愛称が定着したといわれる。砂糖が統制品だったので、貴重な「スイーツ」は庶民の垂涎の的だったのである。

闇市には、カストリやバクダンと呼ばれる焼酎・酒も出回った。酒造工場も多くが焼け落ち、たとえ早期に再建できても、発酵・熟成には時間がかかる。そのため、芋や麦の粕を原料に作ったありあわせの酒や工業用アルコールを混ぜた危険な密造酒が横行した。しかしその方面の中毒者は命を顧みず、なけなしの金をはたいた。路上では、チンチロリン（サイコロ賭博）、デンスケ（ルーレット賭博）など、白昼堂々と賭博も行われていた。

1945年12月2日、内務省が一枚のお触れを出した。認可した地域に限り、特殊飲食店の営業を許可するという通達で、警察はその特定地域を赤鉛筆で囲んだ。そこから特殊飲食店すなわち国家公認の公娼（買春）施設が集まる区域は、「赤線」と呼ばれるようになった。公娼制度は、1957年に売春防止法が施行されるまで継続された。

【豆知識】

1. 近年、人気が高まっている「粕取り焼酎」は、清酒の酒粕を蒸留したもので、カストリ焼酎とは全く別物である。
2. 警察は政府公認の赤線以外の地域で"営業"を行う特殊飲食店が集まる地域を青鉛筆で囲んだ。この青線と呼ばれた地域は、歌舞伎町（東京都新宿区）や飛田新地（大阪市西成区）にあったとみられる。

348 暮らし・信仰｜戦時下の流行語

「流行語大賞」こそなかったものの、戦時中でも次々と流行り言葉が登場した。日中戦争が始まった1937年の流行語は、「国民精神総動員」「千人針」「スフ」である。「国民精神総動員」は第1次近衛文麿内閣（1937年6月～1939年1月）のスローガン、「千人針」は日露戦争のときに登場していたが、日中開戦で再び注目が集まった。「スフ」は綿や毛の代用品として使われた合成繊維（人絹）で、物資不足が深刻化してきたことを物語る。

◆

　引き続き、戦時中に流行した言葉を紹介していこう。翌1938年は、「買いだめ」「木炭車」「大陸の花嫁」など。「買いだめ」は、すぐに破れるスフを使いたくない民衆が、純綿・純毛を買いに走ったことによる。「木炭車」は文字通り、木炭や薪を燃料に走る自動車で、石油不足も深刻化していたことを物語る。「大陸の花嫁」は、満州の開拓民に嫁ぐため、大陸に向かった女性たちのことである。

　1939年の流行語は、「産めよ殖やせよ」「日の丸弁当」など。10人以上の子を持つ家庭を表彰すると厚生省が発表したことで、「産めよ殖やせよ国のため」が標語として広まった。「日の丸弁当」は梅干しひとつの弁当で、食糧不足も深刻化してきたことを物語る。1940年は、「新体制」「枢軸」という政治用語に、「一億一心」「ぜいたくは敵だ」（「総力戦」340ページ参照）という標語も流行語になった。また、「バスに乗り遅れるな」も、第2次近衛内閣の「新体制運動」（「国家総動員法と大政翼賛会」343ページ参照）と一体となって広がった。「バス」は暗に勝ち組ドイツのことも含んでいる。

　太平洋戦争が勃発した1941年は、「ABCD包囲網（陣）」（「アメリカによる経済制裁」346ページ参照）と「八紘一宇」「子宝報国」などが流行した。「八紘一宇」は「世界を一つの家にする」という意味で、日本のアジア侵略のスローガン。「子宝報国」は、「産めよ殖やせよ国のため」の延長線上にある四字熟語。また、神奈川県特高課を略した「カナトク」も密かに広く知られていた。特高警察の中でも、神奈川県特高課は残虐な拷問で有名だったからである。

　1942年は、「欲しがりません勝つまでは」「進め一億火の玉だ」と慎ましくも勇ましくもある標語が広がる。1943年の流行語は、「撃ちてし止まむ」と「転進」。「撃ちてし止まむ」は陸軍省が決めたスローガンで、全国に5万枚ものポスターが配布されたという。「敵を撃ち破ったら戦争を止めよう」という意味だが、「敵を撃ち破るまで戦争は止めない」という戦争継続の決意表明であった。「転進」は前年の大本営発表で初めて登場し、この年に頻出語となった。日本軍の「退却」を言い換えた美辞だが、このおかげで国民は日本劣勢・敗色濃厚の空気を感じ取ったのである。1944年は、「鬼畜米英」「B29」など、解説不要の用語が流行した。

　1945年は、夏までは「神州不滅」と「一億玉砕」が流行する。「神州」は神国日本のことで、どちらも断末魔のスローガンとなった。その後、敗戦により、「神州」は廃棄され、玉砕するはずだった「一億」は、みな「懺悔」することになる。終戦間もなく、東久邇宮首相が会見で「一億総懺悔」を訴えると、戦争責任をあいまいにすることになるこの言葉は一躍流行語となった。

349 人物 ｜ 昭和天皇

　　昭和天皇は1901年、まさに20世紀の幕開けの年に生まれた。1926年12月25日、大正天皇の崩御により即位。その後、1989年まで、天皇としての「職務」をまっとうした。62年間という在位期間は、歴代天皇の最長記録だ。昭和天皇の生涯は1945年を境に、前半生と後半生とにはっきり分けられる。

◆

昭和天皇

　　大正天皇の第一皇子は、明治天皇によって裕仁（ひろひと）と名づけられた。学習院初等科で乃木希典（のぎまれすけ）（1849〜1912）らから、東宮御学問所では東郷平八郎（ごうへいはちろう）（1847〜1934）らから帝王教育を受けたあと、1915年に14歳で陸海軍中尉となった。「海軍の東郷、陸軍の乃木」と並び称された日露戦争の英雄が師だったのである。ただし、東郷から直接指導を受ける機会は少なかったようだ。

　　大正天皇の崩御にともない、25歳で天皇に即位（1926）。5年後の1931年に満州事変（「満州事変」331ページ参照）、その5年後に二・二六事件（「二・二六事件」330ページ参照）が起こり、前半生は軍国主義と並走せざるを得なくなる。

　　天皇と政府、軍の関係はどうだったのか。大日本帝国憲法では、天皇は立法・行政・司法の三権のすべてを掌握する「統治権の総覧者」であり、軍隊を直接指揮する「統帥権」の執行者であった。さらに、「統帥権の独立」（「協調外交の挫折」324ページ参照）が保障されていたため、行政府である内閣も、天皇の「統帥権」下にある陸海軍に口出しすることができなかった。軍は、政府から指図されない半ば独立機関だったのである。しかし、昭和天皇は自ら統帥権を振りかざすことなく、「君臨すれども統治せず」という立憲君主の立場を守った。御前会議でも積極的に発言することはなかったという。ただし、太平洋戦争の宣戦布告文などは天皇の名で出されており、のちに昭和天皇は二・二六事件と太平洋戦争に関しては、後悔の思いを述懐している。

　　後半生は、1946年1月1日の「人間宣言」から始まる。昭和天皇が自ら神格性を否定し、「人間」として再スタートしたのである。初代宮内庁長官・田島道治（たじまみちじ）『拝謁記（はいえつき）』によると、1952年の主権回復（サンフランシスコ平和条約発効）の記念式典で、昭和天皇は「お言葉」のなかに戦争への反省を入れることにこだわったという。しかし、当時の吉田茂（よしだしげる）首相（1878〜1967）から強く反対された。国家自立を優先する吉田茂は、天皇自らの反省の弁は天皇の戦争責任を再浮上させることになり、経済復興を遂げつつある日本の未来に影を落とさせると判断したのだった。昭和天皇はこのとき、「国民統合の象徴」としての分をわきまえるしかなかった。

〔 豆 知 識 〕

1. 昭和天皇に次いで在位期間が長いのは、45年間の明治天皇である。
2. 昭和天皇には、熱心な生物学研究者としての顔もある。1929年には神島（和歌山県田辺湾）に赴き、博覧強記の博物学者・南方熊楠（みなかたくまぐす）と一緒に変形菌の採集を行っている。「奇人」「変人」とも見られていた熊楠と2人だけで標本採集したことから、天皇の学問への情熱の強さがうかがえる。

350 文化・芸術 | 戦争文学と国策文学

　戦時中、多くの作家は国民の戦意を高揚させる作品を書いた。というより、書かざるを得なかった。日本の軍事行動を賛美した一連の作品は戦争文学と区別され、国策文学と呼ばれる。こうした文学と一線を画した大御所の谷崎潤一郎（1886〜1965）は、1943年から『中央公論』に『細雪』の連載を始めた。船場（大阪）の旧家を舞台に、古典的な日本美を当時のモダニズムに融合させた作品だったが、半年後に発禁処分を受けた。

◆

　言論に対する国の統制が指導へと移行するなか、国策文学は生み出されていった。各雑誌社は人気作家を戦地特派員として大陸に派遣し、部数を競い合ったのである。暗黒の時代の紙面を彩った国策文学は、教科書的な文学史ではほとんど顧みられない。ただし、火野葦平（1907〜1960）の『麦と兵隊』と石川達三（1905〜1985）の『生きてゐる兵隊』は戦争文学として高い評価を受け、いまも読み継がれている。『麦と兵隊』は日中戦争の従軍体験をもとにした長編小説で、1938年に雑誌『改造』に発表されると、たちまち大ベストセラーとなった。兵士の日常を淡々と描いた従軍記で、悲惨な戦闘場面は描かれていない。

　　「こういう銃撃戦ではどの部隊でも●●●の始末に困るのであった。……『●●●●●たらその●●●●』それは●●●●というわけではなかったが、大体そういう●●●●●●●示された。……笠原（伍長）は●こぼれのして●●なくなった●●●●●●や否や第一●●●●●●●●●●下げた。」

　南京事件を起こした日本軍がモデルの『生きてゐる兵隊』は、1938年に雑誌『中央公論』に掲載された。検閲に引っかかりそうな描写は、上記のように伏せ字にされた。伏せ字は数ページにわたることもあった。出版社がこうした「配慮」をしたにもかかわらず、即日、当局から発禁処分を受け、店頭に並ぶこともなかった。翼賛体制下の1942年には、日本文学報国会が結成された。国策のプロパガンダを責務とした文学者団体で、会長は徳富蘇峰（1863〜1957）が務めた。日本俳句作家協会など各部門の団体も吸収され、会員数は3000人を超えた。解散したのは、終戦後の1945年8月31日。発禁処分になった『生きてゐる兵隊』が書店に並ぶようになったのも、戦後になってからだ。次の伏字復刻版も出版されている。

　「こういう銃撃戦ではどの部隊でも捕虜の始末に困るのであった。……『捕虜は捕えたらその場で殺せ』それは特に命令というわけではなかったが、大体そういう方針が上部から示された。……笠原（伍長）は刃こぼれのして斬れなくなった刀を引き抜くや否や第一の男の肩先きを深く斬り下げた」（石川達三『生きている兵隊』【伏字復刻版】中公文庫）

豆知識

1. 徳富蘇峰は、1886年に地元の水俣（熊本県）で日本初の地域婦人会を結成。翌年には、中江兆民や内村鑑三らが寄稿した雑誌『国民之友』（1887年創刊）を発行するなど、元は進歩的なジャーナリストだった。

351 政治 日本の戦後処理

　大日本帝国はポツダム宣言を受諾し、連合国による占領統治を受け入れることになった。帝国の国家主権は失われたのだが、立憲国家としての行政・立法・司法の三権が失われたわけではない。1947年5月3日に日本国憲法が施行されるまで、大日本帝国憲法は失効していなかった。この旧憲法に基づいて、ポツダム宣言受諾から3日後、新しい内閣が成立した。

◆

　終戦を決断した鈴木貫太郎首相を継いだのは、皇族・軍出身の東久邇宮稔彦（1887～1990）だった。軍部の抵抗を抑えるため、戦後処理を円滑に進めるため、国際派の自由主義者として知られた稔彦に大命が下ったのである。1945年8月17日、東久邇宮内閣が成立したが、進駐軍の受け入れ、軍の解体・非武装化、降伏文書の受理手続きと、難題が山積していた。「国体護持」「一億総懺悔」を旗印にしながら、東久邇宮内閣はまず進駐軍の駐留受け入れを混乱なく成し遂げる。リベラルな姿勢もGHQ（連合国軍総司令部）のマッカーサー（「マッカーサー」362ページ参照）から評価されたが、GHQの要求は過酷だった。治安維持法等の撤廃、政治犯の釈放、特高警察の解体などを求めてきたのである。東久邇宮内閣はこれに応じられず、10月9日に退陣。54日間という短命内閣に終わった。バトンを受け取ったのは、親英米派の「協調外交」で知られる幣原喜重郎だった。

　日本の占領政策は、こうしてGHQによって進められた（「GHQによる間接統治」359ページ参照）。GHQは「連合国軍総司令部」とはいうものの、事実上アメリカ軍だけであり、日本はアメリカ一国によって占領されたのである。しかし、戦後に発見された米軍の統合戦争計画委員会の記録には、英・米・中・ソによる分割占領案が提案されていた。本州の主要部はアメリカ軍が占領するが、北海道・東北はソ連軍、九州・中国はイギリス軍、四国は中国軍が占領するという分割案だった。

　この案は、アメリカのトルーマン大統領が採用しなかったために幻と消えたのだが、日本以外の枢軸国、ドイツとイタリアでは現実のものになっていた。ドイツは米・英・仏・ソに分割されたため、占領政策はこの4カ国の共同管理によって行われたのである。ただし、ナチスの幹部は東京裁判（「東京裁判」365ページ参照）と同様、国際軍事裁判（ニュルンベルク裁判）で裁かれている。イタリアはムッソリーニ政権の打倒に国民が加わり、1943年8月には枢軸国から離脱していたため、占領政策はドイツとは異なる形態となった。占領した国がそれぞれ排他的に支配することになったのである。ちなみに、イタリアは降伏後の1945年7月15日、連合国側の一員として日本に宣戦布告している。

―――――――――――
［ 豆 知 識 ］

1. 東久邇宮稔彦は辞任後、皇籍の身分を離れ、1950年に「ひがしくに教」という新興宗教を開いた。一時その教祖となったが、宗教法人として認可されず、解散。内閣も短命だったが、宗教活動も短命だった。ただし、1990年まで長生きした。享年102は、首相経験者の中で最高齢である。

352 争い｜原子爆弾投下

　鈴木貫太郎首相が「ポツダム宣言を黙殺する」と述べた1945年7月28日の記者会見から9日後、広島が劫火（ごうか）に包まれた。「黙殺」した日本に向け、ポツダム宣言の最終項に記されていた「完全な壊滅」が実行されたのである（「沖縄戦とポツダム宣言」352ページ参照）。8月6日の広島に続き、9日は長崎にも、ピカドンこと原子爆弾が投下された。

◆

広島への原爆投下

　8月6日午前8時15分、広島に投下した爆弾をアメリカは「原子爆弾」と発表したが、日本側は「新型爆弾」と呼んだ。広島に投下されたのはウラン型だったが、長崎に投下されたものはそれとは異なるプルトニウム型だった。合わせて約20万人の命が奪われ、その後も多くの人が肉体的・精神的な後遺症に苦しめられた。

　アメリカの原爆投下は突然のことではない。すでに沖縄上陸を開始した4月の時点で、投下候補地の選定に入っていた。まず戦略的価値の高い17都市が候補に挙げられ、そこから横浜・新潟・京都・広島・小倉・長崎の6都市に絞られていった。最終的に広島が選ばれたのは、連合国軍の捕虜収容所がないと思われていたからである。人類史上初めての核兵器投下を命令したのは、トルーマン大統領（在任1945〜1953）である。F.ローズヴェルト大統領の突然死（脳溢血（のういっけつ））を受け、就任したばかりのトルーマンは原子爆弾製造計画（マンハッタン計画）の詳細を知らされていなかったが、新しい軍事兵器を使うことに「一度もなんの疑念も抱かなかった」と語る。さらに、原爆投下は対日戦争を早期に終結させるためだったという。しかし、戦後に予想されるソ連との対立でアメリカが優位に立つことを考えて投下した、という見方が一般的である。ソ連が参戦する前に、日本を降伏させようとしたのである。

　ところが8月8日、事態が一変する。ソ連が日ソ中立条約を一方的に破棄し、日本に宣戦布告したのである。ソ連は8月下旬頃に満州侵攻を実施する予定だったが、アメリカの原爆投下によって、前倒ししたのだった。ソ連の仲介を期待していた鈴木貫太郎内閣にとっては、寝耳に水どころの話ではなかった。鈴木首相は最高戦争指導会議でポツダム宣言の受諾を明言する。その後、会議は「国体護持」（天皇制の維持）を前提とした受諾条件の議論に移ったが、その最中に長崎原爆投下の一報が伝わる。10日、日本政府は連合国に「天皇の国家統治の大権を変更するの要求を包含し居らざることの了解の下に受諾」、つまり国体護持を前提にポツダム宣言を受諾すると伝えたのだった。

豆 知 識

1. 原爆ドーム（広島県産業奨励館）は、爆心地の近くにありながら全壊しなかった。屋根はむき出しの鉄骨しか残っていないが、側面の壁はその姿をとどめている。その理由は、爆風が真上から吹きこんだため、側面は大きな衝撃を受けなかったからである。

353 外交 | GHQによる間接統治

　東久邇宮稔彦首相が「国体護持」「一億総懺悔」の記者会見を開いた1945年8月28日、GHQの先遣部隊が厚木飛行場（神奈川県）に到着した。ほんのひと月前まで「鬼畜米英」「一億玉砕！」と血気盛んだった軍も抗うことなく、淡々と武装解除を進めていた。この頃、民衆の間では、「男は占領兵の奴隷に、女は妾にさせられる」などという噂が広まっていた。

◆

　占領軍を迎える直前、政府は国民の不安を抑えるため、「進駐軍を迎える国民の心得」なるものを布告している。「連合軍の進駐は平和的になされるから、暴行略奪等はなきものと信じられる。国民は平常通り安心して生活されたし」「進駐軍に対して個人的接触は努めて避けること」「女子は日本婦人としての自覚をもって外国人に隙を見せてはならぬ」といった内容だった。その一方、政府は進駐軍の兵士のために、略称RAAという組織を設置している。正式名称は、Recreation and Amusement Associationで、直訳すると「余暇と娯楽の協会」である。日本名は「特殊慰安施設」で、事実上の国営売春斡旋組織だった。軍兵の性的暴力から良家の子女を守る「性の防波堤」という名目だった。にもかかわらず、米兵による暴行・強姦事件が少なからず起こった。

　GHQの基本方針は、日本の非軍事化と民主化である。その具体的な政策は、五大改革として日本側に提示された。マッカーサーが幣原喜重郎首相に口頭で指令したという。その内容は「①憲法の自由主義化（婦人参政権の付与を含む）（「男女平等と新たな家族制度」368ページ参照）、②労働組合の結成奨励（「労働の民主化」361ページ参照）、③教育制度の自由主義化、④秘密警察などの廃止、⑤経済機構の民主化（「財閥解体と農地改革」360ページ参照）」で、幣原内閣と続く第1次吉田茂内閣（〜1947年5月）によって、着実に実行されていった。

　なお、占領政策の最高決定機関はGHQではない。基本方針や重要事項は、連合国11カ国（のち13カ国）の代表からなる極東委員会で決定された。米・英・ソの外相会談で設置が決まった機関で、本部はアメリカのワシントンに置かれた。この極東委員会が決めた方針・事項がアメリカ政府に伝えられ、そこからGHQに伝達され、さらにそこから日本政府に指令・勧告が行くという流れだった。そのため、極東委員会が決めた方針であっても、アメリカ政府にとって都合の悪いことはフィルタリングされ、東京のGHQに伝えられないという不作為もあり得たのである。ただし、日本の非軍事化と民主化という基本方針はゆるがず、特に非軍事化については有無を言わせず断行することを日本政府に求めた。

(豆知識)

1. GHQの指令は、大日本帝国憲法下では「ポツダム勅令」として合憲だった。第8条1項の「天皇は公共の安全を保持し又はその災厄を避けるため、緊急の必要により、帝国議会閉会の場合において法律に代わる勅令を発する」という規定に基づく。

354 経済 | 財閥解体と農地改革

　日本の非軍事化と民主化を基本方針に掲げる GHQ は、その早期実現を目指し、日本政府へ矢継ぎ早に指令を出した。しかし、東久邇宮内閣は治安維持法廃止や政治犯即時釈放といった指令を拒否して退陣。次の幣原喜重郎内閣がこれを受け入れると、GHQ は五大改革の速やかな実行を指令した。

◆

　GHQ が日本に求めた五大改革の一つ「経済機構の民主化」の目玉は、財閥解体と農地改革だった。他の項目は日本の想定内だったようだが、財閥解体だけは違った。財閥にメスが入るとは予想だにしていなかったのである。しかし、連合国の極東委員会は、三井・三菱・住友・安田などの旧財閥が軍国主義の温床になっていたとみていた。満州の軍閥と結びついた日産コンツェルンや日窒コンツェルンなどの新興財閥（「新興財閥と戦時下の経済」339ページ参照）より、内地の経済を支配していた旧財閥を槍玉に挙げたのである。

　これを受け、GHQ は四大財閥を含む大資本の資産凍結と解体を命じた。幣原内閣は、1946年4月に持株会社整理委員会令を公布し、四大財閥に加えて、浅野・中島・古河などの企業集団も解体した。さらに財閥の復活を防ぐため、1年後の1947年4月には独占禁止法を公布した。

　農地改革は財閥解体と違って、むしろ日本のほうが強く望んでいたという。昭和の農政官僚にとって、明治の地租改正で温存された寄生地主制の解体は、長年の悲願だった。少数の地主が多数の小作人からの収益（小作料）に寄生するしくみは、貧富の差をさらに拡大させ、さまざまな社会問題を生み出していた。さらに富裕層の大地主は政治にも口出しするようになっていたのである。しかし、幣原内閣が1945年12月に策定した改革案（第一次農地改革）は食料確保を優先するあまり、大地主を完全排除するものではなかった。地主の小作地の所有面積を5町歩まで認めるものだったため、GHQ から不徹底とみられ、却下されたのである。翌年10月、第1次吉田内閣は GHQ の要請に従い、自作農創設特別措置法を制定して第二次農地改革を進めた。地主の小作地の所有面積を1町歩に制限し、これを超える分は国が強制的に買い上げ、小作人に安く売り渡すことにしたのである。これによって広大な農地を持っていた地主は大打撃を受けたが、自作農が一気に増え、農民の9割以上を占めるようになった。

　近年、中国をはじめ日本を訪れるアジアの観光客が驚くのは、農村部の豊かさだという。田畑は狭いものの、都市部よりも立派な住宅が建っていることに目を丸くするというのだ。財閥はやがて復活したが、農地改革は農村を根本から変え、その貧困を解消した一大改革だった。

豆知識

1. 1町歩は約1ha。第一次農地改革は、5haまでの農地所有を認めるものだった。これは東京ドーム（建物全体で4.7ha）と同規模。第二次農地改革によって、1ha（100m×100m）程度に縮小されたのだった。
2. 財閥解体は、対ソ政策を優先するアメリカの占領政策転換にともない、しだいに徹底されなくなった。独占禁止法も制限が緩和され、分割対象から外された財閥系の銀行（三井銀行、三菱銀行、住友銀行など）を中心に、また企業グループが形成されて現在に至る。

355 暮らし・信仰 ｜ 労働の民主化

　財閥解体や農地改革とならぶ経済分野の改革に、労働の民主化もあった。GHQは日本の市場が狭く、労働者が低賃金で働かされていることを問題視したのである。日本にとっては農地改革と同じく、雇用者と労働者の主従関係を対等のものに転換させるという、大胆な社会変革でもあった。

◆

　1897年、労働運動家の高野房太郎や片山潜らが労働組合期成会を結成し、全国の労働者に労働組合の結成を訴えた。これによって、鉄工組合や日本鉄道矯正会などの労組が結成され、労働運動は全国に広まっていった。しかし、治安警察法の制定（1900）により、労組の活動は取り締まりの対象となった。労働運動が社会主義運動と結びついていたことによる。

　労働者の諸権利復権は、GHQが進める民主化の重要な柱だった。軍の解体や政治犯の釈放には背を向けた東久邇宮首相も、労働問題に対処するための省庁の設置や法整備は必要と認識していた。かつて内務省が労働組合法案を作成し、衆議院を通過したが、貴族院で廃案になったという経緯もあった。戦前の1931年のことである。

　こうした戦前からの蓄積と、かつての労働運動家の協力もあり、労働関連諸法の作成・制定は比較的スムーズに進められた。終戦から4カ月後の1945年12月には、団結権・団体交渉権・団体行動権（争議権）を保障する労働組合法が制定された。続いて、翌1946年には労働関係調整法、1947年には労働基準法が制定された。現在の社会科（公民）の教科書に太字で紹介されている労働三権（団結権・団体交渉権・団体行動権）が保障され、労働三法も施行されたのである。

　これによって労働運動は活発になったのだろうか。終戦直後は、物資・食糧を得るのに必死で、労働権の保障などは、多くの労働者にとってよそ事だった、と思われるかもしれない。最大の働き場所だった軍需工場は民需に転換され、それを機に多くの従業員が解雇された。灯火管制下（戦中には敵の標的とならないよう灯りを制限していた）を何とか生き延びてきた自営業者も、空襲で店舗や工場を失っていた。しかし、諸産業が息を吹き返すのは早かった。雇用の改善にともない、労働組合がつぎつぎ組織され、デモや争議もあいついだのである。

　1947年2月には、数百万人規模のゼネラル・ストライキ（二・一ゼネスト）が計画された。この年の元日、吉田茂首相が労働組合の指導者を「不逞の輩」と発言したことで火がつき、全官公庁の労働組合が2月1日午前零時に向けてストを宣言したのだ。しかし、GHQの指令によって中止に追いこまれてしまう。左派勢力は組合奨励から規制に転じたGHQへの不信感を強め、政府はこれを機に労働分野に関する政策を見直すのだった。

【 豆 知 識 】

1. 製造業の復興は早かった。鉄兜（ヘルメット）など軍の横流し品を鍋・釜に作りかえ、大もうけする町工場も多かった。鍋・釜は、闇市の人気商品だった。「鉄兜敗れた日から仰向けに」という川柳にも詠まれた。

356 人物 | マッカーサー

黒サングラスにコーンパイプをくわえた軍人が1945年8月30日、厚木飛行場（神奈川県）に降り立った。タラップから背筋を伸ばし、悠然と見渡すその男の姿を「まるで歌舞伎役者のよう」と、ある日本人記者は感じた。ダグラス・マッカーサー（1880〜1964）は、「碧い目の大君」とも呼ばれ、常にカリスマとして振る舞うことを意識していたという。

◆

マッカーサーと昭和天皇

マッカーサーは、第一次世界大戦で米軍史上最年少の司令官となり、陸軍でも最年少の参謀長官に任命された。輝かしい戦功・軍功をあげ、フィリピン共和国軍の元帥を務めたあと、1937年に退役した。しかし、対日戦の戦況悪化にともない、1941年に現役復帰していたのだった。その後、対日戦争の指揮をとり、終戦後はGHQの最高司令官に任命される。このとき、マッカーサーは65歳。皇居内堀に面する第一生命ビルに拠点を置き、日本の占領政策を指揮した。

マッカーサーと昭和天皇の初めての会談は、1945年9月27日にアメリカ大使館で行われた。このとき、マッカーサーは天皇が命乞いをするのではとみていた。しかし、天皇の口から出た言葉はそうではなかった。昭和天皇は「（戦争遂行の）すべての決定と行動に対する全責任を負うものとして、私自身をあなたの代表する諸国の裁決にゆだねるためお訪ねした」と語ったのである（外務省・宮内庁は戦争責任の発言部分を否定している）。これに感銘を受けたマッカーサーは、民主国家として日本を再建できると確信したのだった。会談終了後、マッカーサーは予定を変更し、玄関先まで天皇を見送っている。

しかし2日後、全国紙の一面を飾った2人が立ち並ぶ写真を見たとき、国民は大きな衝撃を受けた。ラフな服装で無造作な高身長の「勝者」、モーニング姿で直立する低身長の「敗者」。そのコントラストに多くの国民は、日本が敗戦国であることを改めて思い知らされたのである。心の中でマッカーサーを罵倒する国民もいたかもしれない。しかし、戦後復興が順調に進むにつれ、国民の間にマッカーサー元帥への信頼と感謝の思いが膨らんでいくのだった。

厚木飛行場到着からのマッカーサーの日本滞在期間は、2056日間に及ぶ。この間、間接統治の形式をとりながら、五大改革指令（「GHQによる間接統治」359ページ参照）を中心とする民主化政策を指揮・監督していった。マッカーサー離日の1951年4月16日早朝、羽田空港に向かう沿道は、歓声を上げて見送る約20万人の日本国民で埋まった。

―――― 豆知識 ――――

1. マッカーサーは朝鮮戦争（1950〜1953）の司令官にも任命された。しかし、核兵器の使用を主張したことで、1951年4月にトルーマン大統領から解任されたのだった。

2. 米議会での退任のあいさつでは、「老兵は死なず、ただ消え去るのみ」という有名な言葉を残している。

357 文化・芸術 | 戦後の思想、文学

　戦後、言論・表現の自由が解禁されると、紙の供給はまだまだ足りなかったが、雨後のタケノコのように文芸書や雑誌の創刊があいついだ。大岡昇平（1909〜1988）や野間宏（1915〜1991）は入隊・捕虜体験をもとに、戦争の無残さや極限状況に置かれた人間の心理をリアルに描き、三島由紀夫（1925〜1970）らとともに戦後派作家と呼ばれた。

◆

　敗戦により、天皇制やマルクス主義をはじめとするさまざまなタブーが解かれ、学問の自由も新しい夜明けに向けて翼を広げた。政治学者の丸山真男（1914〜1996）は雑誌『世界』に論文「超国家主義の論理と心理」（1946）を発表し、「無責任体制」のファシズムを生んだ日本の政治構造を分析・批判し、知識人や学生に大きな刺激を与えた。丸山は、法社会学者の川島武宜（1909〜1992）、経済史学者の大塚久雄（1907〜1996）らとともに、戦後民主主義のオピニオンリーダーとなった。

　厳しい検閲で手足を縛られていた文学も、自由の翼を広げた。宮本百合子、中野重治、徳永直らのプロレタリア作家は、新日本文学会の機関誌『新日本文学』（1946年3月創刊）に結集し、戦時統制で抑圧されていたエネルギーを「民主主義的文学の創造」に放出した。

　近代文学社の機関誌『近代文学』（同年1月創刊）には、政治と文学を分けず、自己の存在と新しい生き方を模索する作家が集った。戦後派（アプレ・ゲール）と呼ばれ、第一次と第二次に大別される。第一次戦後派は主に戦争体験をもとにした小説を発表した作家で、野間宏・島尾敏雄・武田泰淳・梅崎春生らが代表。第二次戦後派はより強い個性を持つ若い異才たちで、大岡昇平・三島由紀夫・安部公房らが代表だ。青年期にマルクス主義の挫折や余儀なき転向を経験した者も少なくなかった。

　既成の価値観や硬直化した伝統に背を向け、旺盛な反逆精神を発揮した無頼派と呼ばれる作家もいた。第一人者の坂口安吾（1906〜1955）は、評論『堕落論』（1946）で「戦争に負けたから堕ちるのではないのだ。人間だから堕ちるのであり、生きているから堕ちるだけだ」と人間の本来の姿を冷徹に嗤いながら説いた。

「恥の多い生涯を送ってきました」の一文で始まる太宰治（1909〜1948）の『人間失格』（1948）は、まさに堕ちていく太宰の自意識を色濃く投影した中編で、安吾の『堕落論』とともに大きな衝撃を呼び起こした。絶望と虚無の焼け跡で、その日暮らしに生きる民衆の心に刺さったのは、白々しいモラルや倫理観ではなかったのである。

豆知識

1. 敗戦時に600社だった出版社は、1946年末には4000社を超えた。
2. 1945年のベストセラーは、『日米会話手帳』。敗戦直後の3カ月で300万冊が売れたという。
3. 1946年のベストセラーは、森正蔵『解禁 昭和裏面史 ── 旋風二十年』。ベスト10に、三木清『哲学ノート』、サルトル『嘔吐』が入っている。

358 政治 | 日本国憲法

　ライバル紙の政治部記者たちは、1946年2月1日の「毎日新聞」一面を見て、みな絶句した。憲法問題調査委員会（松本烝治委員長）が作成した新憲法の草案全文が掲載されていたのである。「国体護持」を継続する憲法草案（松本案）をすっぱ抜いた歴史的なスクープだった。これが、極東委員会とGHQを刺激した。

◆

『あたらしい憲法のはなし』/「六 戦争の放棄」挿絵

　終戦から2カ月後、マッカーサーは幣原喜重郎内閣に向けて、大日本帝国憲法の抜本的な改正を指示した。五大改革指令（「GHQによる間接統治」359ページ参照）の最重要案件だったが、日本政府の腰は非常に重かった。幣原首相も閣僚もみな、旧憲法の部分的な手直しで済むと踏んでいたからである。議員も国体護持が第一であり、憲法の全面改定は必要なしという考えでほぼ一致していた。合法化されて間もない共産党や社会党は憲法改正を支持したが、まだ国会に議席はなかった。両党の議席獲得は、戦後初の衆議院議員総選挙（1946年4月）を待たなければならなかった。

　やむなく政府は、松本烝治を中心に草案をつくった。しかし、「毎日新聞」がスクープした松本案は「天皇の神聖不可侵」を掲げ、国体護持に固執するものだった。これにマッカーサーは呆れ、GHQの民政局に草案作成を命じたのである。起草にあたり、マッカーサーは、①天皇が元首（のちに象徴に修正）、②国権の発動たる戦争は廃止、③日本の封建制度は廃止という条件を示した。民政局は、諸外国の憲法や日本の民間憲法草案なども参考に「マッカーサー草案」を作成し、「毎日新聞」のスクープから半月もたたない2月13日、日本政府に提示したのだった。日本側はGHQが草案を作成するなどとは思いもしなかった。驚きつつ英文の草案を訳すと、天皇制の維持を含んでいることがわかり、みな安堵したのである。

　その後、いくつかの追加・修正が加えられ、帝国議会の審議を経て、1946年11月3日に日本国憲法として公布された。マッカーサー草案からの大きな修正は2点。草案では、国会は衆議院の一院制だったが、参議院が加えられて二院制になった。もう一つは、戦争放棄を定めた第9条の条文である。その第1項は、「日本国民は、正義と秩序を基調とする国際平和を誠実に希求し、国権の発動たる戦争と、武力による威嚇又は武力の行使は、国際紛争を解決する手段としては、永久にこれを放棄する」、続く第2項は「陸海空軍その他の戦力は、これを保持しない。国の交戦権は、これを認めない」だった。この冒頭に「前項の目的を達するため」という文言を追加したのである（芦田修正）。この小さな追加が、その後の大きな紛糾のタネとなった。自衛のための最小限度の「実力」なら持てる、という含みが持たされたのである。

豆知識

1. 日本国憲法はゼロからの憲法ではなく、大日本帝国憲法の第73条が定める憲法改正の手続き（帝国議会の決議）を経て制定された。
2. 他国の近代憲法は、すべて何らかの改定・修正が行われているが、日本国憲法は一字一句変わりない。そのため、「世界最古の憲法」などという人もいる。右派は時代遅れと批判し、左派は完成形と評価する。

359 争い｜東京裁判

　GHQの最高司令官マッカーサーが真っ先に部下に命じたのが、戦争犯罪人の断罪だった。厚木到着の1945年8月30日の夜、さっそく東条英機の逮捕と容疑者リストの作成を命じた。それから10日余り、私邸にいた東条英機は、米兵憲兵隊の到着を確認すると自らの左胸に銃口をあてた。東条は、自らが定めた「生きて虜囚の辱めを受けず」という陸軍の戦陣訓を実践しようとしたのである。東条の心臓の位置には、墨で印がつけられていたという。

◆

東京裁判

　翌1946年5月3日、日本の戦争指導者を裁く極東国際軍事裁判（東京裁判）が開廷した。市ケ谷の陸軍士官学校の大講堂で行われた裁判の被告席には、自決したはずの東条英機が座っていた。心臓を狙ったはずの弾は少し外れ、米軍の応急処置によって、東条は一命を取りとめていたのである。11カ国からなる国際検事団は、東条を含むA級戦犯の容疑者28名を起訴した。A級戦犯とは、「平和に対する罪」を犯した者のことである。

　この頃、対日戦争で多くの犠牲を出した中国、イギリス、オランダほかでは、天皇の戦争責任を問う声が巻き起こっていた。しかし、昭和天皇が法廷に立つことはなかった。事前に、天皇を訴追しないという合意がワシントンとGHQの間でなされており、その意向を受けた米国人・キーナン首席検事がリストから天皇を外していたのである。GHQは天皇の責任追及や天皇制の廃止よりも、天皇を占領政策に有効利用することを選択したのだった。

　その後、約2年半の審議の結果、1948年11月12日、死亡者等を除く25名に有罪判決が下った。東条を含む7名が絞首刑、16名が終身禁固刑等に処され、さらに国内や東南アジア各地の軍事法廷でB級戦犯（通例の戦争犯罪）とC級戦犯（人道に対する犯罪）も裁かれ、計984名が死刑判決を受けた。勝者が敗者を一方的に裁いた東京裁判には、国際法違反という批判や手続き上の欠陥をあげつらう声も少なくない。実際、11名の裁判官の間でも意見の対立が起こった。ただ、日本の将来に鑑みると、益も少なくなかった。日本が犠牲を払ったことを内外に示し、独立国家として再スタートするための約束手形になったからである。

　その後、A級戦犯はどうなったのか。判決から約40日後の12月23日、東条を含む7名の絞首刑が執行された。しかし、翌クリスマスイブ、A級戦犯で逮捕されながら東京裁判で起訴されなかった容疑者19名が釈放された。東条内閣で商工相を務め、のちに首相となる岸信介（1896～1987）や右翼のフィクサーとして知られる二人、児玉誉士夫（1911～1984）と笹川良一（1899～1995）も含まれていた。

┌─────── 豆知識 ───────┐

1. 自殺が未遂に終わり、自らの戦陣訓をまっとうしなかった東条英機に対して、世間の反応は冷ややかだった。
2. 民間人で唯一A級戦犯で起訴されたのは、右派思想家の大川周明（1886～1957）である。パジャマ姿で出廷した大川は、前列に座っていた東条英機の頭を叩き、精神異常の疑いで病院に連行された。
3. インドのパール判事は被告人全員の無罪を説き、「裁く者の手も汚れている」という意見書を出した。

360 外交 | 国際連合

　連合国側50カ国の代表が1945年4月、サンフランシスコに集まった。大戦の勝利を確信し、戦後処理と新たな国際秩序の枠組みづくりについて話し合うためだった。半年後の10月24日、国際平和と安全の維持を目的とする国際連合（国連）が発足。原加盟国は51カ国だった。日本は日ソ共同宣言を1956年10月に調印した後、同年12月に加盟を果たした。それまで、ソ連が日本の加盟を認めていなかったのである。

◆

　「われら連合国の人民は、われらの一生のうち二度まで言語に絶する悲哀を人類に与えた戦争の惨害から将来の世代を救い……」。国連憲章の前文は、この一文から始まる。国際連盟が機能せず、再び第二の「戦争の惨害」をもたらしたことへの反省から国際連合は設立されたのだった。

　組織構成は国際連盟とあまり変わらないが、米・ソが不参加だったという最大の欠陥が解消された。さらに、本部をニューヨークに置いたことで、相互不干渉を原則としてきたアメリカが国際政治の表舞台に立つことになった。また、国際連盟の総会は全会一致を原則としていたが、国際連合は多数決を採用した。しかし最大の違いは、人道上の重大な違反行為や脅威に対する武力行使を可能にしたことだった。その役割を担うのが、安全保障理事会（安保理）である。米・ソ・英・仏・中の常任理事国5カ国と非常任理事国10カ国で構成される安保理は、特定の国・地域への武力制裁を発議できる。ただし、議決には常任理事国5カ国の賛成が必要で、1カ国でも反対すれば成立しない。これを5大国の拒否権という。安保理の決議には法的拘束力があるため、加盟国はそれに従わなければならない。

　これに、5大国以外から不満の声は上がらなかったのだろうか。安保理の設立にはソ連の意向が強く働いていた。アメリカは同盟国の票を多く持っていたため、総会の多数決で決めるとソ連に不利に働くからである。不満を抱く国もあったが、国連の最大の目的である全面戦争回避のためには、大国の意向に従わざるを得なかった。その後、米・ソはたびたび拒否権を発動してきた。近年のシリア内戦でも拒否権が発動され、国連は身動きをとれないでいる。国連の安全装置は機能不全に陥っているという批判も高まっている。

　今世紀、発達した多様なメディアによって、国連での議論の様子はすぐさま世界中に伝えられるようになった。安保理での5大国の姿勢や審議の状況も公然となり、これによって、「国際世論」というものが形成されるようになった。平行線が続き、たとえ結論が出なくても、あらゆる国の民衆が世界の動向をつぶさに知り、「国内世論」と「国際世論」のズレにも気づくようになったのである。このことが国連の最大の「機能」だ、という指摘もある。

【 豆 知 識 】

1. 国際連合には、現在193カ国が加盟している（2021年3月時点）。イタリアは1955年、東西ドイツは1973年に加盟を果たした。

2. 国際連盟の英語名はLeague of Nations、国際連合の英語名はUnited Nationsである。ただし、United Nationsは、第二次世界大戦中の「連合国」の英語名でもある。国際連合は設立時、まさに連合国そのものだった。

361 経済 ドッジ・ラインとシャウプ勧告

　日本の民主化を躍起になって進めていた GHQ が方針転換をする。1948年末、GHQ は経済安定九原則を示し、日本に物価・財政の安定と輸出の拡大を求めてきたのだ。この頃、GHQ は労働運動を抑圧し、独占禁止法を緩和し始めていた。マッカーサーが振るタクトは、民主化から経済復興へ。その背景には、共産主義の台頭があった。

◆

　米ソの冷戦（戦火を交えない対立）が深まり、中国で共産党が勢いづくと、GHQ は占領政策を根本的に見直した。労働運動奨励などの民主化政策は、革新勢力や反米勢力を勢いづける結果になる。日本を西側陣営に留めおき、共産主義の防波堤にしなければならない。そのためには、日本を経済的にも安定した国にする必要があった。1948年の中頃から、GHQ は占領政策の重点を非軍事化・民主化から経済復興へとシフトさせたのだった。

　こうして発令されたのが、経済安定九原則である。戦後、日本政府は資金・資材を石炭や鉄鋼など重工業の基礎部分に絞って投じたのだが、財政赤字をさらに肥大化させてしまった。その結果、日本は猛烈なインフレに見舞われたのである。GHQ は物価の統制、財政均衡、徴税強化、輸出拡大などを掲げた経済安定九原則で、日本の経済復興を成し遂げようとしたのだった。ただ、それを実現する人材は、永田町（日本政府）にも第一生命ビル（GHQ 本部）にもいない。そこでアメリカ政府は、経済と税の専門家を日本に送り込んだのだった。

　1949年2月、デトロイト銀行頭取ジョセフ・ドッジが羽田空港に降り立った。来日会見で、ドッジは「日本経済は地に着いていない2本の竹馬に乗っているようなものだ」と述べた。両足の1本は政府の補助金、もう1本はアメリカの援助である。ドッジは九原則に基づく具体策（ドッジ・ライン）を第3次吉田茂内閣（1949年2月～1952年10月）に示し、赤字を許さない超均衡予算の編成、1ドル＝360円の固定相場の導入、傾斜生産方式から集中生産方式への転換などを求めた。固定相場は、日本をドル経済圏に組み込むことがねらいだった。

　続いて同年5月、財政学者カール・シャウプを団長とする使節団が来日した。ドッジ・ラインの政策実現には、安定した税収確保が欠かせない。シャウプ使節団は約4カ月にわたり、全国各地の商店・工場・炭鉱・農家を訪れ、納税者の生の声に耳を傾けた。税負担の均衡と合理化の必要性を感じた使節団は、所得税（直接税）中心の税制の徹底化、富裕税の導入、地方税の独立などを勧告した。この一連の政策によってインフレは収まり、物価も安定した。しかし、不況が深刻化したことで中小企業の倒産が相次ぎ、大量の失業者が生まれた。省庁や役所もリストラを敢行したため、職業安定所には黒山の人だかりができたのだった。このドッジ不況を救ったのは、日本海の向こうで起こった朝鮮戦争だった。

豆知識

1. GHQ の民主化から経済復興への政策転換は、のちに「逆コース」という用語で定着した。
2. ドッジの発言は、このあと「竹馬をあまり高くすると、転んで怪我をする」と続いた。ここから「竹馬経済」という言葉が流行語になった。

362 暮らし・信仰｜男女平等と新たな家族制度

　日本国憲法第9条は戦力の不保持と交戦権の否認を定めている。この徹底した平和主義が、日本国憲法の最大の特徴といわれる。しかし制定時、第9条と並んで極めて先進的と評価されたのが、第24条だった。「家族生活における個人の尊厳」「両性の本質的平等」を謳う第24条の規定は、アメリカ合衆国憲法にもなかった。世界に類を見ない画期的な条文だったのである。

◆

市川房枝

　1945年12月、帝国議会で衆議院議員選挙法の改正案が可決され、満20歳以上の男女に選挙権が与えられた。これもマッカーサーの賜物と思われるかもしれない。しかし、先に動いたのは、日本のほうだった。女性運動家の市川房枝（1893〜1981）らが、来日間もないGHQに女性参政権の付与を確認・要望したのである。

　同じ頃、日本政府も選挙法の改正に着手した。一部から「夫唱婦随（夫の考えに妻が従うこと）の淳風美俗が壊れる」などという批判が出たが、自由・平等に向かわんとする閣内の風がそれを霧消させた。それどころか、戦後初となる衆議院議員選挙（1946年4月）に向け、政府は「新しい日本は何で築く」「男の命ばかりでなく女の命で築く」

という問答を入れたポスターを作成し、国民に投票を呼びかけたのである。結果、投票率は70％を超え、39名もの女性議員が誕生した。ただし国民の男女同権は、日本国憲法の制定を待たなければならなかった。新憲法の女性の権利に関する項を担当したのは、ウクライナ系アメリカ人女性のベアテ・シロタ（1923〜2012）である。少女時代を日本で過ごし、日本語が堪能なシロタは、世界各国の憲法を参考に草案づくりを進めた。草案は一部が削除・修正されたが、「両性の本質的平等」の根幹部分はしっかり残され、第24条に結実した。

　「日本国憲法第24条 ──（1）婚姻は、両性の合意のみに基いて成立し、夫婦が同等の権利を有することを基本として、相互の協力により、維持されなければならない。（2）配偶者の選択、財産権、相続、住居の選定、離婚並びに婚姻及び家族に関するその他の事項に関しては、法律は、個人の尊厳と両性の本質的平等に立脚して、制定されなければならない」

　これに沿って、民法も根本から見直された。憲法施行（1947年5月3日）の約半年後、新民法が成立。旧民法の「財産は夫が妻の分も管理する」「子は父の親権に服する」といった項目は、「財産は夫婦が対等に管理する」「子は父母の親権に服する」に改正された。封建的な家制度のもと、古い因習に苦しめられていた女性たちは自由の空気を吸えるようになったのである。しかしその後も、根強く残る偏見・蔑視、あらゆる場面での差別は消えていない。真の「両性の本質的平等」に向けた戦いは道半ばであり、今も世界中で続いている。

豆知識

1. ベアテの父はピアニストで、ロシア革命をきっかけにウィーンに移住。その後、演奏旅行で訪れた日本を気に入り、家族で住むことを決めたのだった。ベアテ一家を日本に招いたのは、「赤とんぼ」で知られる山田耕筰である。
2. ベアテの願い虚しく、男女格差を測る指標「ジェンダーギャップ・ランキング」で、日本は156ヵ国中120位（2021年度）。中国（107位）や韓国（102位）にも後塵を拝している。上位は1位アイスランド、2位フィンランド、3位ノルウェーと北ヨーロッパ諸国が占めている。

363 人物｜吉田茂

　在任2000日を超える首相は、安倍晋三（歴代1位）、桂太郎（2位）と佐藤栄作（3位）、伊藤博文（4位）、そして吉田茂（1878～1967）の5人である（2021年4月時点）。しかし、第5次まで内閣をつくったのは、吉田茂ただ一人だ。毀誉褒貶相半ばだが、戦後日本の進路を決定づけたことは、誰も否定できないだろう。在任記録を塗り替えた佐藤栄作（1901～1975）と安倍晋三（1954～）が功をなさんと走り抜けたのも、吉田茂が敷いた「対米追従の保守政治」というレールの上だった。

◆

吉田茂

　吉田茂は1878年、土佐藩士の家に生まれた。東京大学卒業後、外交官として中国や欧州に滞在し、特にアメリカの親日派と太いパイプを築いた。タフな交渉人としての評価が高く、大戦末期には和平工作にも携わった。終戦直後の東久邇宮内閣、幣原内閣で外相を務めた後、1946年5月に第1次吉田内閣を組閣。以降、1954年12月に総辞職するまで、計5次にわたる内閣の首相を務めた。

　GHQによる農地改革・財閥解体・教育改革・新憲法制定などは、戦後1～2年の間に行われた。第1次吉田内閣（1946年5月～1947年5月）下で成し遂げた事業を、吉田茂は自ら「文句なしの無血革命」と自賛している。その後、社会党連立の片山哲内閣（1947年5月～1948年3月）と芦田均内閣（～同年10月）に政権を譲ったが、GHQの占領政策の転換（民主化から経済復興へ）とときを同じくして、1948年10月、首相の座に舞い戻った。

　それから6年余、吉田茂はアメリカの要求にイエスと言いながら、祖国復興に身命を賭した。就任の翌1949年は、経済安定九原則（指令が出されたのは1948年）、ドッジ・ラインとシャウプ勧告（「ドッジ・ラインとシャウプ勧告」367ページ参照）。1950年は、警察予備隊の設置とレッドパージ（共産主義者の公職などからの追放）。さらには朝鮮戦争（～1953）が勃発し、日本は特需景気にわいた。1951年は、サンフランシスコ平和条約と日米安全保障条約の締結によって日本は国際社会に復帰したが、同時に米軍駐留も容認した。1952年は、警察予備隊から保安隊へ移行。1953年は、奄美群島の復帰。1954年は、保安隊から自衛隊へ移行、防衛庁の設置。まさに戦後史そのもので、「吉田茂を語ることは戦後を語ることに等しい」ともいわれる。その人物像はどうか。ストを画策する労組幹部を「不逞の輩」と罵り、サンフランシスコ平和条約の全面講和を唱える東大総長を「曲学阿世の徒」とこきおろした（「55年体制の成立」371ページ参照）。貴族趣味で鼻持ちならず、威丈高で傲岸不遜。マスコミから「ワンマン宰相」「和製チャーチル」のあだ名がつけられた。最後は、社会党議員を「バカヤロー」と唾棄し、総辞職に追いこまれている。しかし、高度経済成長絶頂期の1967年に亡くなると、戦後初の「国葬」でお見送りされた。経済成長はやがて終わったが、吉田茂が敷いた対米追従保守のレールは途切れることなく、現在まで続いている。

豆知識

1. 吉田茂は無類の犬好きで知られた。大磯（神奈川県）の自宅では、10匹以上の犬を飼っていたといわれる。そのため、「ワンワン宰相」とも呼ばれた。

364 文化・芸術 ｜ 戦後の大衆文化

　終戦直後、焼け跡や闇市には並木路子が歌う「リンゴの唄」（作詞・サトウハチロー、作曲・万城目正）の開放的なメロディーが鳴り響いた。物資・食糧不足は深刻だったが、人々はその明るい歌詞と歌声を、自由な時代の「花便り」と聴きとったのだった。

◆

　終戦の翌1946年12月、9歳の少女がラジオの歌番組に出演した。同年1月に始まった「のど自慢素人音楽会」（現在の「NHKのど自慢」）で、少女は「リンゴの唄」を熱唱したのである。NHKはGHQの指導・管理下で、放送事業を再出発させていた。のど自慢大会は、「マイクの大衆への解放」という役割を担っていたという。

　熱唱した少女・加藤和枝は合格を確信していた。圧倒的な歌唱力に、審査員がみな唸っていたからだ。しかし、合格の鐘は鳴らなかった。「子どもが大人の歌をうたうのは、影響が良くない」という理由だった。3年後、和枝は映画『のど自慢狂時代』で銀幕デビューを果たすと、天才少女として一気にスターダムを駆け上がった。「歌謡界の女王」となった和枝（芸名・美空ひばり）は、昭和の終わりを見届けて間もなく、1989（平成元）年6月にその生涯を閉じた。

　大衆娯楽の華だった映画も、GHQの検閲下で再出発した。国際的に評価される作品も生み出し、ベネチア国際映画祭では、黒澤明監督『羅生門』が金獅子賞（1951年）を受賞、溝口健二監督『西鶴一代女』が国際賞（1952年）を受賞した。1950年代、映画は黄金時代を迎える。

　スポーツも民衆に大人気だった。GHQはとりわけ「アメリカの国技」野球の復興を支援した。終戦後の1945年11月には、「日本職業野球連盟」復興記念・東西対抗戦が行われ、兵役から戻った藤村富美男や千葉茂のユニフォーム姿がファンを歓喜させた。翌1946年には8球団によるペナントレースが開幕し、夏の全国中等学校野球大会（現在の高校野球大会）も開催された。

　日本がサンフランシスコ平和条約を結んだ1951年には、甲子園球場に大鉄傘（「総力戦」340ページ参照）も復活した。テレビ放送が1953年に始まると、一気に大衆娯楽の王座についた。放映時間になると、各地の駅前広場はいつも人だかりで埋めつくされた。白人レスラーを必殺空手チョップでなぎ倒す力道山（1924〜1963）に声援を送ろうと、多くの民衆が夢と希望を与えてくれる「街頭テレビ」の前に集結したのである。

【豆知識】

1. 美空ひばりが「のど自慢素人音楽会」で歌ったのは、「悲しき竹笛」だったという説もある。
2. 力道山は、力士時代についた四股名である。本名は、金信洛。日本統治時代の朝鮮半島に生まれたが、長崎県大村市の百田家の養子となり、百田光浩の名で日本国籍を得た。

365 政治 | 55年体制の成立

　吉田茂首相が1951年に連合国48カ国と結んだサンフランシスコ平和条約は、翌年4月に発効した。終戦から6年、政府はそれまでの占領政策を見直し、独立国家としての体制づくりと法整備に取りかかった。GHQの進駐もおしまい、のはずだったが、日米安全保障条約に基づき、一部が在日米軍として駐留し続けることになった。

◆

　講和条約締結に向けて、国会では全面講和と単独（片面）講和の間で論争が起こっていた。日本の早期独立を優先する吉田茂首相は、ソ連中心の東側陣営を排除して、アメリカ中心の西側陣営と講和を進める単独講和を主張した。「ワンマン宰相」の名にたがわず、吉田茂は全面講和を唱える東大総長・南原繁を名指しで批判し、国会審議も数の論理で押し切ったのである。1951年9月に開催されたサンフランシスコ講和会議に中国は台湾問題との絡みで参加できず、ソ連とポーランド、チェコスロバキアの東側3カ国はサンフランシスコ平和条約に調印しなかった。

　このとき、吉田茂首相は日米安全保障条約にも調印した。事実上の米国優位の軍事同盟で、これによって、日本国内に広大な米軍基地が設置されることになった。日本は独立を果たしたものの、政治・経済・軍事のすべての面において、変わらずアメリカの影響下に置かれることになったのである。その後、内灘（現・石川県内灘町）や砂川（現・東京都立川市）では、軍用地の接収や基地拡張に抗議する大規模闘争が起こったが、やがて収束。対米服従の姿勢は継続されることとなった。しかし、こうした日本の歩む道をならした自由党・吉田茂内閣が1954年12月に総辞職する。

　次期首相に就任したのは、自由党から離脱し日本民主党を結成した鳩山一郎だった。反吉田派の鳩山内閣は憲法改正と再軍備を訴えるとともに、解散総選挙に打って出る。GHQが占領方針の転換（「ドッジ・ラインとシャウプ勧告」367ページ参照）をさらに加速させようとする動きに対し、左右に分裂していた社会党が結束し、国民の支持を集めていった。1955年2月の衆議院議員選挙では、社会党が3分の1以上の議席を獲得。さらに左派の主導で日本社会党に統一される。危機感を覚えた自由党と日本民主党は、合同して自由民主党を結成。この保守合同の裏には、経済界からの強い要請があった。こうして、自由民主党（自民党）と日本社会党（社会党）による二大政党が対立する時代が始まったのである。冷戦が熱を帯びつつあったこの1955年から、非自民の連立政権（細川護熙内閣）が誕生する1993年まで、両党は火花を散らしながらも、後世からは予定調和ともみられる掛け合いを続けるのだった。この二党による政治の構図を「55年体制」という。

豆 知 識

I.「55年体制」が成立した翌1956年の『経済白書』には、「もはや戦後ではない」というフレーズが躍った。

365日間、読み切ったあなたへ

おめでとう！

　1日1ページ、365日の長い教養の旅もこれで終わりです。今日まで、本当にお疲れさまでした。1年間にわたる日本史の旅はいかがでしたか？　毎日新たな知識と出会ったことで、きっとあなたが世界に向ける視点も日ごとに変わっていったのではないでしょうか。

　この本は、あくまでも興味を広げ、新たな習慣を身につけるきっかけです。願わくば、今後もこの本で得た知識にとどまらず、何かに関心を持ち続け、それについて調べる習慣を続けてください。知的好奇心こそが、何歳になっても自分の心を豊かに保つために一番大切なことであり、人生の教養の旅に、終わりはないのです。

◆

この本を読んであなたが獲得したもの

☐ 歴史がもたらしてくれる、先人たちの勇気と知恵
_____

☐ 人生がもっと楽しくなる知識
_____

☐ 毎日5分間の読書の習慣
_____

☐ 1年間やり通せたという自信
_____

☐ 新たな学びへの知的好奇心
_____

【参考文献】
●書籍

『日本の歴史がわかる本〈古代～南北朝時代〉篇』小和田哲男(三笠書房)

『日本の歴史がわかる本〈室町・戦国～江戸時代〉篇』小和田哲男(三笠書房)

『日本の歴史がわかる本〈幕末・維新～現代〉篇』小和田哲男(三笠書房)

『岩波講座 日本通史 4 古代 3』朝尾直弘ほか編(岩波書店)

『岩波講座 日本通史 6 古代 5』朝尾直弘ほか編(岩波書店)

『岩波講座 日本通史14 近世 4』朝尾直弘ほか編(岩波書店)

『岩波講座 日本通史15 近世 5』朝尾直弘ほか編(岩波書店)

『岩波講座 日本通史16 近世 1』朝尾直弘ほか編(岩波書店)

『岩波講座 日本歴史17 近現代 3』大津透ほか(岩波書店)

『日本の歴史 2 飛鳥・奈良時代』吉田孝(岩波書店)

『日本の歴史 3 平安時代』保立道久(岩波書店)

『シリーズ日本中世史③ 天下泰平の時代』高埜利彦(岩波書店)

『シリーズ日本中世史④ 分裂から天下統一へ』村井章介(岩波書店)

『シリーズ日本近世史④ 都市―江戸に生きる』吉田伸之(岩波書店)

『シリーズ日本近世史⑤ 幕末から維新へ』藤田覚(岩波書店)

『古代史講義 戦乱篇』佐藤信編(筑摩書房)

『古代史講義 邪馬台国から平安時代まで』佐藤信編(筑摩書房)

『詳説日本史 改訂版』老川慶喜・加藤陽子・五味文彦・坂上康俊・桜井英治・笹山晴生・佐藤信・白石太一郎・鈴木淳・高埜利彦・吉田伸之・株式会社山川出版社(山川出版社)

『詳説日本史研究』佐藤信・五味文彦・高埜利彦・鳥海靖編(山川出版社)

『詳説日本史図録』詳説日本史図録編集委員会編(山川出版社)

『日本史用語集 改訂版 A・B共用』全国歴史教育研究協議会編(山川出版社)

『詳説 世界史研究』木村靖二・岸本美緒・小松久男編(山川出版社)

『中世から近世へ 兵農分離はあったのか』平井上総(平凡社)

『中世から近世へ 楽市楽座はあったのか』長澤伸樹(平凡社)

『日本の歴史17 成熟する江戸』吉田伸之(講談社)

『日本の歴史18 開国と幕末変革』井上勝生(講談社)

『日本の歴史19 文明としての江戸システム』鬼頭宏(講談社)

『日本の歴史20 維新の構想と展開』鈴木淳(講談社)

『大系 日本の歴史10 江戸と大坂』竹内誠(小学館)

『大系 日本の歴史11 近代の予兆』青木美智男(小学館)

『大系 日本の歴史12 開国と維新』石井寛治(小学館)

『大系 日本の歴史13 近代日本の出発』坂野潤治(小学館)

『日本史探訪13 幕藩体制の軌跡』(角川書店)

『日本史探訪14 江戸期の芸術家と豪商』(角川書店)

『日本史探訪16 国学と洋学』(角川書店)

『日本史探訪19 開国か攘夷か』(角川書店)

『日本史探訪20 菊と葵の盛衰』(角川書店)

『日本史探訪21 幕末に散った人々』(角川書店)

『日本史探訪22 幕末維新の英傑たち』(角川書店)

『朝日日本歴史人物事典』(朝日新聞社)

『二十世紀の千人 1 世紀の巨人・虚人』(朝日新聞社)

『二十世紀の千人 2 戦争と革命の中の闘争者』(朝日新聞社)

『魏志倭人伝他三篇―中国正史日本伝(1)』石原道博訳(岩波書店)

『日本書紀』宇治谷孟訳(講談社)

『風土記』吉野裕訳(平凡社)

『環境考古学への正体―発掘からわかる食・トイレ・戦争―』松井章(岩波書店)

『日本古典文学全集 萬葉集 1』小島憲之・木下正俊・東野治之校注・訳(小学館)

『日本大百科全書』(小学館)

『改訂新版 世界大百科事典』(平凡社)

『プレミアムカラー 国語便覧』足立直子・二宮美那子・本廣陽子・森田貴之監修(数研出版)

『白村江 古代東アジア大戦の謎』遠山美都男(講談社)

『若い人に語る奈良時代の歴史』寺崎保広(吉川弘文館)

『いっきに学び直す日本史 古代・中世・近世 教養編』山岸良二監修・安藤達朗(東洋経済新報社)

『流れをつかむ日本史』山本博文(KADOKAWA)

『和同開珎 古代貨幣事情をさぐる』藤井一二(中央公論社)

『古代の人物② 奈良の都』石上英一・鎌田元一・栄原永遠男監修 佐藤信編(清文堂)

『天平期の僧侶と天皇 僧道鏡詩論』根本誠二(岩田書院)

『遣唐使』東野治之(岩波書店)

『よんでしらべて時代がわかる ミネルヴァ日本歴史人物伝鑑 真 海をこえてきた盲目の仏教僧』山岸良二監修(ミネルヴァ書房)

『正しく読む 古事記』武光誠(エムディコーポレーション)

『図解雑学 古事記と日本書紀』武光誠(ナツメ社)

『文学で読む日本の歴史 古典文学篇』五味文彦(山川出版社)

『遣唐使船 東アジアのなかで』東野治之(朝日新聞社)

『4つのテーマで読み直す 日本史の顛末』瀧音能之(青春出版社)

『平安時代大全』山中裕(KKベストセラーズ)

『古代・王朝人の暮らし』日本風俗史学会編(つくばね舎)

『日本の意匠 蒔絵を楽しむ』灰野昭郎(岩波書店)

『新潮古典文学アルバム 5 伊勢物語・土佐日記』片桐洋一・後藤明生(新潮社)

『新潮古典文学アルバム 6 蜻蛉日記・更級日記・和泉式部日記』三角洋一・津島佑子(新潮社)

『漆芸品の鑑賞基礎知識』小松大秀・加藤寛(至文堂)

『よんでしらべて時代がわかる ミネルヴァ日本歴史人物伝 平清盛 平氏の黄金期をきずいた総大将』木村茂光監修(ミネルヴァ書房)

『戦争の日本古代史 好太王碑、白村江から刀伊の入寇まで』倉本一宏(講談社)

『歌謡文学を学ぶ人のために』小野恭靖編(世界思想社)

『平清盛 天皇に翻弄された平氏一族』武光誠(平凡社)

『神仏習合』義江彰夫(岩波書店)

『箕輪町誌 デジタルブック』(長野県箕輪町)

『日本仏像史』水野敬三郎監修(美術出版社)

『図説日本史通覧』黒田 日出男監修(帝国書房)

『お伽草子―物語の玉手箱― 京都大学附属図書館創立百周年記念公開展示会』(京都大学附属図書館)

『新日本史改訂版』大津透・久留島典子・藤田覚・伊藤之雄(山川出版社)

『詳細図説 信長記』小和田哲男(KADOKAWA)

『詳細図説 秀吉記』小和田哲男(KADOKAWA)

『詳細図説 家康記』小和田哲男(KADOKAWA)

『歴史群像デジタルアーカイブス〈織田信長と戦国時代〉信長の革新性・七つのキーポイント』小和田哲男(学研プラス)

『歴史群像デジタルアーカイブス〈織田信長と戦国時代〉「天下布武」への戦略』小和田哲男(学研プラス)

『歴史群像デジタルアーカイブス 小和田哲男選集 2 豊臣秀吉

天下統一への戦略 黒田官兵衛』小和田哲男（学研プラス）

『歴史群像デジタルアーカイブス小和田哲男選集 3 徳川家康 大器晩成の覇者 関ヶ原合戦』小和田哲男（学研プラス）

『よくわかる日本の城』加藤理文・小和田哲男監修（学研プラス）

『戦国の合戦』小和田哲男（学研プラス）

『戦国の城』小和田哲男（学研プラス）

『戦国の群像』小和田哲男（学研プラス）

『人物・資料でよくわかる日本の歴史 3 奈良時代』小和田哲男監修（岩崎書店）

『戦国10大合戦の謎（愛蔵版）』小和田哲男（PHP研究所）

『30の戦いからよむ日本史 下』小和田哲男監修・造事務所編（日本経済新聞出版社）

『千利休』桑田忠親・小和田哲男監修（宮帯出版社）

『徳川家康大全』小和田哲男（PHP研究所）

『よくわかる日本の城 日本城郭検定公式参考書』加藤理文・小和田哲男監修（ワン・パブリッシング）

『歴史文化遺産 戦国大名の遺宝』五味文彦監修（山川出版社）

『戦国日本と大航海時代―秀吉・家康・政宗の外交戦略』平川新（中央公論新社）

『興亡の世界史 東インド会社とアジアの海』羽田正（講談社）

『江戸開幕』藤井譲治（講談社）

『徳川将軍15代 264年の血脈と抗争』山本博文（小学館）

『知れば知るほど面白い 徳川将軍十五代』大石学監修（実業之日本社）

『概説 キリシタン史』浅見雅一（慶応義塾大学出版会）

『人物叢書 林羅山』堀勇雄（吉川弘文館）

『増補新装【カラー版】日本やきもの史』矢部良明監修（美術出版社）

『日本古典芸能史』今岡謙太郎（精興社）

『百姓の力 江戸時代から見える日本』渡辺尚志（KADOKAWA）

『百姓たちの江戸時代』渡辺尚志（筑摩書房）

『百姓一揆』若尾政希（岩波書店）

『勘定奉行の江戸時代』藤田覚（筑摩書房）

『日本を創った思想家たち』鷲田小彌太（PHP研究所）

『江戸幕府と儒学者―林羅山・鵞峰・鳳岡三代の闘い』揖斐高（中央公論新社）

『江戸の思想史―人物・方法・連環』田尻祐一郎（中央公論新社）

『日本思想史』末木文美士（岩波書店）

『徳川吉宗 日本社会の文明化を進めた将軍』大石学（山川出版社）

『別冊太陽 日本美術史入門』河野元昭監修（平凡社）

『日本史こぼれ話 近世・近代』笠原一男・児玉幸多編（山川出版社）

『続日本史こぼれ話 近世・近代』笠原一男・児玉幸多編（山川出版社）

『シリーズ江戸学 知っておきたい江戸の常識 事件と人物』大石学編（角川学芸出版）

『国史大辞典』国史大辞典編集委員会編（吉川弘文館）

『日本歴史地名大系』平凡社編

『新版 角川日本地名大辞典』角川日本地名大辞典編纂委員会（KADOKAWA）

『新版 歌舞伎事典』服部幸雄・富田鉄之助・廣末保編（平凡社）

『日本人名大辞典』上田正昭・西澤潤一・平山郁夫・三浦朱門編（講談社）

『新もういちど読む山川日本史』五味文彦・鳥海靖編（山川出版社）

『チャート式シリーズ 新日本史』門脇禎二（数研出版）

『新撰京都名所図会 巻5 洛南の部』竹村俊則（白川書院）

『新撰組 物語と史蹟をたずねて』童門冬二（成美堂出版）

『新選組と幕末の京都』青木繁男・川口正貴（ユニプラン）

『歴史読本』2004年12月号「特集 新選組をめぐる女性たち」（新人物往来社）

『岩波 日本史辞典』永原慶二監修・石上英一ほか編（岩波書店）

『21新国語総合ガイド』井筒雅風・樺島忠夫・中西進編（京都書房）

『江戸の出版事業』内田啓一（青幻舎）

『歌舞伎事典』服部幸雄・富田鉄之助・廣末保編（平凡社）

『大いなる小屋 江戸歌舞伎の祝祭空間』服部幸雄（平凡社ライブラリー）

『図説 江戸の賑わい』西山松之助監修・高橋雅夫編（河出書房新社）

『図説 浮世絵入門』稲垣進一編（河出書房新社）

『歴史文化セレクション 江戸っ子』西山松之助（吉川弘文館）

『淡交ムック 歌舞伎入門 観賞へのいざない』織田紘二監修（淡交社）

『江戸の芝居絵を読む』服部幸雄（講談社）

『三くだり半と縁切寺―江戸の離婚を読みなおす』高木侃（吉川弘文館）

『増補 三くだり半―江戸の離婚と女性たち』高木侃（平凡社ライブラリー）

『江戸の恋―「粋」と「艶気」に生きる』田中優子（集英社新書）

『近世史講義―女性の力を問いなおす』高埜利彦編（ちくま新書）

『パリ万国博覧会とジャポニスムの誕生』寺本敬子（思文閣出版）

『プリンス昭武の欧州紀行――慶応3年パリ万博使節』宮永孝（山川出版社）

『渋沢栄一、パリ万国博覧会へ行く』渋沢史料館編（渋沢史料館）

『渋沢栄一、パリ万博へ』渋沢華子（国書刊行会）

『樋口一葉「いやだ！」と云ふ』田中優子（集英社新書）

『NHK人間講座 こんにちは一葉さん』森まゆみ（日本放送出版協会）

『一葉の四季』森まゆみ（岩波新書）

『幕末・維新』井上勝生（岩波書店）

『明治の政治家たち――原敬につらなる人々（上・下）』服部之総（岩波書店）

『明治国家をつくった人びと』瀧井一博（講談社）

『明治の文化』色川大吉（岩波書店）

『文明開化』飛鳥井雅道（岩波書店）

『大隈重信――「巨人」が夢見たもの（上・下）』伊藤之雄（中央公論新社）

『週刊朝日百科 新発見！ 週刊日本の歴史10』（朝日新聞出版）

『自由民権』色川大吉（岩波書店）

『自由民権運動――〈デモクラシー〉の夢と挫折』松沢裕作（岩波書店）

『民権と憲法』牧原憲夫（岩波書店）

『正岡子規――言葉と生きる』坪内稔典（岩波書店）

『評伝正岡子規』柴田宵曲（岩波書店）

『近代短歌』永田和宏（岩波書店）

『明治十四年の政変』久保田哲（集英社インターナショナル）

『明治時代の新聞と雑誌』西田長寿（至文堂）

『明治の出版文化』国文学研究資料館編（臨川書店）

『明治メディア考』加藤秀俊・前田愛（中央公論社）

『伊藤博文──知の政治家』瀧井一博（中央公論新社）

『滝廉太郎』小長久子（吉川弘文館）

『日清戦争──東アジア近代史の転換点』藤村道生（岩波書店）

『日清・日露戦争』原田敬一（岩波書店）

『日清戦争──近代日本初の対外戦争の実像』大谷正（中央公論新社）

『日本の産業革命』大江志乃夫（岩波書店）

『講座 日本経営史2 産業革命と企業経営』阿部武司ほか編（ミネルヴァ書房）

『国家神道』村上重良（岩波書店）

『神々の明治維新──神仏分離と廃仏毀釈』安丸良夫（岩波書店）

『国家神道と日本人』島薗進（岩波書店）

『山県有朋──明治日本の象徴』岡義武（岩波書店）

『山県有朋──愚直な権力者の生涯』伊藤之雄（文藝春秋）

『日本文壇史11 自然主義の勃興期』伊藤整（講談社）

『大正文学史』上田博ほか編（晃洋書房）

『条約改正──明治の民族問題』井上清（岩波書店）

『日本財閥史』森川英正（教育社）

『日本経営史講座3 日本の財閥』安岡重明編（日本経済新聞社）

『韓国併合』海野福寿（岩波書店）

『日本の建築 明治大正昭和2 洋式の礎』村松貞次郎（三省堂）

『ジョサイア・コンドル』鈴木博之（建築画報社）

『福沢諭吉』小泉信三（岩波書店）

『福沢諭吉──国民国家論の創始者』飯田鼎（中央公論社）

『白樺』誕生100年 白樺派の愛した美術京都文化博物館・宇都宮美術館・ひろしま美術館・神奈川県立近代美術館・読売新聞大阪本社文化事業部 図録編集（読売新聞大阪本社）

『日本の歴史14「いのち」と帝国日本』小松裕（小学館）

『第一次大戦期における船成金の出現』上岡一史（法政大学イノベーション・マネジメント研究センター）

『日本の歴史22 政党政治と天皇』伊藤之雄（講談社）

『シベリア出兵 近代日本の忘れられた七年戦争』麻田雅文（中央公論新社）

『大逆事件 死と生の群像』田中伸尚（岩波書店）

『満鉄全史「国策会社」の全貌』加藤聖文（講談社）

『大佛次郎敗戦日記』大佛次郎（草思社）

『司馬遼太郎全集 第53巻』司馬遼太郎（文藝春秋）

『日本銀行百年史 第3巻』日本銀行百年史編集委員会（日本銀行）

『大正デモクラシー』松尾尊兊（岩波書店）

『坂の上の雲 三』司馬遼太郎（文藝春秋）

『野口英世』中山茂（朝日新聞社）

『昭和史』半藤一利（平凡社）

『昭和史講義』全4巻・筒井清忠編（ちくま新書）

『昭和史七つの謎と七大事件』保阪正康（角川新書）

『決定版 日中戦争』波多野澄雄他（新潮新書）

『新昭和史論』筒井清忠編（ウェッジ）

『大統領への証言』近衛文麿（毎日ワンズ）

『キメラ─満州国の肖像』山室信一（中公新書）

『戦争・占領・講和』五百旗頭真（中公文庫）

『論点別 昭和史 戦争への道』井上寿一（講談社現代新書）

『世界の歴史9』J.M.ロバーツ（創元社）

『ハル回顧録』コーデル・ハル（中公文庫）

『昭和天皇』原武史（岩波新書）

『昭和時代 敗戦・占領・独立』読売新聞昭和時代プロジェクト（読売新聞社）

『戦争中の暮らしの記録』暮しの手帖編（暮しの手帖）

『占領下の日本』水島吉隆（日経新聞）

『東京裁判』日暮吉延（講談社現代新書）

『幣原喜重郎とその時代』岡崎久彦（PHP文庫）

『日本を決定した百年』吉田茂（中公文庫）

『グローバル経済史入門』杉山伸也（岩波新書）

『総理の値打ち』福田和也（新潮新書）

『ニッポンの総理大臣紳士録』福岡政行監修（主婦と生活社）

『実録首相列伝』（学研プラス）

『ナビゲーター日本史B』河合敦編（山川出版社）

『岩波講座 日本文学史』久保田淳ほか編（岩波書店）

『日本文学史』奥野健男（中公新書）

『明治・大正・昭和の新語・流行語辞典』米川明彦編（三省堂）

●論文

「パリ講和会議における日本の立場」（『法政史学』46）鳥海靖（法政大学史学会）

「日本における内閣制度の創設」（『中部大学経営情報学部論集』3-2）丹羽巌（中部大学経営情報学部）

「日本令にみるジェンダー その（1）戸令」（『帝京史学』28）義江明子・伊集院葉子・Joan R. Piggott（帝京大学文学部史学科）

「吉野作造年譜」（『キリスト教社会問題研究』通号16・17）太田雅夫（同志社大学人文科学研究所）

「1867年パリ万国博における『日本』」（『日仏歴史学会会報』28）寺本敬子（日仏歴史学会）

「大久保利通の殖産興業政策と官庸外国人」（『名古屋経済大学人文科学論集』98）日隈美朱（名古屋経済大学人文科学研究会）

「対西洋としての日本画の創出と再考」（『美術教育学研究』）小野文子・間島秀徳（大学美術教育学会）

●新聞記事

「島根・出雲の砂原遺跡の石器、〈日本最古〉に再修正」2013年6月7日（日本経済新聞）

【参考ウェブサイト】
地質調査総合センター（https://www.gsj.jp/HomePageJP.html）
日本第四紀学会（http://quaternary.jp/index.html）
国立科学博物館（https://www.kahaku.go.jp/）
愛知県埋蔵文化財センター（http://www.maibun.com/）
吉野ヶ里歴史公園（https://www.yoshinogari.jp/）
苫小牧市（https://www.city.tomakomai.hokkaido.jp/）
北海道（http://www.pref.hokkaido.lg.jp/index.htm）
北海道・北東北の縄文遺跡群（https://jomon-japan.jp/）
奈良県立橿原考古学研究所（http://www.kashikoken.jp/）
奈良県『県民だより奈良』平成31年1月号（http://www.pref.nara.jp/51727.htm）
堺市（https://www.city.sakai.lg.jp/smph/index.html）
音羽山清水寺（https://www.kiyomizudera.or.jp/history.p）
大学共同利用機関法人自然科学研究機構国立天文台（https://www.nao.ac.jp/）
日本海学推進機構（http://www.nihonkaigaku.org/library/university/i041001-t8.html）
奈良文化財研究所なぶんけんブログ（https://www.nabunken.go.jp/nabunkenblog/2015/05/tanken97.html）
千代田区観光協会（https://visit-chiyoda.tokyo/app/spot/detail/65）
和歌山県観光振興課（http://wakayama-rekishi100.jp/story/025.html）
NHK高校講座（https://www.nhk.or.jp/kokokoza/tv/nihonshi/index.html）
平泉の文化遺産（https://www.town.hiraizumi.iwate.jp/heritage/index.html）
文化庁（https://kunishitei.bunka.go.jp/heritage/detail/401/3407）
九州大学附属図書館（https://www.lib.kyushu-u.ac.jp/ja）
博多港（http://port-of-hakata.city.fukuoka.lg.jp/index.p）
上野天神祭（https://www.ueno-tenjin-matsuri.com/onidanjiri/tokui.html）
東京都文化財情報データベース（https://bunkazai.metro.tokyo.lg.jp/index.html）
京都大学貴重資料デジタルアーカイブ（https://rmda.kulib.kyoto-u.ac.jp/）
尼将軍南の丘霊堂（乗蓮寺）（http://www.amashogun.co.jp/about.html）
京都市役所（https://www.city.kyoto.lg.jp/index.html）
奈良教育大学公式（https://www.nara-edu.ac.jp/）
文化遺産オンライン（https://bunka.nii.ac.jp/i）
願成就院（https://ganjoujuin.jp/）
京都府（https://www.pref.kyoto.jp/index.html）
国立歴史民俗博物館（https://www.rekihaku.ac.jp/kenkyuu/kenkyuusya/kojima/index.html）
貨幣博物館（https://www.imes.boj.or.jp/cm/）
日本銀行金融研究所（https://www.imes.boj.or.jp/）
京都市埋蔵文化財研究所（https://www.kyoto-arc.or.jp/）
遊行寺（http://www.jishu.or.jp/）
国立国会図書館開館60周年記念貴重書展（https://www.ndl.go.jp/exhibit60/index.html）
今治市村上海賊ミュージアム（https://www.city.imabari.ehime.jp/museum/suigun/about/）
新潟県妙高市（https://www.city.myoko.niigata.jp/）
輪島朝市（https://asaichi.info/）
鳥取県（https://www.pref.tottori.lg.jp/）
吉水神社（http://www.yoshimizu-shrine.com/）
相国寺（https://www.shokoku-ji.jp/）
京都国立博物館（https://www.kyohaku.go.jp/）
大阪市（https://www.city.osaka.lg.jp/）
韓国国立博物館（https://www.museum.go.kr）
和歌山市（http://wakayamacity-bunkazai.jp/）
京都文化博物館（https://www.bunpaku.or.jp/）
NHK（https://www.nhk.or.jp/）
崇禅寺（http://souzenji.net/）
九州国立博物館（https://www.kyuhaku.jp/）
兵庫県教育委員会（http://www.hyogo-c.ed.jp/）
兵庫県上郡町（http://www.town.kamigori.hyogo.jp/）
日本財団図書館（https://nippon.zaidan.info/index.html）
福岡県福岡市（https://www.city.fukuoka.lg.jp/）
奈良市（https://www.city.nara.lg.jp/）
伊豆市（http://kanko.city.izu.shizuoka.jp/index.html）
東京国立博物館（https://www.tnm.jp/）
日本能楽協会（https://www.nohgaku.or.jp/）

埼玉県立嵐山史跡の博物館（https://ranzan-shiseki.spec.ed.jp/）
岩手県紫波町（https://www.town.shiwa.iwate.jp/）
尼崎市立歴史博物館（http://www.archives.city.amagasaki.hyogo.jp/museum/）
日本銀行金融研究所（https://www.imes.boj.or.jp/）
正暦寺（http://shoryakuji.jp/）
『太平記下巻』（国会図書館デジタルアーカイブス）（https://dl.ndl.go.jp/info:ndljp/pid/964463）
『建武式目』（国会図書館デジタルアーカイブス）（https://dl.ndl.go.jp/info:ndljp/pid/2532258）
滋賀県犬上郡甲良町（http://www.kouratown.jp/i/）
小田原市（https://www.city.odawara.kanagawa.jp/）
日本近代文学館（https://www.bungakukan.or.jp/）
八代市立博物館未来の森ミュージアム（http://www.city.yatsushiro.kumamoto.jp/museum/index.jsp）
Bunkamura（https://www.bunkamura.co.jp）
那覇港（http://www.dc.ogb.go.jp/nahakou/index.html）
東寺百合文書WEB（http://hyakugo.pref.kyoto.lg.jp/）
福井県立一乗谷朝倉氏遺跡資料館（http://asakura-museum.pref.fukui.lg.jp/）
足利市（https://www.city.ashikaga.tochigi.jp/）
圓光寺（https://www.enkouji.jp/）
龍安寺（http://www.ryoanji.jp/）
姫路城（https://www.city.himeji.lg.jp/castle/）
栃木県（http://www.pref.tochigi.lg.jp/index.html）
徳川家康徳川家蔵書からみるその生涯（国立公門書館）（http://www.archives.go.jp/exhibition/digital/ieyasu/）
おくゆかしき津軽の古典籍（弘前市立弘前図書館）（https://trc-adeac.trc.or.jp/WJ11C0/WJJS02U/0220205100）
国土交通省関東地方整備局（https://www.ktr.mlit.go.jp/）
伝統工芸青山スクエア（https://kougeihin.jp/）
彦根市（https://www.city.hikone.lg.jp/index.html）
内閣府災害教訓の継承に関する専門調査会（http://www.bousai.go.jp/kyoiku/kyokun/kyoukunnokeishou/）
高槻市立図書館（https://www.library.city.takatsuki.osaka.jp/）
国土交通省（https://www.mlit.go.jp/index.html）
箱根関所・箱根関所資料館（https://www.hakonesekisyo.jp/index.html）
国立公文書館所蔵資料特別展将軍のアーカイブス（http://www.archives.go.jp/exhibition/digital/shogunnoarchives/index.html）
国文学研究資料館新日本古典籍総合データベース（https://kotenseki.nijl.ac.jp/）
世界文化遺産長崎と天草地方の潜伏キリシタン関連遺産（http://kirishitan.jp/）
国立国会図書館「近代日本人の肖像」（https://www.ndl.go.jp/portrait/）
ジョン万次郎資料館（https://www.johnmung.info）
高知県立坂本龍馬記念館（https://ryoma-kinenkan.jp）
高田屋顕彰館・歴史文化資料館（http://www.takataya.jp/nanohana/nanohana.htm）
函館市中央図書館デジタル資料館（http://archives.c.fun.ac.jp/fronts/top）
国立国会図書館「博覧会近代技術の展示場」（https://www.ndl.go.jp/exposition/index.html）
本居宣長記念館（http://www.norinagakinenkan.com/）
伊能忠敬記念館（https://www.city.katori.lg.jp/sightseeing/museum/）
一葉記念館（https://www.taitocity.net/zaidan/ichiyo/）
松山市立子規記念博物館（http://sikihaku.lesp.co.jp/）
秩父観光協会（http://www.chichibuji.gr.jp/chichibujiken/）
青空文庫（https://www.aozora.gr.jp/）
三井広報委員会（https://www.mitsuipr.com/）
mitsbishi.com（https://www.mitsubishi.com/ja/）
住友グループ広報委員会（https://www.sumitomo.gr.jp/）
東京藝術大学美学研究室（https://www.geidai.ac.jp/labs/aesthetics/）
大学事始（https://www.daigakukotohajime.com/）
芦屋市谷崎潤一郎記念館（https://www.tanizakikan.com/index.html）
毎日新聞社（https://www.mainichi.co.jp）
湯河原町（https://www.town.yugawara.kanagawa.jp/kankou/leisure/koufusou.html）
吉野作造記念館（https://www.yoshinosakuzou.info/blank-22）
国立公文書館・アジア歴史資料センター（https://www.jacar.go.jp/modernjapan/p11.html）
野口英世記念館（https://www.noguchihideyo.or.jp/about/exhi01.html）
NHK放送史（https://www2.nhk.or.jp/archives）
杉原千畝記念館（http://www.sugihara-museum.jp）
上野アメ横（https://www.ameyoko.net）
阪神甲子園球場（https://www.hanshin.co.jp/koshien/）
美空ひばり公式ウェブサイト（http://www.misorahibari.com）

1日1ページ、読むだけで身につく日本の教養365【歴史編】

2021年7月13日　第1刷発行

監修
小和田哲男

装丁
石間淳

本文デザイン
稲永明日香

本文組版
株式会社キャップス

制作協力
大迫秀樹、上江洲規子、菅祐美子、田中知子、萩一晶、原章、藪内成基、
川口正貴（ターメルラーン）、渡部紀子（ターメルラーン）

編集
野本有莉、曽我彩

発行者
山本周嗣

発行所
株式会社文響社
〒105-0001　東京都港区虎ノ門2丁目2-5　共同通信会館9F
ホームページ　http://bunkyosha.com
お問い合わせ　info@bunkyosha.com

印刷・製本
中央精版印刷株式会社